Das

Allgemeine Berggeſ

für

die Preußiſchen Staaten,

unter

ſteter Vergleichung ſeines Textes mit demjenig
Braunſchweigiſchen, Meiningenſchen, Gothaiſch
Bayeriſchen Berggeſetzes,

erläutert

durch

Th. F. Oppenhoff,
Ober-Prokurator bei dem Königl. Landgerichte zu Aachen und Königl. Bank-Juſt

Berlin.
Druck und Verlag von Georg Reimer.
1870.

Vorrede.

Mit dem Erscheinen des Allgemeinen Berggesetzes vom 24. Juni 1865 hat für die bergrechtlichen Zustände Deutschlands eine neue Aera begonnen. Indem dieses Gesetz, die Vorzüge der Berggesetzgebungen beider Rheinseiten in sich vereinigend, deren Mängel glücklich zu vermeiden verstand, überall zu einfachen, jede Willkür und Rechtsunsicherheit ausschließenden Grundsätzen zurückkehrte, namentlich aber mit großem Erfolge bestrebt war, den Bergbau von den Fesseln der staatlichen Bevormundung gänzlich zu befreien, hat dasselbe nicht blos dem Bergbaue in Preußen neues Leben und neue Lebenskraft eingehaucht, sondern seinen heilsamen Einfluß auch weit über die Grenzen des Staates hinaus verbreitet. Keins der seitdem in Deutschland erlassenen Berggesetze vermochte sich diesem Einflusse ganz zu entziehen; für die große Mehrzahl derselben diente das Preußische geradezu als Vorbild.

Es darf daher nicht Wunder nehmen, wenn auch die Doktrin dem Gesetze ihre besondere Aufmerksamkeit zuwandte; ja dies ist in so hervorragender Weise geschehen, daß wohl auf keinem anderen Gebiete der Gesetzgebung eine gleich große wissenschaftliche Thätigkeit sich geltend gemacht hat. In Folge dessen hat das Gesetz schon jetzt, trotz der kurzen Dauer seiner Geltung, eine überaus reichhaltige Literatur aufzuweisen, wie sie theils in zahlreichen, vortrefflichen Monographieen und Abhandlungen, theils iu einer Reihe gediegener, sich über das ganze Gesetz verbreitender Kommentare enthalten ist.

Wenn der Verfasser es dessenungeachtet unternommen hat, die Zahl der Kommentare um einen zu vermehren, so konnte er es freilich nicht vermeiden, gar Manches, was vor ihm schon von anderen Rechtslehrern gesagt worden war, zu wiederholen. Gleichwohl schmeichelt er sich, daß sein Buch dazu beitragen werde, das Studium des Gesetzes zu fördern, theils durch die Art der Behandlung des Stoffs und durch bie kritische Prüfung schon früher laut gewordener Ansichten, theils durch Anregung vieler neuen Gesichtspunkte und Rechtsfragen. Er ist hierbei stets davon ausgegangen, daß das Gesetz zunächst und vor Allem aus sich selbst und aus den Materialien zu erläutern sei, eben weil dasselbe in so vielen und so weitgreifenden Beziehungen mit den Anschauungen gebrochen hat, auf welchen die ältere Berggesetzgebung beruhte, weshalb denn auch diese und die ganze sie behandelnde Literatur nur mit großer Zurückhaltung und Vorsicht als Auslegungsmittel benutzt werden durften.

Damit der Leser ein Bild von der Literatur erhalte, hat der Verfasser nicht allein bei streitigen, sondern vielfach auch bei unstreitigen Fragen der Autoritäten für diese oder jene Ansicht spezielle Erwähnung gethan. Hinsichtlich des im Erscheinen begriffenen Kommentars von Koch geschieht Solches erst unter den „Berichtigungen und Zusätzen," da die erste Lieferung seines Werks erst eintraf, als das Manuscript bis auf das Inhaltsverzeichniß schon vollständig gedruckt war.

Unter jedem § ist der Uebereinstimmung, beziehungsweise Abweichung des Braunschweigischen, Meiningenschen, Gothaischen und Bayerischen Berggesetzes zunächst darum gedacht worden, um die Benutzung des Werkes den Rechtsgelehrten und Praktikern jener Staaten zu erleichtern. Andererseits war der Verfasser aber auch der Ansicht, daß eine Vergleichung der Vorschriften jener Gesetze mit denen des Preußischen ganz wesentlich zur Erläuterung des letzteren diene.

Möge mit dem Verständisse des Gesetzes auch die Anerkennung seiner inneren Vorzüge immer mehr und mehr zunehmen, damit im Anschlusse an dasselbe, auf der Grundlage und in Fortbildung der in ihm zur Geltung gebrachten freisinnigen Prinzipien, recht bald ein Allgemeines Deutsches Berggesetz zu Stande komme!

Aachen, 30. April 1870.

D.

Inhaltsverzeichniß.

Unter jedem § des Berggesetzes ist vermerkt, inwiefern die bezüglichen Vorschriften des Braunschweigischen, Meiningenschen, Gothaischen und Bayerischen Berggesetzes mit demselben übereinstimmen oder von ihm abweichen. Nicht hervorgehoben sind nur folgende Abweichungen:

1) die Veränderungen, welche in den Zahlen der im Gesetzestexte selbst allegirten §§ oder Artikel vorgenommen werden mußten;
2) die anderweitige Bezeichnung der Behörden, indem statt des Ausdrucks „Oberbergamt" im Braunschweigischen und Bayerischen Berggesetze regelmäßig der Ausdruck „Bergbehörde," im Meiningenschen und Gothaischen der Ausdruck „Bergamt" gebraucht wird;
3) die Bezeichnung des Blattes für amtliche Publikationen, als „Braunschweigische Anzeigen" und „Regierungsblatt" [für Meiningen und Gotha] statt „Amtsblatt."

Diejenigen Vorschriften, welche sich nicht füglich in der obengedachten Weise wiedergeben ließen, finden sich Seite 333 ff abgedruckt.

Die Eintheilung jener Berggesetze entspricht im Allgemeinen derjenigen des Preußischen. Doch fehlt in allen ein Titel über provinzialrechtliche Bestimmungen, im Meiningenschen und Gothaischen ein Titel über Knappschaftsvereine; andererseits sind in das Gothaische Gesetz unter einem besonderen Titel, dem siebenten, die Vorschriften über die Bergwerksabgaben aufgenommen. Sodann finden sich im Meiningenschen die Uebergangs- und die Schlußbestimmungen in Einem Titel zusammengefaßt. Demgemäß enthält das letzterwähnte Gesetz statt zwölf nur neun Titel, während die Zahl der Titel der übrigen Berggesetze sich auf je elf beläuft. Im Bayerischen sind die Vorschriften über die Vereinigung (Konsolidation) aus dem zweiten in den dritten Titel herübergenommen und bilden dort, mit den Vorschriften über die Theilung und den Austausch, den zweiten Abschnitt. Endlich enthält der fünfte Titel desselben Gesetzes als zweiten Abschnitt einen besonderen Abschnitt über eine dem Preußischen Berggesetze fremde Materie (die Benützung des Wassers), wogegen sein neunter, von der Bergpolizei handelnder Titel in keine Abschnitte zerfällt.

Erklärung der Abkürzungen und Citate.

Achenb.	H. Achenbach, das franz. Bergrecht und die Fortbildung desselben durch das Preuß. Berggesetz. 1869.
Achenb. Bergpol Vorschr.	H. Achenbach, die Berg-Polizei-Vorschriften des Rhein. Haupt-Berg-Distrikts ꝛc. 1859.
AG., AH.	Erkenntniß des Appellationsgerichts, resp. des Appellations-Gerichtshofs.
Arnsb. Arch	Ulrich, Sommer u Böle, Archiv für Preuß. Recht. Arnsberg 1834—1854.
Bess. und Kühlw. . . .	A. Bessel und E. Kühlwetter, das Preuß. Eisenbahnrecht. 1855 ff.
v. Beughem	v. Beughem, das allg. Berggesetz mit dem wesentlichen Inhalte der Materialien zusammengestellt und erläutert. 1865.
BG.	Berg-Gesetz.
BO.	Bergordnung.
BPVO.	Allg. Bergpolizei-Verordnung.
Brass. Bergordn. . . .	H. Brassert, Bergordnungen der Preuß. Lande. 1858.
Bw.	Bergwerk.
Dalloz	Dalloz, répertoire de législation, de doctrine et de jurisprudence.
Delebecque	A. Delebecque, traité sur la législ. des mines etc. 1836.
Endemann	W. Endemann, das Deutsche Handelsrecht. 1865.
Entsch.	Entscheidungen des Königl. Obertribunals.
Ergänz.	Gräff ꝛc., Ergänz. u. Erläuter. der Preuß. Rechtsbücher ꝛc. 6. Aufl., herausgeg. von v. Rönne.
Esser	R. Esser, das Gewerkschaftsrecht des Allg. Berggesetzes. 1865.
Gräff	H. Gräff, Handbuch des Preuß. Bergrechts, 2. Aufl. 1856.
Gruchot	Gruchot, Beiträge zur Erläuterung des Preuß. Rechts durch Theorie und Praxis. 1857 ff.
H. d. A., HH.	Haus der Abgeordneten, Herrenhaus.
h. l.	Stelle des Allg. Berggesetzes.
Huyssen	A. Huyssen, Kommentar zum Preuß. Allg. Berggesetze ꝛc. 2 Ausg. 1867.
Jbb.	Jahrbücher für die Preuß. Gesetzgebung ꝛc.
Instruktion (Bonner, Dortmunder, Hallische)	Dienst-Instruktion für die Revierbeamten in den Bezirken der betr. Oberbergämter.
JMbl.	Justizministerialblatt.
KB. I., II.	Kommissionsberichte der beiden Häuser des Landtags.
KH.	Erkenntniß des (rhein.) Kassationshofs.

Klost.	R. Klostermann, das Allg Berggesetz für die Preuß. Staaten v. 24. Juni 1865, nebst Einleitung und Kommentar. 2. Aufl. 1868.
Klost. Uebersicht I., II . .	R. Klostermann, Uebersicht der bergrechtl. Entscheid. des K. Ober-Tribunals. 1861. Forts. für die Zeit von 1860—1863 1864.
Koch BG.	C. F. Koch, Allg. Berggesetz für die Preuß. Staaten nebst Mot. und Landtagsverhandl., sowie den dazu erlassenen ergänzenden Bestimmungen, mit Kommentar (1. Lieferung). 1870.
LG.	Landgericht, resp. Erkenntniß desselben.
Martins	Martins, die in der Königl. Preuß. Rheinprovinz gültigen Franz. Bergwerks-Gesetze rc. 1836.
ME.	Rekursentscheidung des betreffenden Ministeriums.
Mot. v. 1862	Motive zu dem vorläufigen Entwurfe eines allg. Berggesetzes rc. 1862.
MR.	Ministerialrescript.
M. Z.	(Minist.) Zeitschrift für das Berg-, Hütten- und Salinenwesen.
OBA.	Oberbergamt.
Oppenhoff Str.GB. . .	F. C. Oppenhoff, das Strafgesetzbuch rc. 6. Ausg. 1869.
Oppenhoff Strafverf. .	F. C. Oppenhoff, die Preuß. Gesetze über das öffentl. und mündl. Verfahren in Strafsachen. 1860.
Oppenhoff Rechtspr. . .	F. C. Oppenhoff, Rechtsprechung des K. Obertribunals in Strafsachen. 1861 ff.
Oppenhoff Ress.-Ges. .	Th. F. Oppenhoff, die Preuß. Gesetze über die Ressort-Verhältnisse zwischen den Gerichten und den Verwaltungsbehörden. 1863.
OT.	Obertribunal, resp. Erkenntniß desselben.
RB.	Revierbeamter.
Renaud	Ach. Renaud, das Recht der Actiengesellschaften. 1863.
Rh. A.	Archiv für das Civil- und Criminalrecht der K. Preuß. Rheinprovinzen. 1820 ff
Rh. S.	Sammlung der in den Rheinprovinzen ergangenen Gesetze rc., v. Lottner rc.
RV.	Regierungsvorlage.
Strieth.	Th. Striethorst, Archiv für Rechtsfälle rc.
Tr. A.	(Trierer) Annalen für Rechtspflege in den Preuß. Rheinpr. 1841 ff.
VMbl.	Ministerialblatt für die gesammte innere Verwaltung rc.
VO.	Verordnung.
Wachler	P. Wachler, das Allg. Berggesetz für die Preuß. Staaten, erläutert aus den Materialien, der Rechtswissenschaft und der bisherigen Praxis rc. 1865.
Z. f. BR.	H. Brassert und H. Achenbach, Zeitschrift für Bergrecht. 1860 ff.
Z. f. d. rhein. Not. . . .	Zeitschrift für das Notariat. Herausgeg. von dem Verein für das Notariat in Rheinpreußen. 1856 ff.

Allgemeines Berggesetz
für die Preußischen Staaten
vom 24. Juni 1865 (GS. S. 705).

Wir Wilhelm, von Gottes Gnaden König von Preußen ꝛc. verordnen, mit Zustimmung beider Häuser des Landtages für den ganzen Umfang der Monarchie, was folgt:

Zum Eingange.

1. Das Allgemeine Berggesetz ist durch besondere Verordnungen, unter gewissen Modifikationen, in sämmtliche neuerworbenen Landestheile, einschließlich des Herzogthums Lauenburg, desgleichen in die zufolge Accessionsvertrags vom 18. Juli 1867 mit Preußen verbundenen Fürstenthümer Waldeck und Pyrmont eingeführt worden. Jene Verordnungen finden sich hinter dem BG. abgedruckt, während der Inhalt ihrer Sonderbestimmungen in den Noten zu den betreffenden §§ des BG. wiedergegeben und erläutert wird.

2. Außerdem hat das BG. der neuesten Gesetzgebung mehrerer anderer deutschen Staaten zum Vorbilde gedient, indem das Berggesetz für das Herzogthum Braunschweig v. 15. April 1867, dasjenige für das Herzogthum Sachsen-Meiningen v. 17. April 1868, das für das Herzogthum Gotha (nicht auch für das Herzogthum Coburg) erlassene Berggesetz v. 16. Aug. 1868, endlich dasjenige für das Königreich Bayern v. 20. März 1869 durchweg theils wörtlich, theils dem Inhalte nach, mit dem Preußischen Berggesetze übereinstimmen (die einzige, ganz erhebliche Abweichung findet sich in dem Gothaischen BG., und zwar insofern, als letzteres das Gewerkschaftsrecht des Preuß. BG. nicht adoptirt hat). — Das Nähere ergeben die Andeutungen unter jedem der einzelnen §§ des BG.

3. Für das sogen. neutrale Gebiet bei Moresnet (Altenberg), welches nach dem Grenztraktate v. 26. Juni 1816 (GS. 1818 Anh. S. 77) durch Preußen nnd Belgien gemeinschaftlich verwaltet wird, und sich eben darum der einseitigen Legislative entzieht, gilt nicht das BG.; sondern die bisherige (franz.) Berggesetzgebung. — Aus gleichem Grunde erstreckt sich die Herrschaft des ersteren nicht auf den unter gemeinsamer Landeshoheit von Preußen und Braunschweig stehenden Kommunion-Unterharz bei Goslar (Rammelsberg). Vgl. Achenb. und Mot. zur Vdn. 8. Mai 1867 (Z. f. BR. 8 S. 66 ff., 158).

4. Seinem Gegenstande nach, beschränkt sich das BG. streng auf das Bergrecht im eigentlichen Sinne, mithin auf diejenigen Materien, welche wegen der eigenthümlichen Natur des Bergbaues und seiner besonderen Bedürfnisse eine von dem allgemeinen Rechte abweichende rechtliche Behandlung erheischen; der Bergbau ist daher überall den Regeln des Civilrechts unterworfen, wo seine Verhältnisse und Beziehungen nichts Eigenthümliches darbieten und sich namentlich nicht von denen der übrigen Industriezweige unterscheiden: Mot. S. 11.

5. Wie das beim Erlasse des BG. bestehende Gebiet des Preußischen Staats, nach den Geltungsbereichen der verschiedenen Civilgesetzgebungen bemessen, in drei Theile zerfiel, in die Länder des Allgemeinen Landrechts, die Länder des Gemeinen Rechts (d. h. Neuvorpommern mit Rügen, den Bezirk des Justizsenats

zu Ehrenbreitstein, resp. den Ostrhein, sowie Hohenzollern) und in die den Bezirk des Appellations-Gerichtshofs zu Cöln bildenden Länder des rheinischen resp. französischen Rechts (d. h. die gesammte Rheinprovinz mit Ausschluß des Ostrheins und der drei unter der Herrschaft des ALR. stehenden Kreise Rees, Duisburg, Essen), ebenso schied sich das damalige Staatsgebiet in bergrechtlicher Hinsicht in drei Theile, in die Länder des landrechtlichen, des gemeinen deutschen und des französischen Bergrechts. Inzwischen war die Geltung des letzteren auf die linke Rheinseite, mithin auf ein engeres Gebiet beschränkt, als die franz. Civilgesetzgebung, indem in den rechtsrheinischen Theilen des AH.'s Cöln das dort früher geltende gemeine deutsche Bergrecht seine ausschließliche Herrschaft behauptet hatte. Für die Gebiete des deutschen und landrechtlichen Bergrechts kamen außerdem, da letztere im Gegensatze zu den Grundsätzen der französischen Gesetzgebung, nur das Subsidiarrecht bildeten, die provinziellen Bergordnungen in Betracht, welche sich wieder in zwei Gruppen gliederten, von denen die eine die neun älteren Bergordnungen, die andere die drei revidirten aus der zweiten Hälfte des vorigen Jahrhunderts umfaßte. Vgl. H. Brassert, die Bergordnungen der Preußischen Lande: Cöln, 1858. — Der Plan, an Stelle dieser vielen Bergrechte und Berggesetzgebungen ein einziges, den veränderten Anforderungen der Zeit entsprechendes Berggesetz zu schaffen, tauchte bereits im Jahre 1826 aus Anlaß der damals in Angriff genommenen Revision der gesammten Gesetzgebung auf und wurde auch nach Beendigung der Revisionsarbeiten festgehalten. In Folge dessen entstanden in der Zeit vom 1829—1850 acht Entwürfe zu einem allgemeinen Berggesetze, welches sowohl die Bergordnungen, den bergrechtlichen Theil des ALR. (II, 16 Abschn. 4) und das gemeine deutsche Bergrecht, als auch, wenigstens nach der Mehrzahl der Entwürfe, die linksrheinische Bergwerksgesetzgebung beseitigen sollte. Während jedoch diese Codifikations-Versuche, beim Mangel einer Einigung über die Grundprinzipien der anzustrebenden Reformen, scheiterten, drängte der seitdem eintretende, ungemein rasche Aufschwung der Bw.'s-Industrie zur schleunigen Reform wenigstens einzelner, der Verbesserung besonders bedürftiger Theile der Bw.'s-Gesetzgebung und es wurde zu diesem Behufe der Weg der Novellengesetzgebung betreten. So erging, nachdem bereits durch das Gesetz v. 1. Juli 1821, betr. die Verleihung des Bergeigenthums auf Flötzen (GS. S. 106), ein sehr bedeutsamer Schritt auf diesem Wege gethan war, vom Jahre 1851 an eine Reihe wichtiger Spezialgesetze, welche zwar den erheblichsten Mängeln der früheren Gesetzgebung abhalfen, zugleich aber die Bergordnungen und das landrechtliche Bergrecht in so mannichfachen und wesentlichen Beziehungen änderten, daß diese nicht füglich mehr als Grundlage der bergrechtlichen Zustände beibehalten werden konnten, und das Bedürfniß einer Kodifikation sich von Neuem, wenngleich aus theilweise anderer Ursache, dringend fühlbar machte. Aus diesem Bedürfnisse ging das gegenwärtige BG. hervor. Der erste Entwurf desselben datirt aus dem J. 1862 und hat den damaligen Ministerialrath, jetzigen Berghauptmann H. Brassert zum Verfasser. Die von vielen Seiten eingegangenen, durch Brassert zusammengestellten Begutachtungen dieses Entwurfs dienten einer Ministerial-Kommission als Grundlage für eine Revision, deren Ergebniß ein zweiter Entwurf war. Zunächst dem Herren- und alsdann dem Abgeordneten Hause vorgelegt, erhielt der letztere, unter geringen, sämmtlich auf Vorschlägen der Kommission des HH. beruhenden Abänderungen, in den Sitzungen vom 30. März, resp. 31. Mai 1865 die Zustimmung beider Häuser und wurde demnächst als Gesetz verkündet. Vgl. Mot. 5 ff., Brass. (Z. f. BR. 3. S. 234 ff.). Hinsichtlich der früheren bergrechtlichen Zustände in den neuen Landestheilen s. die Noten zu den einzelnen Einf.-Verordnungen.

6. Obgleich die ältere Berggesetzgebung im Großen und Ganzen abgeschafft ist (s. §§ 244 ff. h. l.), so wird sie doch stets eine hohe Bedeutung in interpretativer Hinsicht behaupten. Es gehört zu den wichtigsten Aufgaben der Wissenschaft, überall die richtige Grenze zu finden, bis zu welcher das ältere Bergrecht die Quelle des jetzigen bildet, damit einerseits kein für die Auslegung wichtiges Material unbenutzt bleibe, andererseits aber keine obsolet gewordenen Rechtsanschauungen in das BG. hinübergetragen werden. Den Noten zu den einzelnen §§ ist das Nähere hierüber vorzubehalten. An dieser Stelle genügt die Hervorhebung der allgemeinen Gesichtspunkte, welche bei einer Vergleichung des BG. mit der äl-

teren Gesetzgebung in den Vordergrund treten. Das gemeine deutsche und das mit diesem nahe verwandte landrechtliche Bergrecht beruhten auf den beiden Prinzipien der **Bergbaufreiheit** und der **Bergregalität**. Ersteres Prinzip liegt auch dem BG. zu Grunde, und zwar in gewissem Betracht noch unumschränkter als dem älteren Rechte. Dagegen ist das schon durch die Novellengesetzgebung theilweise beseitigte **Regalitätsprinzip**, vorbehaltlich der Vorschrift des § 250, im BG. gänzlich **aufgegeben**, und dem entsprechend der § 6. II, 16 ALR., worauf sich das bisherige Regal stützte, durch § 244 h. l. ausdrücklich außer Kraft gesetzt worden. Folgeweise sind die Rechte, welche dem Staate in Betreff der Verleihung und in Betreff des verliehenen Bergeigenthums zustehen, nicht mehr als Ausflüsse eines **niederen Regals**, eines den Domainen gleichgestellten Nutzungsrechts, zu betrachten, sondern aus den **wirklichen Hoheitsrechten** [VO. v. 26. Dez. 1808, § 36] und zwar namentlich aus der Justiz-, Finanz- und Polizeihoheit abzuleiten. Da diese vollkommen ausreichen, um die dem Staate bezüglich des Bergbaus eingeräumten Rechte unter sie zu ordnen, so bedurfte es der Aufstellung eines besonderen, dem Preuß. Staatsrechte bis dahin unbekannten Berghoheitsrechts nicht. Durch das allmählige Verlassen des Regalitätsprinzips erhielten die Rechte des Staats aber nicht blos einen ganz anderen Charakter, sondern auch eine wesentlich andere Begrenzung, indem man consequent das Ziel verfolgte, **der Bw.-Industrie, unter Aufhebung jeder staatlichen Bevormundung, volle Selbstständigkeit in der Wahrung ihrer Privatinteressen zu gewähren, und die Bergbehörde auf die Ueberwachung der konkurrirenden öffentlichen Interessen zu beschränken.** Dieser leitende Grundgedanke machte sich vornemlich bei den neueren Bestimmungen über die **Verwaltung des Bergeigenthums** und über das **Gewerkschaftsrecht** geltend. Schon die Novellengesetzgebung hatte das aus dem Regale fließende Recht des Staats, den Privatbergbau-Betrieb und Grubenhaushalt zu leiten, fast gänzlich beseitigt, d. h. an Stelle des sogen. **Direktions-** das bloße **Inspektions-Prinzip** gesetzt, und in Verbindung hiermit die Gesetzgebung über das spezifisch bergrechtliche Institut der Gewerkschaft umgestaltet. Die Wegräumung der **letzten Reste des Direktionsrechts** blieb jedoch dem BG. vorbehalten, sowie dasselbe auch die **Umwandlung des Gewerkschafts-Instituts** vollendete, und zwar durch **Erhebung der Gewerkschaft zu einer moralischen Person** und durch **Mobilisirung der Kuxe.** Andere Abweichungen von der bisherigen Gesetzgebung gingen unter Festhaltung des oben erwähnten Grundgedankens, aus dem Streben hervor, **die rechtlichen Verhältnisse der Bergbautreibenden zu vereinfachen** und **besser zu präzisiren,** sowie das **Bestehen des Bergeigenthums** mehr, als bisher **sicher zu stellen.** Dahin gehören die Vorschriften über Größe und Gestalt der zu verleihenden Felder, die Beseitigung der zahlreichen Kaduzitätsfälle, die Feststellung des Verhältnisses der Schürfer und Bergeigenthümer zum Grundbesitzer 2c. Bezüglich der Vorschriften über das Schürfen und die Bergpolizei diente dem BG. namentlich die **französische Berggesetzbung** zum Vorbilde. — Der letzteren ist das deutschrechtliche Regalitätsprinzip mit allen seinen Konsequenzen unbekannt, und das Prinzip der Bergbaufreiheit wenigstens insofern fremd, als sie keinen Rechtsanspruch auf die Verleihung des Bergeigenthums anerkennt, sondern dem Ermessen der Staatsbehörde überläßt, ob und wem die Konzession ertheilt werden soll. Außerdem fehlt es derselben an einem ausgebildeten Gewerkschaftsrechte. In der Gewährung eines **Rechtsanspruchs**, resp. **Vorrechts zu Gunsten der Muther und Finder,** sowie in der **Einführung des Gewerkschaftsrechts** bestehen denn auch die praktisch wichtigsten Aenderungen, welche die **linksrheinischen** Bergrechts-Verhältnisse durch das BG. erfahren haben. Vgl. Mot. S. 5 ff., 21 ff.; KB. II. S. 15.

7. Als Zeitpunkt des **Inkrafttretens** des BG. ist festgesetzt:

a) für das ältere Staatsgebiet der	1. Oktbr. 1865
b) für die vormals Nass., Großh. Hessischen und Hessen-Homburgschen Landestheile	1. April 1867
c) für die vormals Hannöv., Kurhess., Bayr. und Frankf. Landestheile	1. Juli 1867
d) für Lauenburg	1. Juli 1868

e) für Schleswig-Holstein . . . . 1. April 1869
f) für Waldeck und Pyrmont . . . . 1. Jan. 1869.

Bis dahin blieben die älteren Berggesetzgebungen wirksam. Hiermit ist jedoch noch nicht beantwortet, inwiefern die schon vor dem Inkrafttreten des BG. begründeten oder doch vorbereiteten bergrechtlichen Verhältnisse in Zukunft nach dieser oder jener Gesetzgebung zu beurtheilen seien. Bei einzelnen Materien hat das BG. selbst die Lösung letzterer Frage übernommen, und zwar in der Weise, daß es einen Mittelweg einschlug, d. h. transitorische Bestimmungen (vgl. § 215 ff.) traf, welche die Umwandlung des älteren Rechtszustands in den neueren befördern, für die Zwischenzeit aber die bestehenden Verhältnisse selbstständig regeln sollen. Hinsichtlich der übrigen Materien ist die Beurtheilung eine offene geblieben. Ein Theil der hierhin gehörigen Fälle findet sich von Achenb. (Z. f. BR. 6. S. 441 ff.) erörtert. Sie betreffen durchweg einzelne bestimmte Rechtsgeschäfte oder doch solche Rechtsverhältnisse, deren endgültige Ordnung sich der Natur der Sache nach schon in der nächsten Zeit nach Einführung des BG. vollziehen mußte, so daß sie ihr praktisches Interesse zum erheblichen Theile längst eingebüßt haben. Von allgemeiner und dauernder Bedeutung ist dagegen die Frage, ob das BG., insofern es den Inhalt des Bergeigenthums, resp. die Rechte und Pflichten des Bw.'s-Eigenthümers, gegenüber der Behörde sowohl wie dem Grundbesitzer und anderen Bw.'s-Besitzern oder sonstigen Berechtigten, in einer von der früheren Gesetzgebung abweichenden Weise regelt, auch auf ältere Bergwerke zur Anwendung komme, in diesem Betracht also gewissermaßen zurückwirkende Kraft habe. Diese Frage ist im Allgemeinen zu bejahen. Denn wenn es schon in der Natur der Sache liegt, daß der Gesetzgeber unmöglich beabsichtigen konnte, in so weitgreifenden und auf keine annähernd bestimmbare Zeitfrist beschränkten Beziehungen beide Gesetzgebungen neben einander bestehen zu lassen, so hat er auch die entgegengesetzte Absicht zur Genüge dadurch zu erkennen gegeben, daß er einestheils in den hier fraglichen Materien (vgl. namentlich §§ 50—64) zwischen älteren und neueren Werken nicht unterscheidet, anderentheils aber die einschlägige ältere Gesetzgebung ausdrücklich und vorbehaltslos außer Kraft setzt. Vgl. n. 312. 891.

8. Anlangend die Aenderungen, welche das BG. selbst, von der bereits unter n. 1 erwähnten territorialen Erweiterung seiner Herrschaft abgesehen, durch spätere Gesetze erfahren hat, so ist zunächst zu bemerken, daß § 2 Abs. 2 in Folge der Aufhebung des staatlichen Salzhandelsmonopols (s. n. 29) gegenstandslos geworden ist. Förmlich aufgehoben und durch andere Bestimmungen ersetzt wurden die §§ 212. 213 und für den größten Theil seines Geltungsbereichs der § 247, die beiden ersteren durch das Ges. v. 22. Febr. 1869, § 247 durch die Subh.-Ordn. v. 15. März 1869. Die Gewerbe-Ordn. für den Norddeutschen Bund v. 21. Juni 1869 findet gemäß § 6 derselben auf das Bergwesen keine Anwendung, vorbehaltlich der Bestimmungen der §§ 152. 153 und 154. Von letzteren beseitigen die §§ 152. 153 und 154 Abs. 2 die in § 244 h. l. aufrecht erhaltenen Vorschriften des Ges. v. 21. Mai 1860 (§§ 16—19), während § 154 Abs. 1 eine Reihe anderer Bestimmungen der Gew.-Ordn., nemlich die in den §§ 128—139 enthaltenen, auf die Besitzer, resp. Arbeiter von Bergwerken, Aufbereitungs-Anstalten und unterirdisch betriebenen Brüchen oder Gruben ausdehnt. Die cit. §§ 128—133 betreffen einen vom BG. unberührten Gegenstand, nemlich die Beschäftigung jugendlicher Arbeiter. Dagegen stimmen die §§ 134—139 ib. nicht blos nach ihrem Gegenstande, sondern sogar nach ihrem Inhalte fast durchweg mit den §§ 86—92 h. l. überein, so daß auch durch sie eine wesentliche Aenderung in den Vorschriften des BG. nicht herbeigeführt ist. Im Uebrigen vgl., was das Verhältniß der Gew.-Ordn. v. 1869 zu dem BG. und dem Bergwesen überhaupt betrifft, den Eingang der Minist.-Instr. v. 4. Sept. 1869 (BMbl. S. 202), und unten n. 152. 392. 396 ff. 479. 510 ff. 1007.

Erster Titel.

Allgemeine Bestimmungen.

§ 1. Die nachstehend bezeichneten Mineralien sind von dem Verfügungsrechte des Grundeigenthümers ausgeschlossen.

Die Aufsuchung und Gewinnung derselben unterliegt den Vorschriften des gegenwärtigen Gesetzes.

Zu § 1.

9. Der im Naturrechte wie in der positiven Gesetzgebung begründete Satz, daß das Eigentbum eines Grundstücks sich nicht auf die Oberfläche beschränke, sondern den über und unter derselben befindlichen Raum mitumfasse, gewährt an sich dem Eigenthümer auch das Recht zur Verfügung über die unter der Oberfläche brechenden Mineralien, und zwar als ein ausschließliches. Dies wird denn auch in den Quellen des Römischen Rechts ausdrücklich anerkannt (vgl. Achenb. Z. f. BR. 1. S. 163), und bildet in einzelnen Ländern, wie z B. in England, noch heute die Grundlage der bergrechtlichen Verhältnisse. In anderen Ländern, und namentlich in Deutschland, brachen sich dagegen die Prinzipien der Bergbaufreiheit und Bergregalität allmählig Bahn und führten zu einer vollständigen Trennung des Bergbaus vom Grundeigenthume. Indem auf diese Weise die Verfügung über die sogen. regalen Mineralien dem Grundbesitzer entzogen und eben durch diese fundamentale Abweichung von einem der obersten Sätze des Civilrechts der eigentliche Grund zu einem besonderen Bergrechte und einer besonderen Berggesetzgebung gelegt wurde, erhob sich auf der anderen Seite die in der Theorie wie Legislative höchst bestrittene Frage, ob die der Berggesetzgebung unterworfenen Mineralien, so lange sie sich noch ungewonnen auf ihren natürlichen Lagerstätten befinden, als bloßer Theil des Grund und Bodens, oder als selbstständig für sich bestehende Sachen zu betrachten seien. Das ALR. entschied sich für die zweite Alternative dadurch, daß es die genannten Mineralien zu den herrenlosen Sachen zählte. Zur entgegengesetzten Ansicht bekannten sich die Motive des Entwurfs von 1862. Eine zwischen beiden in der Mitte stehende Auffassung liegt dem franz. Ges. v. 21. April 1810 zu Grunde. Ihr zufolge bilden jene Mineralien zwar an sich bloße Theile des Grund und Bodens, und gehören als solche dem Grundbesitzer, sie gehen aber nicht erst im Augenblicke ihrer Gewinnung, sondern schon sofort mit der Konzessionirung des Bw.'s in das Eigenthum des Konzessionärs über, so daß sie von nun an eine besondere Sache für sich bilden, daß mithin von nun an in demselben Raume zwei Eigenthume, das Boden- und das Bw.'s-Eigenthum neben einander bestehen. Konsequenter Weise erblickte daher das Ges. v. 1810 in der Ertheilung der Konzession eine partielle, zur Entschädigung berechtigende Expropriation des Grundeigenthums, während dem Grundbesitzer das Eigenthum an den vor der Konzessionirung durch bloße Schürfarbeiten geförderten Mineralien zugesprochen wurde. — Die letztere Anschauung liegt dem BG. unbestritten nicht zum Grunde. Welches der beiden anderen Systeme jedoch von demselben adoptirt sei, hat der Gesetzgeber, den Mot. S 22 zufolge, mit Absicht nicht selbst ausgesprochen, sondern der wissenschaftlichen Erörterung anheimgegeben. Auf diesem Wege wird freilich eine Einigung wohl niemals erzielt werden, da die vielfach diskutirten Gründe für die eine und andere Ansicht sich fast die Wagschale zu halten scheinen. Klost. n. 3 entscheidet sich für das System des ALR., während Achenb. (S. 138 ff.) und Wachler (S. 66) der durch die Kammerverhandlungen (vgl. KB. II. S. 4) unterstützten Ansicht huldigen, daß das BG. an der Auffassung des Entw. v. 1862 festgehalten habe. Der Verf. tritt (vorbehaltlich des unter n. 10 Gesagten) dieser letzteren Ansicht bei, welche nicht allein dem Wortlaute des § 1 besser entspricht, sondern auch mit den civilrechtlichen Grundsätzen über das Eigenthum besser in Einklange steht. Ueber das Verhältniß dieser Frage zu der anderen Streitfrage, ob das Bergeigenthum des BG., gleich demjenigen des Franz. Rechts, ein wirkliches Sacheigenthum, oder aber ein bloßes Bergbaurecht sei, vgl. n. 314.

Diese Mineralien sind:

Gold, Silber, Quecksilber, Eisen mit Ausnahme der Raseneisenerze, Blei, Kupfer, Zinn, Zink, Kobalt, Nickel, Arsenik, Mangan, Antimon und Schwefel, gediegen und als Erze,

Alaun- und Vitriolerze,

Steinkohle, Braunkohle und Graphit,

Steinsalz nebst den mit demselben auf der nämlichen Lagerstätte vorkommenden Salzen und die Soolquellen.

a. [Br. 1 gleichlautend, nur ist hinter „Vitriolerze" eingeschaltet: „letztere mit Ausnahme des Vorkommens im Torf."

M. 1 gleichl. mit dem Zusatz: „Dach- und Tafelschiefer und die Farbenerden." (Zu ersteren gehören der Wetzstein- und Griffelschiefer nicht: Z. f. BR. 9. S. 339).

G. 1 gleichl. mit dem Zusatz: „vergleiche jedoch § 173."

B. 1 Abs. 1: „Das Eigenthumsrecht an Grund und Boden erstreckt sich nicht auf die nachstehend bezeichneten Mineralien; deren Aufsuchen und Gewinnuug ist unter Einhaltung der Vorschriften des gegenw. Ges. einem Jeden gestattet." Abs. 2 gleichl. mit Abs. 3 h. l., nur sind hinter: „Gold" eingeschaltet die Worte: „mit Ausnahme des Waschgoldes"; dagegen sind die Worte: „mit Ausnahme der Raseneisenerze" hinter „Eisen" und die Worte „und Graphit" hinter „Braunkohle" gestrichen.

b. In der Regierungs-Vorlage war statt: „und die Soolquellen," gesagt: „Außerdem gehören die Soolquellen hierher."]

---

10. Indem § 1 gewisse Mineralien dem Verfügungsrechte des Grundbesitzers entzieht, spricht er ihm nicht gleichzeitig das Recht ab, jene Mineralien zu Tage zu fördern, wenn die Ausübung der sonstigen Eigenthumsrechte ohne eine solche Förderung unmöglich ist, z. B. wenn die Anlage eines Brunnens das Durchsinken eines Flötzes nöthig macht, oder wenn eines jener Mineralien mit einem anderen, im § 1 nicht aufgezählten Minerale in solchem Zusammenhange vorkommt, daß die gemeinschaftliche Förderung nicht vermieden werden kann. Aber auch selbst dann erwirbt der Grundbesitzer gemäß § 1 nicht von Rechtswegen das Eigenthum an den erst durch die Förderung zu selbstständigen Sachen gewordenen Mineralien. Vielmehr stehen die letzteren, wenn sie noch unverliehen sind, in Niemandes Eigenthum, und fallen daher im Gebiete des Rhein. Rechts (Art. 713 des BGB.) dem Staate anheim, während sie in den übrigen Landestheilen einen Gegenstand der Okkupation bilden, welche eben durch die zufällige Förderung allein noch nicht zu Gunsten des Grundbesitzers vollzogen wird. Im entgegengesetzten Falle kann dagegen der Bw.'s-Besitzer die Herausgabe verlangen, vorbehaltlich des dem Grundeigenthümer etwa zustehenden, nach civilrechtlichen Grundsätzen abzuwägenden Anspruchs auf Erstattung der Förderungs- und Gewinnungskosten. Zwar gelangt Achenb. (S. 121 ff.), indem er die Frage über das Eigenthum an den im unverliehenen Felde, sei es vom Grundbesitzer selbst, sei es von Dritten gewonnenen Mineralien vom Standpunkte des franz. Berg- und Civilrechts beleuchtet, zu wesentlich anderen, prinzipiell zu Gunsten des Grundbesitzers lautenden Resultaten. Inzwischen weicht auch das BG. in seinen Grundanschauungen wesentlich von dem franz. Bergrechte ab, wie dies einestheils schon aus n. 9 in Verbindung mit n. 318, anderentheils aus § 11 h. l. und dessen Motiven hervorgeht. Letzterer § bestätigt überdies, daß nach dem Systeme des BG. aus dem Eigenthume an einem Grundstücke und den in ihm lagernden Mineralien als Theilen desselben noch keineswegs das Eigenthum an diesen folge, wenn sie, ohne verliehen zu sein, von jenem getrennt und dadurch zu besonderen Sachen werden.

11. Der Grundbesitzer ist (abgesehen von dem unter n. 22 Gesagten) zur Verfügung über die in § 1 nicht aufgezählten Mineralien befugt, und es streitet für diese die Vermuthung, indem § 1 bei Aufzählung der sogen. bergfreien oder vorbehaltenen Mineralien limitativ zu deuten ist. (Schon unter der Herrschaft des Regalitätsprinzips galt der Grundsatz, daß die Vermuthung nicht für das Regal streite, obgleich man in älteren Zeiten zur Annahme des Gegentheils hinneigte; vgl. Achenb., Z. f. BR. 4. S. 203) Auch kennt das BG. keinen anderen Gegensatz, als den zwischen bergfreien und nicht bergfreien Mineralien und weicht hierin wesentlich von der franz. Gesetzgebung ab, welche außer den eigentlichen Bergwerken (mines) und den dem Grundbesitzer ausschließlich zustehenden Steinbrüchen (carrières) noch eine dritte Gattung statuirt, die sogen. Gräbereien (minières), umfassend die mittelst Tagebaus gewinnbaren Raseneisenerze, die alaunhaltigen sowie die kiesigen eisenvitriolhaltigen Erden und den Torf, zu deren Gewinnung es zwar keiner Konzession, wohl aber einer „Permission“ bedarf, welche in Bezug auf den Torf nur dem Grundeigenthümer, in Bezug auf jene anderen Gegenstände aber auch dritten Personen ertheilt werden kann, falls der Grundeigenthümer von seinen Befugnissen keinen Gebrauch macht. Abgesehen von den bereits vor dem 1. Okt. 1865 ertheilten Permissionen und sonst begründeten Rechtsverhältnissen besteht daher diese dritte Gattung für die linksrheinischen Landestheile nicht ferner, die Vitriol- und Alaunerze gehören vielmehr gegenwärtig auch dort ohne Ausnahme zu den Gegenständen der Bergeigenthums-Verleihung, während das Raseneisenerz und der Torf dem ausschließlichen sowie unbeschränkten Verfügungsrechte des Grundbesitzers anheimgefallen sind.

12. § 1 zieht den Kreis der bergfreien Mineralien noch enger, als es bisher der Fall war, indem er nicht allein nur solche Mineralien dahin zählt, welche der Verfügung des Grundbesitzers schon früher entzogen waren, sondern unter letzteren wieder nur diejenigen, welche entweder an sich eine hervorragende volkswirthschaftliche Bedeutung besitzen oder mit Mineralien dieser Art in einem solchen Zusammenhange vorzukommen pflegen, daß sie gleichfalls den bergrechtlichen Regeln unterworfen werden mußten, wenn Störungen des Bergbaues und Rechtsunsicherheit vermieden werden sollten. So die Mot. S. 24 (Daß obige Voraussetzung nicht überall zutrifft, ergiebt bereits das oben n 11 Gesagte. Außerdem sind in einzelnen Landestheilen, wie Neuvorpommern und Hohenzollern, die Kohlen erst durch das BG. bergfrei geworden.)

13. Die im § 1 aufgezählten Mineralien sind nur insofern dem BG. unterworfen, als sie, wenn auch nicht vom Standpunkte des finanziellen Interesses des Unternehmers, so doch von demjenigen des allgemeinen volkswirthschaftlichen Interesses aus betrachtet, sich zu der ihnen eigenthümlichen technischen Verwendung, d. h. zur Erfüllung der Zwecke eignen, welche ihre Zurechnung zu den Gegenständen des Bergeigenthums motivirten. Dies gilt nicht blos von den zur Metallproduktion dienlichen, sondern auch von den wegen ihrer sonstigen Verbindungen nutzbaren Mineralien. Demgemäß müssen sich, um verleihbar zu sein, eisenhaltige Stoffe zur Darstellung von Eisen, Kobalterze zur Smalte-, Manganerze zur Sauerstoffbereitung, Schwefel- und Vitriolerze zur Darstellung von Schwefel, Schwefelsäure oder Vitriol, Graphitschiefer zur Graphitgewinnung, Soolquellen zur Darstellung von Kochsalz oder Mutterlauge eignen, wogegen sie sonst entweder dem Verfügungsrechte des Grundbesitzers unterliegen, oder aber, sofern sie nemlich den integrirenden Bestandtheil eines andern, und zwar verleihbaren Minerals bilden, das Schicksal dieses letzteren theilen. Vergl. Huyssen S. 3. 7; Amelung (Z f BR. 7 S. 327) und unten n 388. Bei der Stein- und Braunkohle fällt freilich der Begriff der technischen Nutzbarkeit mit der gegenwärtig nicht mehr geforderten (relativen) Bauwürdigkeit mehr oder weniger zusammen. Vgl. ME. 12. März 1866 (Z f. BR. 7 S. 393).

14. Als fernere Bedingnng der Anwendbarkeit des BG. auf die im § 1 aufgezählten Mineralien bezeichnet Huyssen S. 3 die Möglichkeit ihrer bergmännischen Gewinnung. Hierauf, sowie auf den Umstand, daß die Mineralien der ersten Gruppe nur gediegen oder als Erze (d. h. in ihrer natürlich vorkommenden Verbindung mit anderen Stoffen), nicht auch als metallurgische Produkte verleihbar sind, läßt es sich zurückführen, wenn das BG. da keine An-

wendung findet, wo sich Mineralien in verhältnißmäßig höchst geringen, trotzdem aber werthvollen Quantitäten anderen Mineralien dergestalt beigesellt finden, daß sie von ihnen nicht durch die gewöhnlichen Mittel der Aufbereitung und Verhüttung, sondern nur durch einen höchst künstlichen chemischen Prozeß und nur in Folge einer Stoffumwandlung geschieden werden können. Dergleichen Mineralien werden eben erst durch die Stoffumwandlung zu selbstständigen Sachen und gehören als solche nach den civilrechtlichen Grundsätzen über die Spezifikation dem Hüttenbesitzer. Vgl. Mosler (Z. f. BR. 9 S. 128).

15. Endlich ist die Anwendbarkeit des BG. gemäß §§ 3. 5. 24 und abgesehen von dem im § 54 hinsichtlich alter Halden Bestimmten dadurch bedingt, daß die Mineralien sich noch auf ihrer natürlichen Ablagerung befinden. Diese ist jedoch auch da vorhanden, wo sich in den jüngeren Erdschichten die Trümmer einer älteren, durch Erdrevolutionen zerstörten Formation auf secundären Lagerstätten, in sogen. Geschieben oder Seifenwerken abgelagert finden. Vergl. unten n. 126ff., Klost. n. 6, Huyssen S. 4. 18. Die Ansichten dieser Rechtslehrer weichen jedoch darin von einander ab, daß Klost. keine natürliche Ablagerung annimmt, wenn Mineralien durch Naturkräfte von ihrer Lagerstätte ganz gelöst sind, wie es z. B. beim Waschgolde der Fall ist, während Huyssen dem Begriffe „Ablagerung" insofern einen weiteren Sinn beilegt, und demgemäß abbaufähige, losgelöste Schollen von Braunkohlenflötzen und die Schwefelkiesknollen im Sande des Ostseestrandes ebensowohl wie das Waschgold als Gegenstände des Bergeigenthums erachtet. — Die natürliche Ablagerung der Soolquellen ist nach Huyssen l. c. deren Lauf unter und über Tage.

16. Daß der feste Aggregatzustand keine nothwendige Bedingung für die Anwendbarkeit des BG. bilde, beruht bei den Soolquellen unmittelbar auf dem Gesetze. Huyssen S. 4 generalisirt dies jedoch hinsichtlich aller metallhaltigen Wasser, aus denen z. B. Cementkupfer und Vitriol gewonnen werde. Als Regel ist immerhin, schon um des oben n. 13. 14 Gesagten willen, anzunehmen, daß Mineralquellen dem BG. nicht unterliegen. Vgl. Brass. (Z. f. BR. 4 S. 1). Inwiefern einzelne §§. desselben der Erhaltung solcher Quellen zu Gute kommen, ist unter n. 40. 754 und 1050 bemerkt.

17. Was nun die im §. 1 aufgezählten Mineralien im Einzelnen anbelangt, so ist zuvörderst des Eisens zu gedenken. Die zu Gunsten des Grundbesitzers gemachte Ausnahme, betreffend das ehedem in dem größeren Theile des rechtsrhein. Gebiets regale Rasenerz, ist auf die in Nassau vorkommenden sogen. Rolllager, namentlich auf das Vorkommen von Brauneisenstein-Geschieben in der Dammerde nicht zu erstrecken: Z. f. BR. 8 S. 12, desgleichen nicht auf Sumpf- und Seeerze: Huyssen S. 6. Manganhaltige Eisenerze sind, sofern der Mangangehalt so geringfügig ist, daß er sich zur technischen Darstellung von Sauerstoff resp. Chlor nicht eignet, nur als Eisenerze, mithin in den im § 211 aufgeführten Landestheilen gar nicht verleihbar. Vgl. n. 13, und Lindig (Z. f. BR. 8 S. 495). Aus ähnlichen in n 13 näher erörterten Gründen bilden eisenhaltige Mineralien, welche nicht zur Darstellung von Eisen, sondern nur, wegen ihres anderweitigen Gehalts, als Zuschlag zur Beschickung eines Hohofens verwandt werden können, keinen Gegenstand des Bergeigenthums: ME. 13. Jan. 1862 (ib. 3 S. 264); desgl eisenschüssiger Grauwackenschiefer und der nur zur Bereitung einer rothen Farbe verwendbare Eisenocker; letzteres galt schon unter der Herrschaft des franz. Ges. v. 21 April 1810. Vgl. ME. 22. Jan. 1869, Brass. und Achenb. (ib. 10 S. 255; 7 S. 391; 1 S. 642) und Huyssen S. 6, welcher letztere jedoch den Eisenocker nicht unbedingt von der Verleihbarkeit ausgeschlossen wissen will, da seine Verhüttung nicht absolut unthunlich sei, und einmal üblich werden könne. Dagegen zählte ein MR. 25. Nov. 1862 (Z. f. BR. 4 S. 270) zu den nach § 1 des Ges. v. 20. Okt. 1862 abgabefreien Eisenerzwerken auch die auf der linken Rheinseite concedirten Röthelgruben, da der Röthel generell zu den Eisenerzen gehöre, und die Koncedirung von diesem Gesichtspunkte aus zu erfolgen pflegte.

18. Anthrazit bildet eine Unterart der Steinkohle: Mot. S. 25. — Auch bei der Braunkohle unterscheidet § 1 nicht hinsichtlich der geologischen Formation, er ist daher nicht auf die Braunkohlenlagerstätten in der Tertiärformation

zu beschränken; die Braunkohlenlagerstätten unterscheiden sich von den Torflagern charakteristisch dadurch, daß unter letzteren nur solche Ablagerungen vegetabilischer Stoffe zu verstehen sind, welche der gegenwärtigen Erdbildungsperiode angehören und wenigstens noch an ihrer Oberfläche sich in unzersetztem, nicht fossilem Zustande befinden: ME. 14. Nov. 1867 (Z. f. BR. 8. S. 545).

19. Die Bestimmung des Braunschweigschen BG., wonach Vitriolerze im Torf dem Grundbesitzer gehören, soll nach dessen Mater. (ib. 8. S. 332) keine Abweichung von § 1 h. l. begründen, da dasselbe Verhältniß in Preußen herkömmlich sei [?]. Vgl. übrigens oben n. 13. 14.

20. Durch die Aufnahme des Steinsalzes und der Soolquellen unter die Gegenstände der Bergeigenthums-Verleihung entscheidet das BG. eine im linksrheinischen Gebiete früher sehr streitige Frage, und beseitigt gleichzeitig das in einzelnen rechtsrheinischen Landestheilen bestehende Salzgewinnungsmonopol, ohne jedoch die die Feldesfreiheit beschränkenden Privilegien einzelner Privatpersonen aufzuheben. — Die mit dem Steinsalze auf der nämlichen Lagerstätte vorkommenden, sogen. Abraumsalze (die Kali-, Magnesia- und Boraxsalze) werden durch § 1 nicht zu selbstständigen Gegenständen des Bergeigenthums erhoben. Gyps gehört zu denselben nicht, sondern unterliegt, selbst im Zusammenvorkommen mit Steinsalz, der Verfügung des Grundbesitzers, da er nach dem gemeinen, hierin von der chemischen Terminologie abweichenden Sprachgebrauche kein Salz ist. — Unter Soolquellen versteht man die kochsalzhaltigen Quellen, aus denen durch Gradirung und Siedung das Siedesalz dargestellt wird. Die redaktionelle Aenderung der RL. hinsichtlich ihrer erfolgte zur Ausschließung des Zweifels, ob die Soolquellen zu den im § 1 aufgezählten Mineralien gehören, auf welche § 3 das Schürfen gestatte Vgl. Klost. n. 9. 10, Huyssen S. 7; KB. I, S. 8.

21 Von den früher, theils nach dem ALR., theils nach einzelnen BO. regalen Mineralien hat das BG. der Verfügung des Grundbesitzers anheimgegeben die Metalle: Platin, Wolfram, Kadmium, Wismuth, Selen und Molybdän, die in den §§ 70. 71. II, 16 ALR. erwähnten Edelsteine und anderen Steinarten, die Marmor-, Alabaster-, Dachschiefer-, Mühlstein- und Kalksteinbrüche, Flußspath und das mehrerwähnte Raseneisenerz. — Eben dahin gehören unter den Inflammabilien (bitumes) Erdpech, bituminöser Schiefer und Torf, von denen wenigstens das erstere nach dem ALR. und dem Ges. v. 21. April 1810, der bituminöse Schiefer nach letzterem Gesetze zu den vorbehaltenen Mineralien gehörten. — In Nassau fielen mit Einführung des BG. der Verfügung des Grundbesitzers anheim: Schwerspath, Walkererde, Gyps und die zur Steinwaaren-, sowie Pfeifenfabrikation geeigneten Thonarten; in den althessischen Theilen Kurhessens: Steinbrüche, Thon, Kies und mineralische Düngstoffe, welche letzteren jedoch mehr als Gegenstände gewerblicher Konzessionen, denn als Gegenstände bergrechtlicher Verleihung behandelt wurden. — Alle vor dem Inkrafttreten des BG. an den früher regalen Mineralien erworbenen Rechte und ertheilten Konzessionen sind übrigens bestehen geblieben. Vgl. Mot. S. 24, Huyssen S. 7. 8, unten n. 1281, und in Betreff der Frage, ob die vormals regalen Mineralien diese Eigenschaft in den Bezirken der Privatregalbesitzer behalten haben, n. 1239.

22 Der Bernstein gehörte schon früher nicht zu den Gegenständen der Berggesetzgebung, sondern unterlag, wie jetzt, der Verfügung des Grundbesitzers, insoweit er nicht vermöge des provinzialrechtlichen sogen. Bernsteinregals ein vorbehaltenes Eigenthum des Staats bildet. Letzteres ist in Ostpreußen allgemein, in Westpreußen und Pommern in Betreff desjenigen Bernsteins der Fall, welcher in der Ostsee gefischt oder an deren Strande gefunden wird. Für gewisse Küstenstrecken steht das Gewinnungsrecht einzelnen Gemeinden und Gutsherrschaften zu. Alle diese Rechte bestehen noch heute; die Bestrafung der unbefugten Gewinnung regelt sich jedoch jetzt durch das Ges. v. 22. Febr. 1867 (GS. 272). Vgl. Z. f. BR. 9. S. 40.

23. § 1 führt endlich unter den Gegenständen des BG. nicht auf: Hüttenwerke, Aufbereitungsanstalten, Hülfsbaue, verlassene Bw. und alte Halden, Gruben- und Bergwässer. Letztere Wässer eignen sich den Motiven S. 26 zufolge nicht zu einer bergrechtlichen Verleihung, ihre rechtlichen Verhältnisse regeln sich vielmehr nach allgemeinen Grundsätzen und Gesetzesvor-

§ 2. Der Erwerb und Betrieb von Bergwerken für Rechnung des Staates ist den Bestimmungen des gegenwärtigen Gesetzes ebenfalls unterworfen.

An den Rechten des Staates bezüglich des Salzhandels wird durch dieses Gesetz nichts geändert.

[Br. 2 Abs. 1 und 3 gleichl. mit § 2 h. l. Abs. 2: Bei der Erwerbung von Bw.'s-Eigenthum und bei Verfügungen über dasselbe durch Consolidation, Austausch und Theilung wird der Staat sowohl dem Grundeigenthümer als der Bergbehörde gegenüber durch die geeignete Verwaltungs-Behörde (Bergbau- resp. Salinen-Administration, Ober-Hütteninspektion etc.) vertreten.

M. 2, G. 2, B. 2 gleichl., doch ohne Abs. 2 h. l.]

---

schriften. In Betreff der Hüttenwerke u. s. w. vgl. §§ 58. 60. 16. 54 und die Noten zu denselben; in Betreff der Erbstollen vgl. § 233.

24. Provinzialrechtliche Bestimmungen. Der Kreis der bergfreien Mineralien ist durch solche Bestimmungen für einzelne Landestheile erweitert, für andere verengert worden. Ein Theil dieser Best. findet sich im BG. selbst, vgl. §§ 210 ff., andere sind in den unter n. 1 erwähnten VO. enthalten. Letztern zufolge ist für Nassau der Dachschiefer, für die Herrschaft Schmalkalden der Schwerspath den Mineralien des § 1 hinzugefügt, während für Hannover Steinsalz mit seinen Begleitern sowie die Soolquellen, und für einzelne Theile desselben, nemlich für das Fürstenthum Kalenberg einschließlich der Grafschaft Spiegelberg, die Stein- und Braunkohlen in Wegfall kommen. — Diese letzteren Vorschriften lehnen sich an die bisherigen Rechtszustände jener Landestheile an, und beruhen, anlangend den Dachschiefer, auf der großen volkswirthschaftlichen Bedeutung des nassauischen Schieferbergbaus sowie der Eigenthümlichkeit seines unterirdisch geführten Betriebs, in Betreff des Schwerspaths auf der Wichtigkeit des Eisenerzbergbaus sowie des Schwerspaths in Schmalkalden, in Verbindung damit, daß dort die Eisenerzlagerstätten durch Schwerspathgänge durchsetzt werden, wogegen die Motive, aus denen für Hannover oder einzelne seiner Theile die bezüglichen Mineralien dem Grundbesitzer belassen wurden, dieselben sind, welche den §§ 212. 213 zu Grunde liegen und dort besprochen werden. — Im hannoverschen Oberharze wurden früher auch Bergschmieden gemuthet sowie verliehen, und es werden noch jetzt solche Schmieden, für welche das Recht in Anspruch genommen wird, bestimmten Gruben die Schmiedearbeiten ausschließlich zu liefern, von Gewerkschaften besessen, die den Bergbaugewerkschaften nachgebildet sind und ihr Recht an Bergschmiedemeister verpachtet haben. Obschon solche Gerechtigkeiten in Zukunft nicht mehr verliehen werden, so sind dennoch die sonstigen Befugnisse der Bergbehörden, namentlich das Recht der einseitigen Festsetzung der Schmiedetaxe, bis zur Beseitigung jener bereits bestehenden, schon nach dem hannov. Ges. v. 17. April 1852 ablösbaren Zwangs- und Banngerechtigkeiten aufrecht erhalten worden. Vgl. Z. f. BR. 8. S. 13. 167 ff. 191. 224.

Zu § 2.

25. Im Gebiete der rechtsrhein. Berggesetzgebung war es streitig, ob die Freierklärung des Bergbaus die Folge habe, daß Fiskus nur auf dieselbe Art und unter denselben Beschränkungen, wie Private, Bergeigenthum erwerben könne, oder ob ein Namens des Staats als Regalinhabers seitens der Bergbehörde gemachter Vorbehalt genüge, um gewisse Distrikte von der Bergbaufreiheit ganz auszuschließen, und die dort vorfindlichen Mineralien für die Gewinnung zu Gunsten des Staats zu reserviren. Dieser Streitpunkt hat, wie § 2 Nr. 1 ausdrücken soll, nach Beseitigung des Bergregals für den Fiskus keinen Gegenstand mehr, es sei denn, daß es sich um angeblich schon vor dem Inkrafttreten des BG. durch solche Reservationen erworbene Rechte handelt, da § 2 wohlerworbene Rechte zu schmälern nicht beabsichtigt. Vgl. KB. I, S. 8 und in Betreff jener älteren Streitfrage Gräff S. 26 ff.; Wachler und OT. 15. Mai 1865 (Z. f. BR. 6. S. 520 ff.; 7. S. 192).

Zweiter Titel.

Von der Erwerbung des Bergwerkseigenthums.

Erster Abschnitt.

Vom Schürfen.

---

26. Andere Ausflüsse des Regals, insbesondere das (übrigens bestrittene) Recht zu sogen. Distriktsverleihungen, d. h. zu Spezialverleihungen an Dritte ohne Erfüllung der gesetzlichen Bedingungen über den Erwerb des Bergeigenthums und ohne Beachtung der vorgeschriebenen Feldesgröße, das Vorkaufsrecht bei edlen Metallen (§ 95 II, 16 ALR) und das Recht der Veräußerung des Regals sind mit dem Regale gleichfalls fortgefallen.: vgl. Mot. S. 22, Kloft. n. 2, Wachler S. 67. Doch hat das BG. die früher ertheilten Distriktsverleihungen weder aufgehoben noch bezüglich ihres Umfangs verändert: ME. 15. April 1868 (Achenb. S. 345). In Betreff des Bw.'s-Zehnten, resp. Zwanzigsten vgl. n. 12 14.

27. Inwiefern die unter n. 25. 26 aufgeführten Rechte den Privatregalbesitzern zustehen, resp. verblieben sind, wird zu § 250 erörtert. Ueber das provinzialrechtliche, ebenfalls aus dem Regale abzuleitende ius excludendi alios vgl. n. 139.

28. Trotz § 2 Abs. 1 und entgegen dem Prinzipe der Bergbaufreiheit sind gewisse Reservationen zu Gunsten des Fiskus durch provinzialrechtliche Bestimmungen sanctionirt. Dies gilt in einzelnen vormals hannöverschen Landestheilen (Oberharz), vorbehaltlich der wohlerworbenen Rechte Dritter, vom Rechte zum Bergbau auf alle der Verfügung des Grundbesitzers entzogenen Mineralien, während in anderen (Bezirk der Hütte von Gittelde) blos der Eisenstein und in der vormals kurhessischen Grafschaft Schaumburg blos die Steinkohle von der Gewinnung durch Private ausgeschlossen sind. Letztere Ausnahmen beruhen auf einer vertragsmäßigen Kommunion, welche hinsichtlich des Eisensteinbergbaus zwischen den Landesherrschaften von Hannover und Braunschweig, hinsichtlich des Kohlenbergbaus zwischen denen von Kurhessen und Lippe-Schaumburg bestand, und in welche Preußen an Stelle von Hannover resp. Kurhessen eingetreten ist: Z. f. BR. 8. S. 174. 212. Ueber die Gründe für erstere Ausnahme vgl. ib. S. 184 ff., und über die Beschränkung der Bergbaufreiheit zu Gunsten der hausbesitzenden Bürger von Elbingerode s. Art. XV der VO. 8. Mai 1867 (s. n. 1).

29. Während § 1 das staatliche Salzgewinnungsmonopol beseitigte, erhielt § 2 Abs. 2 das Salzhandelsmonopol, d. h. das ausschließliche Recht des Staats zum Großhandel mit Salz, wie es theils auf Grund älterer Bestimmungen theils auf Grund der Edikte vom 9. Mai und 10. Juni 1816 bestand, aufrecht. Seitdem ist jedoch durch Gesetz, resp. VO. v. 9. Aug. 1867 und durch Bundes-Gesetz v. 12. Okt. ej., welche sich an die Uebereinkunft des deutschen Zoll- und Handelsvereins vom 8. Mai ej. anschließen, das letzterwähnte Monopol gleichfalls aufgehoben, dafür aber das zum inländischen Verbrauche bestimmte Salz einer Steuer unterworfen worden.

Zum zweiten Titel.

30. Das BG unterscheidet bei dem Erwerb des Bergeigenthums, im Anschlusse an das frühere rechtsrheinische Recht, die drei Stadien des Schürfens, Muthens und Verleihens. Hieran schließen sich im 4. Abschn. die Vorschriften über die Vermessung, durch welche das Verleihungsgeschäft gewissermaßen vollendet wird, während der 5. Abschn. die Konsolidation als denjenigen bergrechtlichen Akt behandelt, welcher in Ansehung des konsolidirten Werks ebenfalls ein neues Bergeigenthum schafft: Mot. S. 26.

31. Andere Arten des ursprünglichen Erwerbs sind dem BG. fremd. Namentlich kann ein Bergeigenthum nicht auf Grund neuerdings ertheilter Privilegien, noch durch Okkupation oder Ersitzung neu entstehen, wogegen ein Eigenthumswechsel durch Ersitzung sehr wohl vermittelt werden kann, sowie denn überhaupt für den abgeleiteten Erwerb durchweg die allgemeinen Grundsätze über den Erwerb des Grundeigenthums gelten. Vgl. § 52 h. l. und in Betreff des

§ 3. Die Aufsuchung der im § 1 bezeichneten Mineralien auf ihren natürlichen Ablagerungen — das Schürfen — ist unter Befolgung der nachstehenden Vorschriften einem Jeden gestattet.

[Br. 3, M. 3, G. 3 gleichl.
B 3 gleichl. bis „das Schürfen," dann: „unterliegt den nachstehenden Vorschriften (Art. 4—11)."]

älteren linksrhein. Rechts: AH. Cöln 30. Juli 1862, KH. 13. Jan. 1838 (Rh. A. 57. I, 146; 27. II, 17) und Achenb. (S. 251, resp. Z. f. BR. 8. S. 255).

Zu § 3.

32. So lange die unter der Oberfläche brechenden Mineralien allgemein der Verfügung des Grundbesitzers unterlagen, stand diesem kraft seines Eigenthums auch das Recht, zu schürfen, und zwar ausschließlich zu. Als sich jedoch, unter Aufgebung der dem entsprechenden Grundsatze des römischen Rechts, das Prinzip der Bergbaufreiheit und im Anschlusse hieran eine besondere Berggesetzgebung bildete, hat letztere das Schürfrecht stets als einen in seinem ganzen Umfange ihrem Bereiche anheimfallenden Gegenstand behandelt, ohne sich dabei durch die civilrechtlichen Grundsätze über das Grundeigenthum leiten zu lassen. — Das deutsche Bergrecht und die älteren BO. gestatteten das Schürfen, selbst auf fremdem Grund und Boden, allgemein und ohne Weiteres; ihnen zufolge war das Schürfrecht eine unmittelbare Konsequenz der Bergbaufreiheit, mithin kein Recht, welches, insoweit es auch dem Grundbesitzer selbst zustand, aus dem Eigenthum am Grund und Boden sich ableitete. Auf wesentlich anderer Anschauung beruhten allerdings die revidirten Bergordnungen und das ALR. insofern, als sie die Statthaftigkeit von Schürfversuchen an die Bedingung eines amtlichen Schürfscheins knüpften. Darin stimmten sie jedoch mit dem deutschen Bergrechte ꝛc. überein, daß sie zwischen dem Grundbesitzer und Dritten keinen Unterschied machten, mithin gleichfalls anerkannten, daß das Schürfrecht dem Grundbesitzer nicht schon um seines Eigenthums willen von Rechtswegen zustehe. Erst das franz. Recht unterschied zwischen diesem, resp. den mit seiner Zustimmung Handelnden und anderen Schürflustigen, indem es nur letzteren, nicht aber ersterem die Verpflichtung auferlegte, vor Beginn der Schürfarbeiten eine amtliche Ermächtigung zu erwirken. Gleichwohl würde auch das franz. Recht dem Vorwurfe der Inkonsequenz nicht entgehen, wenn das Schürfrecht des Grundbesitzers einen Ausfluß seines Eigenthums bildete, wie es allerdings von Girardin (vgl. Z. f. BR. 3. S. 73) dargestellt wird. Denn alsdann würde jener doch auch ausschließlich zum Schürfen befugt sein und dieses Recht der Ausschließlichkeit durch amtliche Ertheilung der Schürferlaubniß an Dritte nicht anders, als im Wege der Expropriation, d. h. nur gegen eine von der Schadloshaltung für die entzogene Bodenbenutzung unabhängige Entschädigung geschmälert, resp. aufgehoben werden können. Von einer Entschädigung solcher Art findet sich jedoch in den franz. Bestimmungen keine Spur. — Sowohl der Entwurf von 1862 wie das BG. schließen sich im Wesentlichen dem franz. Rechte an, bestimmen aber außerdem, daß die amtliche Ermächtigung, vorbehaltlich der Fälle des § 4 Abs. 3, nur aus Gründen des öffentlichen Interesses versagt werden könne, wodurch der zwischen dem Grundbesitzer und Dritten gemachte Unterschied vorwiegend eine blos formelle Bedeutung behält. Es tritt hinzu, daß, während § 1 Abs. 2 in Erläuterung, resp. Erweiterung der Vorschrift des Abs. 1, nicht blos die Gewinnung sondern auch die Aufsuchung der bergfreien Mineralien den Bestimmungen des BG. allgemein unterwirft, der Entwurf von 1862 den Grundeigenthümer sogar speziell und in erster Linie unter den Schürfberechtigten aufführt. Demgemäß und da namentlich auch das BG. in der Dritten ertheilten Ermächtigung keine (partielle) Expropriation des dem Grundbesitzer zustehenden Schürfrechts erblickt, kann nur angenommen werden, daß der Grundbesitzer dieses Recht, gleich jedem Dritten, aus § 3, und nicht aus den allgemeinen civilrechtlichen Grundsätzen über das Eigenthum abzuleiten habe, und daß überhaupt alle das Schürfen betreffenden Vorschriften, sofern sie nicht ausdrücklich vom

Schürfen auf fremdem Grund und Boden handeln, ebensowohl für den schürfenden Eigenthümer, wie für Dritte gelten. (Die praktische Bedeutung dieses Satzes erhellt u. A. aus dem unter n. 40. 60. 61. 70. 88. 864 Gesagten.) Contra: Kloſt. n. 14. 342 nach welchem die §§ 3 ff. und § 152 nur das Schürfen auf fremdem Grund und Boden betreffen.

33. Die §§ 3 ff. verstehen unter dem Schürfen nur das Aufsuchen der Mineralien auf ihrer natürlichen Ablagerung und im bergbaulichen Interesse, beziehen sich also nicht auf das Aufsuchen derselben in alten Halden oder zu rein wissenschaftlichen Zwecken: Wachler S. 87.

34. Doch begründet es nach dem BG. so wenig, wie nach der früheren Gesetzgebung, einen Unterschied, ob das Schürfen mittelst Arbeiten an der Oberfläche z. B. Ziehen von Schurfgräben, Abdecken der oberen Erdschichten, (Schürfen im engeren Sinne), oder mittelst Bohrlöcher, Schächte, Stollen und anderer unterirdischer Arbeiten geschieht: Mot. S. 27.

35. Die Befugniß, zu schürfen wird mitunter denen abgesprochen, welche für ihre Person kein Bergeigenthum erwerben können, so im R. v. 30. Sept. 1822 (Gräff, Anhang S. 46) und von Wachler S. 87 den Bergbeamten ꝛc. — vgl. § 195, — im MR. v. 19. Sept. 1860 (Z. f. BR. 1. S. 641) den Eisenbahn- und sonstigen Aktiengesellschaften, sofern diese nicht etwa, ihren landesherrlich bestätigten Statuten zufolge, zum Erwerbe von Bergeigenthum befähigt seien. Gegenwärtig läßt sich jedoch, mit Rücksicht auf die Fassung des § 3, die Befugniß zu schürfen von der Fähigkeit zum Bergeigenthums-Erwerbe nicht prinzipiell und unbedingt abhängig machen und namentlich der obigen Ansicht Wachler's nicht beipflichten, ungeachtet sie in den Materialien zum Gothaischen BG. (Z. f. BR. 9. S. 472) Unterstützung findet, da § 195 h. l. als Ausnahmegesetz strikte zu deuten, und das auf ihm beruhende Hinderniß des Bergeigenthums-Erwerbs ohnehin mehr oder weniger vorübergehender Natur ist, mithin längst beseitigt sein kann, wenn das Schürfen ein Resultat liefert, d. h. zu einem Funde führt. Wohl aber muß dem cit. MR. v. 19. Sept. 1860 zugestimmt werden, weniger, weil die dort genannten Personen kein Bergeigenthum erwerben können, als weil derselbe Grund, der sie zu jenem Erwerbe unfähig macht, sie auch von der rechtlichen Fähigkeit, sei es auf eignem, sei es auf fremdem Besitzthum zu schürfen, ausschließt. Dieser Grund besteht einfach darin, daß juristische Personen überhaupt außerhalb der ihnen durch das Gesetz und die landesherrliche Genehmigung zugewiesenen Rechtssphäre gar keine Existenz haben, es daher begriffswidrig wäre, wenn man denselben über die Zwecke hinaus, welche das Wesen und den Inhalt ihrer juristischen Persönlichkeit ausmachen, eine Rechts- und Handlungsfähigkeit zugestehen wollte. — Ein Beispiel, wo nach älteren Bestimmungen und selbst gegenwärtig noch die Befugniß zum Muthen ganz unzweifelhaft auf einen engeren Kreis von Personen eingeschränkt ist, als die Befugniß zu schürfen, wird in n. 1273 mitgetheilt.

36. Andererseits ließe sich mit Rücksicht auf den Zweck und die rechtliche Bedeutung des Schürfens als einer den Erwerb des Bergeigenthums vorbereitenden Handlung, die Frage aufwerfen, ob nicht wenigstens die amtliche Ermächtigung zum Schürfen im Felde und nach dem Mineralvorkommen eines verlassenen Werks unstatthaft sei, eben weil es zu einer auf dieses Mineralvorkommen einzulegenden Muthung keiner neuen Aufschlüsse bedarf (§ 16). Inzwischen steht die Fassung des § 3 einer solchen Einschränkung gleichfalls entgegen. Vgl. auch § 16 Abs. 2 und § 21, ferner n. 190.

37. § 3 macht selbst hinsichtlich der Ausländer keine Ausnahme; das Reziprozitätsprinzip kommt hier mithin nicht zur Sprache. Dies gilt sogar von den juristischen Personen des Auslands, sofern sie überhaupt die rechtliche Befähigung, zu schürfen, besitzen, sollten sie auch zum demnächstigen Erwerbe des Bergeigenthums einer besonderen landesherrlichen Genehmigung bedürfen; vgl. n. 35 und 172.

38. Unter mehreren Schürfern gestattet das BG. freie Konkurrenz; die Gewährung ausschließlicher Schürfberechtigungen und die Abschließung der Schürfbezirke, wie sie anderwärts vorkommen, sind dem BG. fremd: KB. II. S. 16. Doch behalten die in den vormals Hannöverschen, Kurhessischen und Bayrischen

§ 4. Auf öffentlichen Plätzen, Straßen und Eisenbahnen, sowie auf Friedhöfen ist das Schürfen unbedingt untersagt.

Auf anderen Grundstücken ist das Schürfen unstatthaft, wenn nach der Entscheidung der Bergbehörde überwiegende Gründe des öffentlichen Interesses entgegenstehen.

Landestheilen bis zum 1. Juli 1867 ertheilten Schürfscheine, sofern sie ein auch nach der gegenwärtigen Gesetzgebung bergfreies Mineral betreffen und ein ausschließliches Schürfrecht auf ein bestimmtes Feld begründen, ihre Kraft während der Zeit, für welche sie gegeben wurden. In Ermangelung einer solchen Zeitbestimmung erlosch ihre Kraft mit dem 1. Juli 1868. Ob aus einem Schürfschein eine solche Freischürfberechtigung abzuleiten sei, unterliegt der Beurtheilung der Verwaltungs- und Justiz-Behörden. Vgl. Z. f. BR. 8. S. 173.

Zu § 4.

39. Abs. 1 betrifft diejenigen öffentlichen Verkehrsanstalten und Anlagen, bezüglich deren ein absolutes gesetzliches Schürfverbot durch die Rücksichten auf die öffentliche Sicherheit und Ordnung sowie auf die Fernhaltung von Störungen der Ruhe gerechtfertigt wird: Motive S. 29. Arg. e. contr. desselben ist das Schürfen im Rayon einer Festung nicht unbedingt untersagt; eventuell kommt Abs. 2 zur Anwendung: KB. I. S. 10. Für Schleswig-Holstein wurde dagegen das Verbot des Abs. 1 auf See- und Fluß-Deiche sowie auf das bis zu 200 Lachter von denselben entfernte Terrain ausgedehnt, während bezüglich entfernterer Stellen und der Binnendeiche eine dem Abs. 2 entsprechende, an sich übrigens selbstverständliche, resp. im Abs. 2 bereits stillschweigend enthaltene Bestimmung getroffen ist. Vgl. Z. f. BR. 10. S. 141 und n. 40.

40. Bei Handhabung des Abs. 2 kommt es auf die Verhältnisse des konkreten Falles an, z. B. wenn es sich um den Schutz gemeinnütziger Anlagen, Mineralquellen, Deiche rc. handelt; doch ist das Verbot in diesem, wie im Falle des Abs. 1 insofern ein absolutes, als es auch den Grundbesitzer selbst trifft: Mot. S. 29. A. M. ist Klost., n. 16; er führt aus: die Behörde könne zwar auch dem Grundbesitzer das Schürfen verbieten, aber nur nach Maaßgabe des § 196 und aus den dort angeführten Gründen, während § 4 Abs. 2 nur das Recht zum Schürfen auf fremdem Boden beschränke, indem er dem Grundbesitzer einen Einspruch gegen die beantragte amtliche Ermächtigung gebe, und zwar für solche Fälle, in denen der Nachtheil durch die Geldentschädigung nicht aufgewogen werden könne, wo vielmehr im öffentlichen Interesse daran gelegen sei, daß die Beschädigung des Grundeigenthums vermieden werde, z. B. wenn ein für die Landwirthschaft unentbehrlicher Brunnen oder Teich abgegraben, oder eine Forstkultur, deren Erhaltung im öffentlichen Interesse liege, zerstört werden solle. Diese Ansicht, welche mit der unter n. 32 besprochenen zusammenhängt, läuft im Wesentlichen auf die bezügliche Bestimmung im § 7 des Entwurfs von 1862 hinaus, (vgl. Mot. v. 1862 S. 27.) Aber eben, weil die Fassung des letzteren vom BG. nicht beibehalten wurde, und die Motive zu § 4 h. l. das gerade Gegentheil aussprechen, kann darüber kein Zweifel bestehen, daß der Gesetzgeber die jenem Entwurfe zu Grunde liegende Anschauung mit Absicht und Bewußtsein aufgegeben habe. Andererseits läßt sich aus der Bezugnahme des § 4 in den §§ 5. 8 ein Argument für die Meinung Klostermann's um so weniger ziehen, als sonst angenommen werden müßte, daß das Verbot des § 4 Abs. 1 sich gleichfalls nicht gegen den Grundbesitzer richte, während ein Zurückgehen auf den § 196 mit Rücksicht auf das unter n. 1044 Gesagte zum Mindesten bedenklich ist; vgl. auch den KB. zur Vdn. v. 22. Febr. 1867 (Z. f. BR. 8. S. 13). — Inzwischen hat die Streitfrage keine große praktische Bedeutung, da auch, wenn man an der in den Motiven entwickelten Ansicht festhält, die formelle Behandlung eines an den Grundbesitzer gerichteten Schürfverbots eine andere ist, wie diejenige des Falles, wo die Schürfermächtigung Dritten versagt wird (s. n. 41), die Gründe aber, aus denen gemäß § 4 Abs. 2 das Schürfen verboten werden soll, im Wesentlichen mit denjenigen zusammentreffen, welche Klost. unter Berufung auf § 196 für geeignet hält, um ein den

Unter Gebäuden und in einem Umkreise um dieselben bis zu zweihundert Fuß, in Gärten und eingefriedigten Hofräumen darf nicht geschürft werden, es sei denn, daß der Grundbesitzer seine ausdrückliche Einwilligung hierzu ertheilt hat.

a. [Br. 4 gleichl., nur heißt es: „Entfernung" st. „Umkreis."
M. 4 gleichl.
G. 4 gleichl., nur ist hinter „Gärten" eingeschaltet: „Parkanlagen" (welches Wort Wildgärten und Wildparks nicht in sich begreift: Z. f. BR. 9. S. 473).
B 4 gleichl., nur heißt es: „60 Meter" st. „200 Fuß."
b. Vgl. die Strafbestimmung des § 207 h. l.]

Grundbesitzer treffendes Verbot zu motiviren. (Klost. zählt als solche Gründe gleichfalls den Schutz der Mineralquellen und Deiche, und außerdem den Schutz der Sicherheitspfeiler sowie die Absperrung des Brandfeldes bei Grubenbränden auf.)

41. Die Entscheidung über das Entgegenstehen überwiegender Gründe des öffentlichen Interesses wird, wenn der Grundbesitzer das Schürfen nicht gestatten will, nach § 8 vom OBA. getroffen; in allen übrigen Fällen geht sie gemäß § 189 vom RB. aus, und stellt nach Form wie Inhalt eine polizeiliche Verfügung dar, auf welche das Gesetz v. 11. Mai 1842 zur Anwendung kommt. Doch glaubt Huyssen S. 11, daß allgemeine Verbote für größere Bezirke nach § 197 vom OBA. erlassen werden könnten [?]. Vgl. in letzterer Hinsicht die B.-P.-VO. vom 11. Febr. 1869 (M. Z. 17. S. 14).

42. Das Schürfen kann aus Gründen des öffentlichen Interesses auch noch nach dem Beginne der Schürfarbeiten untersagt werden. Sind letztere jedoch mit amtlicher Ermächtigung (§ 8) begonnen, so kann deren Einstellung in der Regel nur dann verfügt werden, wenn jene Gründe erst seit Ertheilung der Ermächtigung zur Existenz gelangt sind. In diesem Falle bildet der Umstand, daß die Ermächtigung vom OBA. ausging, kein Hinderniß, daß das Verbot vom RB. erlassen werde. Vgl. § 10 Abs. 2.

43. § 4 Abs. 3 bezweckt den Schutz des Grundbesitzes gegen solche Schürfarbeiten, welche wegen der besonderen Beschaffenheit, Lage und Benutzung gewisser Oertlichkeiten vorzugsweise dazu angethan sind, den Grundbesitzer in dem ruhigen Genusse seines Besitzthums zu stören und zu belästigen. Er nimmt eine Stellung ein zwischen den für den Schutz des Grundbesitzes unzureichenden §§ 147ff, II, 16 ALR. und dem über das Bedürfniß hinausgehenden Art. 11 des franz. Ges. vom 21. April 1810. Vgl. Motive S. 29. Immerhin ist letzterer Art. 11 jedoch die Quelle des Abs. 3 h. l.

44. Trotz der dem Abs. 3 zu Grunde liegenden Motive und trotzdem, daß Art. 11 cit. ausdrücklich von Wohngebäuden spricht, begründet es nach dem BG. keinen Unterschied, ob das Gebäude bewohnt, resp. zum Bewohnen bestimmt ist, oder nicht. Zur Erläuterung des Begriffs „Gebäude" vgl. überhaupt Oppenhoff StGB. § 220, wobei jedoch bemerkt wird, daß mit Rücksicht auf die Motive und den exceptionellen Charakter der Bestimmung des Abs. 3 im Zweifelsfalle der restriktiven Deutung des Ausdrucks „Gebäude" der Vorzug gebührt.

45. Der Bestimmung hinsichtlich des Umkreises eines Gebäudes liegt die Voraussetzung zu Grunde, daß letzteres sich mit dem umliegenden Terrain in denselben Händen befinde; vgl. Achenb. (S. 216, resp. Z. f. BR. 7 S. 514ff.), Klost. n. 17. In Betreff der entsprechenden Vorschrift des Art. 11 des franz. Ges. v. 21. April 1810 ist dieser Punkt überaus streitig.

46. Ebenso dürfte Abs. 3 außer Anwendung bleiben, wenn das Terrain, auf welchem geschürft werden soll, zwar dem Gebäudebesitzer gehört, vom Gebäude jedoch durch fremdes Besitzthum, z. B. einen öffentlichen Weg, getrennt ist. Im Uebrigen s. n. 49.

47. Unter „Gärten" sind Parkanlagen nicht einbegriffen; vgl. § 2 des Ges. v. 14. Juni 1859 (GS. 325), wo Gärten und eingeschlossene Parkanlagen neben einander genannt werden, und Wachler S. 89. Selbst ummauerte Park-

§ 5. Wer zur Ausführung von Schürfarbeiten fremden Grund und Boden benutzen will, hat hierzu die Erlaubniß des Grundbesitzers nachzusuchen.

Mit Ausnahme der im § 4 bezeichneten Fälle muß der Grundbesitzer, er sei Eigenthümer oder Nutzungsberechtigter, das Schürfen auf seinem Grund und Boden gestatten.

[Br. 5, M. 5, G. 5, B. 5 gleichl.]

---

anlagen gehören zu den im Abs. 3 aufgeführten Terrains nicht, da derselbe nur die eingefriedigten Höfe den Gärten ꝛc. gleichstellt. Anders im franz. Rechte.

48. Art. 11 des franz. Ges. v. 21. April 1810 umfaßt arg. Art. 15 ib. nur die Arbeiten auf der Tagesoberfläche, so daß nach jenem unterirdische Schürfarbeiten sogar unter Wohnungen statthaft sind; vgl. Achenb. l. c. In letzterem Punkte geht § 4 Abs. 3 nun zwar über die Vorschrift des Art. 11 hinaus; doch ist der Verf. geneigt, mit Rücksicht auf die ratio legis und das oben n. 44 i. f. Gesagte den Abs. 3, soweit er den Umkreis von Gebäuden, Gärten ꝛc. betrifft, gleichfalls nicht auf unterirdische Arbeiten, z. B. nicht auf die Fortsetzung von Versuchsstollen, zu beziehen. Inwiefern eventuell die §§ 5 und 8 auf solche unterirdische Arbeiten zur Anwendung kommen, darüber vgl. unten n. 54.

49. Was § 4 Abs. 3 unter dem Ausdrucke „Grundbesitzer" verstehe, erläutert der § 5. Dies hat auch für die Tragweite des oben n. 45 Gesagten Bedeutung, indem hiernach § 4 Abs. 3 unter Umständen selbst dann zur Anwendung gelangt, wenn der Gebäudeeigenthümer in Bezug auf das umliegende Terrain bloßer Nutzungsberechtigter ist.

50. Stehen die im Abs. 3 bezeichneten Oertlichkeiten im Eigenthume Mehrerer zu ideellen Theilen, oder befinden sie sich im Besitze eines Nutzungsberechtigten, so ist die Einwilligung sämmtlicher Mitgenthümer, resp. (wenigstens in der Regel) sowohl die des Eigenthümers als diejenige des Nutzungsberechtigten erforderlich, sollte auch der Schürflustige selbst zu den Betheiligten gehören. Vgl. im Uebrigen n. 59 ff.

51. Der Grundbesitzer hat im Falle des § 4 Abs. 3 gegen die eigenmächtige Anstellung von Schürfversuchen nicht blos civilrechtlichen, sondern auch strafrechtlichen Schutz, indem § 207 durch die allgemeine Hinweisung auf § 4 ebensowohl die Fälle des Abs. 3, wie diejenigen der Abss. 1 und 2 umfaßt.

Zu § 5.

52. Obschon die allgemeine Bergbaufreiheit zur allgemeinen Schürffreiheit führt, so darf der Schürfer darum doch nicht eigenmächtig fremden Grund und Boden in Besitz nehmen. Wie bei jeder Benutzung zu bergbaulichen Zwecken, ebenso muß auch hier der Grundbesitzer um Gestattung der Benutzung angegangen und kann erst im Falle ungesetzlicher Weigerung die an Stelle der Genehmigung des Grundbesitzers tretende amtliche Ermächtigung erwirkt werden. Diese schon früher bewährten Grundsätze sind in den §§ 5. 8 aufrecht erhalten: Mot. S. 29.

53. Unbeschadet des § 5 kann man sich dem Grundbesitzer gegenüber vertragsmäßig verpflichten, dessen Grund und Boden zu Schürfarbeiten nicht in Anspruch zu nehmen.

54. Huyssen S. 11 bezieht den § 5 auch auf solche Schürfarbeiten, welche die Oberfläche gar nicht berühren, sondern blos unterirdisch, mittelst Stollen und Strecken, die außerhalb der Grenzen des betreffenden Grundeigenthums angesetzt sind, betrieben werden, indem auch die Durchörterung des Gebirges unter der Oberfläche eine Benutzung des Grundes und Bodens darstelle. Er unterscheidet insofern zwischen dem bloßen Schürfer und dem Bergwerkseigenthümer; der letztere sei gemäß §§ 54. 57. 60 zur Vornahme solcher unterirdischen Arbeiten allerdings ohne Weiteres befugt. Inzwischen ist diese, zwischen dem Schürfer und dem Bw.'sbesitzer gemachte Unterscheidung sowie überhaupt die ganze Frage nicht unbedenklich. Vgl. n. 48. 349.

55. Gegen die eigenmächtige Benutzung des Bodens zu Schürfarbeiten kann sowohl possessorisch wie petitorisch geklagt werden. Auch ist arg. § 5 der Beklagte nicht mit dem Einwande zu hören, daß kein Fall des § 4 vorliege, ihm mithin ein Rechtsanspruch auf die Gestattung des Schürfens zur Seite stehe, da ja sonst die Instanz des OBA.'s (§ 8) umgangen werden würde.

56. Wie jede Muthung auf ein bestimmtes Mineral gerichtet werden muß, so setzt auch jedes rationelle Schürfen eine auf Auffindung eines bestimmten Minerals gerichtete Absicht voraus. Das BG. will offenbar nur solche, nicht also auf's Gerathewohl und planlos unternommene, auf reine Vexationen der Grundbesitzer hinauslaufende Schürfarbeiten begünstigen. Demgemäß und mit Rücksicht auf das unter n. 192 Gesagte hat der Schürflustige nur dann einen Anspruch auf Gestattung des Schürfens, wenn er das zu erschürfende Mineral genau bezeichnet, wodurch selbstredend nicht ausgeschlossen wird, daß das Schürfen und das Gesuch um Gestattung desselben gleichzeitig mehrere Mineralgattungen zum Gegenstande habe. In Betreff des älteren Rechts vgl. Gräff S. 113 und die franz. MInstr. v. 3. Aug. 1810.

57. Die Benutzung des Grundes und Bodens kann nur insoweit beansprucht werden, als sie zur Ausführung der Schürfarbeiten nothwendig ist. § 135 dient hier wohl nicht zum Maßstabe; namentlich kann das dort von Tagegebäuden Gesagte bei bloßen Schürfarbeiten schwerlich zur Sprache kommen. Wohl aber gehört dahin die Einräumung von Wegen zum Schürfpunkte. Vgl. MR. v. 7. Juli 1860 (M. Z. 8. S. 251). Ja der Schürfer wird unter Umständen auch die Ueberlassung des zur Abfuhr der geförderten Mineralien oder zu Niederlageplätzen erforderlichen Raums begehren können. A. M. ist zwar ein MR. 2. März 1859 (M. Z. 7. S. 12); dasselbe geht jedoch von der nach § 11 h. l. nicht mehr zutreffenden Voraussetzung aus, daß dem Schürfer kein Recht zustehe, bei seinen Arbeiten Mineralien zu gewinnen.

58. Während die Einwilligung des Grundbesitzers in den Fällen des § 4 Abs. 3 die Bedingung für die Existenz des Rechts bildet, zur Ausführung von Schürfarbeiten fremden Grund und Boden zu benutzen, ist sie in allen übrigen Fällen nur eine der Bedingungen für die Ausübung dieses an sich schon kraft Gesetzes bestehenden Rechts, und hat daher weniger einen konstitutiven, als einen deklarativen Charakter. Demgemäß und da es sich andererseits nur um die Ueberlassung des Grundstücks zu einem beschränkten und vorübergehenden Gebrauche handelt, ist die Rechtsbeständigkeit einer nach § 5 ertheilten Erlaubniß nicht von der Veräußerungsbefugniß, z. B. falls sie von einem Vormunde ertheilt wird, nicht von der Zustimmung der obervormundschaftlichen Behörde abhängig. Der Ehemann ist nach Rheinischem Gütergemeinschafts-Rechte aus doppeltem Grunde legitimirt, das Schürfen auf dem Sondergute seiner Frau zu gestatten, einmal als Verwalter dieses Sonderguts, und sodann als Nutzungsberechtigter (n. 59). Vgl. jedoch Achenb. (S. 212) und unten n. 65.

59. Um außer Zweifel zu stellen, daß das BG. unter dem Grundbesitzer sowohl den Eigenthümer als auch den Nutzungsberechtigten verstehe, ist hierauf im § 5 ausdrücklich hingewiesen: Motive S. 30. § 5 erfordert nicht, daß der Nutzungsberechtigte ein dingliches Recht an dem Grundstücke oder den juristischen Besitz habe, um als Grundbesitzer zu gelten. Zu den Nutzungsberechtigten zählen insbesondere der Emphyteuta, Nießbraucher, Usuar, Pächter und antichretische Besitzer, nicht aber die Inhaber bloßer Prädialservituten und die Hypothekargläubiger. Vgl. n. 69.

60. Ob bei der Konkurrenz des Eigenthümers mit einem Nutzungsberechtigten jener oder dieser allein, oder ob beide die Erlaubniß zu ertheilen haben, ist vom BG. unentschieden gelassen und daher nach den Grundsätzen des Civilrechts zu beurtheilen: KB. I, S. 11; II, S. 17. Hierauf gestützt, nimmt Klost. n. 18 an, daß die Genehmigung des Nutzungsberechtigten stets neben derjenigen des Eigenthümers erforderlich sei, wenn jener den juristischen Besitz des Grundstücks habe oder ein dingliches Recht ausübe, welches mit der beabsichtigten Schürfarbeit kollidiren würde, ja, daß dessen Genehmigung allein genüge, sofern er kraft seines dinglichen oder kontraktlichen Rechts befugt sei, dergleichen Arbeiten selbst vorzunehmen; die Anwendung dieser zweiten Regel gestalte sich daher verschieden je nach Ver-

schiedenheit der im konkreten Falle zur Anwendung kommenden Civilgesetzgebungen. Abgesehen jedoch von dem unter n. 32 und 61 Gesagten, bildet das Recht, den Grund und Boden zu eignen Schürfversuchen zu benutzen, keineswegs den Maßstab für das Recht, fremde Versuche zu gestatten, gleich als ob es sich um eine Veräußerung jenes ersteren Rechtes handelte; vgl. n. 58; vielmehr ist die Erwirkung der Erlaubniß nur um deswillen vorgeschrieben, weil die Anstellung von Schürfversuchen die anderweitige Benutzung des Grund und Bodens ausschließt oder doch schmälert; es hängt daher die Beantwortung obiger Frage nur davon ab, wer durch das Schürfen in der Ausübung seiner civilrechtlichen Ansprüche auf jene anderweitige Benutzung beeinträchtigt oder zur Erhebung von Entschädigungsansprüchen nach civilrechtlichen Grundsätzen befugt wird. Demgemäß erscheint in der Regel die Erlaubniß beider, des Eigenthümers wie des Nutzungsberechtigten, als erforderlich, des ersteren namentlich schon wegen seines Anspruchs auf Ersatz des Minderwerths im Falle einer Werthverringerung. Vgl. KB. 1, S. 12. Nur da, wo es wegen des geringen Umfangs und des untergeordneten Zwecks der beabsichtigten Schürfversuche von vorne herein klar ist, daß diese blos eine ganz vorübergehende und geringfügige, die Interessen des Eigenthümers gar nicht berührende Genußstörung zur Folge haben werden, dürfte die Erlaubniß des Nutzungsberechtigten genügen, wie andererseits auch Fälle möglich sind, in denen die Ausübung des Nutzungsrechts gar keine Beeinträchtigung erleidet und daher die Erlaubniß des Eigenthümers ausreicht, namentlich, wenn jenes Recht in einem bloßen usus besteht.

61. Nach Maßgabe des oben Gesagten und vorbehaltlich der dort erwähnten Ausnahmefälle ist die Erlaubniß des Eigenthümers auch dann nöthig, wenn der Nutzungsberechtigte selbst schürfen will, und diejenige des letzteren zu Schürfversuchen des ersteren. Denn da das Gesetz unter dem Ausdrucke „Grundbesitzer" beide begreift, so ist jeder von ihnen insoweit nicht Grundbesitzer, als es der andere ist. Klost. n. 18 ist, theilweise wenigstens, a. M., was damit zusammenhängt, daß er, wie beim Eigenthümer, so auch beim Nutzungsberechtigten das Recht, selbst zu schürfen, nicht aus dem BG., sondern aus den allgemeinen Grundsätzen der verschiedenen Civilgesetzgebungen ableitet. Vgl. n. 32. 60.

62. Ebenso bedarf ein Miteigenthümer der Erlaubniß der übrigen Miteigenthümer.

63. Der Grundbesitzer wird durch Ertheilung der Erlaubniß an einen Andern, (in Ermangelung einer besonderen Vereinbarung im entgegengesetzten Sinne, — s. jedoch Achenb. S. 212) ebensowenig, wie durch die dem Andern ertheilte amtliche Ermächtigung (§ 8) von dem Rechte ausgeschlossen, nach denselben Mineralien selbst zu schürfen oder Dritten das Schürfen zu gestatten. Ja es würde ein Vertrag, durch welchen der Grundbesitzer sich dem ersten Schürfer gegenüber verpflichtete, keinem Dritten eine gleiche Erlaubniß zu ertheilen (von den Fällen des § 4 Abs. 3 abgesehen), arg. § 5 unstatthaft sein. Doch darf der erste Schürfer durch die Arbeiten jüngerer Schürfer in der Ausübung seines Schürfrechts und der desfallsigen Benutzung des Bodens nicht beeinträchtigt werden. Vgl. n. 38.

64. Wachler S. 91 hält für die Ertheilung der Erlaubniß nach den Bestimmungen des ALR. (vgl. insbes. §§ 131. 133. 135 I, 5 ib.) in der Regel die schriftliche Form für nöthig. In den Ländern des gemeinen und rheinischen Rechts ist die Gültigkeit der ertheilten Erlaubniß jedenfalls an keine Form gebunden; diese kann daher auch stillschweigend ertheilt, resp. aus concludenten Handlungen, wie z. B. daraus gefolgert werden, daß der Grundbesitzer kostspielige, unter seinen Augen längere Zeit hindurch fortgesetzte Arbeiten ruhig hat geschehen lassen. Ein OT. 7. März 1862 (Z. f. BR. 4. S. 109) hat selbst für das Gebiet des ALR. aus solchen Handlungen ähnliche Folgerungen gezogen.

65. Dem Recht, zu Schürfarbeiten fremden Grund und Boden in dem durch die Erlaubniß des Grundeigenthümers resp. durch die amtliche Ermächtigung normirten Umfange zu benutzen, legt die herrschende Meinung dinglichen Charakter, ja im Gebiete des Rheinischen Rechts (nicht in demjenigen des ALR.) die Eigenschaft eines Immobile's bei. Vgl. Mot. v. 1862 S. 29, Achenb. (S. 139. 212), Klost. n. 19, welcher letztere jedoch die gleiche Wirkung einer vom Nutzungsberechtigten ertheilten Erlaubniß ausdrücklich und allgemein abspricht. Jedenfalls unter-

§ 6. Der Schürfer ist verpflichtet, dem Grundbesitzer für die entzogene Nutzung jährlich im Voraus vollständige Entschädigung zu leisten und das Grundstück nach beendigter Benutzung zurückzugeben, auch für den Fall, daß durch die Benutzung eine Werthverminderung des Grundstücks eintritt, bei der Rückgabe den Minderwerth zu ersetzen.

Für die Erfüllung dieser letzteren Verpflichtung kann der Grundbesitzer schon bei der Abtretung des Grundstücks die Bestellung einer angemessenen Kaution von dem Schürfer verlangen.

[Br. 6, M. 6, G. 6 gleichl.
B. 6 gleichen Inh.]

---

scheidet sich übrigens jenes Recht von eigentlichen Personal-Servituten dadurch, daß es nicht, gleich diesen, an die Person des ursprünglich Berechtigten geknüpft, sondern vererblich und übertragbar ist.

66. Gegen Störungen in der Ausübung des Schürfrechts, resp. in der desfallsigen Benutzung des Grundes und Bodens ist die richterliche Hülfe in Anspruch zu nehmen. Vgl. Wachler S. 101, welcher dem Schürfberechtigten sogar das possessorium zugesteht, indem er denselben trotz des unter n. 68 Gesagten als unvollständigen Besitzer des Grundes und Bodens (§§ 6. 7. 9 I, 7. ALR.) betrachtet. Wenn jedoch das Schürfrecht auf einer amtlichen Ermächtigung beruht und der Grundbesitzer gleichwohl die Abtretung des Grundstücks verweigert, so hat, nach dem Grundsatze des Preuß. Verwaltungsrechts, daß jede Entscheidungsgewalt das Recht und die Pflicht zur Vollstreckung der getroffenen Entscheidungen in sich schließt, das OBA. allerdings seinem Beschlusse (§ 8), nöthigenfalls unter dem Beistande der Polizei, Nachdruck zu geben. Vgl. Oppenhoff Ress.-Ges. S. 130. 268, MR. v. 31. März 1852, und v. 7. Juli 1860 (M. Z. 1. S. 42; 8. S. 251) und unten n. 827. A. M. sind Wachler und Achenb. (Z. f. BR 4. S. 214), welche eine solche Einwirkung für unverträglich mit der neueren Stellung der Bergbehörden erachten.

Zu § 6.

67. Die Verschiedenheit, welche zwischen Schürfarbeiten und dem eigentlichen Bw.'s-Betriebe nach ihrem Zwecke und in der Regel auch nach Art und Umfang ihrer Ausführung besteht, bot keinen zureichenden Grund, den Schürfer, bezüglich seiner Pflichten gegen den Grundbesitzer, anders zu stellen, als den Bw.'s-Besitzer, indem es sich bei Beiden immerhin um die Benutzung der Oberfläche zu bergbaulichen Zwecken handelt. Demgemäß normirt § 6 die Verpflichtungen des Schürfers nach denselben Grundsätzen, welche diejenigen des Bw.'s-Besitzers gemäß §§ 137. 138 regeln: Motive S. 30. Zur Erläuterung des § 6 wird daher auf die Noten zu jenen §§ verwiesen. Hinsichtlich zufälliger Grundschäden s. § 152 h. l.

68. Aus den Worten „das Grundstück — — zurückzugeben" folgt nicht, daß eine Uebertragung des Besitzes auf den Schürfer stattfinde: KB. I, 12. Vgl. übr. n. 66.

69. Die Interessen der Hypoth.-Gläubiger sind nicht besonders gewahrt, weil es sich beim Schürfen wesentlich nur um vorübergehende Deterioration handelt, die Kaution für Substanz-Deteriorationen genügende Sicherheit bietet, und jenen Gläubigern bei Substanz-Deteriorationen ohnehin das Recht zusteht, das Kapital vor der Verfallzeit zu kündigen: KB. II, 17. (Es fehlt übrigens an dergleichen Bestimmungen auch bei Abtretungen zum Zwecke des Bw.'s-Betriebs.)

70. Die Anwendbarkeit des § 6 auf schürflustige Eigenthümer und Nutzungsberechtigte bemißt sich nach dem unter n. 60 bis 62 Gesagten. — Auch der schürflustige Nutznießer eines Grundstücks muß die im Abs. 3 erwähnte Kaution bestellen, da die Kaution, welche er dem Eigenthümer wegen Erfüllung

§ 7. Die dem Grundeigenthümer im letzten Satze des § 137 und in den §§ 138. 139 und 141 eingeräumten Rechte stehen demselben auch gegen den Schürfer zu.

[Br. 7 gleichl.

M. 7: „Die dem Grundeigenthümer im letzten Satze des Art. 125 und im Art. 126, sowie im Expropr.-Ges. v. 28. Juni 1845 Art. 5. 7 eingeräumten Rechte stehen demselben auch gegen den Schürfer zu. Die in den Art. 16. 17. 18 des letzteren Gesetzes enthaltenen Bestimmungen finden analoge Anwendung."

G. 7 gleichl., nur ist den in § 7 h. l. aufgezählten §§ noch der dem § 140 h. l. entsprechende § 97 des G. BG. beigesellt.

B. 7 gleichl., doch ohne Verweisung auf einen dem § 141 h. l. entsprechenden, im Bayr. BG. überhaupt nicht vorfindlichen Art.].

§ 8. Kann der Schürfer sich mit dem Grundbesitzer über die Gestattung der Schürfarbeiten nicht gütlich einigen, so entscheidet das Oberbergamt durch einen Beschluß darüber, ob und unter welchen Bedingungen die Schürfarbeiten unternommen werden dürfen.

---

der ihm als Nutznießer nach der Civilgesetzgebung obliegenden Verpflichtungen bereits gestellt hat, für den durch Schürfversuche herbeigeführten Minderwerth nicht haftet. Vgl. n. 32. 61.

71. Für die Entschädigungs-Rente und die demnächstige Rückgewähr des Grundstücks (Abs. 1) kann keine Kautionsbestellung verlangt werden. (Das BG. weicht in diesem Punkte von dem Entwurfe von 1862 ab, welcher für die Entschädigung überhaupt Kautionsbestellung vorschrieb.) Doch hält Wachler S. 91 den Grundbesitzer für befugt, überall, wo ein Arrestschlag gerechtfertigt wäre, Sicherheitsbestellung zu fordern; er könne alsdann jedoch keine Einstellung der Schürfarbeiten begehren, die Arrestmaßregeln müßten sich vielmehr darauf beschränken, ein Objekt der Sicherheit in Beschlag zu nehmen. Vgl. OT. 4. Nov. 1842. Präj.-Buch S. 218.

Zu § 7.

72. § 7 bezieht sich nur auf den letzten Satz des § 137, weil der übrige Inhalt dieses § mit § 6 übereinstimmt. Auf § 140 wird wol um deswillen nicht verwiesen, weil seine Voraussetzungen beim Schürfen kaum jemals eintreten werden. Eventuell würde eine wenigstens analoge Anwendung des § 140 keinem Bedenken unterliegen. Vgl. Brass. (Z. f. BR. 9. S. 473). — Im Uebr. s. n. 67 und 79.

Zu § 8.

73. Das Verfahren ergiebt sich aus den materiellen Vorschriften des BG.; Abs. 3 entspricht dem früher bei Grundabtretungen üblichen Verfahren, wie den §§ 143, 144: Mot. S. 31. Vergl. Hall. und Dortm. Instr. §§ 52. 53 resp. § 62.

74. Die administrative Kognition findet nur insoweit statt, als es sich um die gesetzlichen Voraussetzungen des Schürfrechts handelt. Leitet der Grundbesitzer aus einem mit dem Schürflustigen geschlossenen Vertrage das Recht her, die Gestattung der Schürfarbeiten zu versagen, so kann er dies nur vor Gericht geltend machen; das OBA. darf in seinem Beschlusse auf dergleichen Einwendungen keine Rücksicht nehmen.

75. Ebenso gehört ein Streit darüber, ob der Eigenthümer einer Oertlichkeit im Sinne des § 4 Abs. 3 seine Einwilligung zum Schürfen gegeben habe, oder nicht, zur ausschließlichen Entscheidung des Richters.

76. Bedingung der administrativen Kognition ist die Unmöglichkeit einer gütlichen Einigung der Betheiligten über die Gestattung der Schürfarbeiten. Dies gilt selbst von den im Abs. 3 erwähnten Festsetzungen. Gestattet daher der Grundbesitzer das Schürfen ohne Weiteres, einigt sich aber demnächst mit dem Schürfer nicht über die Entschädigung rc., so findet in Betreff der letzteren dennoch keine administrative Festsetzung statt.

Das Oberbergamt darf die Ermächtigung nur in den Fällen des § 4 versagen.

Dasselbe setzt beim Mangel einer Einigung unter den Betheiligten die Entschädigung und die Kaution (§ 6) in Gelde fest. Gegen diese Festsetzung findet der Rekurs nicht statt.

Wegen der Kosten kommt der § 147 zur Anwendung.

a. [Br. 8 gleichl., jedoch ist hinter Abs. 2 eingeschaltet: „Gegen deren [d. h. der Bergbehörde] Beschluss ist nur in den Fällen des 1. und 3. Abs. des § 4 der Rechtsweg statthaft.“

M. 8 gleichl., doch ohne Abs. 4 h. l.

G. 8 Abs. 1 gleichl. mit Abs. 1 h. l., jedoch ist hinter „Bedingungen“ eingeschaltet: „auf welche Zeitdauer und in welcher räumlichen Ausdehnung.“ — Abs. 2 und 3: „Die Schürffrist darf die Dauer eines Jahres, das Schürffeld die Ausdehnung von 1000 Quadratlachtern nicht überschreiten. Das Bergamt darf die Ermächtigung nur in den Fällen des § 4 und nur denjenigen Personen versagen, welche wegen Diebstahls von Erzeugnissen des Bergbaus, des Waldbaus und des Feldbaus, soweit derselbe primär mit Gefängnissstrafe bedroht ist, bestraft sind, und wenn seit Beendigung der Strafzeit ein Zeitraum von 2 Jahren noch nicht verflossen ist.“ — Abs. 4. 5 gleichl. mit Abs. 3. 4 h. l.

B. 8 Abs. 1 gleichl., mit dem Zusatze: „Auch wenn der Grundbesitzer vor Beginn der Schürfarbeiten auf Erwerbung des Grundeigenthums nach Art. 138 Abs. 2 einen Gegenantrag stellt, haben die Bergbehörden sofort darüber zu entscheiden, ob und unter welchen Bedingungen das begehrte Grundstück von dem Schürfer vorläufig in Benutzung genommen werden darf.“ — Abs. 2 gleichen Inh. mit Abs. 2 h. l. — Abs. 3: „Die Bergbehörde erster Instanz setzt beim Mangel einer Einigung unter den Betheiligten die Entschädigung und die Kaution (§ 6) in Gelde fest vorbehaltlich der Beschreitung des Rechtswegs. Wird dieser betreten, so ist die Klage bei demjenigen Bezirksgerichte, in dessen Sprengel das Grundstück liegt, zu erheben.“ — Abs. 4: „Die Kosten der 1. Instanz fallen dem Schürfer, die der Berufungsinstanz dem unterliegenden Theile zur Last.“

b. § 8 Abs. 2 lautete in der RV.: „Das OBA. darf die Ermächtigung nur aus überwiegenden Gründen des öffentlichen Interesses (§ 4) versagen.“ Der Schlußsatz des Abs. 3 und der Abs. 4 fehlen in der RV.]

---

77. Dagegen kann jene Bedingung auch dann für erfüllt erachtet werden, wenn der Grundbesitzer den Schürflustigen ohne Antwort läßt oder die Verhandlung unnütz in die Länge zieht. Inwiefern hieraus die Unmöglichkeit einer Einigung hervor gehe, hat das OBA. zu beurtheilen, welches zu diesem Behufe dem Grundbesitzer für seine endliche Erklärung eine Präklusivfrist stellen kann; vgl. Huyssen S. 12. Uebrigens glaubt Wachler S. 93, daß die einfache Behauptung des Schürflustigen, daß eine Einigung mit dem Grundbesitzer nicht möglich gewesen sei, in diesem Verfahren genüge, ein desfallsiger Beweis daher nicht angetreten zu werden brauche, da dies nur bezüglich der Kosten von Bedeutung sein könnte, letztere aber nach § 147 dem Schürfer, als Extrahenten ohnehin zur Last lägen.

78. Bei der Gesetzesberathung (vgl. KB. I, S. 13) wurde der Vorschlag gemacht, die Worte des Abs. 1 „unter welchen Bedingungen“ ganz zu streichen, weil sonst wieder die ganze Schürferlaubniß, trotz des Abs. 2, in das Ermessen der Behörde gestellt sei. Dieser Vorschlag fand jedoch keine Billigung. Gleichwohl hat die Behörde die Bedingungen nicht nach willkührlichem Belieben festzusetzen, sie muß sich hierbei vielmehr die möglichste Ausgleichung der widerstreitenden Interessen angelegen sein und sich namentlich durch den Gesichtspunkt der bei allen Expropriationen der administrativen Kognition überwiesenen Bedürfnißfrage leiten lassen. Zwar kann die Ermächtigung selbst wegen der voraussichtlichen Erfolglosigkeit des Schürfens nicht versagt werden; es bleibt daher insoweit die Bedürfnißfrage außer

§ 9. Durch Beschreitung des Rechtsweges wird, wenn dieselbe nur wegen der Festsetzung der Entschädigung oder der Kaution erfolgt, der Beginn der Schürfarbeiten nicht aufgehalten, vorausgesetzt, daß die Entschädigung an den Berech-

---

Betracht; dagegen gilt in Betreff der Bedingungen das Gegentheil, da der Grundbesitzer nach den für Expropriationen allgemein geltenden Grundsätzen keine größeren Beschränkungen in der Bodenbenutzung erleiden darf, als Zweck und Art der Versuchsarbeiten durchaus erfordern. Ob jedoch neben dem Gesichtspunkte des Bedürfnisses, resp. der Ausgleichung der widerstreitenden Privatinteressen auch derjenige des allgemeinen, resp. polizeilichen Interesses bei Festsetzung der Bedingungen in's Auge zu fassen sei, wie dies Wachler (Z. f. BR. 8. S. 495) als selbstverständlich anzunehmen scheint, unterliegt erheblichen Bedenken, einmal mit Rücksicht auf das unter n. 1044 Gesagte, und sodann um deswillen, weil die amtliche Ermächtigung doch lediglich an Stelle der mit Unrecht versagten Erlaubniß des Grundbesitzers treten soll.

79. Klost. n. 21 bezeichnet als Gegenstand jener Bedingungen Zeit und Ort der Schürfarbeiten, die zum Schutze der Oberfläche zu treffenden Vorkehrungen sowie die Modalitäten der Rückgewähr, indem er gleichzeitig bemerkt, daß die Gegenleistungen des Schürfers, auf welche sich Abs. 3 beziehe, unter den im Abs. 1 erwähnten Bedingungen nicht einbegriffen seien. Jedenfalls gehört aber zu letzteren die Bedingung des Zwangserwerbs des Grundstücks (§ 7), da die Entscheidung über den desfallsigen Anspruch, wenn dieser schon bei Erörterung der Frage, ob die Arbeiten zu gestatten seien, erhoben wird, dem OBA. arg. § 142 offenbar nicht entzogen werden sollte, aus dem übrigen Inhalte des § 8 aber keine solche Entscheidungsgewalt hergeleitet werden kann. Uebrigens verstehen die dem § 8 correspondirenden §§ 142. 144 unter dem Ausdrucke „Bedingungen" die Gegenleistungen des Bw.'s-Besitzers überhaupt mit.

80. Bestimmt der Beschluß über die Dauer der Ermächtigung Nichts, so gilt letztere für so lange, als der Schürfer seine Arbeiten überhaupt fortsetzt, da das BG. die Zeitbeschränkungen der älteren rechtsrhein. Gesetze nicht übernommen hat. Auch kann dieselbe, beim Stillschweigen des BG., nicht etwa, wie nach älterem linksrhein. Rechte (vgl. MInstr. 3. Aug. 1810, Martins S. 92) wegen großer Lässigkeit im Betriebe jener Arbeiten auf administrativem Wege zurückgezogen werden. Eher dürfte der letztere Umstand die gerichtliche Klage auf Rückgewähr begründen, da die Benutzung des Grundes und Bodens doch nur so lange, als sie der Natur der Sache nach erforderlich ist, begehrt werden kann und auch nur unter diesem Gesichtspunkte gestattet zu werden pflegt. Immerhin würde jedoch das im Sinne einer solchen Klage ergehende Urtheil der Ertheilung einer neuen Ermächtigung behufs Wiederaufnahme der Arbeiten nicht im Wege stehen.

81. Im Uebrigen vgl. die Noten zu §§ 5. 9. 142 bis 147. — Das Gesuch um Ermächtigung erfordert einen Stempel von 5, die Ausfertigung derselben einen von 15 Sgr. Die durch AKO. 4. Mai 1833 (GS. 49) bewilligte Stempelfreiheit kommt dem Schürfer nicht zu Gute: Huyssen S. 12.

Zu § 9.

82. Der Rechtsweg steht in den dazu geeigneten Fällen beiden Theilen, und wenn sich auf der einen Seite mehrere Miteigenthümer, oder ein Eigenthümer und ein Nutzungsberechtigter befinden, jedem derselben nach Maaßgabe des unter n. 60—62 Gesagten offen. Doch ist die Klage immer nur wider den gegenüberstehenden Interessenten, und nie wider das OBA. zu richten.

83. Die Fassung der RV. wurde geändert, weil sie zu der Meinung führen könne, der Rechtsweg finde nur wegen der Entschädigung und Kaution statt, während das BG. bezüglich des Rechtswegs Nichts bestimmen wolle, was von den allgemeinen Grundsätzen abweiche; nach diesen unterliege aber nur die Frage, ob dem Schürfer Gründe des öffentlichen Interesses entgegenständen [§ 4 Abs. 2], der endgültigen Entscheidung der Bergbehörde, wogegen in den Fällen des § 4 Abs. 1 und 3 der Rechtsweg statthaft sei: KB. I. S. 14. Vgl. im Uebrigen § 145 und oben n. 74.

tigten gezahlt oder bei verweigerter Annahme gerichtlich deponirt, desgleichen die gerichtliche Deposition der Kaution geschehen ist.

a. [Br. 9, M. 9 gleichl.
G. 9 gleichl., mit dem Zus. hinter „Rechtswegs": „welcher jedoch im Falle des § 4 Al. 2 ausgeschlossen ist."
B. 9 gleichen Inh.

b. § 9 der RV. lautete: Durch Beschreitung des Rechtswegs gegen diese Festsetzung der Entschädigung oder Kaution wird der Beginn der Schürfarbeiten nicht aufgehalten, sobald die Entschädigung &c.].

§ 10. In den Feldern fremder Bergwerke darf nach denjenigen Mineralien geschürft werden, auf welche der Bergwerkseigenthümer Rechte noch nicht erworben hat.

Bedrohen jedoch solche Schürfarbeiten die Sicherheit der Baue oder den ungestörten Betrieb des Bergwerks, so hat die Bergbehörde dieselben zu untersagen.

---

84. Hat das OBA. die Ermächtigung versagt, so kann die im entgegengesetzten Sinne ergehende richterliche Entscheidung sich nur dahin aussprechen, daß die Ermächtigung zu ertheilen sei. Die Sache muß daher alsdann wieder an das OBA. gehen, damit dieses auf Grund jener Entscheidung die Bedingungen, die Entschädigung und den Kautionspunkt normire. Der desfallsige Beschluß macht dann freilich ein nochmaliges Rechtsverfahren möglich.

85. Der Rechtsweg kann unter Umständen auch wegen der der Ermächtigung beigefügten oder beizufügenden Bedingungen beschritten werden. Dies unterliegt bezüglich der Frage, ob der Schürflustige das Eigenthum des Grundstücks erwerben müsse, den Kammerverhandlungen zu § 145 und der Natur der Sache gemäß, keinem Zweifel. Doch geht Wachler (Z. f. BR. 8. S. 495) wohl zu weit, wenn er dasselbe von allen anderen Bedingungen annimmt, mit alleiniger Ausnahme derjenigen, welche auf § 4 Abs. 2 oder § 10 Abs. 2 basiren (sofern nemlich mit Rücksicht auf letztere Gesetzesstellen keine völlige Untersagung der Schürfarbeiten, sondern nur eine beschränkte, bedingte Zulassung erfolgt wäre), oder welche sich sonst lediglich als polizeiliche Maßnahmen charakterisiren möchten. Vielmehr sind auch diejenigen Bedingungen, deren Erörterung auf das Gebiet der Bedürfnißfrage hinüberleiten würde, nach allgemeinen, durch § 9 nicht außer Kraft gesetzten Grundsätzen als der richterlichen Kognition entzogen zu erachten. Da nun diese Bedingungen, dem unter n. 78 Gesagten zufolge, die große Regel bilden, so ist der Rechtsprechung in dieser Materie immerhin nur ein sehr beschränktes Feld eingeräumt.

86. Die Deposition der Entschädigung und Kaution findet eventuell beim persönlichen Richter des Grundbesitzers, und im Gebiete des Rheinischen Rechts bei der durch das Ges. v. 24. Juni 1861 (GS. 1862 S. 1) errichteten Depositenkasse statt. Vgl. Mot. v. 1862 S. 31; Mot. S. 31.

Zu § 10.

87. § 10 entscheidet eine bisher wenigstens im Gebiete des franz. Bergrechts höchst bestrittene Frage; vgl. Oppenhoff (Z. f. BR. 4. S. 21). Doch bleibt der Beliehene seinerseits nicht nur in der Ausführung eigner Schürfarbeiten unbeschränkt (§ 54), sondern er wird auch unter Umständen durch das Vorrecht zum Muthen auf andere Mineralien geschützt: Mot. S. 32.

88. § 10 hat selbstredend nur das Schürfen auf bergfreie Mineralien (§ 1) im Auge, unterscheidet jedoch bei diesem nicht zwischen dem Grundbesitzer und Dritten; vgl. n. 32. Freilich werden die Bestimmungen der Abs. 2—4 in ihrer Anwendbarkeit auf den Grundbesitzer nur eine geringe praktische Bedeutung haben, da Schürfarbeiten von wirklichen Eigenthumshandlungen sich sehr häufig in keiner erkennbaren Weise unterscheiden.

89. In den Fällen des Abs. 2 dürfen die Schürfarbeiten als gemeingefährlich oder als nachtheilig für den Bergbau nicht geduldet und müssen von der Berg-

Der Bergwerksbesitzer kann verlangen, daß der Schürfer ihm vor Beginn der Schürfarbeiten eine angemessene Kaution für die etwa zu leistende Entschädigung bestellt.

Auf diese Kaution finden die §§ 8 und 9 Anwendung.

a. [Br. 10, M. 10, G. 10, B. 10 gleichl.
b. Vgl. die Strafvorschrift des § 207 h. l.]

§ 11. Der Schürfer ist befugt, über die bei seinen Schürfarbeiten geförderten Mineralien (§ 1) zu verfügen, insofern nicht bereits Dritte Rechte auf dieselben erworben haben.

Hinsichtlich der Entrichtung der Bergwerksabgaben kommen die für die Bergwerke maaßgebenden Vorschriften zur Anwendung.

[Br. 11 gleichl., ib. 12: „Beim Schürfen für Rechnung des Staats findet eine Kautionsleistung (§§ 6 und 10) nicht statt. Wider den Beschluss der Bergbehörde über die dem Grundbesitzer für Schürfen auf Rechnung des Staats zu leistende Entschädigung (§ 8 Abs. 4) kann Rekurs verfolgt werden."
M. 11 gleichl., doch ohne Abs. 2, an dessen Stelle § 7 des Bergabg.-Ges. v. 18. April 1868 getreten ist.
G. 11 gleichl.
B. 11 gleichl., doch ohne Abs. 2.]

---

behörde untersagt werden: Motive S. 32. Das Verbot kann sowohl den Beginn wie die Fortsetzung der Arbeiten treffen, und setzt nicht nothwendig einen desfallsigen Antrag des Bw.'s-Besitzers voraus. Dasselbe stellt eine poliz. Verfügung im Sinne des Ges. v. 11. Mai 1842 dar, obschon wenigstens die Sicherung des ungestörten Betriebs des Bw.'s im § 196 unter den Gegenständen der Bergpolizei nicht aufgezählt wird. Ebendarum und weil im Uebrigen Abs. 3 die Interessen des Bw.'s-Besitzers ausreichend schützt, kann dieser aus den im Abs. 2 erwähnten, immerhin auch eine privatrechtliche Seite bietenden Gründen nicht auf Untersagung der Schürfarbeiten klagen, wenn der RB. den Erlaß eines solchen Verbots ablehnt. Doch steht der Rechtsweg offen, sobald durch die Schürfarbeiten eine Störung im Betriebe wirklich eintritt.

90. Die Worte des Abs. 3 „vor Beginn der Schürfarbeiten" sind lediglich zu Gunsten des Bw.'s-Besitzers zu deuten und hindern daher nicht, daß dieser erst nach dem Beginnne jener Arbeiten den Anspruch auf Kautionsleistung erhebe. Doch kann er alsdann nicht die einstweilige Einstellung der Arbeiten fordern, es sei denn, daß er erst jetzt von jenen Arbeiten Kenntniß erhielte. Daß der Schürflustige verpflichtet sei, vor dem Beginne der Arbeiten den Bw.'s-Besitzer von seinem Vorhaben zu benachrichtigen, läßt sich aus jenen Worten wohl nicht folgern.

91. Da die Verpflichtung des Schürfers zur Entschädigung des Bw.'s-Besitzers mit der aus der Handhabung des Expropriationsrechts entspringenden Entschädigungspflicht keine Verwandtschaft hat, dieselbe vielmehr nur unter die obligationes ex delicto gezählt werden kann, so charakterisirt sich die Vorschrift über die administrative Festsetzung der Kaution (Abs. 4) als eine Singularität.

92. Durch § 207 ist nicht allein die Uebertretung eines Schürfverbots im Sinne des § 10 (Abs. 2), sondern auch der Beginn der Arbeiten vor der vom Bw.'s-Besitzer begehrten Kautionsleistung (Abs. 3) unter Strafe gestellt.

93. Im Uebrigen vgl. die Noten zu §§ 54. 55. 151.

Zu § 11.

94. Nach der früheren rechtsrheinischen Gesetzgebung konnte der Schürfer über die vor der Verleihung gewonnenen Mineralien ohne besondere Erlaubniß

Zweiter Abschnitt.

Vom Muthen.

der Bergbehörde nicht verfügen. Im Gebiete des franz. Bergrechts sprach die herrschende Meinung diese Mineralien dem Grundeigenthümer zu. Den Grundsätzen des BG. zufolge konnte jedoch von einem solchen Anspruche des Grundeigenthümers ebensowenig wie von einem Eigenthume des Staats an jenen Mineralien die Rede sein. Obwohl nun auch aus dem Rechte des Schürfers an sich noch kein Eigenthumsanspruch fließt, so empfahl es sich doch, ihm, der ohnehin die Gewinnungskosten bestritten, die Verfügung über die Mineralien zuzuerkennen. So: die Motive S. 32. Vgl. n. 10.

95. § 11 versteht unter den dort erwähnten Mineralien nicht etwa blos solche Mineralien, auf welche der Schürfer gerade geschürft hat

96. Unter den geförderten Mineralien, auf welche ein Dritter Rechte erworben hat, können wol nur bereits verliehene Mineralien gemeint sein. Diese sind nach Wachler S. 99, arg. §§ 56. 57 nur gegen Erstattung der Gewinnungskosten an den Bw.'s-Besitzer herauszugeben. Zu demselben Resultate gelangt man nach civilrechtlichen Grundsätzen (s. z. B. Art. 548 des rhein. BGB.), wenn man die geförderten Mineralien als Früchte des Bw.'s auffaßt. Vgl. unten n. 320. Keinesfalls darf aus § 63 Abs. 2 eine Analogie für die entgegengesetzte Ansicht entnommen werden. Wol aber ließe sich die Frage aufwerfen, ob die Ersatzpflicht des Bw.'s-Besitzers etwa dennoch auf das zu beschränken sei, um was er durch die kostenfreie Hergabe der gewonnenen Mineralien bereichert werden würde, so daß derselbe, wenn er selbst behufs der Gewinnung erweislich geringere Kosten zu verwenden gehabt hätte, auch nur diese ersetzen müßte.

97. Die geförderten, nicht im § 1 aufgezählten Mineralien fallen dem Grundeigenthümer anheim, welcher jedoch, insoweit er durch die Gewinnung bereichert ist, dem Schürfer nach Maßgabe der Grundsätze des Civilrechts Ersatz zu leisten hat. Wachler S. 100 ist theilweise a. M., indem er im Hinblick auf die übrigen deutschen Bergrechte und nach Analogie des § 57 den Schürfer zur unentgeltlichen Benutzung dieser Mineralien zu seinen Schürfbauen für berechtigt hält, und ihm in Betreff des an den Grundeigenthümer herauszugebenden Restes einen Anspruch auf Ersatz der vollen Gewinnungskosten zuerkennt.

Zum zweiten Abschnitt.

98. Dieser Abschnitt behandelt die Muthung, soweit sie als Verleihungsgesuch erscheint und zur Begründung desselben gewisse formelle und materielle Erfordernisse gehören. Auf die zweite Seite der Muthung, den durch sie begründeten Rechtsanspruch auf Verleihung des Bergeigenthums, beziehen sich die mit der Verleihung selbst zusammenhängenden Vorschriften des dritten Abschnitts. In beiden sind im Allgemeinen nur die materiellen Rechtsgrundsätze über die Muthung und Verleihung, Vorschriften über das Verfahren aber vorbehaltlich etwaiger im Instruktionswege zu erlassender Detailvorschriften nur insoweit aufgestellt worden, als zur Sicherung der Rechte der Betheiligten und eines geordneten Rechtszustands nöthig erschien. Im Uebrigen ist, um die Verleihung zu beschleunigen und rechtlichen Verwickelungen unter benachbarten Muthern vorzubeugen, dieses Instruktions-Verfahren, verglichen mit dem früheren, ein wesentlich abgekürztes, besonders dadurch, daß von dem seither geforderten Nachweise der Bauwürdigkeit sowie der Verbreitung des gemutheten Mineralvorkommens abgesehen und hiermit die Bewilligung ausgedehnter Aufschließungsarbeiten in Wegfall gekommen ist. Die früher in den rechtsrheinischen Theilen verlangte absolute Bauwürdigkeit bestand zwar in Wirklichkeit nur in dem Nachweise eines Minerals auf seiner natürlichen Ablagerung, indem es hierbei auf die Mengen desselben, die leichtere oder schwerere Gewinnung und Nutzbarmachung, den Werth des Produkts rc. nicht ankam. Insofern weicht daher das BG. von den Grundsätzen des älteren rechtsrheinischen Rechts nicht ab; desto mehr ist dies jedoch bei dem früheren linksrheinischen Rechte der Fall, indem nach diesem die gegenwärtig der Beurtheilung des Unternehmers überlassene sogen. relative oder ökonomische Bauwürdigkeit

§ 12. Das Gesuch um Verleihung des Bergwerkseigenthums in einem gewissen Felde — die Muthung — muß bei dem Oberbergamte angebracht werden.

Das Oberbergamt hat die Befugniß, für bestimmte Reviere die Annahme der Muthungen den Revierbeamten zu überweisen.

Dieser Auftrag muß durch das Regierungsamtsblatt und den Staatsanzeiger bekannt gemacht werden.

a. [Br. 13 gleichl. — M. 12 gleichl., doch ohne Abs. 2 und 3.
G. 12 gleichl — B. 12 gleichen Inh., doch ohne Abs. 2 und 3.

b. § 12 Abs. 2 lautet in der RV.: Das Oberbergamt hat die Befugniß, für bestimmte Reviere die Revierbeamten mit der Annahme der Muthungen zu beauftragen.]

---

bei der Konzessionsertheilung in Betracht gezogen wurde. Auf die Verbreitung des Mineralvorkommens war kein Gewicht mehr zu legen, da das BG., entgegen dem Ges. v. 1. Juli 1821 und dem franz. Bw.'s-Ges., dem Muther die Projektion seines Feldes bis zu dem gesetzlichen Maximum selbstständig überläßt. Vgl. Mot. S. 33, KB. II. S. 18.

99. In anderem Betracht kann die Bauwürdigkeit und Verbreitung eines Mineralvorkommens auch jetzt noch Gegenstand amtlicher Untersuchungen werden, sofern es sich nemlich nicht um Verleihung des Bergeigenthums, sondern um Genehmigung einer zu bergbaulichen Zwecken zusammentretenden Aktiengesellschaft handelt, indem es selbstredend nicht in der Absicht des BG. hat liegen können, an den allgemeinen, für die Genehmigung von Aktiengesellschaften bestehenden Grundsätzen Etwas zu ändern.

Zu § 12.

100. In Privatregalbezirken ist die Muthung beim Regalinhaber oder dem von ihm mit der Annahme Bevollmächtigten anzubringen: Huyssen S. 15. — Hinsichtlich der Anbringung der Umwandlungsanträge vgl. n. 1127.

101. Da die Muthungen stets nur bei Einer Instanz anzubringen sind, so kann, wenn das OBA. von der in Abs. 2 erwähnten Befugniß Gebrauch gemacht hat, keine Muthung mehr bei ihm selbst angebracht werden. Um dies bestimmt auszudrücken, ist dem Abs. 2 die gegenwärtige Fassung gegeben worden. (Konsequenter Weise hätten daher auch die Worte des 3. Abschnitts „dieser Auftrag" in die Worte „diese Ueberweisung" umgewandelt werden müssen.) — Eine solche Ueberweisung ist für die rechtsrheinischen Theile des Bezirks des OBA.'s Bonn (mit Ausschluß von Hohenzollern), für das Revier Osnabrück und den Bezirk des OBA.'s Clausthal erfolgt. Vgl. Bekanntm. v. 31. Aug. 1865, 19. März, 7. und 24. Juni, 1. Juli und 6. Sept. 1867, 20. März 1869 (Bgst. 65 S. 327; 67. S. 99. 205. 225. 233; Z. f. BR. 10. S. 143).

102. Die Ueberweisung an den RB. muß insofern eine allgemeine sein, als sie nicht blos für einzelne Mineral-Gattungen oder gar nur für einzelne Fälle erfolgen darf. Andererseits kann der RB. die ihm überwiesene Annahme der Muthungen nicht an andere Beamten subdelegiren.

103. Die örtliche Kompetenz des OBA.'s. resp. RB. wird durch die Lage des Fundpunkts bestimmt; bei der Feldesstreckung bilden die Grenzen des betreffenden Amtsbezirks kein Hinderniß. Vgl. JS. Ehrenbr. v. 26. Jan. 1860, Brass. und Achenb. (Z. f. BR. 1. S. 239. 255).

104. Wird eine Muthung bei einem örtlich inkompetenten OBA. resp. RB. oder beim OBA., statt beim RB. (§ 12 Abs. 2), oder bei diesem statt bei jenem angebracht, so ist sie an sich ungültig; günstigsten Falls datirt sich, wenn dieselbe an die kompetente Stelle abgegeben werden sollte, ihr Alter erst vom Präsentatum der letzteren. Vgl. JS. Ehrenbr. v. 26 Jan. 1860 l. c.

105. Die Muthung muß stets eine unbedingte sein: Lindig (ib. 9. S. 222).

§ 13. Die Muthung ist schriftlich in zwei gleichlautenden Exemplaren einzulegen.

Jedes Exemplar wird mit Tag und Stunde der Präsentation versehen, und sodann ein Exemplar dem Muther zurückgegeben.

Es ist statthaft, die Muthung bei der zur Annahme derselben befugten Behörde zu Protokoll zu erklären.

[Br. 14 gleichen Inh. — M. 13, G. 13 gleichl. — B. 13 gleichen Inh.]

In Betreff der sonstigen Erforderniſſe ihrer Gültigkeit s. die §§ 13—16. Der gleichzeitigen Einlegung mehrerer an sich gültigen Muthungen durch eine und dieselbe Person steht kein gesetzliches Verbot entgegen; eventuell kann für jede solcher Muthungen ein Feld bis zur gesetzlichen Maximalgröße begehrt werden: OT. 16. Febr. 1869 (ib. 10. S. 284).

Zu § 13.

106. § 13 entspricht dem früheren Verfahren. Die Aushändigung eines mit dem Präsentatum versehenen Exemplars an den Muther dient zur Kontrole gegen die Behörde und zur Legitimation des Muthers gegenüber dritten Personen: Motive S. 34.

107. Die Muthung kann auch durch einen Bevollmächtigten eingelegt werden. Nach AG. Arnsb. 20. Okt. 1860 (Z. f. BR. 2. S. 120) soll sogar die für einen Anderen ohne dessen Vorwissen und Auftrag eingelegte Muthung gültig sein, sobald die nachträgliche Genehmigung desselben erfolge (§§ 238. 239 I, 13 ALR.). Doch nahm eine ME. 1. Mai 1866 (Z. f. BR. 7. S. 258) an, daß, wenn eine Muthung von einem angeblich Bevollmächtigten eingelegt werde, zur Konstatirung, ob der angegebene Muther das Muthungsrecht erwerben wolle, dessen Vollmacht oder nachträgliche Genehmigung binnen der Frist des § 14 Abs. 3 beigebracht werden müsse, widrigenfalls die Angabe seines Namens in der Muthung wirkungslos und dem Falle gleichzuachten sei, wo diese den Namen gar nicht enthalte. Klost. n. 34 ist in letzterem Punkte a. M., er glaubt, die Behörde habe zur Nachbringung der Vollmacht eine Frist nach ihrem Ermessen zu bestimmen.

108. Die schriftlich eingelegte Muthung braucht nicht nothwendig die Unterschrift des Muthers oder Bevollmächtigten zu enthalten, und kann namentlich auch telegraphisch erfolgen: ME. 20. April 1866 (Z. f. BR. 7. S. 256).

109. Die Einreichung eines zweiten Exemplars ist nicht bei Nichtigkeitsstrafe vorgeschrieben. Für den Fall, wo das Duplum fehlt oder die Muthung zu Protokoll erklärt ist, spricht sich Klost. n. 28. 29 (der 1. Ausgabe) zu Gunsten des bisherigen Verfahrens, wonach die Abschrift auf Kosten des Muthers bei der Behörde angefertigt wurde, und gegen die Bonner Instr. aus, welche im § 6 vorschreibt, daß der (mit Annahme der Muthungen betraute) RB. das fehlende Duplikat einfordern und bis zu dessen Eingange je nach Lage der Sache die Instruktion aussetzen solle. Vgl. auch Lindig (Z. f. BR. 6. S. 575). Dagegen neigen sich Brass. und Achenb. (ib. S. 576) zu der auch von Huyssen S. 15 und dem Verf. getheilten Ansicht, daß von der amtlichen Ausfertigung sowohl als von der nachträglichen Einforderung eines Duplikats der schriftlich eingelegten Muthung ganz abgesehen werden könne. Die Uebereinstimmung des Datums der Präsentation auf beiden Exemplaren wird in dem obengedachten Falle nach Lindig l. c. dadurch erreicht, daß in die dem Muther als Duplikat zu behändigende Abschrift der Präsentationsvermerk mit aufgenommen wird, wogegen bei Festhaltung an dem durch die Bonner Instr. vorgeschriebenen Verfahren jener Vermerk auf das nachträglich eingelieferte Duplikat in geeigneter Form zu übertragen ist. Vgl. Brass. und Achenb. l. c.

110. Die Präsentation, resp. protokollarische Aufnahme von Muthungen muß im Amtslokale und während bestimmter Dienststunden erfolgen, wenn sie mit rechtlicher Wirkung behufs Sicherstellung der Priorität geschehen soll. So: nach dem Vorgange eines MR. 23. Jan. 1853, das MR. 20. Juli 1866 (ib. 7.

S. 536), welches außerdem eine Reihe neuer Detailbestimmungen über die Handhabung des § 13 trifft. Diesen zufolge soll die Präsentation bei dem OBA. nur durch dessen Direktor, in Abwesenheitsfällen durch seinen Stellvertreter, und falls sich beide beim Eingange der Muthung während der Dienststunden nicht im Amtsgebäude befinden, durch einen hierzu delegirten Subalternbeamten stattfinden, welcher letztere in dem vorgesehenen Falle nicht allein die offen übergebenen oder zu Protokoll erklärten, sondern auch solche verschlossen eingehende Muthungen zu präsentiren habe, die auf dem Couvert als Muthungen bezeichnet seien. Die in derselben Stunde, aber zu verschiedenen Zeiten eingehenden Muthungen müßten, um ein verschiedenes Alter zu erhalten, nach Minuten präsentirt werden, indem aus dem Ausdrucke „Tag und Stunde" im § 13, arg. § 25 und der früheren Praxis, keineswegs folge, daß die Stunde für die Präsentation als der kleinste Zeittheil gelten solle. Dagegen komme es auf den Augenblick des Erbrechens und Lesens der Muthung nicht an, vielmehr seien die mit derselben Post eingehenden Muthungen vom OBA., resp. RB. stets mit dem gleichen und umgekehrt die während der Dienststunden, aber mit verschiedenen Posten eingehenden Muthungen mit verschiedenem dem wirklichen Eingange entsprechenden Präsentatum zu versehen, sollten die Stücke der ersten und der weiteren Post auch gleichzeitig geöffnet werden. An Sonn- und Feiertagen finde keine protokollarische Aufnahme von Muthungen statt, während auch für diese Tage bestimmte Stunden nach Maßgabe der eingehenden Posten zur Annahme schriftlicher Muthungen bezeichnet werden müßten. — Auf Grund dieses R. haben die einzelnen OBA. Verfügungen erlassen, in welchen die für die Präsentation ꝛc. sowohl an Werk- wie an Sonn- und Feiertagen bestimmten Dienststunden zur öffentlichen Kunde gebracht sind. Vergl. Huyssen S. 16.

111. Der Präsentationsvermerk stellt eine öffentliche Urkunde dar, wider welche nur der direkte, im Gebiete des Rheinischen Rechts lediglich mittelst der Fälschungsklage zu liefernde, Gegenbeweis statthaft ist (§§ 128—131 I, 10 AGO.; Art. 1317 des Rhein. BGB.). Vgl. Klost. n. 33. Weichen die Vermerke auf den gleichzeitig eingereichten Exemplaren einer schriftlichen Muthung in Folge eines Versehens von einander ab, so gilt bis zum Gegenbeweise, welcher für diesen Fall, selbst im Gebiete des Rhein. Rechts, durch jedes Beweismittel und im gewöhnlichen Rechtsverfahren zu liefern sein wird, dritten Muthern gegenüber und vorbehaltlich des Regresses wider den betr. Beamten, nur das jüngere Datum, indem das Gesetz keinem der Exemplare, resp. der auf ihnen befindlichen Vermerke größere Beweiskraft beilegt. Eine Fälschung des Vermerks zieht die Strafe des § 251 des StrafGB. nach sich: Oppenhoff Str.G.B. § 247 n. 103.

112. Nach dem MR. 12. Juli 1857 (M. Z. 5. S. 150) soll zum Hauptexemplare der Muthung ein Stempel von 5, zu dem dem Muther zurückzugebenden Exemplare [als „Muthschein"] einer von 15 Sgr. verwandt werden, ähnliches auch von den zu Protokoll erklärten Muthungen gelten. Gleiches gilt für Schleswig-Holstein, sowie für die Provinzen Hannover und Hessen-Nassau, mit Ausnahme der Stadt Frankfurt, in Folge der Vorschriften der VO. v. 7. Aug. 1867, und der Ges. v. 24. Febr. 1869, resp. 5. März 1868 (GS. 67 S. 1277; 69 S. 366; 68 S. 185). Vgl. auch die VO. v. 19. Juli und 16. Aug. 1867, sowie die AKO. v. 17. Sept. ej. (GS. 1191. 1346. 1651).

113. Ueber die Führung von Muthungsregistern, wie sie durch die MInstr. v. 31. März 1852 § 28 (Gräff S. 124) allgemein vorgeschrieben war, enthält das BG. keine Bestimmung. Eine solche fehlte schon im Entwurfe von 1862, was dessen Motive S. 36 damit rechtfertigen, daß jene Führung lediglich Verwaltungssache und eine desfallsige gesetzliche Vorschrift um so entbehrlicher sei, als im Zweifelsfalle ohnehin nicht das Register, sondern nur die Muthung selbst und die Original-Verhandlungen in den Akten entscheiden könnten. Inzwischen legte eine ME. 29. Sept. 1862 (Z. f. BR. 5. S. 134) in einem Falle, wo eine Muthung ganz verloren gegangen war, diesem Register einen entscheidenden Werth als Beweismittel für die Existenz und den Inhalt der Muthung bei. Vgl. auch Wachler S. 109 und Klost. n. 33, welcher letztere dem Register unter Umständen auch die Bedeutung eines Beweismittels gegen einen irrthümlichen Präsentationsvermerk

§ 14. Jede Muthung muß enthalten:

1) den Namen und Wohnort des Muthers,

2) die Bezeichnung des Minerals, auf welches die Verleihung des Bergwerkseigenthums verlangt wird,

3) die Bezeichnung des Fundpunktes,

4) den dem Bergwerke beizulegenden Namen.

Wird eine Muthung auf das Mineralvorkommen eines verlassenen Bergwerks eingelegt, so muß dieselbe statt des Erfordernisses unter 3 eine Angabe über die Lage dieses Bergwerks enthalten.

(s. oben n. 111) beilegt. Die Bonner Instr. verpflichtet im § 6 die RB. ausdrücklich zur Führung solcher Register.

Zu § 14.

114. § 14 stellt die formellen Erfordernisse einer Muthung fest, beschränkt diese aber auf das unbedingt Nothwendige und macht überdies, um den Muther bei seinen Rechten möglichst zu schützen, die absolute Ungültigkeit der Muthung wegen eines Mangels in jenen Erfordernissen davon abhängig, daß der Muther zu dessen Abstellung vergeblich aufgefordert worden ist. Vgl. Mot. S. 34.

115. Eine Muthung kann (arg. § 34) auf mehrere Mineralien zugleich gerichtet werden. Die Mineralbezeichnung ist genügend, wenn das Mineral auch nur seiner höheren Gattung nach bezeichnet wird. Namentlich bedarf es bei Erzen (arg. § 1) nicht der Bezeichnung der mineralogischen Art (wie Bleiglanz, Rothgültigerz); vielmehr ist die allgemeine Bezeichnung: Bleierze, Silbererze 2c. vorzuziehen. Vgl. Huyssen S. 17; Kreßner S. 141; Wachler S. 111. Ein unter der Herrschaft der landrechtlichen Berggesetzgebung ergangener Rekursbescheid (Z. f. BR. 5. S. 391) erklärte es sogar für unstatthaft, eine Muthung auf bestimmte Verbindungen eines Metalls zu beschränken, z. B. in demselben Felde zunächst den Galmei und später als besonderen Gegenstand Zinkblende zu muthen; die auf Galmei eingelegte Muthung begründe vielmehr einen Anspruch auf alle Erze, aus denen Zink dargestellt werde. Die Muthung auf Steinsalz gilt gleichzeitig für die dasselbe begleitenden Abraumsalze (§ 1), ohne daß es hinsichtlich ihres Zusammenvorkommens eines besonderen Nachweises bedürfte. Vgl. n. 20.

116. Unter dem Fundpunkte ist kein mathematischer Punkt, sondern der Fundort, mithin eine nach Länge, Breite und Tiefe mehr oder weniger ausgedehnte Stelle zu verstehen, deren räumliche Ausdehnung, beim Mangel spezieller Gesetzesvorschriften über die Art der Begrenzung, in jedem konkreten Falle besonders festzustellen ist, stets aber mindestens den querschnittlichen Umfang der Aufschlußanlage, mit welcher das gemuthete Mineralvorkommen getroffen wurde, umfassen muß, während derjenige Theil der aufgeschlossenen Lagerstätte, mit welchem der bezügliche Schacht-, Stollen-, Strecken- oder Bohrlochs-Betrieb in Verbindung getreten ist, den „Fund" darstellt. Vgl. A. Achenb., MC. 2. März 1868 (Z. f. BR. 7. S. 117; 9. S. 191). — Das BG. legt übrigens dem Fundpunkte eine weit geringere Bedeutung bei, als das frühere Recht, nach welchem nicht nur die Lage der Fundgrube, sondern auch die Ausübung der Rechte des Grundeigenthümers auf Erbkuxe, Mitbau zur Hälfte 2c., wesentlich vom Fundpunkte abhing und bei der Längenvermessung von letzterem aus das Alter im Felde bewiesen werden mußte. Im § 14 ist die Bezeichnung des Fundpunktes nur zur Feststellung der Identität des Fundes vorgeschrieben. Demgemäß genügt in der Regel die Angabe, auf welchem — nach dem Kataster oder sonst näher beschriebenen — Grundstücke der Schurf, das Bohrloch, der Schacht, womit der neue Aufschluß gemacht ist, sich befindet oder die Angabe, wo in einem Grubengebäude eine Lagerstätte angefahren ist. So: Brass. und Achenb. (ib. 6. S. 577). Contra: Lindig (ib. S. 577). Letzterer erfordert entweder die Angabe der Entfernung des Fundpunktes von einem

Fehlt der Muthung die eine oder andere dieser Angaben, so hat der Muther dem Mangel auf die Aufforderung der Bergbehörde innerhalb Einer Woche abzuhelfen. Geschieht dies nicht, so ist die Muthung von Anfang an ungültig.

[Br. 15, M. 14, G. 14 gleichl.

B. 14 Abs. 1 und 2 gleichl.; Abs. 3 und 4: „Fehlt der Muthung eine der Angaben-Ziffern 1. 2 und 3 gänzlich, so ist die Muthung ungültig. Fehlt die Angabe-Ziffer 4 oder sind die Angaben-Ziffern 1. 2. 3 und 4 ungenau, und wird dem Mangel auf die Aufforderung der Bergbehörde innerhalb 8 Tagen nicht abgeholfen, so ist die Muthung von Anfang an ungültig."]

---

festen Punkte und der Richtung (Kompaßstunde) der Verbindungslinie, oder aber die Angabe der Entfernung des Fundpunktes von zwei festen Punkten unter Bezeichnung der Weltgegend, indem das BG. gerade in dieser Hinsicht das ältere Recht, nach welchem eine ungefähre Bezeichnung schon ausreichte (vgl. OT. 19. Sept. 1855, 6. Juni 1856, Strieth 18. S. 149; 22. S. 24), habe abändern wollen. Eine irrige Bezeichnung des Fundpunkts macht freilich, wenn sie nicht zeitig (Abs. 3) rektifizirt wird, die Muthung ungültig, obgleich unter dem älteren Rechte selbst für einen solchen Fall das Gegentheil angenommen wurde. Vgl. Achenb. (M. Z. 6. S. 128) und das dort mitgetheilte OT. 28. April 1857. Doch sprach sich schon OT. 22. Febr. 1864 (Z. f. BR. 5. S. 350) dahin aus, daß ein Kohlenflötz, welches 27 Lachter tiefer gelegen war, als in der Muthung angegeben wurde, nicht als identisch mit dem Objekte der Muthung angesehen werden könne.

117. Wird ein Name gewählt, welcher im Bezirke schon vorhanden ist, und daher den Zweck eines Namens, zu unterscheiden, nicht erfüllt, so muß auf Erfordern der Behörde [Abs. 3] ein anderer gewählt werden: Huyssen S. 17.

118. Verlassene Bw. sind als solche nicht mehr, wie nach früherem rechtsrheinischen Rechte, Gegenstand der Muthung und Verleihung. Es handelt sich vielmehr auch hier um die Verleihung auf ein bestimmtes Mineral; die Abweichung besteht nur darin, daß es in der Regel (§ 16) zur Gültigkeit der Muthung auf das Mineralvorkommen eines verlassenen Bw.'s keiner vorherigen neuen Aufschlüsse bedarf: Motive S. 26. Wenn demnach bei dem bereits bekannten Mineralvorkommen eines verlassenen Bw.'s von einem neuen Funde keine Rede ist und § 14 nicht einmal die Bezeichnung der früheren Aufschlüsse (§ 27), sondern nur diejenige der Lage jenes Bw.'s erfordert, so tritt das neu zu verleihende Bw.s-Eigenthum aus dem angegebenen Grunde doch nicht an Stelle des früheren; namentlich finden die allgemeinen Vorschriften über die Felderstreckung auf derartige Muthungen gleichfalls Anwendung. Ebenso muß auch eine solche Muthung den dem Bw. beizulegenden Namen angeben und kann insbesondere nicht der Name des alten Werks, welcher in der Muthung nicht einmal mehr, wie früher (MInstr. v. 31. März 1852, § 1, Gräff S. 119) mitgetheilt zu werden braucht, als stillschweigend beibehalten betrachtet werden. — In Betreff des Inhalts der Umwandlungsanträge vgl. n. 1127.

119. Damit eine Muthung als überhaupt vorhanden angenommen werden könne, muß das Gesuch selbstredend die Absicht, zu muthen, erkennbar kundgeben. Sonstige Mängel sind nach Abs. 3 heilbar, wenn das Gesuch wenigstens soviel enthält, als nöthig ist, um das im Abs. 3 angeordnete Verfahren eintreten zu lassen, wie z. B. den Namen des Muthers, und wenn dessen Wohnsitz sonst nicht bekannt ist, auch diesen. Die Ansicht Klost.s (n. 34 a), daß jede Muthung von Anfang an ungültig sei, in welcher eine der nach § 14 Nr. 1—3 erforderlichen Angaben gänzlich fehle, ist mit dem Wortlaute des § unvereinbar. (Vgl. übrigens § 14 des Bayerischen BG., für dessen Fassung jene Ansicht offenbar bestimmend war.) Auch darf aus den Worten „die eine oder andere dieser Angaben" nicht gefolgert werden, daß Abs. 3 stets außer Anwendung bleibe, wenn bei der Muthung in zwei Punkten zugleich gefehlt sei, z. B. durch Nichtangabe des Fundpunkts sowohl als des dem Werke beizulegenden Namens.

§ 15. Die Gültigkeit einer Muthung ist dadurch bedingt, daß das in derselben bezeichnete Mineral an dem angegebenen Fundpunkte (§ 14) auf seiner natürlichen Ablagerung vor Einlegung der Muthung entdeckt worden ist und bei der amtlichen Untersuchung nachgewiesen wird, und daß außerdem nicht bessere Rechte Dritter auf den Fund entgegenstehen.

[Br. 16, M. 15, G. 15, B. 15 gleichl.]

---

120. Ist eine Muthung nach Abs. 3 von Anfang an ungültig, so bedarf es nach Lindig (Z. f. BR. 6. S. 578) keiner Zurückweisung durch förmlichen Beschluß (§ 31). Jedenfalls aber muß die Verfügung in solcher Form ergehen, daß auf sie die §§ 191. 192 zur Anwendung zu bringen sind. Auch kann über die Frage, ob den Vorschriften des § 14 genügt sei, der Rechtsweg angetreten werden, selbstredend jedoch nur dritten Interessenten gegenüber (§ 23). Wie aber, wenn die Behörde eine Muthung als formell gültig annimmt, mithin dem Muther keine Gelegenheit bietet, einem wirklichen Mangel nach Maßgabe des Abs. 3 abzuhelfen? Dafür, daß sogar dann der Rechtsweg stattfinde, und zwar in Folge der Klage eines dritten Muthers, welcher die formelle Ungültigkeit in seinem Interesse geltend macht (§ 31), läßt sich wohl schwerlich die frühere Praxis (vgl. Oppenhoff Ress.-Ges., S. 117 n. 321) anrufen, da die ältere Berggesetzgebung eine dem 1. Satze des Abs. 3 entsprechende Vorschrift nicht kannte. Gleichwohl erscheint es bei dem privatrechtlichen Charakter einer Muthung als bedenklich, sich um jener Vorschrift des Abs. 3 und ihrer Motivirung (s. n. 114) willen in dem entgegengesetzten Sinne auszusprechen. Eher ließe sich aus Abs. 3 der Anspruch des beklagten Muthers herleiten, selbst in diesem Stadium noch zur Abstellung des gerügten Mangels zugelassen zu werden, weil in Ermangelung einer nach Maßgabe des Abs. 3 ergangenen Aufforderung von dem Ablaufe der dort bestimmten [selbstredend erst von dem Empfange der Aufforderung an zu rechnenden] Frist keine Rede sein könnte.

121. Gegen die Aufforderung der Bergbehörde ist der Rekurs (§ 191) statthaft; es übt zwar nicht der Lauf der über die Frist des Abs. 3 hinausreichenden Rekursfrist, wohl aber die rechtzeitige Einlegung des Rekurses Suspensiv-Effekt aus. Vgl. ME. 15. Nov. 1867 (Z. f. BR. 9. S. 223), welche einen analogen Fall betraf.

Zu § 15.

122. Wie § 14 die formellen, so bestimmt § 15 die materiellen Erfordernisse einer Muthung, indem er unter Beseitigung einer Reihe von Streitfragen außer Zweifel stellt, welche Beschaffenheit ein Fund in Uebereinstimmung mit dem älteren Rechte haben muß, um eine gültige Muthung zu begründen. Fehlt auch nur eines jener Erfordernisse, so ist die Muthung, wie im Falle des § 14, von Anfang an ungültig. Vgl. Mot. S. 35.

123. Nach § 15 giebt es nur zwei materielle Erfordernisse einer Muthung, die Fündigkeit und die Feldesfreiheit; vgl. unten n. 131. Die aus dem Mangel des einen oder andern Requisites hervorgehende Ungültigkeit ist keine blos relative, sondern eine absolute. Sie wird daher nicht gedeckt, wenn der Fund nach Einlegung der Muthung wirklich gemacht, oder an einem anderen als dem in der Muthung bezeichneten Fundpunkte nachgewiesen wird; ebensowenig wenn die entgegenstehenden Rechte Dritter demnächst hinwegfallen, sei es, daß das Recht eines Beliehenen durch das Auflässigwerden des Bergwerks erlischt, sei es, daß eine entgegenstehende Muthung ihre Wirksamkeit verliert. In letzterem Falle beurtheilt sich jedoch das eben Gesagte nicht ausschließlich nach § 15, sondern gleichzeitig nach dem den § 15 in dieser Hinsicht näher erläuternden, resp. präzisirenden § 19 Abs. 2, und erleidet daher auch, mit Rücksicht auf letztere Vorschrift eine Ausnahme bezüglich des Finderrechts (s. n. 203), sowie da, wo die entgegenstehende Muthung mit rückwirkender Kraft ungültig wird (§ 14 Abs. 2, § 18 Abs. 2), von einer Dauer ihrer Gültigkeit (§ 19 Abs. 2) mithin keine Rede sein kann. Vgl. n. 164. 165, und in Betreff des älteren Rechts Gräff (Z. f. BR. 1. S. 117).

---

124. Erforderniß der Fündigkeit. Auf die Person des Finders sowie darauf, ob der Fund ein zufälliger oder erschürfter, ein rechtmäßig oder rechtswidrig gemachter sei, kommt es, was dieses erste Erforderniß betrifft, nicht an, sollte auch im Falle eines ungesetzlichen Fundes der Finder selbst muthen. Jene Fragen haben vielmehr nur für die Existenz des Finderrechts (§ 24) Bedeutung. Vgl. Mot. S. 40. A. M. ist Wachler insofern wenigstens, als er einen Fund, welcher bei einem gegen § 4 verstoßenden Schürfen gemacht worden, zur Begründung einer Muthung für ungeeignet hält. (Früher folgerte man mitunter aus § 158, II, 16 ALR, daß das Recht des bloßen Muthers auf einer Succession in das Recht des ersten Finders beruhe, mithin allerdings, wenn auch nicht in der Person des Muthers, ein Finderrecht stets voraussetze, weshalb eine widerrechtlich erschürfte Lagerstätte gar nicht gemuthet werden könne, so lange sie nicht von Neuem und zwar rechtmäßig entdeckt, und dadurch zu einem rechtmäßigen Funde werde. Diese Anschauung war aber schon unter der Herrschaft des früheren Rechts nicht haltbar. Vgl. Kloſt. Uebers. I.)

125. Gleichwohl wird zur Gültigkeit der Muthung auch ein subjektives Element erfordert, darin bestehend, daß der Muther sich der Fündigkeit bewußt gewesen sei, mithin den Fund bei der Muthung nicht blos gekannt, sondern auch im Auge gehabt habe: JS. Ehrenbr. 12. Dez. 1861 (Z. f. BR 3. S. 93).

126. Das Mineral muß auf seiner natürlichen Ablagerung gefunden sein. Darauf hin wurde die Fündigkeit nicht anerkannt in Fällen, wo bloße Spuren eines Minerals nachgewiesen werden konnten. Vgl. ME. 26. Okt. 1865, OBA. Bonn 7. März 1866, ME. 7 Okt. 1867 (ib. 6. S. 581; 7. S. 259; 9. S. 193. 194). Huyssen S. 18 stimmt mit diesen Entscheidungen im Resultate überein, nicht aber in der Begründung, indem er sich namentlich gegen die jener ME. 26. Okt. 1865 zu Grunde liegende Anschauung verwahrt, als ob „Ablagerung" und „Lagerstätte" gleichbedeutende Begriffe seien: wenn das Erz einen Bestandtheil der Gebirgsart bilde und sich durch das ganze Gestein verbreite, so sei keine eigentliche Lagerstätte vorhanden, das Erz aber dennoch verleihbar; eben dies gelte von Zinnstein- und Goldkörnern, bei denen gleichfalls von einer zusammenhängenden Lagerstätte keine Rede sein könne. Huyssen erblickt das entscheidende Moment für die Zurückweisung jener Muthungen vielmehr darin, daß die Verleihbarkeit eines Minerals zwar nicht ferner durch den Nachweis seiner Bauwürdigkeit und Verbreitung im begehrten Felde, wol aber durch die Möglichkeit seiner bergmännischen Gewinnung bedingt werde, und überhaupt nur da sich annehmen lasse, wo die Verleihung einen vernünftigen Sinn habe, das gemuthete Mineral mithin so beschaffen sei, daß darauf vernünftiger Weise ein Bergbau eröffnet werden könne. Vgl. n. 13—15. 130.

127. Jedenfalls aber setzt eine natürliche Ablagerung im Sinne des § 15 die Abwesenheit jeder vorausgegangenen künstlichen Gewinnung voraus; Erze, welche von einem früheren Bergbau herrühren und erst nach ihrer künstlichen Gewinnung in die Thäler abgeschwemmt sind, können daher nicht gemuthet werden. Vgl. ME. 30. Apr. 1869 (Z. f. BR. 10. S. 256) und unten n. 355.

128. Zu einem Funde ist nicht die Entdeckung einer neuen, noch auf keiner anderen Stelle gefundenen Lagerstätte erforderlich. Daraus, daß mehrere Fundpunkte sich auf der nämlichen Lagerstätte befinden, folgt mithin keineswegs, daß dieselben nur als ein Fund gelten: OT. 16. Febr. 1869 (Z. f. BR. 10. S. 285).

129 Andererseits genügt zur Fündigkeit nicht die historische oder geognostische Gewißheit von dem Vorkommen des Minerals, noch auch die Thatsache, daß eine Lagerstätte früher einmal entblößt war. Sie muß vielmehr gegenwärtig zugänglich sein. Wenn aber Kloſt. n. 35 diese feststehenden Sätze auf die civilrechtlichen Grundsätze über die Besitzergreifung zurückführt und den Begriff, resp. das Wesen der Fündigkeit überhaupt aus diesen Grundsätzen erläutert wissen will, so kann dem mit Rücksicht auf das unter n. 9. 189. 314 Gesagte nicht beigepflichtet werden. Vergl. auch Braſſ. und Achenb. (Z. f. BR. 5. S. 397).

130. Die Entblößung einer Lagerstätte ist erst dann vollendet, wenn man bis zum Körper derselben vorgedrungen ist; das Auffinden bloßer Bruch-

stücke und Vorläufer eines dessen Dasein ankündigenden Ganges, der sogen. Gangmasse, begründet noch keine Fündigkeit; vgl. JS. Ehrenbr. 26. Jan. 1860, 6. Dez. 1859, OT. 11. Sept. 1860 (ib. 1. S. 241; 2. S. 384). Doch kommt es auf die Erkennbarkeit des „Hangenden und Liegenden" der Lagerstätte oder auf das „Verhalten" derselben nicht an; auch schadet es nicht, wenn sich im Felde die Verwerfung findet, während andererseits schon ein bloßer Bohrlochsfund ausreicht. Vgl. Mot. v. 1862 S. 49, das cit. Erk. v. 26. Jan. 1860.

131. Nachweis der Fündigkeit bei der amtlichen Untersuchung. Der Nachweis der Fündigkeit bildet nicht etwa, wie aus den Worten: „und bei der amtlichen Untersuchung nachgewiesen wird" und den Motiven gefolgert werden könnte, ein selbstständig für sich bestehendes Erforderniß zur Gültigkeit einer Muthung, sondern ist nur eine Konsequenz des Erfordernisses der Fündigkeit. Auch lag dem Gesetzgeber bei jenen Worten die Absicht fern, im Widerspruch mit dem bisherigen Rechte und dem privatrechtlichen Charakter des ganzen Verhältnisses, die endgültige Entscheidung der Frage, ob ein Fund überhaupt gemacht sei, der Verwaltung zu überweisen, diese Frage mithin selbst bei Streitigkeiten unter den Interessenten der richterlichen Kognition zu entziehen oder letztere wenigstens auf die Prüfung der schon bei der amtlichen, d. h. administrativen Untersuchung vorgebrachten Beweise zu beschränken. Vgl. Oppenhoff und OT. 16. Febr. 1869 (Z. f. BR. 9. S. 136; 10. S. 286).

132. Der Augenschein ist zwar das gewöhnliche, nicht aber das einzige Beweismittel, der Beweis der Fündigkeit kann vielmehr auch durch Zeugen, Urkunden, Bohrtabellen geführt werden; vgl. Mot. S. 35, MJnstr. 30. Sept. 1861, OT. 22. Febr. 1864 (Z. f. BR. 2. S. 405; 5. S. 348); in diesem Erk. wird auch erörtert, wie der Zeugenbeweis bei Bohrfunden beschaffen sein müsse. Wachler S. 114 hebt hervor, daß, wenn es bei Bohrfunden zweifelhaft bleibe, ob das Mineral auf seiner natürlichen Ablagerung entdeckt sei, zum Zwecke der amtlichen Untersuchung die weitere Entblößung des Fundes doch noch nöthig werden könne.

133. Unter Umständen können im administrativen Verfahren zur Konstatirung der Fündigkeit auch Expertisen erforderlich werden, z. B. chemische Analysen zur Feststellung, ob der entdeckte Gegenstand zu den im § 1 aufgezählten gehöre, oder ob er nach Maaßgabe des unter n. 13ff., 126 Gesagten verleihbar sei. Ueber das Erforderniß einer solchen Expertise entscheidet lediglich das Ermessen der Behörde, welcher auch die Wahl der Sachverständigen zusteht, indem der Muther keinen Anspruch darauf hat, daß gerade ein von ihm vorgeschlagener Sachverständiger gehört werde. Vgl. ME. 13. Sept., 14. Nov. 1867 (Z. f. BR. 8. S. 501. 545).

134. Auf Grund des § 15 muß die amtliche Konstatirung der Fündigkeit alsbald nach Einlegung der Muthung erfolgen: Motive S. 45. Doch kann nach der Bonner, Hall. und Dortm. Jnstr., (§ 9 resp. 7) der Termin zur Prüfung der Fündigkeit und Feldesfreiheit aus besonderen Gründen auch erst nach Einreichung des Situationsrisses (§ 18) stattfinden. Ferner halten jene Jnstr. (§ 8 resp. 6) es für statthaft, die Jnstruktion der Muthung unter Umständen bis dahin auszusetzen, daß der Muther den von ihm zur Deckung der Kosten eines Lokaltermins eingeforderten Vorschuß zahle. Vgl. n. 261.

135. Die Konstatirung der Fündigkeit sowie überhaupt die Jnstruktion der Muthung ist Sache des RB. Erstreckt sich das begehrte Feld in zwei Reviere, so bestimmt sich die Kompetenz nach der Lage des Fundpunkts. Doch hat der betreffende RB. dem anderen ein Exemplar des Situationsrisses behufs Auftragung des Feldes auf die Muthungskarte (§ 20) mitzutheilen, und sich demnächst mit ihm wegen der Feststellung etwa entgegenstehender Rechte Dritter in Verbindung zu setzen. Vgl. Dortm. u. Hall. Jnstr., § 11 resp. 13 und MR. 26. Juni 1868 (Z. f. BR. 10. S. 262).

136. Jst zur Konstatirung des Fundes das Betreten fremden Eigenthums durch den RB. nöthig, so muß der Grundbesitzer dies zulassen, selbst wenn das Betreten an sich, wie z. B. das Betreten des zum Bahnbau bestimmten Terrains einer Eisenbahn-Gesellschaft, bei Polizeistrafe verboten sein sollte: OBA. Bonn (Z. f. BR. 2. S. 134). Vgl. auch Ges. v. 28. Febr. 1843 § 38 (GS. S. 15).

§ 16. **Wird eine Muthung auf das Mineralvorkommen eines verlassenen Bergwerks eingelegt (§ 14), so bedarf es zur Gültigkeit derselben keiner vorherigen neuen Aufschlüsse.**

---

137. Bei Muthungen auf Grund eines bereits in Folge früherer Muthungen konstatirten Fundes bedarf es in der Regel keiner nochmaligen Untersuchung des Fundes, sondern der bloßen Feststellung der Identität; vgl. Bonn., Hall. und Dortm. Instr. § 9 resp. 7. Doch hat der RB. unter Umständen auch festzustellen, daß die Aufschlüsse nicht etwa später wieder zugeworfen oder eingeebnet seien. Vgl. OT. 1. Juli 1862 (Z. f. BR. 3. S. 368) und oben n. 129.

138. Obgleich die erste amtliche Untersuchung regelmäßig genügt, so kann das OBA. (arg. § 31) dennoch die Wiederholung der amtlichen Untersuchung verordnen, sowohl von Amtswegen als auf Antrag eines Dritten wenn dieser thatsächliche Momente von solcher Bedeutung beigebracht hat, daß sich namhafte Zweifel an der Richtigkeit jener ersten Untersuchung erheben: ME. v. 4. März 1867 (Z. f. BR. 8. S. 115).

139. Feldesfreiheit, resp. die Freiheit des Fundes von besseren Rechten Dritter. Unter „Dritten" sind, nach den Motiven S. 35, Finder, Muther und Beliehene zu verstehen. Doch legen die Motive zur Vdn. v. 1. Febr. 1867 (Z f. BR. 8. S. 7) jenem Ausdrucke einen ausgedehnteren Sinn bei, indem sie aus § 15 in Verbindung mit §§ 28—31 und 35 die Aufrechterhaltung des in Schlesien und in standesherrlichen Gebieten des vormaligen Kurhessens vorkommenden sogen. ius excludendi alios, d. h. eines gewissen Personen trotz etwaiger Finder- und Altersrechte dritter Muther zustehenden Vorrechts auf Beleihung (vgl. Gräff S. 29; Wachler, Z. f. BR. 6. S. 401; 8. S. 183, 218), sowie des hiermit verwandten im Nassauischen vorkommenden Vorzugsrechts einzelner Personen zum Selbstbetriebe neu eröffneter Werke (vgl. Brass. ib. 7. S. 504 ff.) herleiten. Selbstredend wird jedoch die Gültigkeit, resp. Wirksamkeit einer Muthung nicht durch die bloße Existenz, sondern nur durch die Geltendmachung solcher Vorrechte in Frage gestellt; es besteht daher insofern zwischen letzteren und den Rechten jener anderen Dritten immerhin ein wesentlicher Unterschied; vgl. n. 123.

140. Nach der MInstr. v. 30. Sept. 1861 §§ 8. 9 (ib. 2. S. 408) sollte die Instruktion einer Muthung ganz unterbleiben, wenn sich ergebe, daß der Fund im bereits verliehenen Felde liege, das Gegentheil jedoch stattfinden, falls das Feld blos durch eine andere Muthung bestrickt sei. Huyssen S. 19 spricht sich in gleicher Weise mit Rücksicht auf das jetzt geltende Recht aus. In der That erkannte eine ME. v. 15. Febr. 1866 (Z. f. BR. 7. S. 391) bei einem Falle der ersterwähnten Art, daß die Muthung ohne Weiteres zurückzuweisen und dem Antrage auf Konstatirung des Fundes keine Folge zu geben sei, indem etwaige Einwendungen gegen die Rechtsbeständigkeit der früheren Verleihung im Rechtswege verfolgt, und diese bis zur anderweitigen richterlichen Entscheidung Dritten gegenüber als zu Recht bestehend angesehen werden müsse.

Zu § 16.

141. § 16 beruht darauf, daß die Existenz des Mineralvorkommens bereits durch die frühere Verleihung, resp. den Betrieb des verlassenen Werks bekannt ist, und vorgängige neue Aufschlüsse erhebliche, für den späteren Betrieb oft nutzlose Kosten verursachen würden: Mot. S. 35. Seine Anwendbarkeit ist nicht etwa dadurch bedingt, daß der frühere Aufschluß augenblicklich noch zugänglich sei, indem letzteres weder ausdrücklich im Gesetze gesagt wird, noch auch mittelbar aus § 27 folgt. Doch kann die Wiederaufdeckung des früheren Aufschlusses im späteren Instruktions-, resp. Beweisverfahren nöthig werden, wenn nemlich über die Lage desselben Zweifel entstehen.

142. § 16 findet nach Huyssen S. 20 nicht blos auf erweislich verliehene und demnächst in's Freie gefallene, sondern auch auf solche verlassene Werke Anwendung, über deren Verleihung Nichts bekannt ist, sofern nur der Muther ihre frühere Existenz beweist, sei es durch die Akten, durch alte Urkunden und Risse, sei es durch alte Grubenbaue oder durch Halden, in welchen noch Stufen des be-

War jedoch das Mineral erwiesenermaaßen bereits bei dem Verlassen des Bergwerks gänzlich abgebaut, so ist eine solche Muthung von Anfang an ungültig.

[Br. 17, M. 16 gleichl.
G. 16 gleichl., mit Einschaltung hinter „zur Gültigkeit derselben": „wenn das Mineralvorkommen anderweitig nachgewiesen werden kann."
B. 16 gleichl.]

§ 17. Der Muther hat die Lage und Größe des begehrten Feldes (§ 27), letztere nach Quadratlachtern, anzugeben und einen von einem konzessionirten Markscheider oder Feldmesser angefertigten Situationsriß in zwei Exemplaren einzureichen, auf welchem der Fundpunkt, die Feldesgrenzen,

---

anspruchten Minerals vorkommen. Dagegen verlangt eine ME. v. 9. April 1868 (Z. f. BR. 9. S. 195) den Beweis, daß der frühere Betrieb auf Grund einer geschehenen Verleihung geführt sei, wenn auch zu solchem Behufe nicht nothwendig die Verleihungs-Urkunde vorgelegt zu werden brauche; vgl. übrigens n. 141 und die Motive von 1862 S. 39.

143. § 16 schließt selbst die schon unter der früheren linksrheinischen Gesetzgebung verlassenen Werke nicht aus, obgleich diese, strenge genommen, Staatsgut geworden sind; vgl. Ges. v. 28 Juli 1791, Art. 16ff., MInstr. v. 21. April 1810 (Martins S. 102). Dagegen ist derselbe, da er ausdrücklich nur von Bergwerken spricht, auf Muthungen des seitherigen Nassauischen Rechts unanwendbar: Z. f. BR. 8 S. 13.

144. Hat der Verzicht auf das Bw.'s-Eigenthum nur einzelne Theile des Feldes betroffen (§ 162), so ist die Anwendbarkeit des § 16 auf diese Theile nach § 27 dadurch bedingt, daß sich in ihnen gerade frühere Aufschlüsse finden; vgl. n. 190.

145. Huyssen S. 20 folgert aus § 16 Abs. 1, daß es in den dort vorgesehenen Fällen keines Termins zur Feldesbesichtigung bedürfe, wenn nicht etwa der Beweis des früheren Vorhandenseins des Bw.'s an Ort und Stelle erhoben werden müsse; vgl. n. 142.

146. Daß das Mineral schon früher gänzlich abgebaut sei (§ 16 Abs. 2), wird namentlich durch das beim Verlassen des Werks aufgenommene Befahrungsprotokoll dargethan; s. Motive v. 1862 S. 39. Der Gegenbeweis ist gemäß § 23 auf dem Rechtswege in der Regel nicht zu liefern. Vgl. jedoch Wachler (Z. f. BR. 10 S. 17).

147. Im Uebrigen s. n. 118. 149. 219. 220.

Zu § 17.

148. Die im § 17 vorgeschriebene Erklärung gehört zur Begründung des Verleihungsantrags und bildet die Grundlage für die Beurtheilung der Muthung in ihrem Verhältnisse zu benachbarten Interessenten sowie für die Entscheidung der Behörde. Zur genaueren Bezeichnung der Lage und Größe des Feldes dient der Situationsriß, welcher die Zwecke der beiden, nach dem früheren rechtsrheinischen Verfahren getrennten Risse, des Muthungs- und des Verleihungsrisses in ähnlicher Weise vereinigt, wie der nach Art. 30 des franz. Ges. v. 1810 dem Konzessionsgesuche beizufügende Riß. Die Einreichung in zwei Exemplaren hat den Zweck, dem Muther mit der Verleihungsurkunde ein Beweisexemplar (§ 33) zurückzugeben: Mot. S. 35.

149. § 17 kommt auch bei Muthungen im Sinne des § 16 zur Anwendung. Nur ist bei diesen arg. § 27 statt des Fundpunktes der frühere Aufschluß des Mineral-Vorkommens im Situationsrisse anzugeben. In Betreff der Umwandlungsanträge vgl. n. 1127.

150. Die Angabe der Lage und Größe des Feldes ist an keine besondere Form gebunden, vielmehr genügen in dieser Hinsicht die geeigneten Vermerke

die zur Orientirung erforderlichen Tagesgegenstände und der Meridian angegeben sein müssen.

Der bei Anfertigung dieses Situationsrisses anzuwendende Maaßstab wird durch das Oberbergamt festgesetzt und durch die Regierungsamtsblätter bekannt gemacht.

[Br. 18 Abs. 1 gleichl; nur heißt es statt: „konzessionirten Markscheider oder Geometer": „Sachverständigen." Abs. 2 lautet: „Der rc. Maaßstab kann durch die Bergbehörde festgestellt werden und ist alsdann durch die Braunschw. Anzeigen bekannt zu machen."

M. 17 gleichl.

G. 17 gleichl.; nur heißt es st. „konzessionirten": „geprüften."

B. 17 lautet: „Der Muther hat die Lage und Grösse des begehrten Feldes (Art. 27), letztere nach Quadratmetern anzugeben, und die einschlägigen Steuerkatasterpläne in zwei Exemplaren einzureichen, auf welchen der Fundpunkt und die Feldesgrenzen durch einen amtlich bestellten Markscheider oder Feldmesser eingezeichnet sein müssen.]

---

im Situationsrisse, so daß in der denselben begleitenden Eingabe die Lage rc. des Feldes nicht nochmals beschrieben zu werden braucht: R. OBA. Bonn 16. April 1866 (Z. f. BR. 7. S. 261).

151. Man kann für mehrere Verleihungs- oder Umwandlungs-Anträge Einen gemeinschaftlichen Situationsriß einreichen. Freilich bleibt es dem Ermessen des RB. überlassen, die nachträgliche Vorlegung besonderer Risse für jeden Antrag zu verlangen, ohne daß hierbei jedoch die im § 18 ausgesprochenen Folgen eintreten können; vgl. OBA. Bonn 16. Jan. 1866 und AH. Cöln 15. Febr. 1868 (ib. 7. S. 260; 10. S. 279).

152. Die Anfertigung der Risse muß durch einen Markscheider oder Feldmesser erfolgen, damit die Vorlegung unbrauchbarer Risse vermieden und in dieser Hinsicht das Interesse dritter Muther und Bw.'s-Besitzer wahrgenommen werde. Den Feldmessern ist die Befugniß zur Aufnahme der Risse beigelegt, weil in manchen Theilen der östlichen Provinzen keine Markscheider zur Verfügung stehen: Mot. S. 35. Das Wort „konzessionirt" ist im § ebensowohl auf Feldmesser wie auf Markscheider zu beziehen. Nach § 36 Abs. 1 der Gewerbe-Ordnung v. 21. Juni 1869 (BGBl. S. 245) bedürfen nun zwar die Feldmesser im Allgemeinen keiner Konzession mehr. Da jedoch dieser § 36, gemäß § 6 ib., das BG. zu ändern nicht bestimmt ist, Abs. 2 desselben überdies das vorläufige Fortbestehen der bisherigen Vorschriften in Betreff derjenigen Feldmesser rechtfertigt, deren Handlungen die Gesetze eine besondere Glaubwürdigkeit beilegen, so können auch hinfüro nur konzessionirte Feldmesser mit Anfertigung des Risses betraut werden. Für Markscheider beruht das Fortbestehen der die Konzession erfordernden Vorschrift des § 17 unmittelbar auf § 34 jener Gew.-O.; vgl. die Min.-Instr. v. 4. Sept. 1869, Nr. 8. 9. — Zum Nachweise der Erfüllung obiger Vorschrift des § 17 h. l. genügt nicht das Attest des Markscheiders rc., daß der Riß richtig sei, indem ein solches Attest dessen Fertigung durch einen Dritten nicht ausschließt: R. des OBA.'s Bonn (Z. f. BR. 6. S. 583). Besondere Vorschriften über die Anfertigung der Risse finden sich in den von den OBA. Bonn, Halle und Dortmund erlassenen Dienstinstr. der konzessionirten Markscheider; vgl. § 190 und Huyssen S. 21.

153. Der Fundpunkt ist im Risse genau geometrisch festzulegen; die Dortm. und Hall. Markscheider-Instr. (s. n. 152), sowie die Bekanntmachung des OBA.'s Bonn v. 3. April 1867 enthalten hierüber besondere Vorschriften: Huyssen S. 21. Daß die Zeichnung eines Quadrats von 18 Lachtern Seitenlänge keine ihren Zweck erfüllende Angabe des Fundpunktes enthalte, erkannte eine ME. vom 11. Febr. 1867 (Z. f. BR. 8. S. 118) an.

154. Unter die zur Orientirung gehörigen und demgemäß auf den Riß aufzutragenden Tagesgegenstände rechnet das OBA. Bonn (Z. f. BR. 6. S. 582) auch die Fundpunkte resp. Grenzen der mit dem begehrten kolli-

§ 18. Die Angabe der Lage und Größe des Feldes, sowie die Einreichung des Situationsrisses (§ 17) müssen binnen sechs Wochen nach Präsentation der Muthung bei der zur Annahme der letzteren befugten Bergbehörde erfolgen.

Geschieht dies nicht, so ist die Muthung von Anfang an ungültig.

Unterläßt der Muther die Einreichung eines zweiten Exemplars des Situationsrisses, so kann die Bergbehörde dasselbe auf Kosten des Muthers anfertigen lassen.

a. [Br. 19, M. 18. G. 18 gleichl.
B. 18 Abs. 1. 2 gleichl., nur heißt es st.: „Situationsriß" und „6 Wochen nach Präsentation": „Steuerkatasterpläne" und „30 Tage nach Einlauf"; dagegen fehlen die Worte: „zur Annahme der letzteren befugten." Abs. 3 lautet: „Unterlässt der Muther die Einreichung eines zweiten Exemplars der Steuerkatasterpläne, so kann die Bergbehörde auf Kosten des Muthers solche ankaufen, und in dieselbe den Situationsriss einzeichnen lassen.
b. § 18 Abs. 2 lautete in der RV.: „Geschieht dies nicht, so erlischt die Muthung mit dem Ablaufe der Frist."]

---

direnden Felder benachbarter Werke, soweit diese dem Muther oder Markscheider bekannt sind, oder aus der Muthungs-Uebersichts-Karte und den amtlichen Rissen des OBA.'s ersehen werden können.

155. § 17 Abs 2 überläßt den Oberbergämtern die Festsetzung der bei den Rissen anzuordnenden Maßstäbe, da diese zu den verschiedenen Maßstäben der größtentheils schon vorhandenen Uebersichtskarten passen müssen: Mot. S. 36. Die demgemäß festgesetzten Maßstäbe finden sich zusammengestellt in der Z. f. BR. 10. S. 299. Der Maßstab für die Risse der Umwandlungs- und Erweiterungs-Anträge ist derselbe: Lindig (ib 6. S. 590). In Betreff der Konsolidationsrisse und der Risse bei Feldestheilungen 2c. vgl. n. 279. 333.

Zu § 18.

156. Die Angabe der Lage und Größe des Feldes sowie die Einreichung des Risses können selbstredend schon mit der Muthung verbunden werden; vgl. Mot. S. 36 und § 19 Abs. 3. — Hieraus sowie aus der Fassung des § 18 Abs. 1 folgt, daß das OBA., wenn es die Annahme der Muthungen an sich behält, die Annahme der Erklärung über die Lage 2c. des Feldes und die Annahme des Risses nicht dem RB. überweisen kann.

157. Die Frist des Abs. 1 läuft ohne Weiteres und erleidet selbst dann keinen Stillstand, wenn die Muthung zurückgewiesen und hiergegen der Rekurs ergriffen wird, oder wenn es sich um Nachbringung eines vorschriftsmäßigen Risses an Stelle des ursprünglich eingereichten, als nicht vorschriftsmäßig zurückgewiesenen handelt. Auch ist die Behörde nicht befugt, dieselbe zu verlängern. In die Frist wird der Tag der Präsentation der Muthung nicht eingerechnet, wohl aber die Frist des § 14 Abs. 3; vgl. Lindig (Z. f. BR 6. S. 581). Sie wird nur gewahrt durch die zeitige Ausgabe des bezüglichen Briefs 2c., nicht also durch die bloße Aushändigung des über denselben sprechenden Empfangsscheins an das OBA., sollte auch vor Ablauf der Frist noch Zeit zum Abholen der Sendung selbst gewesen sein: ME. 28. Juni 1866 (ib. 7. S. 394).

158. Die jetzige Fassung des Abs. 2 wurde beschlossen, weil der Ausdruck der RV. „erlischt" nicht ganz zutreffend sei, und damit die Ausdrucksweise mit derjenigen der §§ 14. 16 übereinstimme: KB. I, S. 17. Das dort angedrohte Präjudiz rechtfertigt sich dadurch, daß ohne die Erklärung über Lage und Größe des Feldes sowie ohne den Situationsriß die Grundlage für die Entscheidung über die Verleihung und etwaige Kollisionen mit Dritten fehlt: Motive S. 36.

§ 19. Die Lage und Größe des begehrten Feldes können nur innerhalb der auf dem Situationsrisse (§ 17) angegebenen Grenzen abgeändert werden.

Gegen Muthungen Dritter ist das gesetzlich begehrte, auf dem Situationsrisse angegebene Feld einer Muthung für die Dauer ihrer Gültigkeit geschlossen.

---

159. Jenes Präjudiz trifft sowohl dann zu, wenn in der Frist des Abs. 1 gar keine Erklärung oder gar kein Riß eingeht, (die unterlassene Einreichung eines zweiten Rißexemplars hat jene Folge nicht: Motive S. 36), als auch dann, wenn der Riß nicht sämmtlichen essentiellen Erfordernissen des § 17 entspricht, z. B. nicht in dem vorgeschriebenen Maßstabe, oder nicht von einem Markscheider, resp. Feldmesser angefertigt ist, oder den Fundpunkt ganz ungenau, resp. unrichtig angiebt, es sei denn, daß dem Mangel noch innerhalb der Frist des Abs. 1 abgeholfen würde; vgl. Lindig und OBA. Bonn (Z. f. BR. 6. S. 581). Wenn § 33 von einer Vervollständigung und Berichtigung der Risse spricht, so ist erstere an dieser Stelle nur auf die Nachtragung solcher Situationsgegenstände zu beziehen, die nicht zu den im § 17 bezeichneten, essentiellen Angaben des Risses gehören, wie z. B. Gemeindegrenzen, Markscheiden benachbarter Bw. und dergl., während daselbst unter Berichtigung nur die Berichtigung der Feldesgrenzen verstanden werden kann, welche zu bewirken ist, wenn das begehrte Feld nur in beschränktem Umfange verliehen wird: ME. 11. Febr. 1867 (ib. 8. S. 116). Doch betrachtet Huyssen S. 22 wol mit Recht den Nachweis der Anfertigung des Risses durch eine dazu qualifizirte Person als eine (nicht an die Frist des § 18 gebundene) Vervollständigung im Sinne des § 33, falls auf dem Risse selbst der Name des Verfertigers und die Bescheinigung der Anfertigung durch denselben fehle; vgl. jedoch das in n. 152 cit. R. des OBA.'s Bonn.

160. Trifft das Präjudiz des Abs. 2 zu, so bedarf es keines die Muthung zurückweisenden Beschlusses; jene wird vielmehr ohne Weiteres gelöscht und dem Muther hiervon einfach Mittheilung gemacht. So: Lindig (Z. f. BR. 6. S. 582) und Bonner Instr. § 12.

Zu § 19.

161. Welche Wirkungen nach dem früheren rechtsrheinischen Rechte einer Muthung, anderen kollidirenden Muthungen gegenüber, beizulegen seien, war in der Rechtsprechung überaus streitig. § 19 hat den aus dieser Rechtsunsicherheit hervorgehenden Uebelständen abgeholfen, indem er einestheils den Muther auf ein festbegrenztes Terrain beschränkt, ihm mithin das früher streitige Recht versagt, das einmal begehrte Feld zum Nachtheile anderer Interessenten wieder abzuändern, andererseits ihm aber durch die im Abs. 2 ausgesprochene Schließung seines Muthungsfeldes gegen Muthungen Dritter den früher entbehrten Vortheil gewährt, daß Kollisionen mit benachbarten Muthern vorgebeugt wird. Die der rechtlichen Bedeutung der Muthung entsprechende Zurückdatirung der Feldesschließung auf die Zeit der Präsentation der Muthung beseitigt die frühere fast unlösbare Streitfrage über die Wirkung vorübergehender Feldesüberdeckungen; vgl. Mot. S. 36, Klost. n. 49.

162. Die oben aus den Motiven referirten Worte „zum Nachtheile anderer Interessenten" berechtigen nicht zu der Annahme, als ob Abs. 1 außer Anwendung bleibe, so lange das umliegende Feld von dritten Muthern noch nicht beansprucht sei. Eine solche früheren Rechtsanschauungen allerdings konforme Annahme würde nicht allein dem Wortlaute, sondern auch der Absicht des BG. widersprechen; vgl. KB. II, S. 19.

163. Das Verbot einer Abänderung der Feldesgrenzen bezieht sich, sowohl nach dem Wortlaute des Abs 1, als nach den ihm zu Grunde liegenden Motiven (s. n. 161), selbst auf diejenigen Aenderungen, welche noch in der Frist des § 18 beliebt werden möchten. (Insofern besteht also zwischen der bloßen Rektifikation, resp. Vervollständigung der Feldesstreckung (s. n. 159) und der Abänderung der

Diese Wirkung tritt mit dem Zeitpunkte der Präsentation der Muthung ein und wird auf diesen Zeitpunkt auch dann zurückbezogen, wenn der Situationsriß erst später innerhalb der im § 18 vorgeschriebenen Frist eingereicht worden ist.

[Br. 20, M. 19, G. 19 gleichl. —
B. 19 gleichl.; nur heißt es statt: Situationsriß": „Steuerkatasterpläne."]

§ 20. Das Feld einer jeden Muthung wird gleich nach Einreichung des Situationsrisses (§ 17) von der Bergbehörde auf die Muthungs-Uebersichtskarte aufgetragen.

Die Einsicht dieser Karte ist einem Jeden gestattet.

[Br. 21 gleichl., mit dem Zus. zu Abs. 1: „oder in dem Muthungsregister bezeichnet" und mit Einschaltung der Worte „oder des Muthungsregisters" im Abs. 2.
M. 20, G. 20 gleichl.
B. 20 gleichl., nur heißt es statt „Situationsriß": „Steuerkatasterpläne."]

Feldesgrenzen ein charakteristischer Unterschied.) Nach § 19 muß sogar einem in dieser Hinsicht bei der Feldesstreckung (§ 18) gemachten Vorbehalte jede Wirksamkeit abgesprochen werden.

164. Die Fassung des Abs. 2 stellt außer Zweifel, daß die Feldesschließung nur dann eintritt, wenn die Muthung im Uebrigen gültig ist und das begehrte Feld den gesetzlichen Vorschriften [§ 27] entspricht; vgl. Motive S. 36. Einer ungültigen Muthung kann daher jene Wirkung nicht bis dahin zugestanden werden, wo sie rechtskräftig zurückgewiesen ist: ME. 13. Febr. 1867 (Z. f. BR. 8. S. 113). Von beschränkter Dauer der Gültigkeit kann vielmehr nur bei solchen Muthungen die Rede sein, die gesetzlich gültig sind, auf welche aber der Muther verzichtet, wozu eine einfache schriftliche oder protokollarische Erklärung genügt: Huyssen S. 23.

165. Die Feldesschließung hat die Folge, daß die während derselben eingelegten Muthungen, soweit sie mit der ursprünglichen kollidiren, absolut ungültig sind, und zwar selbst in Betreff derjenigen Feldestheile, welche demnächst durch Zurücknahme der älteren Muthung oder durch nachträgliche Einschränkung ihres Feldes (Abs. 1) wieder frei werden; vgl. n. 123 und ME. 31. Okt. 1868 (Z. f. BR. 10. S. 256). Gleichwohl ist ein jüngerer Muther, welcher die Feldesstreckung nicht schon mit der Muthung verbindet, berechtigt, das in der Zeit zwischen der Präsentation seiner Muthung und der Feldesstreckung frei gewordene Feld in Anspruch zu nehmen; er ist mithin nicht auf das Begehren desjenigen Feldes beschränkt, das zur Zeit der Präsentation seiner Muthung beansprucht werden konnte, indem die Feldesstreckung in diesem Betrachte nicht, gleich der Feldesschließung, auf das Datum der Präsentation zurückzubeziehen ist: ME. 14. Jan. 1868 (ib. 9. S. 196).

Zu § 20.

166. Die [zwar nicht durch die ältere Gesetzgebung, wohl aber schon durch die MInstr. v. 31. März 1852 § 29 (Gräff S. 124) allgemein vorgeschriebenen und daher] bereits früher in den meisten Revieren vorhandenen Uebersichtskarten gewähren den Vortheil, daß leicht ermittelt werden kann, inwieweit ein Terrain mit Muthungen und verliehenen Feldern bestrickt sei, und wie die einzelnen Felder zu einander liegen. § 20 fördert den Zweck dieser Karte durch die Vorschrift, daß sie öffentlich sein und jedes Muthungsfeld alsbald auf ihr aufgetragen werden soll: Mot. S. 37.

167. Gleichwohl ist dieser (im Entwurfe von 1862 ganz unerwähnt gebliebenen) Karte nicht die Bedeutung eines vollgültigen Beweismittels bei Streitigkeiten über die Feldesgrenzen beizulegen.

168. Die Auftragung der Felder (einschließlich der durch Umwandlungs-Anträge begehrten) liegt dem RB. ob, während die nach der Verleihung stattfindende

§ 21. **Versuchsarbeiten, welche der Muther etwa noch vor der Verleihung ausführt, unterliegen denselben Vorschriften, wie die Arbeiten des Schürfers (§§ 3 bis 11).**

[Br. 22, M. 21, G. 21, B. 21 gleichl.]

Dritter Abschnitt.

Vom Verleihen.

[im BG. freilich nichtausdrücklich vorgeschriebene] definitive Auftragung durch den OBA.'s-Markscheider geschieht. Die Einsicht der Karten findet im Amtslokale des RB. statt und kann nur während der Dienststunden gefordert werden; vgl. die Bonner, Hall. und Dortm. Instr. § 14 resp. 12. Die beiden ersteren Instr. machen die Anfertigung von Kopien und Auszügen aus den Karten von einer besonderen Genehmigung des OBA.'s abhängig.

Zu § 21.

169. § 21 beruht darauf, daß weitere Versuchsarbeiten, zu denen der Muther vor der Verleihung zwar nicht verpflichtet, wohl aber berechtigt ist, als Fortsetzung der in der Regel vorausgegangenen Schürfarbeiten, oder auch geradezu als solche zu betrachten sind: Motive S. 37. Sie haben vornehmlich den Zweck, den Muther über die Bauwürdigkeit und Verbreitung des Mineral-Vorkommens, resp. über die zweckmäßigste Art der Feldesstreckung zu orientiren.

170. Hat der Muther sein Feld gestreckt, so kommt zwar arg. § 19 Abs. 1 der § 21 auf den vom Muthungsfelde freigelassenen Theil des Schürffeldes nicht mehr zur Anwendung. Da jedoch der Muther gleich jedem andern Schürfer die Absicht verfolgen kann, in diesem Theile einen neuen Fund zum Zwecke einer ferneren Muthung zu erschürfen, so erlischt die früher ertheilte Erlaubniß, resp. Ermächtigung mit jener Feldesstreckung für diesen Theil nicht nothwendig schon von Rechtswegen. Das im MR. 29. Mai 1841 (BMBl. 42 S. 434) in Betreff des theilweisen Erlöschens des Schürfscheins Gesagte findet mithin hier keine analoge Anwendung.

Zum dritten Abschnitte im Allgemeinen.

171. Die Grundsätze, auf welchen dieser Abschnitt beruht, enthalten eine Reihe ebenso nothwendiger wie eingreifender Verbesserungen des früheren Rechts: Motive S. 38. Inwiefern das Bergeigenthum auch an moralische Personen verliehen werden könne, bemißt sich nach den unter n. 35 und 172 erörterten Gesichtspunkten.

172. Ausländer sind zum Erwerbe von Bergeigenthum durch Verleihung gleichfalls befugt, und zwar ohne Rücksicht auf die Reziprozität. Dies galt schon früher, indem die älteren, erst durch das Gesetz v. 22. Juni 1861 (GS. 441) weggeräumten Beschränkungen des Gewerbebetriebs von Ausländern auf den Bw.'s-Betrieb nie zur Anwendung gebracht wurden. (Nach den alten B.-Ordn. war der Bergbau dasjenige Gewerbe, bei welchem unbedingte Freizügigkeit herrschte; vgl. auch Art. 13 des franz. Ges. 21. April 1810.) Ebensowenig gilt für den Bw.'s-Betrieb die Vorschrift jenes Gesetzes von 1861 über das Erforderniß einer ministeriellen Genehmigung zum Gewerbebetriebe ausländischer moralischer Personen, während das Gesetz vom 4. Mai 1846 (GS. 235), welches den Grunderwerb solcher Personen von einer landesherrlichen Ermächtigung abhängig macht, bei Bergwerken nur dann zur Anwendung kommt, wenn zu deren Betrieb der Erwerb von Grundeigenthum erforderlich ist und bezweckt wird. Für letzteren Fall schreibt das MR. 11. Nov. 1853 (M. Z. 2. S. 126) vor, daß schon vor Einleitung des Verleihungsverfahrens behufs der eventuell nachzusuchenden Königl. Genehmigung Bericht erstattet werden solle. Voraussetzung des Bw.'s-Betriebs ausländischer moralischer Personen ist natürlich, daß diese zum Bw.'s-Betriebe an sich befähigt sind (s. n. 35), und daß ihre Persönlichkeit nach den Grundsätzen des inländischen oder internationalen Rechts in Preußen überhaupt anerkannt werde. Vgl. über diese Materie im Allgem. Brass. und Achenb. (Z. f. BR. 2. S. 292; 8. S. 235).

§ 22. Die den gesetzlichen Erfordernissen entsprechende Muthung begründet einen Anspruch auf Verleihung des Bergwerkseigenthums in dem im § 27 bestimmten Felde.

[Br. 23, M. 22, G. 22, B. 22 gleichl.]

---

173. Früher bestand in den rechtsrheinischen Landestheilen in Betreff der zu verleihenden Felder insoweit ein wesentlicher Unterschied zwischen dem Gang- und dem Flötz-Bergbau, als bei dem ersteren die Behörde durchweg an die Anträge des Muthers gebunden war, wogegen in Betreff des Flötzbergbaus ihrem Ermessen durch das Ges. v. 21. Juli 1821 nach verschiedenen Richtungen ein großer Spielraum eröffnet wurde. Hierauf sich stützend, erkennt Klost. (Uebers. I) der nach dem Ges. v. 1821 erfolgenden Verleihung einen wesentlich konstitutiven Charakter zu, während die Verleihung nach älterem Rechte wesentlich deklarativer Natur und der Anspruch aus der Muthung das in seiner Wirkung bedingte Bergeigenthum gewesen sei. Da nun das BG. in obigem Betrachte auf den durch das Ges. v. 1821 verlassenen Boden des älteren Bergrechts zurückgekehrt ist, so ist Klost. n. 29 der Ansicht, daß auch gegenwärtig das Recht aus der Muthung, seinem Gegenstande nach, vom Bergeigenthume nicht verschieden, sondern nur resolutiv durch die Verpflichtung, die Verleihung in vorschriftsmäßiger Weise zu erlangen, bedingt sei; indem jedoch bis zur Verleihung dem Muther die Disposition über das gemuthete Bw. untersagt werde, verhalte sich sein Recht zum Bergeigenthum etwa wie das Recht des Erben an der angefallenen Erbschaft zu dem durch deren Antritt erworbenen Eigenthume. Insoweit diese Auffassung in der Theorie über den Erwerb des Bergeigenthums als Okkupation einer herrenlosen Sache wurzelt, wird auf das unten n. 314 Gesagte verwiesen. Abgesehen hiervon, findet dieselbe aber auch in den positiven Bestimmungen des BG. keine Unterstützung. Im Gegentheil erblickt das BG. in der Muthung stets nur einen Anspruch auf die Verleihung, und führt den unmittelbaren Erwerb des Bergeigenthums stets nur auf den Akt der Verleihung selbst zurück, ohne letzterer an irgend einer Stelle rückwirkende Kraft beizulegen; vgl. überdies Achenb. und Oppenhoff (Z. f. BR. 10. S. 98. 412).

174. Gleichwohl begründet die Muthung nicht etwa eine blos persönliche Forderung, sondern ein dingliches Recht auf Verleihung des Bergeigenthums. Dieser schon früher, wenn auch nicht ganz allgemein angenommene Satz kann unter der Herrschaft des BG. noch weit weniger in Zweifel gezogen werden; vgl. Wachler S. 123, Oppenhoff Ress.-Ges., S. 114. Das Objekt, an welchem jenes Recht besteht, ist das begehrte Feld. — Dagegen läßt sich die Frage, ob die Muthung zu den Mobilien oder Immobilien gehöre, nicht so allgemein beantworten. Im Bezirke des JS. Ehrenbr. müssen die Muthungen nach den Gess. v. 2. Febr. 1864 und 27. März 1865 (GS. 64. S. 34; 65. S. 170) zu den Mobilien gezählt werden: Brockhoff (Z. f. BR 6. S. 552). Dasselbe ist mit Rücksicht auf § 7. I, 2 ALR. für das Gebiet dieses Gesetzbuchs anzunehmen (OT. 19. März 1858: Entsch. 38. S. 341 steht dem nicht entgegen). Im Gebiete des Rhein. Rechts unterliegt dagegen die Immobilareigenschaft arg. Art. 517 526 BGB. keinem Bedenken.

175. Das Recht aus der Muthung ist nicht streng an die Person geknüpft, sondern veräußerlich; vgl. BO. 8. Mai 1867 Art. XV § 4 (s. n 1). Die Cession desselben begründet auf Seiten des Veräußerers die Gewährleistungspflicht, welche sich namentlich auch darauf erstreckt, daß der Fundpunkt sowie das gemuthete Feld überhaupt im Freien belegen sei, indem es sich eben nicht um eine bloße emtio spei oder rei speratae, sondern um den Kauf eines bereits existenten und selbstständig für sich bestehenden, dinglichen Rechts handelt; vgl. AH. Cöln v. 9. Juli 1863 (Rh. A. 57. I, 250), Wachler S. 123, Brass. und Achenb. (Z. f. BR. 5. S. 355). Contra: Das dort mitgetheilte OT v. 9. Mai 1864. Doch ist zur Wirksamkeit der Cession einer Muthung weder die Tradition der Grube, noch die Beobachtung der für die Veräußerung von Immobilien vorgeschriebenen Formen, z. B. die gerichtliche Bestätigung des Vertrages, erforderlich; so: OT. 28. Okt. 1862 (Strieth. 47. S. 122), Klost. Uebers. II, und in Betreff des Bezirks des JS. Ehrenbr. Brockhoff l. c. — Was dagegen die einem Minderjährigen angefallenen Muthungen betrifft, so wird, wenigstens nach den Grundsätzen

§ 23. Dieser Anspruch kann jedoch auf dem Rechtswege nicht gegen die verleihende Bergbehörde, sondern nur gegen diejenigen Personen verfolgt werden, welche dem Muther die Behauptung eines besseren Rechts entgegensetzen.

[Br. 24 gleichl., doch ohne das Wort „verleihende."
M. 23 gleichl.
G. 23 gleichl., doch ist nach „Anspruch" eingeschoben: „auf Verleihung."
B. 23 gleichl., jedoch heißt es statt „verleihende": „zur Verleihung berufene."]

---

des rhein. Rechts, die Veräußerung nur nach Maßgabe der dort für Mündelgüter bestehenden, mehr dem materiellen, als dem formellen Rechte angehörigen Vorschriften stattfinden können.

176. Als veräußerliches Vermögensobjekt bildet die Muthung oder ein Antheil an derselben auch ein Objekt der Exekution zum Zweck der Befriedigung von Geldforderungen. Für das Gebiet des Rhein. Rechts erkannte dies AH. Cöln 16. April 1857 (Rh. A. 52. I, 173) an, indem dasselbe sich gleichzeitig dahin aussprach, daß der Verkauf durch einen öffentlichen qualifizirten, im Nichteinigungsfalle durch Richterspruch zu bestimmenden Beamten bewirkt werden müsse, nachdem ein Zahlungsbefehl und eine Beschlagnahme vorausgegangen seien. Ob im Gebiete der AGO. die Subhast.-O. v. 15. März 1869 auf Muthungen zur Anwendung komme, beurtheilt sich gemäß § 1 Nr. 2 ib. nach der anderen Frage, ob denselben Immobilar-Qualität beiwohne (s n. 174), da sie die Eigenschaft einer „selbstständigen Gerechtigkeit" im Sinne jenes § 1 unzweifelhaft besitzen.

177. Im Gebiete des Rhein. Rechts gehört ein vom Manne vor der Ehe gemuthetes, aber erst nach deren Abschluß verliehenes Bw. zu seinem Sondergute, wie andererseits ein während der Gütergemeinschaft gemuthetes, aber erst nach Auflösung derselben verliehenes Bw. zur Errungenschaft zu zählen ist, nicht, weil etwa schon die Muthung ein in seiner Wirkung bedingtes Bergeigenthum begründe (s. n. 173), sondern weil das Recht aus der Muthung immerhin ein Immobilarrecht ist, welches sich durch die Verleihung in das Bergeigenthum umwandelt, so daß letzteres als Produkt, resp. als remploi des ersteren erscheint. Wenn unter der Herrschaft des Ges. v. 21. April 1810 das Gegentheil Rechtens war (vgl. Delebecque n. 1219), so beruhte dies eben darauf, daß jenes Gesetz keine Muthung kennt, die einen Rechtsanspruch auf Verleihung begründete.

178. Der Anspruch auf Verleihung wird durch das Entgegenstehen von Gründen des öffentlichen Interesses nicht ausgeschlossen. Die Verleihung kann daher nicht, wie die Schürfermächtigung (§ 4) und die Bestätigung einer Konsolidation oder Feldestheilung, aus solchen Gründen versagt werden. Wenn im KB. I, S. 25 die gegentheilige Ansicht angedeutet ist, so geschah dies offenbar irriger Weise; vgl. auch n. 230.

Zu § 23.

179. Daß der Anspruch aus der Muthung trotz seiner privatrechtlichen und prozeßfähigen Natur, im Rechtswege nicht gegen die verleihende Behörde geltend gemacht werden könne, wurde schon früher in der Praxis allgemein angenommen. So lange jedoch das Recht des Staats zur Verleihung einen Ausfluß aus dem Bergregale, als einem gemeinen den Domainen völlig gleichzuachtenden Staatseigenthume, bildete, die in Handhabung dieses Rechts ergehenden Verfügungen mithin Akte der Finanzverwaltung im Sinne der VO. v. 26. Dez. 1808 (§ 41 i. f.) darstellten, ließ sich jener Satz juridisch in keiner Weise begründen; vgl. Oppenhoff Ress.-Ges., S. 113. Gegenwärtig, wo nach Beseitigung des Bergregals das Verleihungsrecht nur aus den wirklichen Hoheits- und Majestätsrechten abgeleitet werden kann (s. n. 6), ist jener Satz den Bestimmungen obiger VO. (§ 36) vollkommen entsprechend.

180. Demgemäß ist eine dem § 23 zuwider, gegen die Behörde gerichtete Klage nicht etwa wegen mangelnder Passivlegitimation, sondern als zum Rechtswege ungeeignet abzuweisen, und der Mangel der Zuständigkeit vom

Richter schon von Amtswegen zu berücksichtigen. Auch liegt in der Anstellung einer solchen Klage ein Anlaß zur Erhebung des Komp.-Konflikts nach Maßgabe des Ges. v. 8. April 1847. Vgl. Oppenhoff l. c. S. 481, n. 67. Das MR. v. 22. August 1853 (M. Z. 1. S. 221), welches sich gleichfalls, nach der damaligen Gesetzgebung freilich mit Unrecht (s. n. 179), zu Gunsten des Komp.-Konflikts aussprach, nahm hierbei an, von der Erhebung desselben könne nur dann die Rede sein, wenn die Klage nicht per decretum zurückgewiesen werde; s. jedoch in letzterer Hinsicht Oppenhoff l. c. S. 474 n. 25.

181. Die Bergbehörde kann gemäß § 23 ebensowenig zu einem Prozesse über den Anspruch aus der Muthung zur Vertretung, resp. Schadloshaltung der einen oder anderen Partei beigeladen werden, wogegen es selbstredend statthaft ist, einzelne Bergbeamte wegen einer absichtlichen Pflichtverletzung auf Entschädigung zu belangen, vorbehaltlich des Rechts der vorgesetzten Central- und Provinzial-Behörden, unter Umständen den Konflikt im Sinne des Ges. vom 13. Febr. 1854 zu erheben. Vgl. v. Beughem S. 88.

182. Fehlt es an solchen Personen, die dem Muther die Behauptung eines besseren Rechts entgegensetzen, so kann der Anspruch aus der Muthung gemäß § 23 überhaupt nicht im Rechts-, sondern nur im Verwaltungswege verfolgt werden: KB. I, S. 18; Gräff S. 74.

183. Doch sind unter denen, welche dem Muther die Behauptung eines besseren Rechts entgegensetzen, nicht ausschließlich solche Personen zu verstehen, die in dem Verleihungsverfahren Einspruch erhoben haben; die Klage ist vielmehr wider jeden gestattet, zu dessen Gunsten der Ausspruch der Behörde ein mit der Muthung kollidirendes Recht als bestehend anerkennt, oder welcher ein solches Recht irgendwie in Anspruch nimmt, sollte er auch zu diesem Behufe noch keine Schritte dem Muther gegenüber gethan haben, sofern dieser nur zur Anstellung der Klage ein gegenwärtiges rechtliches Interesse hat; vgl. § 35. Ja, unter Umständen kann sogar der Grundbesitzer als solcher der richtige Verklagte sein; vgl. n. 187. (Ueber die andere Frage, ob ein Bw.'s-Eigenthümer berechtigt sei, gegen den Muther, welcher auf sein Feld eine Muthung eingelegt hat, von der Bergbehörde aber zurückgewiesen ist, provokatorisch zu klagen, s. Wachler, Z. f. BR. 5. S. 460.)

184. Andererseits kann die Klage in der Regel und vorbehaltlich der aus der Natur der Sache sich ergebenden Ausnahmen (s. z. B. § 35) erst dann angestellt werden, wenn die Muthung oder der auf dieselbe gegründete Einspruch wider eine anderweitige Verleihung (§ 31) von der Bergverwaltung ganz oder theilweise zurückgewiesen ist, indem es als unstatthaft erscheint, unter Umgehung der in diesem Abschn. des BG. geregelten, administrativen Instanz sofort den Rechtsweg zu beschreiten. Eventuell wäre daher die Klage als zur Zeit unstatthaft abzuweisen, ja unter Umständen sogar die Erhebung des Komp.-Konflikts am Platze; vgl. Oppenhoff Ress.-Ges. S. 480 n. 64.

185. Beim Vorhandensein mehrerer bei einer Muthung Betheiligten ist jeder derselben für sich allein zur Klage behufs Geltendmachung des Vorrechts der Betheiligten vor dem Dritten und behufs Zurückweisung seines Widerspruchs gegen die Verleihung legitimirt: OT. v. 20. Dez. 1858 (Strieth. 32 S. 88).

186. Die Verfolgung des Rechts aus der Muthung ist, abgesehen von den Fällen der §§ 31. 35 während der gewöhnlichen Verjährungsfrist statthaft: Klost. n. 54. Zur Anstellung der Klage ist das forum rei sitae begründet. Dies wurde für das Gebiet des gemeinen Rechts, — freilich vor Erlaß der unter n. 174 bezogenen Gesetze — anerkannt durch JS Ehrenbr. v 26. Jan. 1860 Z f. BR. 1. S. 236), und für das Gebiet der AGO. durch OT. v. 19 März 1858, 7. März 1859 (Entsch. 38 S. 341; 40. S. 279; Strieth. 33. S. 44); das letztere Erkenntniß spricht sich gleichzeitig für die Ausschließlichkeit des dinglichen Gerichtsstandes aus. Dasselbe gilt unbedenklich auch für das Gebiet des Rhein. Rechts, — s. LG. Aachen v. 23. Dez. 1868 (Z. f. BR. 10. S. 411), — während LG. Bonn v. 21. Juli 1857 (ib. 2. S. 124) die Klage zu den gemischten zählte, und daher sowohl den dinglichen wie den persönlichen Gerichtsstand für begründet hielt. —

187. Bei der prozessualischen Geltendmachung des Rechts aus der Muthung können alle Fragen, welche die Gültigkeit der Muthung an sich, ihr Vorrecht vor anderen Muthungen und die Existenz des gegenüberstehenden Rechts des Beklagten nach Maßgabe der §§ 1. 14. 15. 24ff. bedingen, zur richterlichen Erörterung gebracht werden, selbst Fragen vorwiegend technischer Natur (vorbehaltlich der im § 55 erwähnten). Vgl. Oppenhoff Ress.-Ges. S. 116 n. 319ff., OT. v. 16. Febr. 1869 (Z. f. BR. 10. S. 286) und n. 120. 131. 209. Dies soll zwar eine Ausnahme erleiden hinsichtlich der Frage, ob das im konkreten Falle gemuthete Mineral überhaupt verleihbar, d. h. ob dasselbe als eins der im § 1 aufgezählten zu betrachten, und ob es an sich technisch nutzbar (s. n. 13) sei; so: ME. v. 13. Sept. und 14. Nov. 1867, Lindig und Wachler (Z. f. BR. 8. S. 501. 545. 502; 10. S. 9ff.). Daß jedoch § 15 zu dem Behufe mit Unrecht angerufen werde, ist vom Verfasser schon früher (ib. 9. S. 136ff.) darzuthun versucht worden und wird auch von Wachler (l. c.) bestätigt. Gleichwenig dürften aber die von letzterem für die Endgültigkeit der administrativen Kognition vorgebrachten Gründe zutreffen. Die gedachte Frage hat allerdings mit Rücksicht auf ihre volkswirthschaftliche Bedeutung eine publizistische Seite; darum ist dieselbe jedoch noch keineswegs dem Rechtswege entzogen, insofern sie den Präjudizialpunkt für privatrechtliche Ansprüche bildet, wie hier für den Anspruch des Muthers auf der einen, und für das Recht des Grundbesitzers zur Verfügung über die nicht verleihbaren Mineralien auf der anderen Seite; vgl. Oppenhoff Ress.-Ges. S. 29. 116 (n. 70. 320). Daß die Zulassung der richterlichen Kognition unter Umständen zu Unzuträglichkeiten führen könne, namentlich im Falle einer Kollusion unter den Parteien, stellt an sich nur ein argum. de lege ferenda dar. Uebrigens würde der Richter durch ein etwaiges Zugeständniß des beklagten Grundbesitzers des Fundorts keineswegs gehindert sein, die Frage der Verleihbarkeit seiner eignen Prüfung zu unterwerfen, und zwar eben wegen des mehr oder weniger publizistischen Charakters dieser Frage (ius publicum privatorum pactis mutari nequit), sowie um deswillen, weil bei ihrer Beantwortung die Interessen Dritter, insbesondere der benachbarten Grundbesitzer, in der Regel mitbetheiligt sind. Schlimmsten Falls aber wären letztere doch berechtigt, das inter alios ergangene Erkenntniß, resp. die auf Grund desselben erfolgte Verleihung ihrerseits anzufechten. Außerdem s. n. 236. — Ob ein gewisses Mineral in abstracto, z. B. ob Anthrazit zu den im § 1 gedachten gehöre, oder ob in einem bestimmten Landestheile dieses oder jenes Mineral gemuthet werden könne, unterliegt übrigens selbst nach Wachler's Ansicht der richterlichen Entscheidung.

188. In Betreff der Beweisführung und der Vertheilung der Beweislast kommen die allgemeinen Grundsätze zur Anwendung. Daß die Konstatirung der Fündigkeit und Feldesfreiheit durch die Bergbehörde (§ 15) den Richter nicht binde, ist bereits unter n. 131 und 187 gesagt. Sie begründet auch nicht etwa eine rechtliche Vermuthung, welche durch den Gegenbeweis entkräftet werden müßte. Andererseits entspricht es aber jenen allgemeinen Grundsätzen über die Beweislast, daß der Kläger im Bestreitungsfalle seinen Anspruch selbstständig beweisen, mithin darthun muß, daß seine Muthung nicht blos formell (§ 14), sondern auch materiell (§ 15) gültig sei, ohne daß in letzterer Hinsicht zwischen jenen beiden, im Gesetze auf Eine Linie gestellten, Erfordernissen der Fündigkeit und Feldesfreiheit ein Unterschied bestände. Daß das Beweisthema, insofern es die Feldesfreiheit, d. h. also den Ungrund des dem Kläger entgegengesetzten Rechts mitumfaßt, ein theilweise negatives Element enthält, ändert hieran Nichts. Dies wurde anerkannt durch OT. v. 12. Sept. 1865 (Z. f. BR. 7. S. 208) bei einem Streite darüber, ob das vom Kläger begehrte Feld durch das Längenfeld des beklagten Bw.'s-Besitzers überdeckt werde. Dagegen huldigt die herrschende Jurisprudenz bei Streitigkeiten zwischen zwei Muthern der von dem Obigen abweichenden Ansicht, daß zur Begründung der Klage des jüngeren Muthers der Nachweis genüge, daß seine Muthung sich auf einen bergrechtlichen Fund stütze, indem es alsdann Sache des Gegners sei, den gleichen Beweis hinsichtlich der seinigen zu liefern. Vgl. Oppenhoff (ib. 9. S. 138).

§ 24. Wer auf eigenem Grund und Boden oder in seinem eigenen Grubengebäude oder durch Schürfarbeiten, welche nach Vorschrift der §§ 3 bis 10 unternommen worden

---

Zu § 24.

189. Das Finderrecht, d. h. das Vorrecht des Finders als solchen vor Anderen, deren Muthungen in der Zeit zwischen seinem Funde und der Einlegung seiner Muthung zur Präsentation gelangen, beruht ebenso, wie der Rechtsanspruch aus der Muthung auf den ältesten Grundanschauungen des deutschen Bergrechts. Die Aufrechterhaltung desselben rechtfertigt sich dadurch, daß die erste Bedingung der Verleihung in einem bergrechtlichen Funde besteht, der Finder daher die natürliche nächste Anwartschaft auf die Verleihung hat, und daß außerdem in diesem Vorrechte ein wirksames Mittel zur Aufmunterung von Schürfunternehmungen vorhanden ist. Vgl. Motive S. 39. In Betreff der abweichenden Ansicht Klost.'s, n. 55, welcher das Finderrecht des BG. aus den ältesten Uranfängen des deutschen Bergrechts erläutert wissen will und den Grund desselben noch jetzt in dem Finden als der Ergreifung des Besitzes an einer herrenlosen Sache erblickt, wird auf n. 9. 314 verwiesen.

190. Die Motive S. 39 erläutern einen bergrechtlichen Fund als die Entdeckung eines Minerals (§ 1) auf seiner natürlichen, bis dahin unbekannten Ablagerung. Darum schließt jedoch die schon früher feststehende historische Gewißheit vom Vorhandensein eines Minerals oder die frühere Entblößung einer demnächst wieder unzugänglich gewordenen Lagerstätte die Möglichkeit eines Fundes nicht aus; vgl. n. 129. Immerhin ist jedoch ein zur Begründung des Finderrechts geeigneter Fund nur da anzunehmen, wo zur Gültigkeit der betreffenden Muthung der Nachweis der Fündigkeit (§ 15) überhaupt geliefert werden muß. Demgemäß kann in Bezug auf das Mineralvorkommen eines verlassenen Bw.'s das Finderrecht in der Regel (§ 16) nicht in Anspruch genommen werden; diese Regel erleidet von dem in n. 144 erwähnten Falle abgesehen, hauptsächlich nur dann eine Ausnahme, wenn nach gänzlicher Abbauung der bisher bekannten Lagerstätte eine neue Lagerstätte innerhalb der Feldesgrenzen entdeckt wird.

191. Anlangend die subjektiven Erfordernisse des Finderrechts, so ist es selbstredend und bedurfte daher keiner gesetzlichen Festsetzung, daß zu dem mechanischen Auffinden das Bewußtsein, einen bergrechtlichen Fund gemacht zu haben, hinzukommen muß: Mot. v. 1862 S. 50. Vgl. JS. Ehrenbr. v. 26. Jan. 1860, OT. v. 29. Jan. 1861 (Z. f. BR. 1. S. 247; 2. S. 256). Die Verbindung des Willens mit der Thatsache ist keine Eigenthümlichkeit der Besitzergreifung, sondern wie das OT. hervorhebt, die Grundbedingung des Erwerbs eines jeden Rechts wie Besitzes.

192. Der Fund ist entweder ein zufälliger oder ein erschürfter. Ein Fund der ersteren Art liegt jedoch auch dann vor, wenn er zwar in Folge von Schürfarbeiten gemacht wird, letztere jedoch auf ein anderes Mineral gerichtet waren, wie z. B. wenn man auf Braunkohle schürft und Steinkohle findet. Vgl. Gräff S. 45.

193. Während die neuere Theorie des früheren rechtsrheinischen Rechts zwischen jenen beiden Arten des Fundes nicht unterschied, sondern jedem Finder das Finderrecht zuerkannte, behält das BG. das auf einem zufälligen Funde beruhende Vorrecht (abgesehen von § 223 h. 1., resp. § 234 II, 16 ALR.) nur zu Gunsten derer bei, welche auf eignem Grund und Boden oder im eignen Grubengebäude finden. Die Motive S. 40 rechtfertigen dies damit, daß der Gesichtspunkt des Finderrechts als eines Mittels zur Förderung von Aufsuchungsarbeiten bei einem zufälligen Funde nicht zutreffe, anderweitige besondere Gründe aber in Bezug auf letzteren nur zu Gunsten der obenerwähnten Personen sprächen; der Grundeigenthümer bewege sich ohne Rücksicht auf die Art des Fundes stets innerhalb der Grenzen seines Rechts, auch erscheine eine Unterscheidung zwischen einem zufälligen und beabsichtigten Funde bei ihm schon deshalb als unthunlich, weil die Absicht, in welcher der Grundeigenthümer auf oder unter seinem Grundstücke Arbeiten unternommen habe, nicht nachzuweisen sei; das Finderrecht desjenigen,

sind, ein Mineral (§ 1) auf seiner natürlichen Ablagerung entdeckt, hat als Finder das Vorrecht vor anderen, nach dem Zeitpunkte seines Fundes eingelegten Muthungen.

welcher in seinem eigenen Grubengebäude finde, also namentlich eine Minerallagerstätte mit seinem Grubenbaue anfahre, beruhe auf den gleichen Erwägungen sowie darauf, daß durch dieses Finderrecht der Schutz des Bw.'s-Eigenthümers bei dem Betriebe seines Werks erhöht werde; dasselbe trete hier an Stelle des nach der früheren rechtsrheinischen Gesetzgebung mit dem „Ueberfahren" verbundenen Vorzugsrechts, welches zwar gleichfalls auf dem Finderrechte beruht habe, zu dessen Ausübung aber der Ueberfahrende erst auf ein desfallsiges im BG. nicht beibehaltenes „Angebot" verpflichtet gewesen sei.

194. Aus dieser Art der Motivirung des § 24 scheint hervorzugehen, daß nicht ausschließlich der Grundeigenthümer, sondern überhaupt jeder, welcher zur Vornahme von Schürfarbeiten einer Erlaubniß resp. Ermächtigung nach §§ 5. 8 nicht bedürfen würde, unter Umständen also auch der bloße Nutzungsberechtigte, des auf einem zufälligen Funde beruhenden Vorrechts theilhaftig sei, und daß dasselbe andererseits sogar dem Grundeigenthümer nicht zustehe, sofern dieser im Falle des Schürfens jener Erlaubniß, resp. Ermächtigung gleichfalls bedurft hätte, oder daß doch wenigstens bei der Konkurrenz mehrerer Miteigenthümer, resp. eines Grundeigenthümers und Nutzungsberechtigten das Vorrecht des zufälligen Fundes in der Regel nur dann bestehe, wenn der Fund ein gemeinschaftlich gemachter ist. Der Fideikommiß-Besitzer erwirbt dieses Vorrecht für sich, nicht für das Fideikommißgut. Vgl. n. 60—62. 318.

195. Ein zufälliger Fund gewährt selbst dann Finderrecht, wenn der Grund und Boden einem Dritten zur Anstellung von Schürfversuchen überlassen ist; vgl. n. 63. Die frühere Streitfrage, ob der ertheilte Schürfschein, einem zufälligen Funde gegenüber, das Feld decke, kommt gegenwärtig selbst analogisch nicht mehr zur Sprache.

196. Obgleich § 24 in Betreff des Bw.'s-Besitzers nur von den in dessen Grubengebäuden gemachten Funden spricht, so glaubt dennoch Huyssen S. 24, daß das Gesetz andere Funde innerhalb des Grubenfeldes, die mit den Bauen in keiner offenen Verbindung stehen, nicht habe ausschließen wollen. Abgesehen jedoch davon, daß der immerhin exzeptionelle Charakter der Vorschriften des § 24 jede extensive Auslegung verbietet, steht obiger Ansicht auch die ratio legis entgegen. Denn der Bw.'s-Besitzer ist in Bezug auf Schürfversuche, welche er innerhalb seines Feldes auf andere als die ihm verliehenen Mineralien unternehmen möchte, vor andern Schürflustigen in keiner Weise begünstigt, und bedarf einer Erlaubniß, resp. Ermächtigung im Sinne der §§ 5. 8, sogar um innerhalb seines Feldes, aber auf fremdem Grund und Boden nach den ihm verliehenen Mineralien zu schürfen. Es läßt sich daher wahrlich nicht in Bezug auf den ganzen Bereich des Grubenfeldes sagen, daß der Bw.'s-Besitzer, gleichviel ob sein Fund ein erschürfter oder zufälliger sei, sich in jedem Falle innerhalb der Grenzen seines Rechts bewegt habe (s. n. 193).

196 bis. Das Vorrecht des zufälligen Finders im eigenen Grubengebäude steht nicht allein dem Bw.'s-Eigenthümer, sondern auch dem Pächter und nach gemeinem sowie Rheinischem Rechte dem Nutznießer zu.

197. Das Finderrecht wird stets nur durch einen in gesetzlicher Weise gemachten Fund begründet: Motive S. 40. Demnach macht sich der im § 24 zwischen einem zufälligen und einem erschürften Funde gemachte Unterschied auch bei dem Grundbesitzer geltend, indem eine Uebertretung des § 4 Abs. 1. 2 das Finderrecht ebensowohl zu seinem wie zu Anderer Nachtheil ausschließt, während dieser §, resp. ein in Gemäßheit desselben ergangenes Schürfverbot dem auf einen zufälligen Fund gestützten Finderrechte trotz des unter n. 193. 194 Gesagten nicht entgegensteht. Vgl. n. 124.

198. Ob die Uebertretung bloß polizeilicher, resp. reglementarischer Vorschriften von Seiten des Schürfers einen erschürften Fund zu einem unrechtmäßigen, zur Begründung des Finderrechts ungeeigneten mache, wurde vom JS. Ehrenbr. v. 26. Januar 1860 (Z. f. BG. 1. S. 248 ff.) verneinend, vom OT.

Der Finder muß jedoch innerhalb Einer Woche nach Ablauf des Tages der Entdeckung Muthung einlegen, widrigenfalls sein Vorrecht erlischt.

[Br. 25, M. 24, G. 24 gleichl. —
B. 24 gleichl., nur heißt es statt „Einer Woche": „acht Tagen."].

---

2. Juli 1858 (Strieth. 30. S. 159) bejahend entschieden. Der Wortlaut des § 24 spricht wohl mehr für die erstere Ansicht.

199. Doch genügt auf Seiten des Schürfers nicht schon der gute Glaube, nach Maaßgabe der §§ 3 ff. geschürft zu haben. Wer daher mit Erlaubniß eines Nichteigenthümers schürft, den er für den Eigenthümer hält, erwirbt kein Finderrecht.

200. Nach dem KB. II, S. 20 ist zwischen gleichzeitigen Findern das Vorrecht arg. § 25 vom Alter der Muthung abhängig, wogegen diejenigen, welche nach einander gefunden haben, nach dem Alter des Fundes rangiren. Der letztere Satz wurde in Bezug auf das Verhältniß zwischen zwei zufälligen Findern schon durch OT. v. 23. Aug. 1849 (Entsch. 18. S. 326) ausgesprochen, zu ihm bekennt sich auch Wachler S. 126, indem er gleichzeitig annimmt, daß der Zeitpunkt des Findens (wie der der Präsentation der Muthung) nach jeder Zeittheilung festzustellen sei. Dagegen wird mit Recht von ihm sowohl wie von Klost. n. 57 und Huyssen S. 24 dem ersteren Satze widersprochen, indem das Alter der rechtzeitig (§ 24 Abs. 2) eingelegten Muthungen auf den Zeitpunkt des Findens zurückbezogen werden muß, gleichzeitige Funde daher stets gleiche Rechte begründen, und die Finder eventuell Gemeinschaft zu machen haben. Vgl. n. 206. Auch begründet es bei der Konkurrenz mehrerer Finder keinen Unterschied, ob der eine Fund ein zufälliger, der andere ein erschürfter, ob ein Gang erschürft oder blos überfahren ist, ob das Finderrecht von einem Erbstollner oder wem sonst geltend gemacht wird. Vor den Vorrechten der §§ 55 und 218 Abs. 1 tritt das Finderrecht zurück.

201. Man kann das Finderrecht auch durch Stellvertreter, sowohl durch gesetzliche, z. B. einen Vormund, als durch vertragsmäßige, wie Bevollmächtigte, Gewerkschafts-Repräsentanten, Arbeiter 2c. erwerben. Dies versteht sich schon nach allgemeinen Rechtsregeln, und ohne daß man mit Klost. n. 55 gerade auf die Regeln von dem Erwerbe des Besitzes zurückzugehen braucht, von selbst. Auch ist das Finderrecht auf Dritte übertragbar.

202. Von Mehreren, die den Fund gemeinschaftlich erschürft haben, kann jeder einzelne das Finderrecht für sich allein geltend machen, wenn die übrigen dies zu thun unterlassen.

203. Wird das Finderrecht zeitig (§ 24 Abs. 2) geltend gemacht, so tritt die Feldesschließung darum doch nicht, dem § 19 Abs. 3 entgegen, schon mit dem Zeitpunkte des Findens, statt mit der Muthung ein. Wer daher in der Zeit zwischen dem Finden und der Muthung des Finders muthet, steht zwar vor diesem zurück, seine Muthung ist jedoch nicht absolut ungültig, sondern erweist sich jüngeren Muthern gegenüber als wirksam, wenn der Finder seine Muthung ganz oder theilweise zurückziehen sollte. Vgl. n. 123. 165.

204. Die Frist des § 24 Abs. 2 ist eine präklusivische, und zwar in dem Sinne, daß keine Restitution wegen vis maior stattfindet, noch auch eine Verlängerung der Frist den Erben des Finders zugestanden werden kann: Wachler S. 125. Ob die Frist gewahrt sei, beurtheilt sich nach dem unter n. 110 und 157 Gesagten.

205. Für die unter Wahrung des Finderrechts einzulegende Muthung gelten keine andern formellen Vorschriften, als die allgemeinen des § 14. Es braucht daher in der Muthung nicht erwähnt zu werden, daß der Muther den Fund selbst gemacht habe und darum das Finderrecht geltend mache. Letzteres kann wirksamer Weise sogar erst in dem gerichtlichen Verfahren zur Sprache gebracht werden.

§ 25. In allen übrigen Fällen geht die ältere Muthung der jüngeren vor. Das Alter wird durch das Präsentatum der zur Annahme befugten Bergbehörde (§ 12) bestimmt.

[Br. 26, M. 25, G. 25 gleichl.
B. 25 gleichl., nur heißt es st. „Präsentatum der Bergbehörde": „Präsentatum bei der einschlägigen Bergbehörde, bez. Datum der Protokollarerklärung (Art. 13)."]

§ 26. Das Bergwerkseigenthum wird für Felder verliehen, welche, soweit die Oertlichkeit es gestattet, von geraden Linien an der Oberfläche und von senkrechten Ebenen in die ewige Teufe begrenzt werden.

Der Flächeninhalt der Felder ist nach der horizontalen Projektion in Quadratlachtern festzustellen.

[Br. 27, M. 26, G. 26 gleichl.
B. 26 gleichl., nur heißt es st. „Quadratlachter": „Quadratmeter."]

Zu § 25.

206. Muther, deren Muthungen gleiches Alter haben, müssen beim Mangel eines anderweitigen Abkommens, Gemeinschaft machen: Motive S. 40, KB. II, S. 20. Vgl. Z. f. BR. 1. S. 319. Dies gilt wenigstens für den Fall, wo die Muthungen auf denselben Fund gerichtet sind, mithin nur Ein Feld begehrt werden kann. Alsdann sind also die Muther, welche an dem zu verleihenden Bergeigenthume zu gleichen ideellen Theilen partizipiren, gehalten, sich über die gemeinschaftliche Feldesstreckung zu einigen. Werden dagegen verschiedene Funde gemuthet, und fallen nur die begehrten Felder ganz oder theilweise zusammen, so werden die Muther, sofern sie sich nicht über eine reelle Vertheilung einigen, Miteigenthümer je zur Hälfte an dem von beiden begehrten Felde. So: Klost. n. 57. — Im Uebrigen vgl. n. 110. 157.

Zu § 26.

207. Durch § 26 ist die Vermessungsweise nach gestrecktem oder Längenfelde wegen der hiermit verknüpften vielfachen Uebelstände beseitigt, und die gevierte Vermessung mit senkrechten Ebenen in die ewige Teufe zur allgemeinen Regel erhoben. Von der durch die Technik des Bergbaus gebotenen Vorschrift der geradelinigen Begrenzung der Felder an der Oberfläche, darf nach § 26 nur da abgewichen werden, wo die Oertlichkeit, — Landesgrenzen, Flüsse, schon bestehende Grubenfelder 2c. — Berücksichtigung erheischt, damit z. B. die Ausschließung von Feldestheilen, die für sich allein nicht zu benutzen wären, vermieden oder der Anschluß an benachbarte Felder erreicht werde. — Die Feststellung des Flächeninhalts kann nur noch nach der horizontalen Projektion geschehen, so daß der Querschnitt des Grubenfeldes in jeder Tiefe denselben Flächeninhalt besitzt. So: die Motive S. 41. Vgl. jedoch n. 208.

208. § 26 ist bis auf den Ausdruck aus Art. 29 des franz. Ges. v. 21 April 1810 geschöpft, nur daß der Passus: „soweit die Oertlichkeit es gestattet" im cit. Art. so lautet: „à moins, que les circonstances et les localités ne nécessitent un autre mode de limitation." Demgemäß kann dem Art. 29 zufolge nach den Umständen wie nach der Oertlichkeit eine andere Feldesart als die gevierte Vermessung mit ewiger Teufe angewandt werden, und sind sowohl Konzessionen auf einzelne Lagerstätten innerhalb eines gevierten Feldes als gestreckte Felder zulässig. Im § 26 wird nun zwar sonstiger Umstände neben der Oertlichkeit nicht gedacht. Auch könnte nach den Motiven (s. n. 207) obiger Passus ausschließlich auf die geradlinige Begrenzung an der Oberfläche zu beziehen sein. Gegen letztere Auslegung spricht jedoch nicht allein der feststehende Sinn des cit.

§ 27. Der Muther hat das Recht,

1) in den Kreisen Siegen und Olpe des Regierungsbezirks Arnsberg und in den Kreisen Altenkirchen und Neuwied des Regierungsbezirks Coblenz ein Feld bis zu 25,000 Quadratlachtern,

2) in allen übrigen Landestheilen ein Feld bis zu 500,000 Quadratlachtern

zu verlangen.

Art. 29 als Quelle des § 26, sondern auch der Wortlaut des letzteren selbst, nach welchem jener Passus auch auf die „senkrechten Ebenen rc." bezogen werden muß. Hiernach dürften auch auf Grund des § 26 da, wo die Oertlichkeit dies nicht anders zuläßt, andere, als gevierte Felder mit ewiger Teufe zulässig sein. So: Achenb. (S. 249, resp. Z. f. BR. 8. S. 252); contra: Huyssen S. 25. Vgl. auch n. 370.

209. Da nach dem BG. der Rechtsanspruch des Muthers, dritten Interessenten gegenüber nicht blos in quali, sondern auch in quanto prozeßfähig ist, so kann unter Umständen auch die Frage, ob und inwieweit wegen der Oertlichkeit eine Ausnahme von der Regel des § 26 einzutreten habe, trotz der hierbei meist in Betracht kommenden technischen Rücksichten, zur richterlichen Entscheidung gebracht werden. Vgl. n. 187.

210. Die gevierten Felder greifen nach der Tiefe mit ihren senkrechten Begrenzungsebenen über die sich darunter erstreckenden, den Lagerstätten-Ebenen folgenden gestreckten Felder hinüber, erleiden Ausfälle durch diese, finden aber nicht etwa an denselben ihre untere Grenze; so: Huyssen S. 25.

211. Unbeschadet des § 26 ist es statthaft, ein Feld zu begehren, welches ein verliehenes Längenfeld ganz oder theilweise umschließt; vgl. §§ 216 ff. h. l. und oben n. 210. Ebensowenig steht § 26 dem entgegen, daß ein kleineres Geviertfeld durch das begehrte Feld umschlossen werde. Stets aber muß das Feld arg. §§ 27. 49 und 51 in dem Sinne ein zusammenhängendes sein, daß kein Theil desselben (an der Oberfläche) von dem übrigen Felde gänzlich getrennt ist.

212. Die §§ 26. 27 gelten auch für die Muthung des Mineralvorkommens eines verlassenen Werks. Der Muther ist daher an das frühere Feld und dessen Lage nicht gebunden, noch hat er Anspruch auf dieses Feld, soweit dasselbe das gesetzliche Maximum überschreitet oder mit der jetzigen Vermessungsweise nicht übereinstimmt. Vgl. Mot. v. 1862 S. 36 und oben n. 118.

Zu § 27.

213. § 27 erweitert das früher zulässige Feldesmaaß erheblich, und läßt hierbei die bei früheren Entwürfen in Erwägung gekommene Unterscheidung eines Maximal- und Minimalfeldes fallen, so daß kein Feldesminimum, sondern nur ein Feldesmaximum besteht, welches unabhängig von der Gattung des Minerals und von der Art des Vorkommens [Gang, Flötz] sowie von dem Ermessen der Behörde, dem Muther vermöge seines Rechtsanspruchs gewährt werden muß. Nur insofern ist eine zweifache Feldesgröße beibehalten, als für die im § 27 Nr. 1 bezeichneten Landestheile (umfassend die Bergreviere Olpe, Müsen, Siegen I und II, Burbach, Daaden, Kirchen, Hamm, die Standesherrschaften Wildenburg und Wied sowie den südlichen, schmalen Streifen des Reviers Unkel längs dem Rheine zwischen Honnef und Leutesdorf) wegen ihres Gangbergbaus und der großen Zahl der dort schon bestehenden Erzbergwerke ein geringeres Maximum nöthig war; vgl. Motive S. 42. Dasselbe geringere Maximum ist für den Eisensteinbergbau in gewissen Theilen des vormals hannöverschen Bezirks des Bergamts Clausthal einschließlich des Amtes Elbingerode, mit Rücksicht auf die große Parzellirung des dortigen Bergeigenthums normirt (s. Z. f. BR. 8. S. 176), wogegen im Uebrigen für die neuerworbenen Landestheile das Maximum des § 27 Nr. 2 gilt. — Von den in § 27 Abs. 2 enthaltenen Beschränkungen beruht die eine auf der Natur der Sache und galt schon unter dem früheren rechts-

In dieser Ausdehnung kann dem Felde jede beliebige, den Bedingungen des § 26 entsprechende Form gegeben werden. Jedoch muß der Fundpunkt (§ 15), beziehungsweise der frühere Aufschluß des Mineralvorkommens eines verlassenen Bergwerks (§ 16) stets in dieses Feld eingeschlossen werden. Auch dürfen je zwei Punkte der Begrenzung bei 25,000 Quadratlachtern (Nr. 1) nicht über 500 Lachter, und bei 500,000 Quadratlachtern (Nr. 2) nicht über 2000 Lachter von einander entfernt liegen.

[Br. 28 gleichl., jedoch ohne die Ausnahmebestimmungen bezüglich der geringeren Feldesgröße, resp. geringeren Entfernung der Begrenzungspunkte. Sodann heißt der Schluß des zweiten Satzes im Abs. 2: „stets in dieses Feld der Art eingeschlossen werden, dass der Abstand von den Grenzen mindestens 5 Lachter beträgt."

M. 27: „Der Muther hat das Recht, 1) bei Farbenerden ein Feld bis zu 10000 Quadratlachtern, 2) bei Dach- und Tafelschiefer ein Feld bis zu 25000, 3) bei allen übrigen Mineralien (Art. 1) ein Feld bis zu 500000 Quadratlachtern zu verlangen. — Im Uebrigen gleichl., jedoch heißt es im letzten Satze statt „bei 25000": „bei 10000 und 25000."

G. 27: „Der Muther hat das Recht, 1) wenn ein gangweises Minerallager verliehen werden soll, ein Feld bis zu 25000 und 2) wenn ein flötzweises Minerallager verliehen werden soll, ein Feld bis zu 500000 Quadratlachtern zu verlangen." — Im Uebrigen gleichl., nur heißt es statt „bei 25000" resp. „bei 500000 Quadratlachtern": „bei Verleihung eines gangweisen," resp. „bei Verleihung eines flötzweisen Minerals."

B. 27: „Der Muther hat das Recht, 1) für Stein- und Braunkohlen ein Feld bis zu 8,000,000 Quadratmetern (800 Hektaren), 2) für die übrigen Mineralien ein solches bis zu 2,000,000 Quadratmetern (200 Hektaren) zu verlangen." Abs 2 gleichl., mit Ausnahme des Schlußsatzes, welcher lautet: „Auch darf das Grubenfeld nirgends eine geringere Breite als den zwei und dreissigsten Theil der Länge haben."]

---

rheinischen Rechte, der anderen bedurfte es zur Verhinderung einer willkührlichen chikanösen Ueberdeckung entfernt liegender Fundpunkte Dritter und überhaupt einer Feldeslegung, welche andere als bergbauliche Zwecke verfolgt: Motive S. 45. Von den Vorschriften des § 27 kann nicht, wie von denen des § 26, mit Rücksicht auf die Oertlichkeit abgegangen werden.

214. Ein Feld kann über die Grenzen eines Reviers, ja sogar eines OBA.'s-Bezirks, selbstredend aber nicht über die Landesgrenzen hinaus gestreckt werden; vgl. KG. Essen und OT. v. 13. Juli 1864; MR. v. 5. März 1869 (Z. f. BR. 5. S. 358; 10. S. 263). Da nun der Fundpunkt stets in das Feld eingeschlossen werden muß, so ist die Verleihung eines inländischen Feldes unstatthaft, wenn der Fundpunkt im Auslande liegt. Doch bildet es kein Hinderniß, wenn der Stollen, der die Lagerstätte gerade aufgeschlossen hat, vom Auslande her getrieben worden und der Zugang zum Fundorte zur Zeit nur vom Auslande her möglich ist, dorthin auch die Förderung gebracht werden muß: ib. 1. S. 319.

215. Wird ein Feld begehrt, welches theilweise im Gebiete des § 27 Nr. 1, theilweise im Gebiete des § 27 Nr. 2 belegen ist, so kann stets das Maximum von 500000 Lachtern begehrt werden, vorausgesetzt daß in das erstere Gebiet nur 25000 Lachter fallen, daß je zwei Punkte der Begrenzung des diesem Gebiete angehörigen Feldestheils nicht über 500 Lachter von einander entfernt liegen, und daß auch die übrigen Beschränkungen der §§ 26. 27 ihre Beachtung finden. A. M. sind

Braß und Achenb. (Z. f. BR. 6. S. 584) und Huyssen S. 26, denen zufolge in Betreff der zulässigen Feldesgröße die Lage des Fundpunkts entscheidet. Hiernach würde also das Feld eines Bw's, dessen Fundpunkt im Gebiete Nr. 1 belegen ist, stets, ohne Rücksicht auf die Gebietsüberschreitung, nur bis zur Gesammtgröße von 25000 Lachtern gestreckt werden können, während man, falls der Fundpunkt im Gebiete Nr. 2 gelegen wäre, befugt sein würde, das Feld bis zur Größe von 500000 Lachtern in das Gebiet Nr. 1 hinein zu strecken, sollte auch der dem letzteren angehörige Feldestheil das Maximum von 25000 Lachtern weit überschreiten. Die genannten Rechtslehrer wollen zwar den letzteren Satz nicht gelten lassen und er ist in der That mit § 27 durchaus unvereinbar. Derselbe bildet aber eine nothwendige Konsequenz des obigen Systems und beweist daher dessen Unhaltbarkeit. Andererseits fehlt es an jedem gesetzlichen Anhalte für die Annahme, daß die Lage des Fundpunkts für die Feldesstreckung noch eine andere Bedeutung habe, als die ihr im § 27 Abs. 2 beigelegte, sowie denn auch die Motive des Gesetzes (s. n. 213) dieser Annahme keineswegs das Wort reden.

216. Auch dann, wenn der Muther Eigenthümer eines nach den älteren bergrechtlichen Bestimmungen verliehenen größeren Grubenfeldes ist, und seine Muthung nur die Zuverleihung eines bis dahin nicht verliehenen Minerals bezweckt, welches innerhalb der Grenzen seines Feldes entdeckt wurde, kann nur ein Grubenfeld von der Maximalgröße des § 27 verliehen werden: ME. v. 12. Dez. 1867 (Z. f. BR 9. S. 201). Vgl. n 370.

217. Die Worte „In dieser Ausdehnung kann dem Felde jede beliebige Form gegeben werden" sind auf den Muther, nicht auf die Behörde zu beziehen, indem es dieser nicht zusteht, die Feldesform beliebig zu bestimmen, resp. die begehrte Feldesform (§§ 17ff., 28) zu ändern; vgl. n. 213. Letzteres gilt selbst dann, wenn das Feldesbegehren den Vorschriften der §§ 26. 27 nicht entspricht, so daß z. B. die Behörde ein das Maximum der Größe oder Länge überschreitendes Feld nicht durch dessen Verkürzung an der einen oder anderen Stelle auf das gesetzliche Maß zurückführen kann. Klost. n. 62 ist daher der Meinung, in dem letztgedachten Falle sei der Muther unter dem Präjudize der Zurückweisung aufzufordern, im Schlußtermine (§ 28) sein Feld gesetzlich zu begrenzen. Nach des Verfassers Ansicht leidet eine solche Feldesstreckung an einem essentiellen Fehler, welcher bei Strafe der Nichtigkeit (s. n. 159) innerhalb der Frist des § 18 Abs. 1 beseitigt werden muß.

218. Da unter dem Fundpunkte kein eigentlicher Punkt, sondern ein mehr oder weniger ausgedehnter Raum verstanden wird, dieser Raum aber dem Wortlaute des § 27 zufolge ganz innerhalb des Feldes liegen muß, so kann man denselben nicht in verschiedene Theile auflösen, resp. an den verschiedenen Schacht-, Stollen- oder Streckenstößen oder an der Peripherie eines Fundbohrlochs verschiedene Fundpunkte statuiren, um von ihnen aus ebensoviele Felder in der durch § 27 bestimmten Ausdehnung zu begehren; vgl. n. 116. Wohl aber kann der durch Streckenbetrieb oder zusammenhängende Schürfarbeiten auf größere Längen fortgesetzte Aufschluß unter Umständen einen Anspruch auf mehrere Felder in gleicher Weise begründen, wie verschiedene, räumlich nicht zusammenhängende Aufschlüsse auf derselben Lagerstätte; im Allgemeinen kommt hier auf je 50 (§ 27 Nr. 1), resp. 252 Lachter (§ 27 Nr. 2) Aufschlußlänge ein neues Feld. So: A. Achenb. (Z. f. BR. 7. S. 118).

219. § 27 versteht unter dem früheren Aufschluß nicht blos denjenigen Aufschluß, welcher bei der Muthung des jetzt verlassenen Bw.'s als Fundpunkt bezeichnet wurde, sondern auch jede bei Gelegenheit des früheren Betriebs entblößte Stelle der Lagerstätte, so daß auf das Mineralvorkommen solcher Werke unter Umständen mehrere, unter einander nicht kollidirende Muthungen eingelegt werden können.

220 Da der Fundpunkt, resp. frühere Aufschluß in das Feld stets eingeschlossen sein muß, so kann der Muther, welcher unter der Herrschaft des BG. ein kleineres Feld begehrt hat, als er zu begehren befugt war, auf den an dem Maximum fehlenden Feldestheil, ohne einen neuen Fund, keine zweite Muthung einlegen. Eben um deswillen sind die sogen. Zu-, Nach- und Maßen-

§ 28. Ehe die Verleihung des Bergwerkseigenthums erfolgt, hat der Muther in einem vor der Bergbehörde anzusetzenden, ihm mindestens vierzehn Tage vorher bekannt zu machenden Termine seine Schlußerklärung über die Größe und Begrenzung des Feldes, sowie über etwaige Einsprüche und kollidirende Ansprüche Dritter abzugeben.

Auf den Antrag des Muthers kann der Termin verlegt, auch kann zur Fortsetzung des Verfahrens ein fernerer Termin angesetzt werden.

Erscheint der Muther im Termine nicht, so wird angenommen, derselbe beharre bei seinem Anspruche auf Verleihung des Bergwerkseigenthums in dem auf dem Situationsrisse (§ 17) angegebenen Felde und erwarte die Entscheidung der Bergbehörde über seinen Anspruch, sowie über die etwaigen Einsprüche und Ansprüche Dritter.

a. [Br. 29: „Der Muther hat der Bergbehörde seine Schlusserklärung über die Grösse und Begrenzung des Feldes, sowie über etwaige Einsprüche und kollidirende Ansprüche Dritter abzugeben. — Zur Abgabe der Schlusserklärung bestimmt die Bergbehörde unter Verweisung auf diesen § eine Frist auf mindestens vierzehn Tage hinaus. Auf Antrag des Muthers kann jedoch die Frist verlängert werden. — Giebt der Muther die Schlusserklärung nicht binnen der ihm gesetzten Frist ab, so verliert er den Anspruch auf Verleihung des Bergwerks-Eigenthums in dem auf dem Situationsplane § 18 angegebenen Felde, und wird die Löschung der Muthung von der Bergbehörde verfügt. —

30.: Ist die Schlusserklärung rechtzeitig erfolgt, so setzt die Bergbehörde zum weiteren Verfahren einen Termin an, der dem Muther mindestens vierzehn Tage vorher bekannt zu machen ist."

M. 28, G. 28 gleich.

B. 28 gleichen Inhalts, nur heißt es st. „vierzehn Tage": „funfzehn Tage."

b. § 28 Abs. 2 lautete in der RV.: Auf Antrag des Muthers findet eine einmalige Verlegung des Termins statt.]

Muthungen des älteren Rechts, d. h. Muthungen, welche wegen theilweisen Abbaus eines verliehenen Feldes auf bloße Erweiterung desselben gerichtet und von dem Nachweise eines neuen Fundes unabhängig waren, durch das BG. in Wegfall gekommen. Vgl. Gräff Anhang S. 52, Wachler S. 112. In Betreff der älteren Muthungen und Bergwerke s. übrigens § 215.

221. Das Verbot des Abs. 2 (i. f.) gilt auch dann, wenn das noch freie Feld einen schmalen Streifen bildet, dessen Flächeninhalt das Maximum des § 27 Abs. 1 nicht erreicht; vgl. Huyssen S. 27 und oben n. 213 (i. f.). Andererseits darf aus der Fassung des Abs. 2 (verbis: „bei 25,000, resp. 500,000 Quadratlachtern") nicht geschlossen werden, als ob da, wo das begehrte Feld unter dem Maximum des Abs. 1 bleibt, die zulässige Entfernung zweier Begrenzungspunkte eine verhältnißmäßige Verkürzung des im Abs. 2 angegebenen Maßes erleiden müsse.

222. Jenes Verbot ist bei den nach § 215 zulässig gewesenen Erweiterungen nicht auf das Erweiterungs- sondern auf das ganze Feld zu beziehen: Brass. und Achenb. (Z. f. BR. 6. S. 584).

Zu § 28.

223. Ist die Muthung von Mehreren eingelegt, oder auf Mehrere übergegangen, so muß die Bekanntmachung in Ermangelung eines gemeinschaftlichen

§ 29. Zu dem Termine (§ 28) werden

1) diejenigen Muther, deren Rechte vermöge der Lage ihrer Fundpunkte oder Felder mit dem begehrten Felde bereits kollidiren oder doch in Kollision gerathen können,

2) die Vertreter der durch das begehrte Feld ganz oder theilweise überdeckten und der benachbarten Bergwerke

zur Wahrnehmung ihrer Rechte mit dem Eröffnen vorgeladen, daß im Falle ihres Ausbleibens die Bergbehörde lediglich nach Lage der Verhandlungen entscheiden werde.

[Br. 31 gleichl., nur ist nach „zu dem Termine werden" eingeschaltet: „ausser dem Muther."
M. 29, G. 29 gleichl.
B. 29 gleichen Inhalts.]

Bevollmächtigten, an sämmtliche ergehen. In die 14 Tage des § 28 ist weder der Tag der Ladung noch der des Termins einzurechnen; vgl. Huyssen S. 27. Das Ausbleiben des Muthers im Termine präjudizirt gemäß Abs. 3 nicht seinem Rechte, nach Erlaß der Entscheidung der Bergbehörde den Rechtsweg zu beschreiten; vgl. Motive S. 46.

224. Da in dem Termine der Muther nicht blos für sich Erklärungen abzugeben, sondern sich auch über die ihm bisher unbekannten Auslassungen Dritter zu äußern hat, so ist es nicht selten zweckmäßig, resp. nöthig, daß ihm in einem anderen Termine zur Erklärung über die neuen, im ersten Termin erst zu seiner Kenntniß gelangten Thatsachen Gelegenheit gegeben werde. Auch muß der Bergbehörde zustehen, nöthigenfalls in einem weiteren Termine die obwaltenden Differenzen zu ihrer Entscheidung genügend zu erörtern. Auf diesen Erwägungen beruht nach dem KB. I, S. 20 die veränderte Fassung des Abs. 2, welche es übrigens in das Ermessen der Bergbehörde stellt, ob dem Antrage des Muthers auf Verlegung des Termins stattzugeben sei. Vgl. Bonner Instr., § 17. Fernere Termine als die im § 28 zugelassenen, sind nicht anzuberaumen, selbst nicht in dem vom BG. unberücksichtigten Falle, wo eine kollidirende Muthung erst nach der Schlußverhandlung eingelegt wird. Eventuell bleibt dem neuen Muther überlassen, nach § 35 klagbar zu werden.

225. Erstreckt sich das Feld in zwei OBA.'s-Bezirke [resp. Reviere], so muß der RB. des Nachbarbezirks dem instruirenden RB. von den angrenzenden Werken und vorhandenen Kollisionen Kenntniß geben und ist eventuell, bei vorliegendem Bedürfnisse, im Schlußtermine mit zuzuziehen: MR. v. 26 Juni 1868 (Z. f. BR. 10. S. 262).

Zu § 29.

226. Ob zu den beizuladenden Interessenten auch solche Muther und Bergeigenthümer gehören, deren Rechtsanspruch ein anderes Mineral betrifft, erscheint als einigermaßen zweifelhaft, indem unter Muthungen, welche auf verschiedene Mineralien gerichtet sind, eine Kollision im rechtlichen Sinne des Worts (von etwaigen Streitigkeiten über die Identität des Gegenstandes der verschiedenen Muthungen abgesehen,) kaum denkbar ist, während bei bereits verliehenem Bergeigenthume die Möglichkeit einer solchen gemäß § 55 zwar vorliegt, eben dieser § aber so gefaßt ist, als ob die Nichtzuziehung des Bergeigenthümers zum Instruktionsverfahren die Regel bilde. Da jedoch § 12 der MInstr. v. 21. Sept. 1861 (M. Z. 9. S. 247) die Vorladung der innerhalb der Grenzen des begehrten Feldes mit anderen Mineralien beliehenen Bergeigenthümer ausdrücklich vorschrieb, und diese Bestimmung bei der Redaktion des § 29 nicht außer Betracht geblieben zu sein scheint, so möchte dennoch die extensivere Auslegung des § 29, zumal in Betreff des bereits verliehenen Bergeigenthums, den Vorzug verdienen.

227. Die Worte „oder doch in Kollision gerathen können" haben namentlich solche Muthungen im Auge, deren Feld noch nicht gestreckt ist. Die Zu-

§ 30. Liegen Einsprüche und Kollisionen mit den Rechten Dritter nicht vor und findet sich auch sonst gegen die Anträge des Muthers gesetzlich nichts zu erinnern, so fertigt das Oberbergamt ohne Weiteres die Verleihungsurkunde aus.

[B. 32, M. 30 gleichl.
G. 30 gleichl., doch ohne das Wort „gesetzlich."
B. 30 gleichl.]

§ 31. Liegen Einsprüche oder Kollisionen mit den Rechten Dritter vor, oder kann aus anderen gesetzlichen Gründen den Anträgen des Muthers gar nicht oder nicht in ihrem ganzen Umfange entsprochen werden, so entscheidet das Oberbergamt über die Ertheilung oder Versagung der Verleihung durch einen Beschluß, welcher dem Muther und den betheiligten Dritten in Ausfertigung zugestellt wird.

---

ziehung der Vertreter blos benachbarter Werke hat namentlich für die Besitzer von Längenfeldern Bedeutung, bei welchen in Folge veränderten Verhaltens des Ganges in größerer Teufe nicht selten Kollisionen mit solchen Feldern vorkommen, welche sie nach der Tagesprojektion nicht berühren. Vgl. Mot. v. 1862 S. 67. Wer zu den Vorzuladenden überhaupt gehöre, ist, abgesehen von formell erhobenen Einsprüchen, aus den Akten der Bergbehörde, den Situationsrissen und Muthungs-Uebersichtskarten zu ersehen; vgl. Mot. S. 46

228. Lindig (Z. f. BR. 8. S. 547) folgert aus §§ 30. 31 und dem Zwecke des Gesetzes, daß außer den im § 29 ausdrücklich Genannten auch anderen Interessenten, welche aus irgend einem Rechtsgrunde für den vorliegenden Fall ein Widerspruchsrecht, z. B. das ius excludendi alios, beanspruchen, zuzuziehen seien, und zwar mit der Wirkung, daß deren Ansprüche im Falle ihrer Zurückweisung eventuell gleichfalls von der im § 31 angedrohten Präklusion betroffen würden. Dem ist mit Rücksicht auf das unter n. 139 Gesagte beizupflichten, jedoch nur vorbehaltlich der aus n. 236. 237 sich ergebenden Restriktion.

229. Auf die Vorladungen sind die für gerichtliche Zustellungen geltenden Vorschriften analog zur Anwendung zu bringen; vgl. n. 1025 und Wachler S. 107. Den Geladenen muß eine moralische Frist belassen werden, welche nicht nothwendig 14 Tage (s. § 28) zu umfassen braucht. Vom Ausbleiben der Interessenten gilt dasselbe, was vom Ausbleiben des Muthers in n. 223 gesagt ist.

Zu § 30.

230. Die §§ 30—32 schließen sich theilweise an die denselben Gegenstand betreffenden Vorschriften des Ges. v. 10. Juni 1861 an. Doch bedarf es beim Zutreffen der Voraussetzungen des § 30 keines vorgängigen dem Muther zuzustellenden Beschlusses mehr. Das hinter den Worten: „des Muthers" eingeschaltete Wort „gesetzlich" beseitigt jeden Zweifel darüber, ob die Anträge des Muthers auch aus anderen, als gesetzlichen Gründen beanstandet werden dürfen. Vgl. Motive S. 46, KB. I, 20 und oben n. 178.

Zu § 31.

231 Erachtet das OBA. zur Vorbereitung seiner Entscheidung ausnahmsweise eine eidliche Zeugenvernehmung für nöthig, so sind zu diesem Behufe die Gerichte zu requiriren, welche die Erledigung solcher Requisitionen nicht ablehnen dürfen; vgl. JMR. v. 15. Juli 1864 (M. Z. 12. S. 200), Oppenhoff Ress.-Ges. S. 185ff., 275.

232. § 31 ist wesentlich aus § 4 des Ges. v. 10. Juni 1861 entlehnt, ohne jedoch, gleich diesem, besondere Bestimmungen über das Rekursverfahren zu enthalten,

Einsprüche und Ansprüche, welche durch den Beschluß des Oberbergamts abgewiesen werden, müssen, insofern wegen derselben der Rechtsweg zulässig ist, binnen drei Monaten, vom Ablaufe des Tages, an welchem der Beschluß beziehungsweise der Rekursbescheid (§ 191) zugestellt ist, durch gerichtliche Klage verfolgt werden.

Wer von dieser Frist keinen Gebrauch macht, ist seines etwaigen Rechts verlustig.

Die in dem Verleihungsverfahren durch unbegründete Einsprüche entstehenden Kosten hat der Widersprechende zu tragen.

a. [Br. 33, M. 31, G. 31 gleichl.
B. 31 Abs. 1 gleichl.; Abs. 2: „Einsprüche, welche durch den Beschluss der Bergbehörden abgewiesen wurden, ingleichen Ansprüche, welche, ohne angemeldet zu sein, von den Bergbehörden nicht anerkannt wurden, müssen, insofern sie auf Privatrechtsverhältnissen beruhen, binnen neunzig Tagen vom Tage der Zustellung der rechtskräftigen Entscheidung der Bergbehörden an bei Vermeidung des Ausschlusses durch gerichtliche Klage geltend gemacht werden.“ Abs. 3 gleichl. mit Abs. 4 h. l.

b. § 31 Abs. 2 lautete in der RV.: „Einsprüche und Ansprüche privatrechtlicher Natur, welche durch den Beschluß des OBA.'s abgewiesen werden, müssen binnen 3 Monaten ꝛc.“]

---

da zu dem Behufe die allgemeinen Vorschriften der §§ 192. 193 ausreichen. In anderer Hinsicht enthält § 31 dagegen eine Neuerung von weit greifender Bedeutung. Nach dem mit den deutschrechtlichen Grundsätzen übereinstimmenden § 352 II, 16. ALR. geschahen alle Belehnungen „älteren Rechten unbeschadet“ und mußten „die jüngeren den älteren weichen.“ Hiermit standen die zu vielen Verwickelungen führenden Grundsätze über das „Alter im Felde“ in Verbindung, in deren Folge das Bergeigenthum niemals genügend sicher gestellt war. Dieses mit so manchen Nachtheilen verknüpfte System, welches mit der früheren Längenvermessung und der Beschränkung der Verleihung auf eine bestimmte Lagerstätte zusammenhing, wurde durch das Ges. v. 10. Juli 1861 unberührt gelassen. Die Aufgabe, die Lehre vom Alter im Felde den jetzigen Bedürfnissen entsprechend umzugestalten, löst vielmehr erst das BG., und zwar durch die §§ 31. 35. 36. 221, durch § 31 insofern, als nach seinen Vorschriften wenigstens alle im Instruktionsverfahren zur Sprache gebrachten An- und Einsprüche Dritter binnen einer bestimmten, kurzen Frist endgültig zur Erledigung gelangen. — Die veränderte Fassung des Abs. 2 wurde auf die Erwägung hin beschlossen, daß nach Erlaß des Ges. v. 24. Mai 1861 (GS. S. 241) die Zulässigkeit des Rechtsweges nicht mehr durch die privatrechtliche Natur des Anspruchs bedingt sei, und an dieser Stelle ja ohnehin nur Bestimmungen über die Frist zur Antretung des Rechtswegs, nicht über dessen Zulässigkeit getroffen werden sollten. Vgl. Motive S. 47, KB. I, S. 20; s. jedoch n. 255.

233. Eine andere bei der Gesetzberathung (vgl. KB. II, S. 21) angeregte Fassungsveränderung, sollte darin bestehen, daß hinter den Worten: „Einsprüche und Ansprüche“ die Worte eingeschaltet würden: „welche sich auf Muthungen oder Belehnungen gründen, die nach der Gesetzeskraft des gegenwärtigen Gesetzes eingelegt, resp. erlangt sind.“ Diesem Vorschlage, zu dessen Begründung man u. A. auf die nach der Längenvermessung verliehenen Werke hinwies, deren Lagerungsverhältnisse, eben weil sie sich dem Auge entzögen, oft erst bei fortrückendem Bergbaue und lange nach Ablauf der Frist des Abs. 2 festgestellt werden könnten, trat jedoch der Regierungs-Kommissar mit Erfolg entgegen, indem er namentlich hervorhob, daß die verleihenden Behörden in dergleichen zweifelhaften Fällen einen Vorbehalt zu Gunsten des Längenfeldes zu machen pflegten und daß § 31 kein Hin-

derniß bilde, dieses Verfahren auch für die Folge beizubehalten. — Obschon daher ein Vorbehalt zu Gunsten wohlerworbener Rechte Dritter, wie er früher kraft Gesetzes, mithin stillschweigend bei jeder Verleihung bestand, gegenwärtig nicht mehr gilt (s. n. 232), so kann ein solcher Vorbehalt nach der Absicht des Gesetzgebers doch auch jetzt noch aus ganz besonderen Gründen und ausdrücklich gemacht werden, so daß der betreffende Dritte nicht an die kurze Präklusivfrist des Abs. 2 gebunden, sondern während der ganzen, für die ordentliche Verjährung bestimmten Frist zu klagen befugt ist. Vgl. Oppenhoff (Z. f. BR. 9. S. 139).

234. Trotz der Materialien (s. n. 232. 233) sind unter den bei Strafe der Präklusion einzuklagenden Ansprüchen nicht blos die Ansprüche Dritter (§ 28 Abs. 3 i. f.) gemeint, sondern auch die Ansprüche des Muthers selbst, dessen Muthung eben instruirt wird. Doch wird zur Anwendbarkeit des § 31 Abs. 2. 3 auf diese Ansprüche vorausgesetzt, daß deren Zurückweisung in dem nach §§ 28ff. geregelten Verfahren und nicht ohne Weiteres (s. n. 120. 160) erfolgt sei.

235. Angewandt auf Dritte, umfaßt der Ausdruck „Ansprüche" im Gegensatze zu „Einsprüchen" solche Ansprüche, welche eben nicht durch förmlichen Einspruch geltend gemacht sind, während zu den Dritten, deren Rechte eventuell durch die Präklusion des Abs. 3 betroffen werden, außer andern Muthern auch Beliehene und die unter n. 139. 228 erwähnten Interessenten gehören. Doch setzt die Abweisung der Ansprüche Beliehener als solcher (und nicht etwa als Muther nach Maßgabe des § 55) bei korrekter Handhabung des Gesetzes stets einen formell erhobenen Einspruch voraus. Denn da das OBA. bereits verliehenes Bergeigenthum nicht unmittelbar wieder aufheben, mithin auch nicht untersuchen darf, ob die Verleihung eine rechtsbeständige gewesen sei, so wird die Abweisung eines Beliehenen stets nur um deswillen erfolgen, weil das OBA. eine Kollision als nicht vorhanden annimmt; letztere Annahme schließt aber den Anlaß zur förmlichen Zurückweisung des Beliehenen aus, wenn dieser nicht gerade unter der Behauptung einer solchen Kollision Einspruch erhoben hat. Nur dann also, wenn ein derartiger Einspruch erhoben und vom OBA. irriger Weise verworfen worden ist, wird sich § 31 Abs. 3, insofern er auch den Bw.'s-Besitzer mit Präklusion bedroht, als praktisch wirksam erweisen. Vgl. n. 233. 239 und Wachler S. 133.

236. Dritte Interessenten im Sinne des § 31 sind immerhin nur solche, welche einen Anspruch bergrechtlicher Natur besitzen. Zu ihnen gehört daher der Grundeigenthümer als solcher nicht, wie er denn auch zu dem Instruktions-Verfahren (§ 29) nicht zugezogen wird. Erhebt dieser gleichwohl Einspruch, etwa weil das gemuthete Mineral gar nicht verleihbar sei (s. n. 13. 18. 187), so mag dies für das OBA. eine Veranlassung bilden, der schon von Amtswegen zu prüfenden Frage der Verleihbarkeit ganz besondere Aufmerksamkeit zu widmen. Doch kann das OBA. jenen Einspruch nicht mit der Wirkung zurückweisen, daß eventuell die Präklusion des § 31 den Grundeigenthümer träfe, eben weil sein Anspruch auf die unverleihbaren Mineralien nicht berg- sondern civilrechtlicher Natur ist.

237. § 31 betrifft aus gleichem Grunde nur solche Ein-, resp. Ansprüche, welche ein dingliches Recht auf das gemuthete Feld zum Gegenstande haben, mithin keine blos persönlichen Rechte auf Uebertragung der Muthung oder des gemutheten Bw.'s; letztere sind vom OBA. gar nicht zu berücksichtigen, indem sie nur auf dem Rechtswege geltend gemacht werden können; vgl. ME. v. 29. Mai 1863 (Z. f. BR. 5. S. 125).

238. Ebensowenig ist § 31 auf Einwendungen zu beziehen, die gegen die Beleihung des Muthers an sich gar nicht gerichtet sind, sondern den Erlaß spezieller Anordnungen über den Betrieb und Sicherheitsmaßregeln betreffen; dergleichen Anordnungen gehören vielmehr dem Gebiete der Bergpolizei an und sind daher erst später zu treffen; vgl. Beschl. des OBA.'s Dortmund (Glückauf S. 66 Nr. 48 S. 4).

239. Die ganze Struktur des Verfahrens sowie namentlich die mit der Zustellung des Beschlusses verbundene Wirkung erfordern, daß jeder abzuweisende Einspruch, resp. Anspruch im Beschlusse speziell bezeichnet werde. Eine allgemeine Klausel, daß alle der Verleihung entgegenstehenden Ansprüche abgewiesen würden, entspräche dem Willen des Gesetzes nicht, und wäre daher wirkungslos. Demgemäß ist denn auch der Beschluß nicht allen zum Schlußtermine zugezogenen Per-

§ 32. Sind die der Verleihung entgegenstehenden Hindernisse (§ 31) durch die Entscheidung der Bergbehörde oder durch Richterspruch beseitigt, so fertigt das Oberbergamt die Verleihungsurkunde aus.

[Br. 34, M. 32, G 32 gleich — B. 32 gleichl., nur ist vor „Entscheidung" eingeschaltet: „rechtskräftige."]

---

sonen, sondern nur denjenigen Interessenten zuzustellen, deren Ansprüche speziell und ausdrücklich abgewiesen sind. Ueber die Form der Zustellung vgl. n. 229.

240. Wenn die Frist des § 31 in den Mot. S. 47 eine Verjährungsfrist genannt wird, so ist dies nicht ganz korrekt, da der Ablauf derselben nicht etwa blos eine Einrede gegen die demnächstige Klage schafft, sondern den unbedingten Verlust des Rechts selbst herbeiführt. Demzufolge sind auch die Grundsätze der Klagenverjährung auf die hier fragliche Präklusion (déchéance) durchweg unanwendbar, so namentlich der Grundsatz über den Stillstand der Frist wegen Minderjährigkeit, Erbfalls ꝛc. sowie der Satz: „quae ad agendum sunt temporalia, ad excipiendum sunt perpetua." — Eben um deswillen wird die Frist im Gebiete des ALR. nicht schon durch die bloße Anmeldung der Klage (§ 551 I, 9. ib.) gewahrt; vgl. Z. f. BR. 10. S. 404. Wohl aber geschieht Letzteres im Gebiete des Rheinischen Rechts durch die Vorladung zum Sühneversuche, die dort der eigentlichen Klage regelmäßig vorhergehen muß, da das vorgängige administrative Verfahren jenen Versuch nicht ersetzt und die freiwillige Anerkennung des Vorrechts des Klägers seitens des Beklagten den Beschluß des OBA.'s ebenso alteriren würde, wie ein in gleichem Sinne ergehender Richterspruch; contra LG. Coblenz 21. Juni 1867 (Z. f. BR. 9. S. 178), welches die Klage im Sinne der §§ 31 und 35 für befreit vom Sühneversuch erachtete, weil dieselben nach der dem BG. zu Grunde liegenden Auffassung zu den dringlichen gehörten. (Dieser letzteren Ansicht zufolge würden jene Klagen daher auch zu den summarischen Sachen zählen, vgl. Art. 404 BPrO). — Der Lauf der Frist ist, wenn der gegen den Beschluß eingelegte Rekurs vor Erlaß des Rekursbescheides zurückgenommen wird, nicht vom Tage dieser Zurücknahme, sondern vom Tage der Zustellung des Beschlusses ab zu rechnen. Im Uebrigen vgl. § 242 und unten n. 256. 627.

241. In Betreff des Abs. 4 vgl. n. 262. 263.

Zu § 32.

241. Aus § 32 geht, strenge genommen, nur hervor, daß die Ausfertigung der Verleihungsurkunde durch die Beschreitung des Rechtswegs, nicht auch, daß sie durch die zu diesem Behufe gewährte Frist suspendirt werde. Da jene Ausfertigung jedoch nach den Motiven S. 47 bis zur definitiven Beseitigung der Kollisionen ausgesetzt bleiben soll, dies auch dem Geiste der §§ 31 ff. und der Natur der Sache entspricht, so muß stets die Frist des § 31 Abs. 2, und eventuell, wenn nämlich die rechtszeitig geschehene Anstellung der Klage nachgewiesen wird, die richterliche Entscheidung abgewartet werden. Vgl. MR. v. 12. Febr. 1868 (Z. f. BR. 9. S. 206).

243. Ob jedoch der Verleihungsbewerber die Nichtanstellung einer Klage durch ein gerichtliches Attest dem OBA. zu bescheinigen, resp. ob diese Behörde ein solches Attest von Amtswegen selbst zu erwirken habe, oder ob die Verleihungs-Urkunde nach Ablauf der Frist ohne Weiteres ausgefertigt werden könne, ist streitig; vgl. Lindig und Wachler (ib. 8. S. 549; 9 S. 202. 363) auf der einen und Brass. sowie ein MR. v. 12. Febr. 1868 (ib. 8. S. 551; 9. S. 206) auf der anderen Seite Den letzteren, welche sich für die zweite Alternative entscheiden, ist mit Rücksicht auf die Fassung des BG. beizupflichten, zumal für das Gebiet des Rheinischen Rechts, nach dessen Bestimmungen die Klageanstellung ohne Mitwirkung und Kenntniß des Gerichts erfolgt, die Beschaffung des oben erwähnten Attestes daher unmöglich wäre. Dieser Ansicht zufolge besteht allerdings die Möglichkeit, daß trotz Beachtung aller gesetzlichen Vorschriften die Verleihungsurkunde ausgefertigt werde, obgleich ein Rechtsverfahren wirklich schwebt. Erstreitet der Kläger in solchem Falle ein obsiegliches Urtheil, so ist die Aufhebung der Verleihungsurkunde

§ 33. Bei Ausfertigung der Verleihungsurkunde werden die beiden Exemplare des Situationsrisses (§ 17) von dem Oberbergamte beglaubigt, erforderlichen Falls aber vorher berichtigt und vervollständigt.

Das eine Exemplar des Risses erhält der Bergwerkseigenthümer, das andere wird bei der Bergbehörde aufbewahrt.

[Br. 35 gleichl., nur heißt es st. „erhält der Bergwerks-Eigenthümer": „wird der Verleihungsurkunde beigefügt."
M. 33, G. 33 gleichl.
B. 33 Abs. 1 gleichl., nur heißt es st. „des Situationsrisses": „des mit der Einzeichnung des Situationsrisses versehenen Steuerkatasterplans." Abs. 2 lautet: „Das eine Exemplar hiervon erhält der Bergwerks-Eigenthümer, das andere wird bei der Bergbehörde aufbewahrt, welche das verliehene Feld in die Muthungs-Uebersichtskarte einzutragen hat."]

§ 34. Die Verleihungsurkunde muß enthalten:

1) den Namen, Stand und Wohnort des Berechtigten,
2) den Namen des Bergwerks,

---

wohl nicht, wie Brass. l. c. meint, auf gerichtlichem Wege, d. h. vermittelst Anstellung einer neuen Klage gegen den Verleihungsbesitzer, sondern ex anal. des § 35 Abs. 4 im Verwaltungswege herbeizuführen. Vgl. Lindig und Wachler l. c. und unten n. 250.

243bis. Hinsichtlich der Aushändigung der Urkunde s. n. 253.

Zu § 33.

244. Die in den linksrheinischen Landestheilen schon früher vorgeschriebene Beglaubigung der beiden Rißexemplare erfolgt, damit letzteren volle Beweisfähigkeit beigelegt und zugleich festgestellt werde, zu welcher Verleihungsurkunde sie gehören. Eine vorgängige Berichtigung und Vervollständigung der Risse kann durch die Entscheidung über die Verleihung nothwendig werden. Vgl. Mot. S. 47. Was an dieser Stelle unter „Berichtigung und Vervollständigung der Risse" verstanden werde, erörtert n. 159. — § 33 legt übrigens dem OBA. keineswegs die Verbindlichkeit auf, die erforderlich befundene Vervollständigung und Berichtigung von Amtswegen selbst zu bewirken, das OBA. ist vielmehr ebensowohl befugt, dem Muther zu diesem Zwecke das Hauptexemplar des Risses zurückzugeben: ME. v. 24. Febr. 1868 (ib. 9. S. 206).

245. Im Abs. 2 ist unter der Bergbehörde ausnahmsweise (s. § 189) nicht der RB. gemeint; dieser erhält zu seiner Information nur eine Kopie des Risses, während das Original mit demjenigen der Verleihungsurkunde bei dem OBA. verbleibt, sei es von Anfang an, sei es nach seiner Auslegung (§ 37), je nachdem man nemlich zu letzterer das für den Beliehenen, oder das für das OBA bestimmte Exemplar benutzt. Vgl. Lindig, Brass. und Achenb. (Z. f. BR. 6. S. 584. 588) und Entwurf v. 1862 § 40. Im Uebrigen s. n. 994.

Zu § 34.

246. Der nothwendige Inhalt der Verleihungsurkunde ist vorgeschrieben, weil diese den von einer öffentlichen Behörde ausgehenden Titel für wichtige Privatrechte bildet: Motive S. 47. Ueber die Form trifft § 34 keine Bestimmung; in dieser Hinsicht besteht der Erlaß v. 14. Juni 1852 (M. Z. 1. S. 49) in Kraft, wonach die Urkunde im Namen des Königs auszufertigen ist: MR. v. 8. März 1866 (Z. f. BR. 7. S. 261). Ueber die Fassung der Verleihungsurkunde vgl. im Uebrigen Lindig, Brass. und Achenb. (ib. 6. S. 585 ff.).

247. Erstreckt sich das Feld in zwei OBA.'s-Bezirke, so ist die Urkunde von dem OBA. desjenigen Bezirks, in welchem der Fundpunkt liegt, zu entwerfen, und von beiden Aemtern zu unterzeichnen; die Publikation (§ 35) erfolgt gleichfalls

3) den Flächeninhalt und die Begrenzung des Feldes unter Verweisung auf den Situationsriß (§ 33),

4) den Namen der Gemeinde, des Kreises, des Regierungs- und Oberbergamts-Bezirks, in welchen das Feld liegt,

5) die Benennung des Minerals oder der Mineralien, auf welche das Bergwerkseigenthum verliehen wird,

6) Datum der Urkunde,

7) Siegel und Unterschrift des verleihenden Oberbergamts.

[Br. 36 gleichl., nur lautet die Nr.
4. „den Namen der Gemeinde und des Kreises, in welchen das Feld liegt."
M. 34 gleichl., nur lautet die Nr.
4. „den Namen der Gemeinde und des Gerichtsbezirks, in welchen das Feld liegt."
G. 34 gleichl., nur lautet die Nr.
4. „den Namen der Gemeinde, in deren Bezirk das Feld liegt, oder wenn dasselbe nicht in einen Gemeindebezirk fällt, des Gutes oder des Forstes, innerhalb dessen es belegen ist."
B. 34 gleichl., nur heißt es in Nr. 3 st. „Situationsriß": „Steuerkatasterplan." — Sodann lautet die Nr.
4. „den Namen der Gemeinde, des Polizei- und Regierungsbezirks, in welchen das Feld liegt."

---

durch beide, wenn die in ihren Bezirken gelegenen Feldestheile auch verschiedenen Regierungsbezirken angehören, sonst nur vom OBA. des Fundorts, während die Situationsrisse stets bei beiden Revierbeamten auszulegen sind (§ 37). Findet nach der Verleihung ein Betrieb in beiden Bezirken statt, so haben sich die betreffenden Revierbeamten und Oberbergämter über eine zweckmäßige Ausübung ihrer Funktionen zu verständigen, wobei z. B. die Handhabung der Bergpolizei einem RB. allein übertragen werden kann: MR. v. 26. Juni 1868 (Z. f. BR. 10. S. 262).

248. Die Verweisung auf den Situationsriß (Nr. 3) ist vorgeschrieben, um weitläufige und bei kleineren Feldern schwierige Grenzbeschreibungen in der Urkunde selbst zu vermeiden; die Angaben unter Nr. 4 sind nothwendig zur ausreichenden Bezeichnung des Bw.'s bei Publikation der Urkunde. Vgl. Motive v. 1862, S. 69. In Hannover wird statt des Regierungs-Bezirks der Landdrostei-Bezirk angegeben.

249. Indem § 34 unter Nr. 5 von Benennung des Minerals oder der Mineralien 2c. spricht, giebt er zu erkennen, daß die Verleihung gleichzeitig für verschiedene Mineralgattungen erfolgen kann, und zwar so, daß durch die Verleihung doch nur Ein Bergeigenthum entsteht.

250. Die Berichtigung eines in der Verleihungsurkunde enthaltenen Irrthums ist durch die verleihende Behörde entweder sofort und ohne Weiteres, oder aber auf Grund eines unter den Betheiligten ergangenen richterlichen Urtheils zu bewirken. Die sofortige Berichtigung muß stattfinden, wenn über das Vorliegen des Irrthums allseitiges Einvernehmen besteht, wie dies für den Fall der Bezeichnung einer unrichtigen Person als Beliehenen durch ein MR. v. 5. Okt. 1867 anerkannt wurde. Besteht dagegen kein solches Einvernehmen, so ist zum Zwecke der Berichtigung in der Regel der Rechtsweg zu beschreiten. Das Nähere s. bei Achenb. (Z. f. BR. 10. S. 94 ff.), welcher übrigens, im Widerspruche mit dem cit. MR., die höchst bedenkliche Ansicht aufstellt, daß die wegen Verwechselung der Person des Muthers oder wegen irrthümlicher Uebergehung eines Mitmuthers anzustellende Klage nicht unter den § 35 falle, vielmehr während der ordentlichen Verjährungsfrist erhoben werden könne; vgl. n. 254.

§ 35. Die Verleihungsurkunde ist binnen sechs Wochen nach der Ausfertigung durch das Amtsblatt der Regierung, in deren Bezirk das Bergwerk liegt, unter Verweisung auf diesen und den folgenden Paragraphen zur öffentlichen Kenntniß zu bringen.

Muther, welche auf das in der Bekanntmachung bezeichnete Feld oder auf Theile desselben ein Vorzugsrecht zu haben glauben, können dieses Recht, insofern über dasselbe nicht bereits in dem Verleihungsverfahren verhandelt und in dem Beschlusse des Oberbergamts (§ 31) entschieden worden ist, noch binnen drei Monaten vom Ablaufe des Tages, an welchem das die Bekanntmachung enthaltende Amtsblatt ausgegeben worden ist, durch gerichtliche Klage gegen den Bergwerkseigenthümer verfolgen.

Zu § 35.

251. § 35 begegnet im Verein mit § 31 und 221 der Rechtsunsicherheit und den Verwickelungen, welche ehedem daraus hervorgingen, daß alle Belehnungen nur „älteren Rechten unbeschadet" geschahen, und innerhalb der gewöhnlichen Verjährungsfristen der gerichtlichen Anfechtung unterlagen. Während § 31 diesen Uebelstand in Betreff der im Instruktionsverfahren zur Sprache gebrachten Ansprüche beseitigt, wird durch § 35 derselbe Zweck hinsichtlich der unbekannten und überhaupt hinsichtlich aller Muther erreicht, die aus irgend einem Grunde zu jenem Verfahren nicht zugezogen wurdeu; § 221 eudlich trifft eine dem § 35 entsprechende Bestimmung zu Gunsten solcher Werke, welche bereits vor dem Inkrafttreten des BG. bestanden, gegenüber den vor diesem Zeitpunkte eingelegten Muthungen. Vgl. Motive S. 47 und n. 232.

252. Nach § 35 ist der Wortlaut, nicht also blos, wie nach § 45 bei Konsolidationen, der wesentliche Inhalt der Urkunde zu publiziren. Mehrere OBA. fügen der Publikationsformel bei, bei welchem RB. [§ 37] der Situationsriß offen liegt. Der Abdruck muß im Amtsblatte selbst (nicht also in dem mit demselben erscheinenden öffentl. Anzeiger) erfolgen. In den neuen Landestheilen vertreten besonders hierzu bestimmte Blätter die Stelle der Amtsblätter. Vgl. Lindig (Z. f. BR. 6. S. 587), Huyssen S. 30 und n. 247. — Hinsichtlich der Mittheilung der Verleihungsurkunde an die Hypothekenbehörde vgl. n. 846 bis.

253. Die Aushändigung der Verleihungsurkunde braucht nicht bis zum Ablaufe der Frist des § 35 Abs. 2 ausgesetzt zu werden, da die Verleihung an sich durch Ausfertigung der Urkunde perfekt wird, die Thätigkeit der verleihenden Behörde mit Publikation der Urkunde regelmäßig abschließt, und ein Jeder durch Beachtung der §§ 35. 36 vor mißbräuchlicher Benutzung der Urkunde seitens des Beliehenen geschützt ist, während letzterer in die Lage kommt, die Betriebseröffnung zeitig vorzubereiten; so: Brass. und Achenb. (Z. f. BR. 6. S. 588). Hieraus ist jedoch nicht zu folgern, als ob die volle Ausübung der in dem Bw.'s-Eigenthume enthaltenen Rechte wenigstens während der Frist des § 35 Abs. 2 ruhen bleiben müsse, oder doch durch eine innerhalb dieser Frist angestellte Klage suspendirt werde, da es zu einer solchen Annahme sowohl an einer ausdrücklichen Gesetzesvorschrift als auch an inneren, in der Natur der Sache liegenden Gründen fehlt. Daß nach dem älteren Rechte, unter dessen Herrschaft jeder dritte Muther sein vermeintliches Vorrecht während der ordentlichen Verjährungszeit gegen den Beliehenen geltend machen konnte, die Möglichkeit und selbst die Anstellung einer desfallsigen Klage die Wirksamkeit des Bergeigenthums nicht suspendirte, war selbstredend. Dadurch aber, daß die Frist für die Geltendmachung solcher Rechte durch das BG. erheblich verkürzt worden ist, hat dieselbe nicht eine intensivere Kraft

Wer von dieser Frist keinen Gebrauch macht, ist seines etwaigen Vorzugsrechts verlustig.

Wird das Vorzugsrecht des Widersprechenden durch Richterspruch anerkannt, so hat das Oberbergamt die Verleihungsurkunde je nach Lage des Falles gänzlich aufzuheben oder abzuändern.

[Br. 37, M. 35, G. 35 gleichl.
B. 35 Abs. 1 gleichen Inhalts, nur heißt es st. „6 Wochen": „30 Tage;" Abs. 2 st. „zu haben glauben": „geltend machen wollen" und st. „noch binnen 3 Monaten": „bei Vermeidung des Ausschlusses binnen 90 Tagen." Abs. 3 gleichl. mit Abs. 4 h. l.]

---

gewonnen; jene Fristverkürzung geschah vielmehr lediglich im Interesse des Beliehenen und hat dritten Muthern rc. keinen der früheren Gesetzgebung unbekannten Vortheil gewähren sollen. Selbstredend verlieren jedoch alle in der Zwischenzeit über das Bw. getroffenen Verfügungen ihre rechtliche Bedeutung, wenn der nach § 35 klagende Muther ein obsiegliches Urtheil erwirkt, da dem letzteren rückwirkende Kraft beiwohnt.

254. Aus der Fassung des § 35 ist nicht abzuleiten, als ob nach der Verleihung nur noch solche Muther klagen könnten, welche ein Vorzugsrecht im engeren Sinne, also namentlich ein Finderrecht oder das Vorrecht des Alters geltend machen; die Klage des § 35 steht vielmehr auch jüngeren Muthern zu, welche lediglich die Existenz der der Verleihung zu Grunde liegenden Voraussetzungen bestreiten, z. B. behaupten, daß der Muthung des Beliehenen das Erforderniß der Fündigkeit gemangelt habe. Wesentlich anderer Ansicht ist Achenb. (Z. f. BR. 10. S. 99); er bezieht den § 35 allerdings blos auf die Geltendmachung derjenigen Nichtigkeiten, welche wegen der kollidirenden Rechte Dritter ursprünglich vorhanden sind, folgert hieraus aber nicht etwa, daß wegen solcher Nichtigkeiten, die der Muthung, resp. Verleihung an sich, ohne Rücksicht auf Rechte Dritter ankleben, gar nicht geklagt werden könne, sondern daß eine solche Klage sogar während der ordentlichen Verjährungsfrist statthaft sei. Diese Auffassung mag dem Wortlaute des § 35 entsprechen; sie entspricht aber schwerlich der Absicht des Gesetzes, selbst, wenn man sie auf solche Ansprüche beschränken sollte, deren Ursprung erst aus der Zeit nach der Verleihung datirt.

255. Daß die bloße Beiladung zum Schlußtermine (§ 29) trotz der Fassung der Motive (s. n. 251) noch nicht genüge, um einen Muther vom Klagerechte des § 35 auszuschließen, daß dieser Erfolg vielmehr nur dann eintrete, wenn der Anspruch des Muthers durch den Beschluß des OBA.'s (§ 31) ausdrücklich und speziell abgewiesen ist, geht bereits aus n. 239 hervor, wonach die Präklusion des § 31 nur die so abgewiesenen Ansprüche trifft.

256. Hinsichtlich der Präklusivfrist des § 35 Abs. 2 gilt das in n. 240 von der Frist des § 31 Gesagte. Laufen beide Fristen neben einander, so tritt der Verlust des Rechts mit dem Ablaufe derjenigen Frist ein, welche zuerst zu Ende geht. Wer daher in dem wegen seiner Muthung eingeleiteten Verfahren mit Rücksicht auf eine ältere Muthung zurückgewiesen wird, kann, falls letztere schon vor Zustellung des zurückweisenden Beschlusses zur Verleihung gelangt ist, von der Frist des § 31 keinen Gebrauch mehr machen, sobald nach Bekanntmachung der Verleihungsurkunde drei Monate verstrichen sind Dies würde selbst dann keine Ausnahme erleiden, wenn der zurückgewiesene Muther durch jenen Beschluß in üblicher Weise auf die Rechtsmittel und Fristen des § 31 hingewiesen sein sollte, ungeachtet die Frist des § 35 damals bereits zu laufen begonnen hätte.

257. Die Präklusion des § 35 beschränkt sich nicht auf das Verhältniß des Muthers zum Beliehenen, sondern wirkt, gleich derjenigen des § 31, absolut, so daß also nicht blos das Vorrecht als solches, sondern die Muthung selbst erlischt, diese daher, wenn das Bw. auflässig werden sollte, ebenso wenig dritten Muthern gegenüber geltend gemacht werden kann; vgl. n. 240. 254.

§ 36. Der § 35 findet auch auf solche Bergwerkseigenthümer Anwendung, welche nach § 55 ein Vorzugsrecht auf die in der publizirten Verleihungs-Urkunde bezeichneten Mineralien zu haben glauben, insofern dieses Recht nach § 55 nicht schon erloschen, auch über dasselbe nicht bereits in dem Verleihungsverfahren verhandelt und in dem Beschlusse des Oberbergamts (§ 31) entschieden worden ist.

Im Uebrigen werden die Rechte des verliehenen Bergwerkseigenthums durch die Aufforderung und Präklusion des § 35 nicht betroffen.

[Br. 38, M. 36, G. 36 gleichl.
B. (vacat.)]

§ 37. Während der dreimonatlichen Frist des § 35 ist die Einsicht des Situationsrisses (§ 33) bei der Bergbehörde einem Jeden gestattet.

[Br. 39, M 37, G. 37 gleichl.
B. 36 gleichen Inhalts, nur heißt es st. „Situationsrisses": „Steuerkatasterplans."]

Zu § 36.

258. Im Gegensatze zu bloßen Muthungen wird das verliehene Bergeigenthum durch das Verfahren des § 35 nie betroffen, weil die Rechte der bestehenden Werke durch eine jüngere Verleihung nicht wieder in Frage gestellt werden dürfen, und weil überhaupt die Vortheile jenes Verfahrens in anderer Weise wieder verloren gehen würden, wenn der Bw.'s-Besitzer genöthigt wäre, seine Rechte gegen jedes neu entstehende Werk binnen kurzer Frist zu verfolgen. Die im Abs. 1 statuirte Ausnahme ist nur eine scheinbare, da der Bw.'s-Eigenthümer in Ansehung der ihm nach § 55 vorzugsweise zustehenden Mineralien nur als Muther erscheint. Vgl. Motive S. 48.

259. Da von einer gerichtlichen Geltendmachung des Vorrechts des § 55 keine Rede ist, wenn die Entscheidung des OBA.'s gegen die Nothwendigkeit der gemeinschaftlichen Gewinnung lautet (s. n. 372), im umgekehrten Falle aber die Verleihung des Bergeigenthums das vorherige Erlöschen jenes Vorrechts nach § 55 zur Voraussetzung hat, so ist die praktische Anwendbarkeit des § 36 Abs. 1 eine beschränkte. Sie umfaßt einestheils die Fälle, wo das OBA. sich über die obige Frage noch gar nicht ausgesprochen hat, sei es, weil dasselbe bei der Verleihung des neuen Bergeigenthums von der Existenz des älteren keine Kunde besaß, oder über dessen Feldesgrenze im Irrthum war, sei es, weil das Zusammenvorkommen der verschiedenen Mineralien bei der Fundeskonstatirung nicht ermittelt wurde, und anderntheils diejenigen Fälle, in denen freilich eine Entscheidung über jene Frage und zwar in bejahendem Sinne bereits vorliegt, das Erlöschen des Vorrechts aber dennoch aus irgend einem formellen Grunde nicht eingetreten ist, z. B. weil die im § 55 vorgeschriebene Mittheilung in Folge eines Versehens zu machen versäumt oder an eine unrichtige Person gemacht war. — Wird die Klage erhoben, bevor die Nothwendigkeit der gemeinschaftlichen Gewinnung festgestellt ist, so hat der Richter die Parteien wegen dieses Präjudizialpunkts an das OBA. zu verweisen, und bis zur Entscheidung des letzteren sein Erkenntniß auszusetzen.

Zu § 37.

260. Die Einsicht des Situationsrisses ist Jedem zu seiner Information gestattet, weil die Verleihungsurkunde auf denselben Bezug nimmt: Motive S. 49. Zu diesem Behufe muß der Riß auf dem Revierbüreau während der Frist des § 35 stets ausliegen, sollte auch der RB. beurlaubt sein und von seinem be-

§ 38. Die Kosten des Verleihungsverfahrens hat mit Ausschluß der durch unbegründete Einsprüche entstandenen (§ 31) der Muther zu tragen.

[Br. 40, M. 38, G. 38, B. 37 gleichl.]

---

nachbarten Kollegen vertreten werden: Huyssen S. 31. Den Nachweis eines besonderen Interesses hat der die Einsicht Begehrende nicht zu liefern. Nach dem MR. v. 1. Okt. 1868 (Z. f. BR. 10. S. 111) soll die eigne Kopirung fremder Risse Niemandem gestattet, noch eine solche Kopie ohne Einwilligung des Muthers seitens der Behörde ertheilt werden Im Uebrigen vgl. n. 245. 247. 252. 994.

Zu § 38.

261. Die Bestimmung wegen der — nur noch in Auslagen der Bergbehörde und Stempelgebühren bestehenden — nach § 194 einzuziehenden Kosten rechtfertigt sich dadurch, daß der Muther Extrahent des Verfahrens ist: Mot S. 49. — Von einer Bestimmung über Kostenvorschüsse wurde abgesehen, weil sich nach allgemeinen Prinzipien nicht rechtfertigen lasse, für den Fall der unterbliebenen Einzahlung die Zurückweisung der Muthung gesetzlich anzudrohen, eine von dieser Androhung absehende Vorschrift über die Einforderung solcher Vorschüsse aber dem Verwaltungsverfahren vorbehalten bleiben könne: Mot. v. 1862 S. 72; vgl. n. 134. Sollte gleichwohl eine Muthung wegen versäumter Einzahlung des Vorschusses zurückgewiesen werden, so könnte hiergegen, Dritten Interessenten gegenüber, der Rechtsweg beschritten werden. Vgl. Oppenhoff Ress.-Ges. S. 117.

262. Zu den Kosten des § 38 gehören keine Kopialiengebühren, indem diese mit dem Ges. v. 21. Mai 1860 hinweggefallen sind: Z. f. BR. 2. S. 133; wohl aber die Kosten des Abdrucks der Verleihungsurkunde im Amtsblatt: Huyssen S. 30. Dasselbe gilt von dem Porto und den Insinuationsgebühren für die gemäß § 29 zu erlassenden Terminsvorladungen. Gleichwohl nahm ein MR. v. 22. Nov. 1867 (Z. f. BR. 9. S 202) an, daß diese Kosten vom OBA den Adressaten zur Last zu stellen und diesen zu überlassen sei, den Muther behufs Erstattung im Rechtswege zu belangen, falls sie denselben nach § 38 dazu verpflichtet erachteten, indem jedenfalls der Bergbehörde keine Verpflichtung obliege, das Porto und die Insinuationsgebühren vorschußweise zu zahlen. — Daß die Bergbehörden in Parteisachen nicht etwa gleich den Gerichten, in deren Gebühren-Pauschquantum die Porti mitberücksichtigt sind, unter portofreiem Rubrum korrespondiren dürfen, bemerkt bereits Wachler S. 107. Ebensowenig finden die Vorschriften über die Verwendung der gerichtlichen Prozeßstempel auf die Beschlußausfertigungen und Rekursschriften Anwendung; deren Stempelpflichtigkeit beurtheilt sich vielmehr nach der pos. „Ausfertigungen" und „Gesuche" des Stempeltarifs, und es sind namentlich die einen Einspruch verwerfenden Beschlüsse nicht etwa als „vorläufige Benachrichtigungen" stempelfrei: MR. v. 30. Juni 1862 (Z. f. BR. 3. S. 397). Zur Verleihungsurkunde ist gleichfalls ein Ausfertigungsstempel, und zwar von 15 Sgr., zu verwenden: Wachler S. 136.

263. Der im § 38 bezogene § 31 Abs. 4 ist aus § 4 des Ges. v. 10. Juni 1861 entnommen. Ihm sowie dem § 194 zufolge sind auch die durch unbegründete Einsprüche entstandenen Kosten im Wege der Verwaltungsexekution einzuziehen. Dies gilt jedoch nur von den der Behörde selbst erwachsenen Kosten; die vom obsiegenden Theile bestrittenen hat das Gesetz nicht im Auge, diese sind daher bei Gericht einzuklagen: MR v 16. April 1862 (Z. f BR. 3. S. 397). — Ebenso kann Derjenige, welcher im administrativen Verfahren unterlegen ist und demgemäß die der Behörde erwachsenen Kosten bezahlt hat, später aber im Rechtswege ein entgegengesetztes Resultat erzielt, die Erstattung jener Kosten vom Gegner nur auf dem Rechtswege fordern. Dem desfallsigen Anspruche steht nicht etwa § 31 Abs. 4 entgegen, indem letztere Vorschrift sich eben nur auf das Verhältniß zur Behörde bezieht. — In Betreff der Prozeßkosten bewendet es bei den allgemeinen Grundsätzen. Namentlich ist die Entscheidung über diese Kosten auch für die (einen Theil derselben bildenden) Kosten der vom Richter angeordneten bergmännischen Beweisarbeiten maaßgebend: OT. 20 Febr 1863 (ib. 4. S. 534).

Vierter Abschnitt.

Vom Vermessen.

§ 39. Der Bergwerkseigenthümer ist befugt, die amtliche Vermessung und Verlochsteinung des durch die Verleihungsurkunde bestimmten Feldes zu verlangen.

Dieselbe Befugniß steht den Eigenthümern angrenzender Bergwerke zu.

Dieses Geschäft wird unter Leitung der Bergbehörde durch einen konzessionirten Markscheider oder Feldmesser ausgeführt.

Die Kosten hat der Antragsteller zu tragen.

[Br. 41 gleichl., nur heißt es st. „konzessionirten Markscheider oder Feldmesser": „Sachverständigen."
M. 39 gleichl.
G. 39 gleichl., nur st. „konzessionirten": „geprüften."
B. 38 gleichl, nur st. „konzessionirten": „amtlich bestellten".

Zu § 39.

264. Entgegen den Vorschriften der Berg-Ordnungen und des ALR. (§§ 172ff., II, 16), welche den Bw.'s-Besitzer nicht allein für berechtigt, sondern unter Umständen sogar für verpflichtet erklären, sein Feld vermessen zu lassen, sowie denjenigen des französischen Bergrechts, welchen die Vermessung gänzlich unbekannt ist, stellt § 39 es in die freie Entschließung des Bw.'s-Eigenthümers und der Eigenthümer angrenzender Werke, ob sie die amtliche Vermessung, jeder aber für eigne Rechnung, verlangen wollen. [Bloße Muther haben eine gleiche Befugniß nicht.] Von Amtswegen tritt daher eine Vermessung nie mehr ein, und es hat, da neue, von der Verleihungsurkunde abweichende Rechte durch den Vermessungsakt als solchen nicht begründet werden können, die auf Antrag des Einen oder Anderen stattfindende Vermessung nicht etwa [wie die Vermessung von Geviertfeldern nach früherem deutschem Rechte] die Wirkungen einer gerichtlichen Grenzregulirung: Motive S. 49. Der Vermessung und Verlochsteinung ist mithin nur durch ein gerichtliches Verfahren volle Beweiskraft zu verschaffen. Doch sollen nach dem KB. I, S. 22 die gemäß §§ 39. 40 festgestellten Grenzen bis zum Gegenbeweise die Vermuthung der Richtigkeit für sich haben [?]. (Dies dürfte mindestens dann nicht anzunehmen sein, wenn bereits bei der Vermessung Widerspruch seitens des einen oder anderen Interessenten erhoben wird. Vgl. übrigens unten n. 268.)

265. Die Vermessung und Absteinung sowie der desfallsige Antrag können sich auch auf einen Theil der Feldesgrenzen beschränken: Fleckser (Z. f. BR. 7. S 395), Bonner und Hall. Instr. § 25, resp. 22.

266. Beantragt der Werksbesitzer oder ein Feldesnachbar die Ergänzung zerfallener oder abhanden gekommener Lochsteine, so findet dieselbe unter Beobachtung derselben Formen statt, welche die erste Aufstellung erforderte: Hall. und Dortm. Instr. § 26, resp. 24. Ja man muß mit Rücksicht auf das unter n. 264 Gesagte Klost. n. 86 darin beistimmen, daß, auch von obengedachten Fällen abgesehen, die Wiederholung und Rektifikation der vorgenommenen Vermessung gemäß § 39 zu jeder Zeit und von jedem Theile beantragt werden könne. — In Betreff der Verrückung von Lochsteinen vgl. Oppenhoff StrGB. § 243 Nr. 7 n. 46.

267. Die Wahl des Markscheiders oder Feldmessers (vgl. § 17) steht nach den Mot. S. 50 dem Antragsteller zu; contra: Huyssen S. 32, nach welchem mit Rücksicht auf den der Vermessung beigelegten „amtlichen" Charakter die Bergbehörde die Wahl zu treffen hat. Im Uebrigen s. n. 152.

§ 40. Zu der Vermessung und Verlochsteinung werden außer dem Bergwerkseigenthümer die Vertreter der angrenzenden Bergwerke und die Besitzer derjenigen Grundstücke, auf welchen Lochsteine zu setzen sind, zugezogen.

Die Grundbesitzer sind verpflichtet, das Betreten ihrer Grundstücke und das Setzen der Lochsteine gegen vollständigen Ersatz des Schadens zu gestatten.

[Br. 42, M 40, G. 40, B. 39 gleichl.]

---

268. Obschon in den Mot. S. 50 gesagt wird, daß die Leitung der amtlichen Verhandlung der verleihenden Bergbehörde vorbehalten bleibe, so überträgt das BG. die Leitung dennoch nicht dem OBA., sondern dem RB. (§ 189), bei welchem daher auch die Vermessung beantragt werden muß; doch hat dieser das Protokoll über das Vermessungsgeschäft, worin insbesondere auch etwaige Unstimmigkeiten zwischen dem Situationsrisse und der Vermessung, resp. unter den Betheiligten zu verzeichnen sind, mit den Unterschriften der Letzteren versehen, dem OBA. einzureichen. Vgl. § 25, resp. 24 der Bonner, Hall. und Dortm. Instr. In der Dortm. Instr. finden sich überdies eingehende Bestimmungen hinsichtlich der Art des Vermessens, worüber auch Klost. n. 84 einzusehen ist.

269. Die Vorschrift des Abs. 4 entspricht derjenigen des Vorfluths-Ediktes vom 15. Nov. 1811, § 1, über die Kosten der Merkpfahlsetzung. Sie wird ebensowenig, wie diese (vgl. Oppenhoff, Ress.-Ges. S. 202 n. 15), der prozessualischen Geltendmachung eines wegen in rem versio gegen etwaige Mitinteressenten erhobenen Anspruchs auf Erstattung eines Theils der Kosten entgegenstehen, indem sie gleichfalls wohl vorzugsweise nur das Verhältniß des Antragstellers zur Behörde und die von letzterer ausgelegten Kosten resp. deren Erstattung an sie, die Behörde, im Auge hat; vgl. auch n. 263. — Keinesfalls gehören zu den Kosten des Abs. 4 die Reisekosten der zugezogenen Feldesnachbarn und Bodeneigenthümer (§ 40): Huyssen S. 32. Vgl. n. 270

Zu § 40.

270. Ein Rechtsnachtheil ist mit der Vorladung der Interessenten nicht verbunden; stellen sich bei der Vermessung Kollisionen mit Nachbarfeldern heraus, welche nach den Verleihungsverhandlungen und Rissen nicht bestanden, so können nur Irrthümer und Unrichtigkeiten obwalten, zu deren Beseitigung die Behörde das Geeignete auch dann zu veranlassen hat, wenn die Feldnachbarn sich bei der Vermessungs-Verhandlung nicht betheiligen: Mot. S. 50.

271. § 40 Abs. 2 enthält eine dem § 38 des Ges. (über die Benutzung der Privatflüsse) v. 28. Febr. 1843 analoge Bestimmung, geht aber darin noch weiter, als jener § 38, daß er den Grundbesitzer verpflichtet, sich durch das Setzen der Lochsteine eine dauernde Verfügung über einen Theil seines Grundstücks gefallen zu lassen. Um so viel mehr erscheint die Annahme gerechtfertigt, daß die Entschädigung (wenigstens vorläufig) festgesetzt und geleistet sein müsse, sei es nach Maßgabe der §§ 142ff., sei es nach den allgemein für Expropriationen geltenden Formen, bevor auf Grund des § 40 Abs. 2 wider den Grundbesitzer verfahren werden kann. Dem entsprechend bestimmt denn auch § 26 der Bonner Instr., daß der RB. vor Erledigung der Entschädigungsfrage das Betreten der Grundstücke nicht gestatten solle. Die entgegengesetzte, von Klost. n. 88 getheilte Ansicht scheint jedoch der Dortm. und Hall Instr., § 24 resp. 25, zu Grunde zu liegen, von denen die erstere bestimmt, daß die Entschädigungsansprüche der anwesenden Grundbesitzer Mangels gütlicher Einigung auf den Rechtsweg zu verweisen seien, und die andere, daß das Vermessungsprotokoll auch die Erklärungen der Grundbesitzer über ihre Entschädigungsansprüche enthalten müsse.

Fünfter Abschnitt.

Von der Konsolidation.

§ 41. Die Vereinigung zweier oder mehrerer Bergwerke zu einem einheitlichen Ganzen — Konsolidation — unterliegt der Bestätigung des Oberbergamts (§ 49).

[Br. 43, M. 41, G. 41 gleichl.
B. 53 gleichl., jedoch ohne das Wort „Konsolidation."

Zu § 41.

272. Außer einer singulären, das Zusammenlegen gestreckter Felder betreffenden Vorschrift der Churtrierschen BO v. 1564, enthält die ältere Gesetzgebung keine ausdrückliche Vorschrift über die Konsolidation von Bergwerken, obschon letztere nach konstanter Praxis stets auf beiden Rheinseiten zugelassen wurde und das Miteigenthümergesetz v. 12. Mai 1851 deren Statthaftigkeit mittelbar anerkennt; die §§ 41ff. geben derselben eine gemeinsame gesetzliche Grundlage: Mot. S. 50.

273. Die Konsolidation ist dahin gerichtet, daß zwei oder mehrere, auf selbstständigen Berechtigungstiteln beruhende Bergwerke zu einem einheitlichen Ganzen vereinigt und in jeder Hinsicht als Ein Werk behandelt werden. Sie schafft somit ein neues Rechtsobjekt an Stelle der früheren Einzelwerke. Diese Veränderung giebt sich namentlich darin zu erkennen, daß die Konsolidation in der Regel ein über das gesetzliche Maximum hinausgehendes Feld schafft, daß ein neues Betheiligungsverhältniß eintritt, wenn die Betheiligung an den einzelnen Werken eine ungleiche war, daß das konsolidirte Werk nach Löschung der einzelnen Werke ein neues Folium im Hypothekenbuche erhält, daß die Rechte der Hypotheken-Gläubiger und andern Realberechtigten eine Veränderung hinsichtlich des Objekts erleiden, endlich, daß das konsolidirte Werk hinsichtlich des Betriebs, der Verwaltung, der Besteuerung rc. nur als eins behandelt wird. — Nicht hierhin gehörig sind daher die Fälle, wo von benachbarten Werken nur die gemeinschaftliche Ausführung gewisser Betriebsanstalten [z. B. einer Dampfmaschinenanlage], oder der gemeinschaftliche Abbau eines gewissen Feldestheils bezweckt wird, im Uebrigen aber jedes Werk selbstständig für sich bestehen bleibt, indem derartige Betriebs- und Verwaltungsmaßregeln lediglich von der Vereinbarung der Betheiligten und dem Betriebsplane abhängen. Vgl. Mot. S. 51. Dasselbe gilt von dem Falle, wo verschiedene Nachbarwerke sich in der Hand Eines Rechtssubjekts, z. B einer aus den verschiedenen Eigenthümern jener Werke hervorgehenden Aktiengesellschaft vereinigen; es fehlt alsdann noch immer an einer Vereinigung der verschiedenen Rechtsobjekte, die auch hier nur durch Konsolidation herbeigeführt werden kann.

274. Obgleich das BG. die Konsolidation als den konstitutiven Akt eines neuen Bw.'s-Eigenthums behandelt (s. n. 30), so ist es dennoch nicht gestattet, die Konsolidation der Bergeigenthumsverleihung überall gleich zu stellen. Die für die Verleihung des Bergeigenthums vorgeschriebenen Bedingungen sind bei Konsolidationen nicht überall zutreffend, wie dies hinsichtlich der Feldesgröße bereits aus den unter n. 273 Gesagten hervorgeht. Ferner ist die Konsolidation von Erbstollen (§ 223) mit anderen Erbstollen oder sonstigen Bergwerken nicht minder statthaft, als sie es unter der Herrschaft des Miteigenthümergesetzes von 1851 war (vgl. Motive zu § 7 ib). Desgleichen sind von der Konsolidation solche ältere Bergwerke nicht ausgeschlossen, welche auf andere, als die im § 1 aufgezählten Mineralien verliehen wurden. Die Statthaftigkeit der Konsolidation von Längenfeldern mit Geviertfeldern wird in den Mot. S. 52 ausdrücklich anerkannt, mit dem Zusatze, daß die Zulässigkeit einer solchen Konsolidation im einzelnen Falle nach den für die Bestätigung des OBA maßgebenden Gesichtspunkten (§ 49) und den allgemeinen Grundsätzen des BG. zu beurtheilen sei.

275. Ebenso können Werke konsolidirt werden, welche nicht auf dieselben Mineralien berechtigt sind. Hier die Konsolidation prinzipiell auszuschließen, ge-

§ 42. **Zur Konsolidation ist erforderlich:**

1) ein notariell oder gerichtlich beglaubigter Konsolidationsakt — je nach Beschaffenheit des Falles ein Vertrag oder Beschluß der Mitbetheiligten oder eine Erklärung des Alleineigenthümers,

2) ein von einem konzessionirten Markscheider oder Feldmesser in zwei Exemplaren angefertigter Situationsriß des ganzen Feldes,

3) die Angabe des dem konsolidirten Bergwerke beigelegten Namens.

Br. 44 gleichl., nur heißt es statt „konzessionirten Markscheider ꝛc.“: „Sachverständigen.“
M. 42 gleichl.
G. 42 gleichl., nur statt „konzessionirten“: „geprüften “
B. 54: „Zur Vereinigung von Bergwerken ist erforderlich: 1. eine über den Vereinigungs-Akt errichtete notarielle Urkunde (im Uebrigen gleichl.), 2. ein in die betreffenden Steuerkatasterblätter von einem amtlich bestellten Markscheider oder Feldmesser eingezeichneter Situationsplan des ganzen Feldes in zwei Exemplaren. 3. gleichen Inh.“]

---

statteten namentlich die Verhältnisse des Gangbergbaus nicht. Vgl Mot. S. 52, ME. v. 3. Juli 1866 (Z. f. BR. 9. S 227). Dagegen ist die früher nicht unbestrittere Frage, ob schon bloße Muthungen konsolidirt werden können, auch unter der Herrschaft des BG. zu verneinen. Vgl. Achenb. (M Z. 6. S. 133ff.), Wachler S. 140, Klost. n. 92. Wohl aber kann die Konsolidation sofort nach der Verleihung erfolgen, ohne daß die einzelnen Werke vorher in das Hypothekenbuch eingetragen zu sein brauchen: Huyssen S. 33.

Zu § 42.

276. § 42 führt die formellen Erfordernisse der Konsolidation auf. [Der materiellen Erfordernisse wird in den §§ 43ff., desjenigen des Aneinandergrenzens der Bergwerke ꝛc. sogar erst im § 49 gedacht] Die notarielle oder gerichtliche Form ist vorgeschrieben, weil der Konsolidationsakt, in Verbindung mit der amtlichen Bestätigung und den Verleihungsurkunden der einzelnen Werke den Berechtigungstitel für das konsolidirte Werk bildet und die Berichtigung des Hypothekenbuchs auf Grund desselben erfolgt. Der Akt besteht in einem Vertrage, wenn die Werke verschiedene Eigenthümer haben, in einem Beschlusse, wenn sie sich in den Händen der nämlichen Mitbetheiligten befinden, in einer einfachen Erklärung, wenn sie einem Alleineigenthümer gehören: Motive S. 52.

277 Die bloße gerichtliche oder notarielle Beglaubigung der Unterschriften, wie sie durch MR. v. 20 August 1852 (BMbl. S. 240) vorgeschrieben war, genügt jetzt nicht mehr. — Doch sind die Berghypotheken-Kommissionen zur Aufnahme der Konsol.-Akte gleichfalls befugt. Vgl. MR. v. 5. Juni 1862 (M. Z. 10. S. 124). — Im Gebiete des Rhein. Rechts ist stets die notarielle Form erforderlich, selbst diejenigen Fälle nicht ausgenommen, wo die Konsolidation auf einer letztwilligen Verfügung beruht. In Nassau waren die Landesoberschultheißen die zur Aufnahme notarieller Akte kompetenten Behörden Vgl. Z. f. BR. 8. S. 2.. Inzwischen sind durch VO. v. 26. Juni 1867 (GS. 1094) die Landesoberschultheißereien aufgehoben und deren Geschäfte auf die neugebildeten, mit dem 1. Sept.ej in Wirksamkeit getretenen Amtsgerichte übertragen worden.

278 Da in der Konsolidation, sofern die einzelnen Werke nicht demselben Eigenthümer gehören, stets eine Art Veräußerung enthalten ist, so sind diejenigen, denen die Veräußerungsbefugniß mangelt, z. B. Vormünder ꝛc, für sich allein nicht befugt, eine Konsolidation mit Anderen zu vereinbaren. In Betreff der gewerkschaftlichen Beschlüsse über Konsolidationen vgl. n. 617.

§ 43. Kann das durch die Konsolidation entstehende (konsolidirte) Werk nur als Ganzes mit Hypotheken und dinglichen Lasten beschwert werden (vergl. § 98), so muß für den Fall, daß auf den einzelnen Bergwerken Hypotheken oder andere Realrechte oder daß auf denselben Privilegien des Rheinischen Rechts haften, außer dem Konsolidationsakte eine mit den Berechtigten vereinbarte Bestimmung darüber beigebracht werden, daß und in welcher Rangordnung die Rechte derselben auf das konsolidirte Werk als Ganzes übergehen sollen.

a. [Br. 45 gleichl., jedoch mit Einschaltung des Worts: „eingetragene," vor „Hypotheken," und ohne Erwähnung der rheinischrechtlichen Privilegien.
M. 43 gleichl., doch ohne Erwähnung der rhein. Privilegien.
G. 43: „Für den Fall, dass auf den einzelnen Bergwerken Hypotheken oder andere Realrechte haften, muss ausser dem Konsolidations-Akte etc." (im Uebrigen gleichl.)
B. 55 gleichen Inh., nur heißt es statt „Rheinischen": „pfälzischen."
b. § 43 lautete in der RV: Gehört das konsolidirte Werk einer auf Grund der §§ 94 ff gebildeten Gewerkschaft, so muß 2c.]

---

279. Für den Riß (§ 42 Nr. 2), welcher eine übersichtliche Zusammenstellung der einzelnen Felder auf Grund der über letztere vorhandenen Situationsrisse zu geben hat, ist im BG. kein Maßstab vorgeschrieben, dem Bw.'s-Besitzer mithin in dieser Hinsicht die Wahl überlassen. Vgl. Lindig, Vers. des OBA.s Bonn und Halle v. 31. Aug., resp. 11. Sept. 1865 (Z. f. BR. 6. S. 590. 504; 7. S. 131). Doch glaubt Huyssen S. 33, daß eine Bestimmung über diesen Gegenstand in der Befugniß des OBA.'s stehe [?]. Im Uebr. s. n. 117.

Zu § 43.

280. Durch die Konsolidation erleiden nicht blos die Rechte der Bw.'s-Eigenthümer, sondern auch diejenigen der Realberechtigten eine Veränderung. Die §§ 43 ff. sollen verhindern, daß diese Veränderung zum Nachtheile der letzteren ausfalle, wie dies früher bei dem ungenügenden Schutze, den das Ges v. 12. Mai 1851 jenen gewährte [s. n. 290], leicht möglich war. Die in den §§ 43 ff. gemachte Unterscheidung hängt mit der Umbildung zusammen, welche das Gewerkschaftsrecht durch die Erhebung der Gewerkschaft zu einer moralischen Person und durch Mobilisirung der Kuxe, namentlich aber dadurch erfahren hat, daß das Bw. einer Gewerkschaft des neuen Rechtes nun als Ganzes mit Hypotheken und sonstigen Realrechten belastet werden kann. Eben, weil an dem konsolidirten Werke, sofern es einer Gewerkschaft des neuen Rechts gehört, keine Idealantheile bestehen, welche gleich den seitherigen immobilen Kuxen Gegenstand von Realrechten sein und auf welche daher dergleichen auf den einzelnen Werken haftende Rechte übertragen werden könnten, ließ sich die so gebotene Veränderung der Realrechte, insbesondere die Feststellung der Rangordnung der Hypothekengläubiger nicht durch gesetzliche Normen regeln, sondern mußte, wie es im § 43 geschehen ist, der Vereinbarung sämmtlicher Betheiligten überlassen werden. § 44 umfaßt dagegen alle übrigen, d. h. also diejenigen Fälle, bei welchen die rechtliche Möglichkeit des Uebergangs der Realrechte von den einzelnen Werken und deren Antheilen auf den entsprechenden Antheil an dem konsolidirten Werke, wie früher, bestehen bleibt. Vgl. Mot. S. 53, KB. I, S. 22. 23. — Wenn gleichwohl die Fassung des § 43 der RV. (s. oben) abgeändert wurde, so beruht dies auf der supponirten Möglichkeit, daß außer den Werken einer Gewerkschaft des neuen Rechts auch andere konsolidirte Werke ein untheilbares Ganze bildeten. Diese Möglichkeit mag nun auch im Prinzip eingeräumt werden. Jedenfalls war aber das bei der Gesetzesberathung angeführte Beispiel der konsolidirten Werke einer Aktiengesellschaft, wie Klost. n. 97 mit Recht hervorhebt, kein zutreffendes. Eine Aktiengesellschaft hat zwar mit der Gewerkschaft des neuen Rechts die Eigenschaft einer moralischen Person gemein, der Aktionär

hat zwar ebenso, wie ein Gewerke des neuen Rechts kein Eigenthum an einem ideellen Theile des Bw.'s; hieraus folgt aber noch nicht, daß das Bw. einer Aktiengesellschaft ein untheilbares Ganze darstelle, daß mithin die Gesellschaft als solche nicht befugt sei, gleich jedem andern Alleineigenthümer, über einzelne ideelle Theile des Bw.'s zu verfügen, dieselben zur Hypothek zu stellen oder mit sonstigen Realrechten zu belasten. Vgl. unten n. 342. 560.

281. Welcher der §§ 43 und 44 im konkreten Falle zur Anwendung komme, macht das BG. davon abhängig, ob das konsolidirte Werk selbst nur als Ganzes, oder auch nach Idealantheilen mit Realrechten würde beschwert werden können. Darauf also, ob die Einzelwerke, welche zusammengeschlagen werden sollen, gleichfalls untheilbare Ganze bilden, kommt es an sich nicht an, es sei denn, daß dem rechtlichen Charakter der Einzelwerke und den Rechtsverhältnissen der an denselben Betheiligten eine für den rechtlichen Charakter des Gesammtwerks und die Rechtsverhältnisse seiner Betheiligten präjudizielle Bedeutung beiwohne. Inwiefern jedoch letztere Voraussetzung zutreffe, dafür findet sich im BG. keine unmittelbare Antwort. Für die Verneinung müßte man sich aussprechen, wenn sich unbedingt und allgemein der Satz aufstellen ließe, daß durch die Konsolidation ein ganz neues Bw.'s-Eigenthum und eine neue von den früheren Gewerkschaften der Einzelwerke ganz verschiedene Gewerkschaft geschaffen werde, indem letztere alsdann, in Ermangelung anderweitiger, besonders vereinbarter Bestimmungen (§ 133) stets nach den §§ 94 ff. zu beurtheilen wäre, sollten auch die Einzelwerke verschiedenen Gewerkschaften des alten Rechts angehört haben. Inzwischen ergiebt sich bereits aus n. 274, daß obiger Satz nicht überall und in jeder Hinsicht durchführbar ist; in noch näherer Beziehung zu der hier erörterten Materie, wird seine Anwendbarkeit durch die §§ 226 ff., insbesondere durch § 235 in Frage gestellt. Gestützt auf diese §§ nimmt denn auch Klost. n. 96 an, daß die Gewerkschaft, welche aus dem zwischen verschiedenen Gewerkschaften des alten Rechts über die Konsolidation ihrer Werke geschlossenen Gesellschaftsvertrage hervorgehe, keine ganz neu gebildete Gewerkschaft, sondern die Rechtsnachfolgerin jener früheren Gewerkschaften sei, deren jede durch die Konsolidation zu ihrem ursprünglichen Bw.'s-Eigenthume die damit vereinten Gruben erwerbe und zugleich die Mitglieder der anderen Gewerkschaften in ihren Verband aufnehme; die Gewerkschaft des konsolidirten Werks falle daher den §§ 94 ff. nicht anheim, sondern bleibe den §§ 226 ff. unterworfen, woraus folge, daß § 43 hier keine Anwendung finde; dasselbe gelte, wenn eine Gewerkschaft des alten Rechts ihr Bw. mit demjenigen eines Alleineigenthümers konsolidire, indem auch in diesem Falle die bereits bestehende Gewerkschaft ein neues Bw. hinzuerwerbe, und zwar durch Veräußerung eines Theils der Kuxe an einen neuen Gewerken; in beiden Fällen greife vielmehr § 44 ebensowohl Platz, wie da, wo ein Alleineigenthümer (z. B. eine Aktiengesellschaft, vgl. n. 280) mehrere ihm gehörige Gruben konsolidire und da, wo die Konsolidation mehrerer Werke einer Gewerkschaft des alten Rechts von dieser beschlossen werde, während der Bereich des § 43 sich auf die Konsolidation von Werken verschiedener Alleineigenthümer und auf diejenige solcher Werke erstrecke, unter denen wenigstens eins einer Gewerkschaft des neueren Rechts angehöre. Achenb. (Z. f. BR. 6. S. 444) stimmt hiermit überein, insofern er die Anwendbarkeit der §§ 44 ff. auf die Konsolidation von Werken älterer Gewerkschaften als selbstverständlich betrachtet, wogegen er sich in Betreff der von Klost. nicht berücksichtigten Konsolidation älterer linksrheinischer Werke für die Anwendbarkeit des § 43 als Regel ausspricht. Indem er dies jedoch damit motivirt, daß die Antheile an Bw.'s-Konzessionen, nach Art. 8 des Ges. v. 21. April 1810, von ganz besonderen Verhältnissen abgesehen, bewegliche Sachen seien, jene linksrheinischen Bergwerke daher, gleich den nach dem BG. verliehenen, nicht „antheilig" besessen würden und die Antheile gleichfalls nicht zur Hypothek gestellt werden könnten, so schließt er auch hier von dem Rechtsverhältnisse der Betheiligten der Einzelwerke auf das Rechtsverhältniß der Gewerkschaft des Gesammtwerks; vgl. übrigens n. 280 (i. f.). — Anlangend endlich die Fälle, wo die Rechtsverhältnisse der Betheiligten der Einzelwerke nach § 133 anderweitig normirt sind, so kann bei diesen freilich auf die §§ 226 ff. nicht zurückgegangen werden. Was letztere §§ jedoch für die Gewerkschaften des alten Rechts bewirken, dasselbe dürfte für die anderweitig vereinbarten Gemeinschaften der bei der Ver-

§ 44. In allen übrigen Fällen muß in dem Konsolidationsakte eine Bestimmung des Antheilsverhältnisses, nach welchem jedes einzelne Bergwerk in das konsolidirte Werk eintreten soll, enthalten sein. Auf diese Fälle finden alsdann die besonderen Vorschriften der §§ 45 bis 48 Anwendung.

[Br. 46 gleichl. M. 44 gleichl.
G. (vacat; s. oben § 43.)
B. 56 gleichl., nur heißt es statt „Konsolidations-Akt": „Notariatsurkunde" und statt „konsolidirt": „vereinigt."]

---

einbarung ausgesprochene, gemäß § 133 an Stelle des Gesetzes tretende Willen der Betheiligten zur Folge haben. Eventuell würde daher hier gleichfalls, wenigstens in der Regel, § 44 Platz greifen. Vgl. überdies n. 534.

282. Realberechtigte eines Bw.'s sind außer den Hypothekengläubigern u. A. die Freikuxeninhaber (§ 224), die Bergarbeiter (§ 249 Abs. 2, Motive S. 95), der Nutznießer, der Fideikommißanwärter und Wiederkaufsberechtigte (vgl. Entschäd.-Ges. zur Gewerb.-Ordn. v. 17. Januar 1845, § 39), endlich nach Rhein. Rechte der Verkäufer eines Bw.'s, insofern ihm außer dem Privilegium wegen des rückständigen Kaufpreises, gemäß Art. 1654 BGB. und § 52 h. l., das Recht zusteht, die Auflösung des Kaufvertrags zu verlangen. Schon diese Aufzählung ergiebt, daß die vorzugsweise für Hypothekenrechte berechneten §§ 43 ff. für die Regelung der Rechtsverhältnisse der anderen Realberechtigten nicht überall passend, resp. ausreichend sind, indem wenigstens bei einzelnen jener anderen Realrechte von deren Uebertragung auf das konsolidirte Werk oder auf Idealtheile desselben keine Rede sein kann. In den Fällen des § 43 bereiten diese Realrechte zwar keine besonderen Schwierigkeiten, da die Konsolidation ja ohnehin durch die Zustimmung sämmtlicher Berechtigten bedingt ist. Anders verhält es sich jedoch bei den Fällen des § 44. Das Nähere hierüber s. unter n. 286.

283. Nach Klost. n. 95. 103 ist die im § 43 vorgeschriebene Vereinbarung nicht erforderlich, wenn nur auf Einem der Einzelwerke Realrechte ruhen und diese, dem Konsolidations-Akte zufolge, in unveränderter Rangordnung auf das konsolidirte Werk übergehen sollen. Klost. scheint hiernach anzuerkennen, daß dieser Uebergang nicht, wie in den Fällen des § 44 der Uebergang der Realrechte auf die entsprechenden Antheile, schon von Rechtswegen und ohne eine desfallsige Stipulation im Konsolidations-Akte eintrete. Ob indessen eine solche Stipulation ohne deren Acceptation seitens der Realberechtigten jene Wirkung habe, dürfte erheblichen Bedenken unterliegen. Jedenfalls erleidet aber das oben Gesagte eine Ausnahme bei denjenigen Rechten, deren Uebergang auf das Gesammtwerk nicht möglich ist. Vgl. n. 282.

284. In Betreff der Konstatirung des mit den Berechtigten Vereinbarten kommen die allgemeinen Gesetze zur Anwendung, welche, wenigstens für das Gebiet des Gemeinen Rechts, keine besondere Form erfordern. Selbstredend kann die Vereinbarung auch im Konsolidations-Akte konstatirt werden.

Zu § 44.

285. Vgl. n. 280—282.

286. § 44 beruht auf der zweifachen Voraussetzung, daß der Uebergang der Realrechte von den Einzelwerken auf die entsprechenden Antheile am Gesammtwerke (§ 48) an und für sich möglich sei, und daß durch einen solchen Uebergang, falls nur das Antheilsverhältniß richtig bemessen werde, die Realberechtigten keine Schmälerung ihrer Rechte erleiden. Dem entsprechend ist im § 46 von einer prozessualischen Anfechtung des Konsolidationsakts seitens des Realberechtigten nur insoweit die Rede, als es sich um die Bestimmung des Antheilsverhältnisses handelt. Daß jedoch die erste jener Voraussetzungen nicht überall zutreffe, ist bereits oben n. 282 angedeutet. (Es sei hier nur erinnert an diejenigen Realrechte, welche den Anspruch auf den Besitz und den eignen Betrieb des Bw.'s in sich schließen, insbesondere also an den Nießbrauch des Gemeinen und Rheinischen

§ 45. Der wesentliche Inhalt des Konsolidationsaktes, insbesondere die Bestimmung des Antheilsverhältnisses (§ 44) wird durch das Oberbergamt den aus dem Hypothekenbuche ersichtlichen Hypothekengläubigern und anderen Realberechtigten, insofern deren ausdrückliches Einverständniß mit dem Antheilsverhältnisse nicht beigebracht ist, unter Verweisung auf diesen und die beiden folgenden Paragraphen bekannt gemacht.

Außerdem erfolgt diese Bekanntmachung durch das Amtsblatt der Regierung, in deren Bezirk das Bergwerk liegt.

a. [Br. 47 gleichl. M. 45 gleichl.
G. (vacat; s. § 43).
B. 57 gleichl., nur heißt es statt „Konsolidation": „Vereinigung."
b. § 45 Abs. 2 der RV. lautete: „Im Bereiche des gemeinen und Rheinischen Rechts erfolgt diese Bekanntmachung ꝛc."]

Rechts.) Dasselbe gilt, wenigstens für das Gebiet des Rheinischen Rechts, von der zweiten obiger Voraussetzungen, und zwar vorzugsweise gerade in Betreff der Hypotheken, indem, so oft das konsolidirte Werk im Miteigenthume Mehrerer stehen und die Konsolidation eine Umwandlung der an den Einzelwerken bestehenden Hypotheken in Theilhypotheken zur Folge haben würde, die Rechte der Hypothekengläubiger mit Rücksicht auf den Deklarativeffekt der Theilungen (Art. 883 BGB. ꝛc.), selbst bei der günstigsten Bestimmung des Antheilsverhältnisses, auf die bedenklichste Weise gefährdet wären. Es erhebt sich daher die Frage, ob da, wo die eine oder andere jener Voraussetzungen nicht zutrifft, der in seinem Rechte verletzte, resp. gefährdete Realinteressent befugt sei, gegen die Konsolidation Einspruch zu erheben, und deren rechtliches Bestehen nöthigenfalls im Rechtswege anzufechten. Diese Frage ist zu bejahen; denn wenngleich § 46 eine ganz andere Klage im Auge hat, so ist dennoch weder durch diesen § noch durch eine sonstige Vorschrift des BG. jede andere Klage ausdrücklich ausgeschlossen; es bleibt also bei der allgemeinen Regel, daß gegen die offenbare Verletzung eines dinglichen Rechts der richterliche Schutz im Wege der dinglichen Klage gewährt sei. Diese Klage unterliegt auch nicht der exceptionellen Fristbestimmung des § 46, sondern erlischt gleich den unter n. 310 besprochenen Klagen, trotz der etwaigen Bestätigung der Konsolidation (§ 49) erst nach Ablauf der ordentlichen Verjährungsfrist.

287. Die Bestimmung des Antheilsverhältnisses muß selbst dann erfolgen, wenn keine eingetragenen Realrechte vorhanden sind, mit Rücksicht nemlich auf die gesetzlichen Hypotheken, die sogen. Vorzugsrechte des preuß., und die Privilegien des rhein. Rechts, sowie die Freikuxberechtigungen. So: Klost. n. 98, welcher außerdem, n. 103, annimmt, in dem Falle, wo Realrechte nur auf Einem der Einzelwerke ruhen, könne im Konsolidations-Akte die Bestimmung, daß alle diese Realrechte in unveränderter Rangordnung auf das Gesammtwerk übergehen sollten, mit der Wirkung getroffen werden, daß zur Bestätigung der Konsolidation (§ 49) nicht, wie sonst, der Ablauf der Frist des § 46 abgewartet zu werden brauche [?].

Zu § 45.

288. Die Veränderung der Fassung des Abs. 2 (in der RV.) wurde bei der Gesetzesberathung (vgl. KB I, S. 23; II, S. 27) dadurch motivirt, daß in einzelnen gemeinrechtlichen Gebieten, nemlich im Bezirke des JS. zu Ehrenbreitstein und in den Hohenzollernschen Landen [vgl. Ges. v. 24. April 1854 und 2. Febr. 1864] die Hypothekenbücher eingeführt, mithin unter die Vorschrift des Abs. 2 [wie sie ursprünglich lautete] nur Neu-Vorpommern und die linke Rheinseite zu subsumiren seien, daß es indessen als zweckmäßig erscheine, die öffentliche Bekanntmachung auch da zu erlassen, wo Hypothekenbücher beständen. Es ergiebt sich hieraus sowie aus §§ 53 und 158, wo die Hypothekenbücher und die rheinischen Hypothekenregister neben einander genannt werden, daß das BG. die letzteren unter dem Ausdrucke

§ 46. Hypothekengläubiger und andere Realberechtigte, sowie privilegirte Gläubiger des Rheinischen Rechts, welche durch die Bestimmung des Antheilsverhältnisses (§ 44) an ihren Rechten verkürzt zu sein glauben, sind befugt, gegen diese Bestimmung Einspruch zu erheben.

Dieses Einspruchsrecht muß binnen drei Monaten nach Ablauf des Tages, an welchem die Bekanntmachung zugestellt, beziehungsweise das die Bekanntmachung enthaltende Amtsblatt ausgegeben worden ist (§ 45), durch gerichtliche Klage geltend gemacht werden.

Wer von dieser Frist keinen Gebrauch macht, ist seines Einspruchsrechts verlustig.

[Br. 48 gleichl., mit Einschaltung nach „Hypothekengläubiger": „deren Hypotheken eingetragen sind," und ohne Erwähnung der privilegirten Gläubiger.

M. 46 gleichl., doch ohne letztere Erwähnung.

G. (vacat; s. § 43).

B. 58 gleichl., jedoch heißt es statt „Rheinischen": „pfälzischen," und nach „gegen diese Bestimmung" eingeschaltet: „der Vereinigung."]

„Hypothekenbücher" nicht mitbegreift, daß Abs. 1 mithin auf Neu-Vorpommern und das Gebiet des Rhein. Rechts keine Anwendung findet. (Im KB. I, S. 23 geschieht nur in Folge eines Irrthums blos des linksrheinischen Gebiets des Rhein. Rechts Erwähnung.)

289. Die Bekanntmachung (Abs. 2) muß auch dann erfolgen, wenn das im Abs. 1 erwähnte Einverständniß der aus dem Hypothekenbuche ersichtlichen Realberechtigten beigebracht wird. Vgl. n. 287. 288.

Zu § 46.

290. § 46 enthält eine wesentliche Neuerung zu Gunsten der Hypothekengläubiger, indem diese nach dem Ges. v. 12. Mai 1851 der Konsolidation nicht widersprechen, sondern nur Befriedigung vor der Verfallzeit fordern konnten.

291. Außer den oben n. 286 erwähnten Fällen und in Handhabung des § 46 kann nur wegen der Bestimmung des Antheilsverhältnisses Einspruch erhoben werden, sollte die Konsolidation auch aus anderen Gründen in ihrem thatsächlichen Erfolge zu einer Benachtheiligung der Realberechtigten führen. So hat, wenn ein in Ausbeute befindliches Bw. mit einem noch unaufgeschlossenen Felde konsolidirt wird, dessen Vorrichtung die aufkommende Ausbeute für viele Jahre verschlingen wird, der als Nutznießer zum Bezuge dieser Ausbeute Berufene kein Recht, blos um deswillen Einspruch zu erheben: Klost. n. 99.

292. Das Einspruchsrecht steht auch solchen Hypothekengläubigern zu, deren Forderung eine blos bedingte, resp. eventuelle ist, wie z. B. den Inhabern einer Kredithypothek.

293. Bezüglich der Frist, in welcher dasselbe geltend zu machen ist, vgl. n. 240. Die Frist läuft für diejenigen Interessenten, denen die Bekanntmachung gemäß Abs. 1 zuzustellen ist, stets vom Tage der Zustellung, so daß die Präklusion in Betreff ihrer eintreten kann, bevor die Bekanntmachung durch das Amtsblatt erfolgte. Selbst dann, wenn letztere der Zustellung vorhergeht, erleidet Obiges keine Ausnahme.

294. Die Klage ist wider den Besitzer des beklagten Bw.'s, und wenn das Recht nur auf einem Antheile ruht, dennoch wider die Gewerkschaft und nicht etwa wider den Besitzer des belasteten Antheils zu richten: Klost. n. 100.

295. Dem klagenden Realberechtigten liegt der Beweis der Verkürzung seines Rechtes ob, da der Bw.'s-Besitzer bei der Konsolidation und Bestimmung des Antheilsverhältnisses sich formell in den Grenzen seiner Befugnisse bewegt. Wird jener

§ 47. **Statt diese Klage zu erheben, können die vorbezeichneten Gläubiger und anderen Realberechtigten ihre Befriedigung vor der Verfallzeit verlangen, soweit dies die Natur des versicherten Anspruchs gestattet.**

Dieses Recht muß jedoch ebenfalls bei Vermeidung des Verlustes desselben innerhalb der im § 46 bestimmten Frist geltend gemacht werden.

[Br. 49 gleichl., doch ohne Abs. 2. — M. 47 gleichl. — G. (vacat; s. § 43). B. 59 gleichl.]

Beweis erbracht so ist das Antheilsverhältniß nicht etwa, wie aus den Worten „gegen diese Bestimmung" gefolgert werden könnte, vom Richter festzusetzen, so daß das Urtheil insofern an Stelle des Konsolidations-Aktes träte; die rechtliche Folge des Urtheils besteht vielmehr darin, daß die Konsolidation gar nicht zu Stande kommt. Eben um deswillen ist es auch nicht erforderlich, zu dem gerichtlichen Verfahren die an den übrigen Einzelwerken Berechtigten zuzuziehen.

Zu § 47.

296. Dem Wortlaute des § zufolge (verbis: „Statt diese Klage zu erheben") unterliegt das dort gewährte Recht im Allgemeinen und vorbehaltlich des weiter unten Gesagten denselben Bedingungen, wie die Klage des § 46. Demgemäß und arg. der analogen Vorschrift des § 51 Abs. 3 kann die Befriedigung vor der Verfallzeit gleichfalls nur dann gefordert werden, wenn die Bestimmung des Antheilsverhältnisses erweislich die Rechte des betreffenden Realinteressenten verkürzt. (Dem Ges. v. 12. Mai 1851 § 10 war diese Bedingung fremd.)

297. Die aus § 442 I, 20 ALR. entlehnten Worte; „soweit dies die Natur des versicherten Anspruchs gestattet" schließen die Befugniß des § 47 hinsichtlich der ihrem Betrage nach unbestimmten Forderungen nicht aus, sofern deren Evaluation möglich ist. Dagegen können bedingte Forderungen, deren Bedingung während der Frist des § 46 unerfüllt bleibt, auf Grund des § 47 nicht geltend gemacht werden.

298. Das Verlangen muß seitens eines Hypothekengläubigers gegen den Pfandbesitzer als solchen, und nicht gegen den persönlichen Schuldner gerichtet werden, wenn dieser mit jenem nicht identisch ist. Vgl. Klost. n. 101.

299. Während § 46 ausdrücklich besagt, daß das dort erwähnte Einspruchsrecht durch gerichtliche Klage geltend gemacht werden müsse, findet sich eine ähnliche Bestimmung im § 47 nicht, weshalb sich die Frage erhebt, ob zur Geltendmachung des daselbst erwähnten Rechts etwa schon eine bloße (in solenner Form) ergehende Kündigung, resp. Zahlungsaufforderung genüge, oder ob die betreffende Frist auch hier nur durch Anstellung einer gerichtlichen Klage gewahrt werde. Klost. n. 101 ff. nimmt offenbar das letztere an, wogegen im KB. I, S. 24 die bloße Kündigung für ausreichend gehalten zu sein scheint. (Von den §§ 441 und 462 I, 20 ALR., welche ebensowohl die Quelle des § 47, wie diejenige des Ges. v. 12. Mai 1851, § 10 Abs. 2 bilden, berechtigt § 462 die Hypothekengläubiger ausdrücklich, vor der Verfallzeit zu kündigen, während § 441 dem § 47 h. l. konform gefaßt ist.) Der Verf. neigt sich zu der ersterwähnten Ansicht, zumal der bezügliche Anspruch, mit Rücksicht auf das unter n. 296 Gesagte, ohne ein Prozeßverfahren ohnehin nicht füglich klar gestellt werden kann. — Die Klage des Realberechtigten ist jedenfalls nur dahin zu richten, daß Beklagter für schuldig erklärt werde, den Kläger vor der Bestätigung der Konsolidation zu befriedigen, da eine unbedingte Verurtheilung zur sofortigen Befriedigung über den Zweck hinausgehen und dem Kläger einen Titel in die Hand geben würde, die Zahlung mittelst exekutivischer Maßregeln zu erzwingen, ungeachtet die Konsolidation aus dem einen oder andern Grunde doch nicht perfekt würde. A. M. scheint zu sein Klost. n. 110.

§ 48. Mit der Bestätigung der Konsolidation (§ 49) geht das Realrecht ohne Weiteres auf den entsprechenden, nach Maaßgabe der vorstehenden Bestimmungen (§§ 44 bis 46) festgestellten Antheil an dem konsolidirten Werke über.

[Br. 50, M. 48 gleichl. — G. (vacat.) — B. 60 gleichen Inh.]

§ 49. Sind Hypothekengläubiger und andere Realberechtigte, sowie privilegirte Gläubiger des Rheinischen Rechts nicht vorhanden, oder ist in den Fällen des § 43 die dort bezeichnete Vereinbarung beigebracht, oder sind in den Fällen des § 44 Einsprüche nicht erhoben oder die erhobenen Einsprüche (§§ 46. 47) erledigt, so entscheidet das Oberbergamt über die Bestätigung der Konsolidation.

Zu § 48.

300. In § 48 ist der Grundsatz, daß das Realrecht ohne Weiteres auf den entsprechenden Antheil übergeht, für die Fälle des § 44 aus dem Ges. v. 12. Mai 1851 § 10 übernommen, der Zeitpunkt dieses Uebergangs jedoch näher und zwar dahin bestimmt, daß die Bestätigung entscheidet, indem die Konsolidation erst dann perfekt wird: Mot. S. 54. Die Bestätigung hat also insofern keine auf das Datum des Konsol.-Akts zurückwirkende Kraft. Vgl. übrigens n. 301.

301. Der Uebergang der Realrechte findet in derselben Rangordnung statt, in welcher jene auf den Einzelwerken lasteten; vgl. KB. I, S. 22. Dem entsprechend ist das konsolidirte Werk mit den bestimmten Antheilen und den auf ihm, resp. den Antheilen haftenden Schulden und Lasten auf ein neues Folium des Hypothekenbuchs einzutragen, jedes der Einzelwerke dagegen zu löschen; vgl. n. 273. Liegt das Feld in verschiedenen Gerichtsbezirken, so erfolgt (arg. § 7 des Ges. v. 1. Juni 1863, GS. 353) die Bezeichnung des Gerichts, welches das Hypothekenbuch über das konsolidirte Werk zu führen hat, nach Maßgabe des Ges. v. 26. April 1851 Art. V Nr. 4 (GS. 181). — Im Gebiete des Rheinischen Rechts bleiben die bisherigen Inscriptionen bestehen, trotz der Anomalie, daß dieselben nunmehr, in Folge der in den Hypothekenrechten eingetretenen Veränderung, für ein wesentlich anderes Objekt gelten. Bei jeder Erneuerung muß jedoch dieser Veränderung Rechnung getragen und daher das gegenwärtige Objekt des Hypothekenrechts unter Bezugnahme auf den Konsolidations-Akt genau bezeichnet werden.

Zu § 49.

302. Ob zu den im Abs. 1 aufgezählten, sich aus der Natur der Sache ergebenden Fällen noch ein vierter hinzukomme, darüber vgl. n. 287 (i. f.). — Das Nichtvorhandensein von Realrechten muß dem OBA. näher dargethan werden. Doch ist ein absoluter Beweis des Nichtvorhandenseins solcher Rechte, wenigstens nach der rheinischen Hypothekengesetzgebung, nicht zu erbringen und daher auch nicht zu fordern. Vgl. n. 310.

303. Hinter den Worten „oder die erhobenen Einsprüche" hat man: „(§§ 46 und 47)" eingeschaltet, um anzudeuten, daß unter jenen Worten nicht blos eigentliche Einsprüche (§ 46), sondern auch das Verlangen der Befriedigung vor der Verfallzeit (§ 47) zu verstehen seien: KB. I, S. 24.

304. Liegen die Felder der Einzelwerke in zwei OBA.'s-Bezirken, so ist die Bestätigung gemeinschaftlich von beiden Aemtern in Einem Beschlusse zu ertheilen. Vgl. n. 247. A. M. ist Wachler S. 139, welcher annimmt, daß das Handels-Ministerium dasjenige OBA. zu bezeichnen habe, welches über die Bestätigung beschließen solle.

305. Das Aneinandergrenzen der Felder und das Nichtentgegenstehen von Gründen des öffentlichen Interesses bilden nothwendige

Die Bestätigung darf nur versagt werden, wenn die Felder der einzelnen Bergwerke nicht an einander grenzen, oder wenn Gründe des öffentlichen Interesses entgegenstehen.

Der Bestätigungsurkunde werden die Verleihungsurkunden der einzelnen Bergwerke beigefügt.

Hinsichtlich der Beglaubigung, Aushändigung und Aufbewahrung der Risse finden die Bestimmungen des § 33 Anwendung.

[Br. 51 gleichl., doch mit Einschaltung nach „Hypothekengläubiger": „deren Hypotheken eingetragen," und ohne Erwähnung der privil. Gläubiger.
M. 49 gleichl., ohne letztere Erwähnung.
G. 44 Abs. 1: „Sind Hypothekengläubiger oder andere Realberechtigte nicht vorhanden, oder ist die im § 43 bezeichnete Vereinbarung beigebracht, so entscheidet das Bergamt etc." (im Uebrigen gleichl.).
B. 61 gleichl., nur statt „rheinischen": „pfälzischen," und statt „über die Bestätigung der Konsolidation": „ob die Vereinigung zu bestätigen sei."]

Erfordernisse einer Konsolidation: Motive S. 51. Das OBA. ist daher eventuell nicht bloß befugt, sondern auch verpflichtet, die Bestätigung zu versagen.

306. Das erste jener Erfordernisse ergiebt sich aus dem Zwecke der Konsolidation, sowie daraus, daß freies Feld ohne vorgängige Verleihung nicht mit in die Konsolidation eingeschlossen werden kann. Die Begrenzung muß bei Geviertfeldern auf der Oberfläche stattfinden, bei Längenfeldern genügt es, daß dieselben, wenngleich nicht in der Tagesprojektion, so doch in einer tieferen Sohle einander berühren: Motive S. 51. Huyssen S. 36 hält sogar die Zusammenschlagung solcher Längenfelder für statthaft, deren Lagerstätten oder Vierungen sich nicht berühren, die aber nur durch taubes Gebirge und wenigstens nicht allerwärts durch fremde Grubenfelder getrennt sind. — Daß die Gewinnung in einem zusammenhängenden Bau gefaßt oder daß das vereinigte Feld aus einem und demselben Haupteinbaue zweckmäßiger aufgeschlossen und abgebaut werden könne, ist keinesfalls erforderlich; vgl. Mot. v. 1862 S. 77. — § 49 Abs. 2 soll augenscheinlich die Möglichkeit einer Konsolidation solcher Werke, welche innerhalb derselben Feldesgrenzen auf verschiedene Mineralien berechtigt sind, nicht ausschließen.

307. Anlangend das zweite Erforderniß, so ist hier, wo bergpolizeiliche Bedenken regelmäßig keinen Boden haben, unter „öffentlichem Interesse" vorzugsweise das allgemein bergwirthschaftliche Interesse zu verstehen und eine Konsolidation daher namentlich dann unstatthaft, wenn sie eine Feldessperre herbeiführen und dadurch wohlthätige Konkurrenzunternehmungen verhindern würde; vgl. Mot. S. 51, Mot. v. 1862 S. 77. 81 und unten n. 334.

308. Zur Bestätigungsurkunde ist ein Ausfertigungsstempel von 15 Sgr. zu verwenden: Wachler S. 143. — Die Publikation der Konsolidations- resp. Bestätigungsurkunde ist nach den Mot. S. 55 um deswillen nicht vorgeschrieben, weil deren Zweck schon durch das Instruktions-Verfahren erreicht werden soll. Da dieser Grund jedoch nur bei den Fällen des § 44, und selbst bei letzteren nur theilweise zutrifft, so hält Klost. n. 105 die Bekanntmachung der Bestätigung mit Recht für empfehlenswerth.

309. Gegen die Versagung der Bestätigung ist der Rechtsweg nicht eröffnet, selbst wenn der bezügliche Beschluß lediglich auf das Nichtaneinandergrenzen der Felder gegründet wäre und diese Thatsache gerade bestritten werden sollte. Vgl. VO. v. 26. Dez. 1808 § 36 und § 23 h. l. Wohl aber kann, falls das OBA. die Bestätigung vorläufig ablehnt, weil die Rechtsverhältnisse der Realinteressenten noch nicht geordnet seien, gegen letztere geklagt werden, um durch Richterspruch feststellen zu lassen, daß die betreffenden Realrechte entweder gar nicht existiren, oder der Kon-

Dritter Titel.

Von dem Bergwerkseigenthume.

Erster Abschnitt.

Von dem Bergwerkseigenthume im Allgemeinen.

---

solidation aus anderen Gründen nicht entgegenstehen. Das ergehende Urtheil bildet alsdann die Grundlage für die vom OBA. nach § 49 zu treffende Entscheidung.

310. Andererseits kann, trotz der ertheilten Bestätigung, die Konsolidation selbst aus verschiedenen Gründen im Rechtswege noch immer angefochten werden, und zwar während der ordentlichen Verjährungsfrist. Abgesehen von den bereits unter n. 286 erörterten Fällen gehört hierhin zunächst der Fall, wo sich hinterher herausstellt, daß der Konsolidations-Akt an sich von Haus aus ungültig war, z. B. weil bei demselben Nichteigenthümer statt der wirklichen Eigenthümer konkurrirten, oder weil ein ihm zu Grunde liegender Gewerkschaftsbeschluß nicht zu Recht besteht, und demgemäß durch richterliches Urtheil aufgehoben wird. Gleiches gilt aber auch von der Nichtbeachtung, resp. Verletzung wesentlicher Vorschriften der §§ 43 ff., z. B. dann, wenn ein Fall des § 43 irriger Weise als Fall des § 44 behandelt wurde, wenn zu der nach § 43 erforderlichen Vereinbarung einzelne Realberechtigte ihre Zustimmung nicht gegeben haben, oder wenn sich letztere wegen eines ihr anklebenden Fehlers (vis, error etc.) als unwirksam erweist ꝛc. Daß dergleichen Mängel durch die Bestätigung der Konsolidation nicht gedeckt werden, und daß ihre gerichtliche Geltendmachung mit dem an eine kurze Frist gebundenen Einspruchsrechte des § 46 Nichts gemein hat, ist selbstredend. Vgl. auch Wachler (Z. f. BR. 10. S. 19).

Zum dritten Titel.

311. Gegenstand dieses Titels ist das durch die Verleihung ins Leben tretende Bergeigenthum in seinen verschiedenen rechtlichen Beziehungen. Das BG. soll einestheils die Anwendbarkeit des allgemeinen (preußischen, gemeinen deutschen und französischen) Civilrechts auf das Bergeigenthum vermitteln, anderen Theils den besonderen, bergrechtlichen Inhalt des letzteren erschöpfen. Nach diesem Gesichtspunkte befaßt sich Abschn. 1 mit dem Bergeigenthum im Allgemeinen und den hauptsächlichen, darunter begriffenen Rechten. In Bezug auf Betrieb und Verwaltung unterliegt dessen Ausübung besonderen bergrechtlichen Anforderungen, welche im Abschn. 2 enthalten sind, während Abschn. 3 sich auf die rechtlichen Verhältnisse der Bergleute bezieht, insoweit diese Verhältnisse gewisse Ausnahmevorschriften erheischen; vgl. Mot. S. 55.

312. Aeltere Berechtigungen sind zunächst nach dem Inhalte des ertheilten Privilegiums oder nach den sonst durch rechtsgültiges Herkommen ꝛc. festgestellten Verhältnissen zu beurtheilen, so daß das BG. erst subsidiär zur Anwendung gelangt. Ist daher eine Verleihung als Erbpacht, Lehen ꝛc. ertheilt, so hat das BG. das aus dieser Verleihung fließende Recht nicht in Eigenthum verwandelt. Ebensowenig ist durch das BG. eine auf Zeit ertheilte Verleihung zu einer immerwährenden gemacht. Dagegen stehen den aus solchen Titeln Berechtigten im Uebrigen die im BG. den Bw.'s-Eigenthümern, z. B. bei der Grundabtretung, beigelegten Rechte zu, wie denselben auch die entsprechenden Verbindlichkeiten der letzteren obliegen. Vgl. Achenb. S. 345 und oben n. 7.

313. Der 3. Abschnitt ist auch auf den Braunkohlenbergbau im Gebiete des Westpreußischen Provinzialrechts, sowie auf den Kohlenbergbau der vormals Sächsischen Lande anwendbar, für welchen letzteren überdies die §§ 58. 59. 66—79 und hinsichtlich der Anlage von Hülfsbauen im Felde eines anderen Kohlenabbauberechtigten die §§ 60—63 gelten. Für den Kohlenbergbau im Fürstenthum Kalenberg gilt der ganze Titel, mit Ausnahme der §§ 50—57, 63 und 65.

§. 50. Das durch die Verleihungsurkunde begründete Bergwerkseigenthum gehört zu den unbeweglichen Sachen.

a. [Br. 52, M. 50, G. 45, B. 40 gleichl.

b. Im § 50 der RV. folgten auf die Schlußworte des jetzigen § noch die Worte: „und ist von dem Eigenthume am Grund und Boden unabhängig."]

Zu § 50.

314. Während das franz. Ges. v. 21. April 1810 das Bw.'s-Eigenthum ausdrücklich als Grundeigenthum charakterisirt, war es unter den Rechtslehrern des deutschen und preußischen Bergrechts überaus streitig, ob jenes ein wirkliches Sacheigenthum oder ein bloßes Bergbaurecht darstelle, wenn auch die Mehrzahl der Rechtslehrer, sowie die Gerichtspraxis sich, und zwar augenscheinlich mit Recht, zu Gunsten der zweiten Alternative aussprach. Dieser Meinungsstreit ist auf das gegenwärtige BG. übergegangen, ungeachtet bei der Gesetzesberathung gerade die rechtliche Natur des Bw.'s-Eigenthums besonders eingehend erörtert und eine bestimmte Ansicht über obige Frage im Schooße der verschiedenen Faktoren der Gesetzgebung kundgegeben wurde. Eben um von vorne herein jener Auffassung zu begegnen, welche in dem Bw.'s-Eigenthum ein Sacheigenthum erblickt, verließ der Entwurf von 1862 die bisherige Terminologie, indem er statt des Ausdrucks „Bergwerkseigenthum" den Ausdruck „Bergbaurecht" wählte. Der neue Entwurf kehrte zwar zu ersterem Ausdrucke zurück; doch heben die Mot. S. 19 ausdrücklich hervor, daß dies nur eine Konzession an den seitherigen Sprachgebrauch sei, indem der Entwurf keinen Zweifel darüber belasse, daß es sich nur um eine Bergbauberechtigung, resp. um einen Inbegriff sehr verschiedenartiger, zum Theil singulärer Rechte handle, durch welche sich jene Berechtigung von dem civilrechtlichen Eigenthume scharf unterscheide. Diese Darlegung fand bei der Komm. des HH. keinen Widerspruch, bei derjenigen des H. d. A. sogar die unumwundenste Anerkennung und nähere Begründung. Es heißt in dieser Hinsicht im KB. II, S. 29: „Das lediglich auf positiver Gesetzgebung beruhende Bw.'s-Eigenthum komme dem Grundeigenthume sehr nahe, unterscheide sich aber dennoch in seinem eigensten Wesen durchweg von dem civilrechtlichen Eigenthume an Sachen; sein Zweck sei nicht die Schaffung, Erhaltung und Begünstigung eines Besitzes an den verliehenen Mineralien in ihrer Lagerstätte, sondern vielmehr ihre Entfernung aus derselben zur Auslieferung in den Verkehr; nur damit und insoweit dieser volkswirthschaftliche Zweck erreicht werde, schaffe der Staat ein besonderes Recht für die Bergbautreibenden, welches sogar als Vorrecht in fremdes Eigenthumsrecht, z. B. durch Expropriation eingreifen könne, welches aber nicht blos als Vorrecht, sondern überhaupt aufhöre, sobald die spezifische Thätigkeit des Bergmanns ihren Abschluß finde; das Bw.'s-Eigenthum bestehe der Hauptsache nach nur in einem Vorzugsrechte auf Aneignung solcher Mineralien, deren Förderung dem Staate für das Gemeinwohl wichtig genug erscheine, um dasselbe durch Ausnahmebestimmungen zu begünstigen, und zwar so sehr, daß er die Ansprüche vernichte, die der Grundeigenthümer auf die in seinem Acker ruhenden Mineralien nach dem Civilrechte haben sollte; dasselbe sei ein ius occupandi; was bei dem Bergbau als Gegenstand des sachlichen Eigenthums in Betracht komme, die Tagesbauten, Grubenvorrichtungen, Halden, Alles dies habe nur die untergeordnete Bedeutung des Werkzeugs." — Daß diese Anschauung die allein mögliche sei, wenn die bergfreien Mineralien bis zum Augenblicke ihrer Gewinnung keine selbstständigen Sachen für sich, sondern bloße Theile des Grund und Bodens bilden (s. n. 9), bedarf keiner weiteren Ausführung. Sie erscheint aber auch bei Adoptirung des entgegengesetzten Systems, welches die Mineralien zu den herrenlosen Sachen zählt, allein als haltbar. Wenn man bald in dem Auffinden einer Lagerstätte, bald in dem Akte der Muthung eine Art Okkupation, mithin eine Besitzergreifung erblickt, durch welche sich die Erwerbung der Lagerstätte als einer herrenlosen Sache vollziehe, so ist dies eine nicht blos höchst künstliche und willkührliche, sondern auch den Grundbegriffen des Besitzes widerstreitende Fiktion. Jede Besitzergreifung, selbst die blos symbolische, setzt voraus, daß der in Besitz Tretende sich thatsächlich in der Lage befinde, über die Sache nach

Belieben zu verfügen. Nun erwirbt man aber durch das Auffinden einer Lagerstätte zwar das s. g. Finderrecht, durch die Muthung den Rechtsanspruch auf Verleihung, weder durch das Eine noch durch das Andere wird jedoch der Besitz der Lagerstätte, d. h. also die physische Herrschaft über dieselbe begründet. Der sachliche Besitz wird vielmehr erst durch fortgesetzte bergmännische Arbeiten und auch dann nur an den jedesmal geförderten Mineralien erlangt. Vgl. OT. 1. Dez. 1858 (M. Z. 7. S. 89). Hierin und nicht etwa in der früheren unbestimmten Begrenzung, noch in der ungewissen Dauer des Bergeigenthums ist der entscheidende Grund zu finden, weshalb schon unter der früheren rechtsrheinischen Gesetzgebung die Theorie vom Wesen desselben als eines Sacheigenthums keinen rechtlichen Boden hatte. Dieser Grund gilt auch noch jetzt, ungeachtet das BG. das Feld fest begrenzt und die vielen Kaduzitätsgründe abgeschafft hat. Aus den desfallsigen Vorschriften kann daher höchstens eine größere Verwandtschaft des Bergeigenthums mit dem Sacheigenthume, nicht aber, wie Klost. n. 106 annimmt, seine Erhebung zum Sacheigenthume gefolgert werden. Trotz der größeren Verwandtschaft zwischen beiden fehlt es aber auch im BG. nicht an mehrfachen wichtigen Konsequenzen der oben vertretenen Ansicht. Die wichtigste ist die, daß das rechtliche Bestehen eines Bw.'s als eines besonderen Objekts durch das Bestehen eines Bw.'s-Eigenthums bedingt ist, daß also, wenn letzteres erlischt, von einem Bergwerke im rechtlichen Sinne des Worts nicht mehr die Rede sein kann, daß folgeweise verlassene Bergwerke nicht etwa als herrenlose Immobilien dem Staate anheimfallen, daß nicht sie, sondern nur die in ihrem Felde vorkommenden Mineralien gemuthet werden können, und daß mit dem Bw.'s-Eigenthume auch die auf dem Werke haftenden Realrechte erlöschen (§§ 160ff.). Wenn nach früherem rechtsrhein. Rechte die Muthung eines verlassenen Bw.'s selbst statthaft war, so beruhte dies auf einer Anomalie. Auch die Entschädigungspflicht, welche das BG. dem Bw.'s-Eigenthümer zu Gunsten des Grundbesitzers, namentlich im § 148, auferlegt, läßt sich nur auf diese Weise rechtlich konstruiren, obschon die betreffenden Vorschriften im Wesentlichen mit denen des französischen, auf dem entgegengesetzten Prinzipe beruhenden Ges. v. 21. Apr. 1810 übereinstimmen. Weitere Konsequenzen ergeben sich aus dem unter n. 173, 351, 407 und 914 Gesagten. (In den Materialien zum Bayerischen BG. wird gleichwohl der von Klost. l. c. aufgestellten, entgegengesetzten Ansicht gehuldigt. Dieser zu Liebe hat denn auch § 1 jenes Gesetzes die vom Wortlaute des § 1 h. l. abweichende Fassung erhalten.)

315. Eine fernere Streitfrage, welche sich jedoch nur innerhalb des Kreises der oben gebilligten Ansicht bewegt, ist die, ob das Bw.'s-Eigenthum eine Art römisch-rechtlicher Servitut, oder eine ganz besondere für sich bestehende dingliche Berechtigung, oder endlich eine Gewerbeberechtigung darstelle. Für letztere Auffassung sprechen sich die Motive von 1862 aus. Sie ist jedoch ebensowenig haltbar, wie die ersterwähnte; es kann vielmehr nur die zweite gebilligt werden. Vgl. Wachler S. 145 ff.

316. Dem unter n. 314 und 315 Gesagten zufolge ist, wenn bei Bergwerken von einem Besitze geredet wird, darunter nicht der Besitz einer körperlichen Sache, sondern nur der des Bergbaurechts, mithin eine iuris oder quasi possessio zu verstehen. Daß zum Schutze desselben possessorisch geklagt werden könne und zwar nicht blos gegen ganz unberechtigte Dritte, sondern nach Umständen auch, gegen den Grundeigenthümer oder benachbarte Bw.'s-Besitzer, unterliegt keinem Zweifel und stand im Prinzip schon unter der früheren Gesetzgebung fest; vgl. OT. 1. Dez. 1858 (M. Z. 7. S. 89). Wenn das ib. mitgetheilte kreisgerichtliche Urtheil v. 1. Juni 1858 dem Bw.'s-Eigenthümer gegen Eingriffe in das unverhauene Feld nur die petitorische Klage gestatten wollte, so beruhte dies lediglich auf der Annahme, daß alsdann keine Besitzstörung vorliege, indem der juristische Besitz des Bw.'s-Eigenthümers nur soweit reiche, als letzterer sein Bergbaurecht ausgeübt, d. h. seine Baue gestreckt habe. Inzwischen wurde auch obiges Urtheil durch das cit. OT. vernichtet, weil der Bw.'s-Eigenthümer, welcher in seinem gehörig abgegrenzten Felde den Bau beginne, dadurch Besitz von seinem Rechte in dessen ganzem Umfange ergreife, nicht also blos in Bezug auf den Raum, den seine Baue einnähmen. Hinsichtlich der Besitzstreitigkeiten unter benachbarten Werksbesitzern vgl. Oppenhoff Ress.-Ges. S. 115 n. 318 und OT. 27. März 1868 (Z. f. BR. 10. S. 441).

317. Die Eigenschaft einer unbeweglichen Sache wohnt nicht blos einem Bergeigenthume im Ganzen, sondern auch seinen ideellen Theilen bei. Verkauft daher ein Alleineigenthümer einen solchen Idealantheil, so ist der Verkauf über eine unbewegliche Sache geschlossen, und muß hiernach beurtheilt werden, obgleich durch denselben eine Gewerkschaft mit mobilen Kuxen (§§ 94. 101) entsteht: Achenb. (S. 258, resp. Z. f. BR. 8. S. 261).

318. Die Schlußworte der RV. (s. oben) sollten den rechtlichen Charakter des Bergeigenthums außer Zweifel stellen und von Haus aus den Grundsatz des franz. Rechts ausschließen, daß der Bergbautreibende dem Grundeigenthümer für die Gewinnung der Mineralien aus dessen Grund und Boden Entschädigung schulde. Sie wurden jedoch gestrichen, weil die völlige Geschiedenheit des Bergeigenthums vom Grundeigenthume schon aus § 1 genügend erhelle, jene Worte aber zu der Deutung führen könnten, als ob Bergwerke gesetzlich keine Pertinenzien von Grundstücken sein könnten, was zu bestimmen nicht beabsichtigt werde; vgl. KB. I, S. 24, II, S. 31. Hiernach besteht darüber wohl kein Zweifel, daß ein Bergwerk Zubehör eines Gutes oder eines industriellen Etablissements sein könne; vgl. auch Ebmeier (Z. f. BR. 1. S. 132). A. M. war, in Bezug auf Hüttenwerke, LG. Aachen 3. Juni 1867 (ib. 9. S. 187). — Doch bilden die Bergwerke, welche ein Fideicommißbesitzer auf dem Fideicommißgut anlegt, nicht von Rechtswegen Pertinenzien des letzteren, sondern verbleiben in der Regel dem Fideicommißbesitzer, resp. dessen Erben, und zwar eben um deswillen, weil das Bergeigenthum an sich eine selbstständige Existenz hat, und auf einem vom Erwerbe des Grundeigenthums völlig verschiedenen Erwerbstitel beruht: R. 7. Januar 1824 (Steinbeck's Ergänz. Suppl. S. 15).

319. Während im franz. Ges. v. 21. April 1810 besondere Artikel (8. 9) von Pertinenzien eines Bergwerks reden, freilich nicht, um alle Pertinenzien erschöpfend aufzuzählen, sondern um die Immobilar-, resp. Mobilarqualität gewisser Pertinenzstücke festzustellen, schweigt das ALR. gänzlich darüber, was als Zubehör eines Bw.'s anzusehen sei, so daß hierüber im einzelnen Falle nach den allgemeinen Grundsätzen (§§ 42 ff. I, 2 ib.) zu entscheiden war. Auch das BG. hat die Aufzählung der Pertinenzien als kein Bedürfniß erachtet, zumal dieselbe nur den Zweck haben könnte, als Hülfsmittel für die Willensauslegung bei Rechtsgeschäften zu dienen, hierfür aber die allgemeinen Interpretationsregeln ausreichen, und ebenso zur Beantwortung der Frage, ob die Pertinenzien als Immobilien oder Mobilien anzusehen seien, dasjenige genügt, was im Civilrechte (vgl. z. B. §§ 105—108 I, 2 ALR., Art. 524 des Rhein. BGB.) bezüglich der Pertinenzstücke gesagt wird; vgl. Motive v. 1862 S. 84. Klost. n. 112 rechnet, nach dem Vorgange des Ges. v. 21. April 1810, zu den Pertinenzien auch die zu Arbeiten unter Tage verwendeten Pferde, jedoch nur dann, wenn sie bleibend für den Betrieb des Bw.'s bestimmt sind, wogegen Huyssen S. 36 den Pferden diese Eigenschaft allgemein abzusprechen scheint. Vgl. auch §§ 58. 60.

320. Ob ein in Betrieb befindliches Bw. als fruchttragender Gegenstand und die gewonnenen Mineralien als Früchte anzusehen seien, ist im BG. gleichfalls nicht ausdrücklich bestimmt. Das Römische Recht (vgl. l. 77. D. 50. 16) betrachtete die Ausbeute allerdings als frux, aber als frux des Grundeigenthums, da es noch kein von diesem getrenntes Bw.'s-Eigenthum kannte. Dem entgegengesetzten Prinzipe huldigt das ALR., indem es die Ausbeute weder als Früchte des Grundeigenthums, noch als solche des Bw.'s auffaßt. Dieselbe Anschauung soll nach Achenb. (S. 256, resp. Z. f. BR. 8. S. 259) im Allgemeinen und abgesehen von den besonderen Vorschriften über den Nießbrauch, auch dem franz. Rechte zu Grunde liegen. Inwiefern die verschiedenen Civilgesetzgebungen noch gegenwärtig bei Beurtheilung obiger Frage maßgebend sind, darüber vgl. n. 321. Der Verf. ist immerhin geneigt, die Ausbeute, wenigstens für das Gebiet des gemeinen und franz. Rechts, arg. § 52 und des unter n. 321 Gesagten, den Früchten insoweit gleichzustellen, als es sich um die Anwendung der Grundsätze über den Fruchterwerb seitens des bonae fidei possessor, und um Anwendung des Art. 1652 des Rhein. BGB. handelt. Vgl. auch Erk. des Bad. Ober-Hofger. v. 1. Juli 1859 (Magazin für Bad. Rechtspflege 4. S. 471). — Keinesfalls kann, wenn das BG. von Ver-

§ 51. Die reale Theilung des Feldes eines Bergwerks in selbstständige Felder, sowie der Austausch von Feldestheilen zwischen angrenzenden Bergwerken unterliegt der Bestätigung des Oberbergamts.

Dieselbe darf nur versagt werden, wenn überwiegende Gründe des öffentlichen Interesses entgegenstehen.

---

fügungen über die Substanz des Bw.'s redet (vgl. § 114), darunter eine Verfügung über die Ausbeute mitverstanden werden.

321. Mit der eben erörterten Frage verwandt und theilweise sogar identisch ist die fernere Frage, was unter dem Nießbrauche an einem Bergwerke zu verstehen sei. Faßt man das Bw.'s-Eigenthum als Sacheigenthum an der Lagerstätte auf, so bilden die geförderten Mineralien allerdings einen Theil der Substanz, woraus an und für sich folgen würde, daß der Nutznießer nicht die Ausbeute selbst, sondern nur die Zinsen des Erlöses derselben zu beziehen hätte. Wird das Bw.'s-Eigenthum dagegen als eine Bergbauberechtigung aufgefaßt, so bestände der Nießbrauch in dem zeitweisen Genusse jener Berechtigung, und gewährte daher sowohl auf die Ausbeute selbst, als auf den Besitz, resp. Betrieb des Bergwerks Anspruch. Hiernach sollte man, mit Rücksicht auf das unter n. 314 Gesagte, erwarten, daß das ALR. die zuletzt erwähnten umfassenderen, das franz. Recht dagegen jene minderen Rechte dem Nutznießer einräume. Gleichwohl ist das Gegentheil der Fall. Was nemlich das ALR. betrifft, so spricht wenigstens die herrschende Ansicht (vgl. OT. 22. Jan. 1846, Entsch. 12. S. 463; Gräff S. 69), gestützt auf die §§ 37 ff. I, 21 ib., dem Nutznießer nur den Zinsengenuß zu. Nach franz. Rechte hat jener dagegen, von abweichenden Vertragsbestimmungen abgesehen, unbestritten auf die Ausbeute selbst Anspruch. Dies folgt zwar nicht aus Art. 598 des BGB., welcher, unter der Herrschaft des Ges. v. 28. Juli 1791 redigirt, auf Voraussetzungen beruht, die mit dem Ges. v. 21. April 1810 unvereinbar sind, wohl aber aus Art. 1403 ib.; vgl. Achenb. (S. 256 resp. Z. f. BR. 8. S. 259). Ein Gleiches gilt nach der herrschenden, wenngleich nicht unangefochtenen Ansicht, von dem gemeinen Rechte; vgl. Gräff (ib. 1. S. 581 ff.). — Es ließe sich die Frage aufwerfen, ob diese verschiedenartige Beurtheilung vom Wesen des Nießbrauchs an Bergwerken seit Einführung einer einheitlichen Berggesetzgebung und trotz der dieser zu Grunde liegenden Auffassung des Bergeigenthums als eines Bergbaurechts noch statthaft sei, oder ob nicht vielmehr aus dem eben angegebenen Grunde sowie im Hinblick darauf, daß der cit. § 37. I. 21 ALR. nur von den zu den Regalien gerechneten unterirdischen Erzeugnissen redet, das, was bisher schon für das Gebiet des franz. und gemeinen Rechts galt, nunmehr für alle Landestheile angenommen werden müsse. Inzwischen hat sich die Doktrin für die erstere Alternative entschieden. Vgl. Achenb. (S. 257 resp. Z. f. BR. 8. S. 260).

322. Inwiefern zu Gunsten und zu Lasten eines Bw.'s auch Real-Servituten bestellt werden können, läßt das BG. ebenmäßig ohne ausdrückliche Antwort. Bei der immerhin großen Verwandtschaft des Bergeigenthums mit dem Grundeigenthum erscheint es als bedenklich, die Frage im Prinzip zu verneinen. Vgl. § 52, Kreßner (Z. f. BR. 3. S. 519) und unten n. 852. Hinsichtlich der auf dem Bergeigenthum lastenden gesetzlichen, resp. nothwendigen Servituten s. n. 401, und, was das ältere Recht anbelangt, v. d. Berken (Z. f. BR. 2. S. 369).

Zu § 51.

323. Für die Feldestheilung und den Austausch von Feldestheilen war schon nach dem franz. Ges. v. 21. April 1810 sowohl wie nach dem Ges. v. 12. Mai 1851 die Bestätigung der Bergbehörde nöthig. § 51 behält diese von den allgemeinen Rechtsgrundsätzen abweichende Beschränkung der Dispositionsfähigkeit des Bw.'s-Eigenthümers bei, weil letzterer den auf der Verleihung beruhenden Rechtstitel seines Bw.'s nicht einseitig abändern darf, und weil außerdem öffentliche, namentlich bergpolizeiliche Interessen konkurriren: Mot. S. 56. Doch weicht § 51 von seiner Quelle, dem Art. 7 des Ges. v. 1810, darin ab, daß er jene

Hypothekengläubiger und andere Realberechtigte, sowie privilegirte Gläubiger des Rheinischen Rechts, welche durch die Feldestheilung oder durch den Feldesaustausch an ihren Rechten verkürzt zu sein glauben, können ihre Befriedigung vor der Verfallzeit verlangen, soweit dies die Natur des versicherten Anspruchs gestattet. Dieses Recht muß bei Vermeidung des Verlustes desselben innerhalb der im § 46 bestimmten Frist geltend gemacht werden. Die Bestätigung wird unter Beobachtung des Verfahrens ertheilt, welches sich aus der Anwendung der §§ 42. 45 und 49 auf die vorstehenden Fälle ergiebt.

Fälle in formeller und materieller Hinsicht der Konsolidation analog behandelt, während Art. 7 cit. die Feldestheilung, wenigstens formell, der Bergeigenthums-Verleihung gleichstellt.

324. Unter der realen Feldestheilung ist die Zerlegung eines Bergwerks in mehrere selbstständige Bergwerke vermittelst realer Theilung des Feldes zu verstehen. Sie bildet daher, von dem unter n. 327 Gesagten abgesehen, den direkten Gegensatz zur Konsolidation.

325. Demgemäß gehört der Fall nicht hierher, wo ein Alleineigenthümer einen ideellen Theil seines Bw.'s auf einen Andern überträgt; für diesen Fall sind vielmehr keine besonderen Bedingungen und Formen im BG. vorgeschrieben; vgl. n. 317. 342. Dasselbe gilt von der pachtweisen Ueberlassung der Exploitation eines Feldestheils; vgl. Z. f. BR. 3. S. 126. (Eine solche Verpachtung bildet ein reines Privatverhältniß, welches die Behörde nicht hindert, das Werk in bergpolizeilicher Hinsicht und insbesondere bei Handhabung der §§ 67 ff. nach wie vor als ein Ganzes zu behandeln.) Dagegen würde die Einräumung eines unwiderruflichen, auf keine Zeit beschränkten, dinglichen Rechts der Ausbeute innerhalb eines Feldestheils allerdings auf eine reale Feldestheilung hinauslaufen, und daher der Bestätigung bedürfen; vgl. LG. Aachen 3. Febr. 1862, AH. Cöln 30. Juli ej. (Rh. A. 57. I, 147).

326. Ferner umfaßt § 51 nicht den Verzicht auf einzelne Feldestheile. Für diesen Fall ist aber gerade umgekehrt ein noch strengeres, durch das Interesse der Realberechtigten gebotenes Verfahren angeordnet; vgl. § 162; Mot. S. 56, Motive v. 1862 S. 81.

327. § 51 findet endlich keine Anwendung auf die Theilung eines mit dem Rechte zur Gewinnung mehrerer Mineralien verliehenen Bw.'s in mehrere selbstständige Werke für jedes einzelne dieser Mineralien: ME. 2. April 1867 (Z. f. BR. 9. S. 207). Da nun der Bw.'s-Besitzer den auf der Verleihung beruhenden Rechtstitel noch viel weniger einseitig abändern kann (s. n. 323), so ist, obiger ME. zufolge, eine solche Theilung an sich überhaupt nicht möglich und die darauf gerichtete Absicht nur in der Weise zu erreichen, daß jener auf sein Bergeigenthum verzichtet, um auf die verschiedenen Mineralvorkommen des verlassenen Werks besondere Muthungen einzulegen.

328. Auf den äußeren Anlaß der Feldestheilung kommt es nicht an. Beispielsweise ist daher die Bestätigung auch dann nöthig, wenn die reale Feldestheilung unter den Erben eines Alleineigenthümers zum Zwecke der Nachlaßregulirung stattfinden soll. § 51 schließt gleichwohl die Anstellung einer gerichtlichen Theilungsklage in Betreff eines den Parteien zu ideellen Theilen gehörigen Bw.'s nicht aus. Einer solchen Klage gegenüber hat dieser § vielmehr nur die Bedeutung, daß das Gericht die Naturaltheilung lediglich unter dem Vorbehalte ihrer dereinstigen Bestätigung verordnen kann, daß das in diesem Sinne lautende Urtheil an Stelle des Vereinbarungs-Aktes zu publiziren ist (§§ 51. 45), und daß, wenn demnächst die Bestätigung vom OBA. versagt wird, das Gericht unter Umständen den öffentlichen Verkauf des ganzen Werks zum Zwecke der Auseinandersetzung aussprechen muß. Vgl. AH. Cöln v. 30. März 1840, KH. 13. Jan. 1838, 11. April 1843

Bei dem Austausche von Feldestheilen geht das Recht der erwähnten Gläubiger und anderen Realberechtigten mit der Bestätigung der Bergbehörde ohne Weiteres auf den zu dem belasteten Bergwerke hinzutretenden Feldestheil über, wogegen der abgetretene Feldestheil von der dinglichen Belastung befreit wird.

[Br. 53 gleichen Inh., mit Einschaltung nach „Hypothekengläubiger": „deren Hypotheken eingetragen sind," und ohne Erwähnung der privilegirten Gläubiger. Sodann heißt es st. „hinzutretenden": „hinzugekommenen."
M. 51 gleichl., ohne Erwähnung der privil. Gläubiger.
G. 46 Abs. 1 gleichl., mit der Einschaltung nach „angrenzenden Bergwerken": „ist von der Zustimmung der betheiligten Hypothekengläubiger oder anderer Realberechtigter abhängig und." Abs. 2 gleichl. Abs. 3: „Sie wird unter den Formen ertheilt, welche sich aus der Anwendung der §§ 42 und 44 auf die vorstehenden Fälle ergeben." Abs. 4 gleichl.
B. 62 gleichl., nur heißt es statt „rheinischen": „pfälzischen."]

(Rh. A. 29. I, 139: 27. II, 18; Volkmar S. 13) und Oppenhoff Ress.-Ges. S. 129. Alles dies gilt selbstredend nur vorbehaltlich der für eigentliche Gewerkschaften im § 226 getroffenen, besonderen Vorschriften.

329. Wie selbst ein Alleineigenthümer ohne Zustimmung des OBA.'s keine Parzellirung des Grubenfeldes vornehmen kann, ebensowenig kann er einen realen Theil desselben zur Hypothek stellen, es sei denn, daß letzterer mit Zustimmung des OBA.'s zuvor zu einem besonderen für sich bestehenden Bergwerke erhoben worden wäre; vgl. Bölling (Z. f. BR. 6. S. 597), welcher jedoch zu weit geht, insofern er annimmt, ein Alleineigenthümer könne sein Bw. überhaupt nur im Ganzen, mithin selbst nicht zu einem ideellen Theile belasten. Vgl. n. 325. 560.

330. Ob bei dem Austausche von Feldestheilen diese gleichen Werth haben, oder ob etwaige Werthsverschiedenheiten durch Geld ausgeglichen werden, ist nach Huyssen S. 37 für die Anwendbarkeit des § 51 ohne Einfluß. — Keinesfalls begreift jedoch der Austausch von Feldestheilen die käufliche Abtretung eines Feldestheils an ein anderes Bw. in sich. Die auf letztere gerichtete Absicht kann vielmehr nur durch eine Feldestheilung und demnächstige Konsolidation des so zu einem selbstständigen Bergwerke erhobenen Feldestheils mit jenem anderen Werke erreicht werden; s. Huyssen l. c. Die entgegengesetzte Ansicht scheint den Mot. v. 1862 (S. 81) zu Grunde zu liegen. Vgl. auch Klost. n. 111, welcher die Abtretung eines Feldestheils ohne Eintausch eines korrespondirenden Stücks für ausführbar hält, sie jedoch von der vertragsmäßigen Regulirung der Hypothekenrechte abhängig macht.

331. Der Austausch von Feldestheilen kann, gleich der Konsolidation, unter Bergwerken stattfinden, welche mit verschiedenen Mineralien beliehen sind. In diesem Falle erwirbt jedoch der neue Eigenthümer kein anderes Gewinnungsrecht, als dasjenige des früheren; die Gewinnung in dem eingetauschten Feldestheile darf mithin nach wie vor nur auf das ursprünglich verliehene Mineral gerichtet werden. Die entgegengesetzte Ansicht ist im KB. I, S. 25 ausgesprochen, aber lediglich in Folge der irrigen Auffassung, daß der Feldesaustausch mit der Bergeigenthums-Verleihung unter Einen Gesichtspunkt falle. Vgl. n. 323.

332. Der Begriff der Einheit des Feldes erfordert, daß nicht allein die betreffenden Werke an einander grenzen, wie dies § 51 vorschreibt, sondern daß auch der eingetauschte Feldestheil selbst ein angrenzender sei; vgl. Huyssen S. 37 und oben n. 306.

333. Anträge auf Bestätigung der Feldestheilung oder des Austausches von Feldestheilen müssen, gemäß der Hinweisung des § 51 auf § 42, im Wesentlichen den Konsolidations-Anträgen entsprechen, und sind, wie diese, vom RB., eventuell nach ihrer Vervollständigung, mit gutachtlichem Berichte dem OBA. einzureichen: Dortm. und Hall. Instr., § 26, resp. 28. Aus gleichem Grunde müssen solchen Anträgen Risse der neu zu bildenden Felder (nach beliebigem Maßstabe, vgl. n. 279) beigefügt, und bei einer Feldestheilung Namen für die einzelnen, durch dieselben

entstehenden Werke angegeben werden. Eben um deswillen unterliegt der Beschluß resp. die Vereinbarung über die Feldestheilung oder den Feldesaustausch den für Konsolidations-Akte im § 42 vorgeschriebenen Formen. In letzterer Hinsicht darf daher nicht auf § 52 zurückgegangen werden, wie dies Wachler S. 148 thut, um daraus zu folgern, daß im Bereiche des Ges. v. 24. Mai 1853 (GS. 241) Verträge im Sinne des § 51 nur von dem das Hypothekenbuch des Bw.'s führenden Gerichte aufgenommen werden könnten. (Mit gleichem Fuge ließe sich behaupten, daß zur Konstatirung solcher Verträge im Gebiete des Rhein. Rechts bloße Privaturkunden genügten.)

334. Was Abs. 2 unter überwiegenden Gründen des öffentlichen Interesses versteht, erläutert sich nicht ausschließlich aus dem in n. 323, sondern auch aus dem in n. 307 Gesagten. Diese Gründe sind daher theils bergpolizeiliche (§ 196 h. l.), theils bergwirthschaftliche. Bergpolizeiliche Gründe zur Versagung der Bestätigung liegen z. B. dann vor, wenn die Sicherheit der bestehenden Grubenbaue durch Etablirung eines neuen selbstständigen Betriebs in einem abgetrennten Feldestheile gefährdet werden würde. Anlangend die Gründe der zweiten Art, so ist darauf zu achten, ob der Bergbaubetrieb ohne namhaften Nachtheil eine Feldestheilung rc. erleiden könne, ob insbesondere jedes der neu entstehenden Grubenfelder nach Lage und Größe einen ordentlichen Betrieb gestatte, ob z. B. keine Feldesbegrenzungen entstehen, die das Unverritztlassen von übermäßig großen Mengen nutzbarer Mineralien in Sicherheitspfeilern nöthig machen rc. Auch sind hierbei nicht blos diejenigen Bergwerke, welche eine Feldestheilung oder einen Austausch von Feldestheilen eben erfahren sollen, sondern unter Umständen auch benachbarte, resp. solche Werke in's Auge zu fassen, welche innerhalb derselben Feldesgrenzen auf andere Mineralien berechtigt sind; vgl. Entw. v. 1862 § 52 und die Mot. zu dems. S. 81; Huyssen S. 37; Klost. n. 109. Doch geht das BG. nicht soweit, wie die franz. MInstr. v. 3. August 1810, welche außerdem verlangt, daß Jeder, der durch eine Theilung Alleineigenthümer werden würde, in der Lage sei, die für seinen Theil nöthigen Arbeiten fortzusetzen, und die auf demselben lastenden Verpflichtungen zu erfüllen. — Es darf wohl in Zweifel gezogen werden, daß der Gesetzgeber, wenn er in § 49 nur von „Gründen des öffentlichen Interesses" und im § 51 von „überwiegenden Gründen rc." spricht, unter beiden Fällen in dieser Hinsicht habe unterscheiden wollen. Immerhin mag es aber der Natur der Sache entsprechen, daß das OBA. zur Versagung der Bestätigung in den Fällen des § 51, soweit es sich vom bergwirthschaftlichen Standpunkte handelt, dringendere Gründe erfordert als bei Konsolidationen; vgl. auch Schomburg (Z. f. BR. 4. S. 39).

335. Aus anderen Gründen als solchen des öffentlichen Interesses kann, sofern die Voraussetzungen einer Feldestheilung, resp. eines Austausches überhaupt vorliegen (vgl. insbesondere n. 332), die Bestätigung nach dem ausdrücklichen Wortlaute des § nicht versagt werden. Demgemäß, und mit Rücksicht darauf, daß Feldestheilungen rc. grundsätzlich nicht mit neuen Verleihungen, sondern mit Konsolidationen auf Eine Linie zu stellen sind, beispielsweise daher der Austausch von Theilen eines gevierten Feldes gegen diejenigen eines Längenfeldes nicht ausgeschlossen ist, bildet eine von den Vorschriften des § 26 abweichende Begrenzung der neu entstehenden Felder oder die Ueberschreitung des im § 27 normirten Größen- und Längen-Maximums keinen Grund zur Versagung der Bestätigung, es sei denn, daß gerade in dieser Abweichung, resp. Ueberschreitung nach der besonderen Lage des konkreten Falles eine Verletzung des öffentlichen, insbesondere des bergwirthschaftlichen Interesses enthalten sein würde. A. M. ist Huyssen S. 37, wenigstens insofern, als er annimmt, daß die neuen Grenzlinien den Anforderungen des § 26 entsprechen müßten, sofern es sich nicht um gestreckte Felder handle.

336. Da die Vorschrift über das Erforderniß der Bestätigung der öffentlichen Ordnung angehört, so ist die Nichtigkeit einer nicht bestätigten Feldestheilung rc. eine absolute, welche die Kontrahenten selbst unter einander geltend machen können; Vgl. AH. Cöln 30. Juli 1862 (Rh. A. 57, I, 148).

337. Da in den Fällen des § 51 von Bestimmung eines Antheilsverhältnisses keine Rede sein kann, so verleiht § 51 Abs. 3 kein Einspruchsrecht im Sinne des § 46: Mot. S. 56. Inwiefern gleichwohl eine Feldestheilung

§ 52. Auf das Bergwerkseigenthum finden hinsichtlich der Veräußerung, der Verpfändung und des Arrestes, sowie der Privilegien des Rheinischen Rechts die allgemeinen gesetzlichen Vorschriften Anwendung, welche in dieser Beziehung für das Grundeigenthum gelten.

---

oder der Austausch von Feldestheilen, selbst nach erfolgter Bestätigung, noch angefochten werden könne, beurtheilt sich nach dem oben n. 286 und 310 Gesagten.

338. Die Worte des Abs. 3 „welche verkürzt zu sein glauben," sind gleichbedeutend mit den Worten: „welche verkürzt sind." Daher liegt demjenigen, welcher die Befriedigung vor der Verfallzeit verlangt, der Beweis der Verkürzung ob; vgl. n. 296. — Die Fassung des Abs. 3 gestattet übrigens darüber keinen Zweifel, daß die Bestätigung des OBA.'s, wie bei Konsolidationen, nur nach Befriedigung der diese begehrenden, in ihren Rechten verkürzten Realinteressenten erfolgen könne: KB. I, S. 26.

339. Ueber die Bedeutung der Worte des Abs. 4 „mit der Bestätigung" vgl. oben n. 300. 301. Demgemäß ist in Bezug auf das Bestehen und die Rangordnung der Realrechte jeder eingetauschte Feldestheil, trotz jener Worte, so zu betrachten, als ob er zu dem betreffenden Bergwerke von jeher gehört hätte. Im Uebrigen hat die Bestätigung arg. Abs. 4 keine rückwirkende Kraft.

Zu § 52.

340. Den Bergbau hinsichtlich der Veräußerung ꝛc. in einer singulären Stellung im Rechtsleben zu erhalten, war weder erforderlich noch zweckmäßig; im Gegentheil entsprach es den Interessen der Bw.'s-Industrie, die civilrechtlichen Grundsätze, welche in jener Beziehung für das Grundeigenthum maßgebend sind, auch auf das Bw.'s-Eigenthum anwendbar zu erklären: Motive S. 56. Selbstredend gilt jedoch § 52 gleich § 53 nur unter dem in letzterem § ausdrücklich gemachten Vorbehalte; vgl. § 161. Durch § 52 sind übrigens nur geringe Aenderungen des bisherigen Rechts statuirt worden. Was insbesondere die Verpfändung betrifft, so fanden im Bereiche des ALR. (vgl. § 328 II, 16 ib.) schon früher im Wesentlichen die allgemeinen Grundsätze bezüglich der Hypothekenrechte an Grundstücken und dinglichen Gerechtigkeiten (§§ 399 ff. I, 20 ib.) Anwendung, indem die Besonderheiten sich hauptsächlich auf die Einrichtung und Führung der Hypothekenbücher bezogen, wovon gegenwärtig die §§ 53. 246 handeln. Ebensowenig galten im Bereiche des gemeinen und rheinischen Rechts Ausnahmevorschriften für die Verpfändung von Bergwerken und Bw.'s-Antheilen, wenn von Art. 20 des franz. Ges. v. 21. April 1810 abgesehen wird, welcher ein Privileg zu Gunsten derer statuirt, die zu den Schürfarbeiten, zu den Arbeiten des Baus oder zur Vollendung der Maschinen Geld hergeben. Dieses Privileg wurde durch das BG. um so weniger aufrecht erhalten, als der Gläubiger meist schon durch Art. 2103 des Rhein. BGB. sicher gestellt ist. — Die in § 52 hinsichtlich des Arrests getroffene Bestimmung ist vornehmlich wider die früheren besonderen Vorschriften über den sogen. Bergarrest gerichtet, welche zwar nicht im gemeinen noch im Rheinischen Rechte, wohl aber im ALR. (§§ 335 ff. II, 16) und in der Mehrzahl der Berg-Ordnungen enthalten waren und den Bergbau durch Beschränkung des Arrests auf den Fall von Bergschulden begünstigen sollten; vgl. Mot. v. 1862 S. 83.

341. Unter den „allgemeinen gesetzlichen Vorschriften" sind vor Allem die einschlägigen Vorschriften des ALR., des gemeinen und französischen Rechts zu verstehen. Ebenso kommen in den neuerworbenen Landestheilen die dort für das Grundeigenthum geltenden allgemeinen Gesetze zur Anwendung. Inzwischen sind für die Gebiete des ALR. und gemeinen Rechts mit Rücksicht auf den blos subsidiären Charakter dieser Gesetzgebungen selbst partikularrechtliche Vorschriften nicht ausgeschlossen, da § 52 den Ausdruck: „allgemeine für das Grundeigenthum geltende Vorschriften" nicht im Gegensatz zu partikularrechtlichen, sondern zu spezifisch bergrechtlichen Vorschriften gebraucht. (Eine Vorschrift der letzteren Art ist z. B. der linksrheinische arr. v. 3 Nivose VI, welcher den Verkauf einer Conzession der staatlichen Genehmigung unterwirft. Diese Bestimmung ist daher durch die §§ 52.

Wegen übermäßiger Verletzung, insbesondere wegen Verletzung über die Hälfte, können Verträge über Veräußerung von Bergwerken oder Kuxen nicht angefochten werden.

[Br. 54 gleichl., nur heißt es statt „sowie der Privilegien des Rheinischen Rechts": „und der Vollstreckung."

M. 52 gleichl., doch ohne die Worte „des Arrestes sowie der Privilegien des Rheinischen Rechts."

G. 47 gleichl., jedoch ohne die Worte „sowie der Privilegien des Rheinischen Rechts"; außerdem heißt es statt „Kuxen": „Bergwerksantheilen."

B. 41 Abs. 1 gleichl., nur heißt es statt „rheinischen": „pfälzischen." Abs. 2: „Wegen übermässiger Verletzung, insbesondere wegen Verletzung über die Hälfte können weder entgeltliche Veräusserungsverträge, noch Theilungen, deren Gegenstand Bergwerke, Kuxe oder andere Antheilsberechtigungen sind, angefochten, noch sonstige Ansprüche daraus abgeleitet werden.]

§ 53. Die allgemeinen gesetzlichen Vorschriften über die Führung der Hypothekenbücher und Rheinischen Hypothekenregister, die Subhastation, den Konkurs und die Rangordnung

---

244 h. l. aufgehoben, sofern sie nicht schon, wie Achenb. S. 250, resp. Z. f. BR. 8. S. 254 annimmt, durch Art. 7 des Ges. v. 21. April 1810 außer Kraft trat.)

342. § 52 gilt, vorbehaltlich der Vorschrift des § 98 h. l., auch von den Idealtheilen eines Bw.'s. — Im Uebrigen vgl. zu § 52 Abs. 1 die n. 31. 317 ff. 325.

343. Die Ausschließung der laesio enormis rechtfertigt sich dadurch, daß der Kauf von Bergwerken und Bw.'s-Antheilen wegen ihres schwankenden Werths stets mehr oder weniger ein gewagtes Geschäft ist; deshalb schloß bereits § 322. II, 16. ALR. die laesio enormis aus, eine gleiche Bestimmung enthält Art. 286 des D. HGB. v. 24. Juni 1861 hinsichtlich der Handelsgeschäfte: Mot. S. 56. — Um so viel weniger kann der Käufer eines Bw.'s, falls sich dasselbe nicht als ergiebig erweist, den Vertrag um deswillen, unter Berufung auf einen Irrthum oder auf das Vorhandensein verborgener Mängel (Art. 1641 des Rhein. BGB.'s), anfechten; vgl. AH. Cöln 20. Febr. 1842 (Rh. A. 33. I, 11).

344. Abs. 2 bezieht sich auch auf die Theilung eines Bw.'s oder Bergwerks-Antheils, sofern hinsichtlich einer solchen Theilung die Läsionsklage nach civilrechtlichen Grundsätzen an sich statthaft sein würde, indem der Ausdruck „Veräußerung" hier ex ratione legis in weiterem Sinne zu nehmen ist. (Wenn im Bayer. BG. der Theilungen besonders gedacht wird, so geschieht dies wohl nur darum, weil im Landtagsabschiede v. 10. Nov. 1861, § 28 gerade zu Gunsten ihrer eine Ausnahme gemacht war.)

Zu § 53.

345. Auch die im § 53 bezeichneten Materien verweist das BG. in die allgemeine Gesetzgebung; diese Verweisung ließ sich jedoch nur mit Hülfe einiger Sonderbestimmungen bewirken, indem die allgemeinen Gesetze in jenen Materien gerade bezüglich des Bergeigenthums Lücken enthalten, welche schon früher, theils durch Spezialgesetze, theils durch die Berggesetzgebung ausgefüllt wurden: Vgl. Mot. v. 1862 S. 83.

346. Durch § 12. I, 10. ALR. und § 49 Tit. 2 der Allg. Hypoth.-Ordn. v. 20. Dez. 1783 wurde jedem Grundbesitzer die Berichtigung seines Besitztitels zur Pflicht gemacht. Die AKO. v. 31. Okt. 1831 (GS. S. 251) suspendirte nun zwar diese Verpflichtung, aber nur hinsichtlich des Grundeigenthums im eigentlichen Sinne, nicht hinsichtlich des Bergeigenthums. Die Verpflichtung der Bw.'s-Eigenthümer zur Berichtigung ihrer Besitztitel wird vielmehr in späteren, zufolge §§ 53 und 246 h. l. in Kraft gebliebenen Bestimmungen (s. n. 1217) ausdrücklich ausgesprochen. Demgemäß besteht dieselbe noch gegenwärtig, und zwar so-

der Gläubiger sind auch für das Bergwerkseigenthum maaßgebend, soweit nicht im gegenwärtigen Gesetze etwas Anderes bestimmt ist (§§ 246 bis 249).

[Br. 55: „Jedes Bergwerkseigenthum erhält auf Antrag des Eigenthümers sein Folium im Hypothekenbuche. Die allgemeinen gesetzlichen Bestimmungen über die Führung der Hypothekenbücher, den Konkurs und die Rangordnung der Gläubiger, sind auch für das Bergwerkseigenthum maassgebend."
M. 53 gleichl., nur heißt es statt „über die Führung der Hypothekenbücher und rheinischen Hypothekenregister, die Subhastation": „über die Führung der Grund- und Hypothekenbücher, über die Hülfsvollstreckung."
G. 48 gleichl., jedoch ohne das Wort „gesetzlichen"; außerdem heißt es statt „Hypothekenbücher etc.": „Grund- und Hypothekenbücher."
B. (vacat.)].

---

wohl für die Eintragung von Alleineigenthümern und Gewerkschaften des neuen Rechts, wie für diejenige von Besitzveränderungen bei den Werken älterer Gewerkschaften und ihren unbeweglich gebliebenen Kuxen. Vgl. OT. 28. April 1865, Lindig, Gedicke (Z. f. BR. 7. S. 211; 6. S. 588. 636) und Klost. n. 120. Contra: Wachler S. 148.

346bis. Mit Rücksicht auf das oben n. 346 Gesagte nimmt Lindig l. c. an, daß das OBA. zugleich mit Ausfertigung der Verleihungsurkunde eine Abschrift derselben der Berghypothekenbehörde mitzutheilen habe; ebenso müsse aber letztere ihrerseits dem OBA. anzeigen, auf wessen Namen das Werk eingetragen worden, desgleichen eine ihr etwa zugegangene Urkunde über das Theilnehmerverhältniß dem OBA. mittheilen, damit dieses hiervon den RB. (vgl. § 127) benachrichtige. Da jedoch das OBA., sobald seine Funktionen als verleihende Behörde beendigt sind, lediglich die Stellung der Instanz- und Aufsichtsbehörde einnimmt, so gehört es nicht zu seinen Funktionen, in obiger Weise die Vermittelung zwischen der Hypothekenbehörde und dem RB. zu übernehmen, um die Eigenthumsverhältnisse zu dessen Kenntniß zu bringen; die desfallsigen Mittheilungen sind vielmehr von der Hypothekenbehörde direkt dem RB. zu machen; für die Zwecke des OBA.'s genügt regelmäßig die Einsicht der Hypothekenbücher oder der nach Umständen vom RB. vorzulegenden Verhandlungen: Brass. und Achenb. (Z. f. BR. 6. S. 589).

346ter. Werden Auszüge aus den rheinischen Hypothekenregistern in Betreff der gegen den Schuldner auf ein bestimmtes Grundstück erfolgten Eintragungen begehrt, so brauchen diese Auszüge arg. § 50 nicht gleichzeitig diejenigen Eintragungen zu umfassen, welche wider denselben Schuldner auf die innerhalb der Grenzen jenes Grundstücks befindlichen Bergwerke genommen sind, selbst, wenn zu letzteren (als deren Pertinenzien) Tagegebäude, z. B. Aufbereitungs-Anstalten gehören.

347. Der Ausdruck „Subhastation" begreift nach dem auch für das BG. maßgebenden Sprachgebrauche der AGO. nicht blos die nothwendige, sondern auch die freiwillige Versteigerung (§§ 3 ff. — §§ 66 ff. I, 52 ib.). — Zu den Vorschriften über die nothwendige Subhastation gehören im Gebiete des rheinischen Rechts außer der Subh.-Ordn. v. 2. Aug. 1822 auch die Bestimmungen des 19. Titels des 3. Buchs des BGB., so insbesondere der Art. 2210 l. c. Unter der einheitlichen Exploitation im Sinne dieses Artikels ist, auch in Bezug auf das Bergeigenthum, keine rechtliche, sondern nur eine faktische wirthschaftliche Einheit zu verstehen: AH. Cöln 15. Jan. 1868 (Z. f. BR. 9. S. 185). — Da die Gesetzgebung des vormaligen Herzogthums Nassau über das Vollstreckungs-Verfahren und Pfandrecht durch Adoptirung der preußischen Bestimmungen über Exekutionen und namentlich über die Subhastationen in ihren Grundlagen zerstört worden wäre, so sind, von der besonderen Vorschrift für die Fälle des § 159 (s. n. 903) abgesehen, die dort geltenden Vorschriften über das Hülfsvollstreckungs- und Konkursverfahren, gleich denen über das Pfandrecht und die Rangordnung der Gläubiger im Konkurse in Kraft geblieben. Aehnliches gilt von Hannover. Im vormaligen Kurhessen erfolgt die nach dem BG. eintretende Subhastation entweder

§ 54. Der Bergwerkseigenthümer hat die ausschließliche Befugniß, nach den Bestimmungen des gegenwärtigen Gesetzes das in der Verleihungsurkunde benannte Mineral in seinem Felde aufzusuchen und zu gewinnen, sowie alle hierzu erforderlichen Vorrichtungen unter und über Tage zu treffen.

Diese Befugniß erstreckt sich auch auf die innerhalb des Feldes befindlichen Halden eines früheren Bergbaues.

[Br. 56, M. 54, G. 49, B. 42 gleichl.]

---

im Wege der Zwangsversteigerung oder in Gemäßheit des bei sonstigen nothwendigen oder freiwilligen gerichtlichen Versteigerungen hergebrachten Verfahrens. Dies bestimmt Art. 14 der VO. v. 1. Juni 1867, sich namentlich an die §§ 53. 159. 161. 234 h. l. anschließend, um dem Richter nach den Voraussetzungen des konkreten Falls die Entscheidung darüber zu sichern, welche bestimmte Art der Versteigerung eventuell einzutreten hat, weil das Kurhessische Recht keine Versteigerungsweise kennt, die sich der preußischen nothwendigen Subhastation rücksichtlich deren Zulässigkeit sowohl wie rücksichtlich des dabei vorgeschriebenen Verfahrens ohne Weiteres von selbst substituirt. Für die vormals Bayerischen Landestheile war eine ähnliche Vorschrift wegen des Ges. v. 17. Nov. 1837 (Ges.-Blatt S. 41 ff.) entbehrlich. Vgl. Z. f. BR. 8. S. 21. 173. 223.

348. Daß der Sequestration und Verpachtung (§§ 116 ff., 131. 132. I, 24. AGO.) im § 53 nicht gedacht wird, berechtigt schwerlich zu dem Schlusse, daß diese Exekutionsmittel bei Bergwerken außer Anwendung bleiben sollen, zumal des Arrestes im § 52 ausdrücklich Erwähnung geschieht. (Im Meiningenschen BG. wurde übrigens der Ausdruck „Hülfsvollstreckung" statt „Subhastation" gerade darum gewählt, weil die Exek.-Ordn. v. 17. Juli 1862 außer der Subhastation auch die zwangsweise Verpachtung als Exekutionsmittel kenne. Vgl. Z. f. BR. 9. S. 340).

Zu § 54.

349. Die Worte „nach den Bestimmungen des gegenwärtigen Gesetzes" geben, in ihrer Anwendung auf das Recht des Bw.'s-Besitzers zur Aufsuchung des in der Verleihungsurkunde benannten Minerals, deutlich zu erkennen, daß die §§ 3 ff. für ihn gleichfalls gelten, daß mithin auch er den im § 4 erwähnten Beschränkungen unterworfen ist und bei Schürfarbeiten über Tage fremden Grund und Boden nur mit Erlaubniß des Eigenthümers oder mit amtlicher Ermächtigung und nach vorheriger, wenigstens vorläufiger Entschädigung des ersteren benutzen darf. (Inwiefern in letzterer Hinsicht unter der Herrschaft des franz. Ges. v. 21. Apr. 1810 das Gegentheil galt, darüber vgl. Z. f. BR. 3. S. 378; 4. S. 253.) Ebenso findet, wenn in denselben Feldesgrenzen zwei auf verschiedene Mineralien berechtigte Werke bestehen, § 10 Abs. 2 und 3 auf jeden der ihr Aufsuchungsrecht ausübenden Bw.'s-Besitzer Anwendung.

350. Das Gewinnungsrecht umfaßt nur das in der Verleihungsurkunde benannte Mineral, ja es steht dem Bw.'s-Besitzer, von der Vorschrift des § 55 abgesehen, nicht einmal eine feste Anwartschaft auf die in seinem Felde noch aufzufindenden Mineralien einer andern Gattung zu. Wenn im MR. v. 15. Febr. 1860 (M. Z. 8. S. 249) der Satz aufgestellt wird, daß jede Verleihung virtuell alle dem Regal unterworfenen Mineralien umfasse, und nur aktuell auf die wirklich gefundenen beschränkt sei, und wenn das MR. 1. April 1853 (ib. 2. S. 119), dem entsprechend annimmt, es bedürfe nur einer Deklaration der ursprünglichen Verleihungsurkunde, damit der Bw.'s-Besitzer auch das in seinem Felde neu aufgefundene Mineral gewinnen könne, so sind dies Anschauungen, welche wenigstens gegenwärtig, sowohl den §§ 54 ff. als dem ganzen Abschnitte über das Verleihungsverfahren zufolge, keinen Boden mehr haben.

351. Das Gewinnungsrecht hat nicht die Lagerstätte als solche, sondern das in der Verleihungsurkunde benannte, innerhalb der Feldesgrenzen natürlich ab-

gelagerte Mineral zum Gegenstande. Enthält daher das Feld mehrere Lagerstätten dieses Minerals, so beschränkt sich jenes Recht nicht etwa auf das Mineral derjenigen Lagerstätte, auf deren Entblößung gerade die der Verleihung vorhergehende Muthung gegründet wurde, es umfaßt vielmehr das Mineral der sämmtlichen Lagerstätten, selbst der bei der Verleihung noch ungefundenen. (Auch hieraus ergiebt sich, wie Achenb. S. 229 mit Recht hervorhebt, die Unhaltbarkeit der Theorie vom Erwerbe des Bw.'s-Eigenthums durch Okkupation einer herrenlosen Sache.)

352. Die Befugniß, alle zur Aufsuchung und Gewinnung erforderlichen Vorrichtungen unter und über Tage zu treffen, ist räumlich nicht unbedingt auf das verliehene Feld beschränkt; vgl. §§ 60ff. und n. 743.

353. Alte Halden mußten nach deutschem Bergrechte besonders gemuthet werden; vgl. auch § 475. II, 16. ALR. Die drei revidirten Berg-Ordn. erklärten das in Halden auflässiger metallischer Zechen befindliche Erz für ein Emolument der Armen- und Knappschafts-Kasse. Das BG. behandelt die Halden nicht als den Gegenstand einer selbstständigen Muthung und Verleihung, weil Gegenstand einer solchen nach § 15 nur das auf seiner natürlichen Ablagerung gefundene Mineral sein kann. Zur Rechtfertigung des § 54 Abs. 2 bemerken die Motive S. 57: „Kommt das in der Verleihungsurkunde benannte Mineral innerhalb des Feldes in den Halden eines früheren Bergbaus vor, so erstreckt sich das Aufsuchungs- und Gewinnungsrecht auch hierauf; denn da derjenige, welchem ein verlassenes Bw. wieder verliehen wird, vorzugsweise veranlaßt und in der Lage ist, auch die alten Halden auszubeuten, so erscheint es sachgemäß, ihm die Befugniß hierzu ohne Weiteres durch die Verleihungsurkunde beizulegen."

354. Hiernach erstreckt sich das Recht zur Ausbeutung alter Halden nur auf das in der Verleihungsurkunde des gegenwärtigen Bw.'s-Besitzers benannte Mineral, ohne daß jedoch die Halde gerade von einem Bergbau herzurühren braucht, welcher die Gewinnung desselben Minerals zum Gegenstande hatte.

355. § 54 setzt stets die Halden eines früheren Bergbaus voraus; er greift daher nicht Platz bei Halden, welche aus dem Betriebe von Hütten- oder Waschwerken herrühren, noch auch da, wo die Halden eines früheren Bergbaus durch Naturereignisse, durch Quellen und Bäche weithin in die Thäler abgeschwemmt sind, und dadurch die Eigenschaft einer Halde verloren haben. In letzteren Fällen ist nach den Regeln der Alluvion (Art. 551. 552 des Rhein. BGB.) der Grundeigenthümer und nur dieser zur Gewinnung berechtigt. Vgl. ME. 5. März 1869 (Z. f. BR. 10. S. 263), n. 357 und Huyssen S. 39. 40, welcher letztere jedoch die durch Bergarbeit gewonnenen, aber in verlassenen Grubenbauen liegen gebliebenen, losen Mineralien den Halden gleichstellt.

356. § 54 Abs. 2 kommt auch älteren Werken zu Gute. Vgl. n. 7. Hat jedoch die Knappschaftskasse, jetzt der Knappschaftsverein, einen Bw.'s-Betrieb auf die Halde bereits unter der Herrschaft der revidirten Bergordnungen (s. n. 353) eröffnet, so verbleibt ihm das so erworbene Bw.'s-Eigenthum auch unter der Herrschaft des BG.: Klost. n. 4, Huyssen S. 40.

357. Anlangend die in keinem bestehenden Grubenfelde liegenden Halden, so hat nach den Mot. S. 26 der Staat über die darin vorkommenden Mineralien zu verfügen und soll dieser die Ausbeutung solcher Halden gestatten können, ohne daß es hierzu besonderer Gesetzesvorschriften bedürfte. Klost. n. 4 ist dagegen der Meinung, daß jene Halden herrenlose Sachen seien, welche so lange im Freien liegen bleiben müßten, bis das Mineral auf seiner natürlichen Ablagerung entdeckt und gemuthet werde. Aehnlich spricht sich Huyssen S. 40 aus: fehle ein neuer Fund, so bleibe nur übrig, auf das verlassene, wenn auch dem Namen nach unbekannte Bergwerk, von welchem die Halden herrühren, Muthung einzulegen; ja selbst die Betreiber der unter dem früheren linksrheinischen Rechte permittirten Goldwäschereien müßten, behufs Fortsetzung ihrer Arbeiten, eine förmliche Verleihung nachsuchen. — Der Verf. theilt keine dieser Ansichten. Alte Halden bilden außer dem Falle des § 54 gar keinen bergrechtlichen Gegenstand, und unterliegen daher, von diesem Falle abgesehen, der ausschließlichen Beurtheilung nach den Grundsätzen der verschiedenen Civilgesetzgebungen. Letzteren zufolge können sie unter Umständen die Eigenschaft selbstständig für sich bestehender Sachen verloren haben und integrirende

§ 55. Auf Mineralien, welche mit dem in der Verleihungsurkunde benannten Mineral innerhalb der Grenzen des Feldes in einem solchen Zusammenhange vorkommen, daß dieselben nach der Entscheidung des Oberbergamts aus bergtechnischen oder bergpolizeilichen Gründen gemeinschaftlich gewonnen werden müssen, hat der Bergwerkseigenthümer in seinem Felde vor jedem Dritten ein Vorrecht zum Muthen.

Legt ein Dritter auf solche Mineralien Muthung ein, so wird dieselbe dem Bergwerkseigenthümer mitgetheilt. Letz-

---

Theile des Grund und Bodens geworden sein; alsdann steht ihre Ausbeutung dem Grundeigenthümer zu. Im entgegengesetzten Falle sind sie herrenlose Sachen und daher im Gebiete des rheinischen Rechts allerdings dem Staate anerfallen, während sie in den übrigen Rechtsgebieten Gegenstand der Okkupation sind. Stets ist aber das so erworbene Eigenthum ein widerrufliches, indem es kraft Gesetzes, ohne einen Anspruch auf Entschädigung zu begründen, erlischt, sobald die Voraussetzungen des § 54 zutreffen.

Zu § 55.

358. Schon unter der früheren Gesetzgebung unterlag es keinem Zweifel, daß in einem und demselben Raume zwei auf verschiedene Mineralien berechtigte Bergwerke getrennt neben einander bestehen konnten. Doch war ein solcher Fall nach der unter n. 350 besprochenen Anschauung nur beim Zusammentreffen mehrerer auf verschiedene Gerechtsame gerichteter Muthungen möglich, indem die spätere Entdeckung eines andern als des bereits verliehenen Minerals aus den l. c. erwähnten Gründen den Zuwachs dieses neuen Fundes zu dem schon bestehenden Werke zur Folge haben sollte, und zwar so, daß das Recht zur Gewinnung beider Mineralgattungen ein Ganzes bildete. Ja, das MR. v. 15. Febr. 1860 (M. Z. 8. S. 249) erklärte es geradezu als dem Geiste des Gesetzes und der Natur der Sache widersprechend, daß dieselbe Person ein zwiefaches Bw.'s-Eigenthum in denselben Raumgrenzen habe. Man darf stark bezweifeln, ob diese Theorie der damaligen Gesetzgebung in Wirklichkeit entsprach. Gleichwohl klingt sie noch bei dem Entwurf von 1862 hindurch, indem § 57 ib. es zwar hinsichtlich der in demselben Felde auf besonderen Lagerstätten vorkommenden Mineralien bei den für Muthungen, resp. Verleihungen allgemein in Vorschlag gebrachten Grundsätzen beließ, hierin also von obiger Theorie abwich, andererseits aber dritten Muthern die Verleihung der mit bereits verliehenen auf derselben Lagerstätte vorkommenden Mineralien unbedingt versagte, das Recht auf deren Gewinnung vielmehr lediglich dem Bw.'s-Besitzer und zwar auf dessen bloßen Antrag zuerkannte. Namentlich handelte es sich auch hier unverkennbar nicht um eine neue Verleihung, sondern nur um eine Erweiterung, resp. Deklaration der früheren, diese sollte den gemeinsamen Titel für die Gewinnung sämmtlicher Mineralien und das Gewinnungsrecht selbst ein einheitliches Ganze bilden. Dem BG. gebührt das Verdienst, auch in dieser Materie zu einfachen, den allgemeinen Rechtssätzen und Begriffsbestimmungen entsprechenden Prinzipien zurückgekehrt zu sein. Nach ihm ist es statthaft, daß in demselben Raume ein zwiefaches Bw.'s-Eigenthum sowohl Einer wie verschiedenen Personen zustehe, und zwar nicht blos bei den gesondert, sondern sogar bei den im Zusammenhang vorkommenden Mineralien. Nach ihm ist sogar der Beliehene, um das Recht der Gewinnung anderer Mineralien innerhalb der Grenzen seines Feldes hinzu zu erwerben, denselben Regeln unterworfen, wie jeder Dritte, auch er muß daher förmliche Muthung einlegen und sich nach dem für Muthungen überhaupt vorgeschriebenen Verfahren richten 2c. Nur in Einer Beziehung tritt zu seinen Gunsten eine Abweichung von den allgemeinen Regeln ein, insofern nemlich, als er beim Zutreffen der im § 55 erwähnten Voraussetzungen vor anderen Muthern bevorrechtet ist. Aber selbst im Falle der Geltendmachung dieses Vorrechts erwirbt der Beliehene stets neues, von dem bereits bestehenden gesondertes Bw.'s-Eigenthum, welches

terer muß alsdann binnen vier Wochen nach Ablauf des Tages dieser Mittheilung Muthung einlegen, widrigenfalls sein Vorrecht erlischt.

Auf andere Mineralien, welche nicht in dem vorbezeichneten Zusammenhange vorkommen, hat der Bergwerkseigenthümer kein Vorrecht.

[Br. 57, M. 55, G. 50 gleichl.
B. 43 gleichl., nur heißt es statt „vier Wochen": „dreissig Tagen."]

---

daher auch für sich allein veräußert und verpfändet werden kann. Wenn in den Motiven S. 57 von einer Ausdehnung des Rechts des Bw.'s-Eigenthümers auf andere in der Verleihungsurkunde nicht benannte Mineralien geredet wird, so rechtfertigt dies dennoch keine andere Auffassung.

359. Zweifelhafter erscheint es mit Rücksicht auf die ratio legis, welche eben dahin geht, die vollständige Ausübung des ursprünglich verliehenen Gewinnungsrechts gegen fremde Unternehmungen auf andere Mineralien zu schützen (Mot. S. 57), ob das durch § 55 begründete Vorrecht als solches und für sich allein, gleich dem Finderrechte, auf Andere übertragen werden könne. Immerhin fehlt es jedoch an einer ausdrücklichen Vorschrift, daß dasselbe dergestalt am Werke klebe, daß es von diesem untrennbar sei.

360. Das Vorrecht des § 55 behauptet seinen Vorrang nicht blos dem Finderrechte (s. n. 200), sondern auch dem Vorrechte, welches § 218 gewissen Umwandlungsanträgen einräumt, desgleichen den Erweiterungsanträgen gegenüber; vgl. OAB. Bonn 5. Febr. 1866, ME. 13. Juli 1867 (Z. f. BR. 7. S. 262; 9. S 209).

361. Dasselbe kommt nicht zur Sprache, wenn ein Mineral als untergeordneter Bestandtheil in einem anderen dergestalt vorkommt, daß dieser der Träger jenes ist, und der Gehalt des ersteren vom letzteren nicht getrennt werden kann, ohne daß das Ganze zerstört werde; hier ist vielmehr nur Ein Mineral vorhanden: Amelung (Z. f. BR. 7. S. 317); vgl. n. 14.

362. Das gedachte Vorrecht ist nicht, wie das entsprechende Recht, von welchem § 57 des Entw. v. 1862 spricht, generell davon abhängig gemacht, daß die verschiedenen Mineralien auf der nämlichen Lagerstätte vorkommen, zumal der Begriff „Lagerstätte" ein sehr schwankender ist und in der Praxis zu bedenklichen Meinungsverschiedenheiten Anlaß giebt: Mot. S. 57.

363. Auch ist kein besonderer Fund erforderlich, sondern derjenige des konkurrirenden Muthers genügend: ME. 19. Okt. 1868 (Z. f. BR. 10. S. 265). Die Frage, ob dies selbst dann gelte, wenn sich zwar das von dem konkurrirenden Muther begehrte Feld in das bereits verliehene hinein erstreckt, der Fundpunkt aber außerhalb des letzteren liegt, erledigt sich dadurch, daß die im § 55 gedachte Entscheidung des OBA.'s den vorherigen Nachweis des Zusammenvorkommens der Mineralien im verliehenen Felde zur nothwendigen Voraussetzung hat; vgl. ME. 21. Sept. 1868 (ib. S. 264).

364. Ob das bereits verliehene Mineral an einem einzelnen Punkte des Feldes, z. B. dem in der neuen Muthung angegebenen Fundpunkte verwendbar ist, kommt bei Handhabung des § 55 nicht in Betracht: ME. 20. Juni 1867 (Z. f. BR. 9. S. 208).

365. Das Vorrecht besteht ex ratione legis nicht blos dann, wenn keine der beiden Mineralgattungen ohne die andere gewonnen werden kann, sondern auch in dem Falle, wo das neu gemuthete Mineral von dem bereits verliehenen so umschlossen ist, daß zwar das letztere ohne das erstere, nicht aber dieses ohne jenes sich gewinnen läßt.

366. Während § 55 sogar den Eigenthümern solcher älteren Werke zu Gute kommt, welche auf ein nicht unter § 1 fallendes Mineral berechtigt sind, kann er weder von den nach provinzialrechtlichen Bestimmungen zur Gewinnung gewisser Mineralien des § 1 befugten Grundbesitzern, noch wider dieselben geltend gemacht werden.

367. Ebensowenig findet § 55 den vor dem Inkrafttreten des BG. eingelegten Muthungen gegenüber Anwendung: ME. 4. Juni 1866, 28. Febr. 1867 (Z. f. BR. 7. S. 396; 8. S. 119).

368. Berechtigt ist nach § 55 nur der Bw.'s-Eigenthümer, und zwar nur derjenige, in dessen Person sich das Eigenthum des ganzen Werkes repräsentirt. Demgemäß steht das Vorrecht nicht dem Nießbraucher (des rhein. und gemeinen Rechts), noch auch, wenn das Bw. einer Gewerkschaft des älteren oder neueren Rechtes gehört, den einzelnen Gewerken zur Seite.

369. Desgleichen haben bloße Muther jenes Vorrecht nicht: ME. 31. Dez. 1868 (Z. f. BR. 10. S. 266). Das Bergeigenthum muß vielmehr arg. § 55 Abs. 2 und § 19 schon vor der konkurrirenden Muthung bestanden haben. Legt daher Jemand auf Mineralien Muthung ein, welche mit anderen von einem Dritten und zwar früher gemutheten gemeinschaftlich gewonnen werden müssen, so steht er darum jenem Dritten nicht nach, wenn dieser auf erstere gleichfalls Muthung einlegt, sollte derselbe auch mit dem ursprünglich gemutheten Minerale bereits beliehen sein, bevor über die neuen Muthungen entschieden ist.

370. Daß das Vorrecht auf das eigene Feld des Bw.'s-Eigenthümers beschränkt ist, ergiebt sich sowohl aus dem Wortlaute wie aus dem Zwecke des Gesetzes. Doch erstreckt sich dasselbe nicht auf das ganze Feld, wenn dieses das Maximum des § 27 überschreitet, wie es bei konsolidirten und bei älteren, namentlich linksrheinischen Werken vielfach vorkommt: Brass. und Achenb., ME. 29. Sept. 1866 (Z. f. BR. 6. S. 590; 8. S. 118). Ueberhaupt muß im Auge behalten werden, daß § 55 immerhin eine Ausnahmebestimmung enthält. Die Ausnahme bezieht sich nun aber blos auf das Vorrecht vor dritten Muthern; wie diese an das gesetzliche Feldesmaximum gebunden sind, ebenso ist es daher auch, beim Mangel einer das Gegentheil ausdrücklich besagenden Gesetzesvorschrift, der Bw.'s-Eigenthümer. Doch wollen Brass. und Achenb. l. c. dem Besitzer eines Längenfeldes die Berechtigung auf das neu gefundene Mineral innerhalb der Grenzen dieses Feldes verliehen wissen, und es mag eine solche Abweichung von der allgemeinen Regel in dem unter n. 208 Gesagten eine Stütze finden, selbst für den Fall, wo der Bw.'s-Eigenthümer keinen Konkurrenten hat, von Geltendmachung eines Vorrechts vor Andern also keine Rede ist.

371. Das Vorrecht erstreckt sich auf alle im verliehenen Felde vorkommenden Mineralien der neuentdeckten Gattung, sollten dieselben auch in verschiedenen Ablagerungen vorkommen und von diesen nur einige mit dem verliehenen Minerale in einem solchen Zusammenhange stehen, wie § 55 bestimmt: Klost. n. 140.

372. Die im § 55 gedachte Entscheidung des OBA.'s erfolgt vorbehaltlich des Rekurses und mit Ausschluß des Rechtswegs: Motive S. 57. Sie hat, außer den bergtechnischen, nur bergpolizeiliche Gründe (§ 196) zu berücksichtigen. Bergwirthschaftliche Gründe kommen an und für sich nicht in Betracht.

373. Ergiebt sich erst in Folge späterer Aufschlußarbeiten die Nothwendigkeit der gemeinschaftlichen Gewinnung, so kann das OBA. die früher im entgegengesetzten Sinne getroffene Entscheidung nicht mit der Wirkung zurücknehmen, daß nunmehr dem inzwischen bereits beliehenen Dritten sein Bw.'s-Eigenthum, sei es auf dem Verwaltungs-, sei es auf dem gerichtlichen Wege streitig zu machen wäre. Vgl. n. 375. Ebensowenig ist das OBA. befugt, mit Rücksicht auf das mögliche Ergebniß späterer Aufschlußarbeiten die Entscheidung über die Verleihungsgesuche auf unbestimmte Zeit auszusetzen.

374. Die vierwöchentliche Frist des § 55 beginnt stets erst mit dem Ablaufe des Tags, an welchem die Bergbehörde dem Bw.'s-Eigenthümer die Muthung unter der Anzeige mittheilt, daß die thatsächlichen Voraussetzungen für dessen Vorrecht vom OBA. als zutreffend anerkannt seien, niemals also von dem Zeitpunkte, wo jener von der Muthung schon anderweitig Kunde erhielt: ME. 8. April 1869 (Z. f. BR. 10. S. 267). — Im Uebrigen s. n. 259.

§ 56. **Steht das Recht zur Gewinnung verschiedener Mineralien innerhalb derselben Feldesgrenzen verschiedenen Bergwerkseigenthümern zu, so hat jeder Theil das Recht, bei einer planmäßigen Gewinnung seines Minerals auch dasjenige des anderen Theils insoweit mit zu gewinnen, als diese Mineralien nach der Entscheidung des Oberbergamts aus den im § 55 angegebenen Gründen nicht getrennt gewonnen werden können.**

Zu § 56.

375. Dieselben Rücksichten auf einen ungestörten rationellen Bergbau-Betrieb, welche im Falle des § 55 das Vorrecht des Bw.'s-Eigenthümers motiviren, sind auch für die Behandlung des Falles maßgebend, wo die Felder von Bw.'s-Eigenthümern sich ganz oder theilweise überdecken. Ist hier nach der Art des Vorkommens eine getrennte, selbstständige Gewinnung jedes Minerals sowohl vom bergtechnischen wie vom bergpolizeilichen Standpunkte aus möglich, so genügen die allgemeinen Vorschriften über die Ausübung des Gewinnungsrechtes. Liegt dagegen der umgekehrte, sich oft erst bei späteren Aufschlußarbeiten herausstellende Fall vor, so spricht das BG. nicht etwa dem früher Beliehenen ein stärkeres Recht zu, (hiermit wäre den allein in Betracht kommenden Forderungen der Bergtechnik und Bergpolizei kein Genüge geleistet,) — es erklärt vielmehr beide Eigenthümer für gleichberechtigt, mithin jeden derselben für befugt, bei planmäßiger Gewinnung seines Minerals dasjenige des anderen Theils insoweit mit zu gewinnen, als eine getrennte Gewinnung unmöglich ist. Da aber der Zweck dadurch, daß der eine Theil die Mineralien gemeinschaftlich gewinnt, erreicht wird, das Recht des anderen Theils sonach nicht noch weiter beschränkt werden darf, so müssen die mitgewonnenen Mineralien dem ursprünglich Berechtigten herausgegeben werden, jedoch nur gegen Erstattung der Gewinnungs- und Förderungskosten, indem dieser bei eigner Gewinnung mindestens die gleichen Kosten hätte aufwenden müssen. Vgl. Mot. S. 58.

376. Die Anwendbarkeit des § 56 ist *nicht ausgeschlossen*, wenn die Frage der Nothwendigkeit einer gemeinschaftlichen Gewinnung schon früher, bei Gelegenheit einer auf § 55 gegründeten Muthung, erörtert und damals verneint wurde, da jene Nothwendigkeit ja oft erst bei späteren Aufschlußarbeiten hervortritt.

377. Das oben n. 366 in Betreff des § 55 Gesagte gilt *ebenmäßig* von § 56. Ist die gemeinschaftliche Gewinnung verliehener und solcher Mineralien nothwendig, welche auf Grund provinzialrechtlicher, dem § 1 derogirender Vorschriften der Verfügung des Grundbesitzers unterliegen, so greift statt des § 56 der § 57, resp. das oben n. 10 Gesagte Platz. Ob ein solcher Fall vorliege, hat, vorbehaltlich der polizeilichen Befugnisse der Bergbehörden, nur der Richter zu entscheiden. Vgl. n. 387. 390.

378. Die Ausübung des im § 56 erwähnten Rechts ist nicht, wie diejenige des Vorrechts des § 55, dadurch bedingt, daß der betreffende Bergbautreibende gerade *Bw.'s-Eigenthümer* sei. § 56 gebraucht den Ausdruck „Bw.'s-Eigenthümer" vielmehr nur im Hinblick auf die gewöhnlich vorkommenden Fälle.

379. Die Worte „*bei einer planmäßigen Gewinnung seines Minerals*" verstehen sich in gewissem Sinne von selbst. Denn, da jeder Bw.'s-Besitzer bei der Gewinnung überhaupt den Betriebsplan innehalten muß, so ist es selbstredend, daß er auch bei Ausübung des Rechts des § 56 sein Mineral ohne einen solchen Plan oder gar demselben zuwider nicht gewinnen darf. Gleichwohl haben jene Worte nach einer andern Richtung hin allerdings eine praktische Bedeutung, insofern nemlich, als sie zu erkennen geben, daß, wenn der eine Theil sein Mineral planwidrig gewinnt, der andere der Ausübung des im § 56 gedachten Rechts, und zwar *auf dem Rechtswege* widersprechen kann (vgl. n. 382), während in allen übrigen Fällen der Mangel oder die Nichtbeachtung eines Betriebs-

Die mitgewonnenen, dem anderen Theile zustehenden Mineralien müssen jedoch dem letzteren auf sein Verlangen gegen Erstattung der Gewinnungs- und Förderungskosten herausgegeben werden.

[Br. 58, M. 56, G. 51, B. 44 gleichl.]

plans regelmäßig zu keinem privatrechtlichen Einspruche berechtigt, sondern nur zum Einschreiten der Bergbehörde (§ 70) oder zu strafrechtlichen Prozeduren (§ 207) Anlaß giebt. Außerdem geht aus obigen Worten hervor, daß der Betriebsplan über die Mitgewinnung der fremden Mineralien keine Bestimmung zu treffen braucht, daß vielmehr die Mitgewinnung von Rechtswegen gestattet ist, wenn das OBA. deren Nothwendigkeit anerkannt hat, was sehr wohl erst nach Einreichung und Billigung des Plans zur Gewinnung der eignen Mineralien geschehen kann; vgl. jedoch Kloſt. n. 141 und Wachler S. 151.

380. Das Recht der Mitgewinnung ist beiden Bw.'s-Besitzern verliehen und kann daher auch von jedem derselben und zwar gleichzeitig ausgeübt werden. Dies erleidet jedoch eine durch die Natur der Sache gebotene Ausnahme, alsdann, wenn die Ausübung jenes Rechts beiderseits gerade in denselben Feldestheilen, resp. genau an derselben Stelle beabsichtigt wird. Hat in einem solchen Falle der eine Bw.'s-Besitzer den Betrieb bereits längst begonnen, bevor der andere dies zu thun beschließt, so gebührt ersterem der Vorrang. Im entgegengesetzten Falle müssen dieselben sich gütlich einigen.

381. Das Recht der Mitgewinnung reicht nur soweit, als diese nothwendig ist. Das unter n. 371 Gesagte kommt daher bei Handhabung des § 56 nicht etwa analoger Weise zur Anwendung. Soweit die Mitgewinnung jedoch nothwendig, d. h. durch das OBA. für nothwendig erkannt ist, muß dieselbe den Motiven (s. n. 375) und der Natur der Sache gemäß auch wirklich stattfinden. Es steht daher dem Bw.'s-Besitzer nicht zu, sich dennoch auf den Abbau des eigenen Minerals zu beschränken. Die ME. 19. April 1866 (Z. f. BR. 7. S. 397) widerspricht dieser Ansicht nicht, wie Huyssen S. 41 meint, sondern sie bestätigt dieselbe vielmehr. (Von den drei Flötzen einer Steinkohlenzeche führte das Flötz Nr. 2 einen 7 Zoll mächtigen Eisensteinpacken als Zwischenmittel, so daß letzterer nur gemeinschaftlich mit den Kohlen dieses Flötzes gewonnen werden konnte. Es erhob sich nun die Frage, ob der Eigenthümer der betreffenden Eisensteinzeche sich auf den Abbau des Flötzes Nr. 2 beschränken dürfe, oder ob er anzuhalten sei, auch die beiden anderen Flötze abzubauen, weil die Gewinnung der Kohlen auf diesen Flötzen durch den Abbau des Flötzes Nr. 2 unmöglich gemacht oder doch erheblich vertheuert werden würde. Das OBA. Dortmund 15. Jan. 1866 (l. c. S. 121) sowie die cit. ME. entschieden zu Gunsten der ersteren Alternative, und zwar offenbar mit Recht, indem die Voraussetzungen des § 56 nur bei Flötz Nr. 2, nicht auch bei den Flötzen Nr. 1 und 3 zutrafen. Jene ME. erwog hierbei sogar ausdrücklich, daß der Bw.'s-Eigenthümer, abgesehen von dem Falle des § 56, nicht verpflichtet sei, die innerhalb der Grenzen seines Feldes einem Dritten verliehene Lagerstätte in Bau zu nehmen.) Vgl. jedoch Kloſt. n. 141.

382. Streitigkeiten über das Mitgewinnungs-Recht gehören auf den Rechtsweg. Dem OBA. steht, abgesehen von der Befugniß zum polizeilichen Einschreiten nach Maßgabe der §§ 196ff., nur die Entscheidung über die Nothwendigkeit der gemeinschaftlichen Gewinnung zu. Letztere Entscheidung ist eine endgültige, sie darf nicht von den bergpolizeilichen Maßregeln abhängig gemacht werden, welche zur Sicherung der Baue auf einer benachbarten Lagerstätte gefordert werden möchten; über diese ist vielmehr auf Antrag von der Bergbehörde besonders zu beschließen; vgl. ME. 19. April 1866 und A. Achenb. (Z. f. BR. 7. S. 397).

383. § 56 Abs. 2 kommt nach Kloſt. n. 142 analogisch zur Anwendung, wenn ein Bw.'s-Besitzer in der Lage ist, innerhalb seines Feldes das einem Andern verliehene Mineral mitzugewinnen, ohne daß von gemeinschaftlicher Gewinnung im Sinne der §§ 55, 56 die Rede wäre, z. B. wenn er mit seinen Schächten die Flötze des Anderen durchsinkt. Vgl. übrigens n. 404.

§ 57. Der Bergwerkseigenthümer ist befugt, die durch den Betrieb des Bergwerks gewonnenen, nicht unter den § 1 gehörigen Mineralien zu Zwecken seines Betriebes ohne Entschädigung des Grundeigenthümers zu verwenden.

Soweit diese Verwendung nicht erfolgt, ist der Bergwerkseigenthümer verpflichtet, die bezeichneten Mineralien dem Grundeigenthümer auf sein Verlangen gegen Erstattung der Gewinnungs- und Förderungskosten herauszugeben.

[Br. 59, M. 57, G. 52 gleichl.
B. 45 gleichl., nur heißt es statt „zu Zwecken": „zum Zwecke."]

---

384. Der Bw.'s-Besitzer hat an den von ihm herauszugebenden Mineralien bis zur Erstattung der Gewinnungs- und Förderungskosten ein Retentionsrecht. Doch kann der andere Bw.'s-Besitzer begehren, daß die Zahlung und Herausgabe Zug um Zug geschehe. — Zu jenen Kosten gehören übrigens die Aufbereitungskosten nicht: KB. II, S. 33.

385. Wird das im Abs. 2 erwähnte Verlangen, welches, wenn das andere Bw. von einem Pächter oder Nutznießer exploitirt wird, von diesem ausgehen muß, nicht gestellt, so tritt nicht etwa der Grundeigenthümer an Stelle des Bw.'s-Besitzers, die mitgewonnenen Mineralien verbleiben vielmehr Demjenigen, welcher sie gewonnen hat. Doch ist das Recht, obiges Verlangen zu stellen, — was eventuell auf dem Rechtswege geschehen muß, — an keine Präklusivfrist gebunden, und daher innerhalb der ordentlichen Verjährungsfrist verfolgbar.

Zu § 57.

386. Um sein Ausbeuterecht ausüben zu können, muß der Bw.'s-Eigenthümer bei seinem Betriebe auch solche Mineralien, welche nicht unter das BG. fallen, mitgewinnen und zu den Betriebszwecken verwenden. Es ist dies ein nothwendiges Mittel zum Zwecke des Bergbauunternehmens. Das Bergrecht erkannte die desfallsige Befugniß stets an, ohne ihr einen Entschädigungsanspruch des Grundeigenthümers gegenüber zu stellen. Streitig war blos, beim Mangel gesetzlicher Vorschriften, die Grenze dieser Befugniß. Sie ist im § 57 dahin fixirt, daß jene Mineralien durch den Betrieb des Bw.'s gewonnen und zu Betriebszwecken verwandt werden müssen. Wo diese zwiefache Voraussetzung hinsichtlich der Art der Gewinnung und Verwendung nicht zutrifft, gelangt das ursprüngliche Recht des Grundeigenthümers dadurch zur Anerkennung, daß derselbe die Herausgabe der Mineralien verlangen kann und zwar gegen Erstattung der Gewinnungs- und Förderungskosten, da vermittelst ihrer die Mineralien erst zu Werthobjekten gemacht sind, und der Grundbesitzer auf die eigene Gewinnung mindestens die gleichen Kosten zu verwenden gehabt hätte. Vgl. Mot. S. 58. Die oben gesperrt gedruckten Worte sind jedoch nur auf die Fälle zu beziehen, wo zwar die erste obiger Voraussetzungen, nicht aber die zweite derselben zutrifft, indem zur Anwendbarkeit des § 57 seinem klaren Wortlaute gemäß stets erforderlich ist, daß die nicht unter § 1 gehörigen Mineralien durch den Betrieb des Bergwerks gewonnen werden. Gewinnt der Bw.'s-Besitzer solche Mineralien durch den Betrieb besonderer Baue, so handelt er ohne Befugniß, und es beurtheilen sich die Ersatzansprüche des Grundbesitzers, gleichviel, zu welchem Zwecke die Gewinnung stattfand, nicht nach § 57, sondern nach den allgemein für Deliktsklagen geltenden Grundsätzen des Civilrechts. Demgemäß kann die in der Komm. des H. d. A. ausgesprochene und von den Regierungs-Kommissarien gebilligte Ansicht, daß an dem herkömmlichen Rechte, bei den bergbaulichen Arbeiten unter Tage Versatzmaterialien und zwar sogar ohne Entschädigung des Grundeigenthümers zu gewinnen, Nichts geändert werde (vgl. KB. II, S. 33), soweit es sich um den Betrieb besonderer Baue handelt, keineswegs getheilt werden. Vgl. Huyssen S. 42 und OBA. Bonn v. 28. Febr. 1867 (Z. f. BR. 8. S. 121); letzterer Beschluß

§ 58. Dem Bergwerkseigenthümer steht die Befugniß zu, die zur Aufbereitung seiner Bergwerkserzeugnisse erforderlichen Anstalten zu errichten und zu betreiben.

[Br. 60, M. 58, G. 53, B. 46 gleichl.]

---

leitet aus § 57 die Unstatthaftigkeit der Expropriation eines Steinbruchs behufs Gewinnung von Versatzmaterial her.

387. § 57 gilt selbstredend nur unter der Voraussetzung, daß auf die betreffenden Mineralien kein (unter der früheren Gesetzgebung verliehenes) Bw. berechtigt sei. Andererseits ist § 57 auf solche Mineralien auszudehnen, welche zwar an sich zu den im § 1 aufgezählten gehören, zufolge provinzialrechtlicher Bestimmungen jedoch dem Verfügungsrechte des Grundbesitzers unterliegen.

388. Bei Berathung des § 57 (vgl. KB. II, S. 34) wurde die Frage aufgeworfen, ob die dem Eisenstein beibrechenden Phosphate als eisenhaltige Mineralien und mit Rücksicht darauf, daß bei der Verleihung die Bauwürdigkeit der Erze nicht mehr geprüft werde, von dem Eisensteinberechtigten zu seinem Eigenthum gewonnen würden, oder ob sie, weil zur Herstellung von Eisen nicht verwendbar, gegen Ersatz der Kosten dem Grundeigenthümer herauszugeben seien. Man war schließlich darüber einig, daß das Gesetz in Betreff jener Frage Nichts bestimme, sondern jeden einzelnen Fall der besonderen Entscheidung vorbehalte. Letztere ist nach Maßgabe des unter n. 13. 17 Gesagten, und zwar eventuell auf dem Rechtswege zu treffen. Vgl. n. 187 und Oppenhoff Ress.-Ges. S. 127. n. 345 i. f.

389. Da zum Betriebe des Bw.'s die Aufsuchungsarbeiten mit gehören, so sind die bei diesen gewonnenen Mineralien gleichfalls nach § 57 zu beurtheilen. — Was unter Verwendung zu Betriebszwecken zu verstehen sei, erläutert sich namentlich aus § 135; hiernach können die betreffenden Mineralien auch zu Tagegebäuden und den sonstigen im § 135 erwähnten Anlagen verwendet werden; vgl. Wachler S. 152. 192.

390. Wird ein Theil jener Mineralien zu Betriebszwecken verwendet, und der andere dem Grundbesitzer herausgegeben, so liegt letzterem nur ein ratirlicher Theil der Kosten zur Last; vgl. n. 386. Der Anspruch des Grundbesitzers ist lediglich auf dem Rechtswege zu verfolgen; s. A. Achenb. (Z. f. BR. 7. S. 126).

Zu § 58.

391. Nach § 80 II, 16 ALR. mußten Aufbereitungs-Anstalten, gleich den Hüttenwerken — s. § 85 ib. — besonders gemuthet und verliehen werden. In den linksrheinischen Landen wurde gemäß Art. 73 des Ges. v. 21. April 1810 wenigstens eine Permission gefordert. Dergleichen Anstalten waren daher früher allgemein der Berggesetzgebung unterworfen, und unterlagen namentlich nicht der Gewerbegesetzgebung, obschon ein MR. v. 1. Mai 1855 (M. Z. 3. S. 41) das Verleihungs-Verfahren für die rechtsrheinischen Landestheile in einer den Vorschriften der Gewerbe-Ordnung v. 17. Jan. 1845 (§§ 28 ff.) analogen Weise regelte. In diesem Rechtszustande trat eine durchgreifende Aenderung in Folge des Gesetzes über die Kompetenz der Oberbergämter v. 10. Juni 1861 ein, indem dieses nicht allein die bergrechtlichen Bestimmungen über das Verleihungs- und Permissions-Verfahren in Wegfall brachte, sondern auch die Ressortverhältnisse wesentlich modifizirte. Dasselbe unterschied in letzterer Hinsicht zwischen denjenigen Aufbereitungs-Anstalten, welche von Bw.'s-Besitzern zur Aufbereitung ihrer eignen Gewinnung errichtet werden, auf der einen und zwischen den übrigen Aufbereitungs-Anstalten sowie den Hüttenwerken auf der anderen Seite. Die Aufbereitungs-Anstalten der zweiten Kategorie wurden nebst sämmtlichen Hüttenwerken dem Ressort der Regierungen überwiesen und den Bestimmungen der Gewerbegesetze unterworfen, welche jedoch für Aufbereitungsanstalten als solche keine polizeiliche Genehmigung erfordern. Die Aufbereitungs-Anstalten der ersterwähnten Kategorie sollten dagegen nebst den zum Betriebe auf ihnen resp. den Bergwerken dienenden Dampfkesseln und Triebwerken unter der Aufsicht der Bergbehörden stehen, und diese da, wo nach den geltenden Gesetzen eine gewerbepolizeiliche Genehmigung erforderlich war, d. h. nemlich da, wo es sich um die Errichtung, resp. Veränderung der Dampfkessel und

gewisser Triebwerke (s. n. 396 ff.) handelte, an Stelle der Orts-, resp. Landespolizei-Behörden treten. Diesen Bestimmungen entsprechen die Vorschriften der §§ 58. 59 und 196 Abs. 2 h. l., von welchen sich jedoch die ersteren noch klarer und unumschränkter als das Gesetz v. 1861 dahin aussprechen, daß die gewerbepolizeiliche Genehmigung nicht zur Errichtung der Aufbereitungsanstalten an sich, sondern nur zur Errichtung und Veränderung der Dampfkessel ꝛc. erfordert werde.

392. Die Grenze zwischen Aufbereitungs-Anstalten und Hüttenwerken bestimmt sich nach der Praxis der Verwaltungsbehörden dahin, daß jene die blos mechanische Veränderung der Bw.'s-Produkte vermitteln, während alle chemischen Prozesse zum Hüttenbetriebe gehören: Klost. n. 288. Demgemäß gehören zu den Aufbereitungs-Anstalten insbesondere die Poch-, Quetsch- und Mahlwerke, welche dazu dienen, das Erz vom Gestein zu trennen und zu zerstoßen, ferner die Wäschen, in denen die gepochten Erze zur Vollendung der Scheidung gewaschen werden. Aufbereitungs-Anstalten der Salinen sind die Gradirwerke; vgl. OBA. Bonn 14. Aug. 1858 (Z. f. BR. 1. S. 339), Huyssen S. 42 ff., welcher letztere gleichzeitig hervorhebt, daß die übrigen Betriebsvorrichtungen (Gradir- und Siedehäuser, Magazine ꝛc.) nicht dahin zu rechnen seien. Der Aufbereitungs-Anstalten für die Kohlengewinnung wird speziell im § 6 des Ges. v. 10. Juni 1861 gedacht. — Bei den Röst- und Koaksöfen sowie den Theerschwälereien kommen durchweg chemische Operationen vor. Nach dem oben Gesagten würden daher dergleichen Anlagen von der Kategorie der Aufbereitungs-Anstalten allgemein ausgeschlossen sein. Dies wird denn auch anerkannt bei den Koaksöfen im KB. II. S. 34 und von v. Beughem S. 141, bei den Eisenstein-Röstöfen durch OBA. Bonn 27. Aug. 1861 (Z. f. BR. 2. S. 268), hinsichtlich beiderlei Oefen durch Klost. l. c.; der gleichen Anschauung huldigen in Betreff der Braunkohlenschwälereien das OBA. Halle und die Regierung zu Merseburg (s. Huyssen l. c.). Dagegen statuiren A. Achenb., das OBA. Dortmund sowie die Regierungen von Düsseldorf und Arnsberg (Z. f. BR. 7. S. 127. 542; 8. S. 122) eine Ausnahme zu Gunsten derjenigen Koaks- und Röstöfen, welche zu mZwecke der Aufbereitung am Gewinnungsorte errichtet sind, Huyssen l. c. nimmt ein Gleiches für die ebendaselbst errichteten Schwälereien in Anspruch. Diese abweichende Ansicht fußt ganz wesentlich auf der Novelle (zur früheren Gewerbe-Ordnung) v. 1. Juli 1861 (GS. S. 749), mit deren einschlägigen Vorschriften § 16 der Bundes-Gewerbe-Ordnung v. 21. Juni 1869 übereinstimmt. Beide unterscheiden allerdings bei den Koaksöfen und Theerschwälereien zwischen den am Gewinnungsorte und den außerhalb desselben errichteten insofern, als sie nur die letzteren zu denjenigen Gewerbsanlagen rechnen, deren Errichtung durch eine polizeiliche Genehmigung bedingt ist. Abgesehen jedoch davon, daß hierdurch die Röstöfen gar nicht berührt werden, daß bezüglich ihrer vielmehr die bezogenen Gesetze die Genehmigung verlangen, ohne jene Unterscheidung zu machen, so folgt doch auch aus dem Nichterforderniß einer gewerbepolizeilichen Genehmigung noch keineswegs, daß die betreffenden Anstalten gerade Aufbereitungsanstalten und als solche eventuell dem BG. unterworfen seien. Der obengedachten Ansicht kann daher höchstens für diejenigen Fälle beigepflichtet werden, in denen das Brennen eine durchaus untergeordnete Hülfsarbeit der eigentlichen Aufbereitung bildet. — Mineralöl- und Paraffin-Fabriken gehören zu den Aufbereitungs-Anstalten in keinem Falle: Huyssen l. c.

393. Die dem BG. unterworfenen Aufbereitungs-Anstalten, d. h. also diejenigen Anstalten, welche der Besitzer eines Bw.'s zur Aufbereitung seiner eignen Gewinnung errichtet, kommen vom bergrechtlichen Standpunkte aus gleichwohl nur in einzelnen Beziehungen in Betracht, welche sich sämmtlich auf die jenen Anstalten beiwohnende Eigenschaft eines Zubehörs des Bw.'s zurückführen lassen. Diese Beziehungen beschränken sich im Wesentlichen auf die Unterordnung jener Anstalten unter die bergpolizeiliche Aufsicht (§ 196), auf die Rechtsverhältnisse der bei denselben beschäftigten Arbeiter (§§ 80 ff., 165 ff.) und auf das zu ihrer Errichtung dem Bw.'s-Eigenthümer zustehende Expropriationsrecht (§ 135). § 58 erwähnt sie, den Motiven S. 59 zufolge, hauptsächlich um des letzteren Rechts willen, indem er nemlich dem Bw.'s-Besitzer in Betreff ihrer, eben als Zubehören des Bw.'s noch einen besonderen, aus dem Bergeigenthume fließenden Titel zu Aufrechterhaltung jenes Rechtes gewähren soll. Er giebt daher zugleich unzweideutig

§ 59. **Die zum Betriebe auf Bergwerken und Aufbereitungsanstalten (§ 58) dienenden Dampfkessel und Triebwerke unterliegen den Vorschriften der Gewerbegesetze.**

Sofern zur Errichtung oder Veränderung solcher Anlagen nach den Vorschriften der Gewerbegesetze eine besondere polizeiliche Genehmigung erforderlich ist, tritt jedoch an die Stelle der Ortspolizeibehörde der Revierbeamte und an die Stelle der Regierung das Oberbergamt.

---

zu erkennen, daß behufs Errichtung der übrigen Aufbereitungs-Anstalten sowie der Hüttenwerke kein Expropriations-Recht mehr besteht.

394. Ob die Aufbereitungsanstalten dicht bei der Grube oder entfernt von derselben liegen, ist für die Pertinenzqualität gleichgültig; s. KB. II. S. 96. Die entgegengesetzte Ansicht scheint der Dortm. und Hall. Instr., § 27 resp. § 29, zum Grunde zu liegen; vgl auch n. 392.

395. Wohl aber wird die Pertinenzqualität dadurch bedingt, daß die Anstalt zur Aufbereitung keiner anderen Gewinnung, als derjenigen des betreffenden Bw.'s dient. Dient sie daher zur Aufbereitung der Gewinnung mehrerer Werke, so bildet sie kein Zubehör des einen oder des anderen, oder gar aller dieser Werke, sollten diese sich auch in Einer Hand befinden; § 60 Abs. 3 findet hier keine analoge Anwendung; vgl. n. 407.

Zu § 59.

396. Zur Erläuterung des § 59 wird im Allgemeinen auf n. 391 verwiesen. Aus dem dort Gesagten ergiebt sich bereits, daß man die Worte „solcher Anlagen" nur auf Dampfkessel und Triebwerke, und nicht gleichzeitig, wie Klost. n. 146 glaubt, auf die in § 58 genannten Aufbereitungs-Anstalten beziehen darf. Dasselbe bestätigen die Mot. S. 59 und die ganze Fassung des § Vgl. auch die ME. 28. Nov. 1861 (Z. f. BR. 3. S. 124).

397. Das Erforderniß einer polizeilichen Genehmigung zur Errichtung und Veränderung der Dampfkessel beruht gegenwärtig auf den an Stelle der Novelle v. 1. Juli 1861 getretenen §§ der B.-Gewerbe-Ordnung v. 21. Juni 1869, welche übrigens bezüglich der für die Zulässigkeit solcher Anlagen maßgebenden Gesichtspunkte die älteren einschlägigen Vorschriften (s Regul. v. 31. Aug. 1861, BMbl. S. 177, und in Betreff der Lokomobilen den Erl. v. 13. März 1855, ib. S. 49) vorläufig aufrecht erhalten und auch an den bisherigen Vorschriften über die polizeiliche Beaufsichtigung des Betriebs (s. Ges. v. 7. Mai 1856 nebst Regul. v. 23. Aug. ej., BMbl. S. 210) Nichts geändert hat. — Das Gesuch um Ertheilung der oberbergamtlichen Genehmigung ist an den RB. zu richten, welchem auch obliegt, den Kessel sowohl vor als nach der Aufstellung in Betreff der vorschriftsmäßigen Konstruktion zu untersuchen; vgl. Min. Instr v. 4. Sept. 1869 Nr 4—6, 49—51 (ib. S. 203. 211), von welchen die Nr. 49—51 das Konzessions-Verfahren betreffen.

398. Zur Errichtung der durch Wind bewegten Triebwerke bedarf es nach der Novelle v. 1. Juli 1861 und der B.-Gew.-Ordn. v. 21. Juni 1869 keiner Genehmigung mehr. Für Wassertriebwerke war das Erforderniß der polizeilichen Genehmigung durch die Novelle beibehalten worden, und es bezog sich die desfallsige Vorschrift (§ 11 l. c.) gemäß OT. 28 Mai 1863 (Z. f. BR. 5. S. 115) auch auf die zu einem solchen Werke gehörigen Stauanlagen. Gegenwärtig besteht jenes Erforderniß, nach § 16 der B.-Gew.-Ordn. v. 1869, nur noch für letztere. Hierdurch ist die in § 59 Abs. 3 h. l. dem OBA und der Regierung gemeinsam übertragene Entscheidungsgewalt auf die Frage der Zulässigkeit derartiger Stauanlagen beschränkt worden. Der Antrag auf Genehmigung ist auch hier an den RB. zu richten; jedoch findet das mündliche Verfahren, welches einzutreten hat, wenn Einwendungen gegen die Anlage erhoben sind, vor der Regierung statt; vgl. Min.-Instr. v. 4. Sept. 1869 Nr. 3. 28. 42 (BMbl. S. 203. 208. 210).

Ueber die Zulässigkeit der Wassertriebwerke entscheiden das Oberbergamt und die Regierung durch einen gemeinschaftlichen Beschluß.

[Br. 61.: „Hinsichtlich der Einrichtung und des Betriebs der auf den Bergwerken und auf den Aufbereitungsanstalten (§ 60) dienenden Dampfkessel kommen die §§ 157 bis 160 des Polizei-Straf-Gesetzbuchs v. 18. Aug. 1855 und die betr. Ausführungsverordnungen zur Anwendung. — Ueber die Zulässigkeit und den Betrieb von Wassertriebwerken bleiben das Ges. v. 19. Dez. 1851 und § 271 des Pol.-Straf-Gesetzb. maassgebend. — Sofern zur Errichtung oder Veränderung solcher Anlagen eine besondere polizeiliche Genehmigung erforderlich ist, tritt, was die Dampfkessel betrifft, an die Stelle der Herz. Kreisdirektion die Bergbehörde. — Ueber die Zulässigkeit der Wassertriebwerke entscheiden die Bergbehörde und die Herz. Kreisdirektion durch einen gemeinschaftlichen Beschluss."

M. 59.: „Gefährliche, belästigende oder lärmende Anlagen und die Benutzung öffentlicher Gewässer unterliegen den Vorschriften der Gewerbe- und Polizeigesetzgebung."

G. 54 gleichl. bis: „den Vorschriften"; dann heißt es: „des Gewerbegesetzes und des Gesetzes über die Benutzung des Wassers. Die zur Verhandlung, Erörterung und Entscheidung in einem solchen Falle zuständige Behörde ist das Bergamt."

B. 47.: „In der Anlage und Einrichtung der zur Aufsuchung, Gewinnung und Aufbereitung erforderlichen Anstalten bleibt der Bergwerks-Eigenthümer allen in der Landesgesetzgebung begründeten Beschränkungen und Vorschriften unterworfen. — Der Bergbehörde sind die desfallsigen Verhandlungen der Distriktspolizeibehörde zum Gutachten und zur Antragstellung mitzutheilen, ohne Unterschied, ob es sich um Staats- oder Privatbergwerke handelt. — Lauten die polizeilichen Beschlüsse, welche der Bergbehörde zuzufertigen sind, dem Antrage oder Gutachten derselben zuwider, so kann diese innerhalb 15 Tagen die Beschwerde an die K. Kreisregierung, Kammer des Innern, ergreifen, welche hierüber vor Entscheidung das Gutachten der Oberbergbehörde zu erholen hat. — Diese Beschwerde ist binnen 3 Tagen bei der Distriktspolizeibehörde anzumelden und es wird hierdurch der Vollzug des Beschlusses gehemmt.]

§ 60. Der Bergwerkseigenthümer ist befugt, im freien Felde Hülfsbaue anzulegen.

---

399. Wegen überwiegender Nachtheile und Gefahren für das Gemeinwohl kann die fernere Benutzung einer Dampfkessel- oder Stauanlage wie jeder anderen Gewerbsanlage, vorbehaltlich der zu leistenden Entschädigung, durch die höhere Verwaltungsbehörde untersagt werden. Das war bereits durch die Gew.-Ordn. v. 17. Januar 1845 (§§ 69. 70) bestimmt und ist in der BGew.-Ordn. v. 21. Juni 1869 (§ 56) wiederholt. Die desfallsige Entscheidung erster Instanz ist durch die Min.-Instr. v. 4. Sept. 1869 Nr. 52—54 (BMbl. S. 211) für die hier interessirenden Fälle nicht dem OBA., oder diesem in Gemeinschaft mit der Regierung, sondern allgemein der letzteren Behörde allein überwiesen, was sich dadurch erklärt, daß bei dem Erlasse eines solchen Verbots vorwiegend landespolizeiliche, jedenfalls aber wesentlich andere Gesichtspunkte in Betracht kommen, als bei der ursprünglichen Prüfung der Zulässigkeit derartiger Anlagen.

Zu § 60.

400. Das BG. hat von der deutschrechtlichen Servitut, nach welcher der Bw.'s-Eigenthümer den Eigenthümern anderer Bergwerke den Mitgebrauch sei-

Dieselbe Befugniß steht ihm im Felde anderer Bergwerkseigenthümer zu, sofern die Hülfsbaue die Wasser- und Wetterlösung oder den vortheilhafteren Betrieb des Bergwerks, für welches die Anlage gemacht werden soll, bezwecken und der eigene Bergbau des Anderen dadurch weder gestört noch gefährdet wird.

---

ner Grubenbaue gegen eine von der Behörde zu bestimmende Abgabe gestatten muß, mit Rücksicht auf das bestrittene Bedürfniß und den zweifelhaften Werth einer solchen Legalservitut abgesehen, dieses Gebiet vielmehr der freien Uebereinkunft unter den Bergbautreibenden überlassen. Ebenso und aus denselben Gründen beseitigt dasselbe für die Zukunft das durch den Gebrauch machineller Kräfte in den Hintergrund getretene Erbstollenrecht. Beide (der franz. Gesetzgebung überhaupt fremde) Rechte sind durch das den veränderten Bedürfnissen angepaßte [in der franz. Gesetzgebung schon vorkommende] Institut der Hülfsbaue ersetzt: Mot. S. 59. Doch hält Achenb. (S. 265 resp. Z. f. BR. 8. S 264) anscheinend auch für das Gebiet des BG. den Mitgebrauch fremder Grubenbaue und Maschinen in Folge amtlicher Anordnungen für rechtlich möglich, vorausgesetzt, daß diese auf polizeilichen und nicht etwa auf rein wirthschaftlichen Rücksichten beruhen.

401. Das Bedürfniß, die Anlage von Hülfsbauen (Stollen, Schächten und ähnlichen bergbaulichen Anstalten) außerhalb des Feldes gesetzlich zu gestatten, ergab sich schon daraus, daß mitunter die Lage oder Ausdehnung eines Grubenfeldes, die Beschaffenheit des Gebirges, das Oberflächenterrain ꝛc nicht erlauben, eine bergbauliche Anlage innerhalb des Feldes zu machen. Hierbei war jedoch in rechtlicher Beziehung zwischen den beiden Fällen zu unterscheiden, wo der Hülfsbau im freien Felde und wo er im Felde eines anderen Bw.'s angelegt werden soll; im ersterem Falle ist nur das Verhältniß zu dem betreffenden Grundeigenthümer nach den allgemeinen Grundsätzen des 5 Titels zu reguliren, während im zweiten Falle zugleich der Gesichtspunkt der nothwendigen Servitut in Ansehung des verpflichteten Bw.'s berücksichtigt und demnach nicht blos das Verhältniß zum Grundeigenthümer, sondern auch dasjenige zu dem anderen Bw.'s-Besitzer geordnet werden muß. Damit im letzteren Falle die Gestattung oder Verweigerung der Anlage nicht in das Ermessen der Verwaltungsbehörde gestellt sei, präzisirt das Gesetz selbst (im Abs 2) die Voraussetzungen für diese Servitut, wobei es zwar im Allgemeinen an den für nothwendige Servituten geltenden Grundsätzen festhält, jedoch wegen des Zwecks der Hülfsbaue und aus allgemein technischen wie wirthschaftlichen Rücksichten den Nachweis der unbedingten Nothwendigkeit des Hülfsbaus nicht verlangt. Vgl. Mot S. 59; Mot. v. 1862 S. 92.

402. Wie Art. 25 Tit 1 des franz. Ges. v. 28. Juli 1791 unter den „travaux de secours" die galeries d'écoulement, chemins, prise d'eau ou passage des eaux et autres de ce genre aufführt, ebenso ist auch der Ausdruck „Hülfsbau" in einem sehr weiten Sinne zu verstehen, da die §§ 60 und 135 nach ihrer Entstehung, ihrem Wortlaute und Sinne in gleicher Weise, wie der cit. Art. 25 auszulegen sind: Achenb (S. 265, resp. Z. f. BR. 8. S. 268); vgl. auch Motive v. 1862 S. 89.

403. Obgleich die Worte „welche den vortheilhafteren Betrieb des Bw.'s bezwecken" zunächst den Gegensatz zu dem Falle unbedingter Nothwendigkeit andeuten (s. n. 401), so beschränken dieselben die Befugniß des § 60 dennoch nicht auf Vorrichtungen zur Gewinnung und Zutageförderung des Minerals, sondern umfassen alle den Zwecken eines bergbaulichen Unternehmens dienlichen Anlagen, mithin auch solche, welche die gewonnenen Mineralien an einem für den Absatz geeigneten Punkte (z. B. zum Anschlusse an eine Eisenbahn) — sei es durch einen Schacht, sei es durch einen als Förderstollen zu betrachtenden Tunnel — zu Tage zu bringen oder über Tage weiter zu verführen bestimmt sind; vgl. A. Achenb. und ME v 19. April 1866 (Z. f. BR 7. S. 401).

404 Zum Betriebe der auf verschiedene Mineralien berechtigten Werke, deren Felder sich überdecken, ist nicht selten die Durchquerung und Durchteufung

Der Hülfsbau ist Zubehör des berechtigten Bergwerks beziehungsweise der berechtigten Bergwerke, wenn die Eigenthümer zweier oder mehrerer Bergwerke sich zur gemeinschaftlichen Anlage eines Hülfsbaues vereinigt und keine anderweitige Vereinbarung getroffen haben.

[Br. 62, M. 60, G. 55, B. 48 gleich.]

---

der anderen Lagerstätte erforderlich. Das OBA. Dortmund wendet den § 60 auch auf solche Fälle an, und erblickt in jenen Durchquerungen an sich noch keine Störung, resp. Gefährdung des fremden Bergbaus, während dasselbe das Gegentheil bei einem Falle annahm, wo es sich um Verlegung der Sohl- und Sumpfstrecken in ein fremdes Flötz handelte, ungeachtet zur Begründung des desfallsigen Antrags die Unbauwürdigkeit dieses Flötzes behauptet worden war; vgl. Z. f. BR. 7. S. 399; 8. S. 123. A. Achenb. ib. pflichtet dem bei und hält daher gleichfalls die Durchquerungen, sofern dieselben nicht wider die Vorschriften über das Stehenlassen von Sicherheitspfeilern verstoßen, durchweg für statthaft, wogegen er im Uebrigen die Anlegung eines Hülfsbaus auf fremder Lagerstätte stets von der Zustimmung des anderen Bw.'s-Besitzers abhängig macht, weil eine solche Anlage stets den Schaden des letzteren voraussehen lasse, gleichviel, ob dessen Lagerstätte bauwürdig sei oder nicht; vgl. jedoch n. 383 und Huyssen (M. Z. 1. S. 165).

405. Obschon § 60 ausdrücklich nur vom Eigenthümer spricht, so hat dennoch jeder andere Bw.'s-Besitzer, z. B. ein Pächter oder Nutznießer (des gemeinen und rheinischen Rechts) die gleiche Befugniß. Immerhin bildet aber der Hülfsbau ein Zubehör des Bw.'s, und behält diese Eigenschaft selbst nach dem Erlöschen des Nutzungsrechts.

406. Die Ausführung eines Hülfsbaus im gemeinschaftlichen Interesse mehrerer Werke ist lediglich Sache der freien Uebereinkunft; ein gesetzlicher Zwang besteht nach dem BG. nicht; namentlich kennt dasselbe keine zwangsweise Vereinigung der Bw.'s-Eigenthümer zu Entwässerungs-Genossenschaften nach dem Vorbilde des franz. Ges. v. 27. April 1838: Mot. v. 1862 S. 92. 93. Inwiefern gleichwohl die Bw.'s-Besitzer im Falle einer gemeinsamen Gefahr auf Grund der §§ 196 ff. zu gemeinsamen Arbeiten angehalten werden können, darüber vgl. n. 1059.

407. Klost. n. 158 bezieht die Vorschrift des Abs. 3, daß der gemeinschaftlich für mehrere Bergwerke angelegte Hülfsbau Zubehör aller sei, nur auf den Fall der Konsolidation, da der Hülfsbau nicht zu verschiedenen Werken im Verhältnisse einer Zubehör stehen könne; im umgekehrten Falle stelle der Hülfsbau, wenn er nicht etwa nur zu dem einen oder nach reellen Theilen zu den verschiedenen Werken gehöre, trotz § 60 eine selbstständige Sache dar, an welcher die einzelnen Bergeigenthümer nach ideellen Theilen partizipirten, und sei demgemäß als besonderes Bw. zu behandeln, auf dessen Betheiligte eventuell die §§ 94 ff. zur Anwendung kämen. Daß jedoch der Gesetzgeber, sofern er von mehreren Werken und deren Eigenthümern spricht, darunter kein konsolidirtes Werk noch dessen Gewerken verstehen kann, ergiebt sich aus dem Wesen der Konsolidation, da diese ja ein neues einheitliches Ganze schafft, in welchem die früheren Einzelwerke aufgehen. Ebenso tritt der im § 60 gemachte Vorbehalt einer anderweitigen Vereinbarung mit obiger Auslegung in Widerspruch. Letztere stellt überhaupt nur einen Ausfluß der unhaltbaren Theorie vom Bergwerks- als einem Sacheigenthume dar. Denn nach jener Theorie würde consequenter Weise auch am Hülfsbaue ein civilrechtliches Eigenthum bestehen, und dann wäre es freilich juristisch unmöglich, daß ein Hülfsbau gleichzeitig die Zubehör mehrerer Werke bilde. Betrachtet man jedoch das Bergeigenthum als ein besonderes Realrecht, und nimmt Aehnliches von dem Rechte an einem Hülfsbaue an, so enthält obige Vorschrift nichts Anomales oder gar Begriffswidriges; sie besagt eben nur, daß mit dem Bergbaurechte jedes Einzelnen accessorisch das Recht verbunden sei, den Hülfsbau zum Zwecke seines Bw.'s-Betriebes zu betreiben, resp. zu nutzen, so daß also die bezüglichen Rechte der verschiedenen Werksbesitzer an sich verschiedene sind, und nur in ihrem Objekte zusammentreffen, wie die Wegeservituten, welche mehreren Grundstücken an demselben Wegeterrain zustehen.

§ 61. Bestreitet der Bergwerkseigenthümer, in dessen Felde ein Hülfsbau angelegt werden soll, seine Verpflichtung zur Gestattung desselben, so entscheidet hierüber das Oberbergamt mit Ausschluß des Rechtsweges.

[Br. 63, M. 61, G. 56, B. 49 gleichl.]

§ 62. Wird ein Hülfsbau in dem Felde eines anderen Bergwerkseigenthümers angelegt, so muß der Hülfsbauberechtigte für allen Schaden, welcher dem belasteten Bergwerke durch seine Anlage zugefügt wird, vollständige Entschädigung leisten.

[Br. 64, M. 62, G. 57 gleichl.
B. 50 gleichl., nur statt „Anlage": „Anlagen."]

---

408. Der Hülfsbau nimmt als Zubehör des Bergwerks, resp. der Bergwerke an allen Rechten und Lasten der letzteren Theil; vgl. Mot. S. 60 und unten n. 434.

Zu § 61.

409. Die Vorschrift des § 61, welche freilich von den für nothwendige Servituten geltenden Grundsätzen abweicht (vgl. Oppenhoff Ress.-Ges. S. 44. n. 107), wird in den Motiven S. 60 dadurch gerechtfertigt, daß es sich hier nur um bergtechnische Fragen handle, mithin ein ähnliches Verhältniß vorliege, wie bei der Frage über die Nothwendigkeit der Grundabtretung zu bergbaulichen Zwecken.

410. Der § sieht den Fall, wo der Grundeigenthümer der Anlage widerspricht, nicht vor, weil ein solcher Widerspruch nur auf einen speziellen Rechtstitel oder auf die Behauptung gegründet werden könnte, daß der Baulustige gar kein Bw.'s-Besitzer sei, resp. daß dem beabsichtigten Baue die Eigenschaft eines Hülfsbaus gänzlich abgehe, alle diese Fragen aber der richterlichen Kognition angehören, und zwar, trotz § 61, selbst dann, wenn sie unter Bw.'s-Besitzern streitig werden.

411. Obschon § 61, gleich dem § 60, ausdrücklich nur vom „Bw.'s-Eigenthümer" spricht, so tritt die Kognition des OBA.'s doch auch dann ein, wenn das Werk von einem Pächter oder Nutznießer betrieben wird, und dieser seine Pflicht zur Gestattung des Hülfsbaus bestreitet. Die Entscheidung des OBA.'s präjudizirt jedoch in einem solchen Falle dem Einspruchsrechte des Bw.'s-Eigenthümers nur dann, wenn dieser sich dem Widerspruche des Pächters 2c. angeschlossen hat, oder doch zu dem durch jenen Widerspruch veranlaßten administrativen Verfahren zugezogen worden ist. Nur in diesem Sinne kann man Achenb. (S. 275, resp. Z. f. BR. 8. S. 509) beipflichten, wenn derselbe sagt, daß § 61 mit Absicht statt des Ausdrucks „Bw.'s-Besitzer" den Ausdruck: „Bw.'s-Eigenthümer" gebrauche.

412. Die administrative Kognition des § 61 tritt auch dann ein, wenn das Feld erst nach Anlegung des Hülfsbaus verliehen wird, und es sich demnächst um eine Erweiterung dieses letzteren handelt.

413. Sie erstreckt sich ferner nicht blos auf die Zuläßigkeit des Hülfsbaus überhaupt, sondern auch, wenn darüber Streit entsteht, auf den Umfang und die Richtung der auszuführenden Anlagen, desgleichen auf die dabei zum Schutze der Feldesnachbarn zu treffenden Vorkehrungen; vgl. Klost. n. 159, Wachler (Z. f. BR. 10. S. 22).

Zu § 62.

414. Abgesehen von § 63 Abs. 2, gewährt das BG. dem Eigenthümer des verpflichteten Bw.'s keine Entschädigung für die Gestattung der Anlage des Hülfsbaus, sondern nur für den aus dieser Anlage [oder aus der Benutzung des Hülfsbaus] hervorgehenden Schaden, und es versteht unter letzterem vornemlich nur solchen Schaden, welcher sich bei Gestattung der Anlage nicht vorhersehen ließ,

§ 63. Die bei Ausführung eines Hülfsbaues im freien Felde gewonnenen Mineralien (§ 1) werden als Theil der Förderung des durch den Hülfsbau zu lösenden Bergwerks behandelt.

Werden bei Ausführung eines Hülfsbaues im Felde eines anderen Bergwerkseigenthümers Mineralien gewonnen, auf welche der letztere berechtigt ist, so müssen diese Mineralien demselben auf sein Verlangen unentgeltlich herausgegeben werden.

[Br. 65, M. 63, G. 58, B. 51 gleichl.]

§ 64. Der Bergwerkseigenthümer hat die Befugniß, die Abtretung des zu seinen bergbaulichen Zwecken (§§ 54

---

da ja im Falle eines vorherzusehenden Schadens die Anlage gar nicht gestattet werden soll; vgl. A. Achenb. (Z. f. BR. 8. S. 125). Gerade um deswillen konnte von einer vorgängig zu leistenden Entschädigung und deren im Verwaltungswege oder durch Zwangsschiedsrichter (§ 7. I, 22 ALR.) zu bewirkenden Feststellung hier ebensowenig die Rede sein, wie bei den nach § 148 dem Grundbesitzer zustehenden Ansprüchen.

415. Die Entschädigungspflicht, von welcher § 61 redet, wird, gleich derjenigen des § 148, durch kein Versehen auf Seiten des Hülfsbauberechtigten bedingt; ihr Umfang bemißt sich für das Gebiet des ALR. nach § 7. I, 6 ib. Bildet der Hülfsbau das Zubehör mehrerer Werke, so haften deren Besitzer ex anal. des § 149 pro rata, vorbehaltlich jedoch ihres Rechts, unter einander ein anderes Theilnahmeverhältniß zur Geltung zu bringen.

Zu § 63.

416. Dieser § gründet sich theils auf allgemeine Rechtsgrundsätze, theils auf die Billigkeitsrücksicht, dem Eigenthümer des belasteten Werks durch die unentgeltliche Hergabe der Mineralien ein gewisses Aequivalent für die ihm aufgelegte Eigenthumseinschränkung zu gewähren: Motive S. 60.

417. Der Abs. 1 versteht unter den „bei Ausführung eines Hülfsbaus gewonnenen Mineralien (§ 1)" nicht etwa blos diejenigen, welche in der Verleihungsurkunde des Hülfsbauberechtigten genannt sind; vgl. n. 95. Daß von allen diesen Mineralien Bw.'s-Abgaben zu entrichten sind, folgt sowohl daraus, daß sie als Theil der Förderung des berechtigten Bw.'s behandelt werden sollen, wie ex anal. des § 11 Abs. 2. Auf die nicht unter § 1 fallenden Mineralien findet § 57, sei es unmittelbar, sei es per analogiam Anwendung, und zwar so, daß deren Verwendung auch zu Zwecken des Betriebs des Bergwerks selbst stattfinden darf.

418. In Betreff der bei Ausführung eines Hülfsbaus im Felde eines anderen Bw.'s-Eigenthümers gewonnenen Mineralien, auf welche dieser nicht berechtigt ist, gilt das im § 63 Abs. 1 und in n. 417 Gesagte, da jenes Feld insofern als ein freies zu betrachten ist.

419. Ob § 63 Abs. 2, wenn das andere Bw. von einem Pächter oder Nutznießer betrieben wird, diesen zu Gute komme, oder ob derselbe auch in einem solchen Falle nur zu Gunsten des wirklichen „Eigenthümers" verfüge, ist eine nicht ganz unbedenkliche Frage. Doch neigt sich der Verf. zu der ersteren Alternative; vgl. n. 378. Der Anspruch aus § 63 Abs. 2 ist selbstredend nur auf dem Rechtswege geltend zu machen.

Zu § 64.

420. § 64 stellt das Expropriationsrecht des Bw.'s-Besitzers im Prinzip fest, dessen Ausführung den §§ 135 ff. vorbehalten ist. Da das Bw.'s-Eigenthum

bis 60) erforderlichen Grund und Bodens nach näherer Vorschrift des fünften Titels zu verlangen.

[Br. 66, M. 64, G. 59, gleichl.
B. 52 gleichl., doch ist nach „Bodens" eingeschaltet: „sowie die Benutzung des Wassers."

Zweiter Abschnitt.

Von dem Betriebe und der Verwaltung.

§ 65. Der Bergwerksbesitzer ist verpflichtet, das Bergwerk zu betreiben, wenn der Unterlassung oder Einstellung des Betriebes nach der Entscheidung des Oberbergamts überwiegende Gründe des öffentlichen Interesses entgegenstehen.

---

als solches den gesetzlichen Titel für dieses Recht bildet, so steht letzteres auch den Besitzern älterer, auf andere Mineralien als diejenigen des § 1 berechtigter Werke zu, nicht aber den Grundbesitzern, denen als solchen kraft provinzialrechtlicher Vorschriften die Verfügung über einzelne der im § 1 benannten Mineralien belassen ist, es sei denn, daß besondere Bestimmungen letzteren jenes Recht ausdrücklich einräumen, wie dies z. B. in beschränktem Umfange zu Gunsten des Kohlenbergbaus in den vormals sächsischen Landestheilen und im Fürstenthume Calenberg geschieht.

421. Ueber etwaige Kollisionen des hier fraglichen mit dem auf anderen Titeln beruhenden Expropriations-Rechte schweigt das BG., wenn von § 136 Abs. 2 und den §§ 153 ff. abgesehen wird. Diesen §§ und allgemeinen Rechtsgrundsätzen zufolge wird die Entscheidung wohl davon abhängen, welches Unternehmen die größere Bedeutung für das öffentliche Wohl habe.

422. Das zu Gunsten der Bergwerke bestehende Expropriations-Recht gilt, unbeschadet der VO. v. 21. Juni 1815 § 3 und der Instr. v. 30. Mai 1820 § 22, auch den mediatisirten vormaligen Reichsständen gegenüber: Beschl. des OBA.'s Bonn und der Reg. zu Coblenz 6. Sept. 1859 (Z. f. BR. 1. S. 340).

423. Das Allegat der §§ 54—60 bezweckt nicht, den Umfang jenes Rechts auf die dort aufgeführten bergbaulichen Anlagen zu begrenzen; zur Bezeichnung dieser Grenzen dient vielmehr der 5. Titel des BG.: MR. v. 28. Febr. 1866 (ib. 7. S. 264).

Zu § 65.

424. In Uebereinstimmnng mit der allgemeinen Richtung dieses Abschnitts, die dem Bw.'s-Besitzer bei Benutzung und Verwaltung seines Bw.'s-Eigenthums durch die Novellengesetzgebung gewährte Selbstständigkeit weiter zu entwickeln, ist mit § 65 die bisherige Zwangspflicht zum Betriebe aufgehoben und das System der Betriebsfristen, Freifahrungen und Freierklärungen beseitigt, indem es bei dem jetzigen Stande der Bw.-'sIndustrie als ausreichend erschien, den Bergeigenthümer zum Betriebe seines Werks nur für den Fall zu verpflichten, wo der Unterlassung des Betriebs überwiegende Gründe des öffentlichen Interesses entgegenstehen: Mot. S. 61.

425. Als Beispiele der letztgedachten Art führen die Mot. l. c. den Fall an, wo die öffentliche Sicherheit gefährdet ist, oder die allgemeinen Bedürfnisse der Konsumenten leiden. Doch liegt ein solcher Fall nicht schon dann vor, wenn der Betrieb der Grube den Bewohnern der betreffenden Gegend den Bezug der Kohlen, an denen sonst kein Mangel ist, erleichtern, oder wenn die Hüttenanlagen einer am Werke betheiligten Gesellschaft zur Beschaffung ihres Bedarfs im Falle des Nichtbetriebs auf weiter gelegene Gruben angewiesen sein würden: ME. 16. Febr. 1867 (Z. f. BR. 8. S. 126).

426. Kann der Bw.'s-Besitzer auf Grund eines Privilegiums von der Verpflichtung des § 65 frei sein? Klost. n. 353 ist anscheinend der bejahenden Ansicht.

Das Oberbergamt hat in diesem Falle die Befugniß, den Eigenthümer, nach Vernehmung desselben, zur Inbetriebsetzung des Bergwerks oder zur Fortsetzung des unterbrochenen Betriebes binnen einer Frist von sechs Monaten aufzufordern und für den Fall der Nichtbefolgung dieser Aufforderung die Entziehung des Bergwerkseigenthums nach Maaßgabe des sechsten Titels anzudrohen.

[Br. 67, M. 65 gleichl.
G. 60 gleichl., ohne die Worte „nach Vernehmung desselben."
B. 63 gleichl.]

§ 66. Der Bergwerksbesitzer ist verpflichtet, der Berg-

---

427. Die Worte „nach Vernehmung desselben," welche in den Text des Gesetzes eingeschaltet wurden, weil die eigenthümlichen Verhältnisse des Bw.'s auf Beantwortung der Frage, ob ein öffentliches Interesse die Fortsetzung des Betriebs erheische, Einfluß ausüben könnten, sind gleichbedeutend mit den Worten: „nachdem ihm (dem Bw.'s-Eigenthümer) zu seiner Vernehmlassung durch Vorladung zu einem Termine Gelegenheit geboten worden"; s. KB. I. S. 30; KB. II. S. 35.

428. Nicht ohne Absicht wurde im Abs. 2 statt des im Abs. 1 gebrauchten Ausdrucks „Bw.'s-Besitzer" der Ausdruck: „Bw.'s-Eigenthümer" gewählt, weshalb selbst dann, wenn das Bw. verpachtet ist, die Vorladung dennoch an den Eigenthümer ergehen muß; vgl. Achenb. (S. 275, resp. Z. f. BR. 8. S. 509). Seine, des Eigenthümers, Sache ist es alsdann, den Pächter zum Beginne, resp. zur Fortsetzung des Betriebs anzuhalten, resp. auf Auflösung des Pachtvertrages zu klagen, da es ein offenbarer Vertragsbruch sein würde, wenn der Pächter unter den obwaltenden Umständen dennoch säumig bleiben sollte. — Bei dem Werke einer Gewerkschaft oder eines Ausländers genügt die Vernehmung des Repräsentanten (§§ 110. 134).

429. Die im Abs. 2 erwähnte Befugniß des OBA.'s umfaßt den Fall nicht mit, wo das Bw. zwar betrieben wird, aber nur höchst lässig. Doch ist die Frage, ob ein Betrieb überhaupt stattfinde, vorwiegend thatsächlicher Natur, und kann namentlich der in einer BP.-VO. des OBA.'s Halle v. 5. Juli 1862 (Z. M. 10. S. 227) in einer anderen Beziehung aufgestellte Satz, daß als in Betrieb stehend jede Grube angesehen werde, auf welcher auch nur Ein Arbeiter mit bergmännischen Arbeiten beschäftigt sei, nicht ohne Weiteres generalisirt werden, wenn nicht zur Umgehung des Gesetzes Thor und Thüre geöffnet sein sollen. Zum Betriebe des Bw.'s in dem hier fraglichen Sinne, gehört unbedenklich die Ausführung eines Hülfsbaus, schwerlich aber schon das bloße Aufbereiten der gewonnenen Mineralien.

430. Ein planwidriger Betrieb steht dem Nichtbetrieb nicht gleich. Der erstere berechtigt die Behörde nur, die Einstellung des Betriebs anzuordnen. Doch schließt die Handhabung dieser Befugniß diejenige des § 65 nicht aus. Wird daher ein planwidriger Betrieb durch Anordnung der Bergbehörde eingestellt, so kann das OBA. gleichwohl die Aufforderung zur Fortsetzung des Betriebs erlassen; vgl. n. 450.

Zu § 66.

431. Das BG. macht dem Bw.'s-Besitzer die vorgängige Anzeige von der beabsichtigten Inbetriebsetzung allgemein zur Pflicht, damit die Behörde den Betrieb polizeilich überwachen und namentlich darauf halten könne, daß derselbe nur nach einem Betriebsplane und durch einen qualifizirten Betriebsführer unternommen werde: Mot. S. 62.

432. Die Verpflichtungen, von welchen die §§ 66. 67. 73 und 74 reden, liegen Jedem ob, welcher ein Bw. für eigne Rechnung betreibt, ohne daß hierbei sein Rechtstitel in Betracht kommt, beispielsweise daher auch dem Pächter und

behörde von der beabsichtigten Inbetriebsetzung des Bergwerks mindestens vier Wochen vorher Anzeige zu machen.

a. [Br. 68 gleichl., ohne die Worte: „mindestens vier Wochen."
M. 66 gleichl.
G. 61 gleichl., nur statt „4 Wochen": „vierzehn Tage."
B. 64 gleichl., nur statt „4 Wochen": „dreissig Tage."
b. Vgl. die Strafvorschrift des § 207 h. l.]

§ 67. Der Betrieb darf nur auf Grund eines Betriebsplans geführt werden.

Derselbe unterliegt der Prüfung durch die Bergbehörde und muß der letzteren zu diesem Zwecke vor der Ausführung vorgelegt werden.

Nutznießer; vgl. Achenb.: AG. Arnsberg 27. April 1869 (Z. f. BR. 8. S. 509; 10. S. 464). Dies schließt jedoch nicht aus, daß auch der Bw.'s-Eigenthümer für die Nichtbeachtung der Vorschriften des 3. Titels bei der Inbetriebsetzung durch einen Dritten unter Umständen verantwortlich gemacht werden könne, wenn er nämlich die Inbetriebsetzung autorisirt hat, ohne für Beachtung der gesetzlichen Vorschriften Sorge zu tragen: Brass. und Achenb. (ib. S. 465). Bei Gewerkschaften ist der zur Anzeige Verpflichtete der Repräsentant, wenigstens insofern, als es sich um die strafrechtliche Verantwortlichkeit (§ 207) handelt, wogegen die civilrechtliche Verantwortlichkeit auf der Gewerkschaft selbst ruht, diese also für den Schaden aufkommen muß, welcher durch Uebertretung des § 66 Dritten erwachsen möchte; vgl. Achenb. (ib. 9. S. 116).

432 bis. Obschon mit Rücksicht darauf, daß § 65 die Inbetriebsetzung und die Fortsetzung des unterbrochenen Betriebs neben einander nennt, auch im § 66 unter „Inbetriebsetzung" die Wiederaufnahme eines nach § 70 oder 71 eingestellten Betriebs nicht mitverstanden werden kann, so folgt dennoch sowohl ex ratione legis wie aus einer Kombination der §§ 65. 66 mit § 71, daß die Wiederaufnahme des Betriebs gleichfalls vorher angezeigt werden muß. Trotzdem kann aber die Strafe des § 207 wegen Unterlassung der letzterwähnten Anzeige nicht verhängt werden, da § 207 die unmittelbare Uebertretung des § 66 voraussetzt. — Im Uebrigen s. n. 434.

Zu § 67.

433. Entgegen dem Ges. v. 21. April 1810, nach welchem die Betriebs-Dispositionen auf die gänzliche Ausbeutung der vorhandenen Lagerstätte sowie für die ganze Dauer des Betriebs berechnet und unmittelbar in die Konzessionsurkunde unter dem Namen eines Lastenheftes (cahier des charges) aufzunehmen sind, beläßt § 67 es im Wesentlichen bei der bisherigen rechtsrheinischen Einrichtung; vgl. Motive v. 1862 S. 96. Der § gilt selbstredend auch für Salzbergwerke und Soolförderungs-Anstalten.

434. Der Betriebsplan für das Bw. selbst muß sich auf den Hilfsbau mit erstrecken: Mot. v. 1862 S. 92. Dasselbe dürfte von den zum Werke gehörigen Aufbereitungsanstalten gelten, sowohl wegen ihrer Pertinenzqualität im Allgemeinen als mit Rücksicht auf § 196 Abs. 2 h. l. In der That verfügt § 27, resp. § 29 der Dortm. und Hall. Instr., daß die Herstellung solcher Anlagen und der Zeitpunkt ihrer Eröffnung in den Betriebsplänen vorgesehen werde, wogegen nach § 52 der BPVO. des OBA.'s Bonn v. 8. Nov. 1867 (Z. f. BR. 8. S. 443) vier Wochen vor Eröffnung des Betriebs jener Anstalten eine besondere Anzeige hierüber, nebst einer kurzen Beschreibung der Anstalt und der Oertlichkeit, bei dem OBA. eingereicht werden soll, die Berücksichtigung der Anstalt in dem für den Betrieb des Bw.'s aufgestellten Plane daher nicht gefordert zu werden scheint.

435. Das BG. giebt zwar die an einen Betriebsplan zu stellenden Anforderungen nicht speziell an. Inzwischen ist das, was unter einem solchen Plane

Die Prüfung hat sich auf die im § 196 festgestellten polizeilichen Gesichtspunkte zu beschränken.

a. [Br. 69: „Auf Erfordern der Bergbehörde hat der Bergwerksbesitzer derselben einen Betriebsplan zur Prüfung vorzulegen." — Abs. 2 gleichl. mit Abs. 3 h. l.

M. 67 gleichl.

G. 62 gleichl., nur ist eingeschaltet nach „darf": „sofern das Bergamt es für erforderlich erachtet" und nach „unterliegt": „solchenfalls."

B. 65 gleichl.

b. Vgl. die Strafvorschrift des § 207].

§ 68. Erhebt die Bergbehörde nicht binnen vierzehn Tagen nach Vorlegung des Betriebsplans Einspruch gegen denselben, so ist der Bergwerksbesitzer zur Ausführung befugt.

---

verstanden wird, durch die Praxis bekannt; auch kann im konkreten Falle leicht beurtheilt werden, was in dieser Hinsicht zu verlangen ist. Eine gewisse Andeutung wenigstens giebt § 196, indem hiernach der Betriebsplan ersehen lassen muß, ob die polizeilichen Gesichtspunkte dieses § gewahrt sind; vgl. KB. I. S. 30. Demzufolge und der Natur der Sache gemäß kann ein eingereichter Plan beanstandet, resp. seine Ergänzung gefordert werden, wenn derselbe ganz unvollständig ist und daher auf den Namen eines eigentlichen Betriebsplans keinen Anspruch hat.

436. Ob zu den Essentialien eines Betriebsplans auch die Bestimmung des Zeitraums seiner Geltung gehöre, erscheint trotz des dies voraussetzenden § 31 der Hall. Instr. als höchst zweifelhaft. Jedenfalls aber ist der Inhalt einer solchen Bestimmung, gleich den übrigen Festsetzungen des Plans, dem Ermessen des Bw.'s-Besitzers überlassen, und die Einwirkung der Behörde auch nach dieser Richtung hin auf die Wahrung der polizeilichen Gesichtspunkte beschränkt. Inzwischen sind aus Anlaß des § 32 der Bonner Instr., sofern dort gesagt wird, daß jene Bestimmung lediglich Sache des Bw.'s-Besitzers sei, Meinungsverschiedenheiten hervorgetreten; vgl. Brass. und Achenb. (Z. f. BR. 6. S. 595) und andererseits v. Rynsch (ib.), Huyssen S. 46; Klost. n 164.

437. Der Einspruch wider den Plan ist auch dann gerechtfertigt, wenn der beabsichtigte Betrieb gegen ein gesetzliches Verbot verstoßen, z. B. nach dem unzweifelhaften Inhalte der Verleihungsurkunde die Markscheiden des verliehenen Feldes überschreiten würde: Dortm. Instr. § 34; ME. 18. Nov. 1865 und 11. Febr 1866 (Z. f. BR 6. S 592 ff.; 7. S. 126). Bei Zweifeln über die Feldesgrenzen hat die Behörde sich auf die Benachrichtigung des Feldesnachbarn und das allenfallsige Herbeiführen einer Verhandlung unter den Interessenten zu beschränken, eventuell aber die Feststellung der Grenze und den Erlaß eines Inhibitoriums dem Richter zu überlassen: v. Rynsch (ib. 6. S. 594).

438. Der Gesichtspunkt, daß die Nachhaltigkeit des Bergbaus zu wahren sei, kommt nach § 196 bei Prüfung des Plans nicht mehr in Betracht: KB. I. S. 30; II. S. 36. — Der durch MR. 28. August 1858 (M Z. 7. S. 10) erforderte Nachweis der Abtretung des zu Anlagen über Tage nöthigen Grundes und Bodens brauchte schon seit dem Erlasse des Ges. v. 21. Mai 1860 nicht mehr geliefert zu werden: MR. 26. August 1862 (ib. 10. S. 228).

439. Im Uebrigen s. n. 432 und 471, indem namentlich das an ersterer Stelle über die Verantwortlichkeit der Gewerkschaft und ihres Repräsentanten Gesagte auch in Betreff des § 67 gilt; vgl. Achenb. (Z. f. BR. 9. S. 116).

Zu § 68.

440. In Betreff des möglichen Inhalts der durch das OBA. festzusetzenden Aenderungen vgl. § 67 Abs. 3, resp. § 196 h. l. und oben n. 435. 436.

441. Gleich dem Einspruche des RB. charakterisirt sich die Entscheidung des OBA.'s, obschon sie in Form eines Beschlusses ergeht, ihrem Gegenstande nach als eine polizeiliche Verfügung; demgemäß ist für die Beantwortung der Frage, inwiefern gegen diesen Beschluß der Rechtsweg beschritten, und wider den RB.

Wird dagegen innerhalb dieser Frist Einspruch von der Bergbehörde erhoben, so ist der Bergwerksbesitzer gleichzeitig zur Erörterung der beanstandeten Betriebsbestimmungen zu einem Termine vorzuladen.

Insoweit auf diesem Wege keine Verständigung erzielt wird, hat das Oberbergamt diejenigen Abänderungen des Betriebsplans, ohne welche derselbe nicht zur Ausführung gebracht werden darf, durch einen Beschluß festzusetzen.

[Br. 70 gleichl., nur ist im Abs. 2 nach „Einspruch" eingeschaltet: „gegen den Betriebsplan"; außerdem heißt es statt „so ist ꝛc.": „so hat sich der Bergwerksbesitzer darüber binnen einer ihm zu setzenden Frist zu erklären."

M. 68, G. 63 gleichl.

B. 66 gleichl., nur heißt es statt „14 Tage": „15 Tage," und statt „Termin": „Tagsfahrt."]

§ 69. Die §§ 67 und 68 finden auch auf die späteren Abänderungen der Betriebspläne Anwendung.

Werden jedoch in Folge unvorhergesehener Ereignisse sofortige Abänderungen eines Betriebsplans erforderlich, so ge-

---

unter Umständen ein Regreßanspruch erhoben werden könne, das Ges. v. 11. Mai 1842 maßgebend.

442. Durch Ergreifung des Rekurses wider den Beschluß des OBA.'s wird die unter Beobachtung der angeordneten Abänderungen stattfindende Ausführung des Betriebsplans nicht aufgehalten: M.-Instr. 16. Juni 1860 I (Z. f. BR. 1. S. 2).

443. Obgleich die Zuziehung der benachbarten Bw.'s- oder Grundbesitzer bei Prüfung des Betriebsplans nicht vorgeschrieben ist, so schließt dies doch nicht aus, daß das OBA. jene nach Umständen von Amtswegen mit ihren Anträgen auf etwaige Abänderung des Plans vernehme, oder daß dieselben solche Anträge unaufgefordert stellen; in solchen Fällen steht ihnen auch der Rekurs gegen den ihre Anträge ablehnenden Beschluß zu. Dieser Rekurs hat zwar gleichfalls keinen Suspensiveffekt; doch kann das OBA den streitigen Betrieb bis zur Rekursentscheidung suspendiren, wenn es sich um eine Maßregel handelt, die bei einer abändernden Entscheidung nicht mehr rückgängig zu machen wäre; so: Klost. n. 167 unter Bezugnahme auf die Praxis des OBA.'s Bonn. Vgl. im Uebrigen n. 882.

444. Die Uebertretung des § 68 ist zwar nicht, wie die der §§ 66. 67 und 69, im § 207 ausdrücklich mit Strafe bedroht; da indessen § 68 im Wesentlichen nur dasjenige weiter entwickelt, was bereits im § 67 bestimmt ist, da ferner § 69 ebensowohl auf § 68 wie auf § 67 verweist, so kommt § 207 auch dann zur Anwendung, wenn der Betrieb auf Grund eines von der Behörde zwar geprüften, aber nach § 68 beanstandeten Planes geführt wird.

Zu § 69.

445. § 69 Abs. 2 verpflichtet nur den Betriebsführer. Hierdurch wird der Bw.'s-Besitzer, wenn ihn sonst keine Schuld trifft, von der Verantwortlichkeit für die Anordnungen des ersteren, resp. für die Unterlassung der Anzeige [vgl. § 207] befreit, ohne daß darum ausgeschlossen ist, daß die Anzeige dennoch von ihm, dem Bw.'s-Besitzer ausgehe: KB. I. S. 31, II. S. 36.

446. Die Frist des Abs. 2 datirt nicht vom Eintritte des unvorhergesehenen Ereignisses, sondern vom Tage der Abänderung des Betriebsplans.

447. Ueber das in den Fällen des Abs. 2 von Seiten der Bergbehörden zu beobachtende Verfahren enthält das BG. keine näheren Bestimmungen; § 32 der Bonner und Hall. Instr. sagen in dieser Hinsicht blos, daß alsdann unter Um-

nügt es, wenn dieselben binnen den nächsten vierzehn Tagen der Bergbehörde durch den Betriebsführer angezeigt werden.

a. [Br. 71: „Die in den §§ 69 und 70 erwähnte Prüfung der Bergbehörde ist auch bei späteren Abänderungen der Betriebspläne erforderlich. — Der Bw.'s-Besitzer hat die beabsichtigte Abänderung der Bergbehörde anzuzeigen und ist zur Ausführung befugt, wenn die Bergbehörde nicht binnen 14 Tagen nach Empfang der Anzeige Einspruch erhebt. — Abs. 3 gleichl., mit Einschaltung des Worts „vorgelegten" vor „Betriebsplans."

M. 69, G. 64 gleichl.

B. 67 gleichl., nur statt „14 Tage": „15 Tage."

b. Vgl. die Strafvorschrift des § 207 h. l.]

§. 70. Wird ein Betrieb den Vorschriften der §§ 67 bis 69 zuwider geführt, so ist die Bergbehörde befugt, nöthigenfalls einen solchen Betrieb einzustellen.

[Br. 72, M. 70, G. 65, B. 68 gleichl.]

---

ständen ebenso zu verfahren sei, wie bei Prüfung des ursprünglichen Betriebsplans oder gewöhnlicher Abänderungen desselben [§ 69 Abs. 1]. Sollte jedoch hiermit auch gemeint sein, daß der Einspruch des RB. sogar in den Fällen des Abs. 2 Suspensiveffekt ausübe, so glaubt der Verf. dem entgegentreten zu müssen. Das Besondere dieser Fälle besteht ja eben darin, daß die Aenderung des Plans provisorisch ausführbar ist. Es würde eine ungleich größere Machtvollkommenheit dazu gehören, einen in gesetzlicher Weise in's Werk gesetzten Betrieb zum Stocken zu bringen, als in Gemäßheit der §§ 68 und 69 Abs. 1 einen erst beabsichtigten Betrieb zu hindern. Eine solche Wirkung ist daher, beim Mangel einer ausdrücklich das Gegentheil besagenden Vorschrift dem Einspruche nicht beizulegen, vielmehr kann der Betrieb nach dem geänderten Plane bis zur Entscheidung des OBA.'s fortgesetzt werden.

Zu § 70.

448. Die in der früheren Gesetzgebung nirgends ausdrücklich anerkannte Befugniß der Bergbehörde zur Betriebseinstellung ward damals aus dem sogen. Direktionsprinzipe hergeleitet. Daß sie in Folge der veränderten Stellung der Behörde nicht ganz wegfallen sollte, ergiebt Art. V der Instr. 6. März 1852; vgl. KB. II. S. 36 — Die Motive S. 62 rechtfertigen ihre Beibehaltung damit, daß Zuwiderhandlungen gegen die §§ 67—69 unter Umständen so gemeingefährliche Folgen haben können, daß die Handhabung der Strafbestimmung des § 207 nicht ausreiche. Hiernach entspricht es dem Geiste des Gesetzes, daß von jener Befugniß nur dann Gebrauch gemacht werde, wenn besonders gemeingefährliche Folgen zu befürchten sind; vgl. auch § 32 der Bonner Instr.

449. Die Einstellung braucht nicht den Betrieb des ganzen Bergwerks zu umfassen, sondern kann auch auf einzelne Betriebspunkte beschränkt werden; vgl. § 32 der Bonner und Hall. Instr. — Auch insofern wird der Gesichtspunkt der Gemeingefährlichkeit die Richtschnur bilden.

450. Die Einstellung dauert so lange, bis der Bw.'s-Besitzer den gesetzlichen Vorschriften entsprochen hat. Ist sie gegen einen planwidrigen Betrieb gerichtet, so bildet sie kein Hinderniß, daß der Betrieb in planmäßiger Weise sofort wiederaufgenommen, resp. fortgesetzt werde.

451. In der Komm. des HH. (vgl. KB. I. S. 31) wurde bei Anregung der Frage, von wem der exekutivische Zwang zur Betriebseinstellung auszuüben sei, auf die bergpolizeilichen Befugnisse des RB. (§ 189) und auf das dem OBA., wie der Bezirks-Regierung zustehende Recht der administrativen Exekution (§ 190) verwiesen. Im Uebrigen s. n. 1003. 1017.

452. Die Frage, inwiefern wider die Anordnung und Vollziehung der Betriebseinstellung der Rechtsweg stattfinde, beantwortet sich, da dergleichen Maaßregeln polizeilicher Natur sind, nach dem Ges. v. 11. Mai 1842.

§ 71. Will der Bergwerksbesitzer den Betrieb des Bergwerks einstellen, so hat derselbe der Bergbehörde hiervon mindestens vier Wochen vorher Anzeige zu machen.

Muß der Betrieb in Folge unvorhergesehener Ereignisse schon in kürzerer Frist oder sofort eingestellt werden, so ist die Anzeige binnen längstens vierzehn Tagen nach erfolgter Betriebseinstellung nachzuholen.

a. [Br. 73, M. 71 gleichl.
G. 66 gleichl., nur heißt es statt „4 Wochen": „14 Tage."
B. 69 gleichl., nur heißt es statt „4 Wochen" und „14 Tage": „30 Tage" und „15 Tage."
b. Vgl. die Strafvorschrift des § 207 h. l.]

§ 72. Der Bergwerksbesitzer hat auf seine Kosten ein Grubenbild in zwei Exemplaren durch einen konzessionirten Markscheider anfertigen und regelmäßig nachtragen zu lassen.

In welchen Zeitabschnitten die Nachtragung stattfinden muß, wird durch das Oberbergamt vorgeschrieben.

Zu § 71.

453. Wie die Anzeige von der beabsichtigten Inbetriebsetzung, so ist auch diejenige von der Außerbetriebsetzung nöthig, damit die Bergbehörde ihr polizeiliches Aufsichtsrecht ausüben und namentlich darüber wachen könne, daß das Bw. nicht in einem gemeingefährlichen Zustande verlassen, sondern daß für die Sicherheit der Baue und der Oberfläche gesorgt werde: Motive S. 63.

454. Trotz der Analogie zwischen den Fällen des § 69 Abs. 2 und des § 71 Abs. 2, muß nach der Fassung des § 71 angenommen werden, daß die Pflicht zur Anzeige ebensowohl im Falle des Abs. 2, wie in demjenigen des Abs. 1 dem Bw.'s-Besitzer obliege, dieser daher auch eventuell nach § 207 strafbar sei. Das BG. setzt hierbei offenbar voraus, daß dem Bw.'s-Besitzer plötzliche Betriebseinstellungen nicht, gleich den plötzlichen Aenderungen eines Betriebsplans, längere Zeit hindurch unbekannt bleiben können Im Uebrigen s. n. 473.

Zu § 72.

455. Zuverlässige und vollständige Grubenbilder gehören zu den wesentlichsten Hülfsmitteln des Bergbaus, weshalb deren Anfertigung schon früher allgemein üblich war, obgleich eine desfallsige Verpflichtung des Bw.'s-Besitzers gesetzlich nur in den linksrheinischen Landen bestand [Dekret v. 3 Jan. 1813 Art. 6]: Mot. S. 63.

456. Unter dem Ausdrucke „Grubenbild" werden bald die bloßen Projektionen der Grubenbaue, resp. gewisser Durchschnitte derselben auf bestimmte Ebenen (die sogen. Projektions-Ebenen) verstanden, bald rechnet man dahin auch die Situationsrisse, welche bestimmt sind, die Lage der Grubenbaue gegen die Gegenstände auf der Oberfläche ersehen zu lassen, und daher sowohl die Tages-Situation wie die Grubenbaue enthalten; vgl. Rhodius (Z f. BR. 1. S. 219 ff.). Das BG. gebraucht den Ausdruck wohl in dem letzteren weiteren Sinne; vgl. § 43 der Dortm. Instr. In der BPO. v. 20. Okt. 1866 (s. n. 459) wird jener Ausdruck zwar im engeren Sinne genommen, gleichwohl aber bestimmt, daß Tagegebäude, Wasserbassins, Klärsümpfe, Eisenbahnen, Wege und alle Gegenstände der Tagessituation, auf deren Erhaltung beim Grubenbetriebe Rücksicht zu nehmen ist, ebenfalls zu Risse genommen werden sollen.

457. Die Anfertigung, resp. Nachtragung des Grubenbildes durch einen Geometer genügt nicht, da § 72 nicht, gleich dem § 17, die Wahl zwischen einem solchen und einem Markscheider zuläßt.

Das eine Exemplar des Grubenbildes ist an die Bergbehörde zum Gebrauche derselben abzuliefern, das andere auf dem Bergwerke oder, falls es daselbst an einem geeigneten Orte fehlt, bei dem Betriebsführer aufzubewahren.

a. [Br. 74 Abs. 1. 2 gleichl., doch ohne die Worte: „in zwei Exemplaren"; außerdem heißt es statt „konzessionirten Markscheider": „Sachverständigen." — Abs. 3: „Ein Duplikat des Grubenbildes ist an die Bergbehörde auf deren Erfordern abzuliefern, das andere Exemplar etc." (im Uebrigen gleichl.).

M. 72 gleichl., mit Zus.: „das Bergamt kann die Anfertigung und Einreichung des Grubenbildes bei Tagebauen erlassen."

G. 67 gleichl., nur heißt es statt „konzessionirten Markscheider": „geprüften Markscheider oder Geometer," statt „Oberbergamt": „Revierbeamten"; hinter „Betriebsführer" ist eingeschaltet: „Eigenthümer oder dem Vertreter desselben."

B. 70 gleichl., nur heißt es statt „konzessionirten": „amtlich bestellten."

b. Vgl. die Strafvorschrift des § 207 h. 1.]

§ 73. Der Betrieb darf nur unter Leitung, Aufsicht

---

458. Der in Abs. 1 vorkommende Ausdruck „regelmäßig" würde, aus Abs. 2 erläutert, nur auf die nach bestimmten Zeitabschnitten zu bewirkenden Nachtragungen zu beziehen sein. Huyssen S. 47 giebt demselben jedoch einen anderen, resp. weiteren Sinn, indem er ihn identifizirt mit den Worten: „nach Maßgabe des Fortschreitens der Baue, der Veränderungen in den Tagesgegenständen, sowie des Bedürfnisses bei der Betriebsführung;" er rechnet daher zu den „regelmäßigen" Nachtragungen nicht allein die periodischen, sondern auch die außerordentlichen. Ohne diese Auslegung gerade im Prinzipe gutzuheißen, bestimmen die in n. 459 erwähnten Verordnungen, daß bei jeder Betriebseinstellung eine Nachtragung stattfinden solle. Daß in besonderen Fällen die sofortige Nachtragung im sicherheitspolizeilichen Interesse durch den RB. verfügt werden könne, wie dies einzelne jener Verordnungen hervorheben, unterliegt, beim Zutreffen der Voraussetzungen der §§ 196 ff., keinesfalls einem Bedenken. — Vgl. außerdem A. Achenb. (Z. f. BR. 8. S. 130).

459. Im Anschlusse an § 72 Abs. 2 sind durch oberbergamtliche Verordnungen v. 11. Sept. 1865 und 19. April 1869 (Halle), 20. Okt. 1866 (Breslau), 8 Nov. 1867 (Bonn), 31. Juli 1868 (Dortmund), und 5. Juni 1869 (Clausthal), (Z. f. BR. 7. S. 331. 541; 8. S. 443; 10. S. 293. 295) nähere Bestimmungen über die Zeitabschnitte getroffen, in welchen die Nachtragungen stattzufinden haben. Die VO. v. 11. Sept. 1865 ist in Form einer bloßen Bekanntmachung erlassen, wogegen sich die Bestimmungen der übrigen OBA. in Bergpolizei-Verordnungen im Sinne des § 197 finden. Das OBA. Breslau und die Direktion zu Clausthal erklären den RB. für befugt, bei einzelnen Gruben für die periodische Nachtragung sowohl längere Fristen zu gewähren, als auch kürzere zu bestimmen. Ob jedoch eine solche Delegation dem Geiste des BG. entspreche, erscheint sehr bedenklich, zumal da § 72 Abs. 2 doch wohl nur solche Vorschriften im Auge hat, welche allgemein für sämmtliche Gruben eines größeren Bezirks, wo nicht des ganzen OBA.'s-Bezirks gelten sollen. Im Uebrigen s. n. 458.

460. Außerdem vgl. n. 432. 473 und 994. Insbesondere gilt das unter n. 432 Gesagte auch hier.

Zu § 73.

461. Von welchen Personen § 73 rede, erläutert sich aus § 74. Gruben-Rechnungsführer gehören dahin nicht, und sind daher keiner Qualifikations-Prüfung zu unterwerfen; vgl. MR. 24. Okt. 1852 (M. Z. 1. S. 38).

462. Unter „Befähigung" ist in den §§ 73 ff. nur die technische Befähigung verstanden; der Nachweis moralischer Garantien, z. B. der Nüchternheit, Ausdauer rc. wird nicht erfordert; vgl. MR. 21. Dez. 1860 (M. Z. 9. S. 9).

und Verantwortlichkeit von Personen geführt werden, deren Befähigung hierzu anerkannt ist.

a. [Br. 75, M. 73 gleichl.
G. 68 gleichl., nur ist nach „darf" eingeschaltet: „sofern das Bergamt solches für erforderlich hält."
B. 71 gleichl.
b. Vgl. die Strafvorschrift des § 207 b. 1]

§ 74. Der Bergwerksbesitzer hat die zur Leitung und Beaufsichtigung des Betriebes angenommenen Personen, wie Betriebsführer, Steiger, technische Aufseher rc., der Bergbehörde namhaft zu machen.

Diese Personen sind verpflichtet, ihre Befähigung zu den ihnen zu übertragenden Geschäften nachzuweisen und sich zu diesem Zwecke auf Erfordern einer Prüfung durch die Bergbehörde zu unterwerfen.

---

463. Die amtliche Anerkennung der Befähigung schützt den Werksbesitzer nicht gegen die Verantwortlichkeit, welche nach der Civilgesetzgebung, insbesondere dem ALR., aus der Wahl unfähiger Grubenbeamten Dritten gegenüber erwächst; vgl. Achenb. (Z. f. BR. 9. S. 111).

464. Das Geschäft der Betriebsführer, Steiger, technischen Aufseher rc. wird, den §§ 73 ff. zufolge, als ein besonderes betrachtet, welches bei Gewerkschaften nicht in den Geschäftsbereich des Repräsentanten fällt. Namentlich ist der Betriebsführer, welcher nach § 73 bestellt werden muß, trotzdem, daß seine Ernennung nach §§ 73. 117. 119 regelmäßig dem Repräsentanten zusteht, doch kein Substitut des letzteren, sondern ein durch das Gesetz als nothwendig bezeichneter Funktionär mit selbstständigem Geschäftskreise; er ist nicht als Beauftragter des Repräsentanten, sondern als Beauftragter der Gewerkschaft selbst thätig; vgl. Achenb. (Z. f. BR. 9. S. 112 ff.).

465. Ungeachtet die Kommission des H. d. A. (KB. II. S. 36) in der Vorschrift der §§ 73. 74 eine Beschränkung der Gewerbefreiheit erblickte, so unterliegen die dort genannten Personen doch nicht den Vorschriften der Gewerbe-Gesetzgebung, indem der Bw.'s-Betrieb kein Gewerbebetrieb ist, und jene Personen weder als selbstständige Gewerbtreibende, noch als Vertreter oder Gehülfen von Gewerbtreibenden erachtet werden können. Eben darum kann ihnen die Befugniß zur Beschäftigung beim Grubenbetriebe nicht durch ein Straferkenntniß auf Grund der §§ 184 und 203 des StrGB. abgesprochen werden; vgl. Klost. n. 174; contra: Oppenhoff StrGB. § 184 n. 15. Wohl aber steht der Bergbehörde arg. § 75 zu, die Anerkennung der Befähigung zurückzuziehen, wenn der Betreffende sich solche Verstöße gegen die Technik zu Schulden kommen läßt, daß dadurch seine Fähigkeit wieder in Frage gestellt wird. Klost. l. c. spricht dem RB. jene Befugniß, trotz des oben n. 462 Gesagten, sogar bei Verstößen gegen sicherheitspolizeiliche Maßregeln zu, gestattet aber in beiden Fällen wider derartige Verfügungen den Rekurs mit suspensiver Wirkung, weil der Verlust der Befähigung erst durch endgültige Entscheidung des OBA.'s oder des Handels-Ministers eintrete; vgl. auch n. 1027.

Zu § 74.

466. § 74 entspricht den Vorschriften in § 9 des Ges. v. 21. Mai 1860 welche er nur durch einen mit der bisherigen Praxis übereinstimmenden Zusatz über die Prüfung vervollständigt. Er ändert auch im Wesentlichen Nichts an dem früheren Rechtszustande der linken Rheinseite, da die abweichende Vorschrift des Dekrets v. 3 Jan. 1813 (Art. 25) schon durch die BPBO. v. 30. Juni 1835 in gleichem Sinne abgeändert wurde. Die von der RV. abweichende Fassung des § wurde beschlossen zur Vermeidung des Mißverständnisses, als habe die Bergbehörde ohne Weiteres zu bestimmen, welche Personen zur Leitung und Beaufsichtigung des Betriebs

Erst nachdem letztere die Befähigung anerkannt hat, dürfen die genannten Personen die ihnen übertragenen Geschäfte übernehmen.

a. [Br. 76 gleichl., nur heißt es statt „einer Prüfung durch die Bergbehörde": „einer durch die Bergbehörde anzuordnenden Prüfung."
M. 74 gleichl.
G. 69 gleichl., nur ist nach „hat" eingeschaltet: „solchenfalls"; statt „die 2c. angenommenen Personen" ist gesagt; „die etc. erforderlichen Personen anzunehmen und".
B. 72 gleichl.

b. § 74 Abs. 1 lautete in der RV.: „Der Bergwerksbesitzer hat die zur Leitung und Beaufsichtigung des Betriebs erforderlichen Personen, wie Betriebsführer, Steiger, technische Aufseher 2c. anzustellen und der Bergbehörde namhaft zu machen."

c. Vgl. die Strafvorschrift des § 207 h. 1.]

§ 75. Wird der Betrieb von einer Person geleitet oder beaufsichtigt, welche das erforderliche Anerkenntniß ihrer Befähigung (§ 74) nicht besitzt, oder welche diese Befähigung wieder verloren hat, so ist die Bergbehörde befugt, die sofortige Entfernung derselben zu verlangen und nöthigenfalls den in Betracht kommenden Betrieb so lange einzustellen, bis eine als befähigt anerkannte Person angenommen ist.

[Br. 77, M. 75, G. 70, B. 73 gleichl.]

---

erforderlich seien, und als ob die betreffenden Personen dauernd angestellt werden müßten. Vgl. Mot. S 63; Mot. v. 1862 S. 98; KB. I. S. 31. Hiernach ist selbst die für kürzere Zeit und zu vorübergehenden Zwecken stattfindende Annahme solcher Personen nach den §§ 74 ff. zu beurtheilen.

467. Wer wegen Uebertretung des § 74 civil- und strafrechtlich verantwortlich sei, beurtheilt sich nach dem unter n. 432 und 473 Gesagten; vgl. Achenb. (Z. f. BR. 9. S. 116).

468. Aus den Worten „zu den ihnen zu übertragenden Geschäften" geht hervor, daß der RB. den Befähigungsnachweis für die bestimmte Stelle zu verlangen, auch hierauf sein Attest zu beschränken hat, und jedenfalls nicht verpflichtet ist, dieselbe Person auf Grund des einmaligen Qualifikationsnachweises auch zur Uebernahme einer anderen Stelle oder anderer Geschäfte zuzulassen: Brass. (Z. f. BR. 1. S. 404). Uebrigens waren schon vor 1860 keine allgemeinen Qualifikations-Atteste üblich; vgl. MR. 30. Mai 1852 (M. Z. 1. S. 37). Die durch letzteres R. vorgeschriebene Einreichung des Dienstvertrags ist zum Nachweise des dem Betriebsbeamten 2c. zugedachten Geschäftskreises nicht mehr erforderlich, es genügt vielmehr, wenn dem RB. die jenem zu übertragenden Funktionen schriftlich angezeigt werden: MInstr. v. 16. Juni 1860 (Z f. BR. 1. S. 5).

469. Gegen die Entscheidung, durch welche der RB. einen Werksbeamten für die von ihm zu übernehmenden Geschäfte die Qualifikation abspricht, ist der Rekurs statthaft; vgl. Dortm. Instr. § 38.

Zu § 75.

470. § 75 stimmt gleichfalls mit § 9 des Ges. v. 21. Mai 1860 überein und schließt sich zugleich an die ähnliche Vorschrift im Art. 5 der linksrheinischen VO. v. 30. Juni 1835 (s. n. 466) an. Selbst der augenblickliche Mangel eines als befähigt anerkannten Betriebsführers schließt die vorläufige Betriebseinstellung nicht aus; vgl. Mot. S. 63; Mot. v. 1862 S. 99; KB. II. S. 37. Im Uebrigen s. n. 448. 449.

§ 76. **Die Personen, welche die Leitung oder Beaufsichtigung des Betriebes übernommen haben, sind für die Innehaltung der Betriebspläne, sowie für die Befolgung aller im Gesetze enthaltenen oder auf Grund desselben ergangenen Vorschriften und Anordnungen verantwortlich.**

[Br. 78 gleichl., nur ist vor „Betriebspläne„ eingeschaltet: „vorgelegten oder abgeänderten."
M. 76 gleichl.
G. 71 gleichl., ohne die Worte: „für die Befolgung."
B. 74 gleichl.]

Zu § 76.

471. Dieser § entspricht dem früheren Rechtszustande und beruht darauf, daß der Zweck, den die Anstellung befähigter Werksbeamten [d. h. also der im § 74 genannten Betriebsführer, Steiger, technischen Aufseher ꝛc.] hat, nur dann vollständig erreicht werden kann, wenn diese in der angegebenen Weise verantwortlich sind. Wie weit der Bw.'s-Besitzer selbst sich neben seinem Betriebsführer straf- oder civilrechtlich mit verantwortlich macht, unterliegt der Beurtheilung nach allgemeinen Grundsätzen [sofern hierüber nicht schon im BG. selbst Bestimmung getroffen sein sollte]. Vgl. Mot. S. 63; Mot. v. 1862 S. 99; oben n. 432. 463; ferner n. 473; und speziell bezüglich der Frage, inwiefern der Bw.'s-Besitzer für die Unglücksfälle, welche sich durch Versehen der Werksbeamten und Bergleute ereignen, den Beschädigten nach den Vorschriften der verschiedenen Civilgesetzgebungen hafte, Achenb. (Z. f. BR. 9. S. 104 ff.).

472. § 76 bezieht sich nur auf diejenige Verantwortlichkeit, welche dem Staate und Dritten gegenüber besteht. Rücksichtlich der gegenseitigen Rechte und Pflichten der im § 76 genannten Personen einer- und des Bw.'s-Besitzers andererseits sind die Vertragsbestimmungen maßgebend. Selbstredend kann durch Bestimmungen der letzteren Art die auf § 76 beruhende Verantwortlichkeit nicht geändert werden.

473. Unter der Verantwortlichkeit, von welcher § 76 redet, ist nicht blos die civilrechtliche, sondern auch und zwar vorzugsweise die strafrechtliche (§ 207) zu verstehen. Doch reicht dieselbe nicht so weit, als vielleicht aus der Fassung des § und der Motive (s. n. 471) gefolgert werden könnte. Das BG. legt manche auf den Betrieb bezügliche Verbindlichkeiten ausschließlich dem Bw.'s-Besitzer selbst zur Last; gegenüber diesen Verbindlichkeiten, thut der Betriebsbeamte genug, wenn er seinerseits alle Sorgfalt aufwendet, damit die betreffenden Vorschriften erfüllt werden. Nur dann, wenn er es hieran fehlen läßt, ist er eventuell mit dem Bw.'s-Besitzer strafbar, während im umgekehrten Falle der letztere allein haftet. Die unbedingte Verantwortlichkeit der Betriebsbeamten trifft daher blos bei solchen im Gesetze vorgeschriebenen Handlungen oder Unterlassungen zu, welche entweder ihnen selbst oder doch nicht ausschließlich einem Anderen zur Pflicht gemacht sind, und es haftet alsdann derjenige dieser Beamten, in dessen Geschäftsbereich die fragliche Handlung, resp. Unterlassung gefallen sein würde. Huyssen S. 49 stimmt hiermit im Wesentlichen überein, wogegen Klost. n. 176 der wörtlichen Auslegung des § 76 den Vorzug giebt und daher bei Uebertretung der §§ 66, 67, 69, 71—74 stets sowohl den Bw.'-Besitzer als den betreffenden Betriebsbeamten für strafbar hält.

474. Hiernach schließt die Strafbarkeit des Betriebsführers nicht nothwendig diejenige des Bw.'s-Besitzers und ebensowenig die der übrigen im § 74 genannten Betriebsbeamten aus; so ist z. B. der Steiger gegen die strafrechtlichen Folgen eines planwidrigen Betriebs nicht dadurch geschützt, daß er nur die Anordnungen des Betriebsführers vollzogen hat. Dagegen können bloße Bergarbeiter wegen Uebertretung der §§ 66 ff. wohl niemals zur strafrechtlichen Verantwortung gezogen werden.

§ 77. Dieselben sind verpflichtet, die Bergbeamten, welche im Dienste das Bergwerk befahren, zu begleiten und denselben auf Erfordern Auskunft über den Betrieb zu geben.

[Br. 79, M. 77, G. 72, B. 75 gleichl.]

§ 78. Der Bergwerksbesitzer muß den mit Fahrscheinen des Oberbergamts versehenen Personen, welche sich dem Bergfache gewidmet haben, zum Zwecke ihrer Ausbildung die Befahrung und Besichtigung des Werkes gestatten.

[Br. 80, M. 78, G. 73, B. 76 gleichl.]

§ 79. Der Bergwerksbesitzer ist verpflichtet, in den dafür festgesetzten Zeiträumen und Formen der Bergbehörde die vom Handelsminister vorgeschriebenen statistischen Nachrichten einzureichen.

[Br. 81 gleichl., nur ist statt „vom Handelsminister" gesagt: „von dieser."
M. 79 gleichl., ohne die Worte „vom Handelsminister."
G. 74 gleichl, nur heißt es statt „vom Handels-Minister vorgeschriebenen": „verlangten."
B. 77 gleichl., nur heißt es statt „vom Handels-Minister": „vom zuständigen Königl. Staatsministerium."]

Zu § 77—79.

475. Die Befolgung des aus Art. 24 des franz. Dekrets v. 3. Jan. 1813 entnommenen § 77, sowie der §§ 78 und 79 kann im Wege der administrativen Exekution resp. durch Strafbefehle (s. n. 1017) erzwungen werden. Der Ansicht Huyssens S. 49, daß jenen §§ auch durch eine allgemeine BPVO. des OBA.'s Nachdruck zu geben sei, läßt sich jedoch nicht unbedingt beipflichten, indem namentlich die §§ 78, 79 keine Gegenstände betreffen, welche in den Kreis der bergpolizeilichen Verordnungs-Gewalt (§ 197) fallen.

476. Bezüglich der von den RB. vorzunehmenden Befahrungen vgl. MR. 6. Juli 1863 (M. Z. 12 S. 203), Hall. und Dortm. Instr., § 36 resp. 41. Dem MR. 23. Febr. 1853 (ib. 1 S. 38) zufolge sollen die RB. sogar befugt sein, soweit dies zur polizeilichen Uebermachung nöthig erscheine, machinelle Einrichtungen aufzunehmen und bildlich darzustellen, wogegen der Bw.'s-Besitzer schon damals durch die Behörde nicht genöthigt werden konnte, andre weder angestellte noch vereidete Personen zur Aufnahme von Zeichnungen zuzulassen. Daß sich die zu fordernde Auskunft auch auf den Betrieb der Aufbereitungs-Anstalten erstreckt, folgt schon aus § 196. Im Uebrigen vgl. zu § 77 die Detailbestimmungen des Art. 24 des Dekr. v. 3. Jan. 1813 (s. n. 475).

477 Dem § 79 ähnliche Bestimmungen bestanden bisher nur für die linke Rheinseite, und zwar im Art. 36 des Dekr. v. 18. Nov. 1810 sowie in den Verwaltungs-Verordnungen v. 6. Dez. 1825 und 22. Juni 1857. Von einer spezielleren Aufzählung der Gegenstände der statistischen Nachrichten ward abgesehen, weil im Laufe der Zeit Abänderungen nöthig werden könnten. Um jedoch die Bw.'s-Besitzer vor Belästigungen zu schützen, sollen im Verwaltungswege allgemeine Vorschriften hierüber erlassen werden. Vgl. Mot. v. 1862 S. 109. Nach einem Erlasse v. 2. Jan. 1857 (Klost. n. 178) müssen die statistischen Nachrichten bis zum 1. April dem Handelsminister durch das OBA. eingesandt werden und Angaben über die Menge der Produktion (nach Maaß und Gewicht), den Werth derselben, die Anzahl der Arbeiter, deren Frauen und Kinder enthalten. — Auf die Statistik des Knappschaftswesens bezieht sich § 185 h. l.

Dritter Abschnitt.

Von den Bergleuten.

Zum dritten Abschnitte.

478. Ein wesentlicher Theil, resp. Ausfluß des älteren rechtsrheinischen Direktionsprinzips bestand in den Befugnissen, welche der Behörde in Betreff der Anstellung der Grubenbeamten, der Anlegung, Verlegung und Ablegung der Bergarbeiter sowie der Normirung ihres Lohns (§§ 307 ff., II, 16 ALR.) zugetheilt waren. Diese Befugnisse wurden jedoch schon seit dem Erlasse das Ges. 12. Mai 1851 thatsächlich nicht mehr gehandhabt und fielen auch rechtlich hinweg durch das Ges. v. 21. Mai 1860 (GS. 201), indem dieses die Abschließung der Verträge zwischen dem Bw.'s-Besitzer einer- und den Werksbeamten, resp. Bergleuten andererseits grundsätzlich dem freien Uebereinkommen derselben überließ, und eine Mitwirkung der Bergbehörde nicht allein bei Annahme sowie Entlassung der genannten Personen, sondern auch bei der Festsetzung des Schicht- und Gedingelohns im Allgemeinen ausschloß. Nur in Beziehung auf gewisse Seiten des Arbeitsverhältnisses, namentlich über Aufhebung desselben, Abkehrscheine, Lohnzahlung und das Verfahren bei Streitigkeiten aus dem Vertrage wurden in jenem Gesetze noch besondre, größtentheils absolut ge- und verbietende Vorschriften aufgestellt, deren gemeinsame Tendenz vorwiegend auf den Schutz der Bergleute gegen Uebergriffe ihrer Arbeitgeber gerichtet war. — Das BG. bildet das Grundprinzip jenes Gesetzes insofern weiter aus, als es verschiedene Bestimmungen desselben theils modifizirt, theils ganz beseitigt, um das Rechtsverhältniß der Bergleute von den allgemeinen Regeln des Civilrechts nicht weiter zu entfernen, als sachlich und erfahrungsgemäß nöthig ist, wogegen es, soweit das Bedürfniß zu Spezialvorschriften fortbesteht, die bezüglichen Vorschriften des Ges. v. 1860 durchweg wörtlich übernimmt. Die wesentlichste Abweichung von letzterem besteht darin, daß die im § 6 desselben, nach dem Vorbilde des § 137 der Gewerbe-Ordnung v. 17. Jan. 1845, den Berggeschwornen übertragene Jurisdiktion als unpraktisch aufgegeben, mithin auch hinsichtlich der Ressortverhältnisse die allgemeine Gesetzgebung zur Geltung gebracht wurde. — In den linksrheinischen Landen galt das Ges. v. 1860 zwar nicht. Doch bestand dort schon früher ein freies Vertragsverhältniß zwischen Bw.'s-Besitzern und Bergleuten, weshalb die Vorschriften dieses Abschnitts an dem dortigen Rechtszustande nichts Wesentliches ändern, zumal, da manche derselben für die analogen Verhältnisse des Gesindes und der Gewerbsgehülfen dort schon früher galten. Vgl. Mot. S. 64.

479. Obgleich schon das Ges. v. 1860 aus der Ueberzeugung hervorging, daß die Gewerbegesetze für die rechtliche Behandlung des Verhältnisses der Bergleute weder überall paßten noch ausreichten, und obgleich das BG., auf derselben Anschauung beruhend, ebenfalls davon absah, jenes Verhältniß lediglich der Beurtheilung nach der allgemeinen Gewerbegesetzgebung zu unterwerfen (vgl. Mot. S. 12), so sind dennoch die meisten der von der Civilgesetzgebung abweichenden Vorschriften beider Gesetze theils ähnlichen Vorschriften der Gewerbegesetze, theils solchen der Gesinde-Ordnungen nachgebildet. Im Einklange mit diesem Systeme dehnt die Gewerbe-Ordnung für den Norddeutschen Bund v. 21. Juni 1869 im § 154 Abs. 1 einen Theil ihrer zunächst nur für Fabrikarbeiter und deren Arbeitgeber getroffenen Bestimmungen geradezu auf Bergleute und Bw.'s-Besitzer aus, so daß gegenwärtig, neben einzelnen §§ dieses Abschnitts des BG., oder gar an Stelle derselben die Bestimmungen jener Gew.-Ordn. gelten. Eine namhafte Aenderung der Berggesetzgebung ist hierdurch jedoch nicht herbeigeführt worden, indem die bezüglichen §§ der Gew.-Ordn. durchweg nur Vorschriften der Preußischen Gewerbegesetze und zwar solche reproduziren, welche auch den betreffenden §§ des BG. zur Quelle gedient haben. Der cit. § 154 Abs. 1 lautet nemlich:

> „Die Bestimmungen der §§ 128 bis 139 finden auch auf die Besitzer, beziehungsweise Arbeiter von Bergwerken, Aufbereitungsanstalten und unterirdisch betriebenen Brüchen oder Gruben Anwendung."

Von den dort bezogenen §§ berühren jedoch nur die §§ 134—139 das Gebiet des BG.; sie werden bei den §§ 86 ff. h. l. mitgetheilt werden. In Betreff der übrigen vgl. n. 484.

480. Unter „Bergleuten" sind in diesem Abschnitte durchweg nicht nur solche Arbeiter zu verstehen, welche auf Bergwerken im engeren Sinne, einschließlich der Erbstollen, sondern auch solche, welche auf den dem BG. unterworfenen Salinen und Aufbereitungs-Anstalten beschäftigt sind. Auch gilt dieser Abschnitt für die Bergleute auf Staatswerken, was beim Ges. von 1860, wenigstens nach einem MR. 21. Dez. 1860 (Z. f. BR. 2 S. 139), nicht der Fall war. Im Uebrigen vgl. n. 313.

481. Der Abschnitt findet auf Werksbeamte keine Anwendung. Dasselbe war bei dem Ges. v. 21. Mai 1860 der Fall, wenn von den §§ 2 und 9 abgesehen wird, deren Bestimmungen, soweit sie die Werksbeamten betreffen, schon im § 74 h. l. enthalten sind.

482. Die Vorschriften des 3. Abschnitts beschränken sich durchweg auf die rechtlichen Beziehungen der Bergleute zu ihren Arbeitgebern, namentlich auch, insofern sie von den Lohnforderungen handeln (§§ 86 ff.). Ueber die Rechte der Gläubiger auf die Arbeitslöhne und über deren exekutivische Beschlagnahmen bestehen keine solche Ausnahmebestimmungen zu Gunsten der Bergleute, wie sie zu Gunsten von Beamten und Militairpersonen, von Künstlern und Professionisten in den §§ 106 ff., 95 ff., I, 24; §§ 27 ff., I, 49 der AGO. und in der VO. 4. März 1834, § 14 (GS. 31) enthalten sind. Der Erlaß ähnlicher, die Freilassung eines Theils des Lohns der Bergleute betreffenden Vorschriften wurde zwar in der Sitzungsperiode des Landtags von 1860—1861 erörtert, aus sachlichen Gründen jedoch abgelehnt. Vgl. Brass. (M. Z. 4 S. 209); dieser folgerte übrigens schon aus allgemeinen prozessualischen Grundsätzen, daß jede Beschlagnahme nur den bereits verdienten bez. fällig gewordenen Lohn treffen könne, was gegenwärtig durch das Ges. v. 21. Juni 1869 (BGbl. S. 242), vorbehaltlich der im § 4 ib. zu Gunsten gewisser Steuerrückstände und Alimentationsansprüche gemachten Ausnahmen, ausdrücklich und unter Ausschließung aller hieran etwas ändernden Vereinbarungen ausgesprochen wird. Neu ist jedenfalls die im § 2 Abs. 2 des letzteren Gesetzes enthaltene Bestimmung, daß, soweit nach dem Vorgesagten der Lohn nicht mit Beschlag belegt werden kann, auch jede Verfügung durch Cession, Anweisung, Verpfändung oder durch ein anderes Rechtsgeschäft ohne rechtliche Wirkung sein soll.

483. Ebensowenig regeln die Vorschriften dieses Abschnitts die Frage, inwiefern der Bw.'s-Besitzer aus dem Versehen eines von ihm beschäftigten Bergmanns, dessen Mitarbeitern gegenüber, zum Schadensersatze verpflichtet sei; diese Frage ist vielmehr nach der allgemeinen Gesetzgebung zu lösen; vgl. in dieser Beziehung Achenb. (Z. f. BR. 9 S. 104 ff.; 8. S. 528).

484. Endlich enthält das BG. keine Vorschriften über die Beschäftigung jugendlicher Arbeiter. Während diese Materie in Betreff der Fabrikarbeiter sowohl wie der Bergleute früher durch das Regulativ v. 8. März 1839 und das Ges. v. 16. Mai 1853 geregelt war, ist sie es jetzt, gemäß §§ 6, 154 der B.-Gew.-Ordn. v. 21. Juni 1869 durch die §§ 128—133 ib. Außerdem kommt § 150 ib. in Betracht, welcher die Uebertretung der §§ 128—130 mit Strafen bedroht; der Umstand, daß des § 150 in den §§ 6. 154 cit. keine Erwähnung geschieht, dürfte die Anwendung desselben auf das Bergwesen nicht ausschließen, da er sich nur als eine die §§ 128—130 ergänzende Vorschrift darstellt. — Gemäß der Min.-Instr. v. 4. Sept. 1869 Nr. 23 (VMbl. S. 207) ist für den Bereich der Bergwerke und Aufbereitungs-Anstalten die Aufsicht über die Ausführung obiger §§ 128—133 überall von den Bergbehörden zu führen; namentlich sollen die durch das Gesetz der Ortspolizeibehörde zugewiesenen Obliegenheiten nach Maßgabe der darüber bereits früher erlassenen näheren Anweisungen durch die Revierbeamten wahrgenommen werden. — Die Beschäftigung von Frauenzimmern bei Arbeiten unter Tage ist nur durch die BPVO. der Oberbergämter Bonn und Breslau v. 8. Nov. 1867 und 26. Okt. 1868 (Z. f. BR. 8. S. 443; 10. S. 292) untersagt. § 11 der BGew.-Ordn. v. 21. Juni 1869 hat hieran, gemäß § 6 ib., Nichts geändert.

485. Die Ausnahmestellung, welche die Bergleute insofern einnahmen, als sie in den meisten Landestheilen eines Heirathskonsenses bedurften, und in einzelnen Theilen Hannover's Steuerfreiheit besaßen, hat mit Aufhebung der desfallsigen Vorschriften durch die AKO. 23. Juni 1862 und 24. Juni 1867, resp. durch die VO v. 28. Apr. 1867 (GS. 62 S. 220; 67 S. 1111. 533) aufgehört.

§ 80. Das Vertragsverhältniß zwischen den Bergwerksbesitzern und den Bergleuten wird nach den allgemeinen gesetzlichen Vorschriften beurtheilt, soweit nicht nachstehend etwas Anderes bestimmt ist.

Dagegen besteht die ACO 14. Aug. 1813 (GS. S. 103), wonach militairpflichtige Bergleute, falls sie nicht als Freiwillige eintreten, nur zum Mineur- und Pionierdienste gebraucht werden sollen, noch in Kraft: Huyssen S. 58.

Zu § 80.

486. Gemäß § 80, welcher sich den §§ 2. 3 des Ges. v. 21. Mai 1860 anschließt, beurtheilen sich die Fragen über Erfüllung des Vertrags, Vertretung des Zufalls ꝛc. nach den allgemeinen Regeln des Civilrechts, welche sehr verschieden lauten, je nachdem der Vertrag auf Werksverdingung (locatio conductio operis), d. h. auf Hervorbringung eines bestimmten Werks, z. B. der Abteufung eines Schachts, gegen einen bestimmten Preis, oder auf Dienstmiethe (locatio conductio operarum), d. h. auf die zur Hervorbringung des Werkes dienenden, jedoch keinen bestimmten Erfolg gewährleistenden Arbeiten gerichtet ist (§§ 898—980. I, 11 ALR.; L. 24. 25. 36. D. 19, 2; Art. 1779 des Rhein. BGB.). Die Vermuthung spricht nach dem ALR. für die Dienstmiethe; diese liegt zufolge § 906. I, 11 ib. selbst dann vor, wenn die Zahlung im Gedinge festgesetzt ist, sofern das Gedinge eben nur als Maßstab für die Zahlung gilt. Vgl. Klost. n. 180, Brass. (M. Z. 4 S. 212).

487. Auch bezüglich der Form des Vertrags gelten die allgemeinen Grundsätze des Civilrechts. Demgemäß ist im Gebiete des ALR. (s. § 131. I, 5) bei Vertragsobjekten von mehr als 50 Thlr. die schriftliche Form erforderlich, indem sonst der bedungene Lohn nur für die wirklich geleisteten Arbeiten gezahlt werden muß (§ 165 ib.). Bei der Dienstmiethe auf bestimmte Zeit bildet die Summe des Arbeitslohns während der Vertragsdauer das Objekt (im Sinne des cit. § 131), bei der Dienstmiethe auf unbestimmte Zeit der Einheitssatz, mithin der Jahres-, Monats-, Wochen- oder Tagelohn. Das gemeine und rheinische Recht machen die Gültigkeit des Vertrags von keiner Form abhängig. Doch ist nach Art. 1341 des Rhein. BGB. der Kläger bei Verträgen über mehr als 150 Franken in den Beweismitteln beschränkt, da solche Verträge nicht durch Zeugen, sondern nur durch Schriften und Eidesdelation dargethan werden können; arbeitet der Bergmann gegen Schichtlohn, so kommt Art. 1781 ib. zur Anwendung. Vgl. Klost. n. 181, Achenb. (S. 295 resp. Z. f. BR. 8 S. 528).

488. Schon durch § 6 des Ges. v. 21. Mai 1860 wurde jede Konkurrenz der Bergbehörde bei Festsetzung der Anfahrzeit und der Schichtendauer ausgeschlossen; ja es konnte, den Materialien zufolge, eine desfallsige Einwirkung nicht einmal unter dem Titel einer bergpolizeilichen, die Sicherheit der Gesundheit der Arbeiter betreffenden Maßregel [s. §§ 196 ff.] stattfinden: Brass. (Z. f. BR. 1. S. 451. 394; 2. S. 115). Dies gilt gegenwärtig um so viel mehr.

489. Ehedem legte man in den rechtsrheinischen Landestheilen den Bergbehörden das Recht zum Erlasse disziplinarischer Strafreglements bei, indem man die verbindende Kraft solcher Reglements aus dem Verhältnisse einer disziplinarischen Unterordnung herleitete, in welchem die Bergleute zufolge der Knappschaftseinrichtungen zu den Bergbehörden stehen sollten; vgl. Oppenhoff Ress.-Ges. S. 148. Dieses Recht war jedoch mit der veränderten Stellung der Bergbehörden unvereinbar und fiel daher gleich den in Handhabung desselben ergangenen Reglements hinweg. Mehr oder weniger an Stelle der letzteren traten die der älteren Gesetzgebung unbekannten Arbeitsordnungen, welche die Bw.'s-Besitzer selbst für ihre Werke erlassen. Das Ges. v. 21. Mai 1860 (§ 3) erwähnte ihrer zuerst und zwar insofern, als es deren amtliche Bestätigung vorbehielt. Gegenwärtig ist diese Bestätigung nicht mehr erforderlich; s. übrigens n. 493.

490. Das cit. Ges. v. 1860 ließ es zweifelhaft, ob die Arbeitsordnung nur eine Zusammenstellung solcher Vertragsbestimmungen enthalten könne, die das öffentliche Interesse berühren und einen disziplinarischen Charakter haben, oder ob unter denselben eine allgemeine Vertragsofferte zu verstehen sei, in welcher der Bw.'s-

Erlassen die Bergwerksbesitzer Arbeitsordnungen für ihre Werke, so müssen dieselben gleichzeitig mit der Bekanntmachung auf dem Werke zur Kenntniß der Bergbehörde gebracht werden.

a. [Br. 82 gleichl.

M. 80: „Soweit nicht nachstehend etwas Anderes bestimmt ist, finden auf die Bergleute, auf deren Vertragsverhältniss zu den Bergwerksbesitzern, auf die Vereinigungen der Ersteren und der Letzteren und auf deren Beitragspflicht zu gemeinnützigen Anstalten die Gewerbegesetzgebung und die sonstigen allgemeinen gesetzlichen Vorschriften Anwendung. — Jene Pflicht kann durch im Verwaltungswege zu erlassende Vorschriften auf Beiträge zu solchen Kassen ausgedehnt werden, welche die Unterstützung von Bergleuten, die ohne grobes eignes Verschulden arbeitsunfähig geworden, auf Lebenszeit, sowie die Unterstützung von Wittwen der Bergleute und von Kindern verstorbener Bergleute behufs der Erziehung zum Zwecke haben. (An Stelle des Art. 81 sind die unter n. 484 citt. §§ der BGew.-Ordn. v. 21. Juni 1869 getreten).

G. 75 gleichl., ferner bestimmt § 81: „Der Arbeitsherr darf gegen die Arbeiter nur die Mittel der Entlassung und in der Arbeitsordnung festgesetzter oder sonst vertragsmässig vereinbarter Lohnabzüge als Strafe anwenden. — An einem Lohntage darf als Strafe keinesfalls mehr als ein Fünftheil des fälligen Lohnes abgezogen werden."

Statt des § 76 des Gotha'schen BG.'s gelten jetzt die unter n. 484 citt. §§ der Gew.-Ordn. v. 21. Juni 1869. — G. 77 lautet: „Unmündige bedürfen zur Abschliessung eines Arbeitsvertrages der Einwilligung des Vaters oder Vormundes nicht, wenn sie bereits mit ausdrücklicher oder stillschweigender Einwilligung ihrer Eltern oder Vormünder in der Lage sind, ihr Fortkommen selbst suchen zu müssen. — War die Einwilligung nicht auf bestimmte Zeit beschränkt oder nicht ausdrücklich auf einen bestimmten Arbeitgeber gerichtet, so bedarf es zum Abschluss weiterer Arbeitsverträge mit Unmündigen keiner erneuten Einwilligung des Vaters oder Vormundes, vielmehr haben die mit solchen Unmündigen später abgeschlossenen Arbeitsverträge sammt allen daraus entspringenden Ansprüchen und Forderungen volle rechtliche Gültigkeit. — In Streitigkeiten, welche über nach Vorstehendem durch unmündige Arbeiter gültig geschlossene Arbeitsverträge entstehen, können unmündige Arbeiter auch ohne Vater oder Vormund vor Gericht handeln."

B. 78 gleichl.

b. Vgl. die Strafvorschrift des § 207 h. l.]

Besitzer ein für allemal die Bedingungen, selbst die rein privatrechtlichen, festsetzt, unter denen er Arbeiter in Dienst nehmen will. Brassert (Z. f. BR. 2. S. 104 ff.) huldigte der letzteren Anschauung; diese kann gegenwärtig, nachdem das Erforderniß der Bestätigung und mit ihm der Hauptgrund für obige engere, u. A. auch im MR. v. 13. Febr. 1861 (M. Z. 9. S. 12) adoptirte Auffassung hinweggefallen ist, keinem Bedenken mehr unterliegen.

491. Eine **Verpflichtung** zum Erlasse von Arbeitsordnungen besteht nicht: Brassert. (Z. f. BR. 1. S. 447). **Berechtigt** dazu ist bei Gewerkschaften der **Repräsentant**.

492. Die in einer Arbeitsordnung angedrohten Strafen sind nicht etwa nach den §§ 45 ff., II, 6 ALR., sondern als reine **Conventional-Strafen** zu beurtheilen. Ist daher über deren Art und Höhe keine Bestimmung getroffen, Alles vielmehr in das Ermessen des Bw.'s-Besitzers oder seiner Beamten gestellt, so ist die betreffende Vorschrift der Arbeits-Ordnung ungültig (§ 71 I, 5 ALR.; Art. 1129

§ 81. Das Vertragsverhältniß kann, wenn nicht ein Anderes verabredet ist, durch eine jedem Theile freistehende, vierzehn Tage vorher zu erklärende Kündigung aufgelöst werden.

[Br. 83 gleichl.
M. 82 gleichl., nur ist nach „Vertragsverhältniß" eingeschaltet: „zwischen den Bergleuten und dem Bergwerks-Besitzer."
G. 78: „Wenn über die Kündigungszeit nichts Anderes verabredet oder in Arbeitsordnungen festgesetzt ist, gilt die übliche Auslohnungsfrist auch als Kündigungsfrist, so dergestalt, dass beiderseits nur von Lohntag zu Lohntag gekündigt werden kann."
B. 79 gleichl.]

---

des Rhein. BGB.). Als Conventionalstrafen können sie nach den Motiven zum Gesetze v. 1860 (Z. f. BR. 1. S. 395) nur in Geldbuße oder Ablegung bestehen. Wenn Brass. (ib. S. 449) auch Arbeitsstrafen und Verweis zulassen will, so mag dies in Betreff der ersteren, z. B. der Strafschichten, Verlegung an einen ungünstigeren Arbeitsort oder Zurückversetzung von der Häuer- zur Schlepperarbeit, zugegeben werden; der Verweis gehört dagegen zu den Ehrenstrafen, welche gleich den Freiheitsstrafen, wie Brass. anerkennt, stets auf Anordnungen der Staatsgewalt beruhen müssen. Daß eine Handlung oder Unterlassung gesetzlich oder polizeilich verpönt ist, schließt die Anordnung einer ferneren Strafe durch die Arbeitsordnung nicht aus: Brass. l. c. Will sich der Arbeiter der Strafe nicht fügen, so hat, in Ermangelung eines Kompromisses, der Richter und zwar der Civilrichter, zu erkennen. Vgl. über diese Materie außer Brass. (ib. 1. S. 447 ff.; 2. S. 104) ein Urtheil des AG. Hamm (bei Huyssen S. 50) und Oppenhoff Ress.-Ges. S. 122.

493. Da die Bestimmungen der Arbeitsordnung einen integrirenden Theil des Dienst- und Arbeitsvertrags bilden, so unterliegt die Entscheidung über deren Rechtsgültigkeit im einzelnen Streitfalle der richterlichen Kognition; s. n. 492. Gleichwohl wollte das BG. die Bergverwaltung von der Einwirkung auf den Inhalt der Arbeitsordnung nicht gänzlich ausschließen, sie vielmehr in die Lage versetzen, die Ausführung etwaiger gesetzwidriger Bestimmungen zu verhindern. Zur Rechtfertigung der zu diesem Behufe getroffenen Vorschrift des § 80 Abs. 2 bemerken die Mot. S. 66, die Behörde könne nicht zugeben, daß dem Gesetze und insbesondere der Bergpolizei zuwiderlaufende Bestimmungen unter ihren Augen zur allgemeinen Richtschnur für die Arbeiter festgestellt und öffentlich bekannt gemacht würden. Wenn hiernach der Bergbehörde in Beziehung auf die Arbeitsordnungen ähnliche Befugnisse zustehen, wie in Beziehung auf die Betriebspläne, so fehlt es doch an einer dem § 68 analogen Vorschrift über die Art, wie jene Behörde gesetzwidrigen Bestimmungen, (z. B. solchen, welche unzulässige Beschränkungen der persönlichen oder der Gewerbe-Freiheit enthalten: Klost. n. 182) entgegenzutreten habe. Die verschiedenen Dienstinstruktionen für die RB. besagen in dieser Hinsicht nur, daß der RB. die Beseitigung derartiger Bestimmungen dem Bw.'s-Besitzer aufgeben solle. Es unterliegt jedoch keinem Zweifel, daß diese Beseitigung nöthigenfalls durch exekutivische Strafbefehle des OBA.'s erzwungen werden kann, wogegen die Betriebseinstellung zu gleichem Zwecke nicht gestattet ist. Alle auf Grund des § 80 Abs. 2 erlassenen Verfügungen gehören dem Gebiete der Arbeiterpolizei an, und beurtheilen sich daher nach dem Ges. v. 11. Mai 1842.

494. Die Benachrichtigung der Bergbehörde ist Sache desjenigen, welcher die Arbeitsordnung auf dem Werke bekannt zu machen hat; sie wird daher regelmäßig dem Betriebsführer obliegen, und dieser im Unterlassungsfalle der nach § 207 Strafbare sein; vgl. § 76.

Zu § 81.

495. § 81 wiederholt die dem § 139 der Gew.-Ordn. v. 17. Jan. 1845 entsprechende Bestimmung des § 4 des Ges. v. 21. Mai 1860. Er hat nur die Fälle einer eigentlichen Dienstmiethe, nicht diejenigen einer Werksverdingung [s. n. 486] im Auge: Brass. (Z. f. BR. 1. S. 454). Ob die Aufkündigung schriftlich

§ 82. Vor Ablauf der vertragsmäßigen Arbeitszeit und ohne vorhergegangene Aufkündigung können Bergleute entlassen werden:

1) wenn sie eines Diebstahls, einer Veruntreuung, eines liederlichen Lebenswandels, groben Ungehorsams oder beharrlicher Widerspenstigkeit sich schuldig machen;
2) wenn sie eine sicherheitspolizeiliche Strafvorschrift bei der Bergarbeit übertreten;
3) wenn sie sich Thätlichkeiten oder Schmähungen gegen den Bergwerksbesitzer, dessen Stellvertreter oder die ihnen vorgesetzten Beamten erlauben;
4) wenn sie zur Fortsetzung der Arbeit unfähig geworden oder mit einer ekelhaften Krankheit behaftet sind.

[Br. 84 gleichl.

M. 83: „Der Bergarbeiter darf sofort entlassen werden, wenn er bei der Bergarbeit sicherheitspolizeiliche Strafvorschriften übertritt, oder wenn er sich Thätlichkeiten oder Schmähungen gegen die befahrenden Staatsbeamten erlaubt."

G. 79: „Ohne Rücksicht auf Kündigungsfrist darf der Arbeiter, soweit nicht der Arbeitsvertrag oder die Arbeitsordnung weitergehende Bestimmungen enthält, sofort entlassen werden: a. wenn er etc. (wie Nr. 1 h. l.), oder wegen Verletzung pflichtmässiger Verschwiegenheit nach Art. 320 des StrGB. verurtheilt wird; b. wenn er etc. (wie Nr. 2 h. l); c. wenn er den Arbeitsherrn oder ein Mitglied der Familie oder seines Hausstands oder eine zur Aufsicht angestellte Person thätlich oder sonst schwer beleidigt; d. wenn er Glieder der Familie des Arbeitsherrn oder Mitarbeiter zu unordentlichem Lebenswandel oder zu unerlaubten Handlungen zu verleiten sucht; e. wenn er sich weigert, die ihm übertragenen Arbeiten auszuführen; f. wenn er arbeitsunfähig wird oder in eine ansteckende oder ekelhafte Krankheit verfällt; g. wenn in Folge von Elementarereignissen die Arbeit eingestellt werden muss; h. wenn auf Grund gegenwärtigen Gesetzes von dem Bergamte die zeitweilige oder bleibende Einstellung des Grubenbetriebs gegen den Grubenbesitzer ohne dessen Verschulden verfügt wird."

B. 80 gleichl., nur heißt es in der Nr. 1 st. „einer Veruntreuung": „einer Unterschlagung, eines Betrugs, einer Hehlerei, einer vorsätzlichen Eigenthumsbeschädigung," und statt „Widerspenstigkeit": „Widersetzlichkeit"; — sodann in der Nr. 3 statt „Schmähungen": erhebliche Ehrverletzungen"; endlich sind in der Nr. 4 vor „ekelhaften Krankheit" die Worte eingeschaltet: „ansteckenden oder."

---

oder mündlich erfolgen müsse, beurtheilt sich nach denselben Normen, welche für die Abschließung des Vertrags gelten (n. 487). Bei Berechnung der 14tägigen Frist zählt der Tag der Aufkündigung nicht mit. Vgl. Klost. n. 183.

Zu §§ 82. 83.

496. Die §§ 82. 83 stimmen wörtlich mit § 5 des Ges. v. 21. Mai 1860 überein, jedoch mit Weglassung des völlig entbehrlichen Schlußsatzes: „Inwiefern in den zu 4. gedachten Fällen dem Entlassenen ein Anspruch auf Entschädigung zustehe, ist nach dem besonderen Inhalte des Vertrages und nach den allgemeinen gesetzlichen Vorschriften zu beurtheilen"; so: die Motive S. 66. Die gemeinsame Quelle dieser Bestimmungen bilden die §§ 140. 141 der Gew.-Ordn. v. 1845, wie diese wieder aus den §§ 116—139 II, 5 ALR., resp. den §§ 117—142 der Gesinde-Ordn. v. 8. Nov. 1810 geschöpft sind. Hieraus, sowie aus der Fassung der §§ 82. 83

§ 83. Vor Ablauf der vertragsmäßigen Arbeitszeit und ohne vorhergegangene Aufkündigung können Bergleute die Arbeit verlassen:

1) wenn sie zur Fortsetzung der Arbeit unfähig werden;
2) wenn der Bergwerksbesitzer oder dessen Stellvertreter sich thätlich an ihnen vergreift;
3) wenn er ihnen den versprochenen Lohn oder die sonstigen Gegenleistungen ohne genügende Veranlassung vorenthält.

[Br. 85 gleichl. — M. (vacat).
G. 80 Abs. 1: „Der Arbeiter ist befugt, die Arbeit ohne Kündigung zu verlassen: a. wenn ihm von dem Arbeitgeber widerrechtliche oder unsittliche Handlungen zugemuthet werden; b. wenn er vom Arbeitgeber oder dessen Beauftragten thätlich oder sonst schwer beleidigt oder in einer unzulässigen Weise bestraft wird; c. wenn er am Lohntage seinen Lohn nicht oder nicht in der vorschriftsmässigen Weise erhält; d. wenn er zur Fortsetzung der Arbeit unfähig wird; e. wenn bei Fortsetzung der Arbeit sein Leben oder seine Gesundheit einer erweislichen besonderen Gefahr ausgesetzt sein würde." Abs. 2 ist weggefallen durch die Gew.-Ordn. v. 21. Juni 1869; § 81 wurde mitgetheilt zu § 80 h. l.
B. 81 gleichl.]

---

und ihrer Beziehung zu § 81 ergiebt sich, daß sie, gleich diesem (s. n. 495), nur für die Dienstmiethe, nicht auch für die Werksverdingung gelten. In Betreff der Auflösung des letztern Vertrags bewendet es bei den allgemeinen Grundsätzen des Civilrechts.

497. Die Vorschriften des § 82 Nr. 1—3 und des § 83 gehören der öffentlichen Ordnung an, und können daher durch besondere Vereinbarungen im Dienstvertrage nicht außer Kraft gesetzt werden (ius publicum privatorum pactis mutari nequit); vgl. n. 478.

498. Der Ausdruck „Veruntreuung" findet sich bereits in der analogen Vorschrift des § 120 II, 5 ALR., resp. des § 121 der Gesinde-Ordnung v. 8. Nov. 1810 und ist hier, zufolge § 1350 II, 20 ALR., gleichbedeutend mit „Unterschlagung anvertrauter Gelder oder Sachen." Des im § 1351 II, 20 ib. vorgesehenen Schuldenmachens auf den Namen der Herrschaft wird im § 122 II, 5 ib., resp. § 123 der Gesinde-Ordn. besonders gedacht, dasselbe war sonach dort unter dem Ausdrucke „Veruntreuung" nicht mit verstanden, und ist demgemäß auch im § 82 Nr. 1 unter diesem nicht mit begriffen. — Veruntreuungen und Diebstähle rechtfertigen die Entlassung selbst dann, wenn sie nicht zum Nachtheile des Arbeitgebers selbst, sondern eines Dritten verübt sind; (bei dem Gesinde gilt das Gegentheil: § 120 II, 5 ALR., Gesinde-Ordn. § 121). — Vorausgesetzt wird aber, daß der Diebstahl ꝛc. während des Bestehens des Arbeitsverhältnisses bei dem betr. Werke verübt sei; es genügt sonach nicht, wenn ein früher begangenes Vergehen in jener Zeit entdeckt wird. In der Fortsetzung des Arbeitsverhältnisses nach stattgehabter Entdeckung eines begangenen Diebstahls ꝛc. kann unbedenklich ein Verzicht auf das Recht der Entlassung gefunden werden.

499. Unter „Thätlichkeiten" und „Schmähungen" (§ 82 Nr. 3, § 83 Nr. 2) sind nicht etwa blos solche zu verstehen, welche aus Anlaß des Bergwerksbetriebes und auf dem Werke selbst vorfallen, da das Gesetz allgemein spricht und seine Quellen sowenig wie die ratio legis einer restriktiven Deutung das Wort reden. Im Uebrigen ist das unter n. 498 a. E. Gesagte analog auch hier anwendbar.

500. Nach Klost. n. 200, sind unter dem „Bw.'s-Besitzer" im § 82 Nr. 3 und § 83 Nr. 2 sowohl wie im § 87 nur die Besitzer eines ganzen Bw.'s zu verstehen, nicht also auch die Gewerken des alten und neuen Rechts. Dem ist hinsicht-

§ 84. Der Bergwerksbesitzer oder dessen Stellvertreter ist verpflichtet, dem abkehrenden Bergmanne ein Zeugniß über die Art und Dauer seiner Beschäftigung und auf Verlangen auch über seine Führung auszustellen, dessen Unterschrift die Ortspolizeibehörde kosten- und stempelfrei zu beglaubigen hat.

Wird die Ausstellung des Zeugnisses verweigert, so fertigt die Ortspolizeibehörde dasselbe auf Kosten des Verpflichteten aus.

Werden dem abkehrenden Bergmanne in dem Zeugnisse Beschuldigungen zur Last gelegt, welche seine fernere Beschäftigung hindern würden, so kann er auf Untersuchung bei der Ortspolizeibehörde antragen, welche, wenn die Beschuldigung unbegründet befunden wird, unter dem Zeugnisse den Befund ihrer Untersuchung zu vermerken hat.

[Br. 86 gleichl., nur ist nach „dessen Unterschrift" eingeschaltet: „nöthigenfalls."

M. und G. (vacat.)

B. 82 gleichl., nur ist gesagt statt „Führung": „Aufführung" und statt „so kann er auf Untersuchung 2c.": „so hat die Ortsbehörde auf Antrag des ersteren die näheren Erhebungen zu pflegen und deren Ergebniss auf dem Zeugnisse zu vermerken."]

---

lich der letzteren Gewerken unbedingt beizupflichten. Was dagegen die Gewerken einer älteren Gewerkschaft und die Miteigenthümer im Sinne des § 133 (Abs. 1 und 2) betrifft, so dürfte die Frage nach Lage der thatsächlichen Verhältnisse, insbesondere nach dem Umfange der Betheiligung, bald zu bejahen, bald zu verneinen sein. Thätlichkeiten bloßer Werksbeamten fallen nicht unter § 83 Nr. 2, da die Werksbeamten im § 82 Nr. 3 neben dem Stellvertreter des Bw.'s-Besitzers genannt werden, mithin auch wohl im § 83 Nr. 2 unter jenem Ausdrucke nicht mitbegriffen sind.

501. In den Fällen des § 82 Nr. 1—3 kommt dem Bergmanne der Lohn nur nach Verhältniß derjenigen Zeit zu, während welcher er wirklich gearbeitet hat. Bezüglich der Frage, ob der Bergmann in den Fällen des § 82 Nr. 4 und des § 83 den Lohn für die Kündigungsfrist und sonstige Entschädigung fordern könne, finden in Ermangelung besonderer Vertragsbestimmungen die allgemeinen civilrechtlichen Grundsätze Anwendung (s. n. 496); vgl. auch die auf analoge Fälle bezüglichen Vorschriften der Gesinde-Ordn. v. 8. Nov. 1810 und 19. Aug. 1844 §§ 150 bis 152, resp. §§ 38—40.

502. Ueber den Wegfall der Strafvorschriften wegen ungesetzlicher Verlassung des Dienstes und groben Ungehorsams s. n. 8.

Zu §§ 84. 85.

503. Abkehrscheine waren schon vor 1860 üblich und in den revidirten Bergordnungen ausdrücklich vorgeschrieben. Die mittelbare Quelle des § 84 bilden jedoch die §§ 171 ff, II, 5 ALR., resp. die an deren Stelle getretenen §§ 171 ff. der Gesinde-Ordn. v. 8. Nov. 1810, welche, mit geringen Modifikationen in die Rhein. Gesinde-Ordn. v. 19. Aug. 1844 (vgl. §§ 43 ff.), in die Gew.-Ordn. v. 1845 (vgl. § 142) und in das Ges. v. 21. Mai 1860 übergegangen sind. Vom § 7 des letzteren weicht § 84 nur darin ab, daß er die Strafbestimmung wegen der verweigerten Ausstellung des Scheins nicht wiederholt, und die Untersuchung seines Inhalts nicht dem RB., sondern der Ortspolizeibehörde überträgt. § 85 entspricht dem § 8 des Ges. v. 1860. Der Gesinde- und Gewerbe-Gesetzgebung war eine solche Vorschrift fremd. Doch finden sich Bestimmungen ähnlicher Art in manchen

§ 85. **Bergwerksbesitzer oder deren Stellvertreter dürfen Arbeiter, von denen ihnen bekannt ist, daß sie schon früher beim Bergbau beschäftigt waren, nicht eher zur Bergarbeit annehmen, bis ihnen von denselben das Zeugniß des Bergwerksbesitzers oder Stellvertreters, bei dem sie zuletzt in Arbeit gestanden,. beziehungsweise das Zeugniß der Ortspolizeibehörde (§ 84) vorgelegt ist.**

a. [Br. 87 gleichl. — M. und G. (vacat). — B. gleichl.
b. Vgl. die Strafvorschrift des § 207 h. l.]

Ortspolizei-Verordnungen. — Für die linksrheinischen Lande füllen die §§ 84. 85 eine Lücke in der Gesetzgebung aus, welche dadurch entstanden war, daß die im Art. 26 des Dekrets v. 3. Jan. 1813 auch für die Bergleute vorgeschriebenen Arbeitsbücher (livrets) durch das Ges. v. 8. Juni 1860 (GS. S. 277) abgeschafft wurden, indem der Ob.-Präs-VO. v. 13. Jan. 1847, welche statt der Arbeitsbücher die rechtsrheinischen Abkehrscheine einführte, die Wirksamkeit eines Gesetzes abging; vgl. Mot. S. 65. Die §§ 84, 85 gelten noch jetzt, während die Verpflichtung zur Führung förmlicher Arbeitsbücher, soweit sie bisher zu Lasten von Gewerbegehülfen und Fabrikarbeitern bestand, durch §§ 113 u. 127 der BGew.-Ordn. v. 21. Juni 1869 aufgehoben ist. Auch ist ihre Wirksamkeit nicht, wie diejenige der §§ 81—83 (s. n. 495. 496), auf solche Berglente beschränkt, welche zum Bw.'s-Besitzer im Verhältnisse einer Dienstmiethe stehen.

504. Das Zeugniß hat hauptsächlich den Zweck, festzustellen daß das frühere Dienstverhältniß gelöst ist, in dieser Hinsicht also der Anlegung des Bergmanns kein Hinderniß entgegensteht; vgl. Materialien zum Ges. v. 21. Mai 1860 (Z. f. BR. 1. S. 400). Gleichwohl geht das BG. nicht soweit, wie der Entwurf von 1862, insofern dieser die Pflicht des Bw.'s-Besitzers, einen Abkehrschein zu ertheilen, auf die Fälle der §§ 81—83 beschränkte, mithin dem vertragsbrüchigen Bergmann den Anspruch auf Erlangung des Abkehrscheins unbedingt absprach; denn obschon auch im BG. dem Bw.'s-Besitzer nicht zugemuthet wird, durch Ertheilung eines Zeugnisses den Vertragsbruch zu begünstigen, so tritt dennoch arg. § 85 die Pflicht zur Ertheilung des Zeugnisses dann ein, wenn die rechtlichen und faktischen Voraussetzungen zur Fortsetzung oder Wiederaufnahme des Dienstes hinweggefallen sind, resp. wenn von dem Bestehen und der Geltendmachung einer desfallsigen Verpflichtung nach dem beiderseitigen Willen keine Rede weiter ist.

505. Klost. n. 186 und Huyssen S. 52 halten den BW.'s-Besitzer für befugt, auch ohne Verlangen des Bergmanns ein Urtheil über dessen Führung im Zeugnisse abzugeben, indem jener keinen Anspruch auf einen s. g. reinen Abkehrschein habe [?].

506. Die §§ 84. 85 gebrauchen den Ausdruck „Stellvertreter des Bw.'s-Besitzers" augenscheinlich nicht in dem engen Sinne, wie die §§ 82 und 83, sondern begreifen darunter auch den Betriebsführer, sofern dieser nach seinem Dienstvertrage zur Annahme und Entlassung der Bergarbeiter befugt ist. Eventuell könnte daher auch dieser wegen Uebertretung des § 85 gemäß § 207 in Strafe genommen werden.

507. Gegen die von der Ortspolizeibehörde getroffenen Anordnungen (§ 84 Abs. 2 und 3), findet der Rechtsweg ebensowenig statt, wie gegen die von derselben Behörde hinsichtlich der Gesindezeugnisse ergangenen Entscheidungen; vgl. Ges.-Ordn. v. 8. Nov. 1810, § 173; Ges.-Ordn. v. 14. Aug. 1844 §§ 45. 48; R. v. 17. April 1812 und Oppenhoff Ress.-Ges. S. 189.

508. Da das BG. sowenig, wie die Ges.-Ordn. v. 8. Nov. 1810 von dem Ersatze des Schadens spricht, welcher dem Bergmanne durch eine in dem Zeugnisse enthaltene falsche Beschuldigung erwächst, so kann sich unter seiner Herrschaft dieselbe Streitfrage erheben, welche bei Auslegung der Gesinde-Gesetzgebung hervorgetreten ist, ob nemlich ein Entschädigungsanspruch überhaupt bestehe, und eventuell: unter welchen Voraussetzungen; vgl. v. Rönne, Ergänz. 2c. der Preuß. Rechtsbücher (zu

§ 86. Bergwerksbesitzer sind verpflichtet, die für sie beschäftigten Bergleute in baarem Gelde auszulohnen. Sie dürfen denselben keine Waaren kreditiren.

Dagegen können den Bergleuten Wohnung, Feuerungsbedarf, Landnutzung, regelmäßige Beköstigung, sowie die zur Bergwerksarbeit erforderlichen Werkzeuge und Betriebsmaterialien unter Anrechnung bei der Lohnzahlung verabfolgt werden.

---

§ 173 der Ges.-Ordn.). Der Verf. theilt die Ansicht v. Rönne's, daß jene Frage durchweg zu bejahen sei, selbst für die Fälle einer bloßen culpa levis. Hinsichtlich der Beweislast s v. Rönne l. c. Keinesfalls ist in diesem Betrachte die von der Ortspolizeibehörde getroffene Bestimmung für den mit der Entschädigungsklage befaßten Richter maßgebend.

509. Die Ausstellung eines wahrheitswidrigen Zeugnisses verpflichtet den Bw.'s-Besitzer unter Umständen sogar zur Entschädigung anderer Werksbesitzer; vgl. §§ 174. 175 der Ges.-Ordn. v. 8. Nov. 1810.

Zu § 86.

510. Obschon der Grundsatz des Auslohnens in baarem Gelde schon dem älteren Bergrechte (s. § 213. II, 16 ALR.) angehörte, so sind dennoch die wider das Trucksystem gerichteten §§ 86—91 (bis auf die ganz neue Vorschrift im § 86 Abs. 3), gleich den §§ 10ff. des Ges. v. 21. Mai 1860, aus der Gewerbegesetzgebung entlehnt, indem sie durchweg wörtlich mit den §§ 50ff., 75 der VO. v. 9. Febr. 1849 (GS. S. 93) übereinstimmen, wie letztere denn auch, mit geringen Modifikationen, in die BGew.-Ordn. v. 21. Juni 1869 übergegangen sind. Ueber das Verhältniß dieser Gew.-Ordn. zu den §§ 86ff. vgl n. 8. 479.

511. Wie die Vorschriften gegen das Trucksystem auch solchen Fabrikarbeitern ꝛc. zu Gute kommen, welche „auf das Stück" arbeiten, ebenso sind dieselben hinsichtlich der Bergarbeiter, nicht auf die Fälle einer Dienstmiethe (s. n. 486) beschränkt, sondern auf den Fall der Werksverdingung mit zu beziehen; vgl. § 82 (in.) des Goth. BG. Daß diese Vorschriften, insoweit sie sich in der BGew.-Ordn. v. 1869 finden, nicht blos bei den Arbeitern in Bergwerken und Aufbereitungs-Anstalten, sondern auch bei den Arbeitern unterirdisch betriebener Brüche und Gruben zur Anwendung gelangen, folgt unmittelbar aus § 154 ib. (s. n. 479). Der Vorschrift des § 52 der VO. v. 9. Febr. 1849, daß das Verbot des Trucksystems selbst denjenigen Arbeitern gegenüber gilt, „welche außerhalb der Fabrikstätten für Fabrikinhaber oder die ihnen gleichgestellten Personen die zu deren Gewerbebetriebe nöthigen Ganz- oder Halbfabrikate anfertigen oder solche an sie absetzen, ohne aus dem Verkauf dieser Waaren an Konsumenten ein Gewerbe zu machen," entspricht keine Bestimmung des BG., was sich wohl dadurch erklärt, daß eine derartige Bestimmung auf bergmännische Verhältnisse nicht passen würde. Eben um deswillen scheint der mit § 52 cit. gleichlautende § 136 der BGew.-Ordn. v. 1869 für das Bergwesen keine Bedeutung zu haben, obwohl er im § 154 ib. unter den auf das Bergwesen anwendbaren §§ aufgezählt wird. — Was die §§ 86 ff. h. l. und § 154 cit. unter dem „Bergwerksbesitzer" verstehen, darüber vgl. n. 500.

512. Das Gebot der Baarzahlung schließt das Zahlen mit Wechseln oder ähnlichen Werthpapieren, nicht aber das Zahlen mit vollgültigem Papiergeld aus. Im Uebrigen bildet es den Gegensatz zum Zahlen in Waaren. § 86 hindert daher gleich dem § 134 der BGew.-Ordn. v. 1869 nicht, daß der Bw.'s-Besitzer eine ihm gesetzlich zustehende Geldforderung mit der Lohnforderung wettschlägt, z. B. baare Vorschüsse auf den Lohn in Anrechnung bringt. Zweifelhafter erscheint es, ob ein solcher Fall etwa zu den im § 2 Abs. 2 des BGes. v. 21. Juni 1869 (s. n. 482) aufgezählten gehöre; doch ist der Verf. geneigt, auch dies zu verneinen.

513. § 86 Abs. 2 h. l., resp. § 134 Abs. 3 der BGew.-Ordn. v. 1869 ist als Ausnahmevorschrift limitativ zu deuten. Doch bezieht sich die Ausnahme nicht blos auf das Zahlen mit Waaren, sondern auch auf das Kreditiren derselben, indem die Worte „bei der Lohnzahlung" nicht mit den folgenden „verabreicht werden",

Im Falle eines Nothstandes ist die Regierung befugt, durch einen Beschluß zu bestimmen, daß und welche Lebensmittel und Saatfrüchte den Bergleuten von den Bergwerksbesitzern unter Anrechnung bei der Lohnzahlung verabfolgt werden dürfen.

a. [Br. 88 gleichl., nur ist statt „Regierung" gesagt: „betreffende Herzogl. Kreisdirektion," und zugefügt: „Bei Werken, die für Rechnung des Staats betrieben werden, dürfen Fruchtböden bestehen."

M. (vacat).

G. 82: „Zu Zahlungen an Arbeiter für Lohn oder gelieferte Arbeit dürfen Waaren bei Strafe bis zu 300 Thlr. oder 8 Wochen Gefängniss selbst dann nicht verwendet werden, wenn der Arbeiter vorher oder nachher zugestimmt hat. Bei gleicher Strafe ist die Auslohnung mit Anweisungen, sowie die Zahlung mit Wechseln über Kurs oder mit Gold über Kurs an Arbeiter verboten. — Arbeiter, welche in einer vorstehend verbotenen Weise bezahlt worden sind, können entweder die volle Zahlung gegen Zurückerstattung der verbotenen Zahlungsmittel oder die Bezahlung des etwaigen Fehlbetrags verlangen. (Im Uebrigen vgl. § 83 ib., mitgetheilt zu § 89 h. l. und andererseits die BGew.-Ordn. v. 1869.)

B. (vacat.)

b. Abs. 2 fehlte in der RV.

c. § 134 der Bundes-Gewerbe-Ordnung v. 21. Juni 1869 lautet:

„Fabrikinhaber, sowie alle diejenigen, welche mit Ganz- oder Halbfabrikaten Handel treiben, sind verpflichtet, die Löhne der Arbeiter, welche mit Anfertigung der Fabrikate für sie beschäftigt sind, in baarem Gelde auszuzahlen.

Sie dürfen denselben keine Waaren kreditiren.

Dagegen können den Arbeitern Wohnung, Feuerungsbedarf, Landnutzung, regelmäßige Beköstigung, Arzneien und ärztliche Hülfe, sowie Werkzeuge und Stoffe zu den von ihnen anzufertigenden Fabrikaten unter Anrechnung bei der Lohnzahlung verabreicht werden."]

---

sondern mit den vorhergehenden „unter Anrechnung" in unmittelbare Verbindung gebracht werden müssen.

514. Ueber den Begriff „regelmäßige Beköstigung" im Gegensatze zu dem Ausdruck „Beköstigung und Nahrungsmittel" vgl. Stenogr. Ber. des Nordd. Bundes 1869 II S. 689. 1105. — Den „zur Bergmannsarbeit erforderlichen Werkzeugen und Betriebsmaterialien" entsprechen im § 50 der BO. v. 9. Febr. 1849 und im § 134 der BGew.-Ordn. v. 1869 die „Werkzeuge und Stoffe zu den von den Fabrikarbeitern anzufertigenden Fabrikaten". In der Befugniß, die erforderlichen Werkzeuge unter Anrechnung bei der Lohnzahlung zu verabfolgen, ist die Ermächtigung einbegriffen, die Kosten für die Instandhaltung jener Werkzeuge, z. B. für die Schmiedearbeiten, auf den Lohn anzurechnen, da zur Verabfolgung fortgesetzt brauchbarer Werkzeuge auch die Reparatur gehört: Brass. (Z. f. BR. 1. S. 469). — Zu den Betriebsmaterialien gehören u. A. Pulver und Oel; vgl. Mot. zum Ges. v. 21. Mai 1860 (ib. S. 408). — Selbstredend darf die Lieferung das Bedürfniß des einzelnen Bergmanns nicht übersteigen.

515. Abs. 3 will der Bezirksregierung die Möglichkeit gewähren, da, wo im Falle von Nothständen die Bergleute bei Befolgung des Abs. 1 erheblich leiden würden, eine Abhülfe eintreten zu lassen, und den Abs. 1 dennoch gegen diejenigen, die es treffen soll, aufrecht zu erhalten: KB. I. S. 32. Eine ähnliche Ausnahmevorschrift fehlte in der früheren Gesetzgebung und wird ebenso in der BGew.-Ordn. v. 1869 vermißt, während letztere die jener Ausnahme gegenüberstehende Regel allgemein bestätigt. Gleichwohl unterliegt die fortdauernde Geltung des Abs. 3 keinem Zweifel. Die BGew.-Ordn. v. 1869 ordnet nach dem Vorbilde der preuß. Gesetzgebung das Gewerbewesen für den ganzen Norddeutschen Bund und berührt hierbei

§ 87. **Die Bestimmungen des § 86 finden auch Anwendung auf Familienglieder, Gehülfen, Beauftragte, Geschäftsführer, Faktoren und Aufseher der Bergwerksbesitzer, sowie auf Gewerbetreibende, bei deren Geschäft eine der erwähnten Personen unmittelbar oder mittelbar betheiligt ist.**

a. [Br. 89 gleichl. — M. (vacat). — G. 82 (mitgetheilt zu § 86 h. 1.) — B. (vacat).

b. § 135 der BGew.-Ordn. v. 21. Juni 1869 lautet:

„Die Bestimmungen des § 134 finden auch Anwendung auf Familienglieder, Gehülfen, Beauftragte, Geschäftsführer, Aufseher und Faktoren der dort bezeichneten Arbeitgeber, sowie auf Gewerbtreibende, bei deren Geschäft eine der hier erwähnten Personen unmittelbar oder mittelbar betheiligt ist."

In Betreff des § 136 ib. s. n. 511.]

---

das Bergwesen nur insoweit, als beide eine gleichmäßige gesetzliche Behandlung gestatten. Nun unterscheidet aber schon die Preußische Gesetzgebung in dem hier fraglichen Punkte zwischen dem Gewerbe- und dem Bergwesen, und zwar augenscheinlich deshalb, weil die Lage der Bergleute gewisse Eigenthümlichkeiten darbietet, welche eine solche Ausnahmebestimmung, wie diejenige des Abs. 3, besonders motiviren. Demgemäß kommt hier unbedenklich der Satz zur Anwendung: „lex posterior generalis non derogat legi priori speciali."

516. Immerhin darf aber die im Abs. 3 erwähnte Befugniß nur im Interesse der Bergleute, d. h. also um diesen den wohlfeilen Bezug von Lebensmitteln zu sichern, gehandhabt werden; eine Veranlassung dazu wird um so seltner vorkommen, je mehr die sogen. Konsumvereine [vgl. Ges. v. 27. März 1867, GS. S. 501, resp. BGes. v. 4. Juli 1868, BGbl. S. 415] Boden gewinnen: KB. II. S. 38. — Abs. 3 gestattet der Regierung, den betreffenden Beschluß sowohl für ein einzelnes Bw., als für die sämmtlichen Werke eines bestimmten Bezirks zu fassen. — Die Arbeiter können sich übrigens auch da, wo die Regierung von jener Befugniß keinen Gebrauch macht, ihre Lebensbedürfnisse trotz § 86 durch Vermittelung ihrer Arbeitgeber verschaffen, indem diese z. B. Lohnvorschüsse zum Einkaufe größerer Quantitäten von Lebensmitteln geben (s. n. 512), oder auch selbst Magazine anlegen, aus denen jene mit dem Gelde in der Hand zu billigen Preisen kaufen; vgl. Brass. (Z. f. BR. 1. S. 468).

Zu § 87.

517. § 87 hat, gleich dem § 135 der BGew.-Ordn. v. 1869, vornehmlich den Zweck, die Umgehung der Vorschriften wider das Trucksystem durch zwischengeschobene Personen zu verhindern. Aus diesem Gesichtspunkte sind die Ausdrücke „Gehülfen, Beauftragte, Geschäftsführer, Faktoren und Aufseher" zu erläutern; sie sind wörtlich aus § 51 der VO. v. 2. Febr. 1849 entlehnt und passen auch besser auf das Fabrik- als auf das Bergwesen. — Zu den Beauftragten des Bw.'s-Besitzers gehört in erster Linie der Repräsentant, welcher hier nicht mit dem Bw.'s-Besitzer zu identifiziren ist. Eben darum fallen dessen Familienglieder als solche nicht unter § 87.

518. Da die Worte des § 87 „eine der erwähnten Personen," an sich betrachtet, nur auf die vorhererwähnten Familienglieder 2c. bezogen werden können, so würde § 87 die anomale Erscheinung bieten, daß das Kreditiren von Waaren 2c. Gewerbtreibenden, bei deren Geschäft blos ein Familienglied 2c. des Bw.'s-Besitzers betheiligt ist, verboten, dagegen aber den Geschäftsgenossen des Bw.'s-Besitzers selbst gestattet wäre. Das Räthsel lösen die §§ 50. 51 der VO. v. 1849. Die im § 86 bezüglich der Bw.'s-Besitzer enthaltenen Bestimmungen trifft § 50 cit. bezüglich der Fabrikinhaber sowie aller derjenigen, welche mit Ganz- oder Halbfabrikaten Handel treiben; § 51 erweiterte diese Vorschriften auf die Familienglieder 2c. „der dort bezeichneten Personen" und auf Gewerbtreibende, bei deren Geschäft „eine der erwähnten Personen" betheiligt ist. Offenbar waren daher an beiden Stellen unter den „dort bezeichneten" resp. „erwähnten Personen" die im § 50 genannten Fabrikinhaber und

§ 88. Bergleute, deren Forderungen den Vorschriften der §§ 86 und 87 zuwider anders als durch Baarzahlung berichtigt sind, können zu jeder Zeit die Bezahlung ihrer Forderungen in baarem Gelde verlangen.

a. [Br. 90 gleichl. — M. (vacat.) — G. 82 (mitgetheilt zu § 86 h. l). — B. (vacat.)

b. § 137 der BGew.-Ordn. v. 21. Juni 1869 lautet:

„Arbeiter, deren Forderungen den Vorschriften der §§ 134 bis 136 zuwider anders als durch Baarzahlung berichtigt sind, können zu jeder Zeit die Bezahlung ihrer Forderungen in baarem Gelde verlangen, ohne daß ihnen eine Einrede aus dem an Zahlungsstatt Gegebenen entgegengesetzt werden kann. Letzteres fällt, soweit es noch bei dem Empfänger vorhanden oder dieser daraus bereichert ist, der im § 139 Absatz 2 gedachten Kasse zu.“]

§ 89. Verträge, welche den §§ 86 bis 88 zuwiderlaufen, sind nichtig. Dasselbe gilt von Verabredungen zwischen Bergwerksbesitzern oder ihnen gleich gestellten Personen einerseits und Bergleuten andererseits über die Entnehmung der Bedürfnisse dieser letzteren aus gewissen Verkaufsstellen, sowie

---

Händler, und nur diese gemeint. Um daher den § 51 den bergrechtlichen Verhältnissen anzupassen, mußte man obigen Worten jedesmal das Wort „Bergwerksbesitzer“ substituiren. Dies ist nun auch bei den ersteren Worten geschehen, dagegen sind die letzterwähnten Worte irrthümlich stehen geblieben, zuerst im Ges. v. 21. Mai 1860 und demnächst im § 87. Unter diesen Umständen würde man wohl nicht in die Prärogative des Gesetzgebers hinübergreifen, sondern sich in den Grenzen der Interpretation bewegen, wenn man im § 87 statt der Worte „eine der erwähnten Personen“: „der Bergwerksbesitzer“ läse. Inzwischen ist die Sachlage durch die BGew.-Ordn. v. 1869 eine wesentlich andere geworden. Diese hat zwar gleichfalls an dem cit. § 51 festhalten wollen, sie versteht ihn aber augenscheinlich falsch, und giebt ihm gleichzeitig eine etwas veränderte, durch jenes Mißverständniß beeinflußte Fassung, welche über die Absicht des Gesetzgebers keinen Zweifel beläßt, und namentlich die Möglichkeit ausschließt, die dort gebrauchten Worte „eine der hier erwähnten Personen“ auf die Familienglieder ꝛc. nicht zu beziehen. Andererseits gestattet aber der Wortlaut der BGew.-Ordn., unter den „hier erwähnten Personen“ nicht blos die Familienglieder ꝛc., sondern auch den Bw.'s-Besitzer selbst zu verstehen, so daß die oben angedeutete Anomalie hier allerdings, wenngleich in anderer Weise, gehoben wäre.

Zu § 88.

519. Die Worte „zu jeder Zeit“ sollen nicht etwa die Verjährung der Forderung ausschließen. Wohl aber unterstützen sie die auch der ratio legis entsprechende Deutung, daß selbst ein späterer Verzicht seitens des Bergarbeiters der Geltendmachung jener Forderung nicht entgegenstehe. Vgl. in letzterer Hinsicht überdies § 82 des Goth. BG.

520. Durch den Zusatz in § 137 der BGew.-Ordn. v. 1869, wonach das an Zahlungsstatt Gegebene keine Einrede begründet, ist Nichts geändert worden, da ein Gleiches schon nach § 88 angenommen werden mußte, wenn dessen Zweck nicht regelmäßig verfehlt werden sollte. Neu ist mithin nur die Schlußbestimmung des § 137. l. c.

Zu § 89.

521. Ein Waarenkauf auf Krebit, den der Bergmann mit dem Bw.'s-Besitzer schließt, läuft recht eigentlich dem § 86 zuwider. Gleichwohl ist derselbe nach § 90 keineswegs nichtig, sondern hat nur das Besondere, daß zum Bezuge des Kaufpreises statt des Verkäufers die Knappschafts-Kasse berechtigt ist. Demgemäß erstreckt sich

überhaupt über die Verwendung des Verdienstes derselben zu einem anderen Zwecke, als zur Betheiligung an Einrichtungen zur Verbesserung der Lage der Bergleute oder ihrer Familien (§ 86).

a. [Br. 91 gleichl. — M. (vacat.)

G. 83: „Verabredungen zwischen Arbeitgebern, deren Angehörigen und Beauftragten einerseits und den Arbeitern andererseits über Entnehmung von Bedürfnissen aus gewissen Verkaufsstellen, sowie solche Verabredungen, welche dazu dienen sollen, das Verbot der Auslohnung mit Waaren zu umgeben, sind nichtig. — Diese Bestimmung erstreckt sich jedoch nicht auf etwaige von den Grubenbesitzern mit Uebereinstimmung der Arbeiter oder durch die Arbeitsordnung getroffene Einrichtungen zur Beschaffung von Wohnung, Feuerung, Lebensmitteln etc., und auf Bestimmungen der Arbeitsordnung zur Anschaffung von Beleuchtungs- oder sonstigen Hülfsmaterialien für die Arbeiter unter Anrechnung auf den Lohn. — Sollten sich aber aus derartigen Einrichtungen Missbräuche ergeben, welche auf andere Weise nicht abzustellen sind, so können sie nach vorgängiger Erörterung und Vernehmung der Betheiligten vom Bergamt aufgehoben werden."

B. (vacat.)

b. § 138 der BGew.-Ordn. v. 1869 ist gleichl. mit § 89 h. l.; nur sind st. §§ 86—88 h. l. die §§ 134—136 [nicht auch § 137] der Gew.-Ordn. bezogen, und st. der „Bergwerks-Besitzer" und „Bergleute": „Fabrikinhaber" und „Arbeiter" genannt.]

§ 90. Forderungen für Waaren, welche ungeachtet des Verbots den Arbeitern kreditirt worden sind, können von den Bergwerksbesitzern und von den ihnen gleichgestellten Personen weder eingeklagt noch durch Anrechnung oder sonst geltend gemacht werden, ohne Unterschied, ob sie zwischen den Betheiligten unmittelbar entstanden oder mittelbar erworben

---

die Eingangsbestimmung des § 89 auf dergleichen Verträge nicht, vielmehr sind dort (wie auch ihre Gleichstellung mit den ebendaselbst erwähnten anderweitigen Verabredungen ergiebt) nur pacta de contrahendo oder solche Verträge gemeint, welche den Zweck haben, die Wirksamkeit der §§ 86—88 zum Voraus unter den Kontrahenten auszuschließen, resp. zu umgehen. Vertragsbestimmungen dieser Art sind gemäß § 89 selbst dann ungültig, wenn sie sich in einer von der Behörde nicht inhibirten Arbeits-Ordnung vorfinden. — Das Allegat des § 86 am Schlusse des § 89 ist ohne Bedeutung: Klost. n. 201. Dasselbe gilt vom Allegate des § 134 der BGew.-Ordn. v. 1869 am Schlusse des § 138 ib. wie früher von dem entsprechenden Allegate im § 54 der VO. v. 9. Febr. 1849.

Zu § 90.

522. Unter den im § 139 Abs. 2 der BGew.-Ordn. bezeichneten Kassen sind bezüglich der Bergleute eben die Knappschafts-Kassen zu verstehen, weshalb die BGew.-Ordn. an der Vorschrift des § 90 h. l. nichts ändert.

523. Die Knappschafts-Kasse hat, wegen des Kaufpreises unmittelbar dem Bergmanne gegenüber, ein Klagerecht. Doch muß sie sich, da sie immerhin an Stelle des Verkäufers tritt, die Herabsetzung des Preises wegen verborgener Fehler gefallen lassen, und kann den Käufer nicht etwa mit seiner actio quanti minoris an den Verkäufer verweisen, noch auch selbst gegen diesen auf Entschädigung klagen. Andererseits kann der Käufer aus Forderungen, welche er später gegen den Verkäufer erworben hat, keine Kompensationseinrede jener Kasse gegenüber herleiten.

sind; vielmehr fallen dergleichen Forderungen der Knappschaftskasse zu, welcher das betreffende Werk angehört.

a. [Br. 92 gleichl. — M. G. B. (vacat.)

b. § 139 Abs. 1 der BGew.-Ordn. v. 1869 ist gleichl. mit dem 1. Satze des § 90 h. l., nur werden dort, statt der Bergwerks-Besitzer die „Fabrikinhaber" genannt. Abs. 2 des § 139 lautet dagegen:

„Dagegen fallen dergleichen Forderungen der Kranken-, Sterbe-, Spar- oder ähnlichen Hülfskasse zu, welche in der Wohnortsgemeinde des betheiligten Arbeiters für diejenige Klasse von Arbeitern besteht, zu welcher er gehört. Sind mehrere solcher Kassen vorhanden, so fällt die Forderung allen zu gleichen Theilen zu, in Ermangelung derartiger Anstalten aber der Ortsarmenkasse."]

§ 91. Zuwiderhandlungen gegen die §§ 86 und 87 werden mit einer Geldbuße bis zu fünfhundert Thalern und im Unvermögensfalle mit verhältnißmäßiger Gefängnißstrafe bestraft. Im Wiederholungsfalle wird die Strafe verdoppelt.

Jede rechtskräftige Verurtheilung wird auf Kosten des Verurtheilten durch das Amtsblatt und andere öffentliche Blätter derjenigen Kreise, in welchen derselbe und der betheiligte Bergmann ihren Wohnsitz haben, bekannt gemacht.

[Br. 93 gleichl. nur heißt es statt „Wiederholungsfalle": „Rückfalle," und statt „das Amtsblatt und andere öffentliche Blätter": „die Braunschw. Anzeigen."

M. (vacat). — G. 82 (zu § 86 h. l. mitgetheilt.) — B. (vacat.)]

§ 92. Die auf Grund des § 91, desgleichen die wegen Uebertretungen des § 85 festgesetzten Geldstrafen fließen zu der im § 90 bezeichneten Knappschaftskasse.

[Br. 94 gleichl. mit dem Zusatz: „Wenn für ein einzelnes Bergwerk keine Knappschaftskasse besteht, so fliessen die vorerwähnten Geldstrafen, so weit sie von den Herzogl. Kreisgerichten erkannt sind, in die Staatskasse, die von den Herzogl. Amts- und Stadtgerichten erkannten aber in die Amts-, bez. Stadt-Armenkasse. (§ 95 wird mitgetheilt zu § 249 h. l.).

M., G., B. (vacat.)]

---

524. Im früheren Herzogthum Nassau fallen die in den §§ 90. 92 erwähnten Forderungen resp. Geldstrafen der allgemeinen Knappschaftskasse zu. Dies gilt jedoch nur bis zur Gründung des im Art. V vorgesehenen allgemeinen Knappschaftsvereins und schon zur Zeit nicht für diejenigen bereits bestehenden Vereine, von welchen jener Art. V im Abs. 6 spricht: Kloft. n. 202. 467.

Zu §§ 91. 92

525. Von der mit § 75 Abs. 1 der VO. v. 9. Febr. 1849 gleichlautenden Strafbestimmung des § 91 weicht die entsprechende Vorschrift der BGew.-Ordn. v. 1869, nemlich der (im § 154 ib. übrigens nicht bezogene) § 146 nur insofern ab, als dieser für die Dauer der subsidiären Gefängnißstrafe das Maximum von sechs Monaten festsetzt. Bei Handhabung der Strafbestimmung kommen die Grundsätze des StrGB., insbesondere auch diejenigen über die Bedingungen des Rückfalls zur Anwendung. Die Kompetenz der Gerichte richtet sich nach den allgemeinen Regeln; im Gebiete der VO. v 3. Jan. 1849 gebührt die Entscheidung daher den Gerichtsabtheilungen, indem die Gründe, aus welchen die Praxis des OT. (s. Oppenhoff Einf.-Ges. zum StrGB. Art. XX n. 6) die Zuwiderhandlungen gegen den cit. § 75 der VO. v. 9. Febr. 1849 der polizeirichterlichen Kompetenz zuwies, bei den Fällen

§ 93. Auf jedem Bergwerke ist über die daselbst beschäftigten Arbeiter eine Liste zu führen, welche die Vor- und Zunamen, das Geburtsjahr, den Wohnort, den Tag des Dienstantritts und der Entlassung, sowie das Datum des letzten Arbeitszeugnisses enthält.

Die Liste muß der Bergbehörde auf Verlangen vorgelegt werden.

a. [Br. 96, M. 84 gleichl.
G. 84 gleichl., nur ist statt „Auf jedem Bergwerke“ gesagt: „Für jedes Bergwerk;“ auch fehlen die Worte: „sowie das Datum des letzten Arbeitszeugnisses.“
B. 84 gleichl.
b. Vgl. die Strafvorschrift des § 207 h. l.]

Vierter Titel.

Von den Rechtsverhältnissen der Mitbetheiligten eines Bergwerks.

---

des § 91 nicht zutreffen. Die Bekanntmachung der Verurtheilung geschieht durch den Abdruck des Urtheilstenors. Einer Mittheilung der Erwägungsgründe bedarf es nicht.

526. Die im § 92 bezeichnete Knappschaftskasse ist bei Uebertretungen des § 85 diejenige, zu welcher das Bw. gehört, auf dem der Bergmann ohne Abkehrschein aufgenommen wurde: Brass. (Z. f. BR. 1. S. 470). — Im Uebrigen vgl. n. 524.

Zu § 93.

527. Die Führung der Arbeiterlisten wurde bereits durch Art. III der MInstr. zum Ges. v. 21. Mai 1860 [Z. f. BR. 1. S. 4] und für die linke Rheinseite durch eine BPVO. v. 13. Nov. 1824 [Achenb. BPV. S. 186] vorgeschrieben; sie ist erforderlich, damit die Befolgung der auf die Bergarbeiter, z. B. die jugendlichen Arbeiter, die Abkehrscheine ɩc. bezüglichen Vorschriften überwacht und die Kontrole der Knappschaftsvorstände über die vorschriftsmäßige Anmeldung der Arbeiter ermöglicht werden könne: Motive S. 66. — Die Listen müssen sich auf die Arbeiter mit erstrecken, welche bei den zum Werke gehörigen Aufbereitungs-Anstalten beschäftigt sind; vgl. § 165.

528. Die aus der Nichtführung oder der mangelhaften Führung der Liste hervorgehende strafrechtliche Verantwortlichkeit (§ 207) trifft wohl in der Regel nicht den Bw.'s-Besitzer, resp. Repräsentanten, sondern den Betriebsführer (§ 76), resp. den mit der Führung der Liste beauftragten Werksbeamten; vgl. Bonner und Hall. Instr. § 40.

Zum vierten Titel.

529. Das BG. geht, seinem leitenden Prinzipe getreu, auch hier davon aus, daß die Feststellung des gewerkschaftlichen Verhältnisses lediglich Sache der Betheiligten, und diesen daher zu überlassen sei, jede nach den allgemeinen Gesetzen zulässige Gesellschaftsform, je nachdem eine solche im konkreten Falle für passend erachtet werde, anzunehmen. Zugleich aber conservirt dasselbe in der Gewerkschaft dasjenige spezifisch bergrechtliche Gemeinschafts- und Gesellschafts-Verhältniß, welches sich auf deutschem Boden mit dem Bergbau entwickelt und den eigenthümlichen Zuständen sowie Bedürfnissen des letzteren angepaßt hat: Mot. S. 17. Trotzdem stellt das BG. nicht, gleich dem Entwurfe von 1862, jenes leitende Prinzip an die Spitze, um ihm die Vorschriften über die Gewerkschaft als dasjenige Gemeinschaftsrecht, welches in Ermangelung besonderer Verabredungen eintritt, folgen zu lassen, sondern es beginnt mit letzteren und statuirt jenes Prinzip erst hinterher im § 133.

§ 94. Zwei oder mehrere Mitbetheiligte eines Bergwerks bilden eine Gewerkschaft.

---

530. Schon das Gesetz v. 12. Mai 1851 hatte der Gewerkschaft bezüglich ihrer inneren Verhältnisse und ihrer Repräsentation eine korporative Verfassung gegeben. Ebenso war die Rechtssphäre derselben auch nach anderen Seiten hin [s. n. 551. 561] durch älteres Recht und Observanz so begrenzt, wie es dem Wesen einer juristischen Person entsprach. Immerhin aber war dieses Prinzip nicht allgemein durchgeführt, namentlich bildete der Kux noch immer einen ideellen Antheil am Bergwerke selbst und hatte als solcher Immobiliarqualität. Der Entwurf von 1862 wollte diesen Rechtszustand der Hauptsache nach beibehalten, und nur im Einzelnen verbessern, ihn insbesondere mit den ergänzenden Regeln des Civilrechts in engern Zusammenhang bringen. Demgemäß überließ jener Entwurf die Entwickelung des gewerkschaftlichen Verhältnisses der Autonomie der Betheiligten und stellte berggesetzliche Normen nur insoweit auf, als erforderlich schien, um eine allgemeine Grundlage für vertragsmäßige und statutarische Festsetzungen sowie zur Beurtheilung solcher Fälle zu gewinnen, in denen es noch an dergleichen Festsetzungen fehlte. Während jedoch im Falle der Beibehaltung der bisherigen zweifelhaften Stellung der Gewerkschaft zwischen dem Verhältnisse der Miteigenthümer aus zufälliger Gemeinschaft und dem einer förmlichen Privatgesellschaft manche praktisch wichtige Fragen streitig blieben, wurden die Nachtheile, welche die Behandlung des Kuxes als einer unbeweglichen, der Hypothekeneinrichtung unterworfenen Sache mit sich brachte, durch jenen Entwurf nicht genugsam beseitigt. Aus diesen Gründen schlug das BG. einen durchaus verschiedenen Weg ein, indem es zwar den rechtlichen Charakter der älteren Gewerkschaften und ihrer Kuxe im Wesentlichen aufrecht erhielt, andererseits aber die neu entstehenden Gewerkschaften zu förmlichen Bw.'s-Gesellschaften umgestaltete, und ihre Verfassung so speziell ausbildete, daß die gesetzlichen Vorschriften überall ausreichen, wo durch Vertrag oder Statut keine anderweitigen Bestimmungen getroffen sind: Motive S. 17.

531. Der charakteristische Unterschied zwischen den Gewerkschaften des alten und denen des neuen Rechts besteht hiernach darin, daß, während jene nur in gewissen Beziehungen den juristischen Personen gleichstanden, resp. noch gleichstehen, diese mit allen Eigenschaften einer solchen ausgestattet, d. h. zu juristischen Personen geradezu erhoben sind. Letzteres ist zwar im BG. ebensowenig, wie im Handelsgesetzbuche v. 24. Juni 1861 und im Ges. v. 15. Febr. 1864 hinsichtlich der Aktiengesellschaften, ausdrücklich gesagt, es liegt aber allen seinen Bestimmungen zu Grunde, welche sich, einschließlich derjenigen über die Mobilisirung der Kuxe, durchweg als bloße Konsequenzen der Personifizirung der Gewerkschaft darstellen. Erscheint demgemäß die der letzteren im BG. gegebene Verfassung immerhin als eine weitere Ausbildung der früheren gewerkschaftlichen Verhältnisse, so schließt sie sich andererseits, soweit gemeinsame Grundsätze am Platze sind, an das Recht der Aktiengesellschaften an, wie solches durch die oben genannten Gesetze gestaltet wurde. Gleichwohl ist die Gewerkschaft des neuen Rechts von einer (zum Zwecke des Bergwerksbetriebs gebildeten) Aktiengesellschaft noch immer wesentlich verschieden. Einmal besteht zwischen ihr und den Gewerken ein weit engerer Verband, als zwischen der Aktiengesellschaft und den Aktionären. Der Gewerke schließt nicht, gleich dem Aktionär, ein bestimmtes, seine Rechte und Pflichten begrenzendes Kapital ein, sondern muß vor und nach je nach Bedarf leisten; sobald Ausbeute ertheilt wird, erhält er seine Einlagen zurück, während der Aktionär eine Rückzahlung aus dem Grundkapitale für die Dauer des Geschäftsbetriebs nicht empfängt, vielmehr nur an dem Reingewinne Theil nimmt; hieraus folgt ferner, daß auf die Gewerkschaft das nicht paßt, was für die Aktiengesellschaft in Bezug auf jährliche Bilanz, Bildung des Reservefonds und Dividendenvertheilung gilt 2c. 2c. Vergl. Motive S. 18. 67 ff.

Zu § 94.

532. Gehört das Bw. zu einer Erbschaft oder sonstigen Gemeinschaft, so bilden die Theilhaber vor der Auseinandersetzung keine Gewerkschaft; vgl. § 133 und KB. I. S. 34.

Die Gewerkschaft kann ihre besondere Verfassung durch ein notariell oder gerichtlich zu errichtendes Statut regeln, welches der Zustimmung von wenigstens drei Viertheilen aller Antheile und der Bestätigung des Oberbergamts bedarf.

Die Bestimmungen der §§ 95 bis 110, 114 Absatz 2, und 123 bis 128 dürfen durch das Statut nicht abgeändert werden.

a. [Br. 97, M. 85 gleichl. — G. (vacat.)
B. 85 gleichl., nur ist statt „ein notariell oder gerichtlich zu errichtendes Statut": „notariell errichtete Satzungen" gesagt und auf keine Artikel verwiesen, welche den §§ 97 und 110 h. l. entsprächen, da es an solchen im Bayr. BG. fehlt.

b. Im § 94 Abs. 2 der RV. fehlten die Worte: „und der Bestätigung des Oberbergamts;" im Abs. 3 befand sich unter den allegirten §§ der § 114 Abs. 2 nicht mit.

c. § 94 gilt nicht für ältere Gewerkschaften: § 227.]

---

533. § 94 setzt ferner eine Mitbetheiligung, dem Eigenthume nach, voraus. Steht daher dem Einen das Eigenthum, dem Andern der Nießbrauch an dem Bw. zu, oder ist letzteres vom Alleineigenthümer an Mehrere gemeinschaftlich verpachtet, so kann von keiner Gewerkschaft die Rede sein.

534. Eine fernere Voraussetzung für die Anwendbarkeit des § 94 ist die, daß in Bezug auf das Bw. keine wohlbegründeten Rechte bestehen, welche mit den obersten Grundsätzen des neuen Gewerkschaftsrechts unverträglich sind, daß also namentlich das Bw. nicht etwa zu ideellen Theilen mit Hypotheken 2c. belastet sei. Verkauft daher ein Alleineigenthümer einen ideellen Theil seines Bw.'s, so bildet er mit dem Ankäufer keine Gewerkschaft, sondern es kommen die civilrechtlichen Grundsätze des Miteigenthums zur Geltung, wenn der verkaufte oder der unverkaufte Antheil mit Hypotheken beschwert ist, welche nicht das ganze Werk treffen. — Klost. n. 216 bringt dies mit § 133 in Verbindung. Bezüglich der konsolidirten Werke s. n. 281, bezüglich der älteren Gewerkschaften s. die §§ 226ff.; 240.

534bis. Dagegen kommt § 94 bei inländischen Werken selbst dann zur Anwendung, wenn sämmtliche Betheiligten im Auslande wohnen.

535. Die Gewerkschaft tritt beim Zutreffen der Voraussetzungen des § 94 Abs. 1 und in Ermangelung anderweitiger Privatdispositionen (§ 133) von Rechtswegen ein, und bildet schon von Rechtswegen eine juristische Person; es bedarf dazu weder der jedesmaligen staatlichen Genehmigung, (von dem Erforderniſſe derselben wurde um so mehr abgesehen, als das BG. selbst die Rechte und Pflichten der Gewerkschaft derart bestimmt, daß das Publikum und die öffentliche Wohlfahrt nicht gefährdet werden: Motive S. 18), noch auch der Abschließung eines förmlichen Gesellschaftsvertrags oder der Vereinbarung eines Statuts; vgl. n. 317.

536. Wie § 133 gestattet, durch Vertrag das Gewerkschaftsverhältniß, resp. die Anwendbarkeit der §§ 94ff. ganz auszuschließen, so gestattet § 94 Abs. 2 den Betheiligten, unter Aufrechterhaltung jenes Verhältnisses im Allgemeinen, gewisse Modifikationen von den gesetzlichen Normen zu statuiren. Dispositionen der ersteren Art (§ 133) unterscheiden sich von solchen der zweiten Art (§ 94 Abs. 2) wesentlich dadurch, daß sie Einstimmigkeit aller Betheiligten erfordern und von keiner Bestätigung des OBA.'s abhängig sind. In Betreff der älteren Gewerkschaften vgl. n. 680. 681.

537. Was in den Kreis der statutarischen Regelung der Verfassung (§ 94 Abs. 2) falle, ist im BG. (§ 94 Abs. 3, § 124) nur negativ bestimmt. Im Allgemeinen kann zu dem Behufe auf das von v. Rynsch (Z. f. BR. 7. S. 348) publizirte Probe-Statut verwiesen werden. Auch solche Bestimmungen sind nicht ausgeschlossen, welche den Vorschriften des 4. Titels nicht derogiren, vielmehr eine weitere Entwickelung resp. Ausführung der in denselben enthaltenen Grundsätze bezwecken, oder andere, in jenen Vorschriften ganz unberührt gebliebene Seiten der

gewerkschaftlichen Verfassung zum Gegenstande haben. — Andererseits sind unter „Statut" (§ 94) und „förmlichem Statut" (§ 124) nicht blos solche Beschlüsse zu verstehen, welche die ganze Verfassung der Gewerkschaft regeln, sondern auch solche, welche nur rücksichtlich eines einzelnen Punktes die gesetzliche Verfassung modifiziren; s. Achenb. (Z. f. BR. 7. S. 177).

538. Dagegen sind nach § 94 nicht zu beurtheilen solche Gewerkschaftsbeschlüsse, welche keine dauernde, resp. allgemeine Geltung beanspruchen, sondern nur für einen einzelnen gegebenen Fall oder für ein bestimmtes in Aussicht genommenes Geschäft eine Abweichung von den allgemeinen Normen der gewerkschaftlichen Verfassung begründen sollen; dergleichen Beschlüsse erfordern daher in der Regel nur einfache Stimmenmehrheit, bedürfen keiner Bestätigung und können auf dem Rechtswege (§ 115) angefochten werden.

539. Abgesehen von dem unter n. 538 Gesagten kann das, was nach § 94 zum Gegenstande einer statutarischen Regelung gemacht werden darf, also namentlich die Abänderung der in den §§ 94ff. enthaltenen Normalstatuten, auch nur auf diesem Wege, d. h. also nur durch ein förmliches Statut beschlossen werden.

540. Statutarische Bestimmungen können nicht allein gleich beim Entstehen des gewerkschaftlichen Verhältnisses, sondern auch erst später getroffen werden, resp. es ist statthaft, die Verfassung der Gewerkschaft während des Bestehens der letzteren zu ändern, vorausgesetzt, daß durch eine solche Aenderung keine wohlerworbenen Rechte Dritter verletzt werden; demgemäß gilt das, was § 94 Abs. 2 hinsichtlich der Begründung statutarischer Bestimmungen verordnet, unter dem oben gedachten Vorbehalte auch von der Aufhebung derselben, resp. von der Rückkehr zu den Normalstatuten der §§ 94ff.

541. Wie ein Gewerkschaftsbeschluß im Sinn des § 94 Abs. 2 herbeigeführt werde, beantwortet sich, in Ermangelung besonderer Normen, nach § 112. Die Zusammenberufung der Gewerken ist eventuell, ex analogia des § 122 Abs. 4, beim RB. in Antrag zu bringen; vgl. n. 669. — Im Gebiete des rheinischen Rechts kann das Statut nur notariell aufgenommen werden.

542. Das auf die Vorschläge der Kommission des HH. zum Gesetze erhobene Erforderniß der amtlichen Bestätigung soll die Statuten nicht etwa einer bevormundenden Kritik des OBA.'s unterwerfen, wie dies vielleicht aus dem KB. I. S. 33 gefolgert werden könnte. (Dort wird nämlich zur Motivirung des bezüglichen Amendements gesagt: „Die Verhältnisse, um die es sich hier handle, seien oft ebenso wichtig wie verwickelt und viele der Betheiligten schwer im Stande, sich darüber sowie über die Bedeutung der einschlagenden Gesetze ein klares Verständniß zu verschaffen; die Gründe, die für die Bestätigung des Statuts in andern Fällen, z. B. bei den Aktiengesellschaften, sprächen, griffen auch hier Platz, zumal, wenn gegen den betreffenden Beschluß die Berufung auf richterliche Entscheidung nicht stattfinde (§ 115); doch sei es unthunlich, bestimmte Gründe anzugeben, aus denen die Bestätigung nur versagt werden dürfe; dies müsse vielmehr dem vernünftigen, aus dem Geiste des BG. hervorgegangenen Ermessen des OBA.'s überlassen werden.") Gleichwohl gehen Wachler S. 171 und Mende (Z. f. BR. 9. S. 96) zu weit, insofern sie die Wirksamkeit des OBA.'s auf die Wahrung der Gesetze, insbesondere des § 94 Abs. 3, resp. auf die Wahrung des öffentlichen Interesses beschränken; das OBA. hat vielmehr auch die Aufgabe, die Minorität gegen den Mißbrauch der (möglicher Weise in Einer Hand ruhenden) Majoritätsgewalt zu schützen, mithin zu verhindern, daß Statuten zur Geltung gelangen, welche nicht das allgemeine Beste der Gewerkschaft, sondern den Vortheil der Majorität auf Kosten der nach § 115 Abs. 3 der richterlichen Hülfe entbehrenden Minorität bezwecken; vgl. KB. II. S. 52, Strohn (Z. f. BR. 7. S. 50), Klost. n. 210, Huyssen S. 61.

543. Statutarische Bestimmungen, welche den Gesetzen, insbesondere dem § 94 Abs. 3 zuwiderlaufen, erlangen durch die Bestätigung keine Gültigkeit; ihre Nichtigkeit kann trotz § 115 vor Gericht geltend gemacht worden; vgl. n. 628.

544. Die öffentliche Bekanntmachung der Bestimmungen eines bestätigten Statuts ist nicht erforderlich, wenngleich wünschenswerth: KB. II. S. 53.

545. § 94 Abs. 3 sorgt für den Schutz der Minorität und der öffentlichen Interessen; vgl. Motive S. 72. Die dort der statutarischen Aenderung

§ 95. Die Gewerkschaft führt den Namen des Bergwerks, sofern sie nicht in dem Statut einen anderen Namen gewählt hat.

a. [Br. 98, M. 86 gleichl. — G. (vacat.)
B. 86 gleichl., nur heißt es statt „Statut": „Satzungen."
b. § 95 gilt nicht für ältere Gewerkschaften: § 227. — Vgl. § 94 Abs. 3.]

§ 96. Die Gewerkschaft kann unter ihrem Namen Rechte erwerben und Verbindlichkeiten eingehen, Eigenthum und andere dingliche Rechte an Bergwerken und Grundstücken erwerben, vor Gericht klagen und verklagt werden.

Ihr ordentlicher Gerichtsstand ist bei dem Gerichte, in dessen Bezirk das Bergwerk liegt.

a. [Br. 99, M. 87 gleichl. — G. (vacat.)
B. 87 gleichl., ohne Abs. 2.
b. § 96 gilt nicht für ältere Gewerkschaften: § 227. — Vgl. § 94 Abs. 3.]

---

entzogenen §§ betreffen die rechtliche Natur des Bw.'s und der Betheiligung an demselben, sowie die Vertretung der Gewerkschaft der Behörde gegenüber; diese Bestimmungen können keiner willkürlichen Aenderung durch Mehrheitsbeschluß unterliegen, die einen, weil sonst das Wesen des Gewerkschaftsrechts in seinen Fundamenten verrückt würde, die andern, weil das öffentliche Interesse die Bestellung einer die Gewerkschaft vertretenden Person erheischt: KB. II. S. 53.

546. Nach dieser Art der Motivirung und arg. §§ 133. 134 erscheint es mindestens als zweifelhaft, ob § 94 Abs. 3 auch auf einstimmig von sämmtlichen Betheiligten gefaßte Beschlüsse Anwendung finde, ob also den Betheiligten, sofern sie an der gewerkschaftlichen Verfassung überhaupt festhalten wollen, die Abänderung der betreffenden §§ selbst im Falle der Einstimmigkeit verwehrt sei, indem hier von einem Schutze der Minorität keine Rede sein kann, das öffentliche Interesse aber schon durch § 124 mehr oder weniger gewahrt sein dürfte; vgl. n. 681.

547. Vgl. im Uebr. n. 538. 543. 544 und 696.

Zu § 95.

548. § 95 entspricht sowohl dem Herkommen wie dem für Aktiengesellschaften maßgebenden Grundsatze [HGB. v. 24. Juni 1861, resp. v. 5. Juni 1869, Art. 18]: Motive S. 72.

549. Eine Eintragung des Namens der Gewerkschaft in das Firmenregister findet nicht statt, da es sich beim Bw.'s-Betrieb um Selbstproduktion handelt, derartige Unternehmungen aber zu den im Art. 271 Nr. 1 und Art. 272 Nr. 1 des HGB. v. 1861 [resp. 1869] bezeichneten Handelsgeschäften nicht gehören: Brass. (Z. f. BR. 4. S. 486 ff.). Klost. n. 212 statuirt eine Ausnahme für den Fall, wo die Gewerkschaft wirkliche Handelsgeschäfte betreibt; vgl. übrigens unten n. 552.

550. Erwirbt die Gewerkschaft ein zweites Bw., z. B. in Ausübung des Finderrechts, so hat sie ihrem ursprünglichen Namen den des neuerworbenen Bw.'s hinzuzufügen; vgl. n. 553 i. f.

Zu § 96.

551. § 96 konstituirt im Anschlusse an das Recht der Aktiengesellschaften [HGB. v. 1861, resp. 1869, Art. 213] die selbstständige Rechts- und Erwerbsfähigkeit der Gewerkschaft 2c.; vgl. Mot. S. 72. Seine Bestimmungen sind eine der wesentlichsten Konsequenzen der Personifizirung der Gewerkschaft, sie finden in diesem Prinzipe ihre Erklärung und Begrenzung. Es erscheint daher an sich als ganz folgerichtig, wenn § 227 h. l. den § 96 von der Anwendbarkeit auf ältere Gewerkschaften ausschließt. Inzwischen war die Personifizirung der Gewerkschaft im älteren Rechte schon vorbereitet, ja in gewissen Beziehungen bereits durch-

geführt; namentlich enthalten die Grundsätze, welche das BG. in Bezug auf die Fähigkeit der Gewerkschaft, Rechte zu erwerben und Verbindlichkeiten einzugehen, sowie in Beziehung auf den Gerichtsstand aufstellt, nichts Neues, sie sind vielmehr nur folgerichtiger, und theilweise anders motivirt. Demzufolge hindert § 227 nicht, daß behufs Bemessung des Umfangs der Rechtsfähigkeit der neuen Gewerkschaften die frühere Doktrin und Jurisprudenz über verwandte Gegenstände einen hohen Werth besitzt; vgl. n. 552ff.

552. Die Gewerkschaft ist dem unter n. 551 Gesagten zufolge nur als solche, d. h. als eine zur Ausbeutung ihres Bw.'s-Eigenthums konstituirte juristische Person rechtsfähig. Was außerhalb dieses Zweckes geschieht, geht nicht von der juristischen Person der Gewerkschaft, sondern von den einzelnen, dabei thätigen Personen aus. Ob jedoch ein Geschäft innerhalb der gewerkschaftlichen Zwecke liege, läßt sich nicht durchweg nach allgemeinen Kategorien, sondern nur nach Lage des konkreten Falles und den dabei vorwaltenden Absichten beurtheilen, so daß eine und dieselbe Maßregel bald dem Kreise der gewerkschaftlichen Angelegenheiten angehören, bald ihm nicht angehören kann; vgl. Ebmeier (Z. f. BR. 1. S. 140). Mit Rücksicht auf die Fassung des § 96 streitet jedoch in Zweifelsfällen die Vermuthung dafür, daß ein Namens der Gewerkschaft eingegangenes Rechtsgeschäft zu gewerkschaftlichen Zwecken abgeschlossen sei, weshalb derjenige, welcher das Gegentheil behauptet, und sollte es auch die Gewerkschaft selbst sein, dieses darthun muß.

553. Hiernach kann die Gewerkschaft nicht allein keine Geschäfte abschließen, welche, wie z. B. Börsen-, Bau-, und Güterkaufs-Spekulationen, zu dem Bergbau überhaupt in keinerlei Beziehung stehen, sondern sie ist sogar zum Abschlusse solcher Geschäfte nicht legitimirt, welche zwar eine Beziehung zum Bergbau haben, aber nicht zu dem Betriebe des gerade ihr, der Gewerkschaft, gehörigen Bw.'s. Namentlich gilt dies auch von dem Erwerbe neuen Bw.'s-Eigenthums und sonstigen Erwerbungen. Die Gewerkschaft ist daher zu solchen Erwerbungen nur ausnahmsweise, nemlich dann legitimirt, wenn diese durch die Benutzung des vorhandenen Bw.'s-Eigenthums bedingt werden. Dahin gehören die Erwerbungen von Bw.'s-Eigenthum, welche in Folge der Handhabung des Vorrechts des § 55 oder des Finderrechts gemacht werden. Ebenso ist die Konsolidation des der Gewerkschaft gehörigen Bw.'s mit einem andern Werke statthaft. Zur Erläuterung der Fälle, wo ein Grundstück von der Gewerkschaft angekauft werden kann, wird im Allgemeinen auf die §§ 135 ff. verwiesen. Der Ankauf von Grundstücken zur Vermeidung kostspieliger Entschädigungsprozesse (§ 148 h. l.) ist gleichfalls dahin zu rechnen. Aehnliche Grundsätze bestanden schon unter der früheren Gesetzgebung; vgl. Ges. v. 12. Mai 1851 §§ 6. 7. 18 und die Motive zu letzterem § (Gräff S. 158), MR. v. 10. Juli 1854, 31. August 1855, 5. März 1863, OT. 7. Sept. 1863, AG. Hamm 31. Okt. 1861 und Ebmeier (M. Z. 2. S. 267; 3. S. 157; Z. f. BR. 5. S. 124. 98; 4. S. 507; 1. S. 139 ff.). Unter jenen MR. schloß dasjenige von 1854 den Ankauf einer Grube von dem Kreise der gewerkschaftlichen Angelegenheiten sogar in einem Falle aus, wo dieser Ankauf in der That die größere Sicherstellung und vortheilhaftere Benutzung des vorhandenen Bw.'s-Eigenthums bezweckte, indem durch denselben Feldesstreitigkeiten vorgebeugt und ein angemeßnerer Abbau ermöglicht werden sollte [?]. Wenn übrigens bei einigen dieser Erlasse rc., im Anschlusse an die Vorschriften des Ges. v. 1851, die Frage so gefaßt wurde, ob zum Abschlusse des Vertrags der Repräsentant als Vertreter der Gewerkschaft legitimirt sei, resp. ob zu diesem Behufe ein Majoritätsbeschluß genüge, oder ob Einstimmigkeit sämmtlicher Gewerken erfordert werde, so darf man hieraus nicht etwa schließen, daß wenigstens im Falle der Einstimmigkeit auch außerhalb der gewerkschaftlichen Zwecke liegende Erwerbungen von der Gewerkschaft als solcher gemacht werden könnten. Im Gegentheil muß selbst der einstimmige Beschluß sämmtlicher Gewerken in den Kreis der gewerkschaftlichen Angelegenheiten fallen, widrigenfalls er wohl persönliche Rechtsverhältnisse unter den beschlußfassenden Personen begründen, nicht aber die Gewerkschaft selbst berechtigen oder verpflichten kann. Dies wurde schon früher anerkannt, — vgl. Ebmeier und AG. Hamm l. c., — und gilt unter der Herrschaft des BG. um so gewisser, als die jetzt feststehende juristische Persönlichkeit der Gewerkschaft außerhalb der Zwecke derselben eben gar keine rechtliche Existenz hat. Vereinigen sich daher sämmtliche Gewerken

zum Erwerbe neuen Bw.'s-Eigenthums, so entsteht eine neue von der bisherigen ganz verschiedene Gewerkschaft. Wo dagegen in den oben angedeuteten Ausnahmefällen von der bestehenden Gewerkschaft selbst zu dem vorhandenen Bw.'s-Eigenthume neues hinzuerworben wird, da steht das Eigenthum an beiden Werken der Gewerkschaft als juristischer Person zu; demgemäß überträgt sich das Antheilsverhältniß der Gewerken auch auf das hinzuerworbene Eigenthum, und zwar in Folge der Untheilbarkeit der Kuxe so, daß der einzelne Gewerke über sein Antheilsrecht bezüglich des einen Werks nicht verfügen und dieses Recht bezüglich des anderen sich erhalten kann, ungeachtet die Werke selbst nicht etwa, gleich einem konsolidirten Bw., ein einheitliches Ganze darstellen, sondern getrennt für sich bestehen, jedes derselben mithin für sich das Objekt von Veräußerungen, Verpfändungen 2c. bildet. A. M. scheint Brockhoff (Z. f. BR. 7. S. 372) zu sein, insofern er allgemein sagt, daß, wenn auch dieselbe Gewerkschaft mehrere Werke gleichmäßig besitze, die Mitbetheiligten jedes der einzelnen Werke dennoch eine besondere Gewerkschaft bilden, und über ihre Antheile an jedem Werke besonders verfügen könnten, weshalb denn auch für jedes Bw. ein besonderes Gewerkenbuch anzulegen sei; vgl. überdies MInstr. 19. Nov. 1866 § 3 und auf der anderen Seite unten n. 558 a. E.

554. Nach denselben Gesichtspunkten (n. 552. 553) beurtheilt sich die Frage, ob sich eine Gewerkschaft als solche an einem Eisenbahnunternehmen durch Zeichnen von Aktien betheiligen könne. Diese Frage ist daher nicht, wie es durch AG. Hamm v. 16. März 1860 (Z. f. BR. 3. S. 352) geschah, unbedingt zu verneinen, sondern wenigstens dann zu bejahen, wenn die Bahn die Abfuhr, resp. Verwerthung der Produkte wesentlich erleichtern und ihr Zustandekommen oder das Erlangen von Zugeständnissen seitens der Direktion in Betreff des Anschlusses an die Bahnlinie von jener Betheiligung wesentlich abhangen sollte; vgl. Ebmeier (ib. 1. S. 140).

555. Ebenso ist eine Gewerkschaft befähigt, Wechselverbindlichkeiten einzugehen, sofern dies im Interesse ihres Bw.'s-Betriebs geschieht, z. B. um sich dadurch die Mittel zur Tilgung von Grubenschulden oder zum Ankaufe von Betriebsmaterialien 2c. zu verschaffen. Demgemäß erkennen denn auch Wachler S. 172 und AH. Cöln v. 16. Januar 1861 (Z. f. BR. 4. S. 126) die Wechselfähigkeit der Gewerkschaft im Prinzip an. A. M. ist Ebmeier (ib. 1. S. 141; 4. S. 170), weil die Wechselverbindlichkeit der Prüfung der causa debendi und hiermit der Prüfung, ob die Kompetenz zur Obligirung vorliege, sich völlig entziehe; vgl. jedoch n. 552.

556. Die Betheiligung an gemeinschaftlichen Bergschulen, an technischen Versuchen für gemeinschaftliche Rechnung und an ähnlichen nützlichen Einrichtungen steht immerhin in einer mittelbaren Beziehung zum eignen Bw.'s-Betrieb und kann darum nicht als außerhalb der gewerkschaftlichen Zwecke liegend erachtet werden; vgl. Ges. v. 12. Mai 1851, § 18 Nr. 16 und Klost. (M. Z. 12. S. 102).

557. Die Gewerkschaft hat auf die Doppelfrist zur Einlegung von Rechtsmitteln (Deklar. v. 6. April 1839, Art. 13) keinen Anspruch, da sie keine privilegirte Korporation, und der Repräsentant ebensowohl nach § 119 wie früher nach § 18 Nr. 15 des Ges. v. 12. Mai 1851 der dominus litis ist; vgl. Wachler S. 185, Klost. n. 213.

558. § 96 Abs. 2 bezieht sich nur auf den persönlichen Gerichtsstand; bei Realklagen kommen die allgemeinen Grundsätze in Betreff des forum rei sitae zur Anwendung. Wenn gleichwohl nach § 96 die Lage des Werks den Gerichtsstand bestimmt, so erklärt sich dies daraus, daß das Gesetz keinen besonderen Sitz für die Gewerkschaft, resp. für ihren Vorstand verlangt, wie ein solcher bei Aktiengesellschaften (HGB. v. 1861, resp. 1869, Art. 209) durch den Gesellschaftsvertrag bestimmt werden muß. Demgemäß erhebt sich die in analoger Weise bei Aktiengesellschaften nicht vorkommende Frage, wo der Gerichtsstand zu suchen sei, wenn sich das Bw. in zwei Gerichtsbezirke erstreckt. Im KB. II. S. 54 wurden hierüber verschiedene Ansichten laut. Von einer Seite hielt man den Fundpunkt, von anderer die Betriebsanlage über Tage für maßgebend; eine dritte Meinung wies die Bestimmung des Gerichts gemäß Art. V des Ges. v. 26. April 1851 dem Appellationsgerichte zu. Die Majorität huldigte keiner dieser Meinungen, sondern

§ 97. Das Bergwerk wird, soweit die Einrichtung des Hypothekenwesens dies gestattet, auf den Namen der Gewerkschaft in das Hypothekenbuch eingetragen.

a. [Br. 100 gleichl., ohne den Zwischensatz „soweit ꝛc.", und mit dem Zus. am Schlusse: „(Vgl. § 55)."
M. 88 gleichl., ohne den Zwischensatz „soweit ꝛc."
G. B. (vacat.)

b. § 97 gilt nicht für ältere Gewerkschaften: §§ 227. 229. — Vgl. § 94 Abs. 3.]

§ 98. Das Bergwerk kann nur von der Gewerkschaft und nur als Ganzes mit Hypotheken und dinglichen Lasten beschwert werden.

a. [Br. 101, M. 89 gleichl. — G. (vacat.) — B. 88 gleichl.

b. §. 98 gilt nicht für ältere Gewerkschaften: §§ 227. 230. — Vgl. § 94 Abs. 3.]

---

neigte sich der Ansicht zu, daß die Gewerkschaft bei den Gerichten beider Bezirke belangt werden könne; sie erkannte jedoch an, daß die Entscheidung dieser Frage nicht durch das Gesetz zu treffen, sondern dem Richter zu überlassen sei. Klost. n. 214 und Wachler S. 171 halten eine desfallsige statutarische Bestimmung für zulässig (was nach § 94 Abs. 3 nicht ganz unbedenklich ist). In Ermangelung einer solchen erklärt sich jener für das Wahlrecht des Klägers, dieser (Wachler) für die dritte der obigen Meinungen: die Frage werde meist schon bei Bestimmung des zur Führung des Hypothekenbuchs kompetenten Gerichts zum Austrage kommen und hierdurch auch in anderer Hinsicht gelöst sein. Dem Geiste des rheinischen Rechts (vgl. Art. 2210 des BGB.) entspricht es wohl am besten, wenn man dasjenige Gericht für das allein kompetente hält, in dessen Bezirk der Hauptsitz des Betriebs, resp. die Betriebsanlage über Tage sich findet. Nach gleichen Gesichtspunkten, wie der eben besprochene, soll sich nach Klost. l. c. der andere Fall beurtheilen, wo die Gewerkschaft zwei für sich bestehende, aber in verschiedenen Bezirken gelegene Werke besitzt. Dies erleidet jedoch bei solchen persönlichen Klagen eine Ausnahme, welche nur auf eines jener Werke Bezug haben, indem hier die Lage des letzteren entscheidet.

Zu § 97.

559. Auch diese Bestimmung ergiebt sich aus der selbstständigen Persönlichkeit der Gewerkschaft sowie dem Wegfalle der ideellen Theilung des Bw.'s-Eigenthums in Kuxe, und entspricht den analogen Vorschriften für Aktiengesellschaften (Einf.-Ges. zum HGB. v. 1861, Art. 23; Ges. 15. Febr. 1864, § 3): Mot. S. 72.

Zu § 98.

560. Daß es den Gewerken des neuen Rechts nicht, wie denen einer älteren Gewerkschaft, gestattet sei, das Bw. zu ideellen Theilen mit Hypotheken ꝛc. zu belasten, ergiebt sich bei der Mobilisirung des Kuxes von selbst. Inzwischen bleibt § 98 hierbei nicht stehen, sondern untersagt sogar der Gewerkschaft als juristischer Person die dingliche Belastung zu ideellen Theilen, und zwar, den Mot. S. 73 zufolge, um deswillen, weil „ein ideeller Theil nicht mehr besessen, also auch nicht mehr verkauft werden könne." Abgesehen jedoch von § 133, ergiebt sich bereits aus dem oben n. 317 Gesagten das Unzutreffende des Satzes, daß, weil ein ideeller Theil nicht mehr besessen, derselbe auch nicht mehr verkauft werden könne. Allerdings würde, wenn die Gewerkschaft einen ideellen Theil ihres Bw.'s verkaufte, hieraus eine neue Gewerkschaft mit mobilen Kuxen hervorgehen, gebildet aus der bisherigen Gewerkschaft als juristischer Person auf der einen und aus dem Ankäufer auf der andern Seite. So mancherlei Unzuträglichkeiten aber auch ein solches Verhältniß im Gefolge haben würde, immerhin fehlt es an einem Gesetze, welches die Entstehung desselben ausschlösse. Insbesondere muß § 98 wegen seines exzeptionellen Charakters auf den dort ausdrücklich vorgesehenen Fall der dinglichen Belastung beschränkt, und darf nicht etwa mit Rück-

§ 99. Für die Verbindlichkeiten der Gewerkschaft haftet nur das Vermögen derselben.

a. [Br. 102, M. 90 gleichl. — G. (vacat.) — B. 89 gleichl.

b. §. 99 der RV. lautete:

„Für die der Gewerkschaft obliegenden Schuldverbindlichkeiten haftet, soweit nicht eine andere Verabredung getroffen ist, nur das Vermögen der Gewerkschaft."

c. § 99 gilt auch für ältere Gewerkschaften: § 226. — Vgl. § 94 Abs. 3.]

---

sicht auf die oben referirten Motive, für alle Fälle einer Veräußerung generalisirt werden. Insoweit jedoch § 98 gleichzeitig gegen die Verpfändung 2c. eines reellen Bw.'s-Theils gerichtet ist, enthält er keine Singularität des Gewerkschaftsrechts, sondern eine für alle Bergeigenthümer geltende Konsequenz des § 51, wie dies schon aus n. 329 hervorgeht und in den Mot. S. 73, durch die Verweisung auf § 51, bestätigt wird. — Im Uebrigen vgl. n. 534.

560bis. Die Worte „von der Gewerkschaft" sollen augenscheinlich das Entstehen anderer, als vertragsmäßiger Hypotheken, insbesondere dasjenige von urtheilsmäßigen Hypotheken des rheinischen Rechts nicht ausschließen.

Zu § 99.

561. Obwohl auch dieser § sich als eine Konsequenz der Personifizirung der Gewerkschaft darstellt, so machte doch schon das gemeine deutsche Bergrecht den einzelnen Gewerken für die Grubenschulden nicht persönlich verantwortlich, während nach dem ALR. nur eine beschränkte persönliche Verhaftung des Gewerken bestand, die mit der Kaduzirung seines Antheils und mit der Auflässigkeit des Bw.'s ohne Weiteres ihr Ende erreichte. So: die Mot. S. 71. Die landrechtliche Gesetzgebung über diesen Gegenstand (vgl. insbesondere § 292 II, 16) gehörte zu den bestrittensten, ungeachtet eine konstante Praxis des OT. die persönliche Haftbarkeit des Gewerken als Regel aufgestellt hat; vgl. Brass., OT. 23. Febr. und 24. Apr. 1866, 4. Febr. 1867 (Z. f. BR. 4. S. 365; 7. S. 526ff.; 9. S. 161). Wenn nun auch der Gesetzgeber in dem § 99 keine solche Neuerung erblickte, welche ihn hätte hindern können, diesen § auf die älteren Gewerkschaften auszudehnen, so hat letzterer doch keine rückwirkende Kraft, und findet daher auf Verbindlichkeiten, welche schon beim Inkrafttreten des BG. bestanden, keine Anwendung: KB. I. S. 34.

562. Zur Motivirung der veränderten Fassung des § 99 heißt es im KB. I. S. 34: „die Gewerkschaft als juristische Person könne nicht weiter, als mit ihrem Vermögen haften; werde eine andere Verabredung getroffen, so sei dies keine Ausdehnung der Verbindlichkeit der Gewerkschaft, sondern eine hinzutretende Verbindlichkeit der einzelnen Gewerken, deren Zulässigkeit als selbstverständlich im Gesetze nicht vorbehalten zu werden brauche." Wenngleich hiernach mit der Fassungsänderung keine Aenderung des materiellen Inhalts beabsichtigt wurde, so folgt dennoch aus § 99 nach seinem jetzigen Wortlaute, in Verbindung mit § 94 Abs. 3, daß die Mitverbindlichkeit der Gewerken nicht zum Gegenstande statutarischer Bestimmungen gemacht werden kann. — Inwiefern eine Mitverbindlichkeit der einzelnen Gewerken aus Beschlüssen folge, welche auf eine unerlaubte Handlung gerichtet sind, darüber vgl. n. 603.

563. Aus § 99 läßt sich nicht etwa der positive Satz herleiten, als ob die Verbindlichkeiten der Gewerkschaft auf dem Vermögen der letzteren dinglich lasteten, mithin im Falle einer Veräußerung auf den veräußerten Vermögensstücken ruhen blieben. Im OT. 18. Jan. 1867 (Z. f. BR. 8. S. 109) sollte wohl nicht die entgegengesetzte Ansicht angedeutet werden, wenn dort, um darzuthun, daß ein Bw.'s-Besitzer in die von einer älteren Gewerkschaft als Vorbesitzerin eingegangenen Pachtverbindlichkeiten nicht ohne Weiteres eintrete, u. A. hervorgehoben wird, daß die §§ 96ff., welche den Gewerkschaften den Charakter eines einheitlichen Rechtssubjekts beilegten, nach § 227 auf ältere Gewerkschaften keine Anwendung fänden, zumal ja gerade § 99 für letztere allerdings gilt; vgl. übrigens n. 566. 567.

564. § 99 schließt selbstredend nicht aus, motivirt es vielmehr, daß die Gläubiger einer Gewerkschaft auf das, was die einzelnen Gewerken dieser an Beiträgen schulden, Arrest anlegen können, sollten sie auch selbst zu den Gewerken gehören.

§ 100. Durch das Ausscheiden einzelner Mitglieder — Gewerken — wird die Gewerkschaft nicht aufgelöst. Auch können einzelne Gewerken nicht auf Theilung klagen.

a. [Br. 103, M. 91 gleichl. — G. (vacat.) — B. 90 gleichl.
b. § 100 gilt auch für ältere Gewerkschaften: § 226. — Vgl. § 94 Abs. 3.]

§ 101. Die Zahl der gewerkschaftlichen Antheile — Kuxe — beträgt hundert.

Im Gebiete des rheinischen Rechts (s. Art. 1166 des BGB.) steht jenen sogar, unbeschadet des § 99, das Recht zu, unmittelbar gegen die einzelnen Gewerken auf Zahlung der ausgeschriebenen Beiträge zu klagen (§ 129).

Zu § 100.

565. Auch die Vorschriften dieses § ergeben sich nicht blos aus der Personifizirung der Gewerkschaft, sondern entsprechen zugleich der früheren Auffassung der Gewerkschaft, und was die Ausschließung der Theilungsklage betrifft, der ausdrücklichen Festsetzung im § 2 des Ges. v. 12. Mai 1851: Mot. S. 73.

566. § 100 umfaßt auch den Fall, wo sämmtliche Mitglieder, bis auf eins, ausscheiden, wo sich also sämmtliche Kuxe in Einer Hand vereinigen. Dies entspricht nicht allein den für Korporationen geltenden, allgemeinen Grundsätzen (L. 7. § 2. D. 3. 4; § 177. II, 6 ALR.), sondern auch dem § 99 h. l., und hat gerade in Bezug auf diesen § eine hervorragende praktische Bedeutung, indem sonst der Erwerb sämmtlicher Kuxe die ganz unzuträgliche, vom Gesetzgeber unmöglich beabsichtigte Folge haben würde, daß sämmtliche Verbindlichkeiten der Gewerkschaft erlöschten; im Uebrigen vgl. n. 567.

567. Abgesehen von der rein negativ gehaltenen Vorschrift des § 100 fehlt es im BG. an besonderen Bestimmungen über die Auflösung der Gewerkschaft. Doch unterliegt es arg. § 133 und nach allgemeinen Rechtsgrundsätzen wohl keinem Zweifel, daß die Gewerkschaft durch einstimmigen Beschluß sämmtlicher Gewerken aufgelöst werden könne. Ebenso kann die Auflösung durch den Verkauf des Bw.'s herbeigeführt werden. In dem einen wie in dem anderen Falle wird es des Hinzutritts einer besonderen staatlichen Genehmigung (§ 180. II, 6 ALR.) nicht bedürfen, wie eine solche ja auch zur Auflösung einer Aktiengesellschaft durch Beschluß der Aktionäre in der Regel (vgl. HGB. v. 1861, resp. 1869 Art. 214. 242. 247) nicht erfordert wird. Doch tritt jene Folge in beiden Fällen nur vorbehaltlich der Vermögensliquidation zu Gunsten der Gläubiger ein. Dagegen hat die Eröffnung des Konkurses wohl nicht die Auflösung der Gewerkschaft wie die der Aktiengesellschaft (HGB. Art. 242 Nr. 4) zur unmittelbaren Folge, selbst wenn bei Gewerkschaften von einem Konkurse die Rede sein kann, was wenigstens im Gebiete des rheinischen Rechts schon um deswillen nicht der Fall ist, weil jene keine Handelsgesellschaften sind.

Zu § 101.

568. Dieser § enthält die praktisch wichtigsten Neuerungen des BG. hinsichtlich des Gewerkschaftsrechts, indem er einestheils dem mehrerwähnten Prinzipe der Mobilisirung des Kuxes Ausdruck verleiht, anderentheils aber bei Fixirung der Zahl der Kuxe das Dezimalsystem adoptirt, und die Untheilbarkeit der Kuxe ausspricht, während das ALR. als Normalzahl die Zahl 128 aufstellte, und die weitere Theilung des Kuxes dem Belieben jedes einzelnen Interessenten mit der einzigen Beschränkung überließ, daß die Unterabtheilungen mindestens ein Achtel betragen mußten.

569. Die Abweichungen des § 101 von dem entsprechenden § der RV. beruhten auf der Erwägung, daß letzterer eine zu große Zersplitterung ermöglichen und hierdurch die Verwaltung der gewerkschaftlichen Angelegenheiten erschweren würde, während die Untereintheilung der Kuxe zu Zweifeln über die Stimmberechtigung führen könne; vgl. KB. I. S. 35; II. S. 55. Darüber, daß die Dezimaltheilung festzuhalten und daß eine andere oder weitere als die im Gesetze

Durch das Statut kann die Zahl auf tausend bestimmt werden.

Die Kuxe sind untheilbar. Sie haben die Eigenschaft der beweglichen Sachen.

a. [Br. 104, M. 92 gleichl. — G. (vacat.)
B. 91 gleichl., jedoch heißt es statt „Statut": „Satzungen."

b. § 101 lautete in der RV.:
„Die Zahl der gewerkschaftlichen Antheile — Kuxe — beträgt Tausend. — Durch das Statut kann eine Untereintheilung in Zehntheile bestimmt werden. — Jede andere oder weitere Theilung ist unzulässig. — Die Kuxe haben die Eigenschaft der beweglichen Sachen.

c. § 101 gilt nicht für ältere Gewerkschaften: §§ 227. 228. — Vgl. § 94 Abs. 3.]

---

fixirte Theilung ebensowenig durch das Statut wie durch Separatdispositionen einzelner Betheiligten stattfinden solle, war man allseitig einverstanden, obwohl dies § 101 in seiner jetzigen Fassung nicht so klar wie die RV. ausspricht, und der Satz „die Kuxe sind untheilbar" leicht als ein bloßes Verbot der letztgedachten Separatdispositionen aufgefaßt werden könnte. — Welche rechtlichen Wirkungen eine gegen das Verbot erfolgte Theilung je nach Verschiedenheit der Rechtsgeschäfte äußert, unterliegt der Beurtheilung nach allgemeinen civilrechtlichen Grundsätzen: Mot. S. 73; vgl. in letzterer Hinsicht n. 1180.

570. Wenn hiernach (n. 569) durch das Statut kein Betheiligungsverhältniß innerhalb der Zahlen 100 und 1000 normirt, die Zahl der Kuxe z. B. nicht auf 200 oder 500 bestimmt werden kann, so gestattet Fleckser (Z. f. BR. 6. S. 600) dennoch eine statutarische Bestimmung, wonach mehrere Kuxe untrennbar vereinigt werden sollen, resp. kein Gewerke weniger als die festgesetzte Anzahl Kuxe besitzen darf, so daß derjenige, welcher eine kleinere Zahl käuflich erwerbe oder zurückbehalte, gar nicht als Betheiligter anzusehen wäre und dies auch nicht auf gerichtlichem Wege erzwingen könnte. Freilich ist die Zusammenziehung mehrerer Kuxe zu einem untheilbaren Antheile nicht, gleich dem Entgegengesetzten, der Theilung des Kuxes, im § 101 ausdrücklich für unstatthaft erklärt. Da jene Zusammenziehung aber immerhin, sowohl nach der Absicht der Betheiligten, als im Resultate auf eine Abänderung des § 101 Abs. 1 und 2, sowie des diesen Bestimmungen zu Grunde liegenden Dezimalsystems hinauslaufen würde, so verdient obige Ansicht keinen Beifall.

571. Fällt ein Kux durch Erbschaft mehreren Personen anheim, so äußert sich seine Untheilbarkeit u. A. darin, daß jene doch nur Eine Stimme in der Gewerkenversammlung haben, diese Stimme mithin beim Mangel einer Einigung über das Votum ausfällt. Dagegen läßt sich aus der Untheilbarkeit des Kuxes noch nicht auf die Untheilbarkeit der mit dem Besitze des Kuxes verbundenen Beitragspflicht und des mit diesem Besitze verbundenen Anspruchs auf die Ausbeute schließen. Vielmehr entspricht die ratirliche Erhebung des Beitrags und des Ausbeuteantheils den Grundsätzen des rheinischen und gemeinen Rechts, während freilich im Gebiete des ALR. arg. §§ 127. 151. I, 17 ib. Erben nur gemeinschaftlich für den Beitrag haften, und nur gemeinschaftlich, resp. durch einen gemeinschaftlichen Bevollmächtigten, den Ausbeuteantheil erheben können. — Vgl. überdies n. 553.

572. Die Verschiedenheiten, welche durch die Mobilisirung des Kuxes zwischen den neuen und älteren Gewerkschaften, resp. zwischen den Kuxen der einen und denen der anderen Art begründet sind, beschränken sich selbstredend nicht auf die im BG. ausdrücklich hervorgehobenen (vgl. §§ 101 ff. einer- und die §§ 227 ff. andererseits). Vielmehr hat die Mobilisirung des Kuxes noch eine Menge anderer wichtiger Folgen, welche an die in der allgemeinen Gesetzgebung, insbesondere in den Civil- und Prozeß-Gesetzbüchern zwischen beweglichen und unbeweglichen Sachen gemachte Unterscheidung anknüpfen, wie z. B. nach Rheinischem Eherechte die, daß die Kuxe der neuen Gewerkschaften in die Gütergemeinschaft fallen. Vgl. überdies n. 579.

§ 102. Die Gewerken nehmen nach dem Verhältniß ihrer Kuxe an dem Gewinne und Verluste Theil.

Sie sind verpflichtet, die Beiträge, welche zur Erfüllung der Schuldverbindlichkeiten der Gewerkschaft und zum Betriebe erforderlich sind, nach Verhältniß ihrer Kuxe zu zahlen (§§ 129. 130).

a. [Br. 105, M. 93 gleichl. — G. (vacat.) — B. 92 gleichl.
b. §. 102 gilt auch für ältere Gewerkschaften: § 226. — Vgl. § 94 Abs. 3.]

§ 103. Ueber sämmtliche Mitglieder der Gewerkschaft und deren Kuxe wird von der Gewerkschaft ein Verzeichniß — das Gewerkenbuch — geführt. Auf Grund desselben wird einem jeden Gewerken, welcher es verlangt, ein Antheilschein — Kuxschein — ausgefertigt.

Die Kuxscheine sind nach der Wahl des Gewerken über die einzelnen Kuxe oder über eine Mehrheit derselben auszustellen.

Zu § 102.

573. Wie seither durch den Antheil am Werke, so wird nunmehr durch den Geschäftsantheil, der Natur des gewerkschaftlichen Verhältnisses entsprechend, das Maß der Rechte und Pflichten des einzelnen Gewerken bestimmt (vgl. auch § 111); jeder Gewerke haftet, der allgemeinen Fassung des § 102 und der Verweisung auf die §§ 129. 130 zufolge, für seine Beiträge mit seinem Vermögen, so lange er nicht seinen Antheil zum Verkaufe behufs Befriedigung der Gewerkschaft hingiebt: Motive S. 74. Ob neben der persönlichen Haftbarkeit des Gewerken noch eine dingliche des Kuxes bestehe, wird unter n. 591 erörtert.

574. § 102 stellt die allgemeine Regel auf. Diese erleidet jedoch, mit Rücksicht auf die Einrichtung des Gewerkenbuchs, gewisse Modifikationen durch die §§ 106. 107, welche sich insofern zu § 102 wie die Ausnahme zur Regel verhalten.

574bis. Während in den bezogenen §§ 129ff. in Verbindung mit § 120 über Ausschreibung und Einziehung der Zubuße Bestimmung getroffen ist, schweigt das BG. über die Vertheilung der Ausbeute, überläßt die Festsetzung hierüber daher dem Statute oder dem jedesmaligen Beschlusse der Gewerkschaft [resp. dem Repräsentanten]. Der Unterschied zwischen der Erstattung des Verlags und der Ausbeutevertheilung ist für das neue Recht bedeutungslos, und kommt nur noch hinsichtlich der Freikuxe (§. 224) in Betracht, indem diese gemäß § 305 II, 16 ALR. keinen Anspruch besitzen, so lange die Zeche nur noch den Verlag erstattet. Vgl. Klost. n. 222.

Zu § 103.

575. Das Gewerkenbuch ist analog dem über die Aktien auf Namen zu führenden Aktienbuch (HGB. v. 1861 [resp. 1869], Art. 223. 182) und seine Führung nicht, wie der [im Bayer. BG. zur Geltung gelangte] Vorschlag Klostermann's lautete, dem OBA., sondern entsprechend dem Grundsatze der Selbstverwaltung und dem Bedürfnisse nach Verkehrserleichterungen, der Gewerkschaft (§§ 121. 124) übertragen; vgl. Mot. S. 74. Gleichwohl mißt § 6 des Ges. v. v. 12. März 1869 (GS. 473) demselben die Eigenschaft eines öffentlichen Buches bei.

576. Auf den Inhaber lautende Antheile wurden als unverträglich mit dem Wesen und Zwecke der Gewerkschaft, wie bei der Kommanditgesellschaft auf Aktien

Die Kurscheine dürfen nur auf einen bestimmten Namen, niemals auf den Inhaber lauten.

Die Erneuerung eines Kurscheins ist nur gegen Rückgabe oder nach erfolgter Amortisation desselben zulässig.

a. [Br. 106 gleichl., nur heißt es statt Amortisation": „Mortifikation"; sodann fehlen die Worte: „welcher es verlangt."
M. 94 gleichl. — G. (vacat.)
B. 93 gleichl., jedoch ohne die Worte „von der Gewerkschaft" und mit dem Zusatze: „Das Gewerkenbuch wird von der Bergbehörde geführt, welche auch die Kuxscheine ausfertigt. Bei der Gewerkschaft wird ein Duplikat des Gewerkenbuchs geführt, zu welchem Zwecke die Bergbehörde der Gewerkschaft von jedem Eintrage sofort Nachricht giebt."

b. § 103 gilt nicht für die älteren Gewerkschaften: §§ 227. 229. — Vgl. § 94 Abs. 3.]

§ 104. Die Kure können ohne Einwilligung der Mitgewerken auf andere Personen übertragen werden.

Ein gesetzliches Vorkaufsrecht steht den Mitgewerken nicht zu.

a. [Br. 107, M. 95 gleichl. — G. (vacat.) — B. 94 gleichl.
b. § 104 gilt auch für ältere Gewerkschaften: § 226. — Vgl. § 94 Abs. 3.]

§ 105. Zur Uebertragung der Kure ist die schriftliche Form erforderlich.

Der Uebertragende ist zur Aushändigung des Kurscheins und, wenn dieser verloren ist, zur Beschaffung der Amortisationserklärung auf seine Kosten verpflichtet.

(HGB v. 1861 [resp. 1869] Art. 173) ausgeschlossen. Abs. 4 beugt dem Mißbrauche vor, welcher mit mehreren über denselben Antheil ausgefertigten Scheinen getrieben werden könnte. Vgl. Mot. S. 74.

577. Die Ausfertigung Eines Scheines über mehrere Kuxe hindert nicht den Verkauf einzelner derselben: Fleckser (Z. f. BR. 6. S. 600). Im Uebrigen vgl., was die Anlegung der Gewerkenbücher und die Ausfertigung der Kuxscheine betrifft, Brockhoff und die Instr. v. 19. Nov. 1866 (ib. 7 S. 370 ff., 437).

Zu § 104.

578. Die §§ 104—106 entsprechen im Allgemeinen den Vorschriften der Art. 182 ff., 223 des HGB. v. 1861 [resp. 1869] über den Verkehr mit den auf Namen lautenden Aktien: KB. II. S. 55. Während jedoch die Uebertragung solcher Aktien durch den Gesellschaftsvertrag von der Zustimmung der übrigen Gesellschafter abhängig gemacht werden kann, ist eine analoge statutarische Bestimmung für Kuxe nach §§ 104, 94 unstatthaft. Die bezügliche Vorschrift des § 104 beruht auf der Erwägung, daß es nicht im Interesse des Bergbaus liege, die Gewerkschaft rechtlich so an einander zu binden, wie es bei den Theilnehmern einer Civil- und offenen Handelsgesellschaft der Fall ist. Uebrigens war der Verkauf von Kuxen schon früher an die Zustimmung der Mitgewerken nicht gebunden. Ebenso entspricht Abs. 2 dem älteren rechts- und linksrheinischen Rechte. Vgl. Mot. S. 72.

Zu § 105.

579. § 105 entspricht den allgemeinen Grundsätzen und hilft einem dringenden Bedürfnisse ab, da die Veräußerung durch die seitherigen Formen in nachtheiliger Weise erschwert war: Mot. S. 74. In materieller Hinsicht reicht auf Seiten des übertragenden Gewerken, resp. seines Stellvertreters diejenige Disposi-

Die Umschreibung im Gewerkenbuche darf nur auf Grund der Uebertragungsurkunde und gegen Vorlegung des Kurscheins oder der Amortisations-Erklärung erfolgen.

a. [Br. 108 gleichl., nur heißt es statt „Amortisations-Erklärung": „Mortifikations-Erklärung."
M. 96 gleichl. — G. (vacat.) — B. 95 gleichl.

b. § 105 gilt nicht für ältere Gewerkschaften: § 227. — Vgl. § 94 Abs. 3.]

---

tionsfähigkeit aus, welche zur Veräußerung von Mobilien überhaupt erfordert wird. — Ist dem Erfordernisse der einen und anderen Art genügt, so tritt arg. Abs. 1 und 2 des § der Eigenthumsübergang an sich und unter den Contrahenten schon sofort beim Vertragsabschlusse, und nicht etwa erst bei Auslieferung des Kurscheins ein.

580. Was zur Erfüllung des Erfordernisses der schriftlichen Form gehöre, beurtheilt sich nach den allgemeinen civilrechtlichen Grundsätzen, welche am Orte der Aufnahme der Urkunde gelten, mithin im Gebiete des rheinischen Rechts, sofern es sich von Privaturkunden handelt, nach Art. 1325 des BGB. Eine Uebertragung durch bloßes Indossament in den Formen der Art. 11—13 der D. Wechs.-Ordn., wie sie nach den Art. 182. 223 des HGB. v. 1861 resp. 1869 bei den auf Namen lautenden Aktien geschehen kann, entspricht trotz des unter n. 579 Gesagten den Anforderungen des § 105 wohl nicht. — Wer einen Kux im Wege der Zwangsversteigerung (§ 109) erwirbt, kann seinen Erwerb durch eine Ausfertigung des Auktionsprotokolls oder durch eine gerichtliche Bescheinigung nach Analogie des § 275 der Konkurs-Ordnung nachweisen und so der Form des § 105 genügen: KB. I. S. 40.

581. § 105 umfaßt auch den Fall, wo die Uebertragung durch ein Partikularlegat erfolgt. Hier geschieht die Umschreibung auf Grund der letztwilligen Verfügung. Ist in dieser der Legatar nicht mit derjenigen Bestimmtheit bezeichnet, welche zur Legitimation erfordert wird, so muß eine gerichtliche Bescheinigung im Sinne des Ges. v. 12. März 1869 § 9 hinzutreten.

582. § 105 setzt zwar stets eine Singular-Succession voraus. Doch können die gesetzlichen Erben eines Gewerken gegenwärtig, gemäß §§ 2. 6 des Ges. v. 12. März 1869, die Ueberschreibung des Kuxes auf ihren Namen auf Grund einer gerichtlichen Erbbescheinigung verlangen (vgl. auch § 8 ib.). Daraus, daß dieselben von dieser Befugniß keinen Gebrauch machen, entspringt übrigens für sie kein anderer Nachtheil, als daß sie angehalten werden können, in jedem einzelnen Falle, wo sie ihre Rechte geltend machen wollen, ihre Legitimation durch Vorlage jener Bescheinigung besonders nachzuweisen.

583. Ohne einen darauf gerichteten Antrag ist die Umschreibung nach Maßgabe des § 105 in der Regel (s. n. 713) unstatthaft. Jener Antrag kann nicht allein vom Erwerber, sondern auch vom Veräußerer ausgehen; dies folgt mit Nothwendigkeit aus § 107 und wurde bei der Gesetzesberathung (s. n. 588) als selbstverständlich vorausgesetzt. A. M. ist Esser S. 22, weil § 105 zum Zwecke der Umschreibung die Vorlegung des Kurscheins erfordere; s. jedoch oben n. 579. Von den Intestaterben des Veräußerers gestellt, enthält der Antrag keine Einmischung in die Erbschaft; vgl. § 388 I, 9 ALR. und Art. 779 des rhein. BGB.

583 bis. Hat ein Kux seinen Eigenthümer öfter gewechselt, ohne daß eine jedesmalige Umschreibung stattfand, so müssen zum Zwecke der Umschreibung auf den jüngsten Erwerber sämmtliche Uebertragungsakte vorgelegt werden, welche zum Nachweise des Uebergangs des Eigenthums auf jenen erforderlich sind. Doch ist die Gewerkschaft nicht befugt, außerdem zu verlangen, daß zuvor die Namen der zwischenzeitlichen Eigenthümer zur Vervollständigung der Reihenfolge im Gewerkenbuche verzeichnet werden; a. M. ist Esser S. 25.

§ 106. Wer im Gewerkenbuche als Eigenthümer der Kuxe verzeichnet ist, wird der Gewerkschaft gegenüber bei Ausübung seiner Rechte als solcher angesehen.

a. [Br. 109, M. 98 gleichl. — G. (vacat.) — B. 96 gleichl.
b. § 106 gilt nicht für ältere Gewerkschaften: § 227. — Vgl. § 94 Abs. 3.]

§ 107. Bei freiwilligen Veräußerungen von Kuxen bleibt der seitherige Eigenthümer derselben der Gewerkschaft für die Beiträge (§ 102) verpflichtet, deren Erhebung die Ge-

---

Zu § 106.

584. §. 106 schließt sich den Artt. 183. 223 des HGB. mit der Modifikation an, daß durch die Eintragung nur die Legitimation zur Ausübung der Rechte des Kuxeigenthümers [namentlich also des Rechts des Mitstimmens in den Gewerkenversammlungen und der Betheiligung an der Ausbeute, vgl. überdies §§ 115. 122 ꝛc.] begründet wird, indem der Gewerke anders, wie der Aktionär, zu fortlaufenden Leistungen verpflichtet ist, und der Anspruch der Gewerkschaft auf letztere nicht davon abhängig gemacht werden durfte, daß der Gewerke sich in das Gewerkenbuch eintragen läßt: Mot. S. 75. In Betreff der älteren Gewerkschaften vgl. §§ 266. 267 II, 16 ALR. und n. 1177.

585. § 106 gilt auch für den Fall, wo der im Gewerkenbuche als Eigenthümer Verzeichnete sein Eigenthum durch eine Zwangsversteigerung verloren hat; vgl. n. 580.

586. Die Worte „der Gewerkschaft gegenüber" schließen jede Folgerung aus, die sonst zu Gunsten Dritter, welche ihre Rechte nicht von der Gewerkschaft selbst herleiten, aus § 106 gezogen werden könnte. Hiernach ist z. B. ein Gläubiger des früheren Gewerken nicht befugt, wegen der unterbliebenen Umschreibung Beschlag auf den Antheil an der Ausbeute zu legen, sofern dieser nach dem zwischen dem früheren und dem neuen Gewerken abgeschlossenen Vertrage dem letzteren Gewerken zukommt. Zahlt daher die Gewerkschaft in einem solchen Falle auf Grund des Arrestverfahrens an den Gläubiger aus, so wird sie freilich liberirt; doch hat der neue Erwerber das Recht, gegen den Gläubiger auf Erstattung des Gezahlten zu klagen, es sei denn, daß er aus andern, den Grundsätzen des Civilrechts entlehnten Gründen (vgl. l. 19 § 1, l. 44. D. 12. 6; § 180 I, 16 ALR.; Art. 1377 des rheinischen BGB.) seinen Regreß nur gegen den früheren Gewerken nehmen könnte.

587. Die Schlußbestimmung des Art. 183 des HGB., daß die Gesellschaft zur Prüfung der Legitimation berechtigt, aber nicht verpflichtet sei, ist in den § 106 nicht aufgenommen worden. Hiernach unterliegt es allerdings erheblichen Bedenken, ob die Gewerkschaft, wenngleich nicht verpflichtet, so doch berechtigt sei, behufs der Zulassung zu den Gewerkenversammlungen und bei der Ausbeutevertheilung die Vorlegung des Kuxscheins zu fordern. Klost. n. 229 spricht sich geradezu für Verneinung dieser Frage aus, hält aber eine jenes Recht gewährende statutarische Bestimmung, wie sie in dem oben n. 537 erwähnten Probestatute (§ 8) enthalten ist, trotz des § 94 Abs. 3 für zulässig. Ueber die Art und Weise, wie sich die Erben eines Gewerken als solche legitimiren, vgl. n. 582.

Zu § 107.

588. Eine fernere Sicherheit für die Leistung der Beiträge gewährt § 107, welcher sich dem analogen Grundsatze des HGB. (Art. 184. 223) anschließt und in ähnlicher Weise nach § 261 II, 16 ALR. auch seither schon für das Bergrecht bestand: Mot. S. 75. — Die Worte „gesetzlich (§ 105)" wurden eingeschaltet, weil sonst der eingetragene Eigenthümer, um sich seiner Verpflichtung zu entziehen, eine Eigenthumsübertragung beim Gewerkenbuche anmelden könne, die noch gar nicht zu Stande gekommen sei; sie sollen hervorheben, daß nur ein den Formen des § 105 entsprechender Antrag die im § 107 gedachte Wirkung habe; vgl. KB. I, S. 40; II, S. 55.

werkschaft beschlossen hat, bevor die Umschreibung der Kuxe im Gewerkenbuche gesetzlich (§ 105) beantragt ist.

a. [Br. 110, M. 98 gleichl. — G. (vacat.) — B. 97 gleichl.

b. § 107 gilt für ältere Gewerkschaften mit der Maßgabe, daß die Erhebung der Beiträge vor der Veräußerung der Kuxe beschlossen sein muß: § 232. — Vgl. § 94 Abs. 3.]

---

589. § 107 enthält eigentlich zwei Bestimmungen. Einmal spricht er in Bestätigung resp. Erläuterung des § 102 den Satz aus, daß die Beitragspflicht eine persönliche Schuld des Gewerken sei, dieser daher von der Verbindlichkeit, die während seiner Besitzzeit ausgeschriebenen Beiträge zu zahlen, durch die Veräußerung des Kuxes nicht befreit werde; sodann aber erweitert er jene Pflicht, im Anschlusse an die Einrichtung des Gewerkenbuchs und über die Vorschrift des § 102 hinaus, auf diejenigen Beiträge, welche in der Zeit zwischen der Veräußerung und dem Antrage auf Umschreibung beschlossen werden. Indem er beide Bestimmungen in Einen Satz zusammenfaßte, konnte er nur von freiwilligen Veräußerungen sprechen, weil bei Zwangsverkäufen der Schuldner außer Stande ist, den Kuxschein Behufs der Umschreibung vorzulegen (§ 109), jene zweite Bestimmung sich daher hier als unanwendbar erwies. Demgemäß gestattet § 107 nicht etwa den Rückschluß, als ob auch die ersterwähnte Bestimmung bei Zwangsverkäufen nicht Platz greife, zumal die Haftbarkeit des Gewerken für die bis zum Zwangsverkaufe ausgeschriebenen Beiträge ja schon auf § 102 beruht. Dies wird durch die Parallele bestätigt, welche die Motive (s. n. 588) zwischen dem § 107 und den Art. 184. 223 des HGB. ziehen; denn die citt. Artikel gelten ebensowohl für unfreiwillige wie für freiwillige Verkäufe, da in ihnen von keinen wiederkehrenden Leistungen die Rede, das Datum der Umschreibung daher unerheblich ist. — Eine der hier entwickelten Ansicht direkt widersprechende ist von Strohn (Z. f. BR. 7. S. 53), aufgestellt, und nicht allein von anderen Rechtslehrern, insbesondere von Klost. n. 230. 234 und Wachler (Subh.-Ordn. v. 15. März 1869 S. 79) adoptirt, sondern auch dem Bayer. BG. (vgl. Art. 99 Abs. 2 ib. und Mot. zu dems. S. 57) zu Grunde gelegt worden; dieselbe hat sogar in der jüngsten Preußischen Gesetzgebung eine gewisse Berücksichtigung, keineswegs aber eine ausdrückliche Billigung gefunden (s. n. 1223). Von der Voraussetzung ausgehend, es sei für das Schicksal der Beitragspflicht gleichgültig, ob ein Gewerke nach §§ 130. 131 verfahre oder ob der Verkauf im Exekutionswege stattfinde, nimmt Strohn an, daß jeder Zwangsverkauf, selbst, wenn er den Betrag der rückständigen Beiträge nicht aufbringe, sowohl den exekutirten Gewerken wie seine Vorbesitzer von ihren Verpflichtungen entbinde. Andererseits folgert er aber aus eben jenen §§ 130. 131, daß der Gewerkschaft für jene Beiträge ein dingliches Recht am Kuxe und ein Vorrecht vor den übrigen Gläubigern, einschließlich der Pfandgläubiger, zustehe, daß diese Beiträge daher aus dem Erlöse eines Zwangsverkaufs stets primo loco bestritten werden müßten; aus gleichem Grunde könne sich die Gewerkschaft sogar wegen älterer, vom jetzigen Gewerken gar nicht verschuldeter Rückstände am Kuxe halten, mithin den Gewerken belangen, damit dieser sich für jene Rückstände die Abpfändung und den Verkauf des Kuxes gefallen lasse. — Hierauf ist jedoch Folgendes zu erwiedern: 1. Daß die Motive, insoweit sie den § 107 mit den Artt. 184. 223 des HGB. vergleichen, dieser Ansicht entgegenstehen, ergiebt das bereits oben Gesagte. 2. Würde ein Zwangsverkauf nicht blos den letzten Gewerken, sondern auch alle seine Vorbesitzer entlasten, obgleich diese freiwillig veräußert haben, sich mithin unzweifelhaft im Falle des § 107 befinden, so erlitte dieser § eine überaus wichtige Ausnahme, resp. Beschränkung, ohne daß derselben im BG. irgendwo gedacht wäre, während die Motive (s. n. 573) geradezu als die einzige Ausnahme von jener Regel, beziehungsweise derjenigen des § 102, den Fall des § 130 hinstellen. Die ausdrückliche Statuirung jener Ausnahme wäre aber um so gebotener gewesen, als es doch durchaus anomal erscheint, wenn eine persönliche Schuld ohne völlige Befriedigung des Gläubigers gerade um deswillen erlöschen soll, weil außer dem Schuldner noch die Sache eines Dritten haftet, und diese im Zwangswege zur Versteigerung gebracht wird. Ob im Falle des § 130 außer dem seitherigen Gewerken auch seine Vorbesitzer von ihren Verpflichtungen befreit werden, ist an einer anderen Stelle (s. n. 711) erörtert. Hier interessirt diese

Frage schon mit Rücksicht auf das unter Nr. 3 und 4 Gesagte nicht. 3. Die Gleichstellung eines Zwangsverkaufs mit dem Falle des § 130 erweist sich von vorne herein als unstatthaft, da die §§ 130. 131 Ausnahmebestimmungen, und zwar im prägnantesten Sinne des Worts enthalten, mithin auf etwaige analoge Verhältnisse nicht ausgedehnt werden dürfen. 4. Abgesehen hiervon, entbehrt aber auch die Annahme einer solchen Analogie jedes inneren Grundes; vielmehr bildet der Fall des § 130 recht eigentlich den Gegensatz zur Exekution; läßt der Gewerke es zu dieser kommen, so wird er, den §§ 130. 131 zufolge, der dort gewährten singulären Rechtswohlthat eben nicht theilhaftig; dieses gilt, da das Gesetz nicht unterscheidet, sogar dann, wenn die Exekution gerade gegen den Kux gerichtet wurde, wenn also die Gewerkschaft selbst es war, welche den Zwangsverkauf betrieben hat. Hiernach sind die Bestimmungen der §§ 130. 131 soweit davon entfernt, die Strohn'sche Ansicht zu unterstützen, daß sie vielmehr direkt zu dem entgegengesetzten Resultate führen, indem es, dem Prinzip nach, gleichgültig ist, auf wessen Anstehen der Zwangsverkauf stattfindet. 5. Am allerwenigsten dürfte aus jenen §§ die dingliche Haftbarkeit des Kuxes folgen. Eine derartige Vorschrift würde offenbar zu den wichtigsten des ganzen Titels gehören, sie enthielte einen Grundsatz, welcher das Wesen der Beitragspflicht sowohl wie des Antheilrechts, ja die Stellung der Gewerken zur Gewerkschaft überhaupt vollkommen beherrschen und umgestalten müßte. Aber auch in anderer Hinsicht wäre sie eine Bestimmung höchst ungewöhnlicher Art. Das Gewerkschaftsrecht schließt sich bekanntlich den Vorschriften des HGB. über gewisse Handelsgesellschaften enge an; die Motive weisen daher fast überall auf die Uebereinstimmung beider Gesetze hin und ziehen namentlich auch zwischen dem, was über den Betrag der auf Namen lautenden Aktien und dem, was über die Beiträge der Gewerken bestimmt wird, eine Parallele. Nun haftet aber nach dem Handelsrechte eine Aktie keineswegs für die auf sie zu leistenden Einzahlungen. Das unterliegt bei Kommanditgesellschaften auf Aktien nicht dem entferntesten Zweifel. Bezüglich der Namensaktien der Aktiengesellschaften ist freilich die Ansicht vertreten, daß außer dem ursprünglichen Zeichner auch der dermalige Aktionär, ja die ganze Reihe seiner im Aktienbuche vermerkten Vorgänger wegen der Rückstände des Betrags in Anspruch genommen werden könne: Renaud, Aktien-Gesellschaften S. 633 ff.; doch ist selbst nach dieser Ansicht nur von einer persönlichen Verpflichtung der Aktionäre 2c., und nicht von einem dinglichen Haften der Aktie die Rede. — Hätte daher der Gesetzgeber für die Gewerkschaften einen in so wesentlicher Beziehung abweichenden Grundsatz aufstellen wollen, so lag für ihn die dringendste Veranlassung vor, denselben klar und bestimmt, gleich an der Spitze der betr. Bestimmungen auszusprechen, und ihn in den Motiven näher zu begründen. Beides ist nicht geschehen; nur am Schlusse des Titels findet sich in dem ein ganz singuläres Rechtsverhältniß regelnden § 131 Abs. 2 eine Bestimmung, welcher Strohn (unter Berücksichtigung ihrer Entstehungsgeschichte) einen über den Wortlaut weit hinausgehenden Sinn beilegen zu dürfen glaubt, um so zu dem von ihm vertretenen, im § selbst gar nicht zum Ausdrucke gebrachten Satze zu gelangen. Daß eine so gezwungene und künstliche Beweisführung schon an und für sich ihre großen Bedenken hat, liegt auf der Hand; sie zerfällt vollständig, wenn diejenige Deutung die richtige ist, welche der Verf. dem § 131 Abs. 2, sowohl mit Rücksicht auf dessen Fassung, als auch namentlich im Hinblick auf die Materialien in n. 709 giebt. — Eher ließe sich die dingliche Haftbarkeit des Kuxes aus dem von Strohn nicht angerufenen § 132 herleiten, insofern es dort heißt: „wenn auf dem Antheile weder schuldige Beiträge noch sonstige Schuldverbindlichkeiten haften." Da indessen auch dieser § augenscheinlich nicht die Stelle war, um ein so wichtiges Prinzip zu statuiren, und da überhaupt das oben Gesagte mehr oder weniger auch hier zu Gunsten der entgegengesetzten Ansicht in Betracht kommt, so geschieht dem Gesetze wohl keine Gewalt, wenn man annimmt, der Gesetzgeber habe sich, im Streben nach möglichster Kürze, nur ungenau ausgedrückt, und nichts Anderes besagen wollen, als daß in dem dort unterstellten Falle weder der Gewerke wegen seines Antheils Beiträge verschulden, noch der Antheil selbst mit Forderungen sonstiger Gläubiger belastet sein dürfe.

590. Gemäß § 107, in Verbindung mit dem unter n. 584 Gesagten, sind der Gewerkschaft wegen der in der Zeit zwischen der Veräußerung des Kuxes und dem Antrage auf Umschreibung beschlossenen Beiträge zwei Personen verpflichtet,

§ 108. **Die Verpfändung der Kuxe geschieht durch Uebergabe des Kurscheins auf Grund eines schriftlichen Vertrages.**

a. [Br. 111, M. 99 gleichl. — G. (vacat.) — B. 98 gleichl.

b. § 108 gilt nicht für ältere Gewerkschaften: §§ 227. 231. — Vgl. § 94 Abs. 3.]

§ 109. **Die Exekution in den Antheil eines Gewerken**

---

nemlich der bisherige und der neue Gewerke, welche daher zur Gewerkschaft in dem Verhältnisse der correi debendi stehen. Was dagegen ihr Verhältniß zu einander betrifft, so ist in Ermangelung abweichender Vertragsbestimmungen der neue Gewerke der alleinige Schuldner, mithin, wenn der frühere Gewerke zur Zahlung angehalten wird, diesem gegenüber regreßpflichtig.

591. § 107 versteht unter dem „seitherigen Eigenthümer" nur den im Gewerkenbuche als solchen verzeichneten. Wechselt daher ein Kux seinen Eigenthümer mehrere Male, ohne daß eine jedesmalige Umschreibung stattfindet, so haftet der im Gewerkenbuche wirklich verzeichnete Eigenthümer für sämmtliche bis zum Antrage auf Umschreibung beschlossenen Beiträge, wogegen die übrigen (dort nicht verzeichneten) Eigenthümer gemäß § 102 nur für diejenigen Beiträge haften, welche in der Zeit ihres wirklichen Besitzes ausgeschrieben wurden.

Zu § 108.

592. Die im § 108 vorgeschriebene Form der Verpfändung entspricht der Vorschrift der VO. v. 9. Dez. 1809 (GS. S. 621); vgl. auch Art. 2074 ff. des Rhein. BGB.: Mot. S. 75. Im Gebiete des Rhein. Rechts wird es der in den Artt. 2074. 2075 des BGB. vorgeschriebenen Einregistrirung der Privaturkunde ebensowenig bedürfen, wie bei Pfandbestellungen in Handelssachen (vgl. Art. 44 des Einf.-Ges. zum HGB.) Eine Notifikation der Verpfändung an die Gewerkschaft ist an sich weder im Gebiete des Rhein. Rechts noch in den übrigen Landestheilen erforderlich; dagegen hat eine Verabredung, nach welcher der Pfandgläubiger zum Bezuge der Ausbeute ermächtigt sein soll, für die Gewerkschaft nur dann verbindliche Kraft, wenn sie von derselben benachrichtigt worden ist; vgl. § 284. I, 20 ALR. und VO. v. 9. Dez. 1809 § 2; Art. 2075 des Rh. BGB. und unten n. 595. Bei Verpfändungen unter Kaufleuten für eine Forderung aus beiderseitigen Handelsgeschäften finden die Artt. 310. 311 des HGB. Anwendung, da diesen Artikeln weder durch § 108 noch durch § 109 derogirt wird.

593. Die Worte „auf Grund eines schriftlichen Vertrags" sollen augenscheinlich eine Pfandbestellung durch letztwillige Dispositionen nicht ausschließen.

594. Die Frage der Zulässigkeit der mehrmaligen Verpfändung des Kuxes wird von Klost. n. 233 für den Bereich des ALR. verneint, für den des gemeinen und rheinischen Rechts unter der Beschränkung bejaht, daß nur der erste Gläubiger auf den Verkauf antragen könne, dem nachstehenden Gläubiger mithin lediglich freistehe, durch Befriedigung des ersten in dessen Rechte einzutreten, um den Verkauf entweder abzuwenden oder zu beschleunigen. Abgesehen jedoch davon, daß die Weiterverpfändung schon nach den Grundsätzen des rheinischen Civilrechts ebenso unstatthaft erscheint, wie nach denen des ALR., dürfte obige Frage gemäß § 108 allgemein zu verneinen sein, da das Auskunftsmittel, wonach bei der zweiten und dritten Verpfändung an Stelle des auszuhändigenden Kuxscheins die Aushändigung der Urkunde über die vorhergehende Verpfändung treten soll, in diesem § keine Begründung findet.

595. Für Hannover ist zu § 108 die zusätzliche Bestimmung getroffen, daß die Wirkung der Verpfändung nach dem Hann. Ges. v. 14. Dez. 1864 §§ 42 ff. beurtheilt werden soll, damit unzweifelhaft feststehe, daß die Verpfändung von Kuxen nicht nach Analogie der Verpfändung von Forderungen zu beurtheilen sei, daß es sich vielmehr um die Verpfändung einer beweglichen körperlichen [?] Sache handle; vgl. Z. f. BR. 8. S. 173 und unten n 596.

Zu § 109.

596. Eine besondere Bestimmung über die Exekution in den Antheil eines Gewerken war erforderlich, weil die bestehenden Vorschriften auf diesen Fall nicht paßten, das Ges. v. 4. Juli 1822 (GS. S. 178) vielmehr Geldforderungen und

wird durch Abpfändung seines Kuxscheins und Verkauf desselben im Wege der Mobiliarversteigerung vollstreckt.

a. [Br. 112, M. 100 gleichl. — G. (vacat.)
B. 99 Abs. 1: „Die Hilfsvollstreckung in den Antheil eines Gewerken wird durch Abpfändung seines Kuxscheins und Verkauf desselben im Wege der Versteigerung beweglicher Gegenstände vollzogen." — Abs. 2: „Aus dem erlösten Kaufpreise werden zunächst die Kosten, sodann die schuldigen Beiträge des Gewerken (Art. 92 Abs. 2) gezahlt."
b. § 109 gilt nicht für ältere Gewerkschaften: §§ 227. 231. — Vgl. § 94 Abs. 3.]

§ 110. Die Amortisation eines verloren gegangenen Kuxscheins ist bei dem ordentlichen Gerichte, in dessen Bezirk das Bergwerk liegt, zu beantragen.

Der Antragsteller muß den Besitz und Verlust des Kuxscheins glaubhaft machen.

Das Gericht erläßt eine öffentliche Aufforderung an den unbekannten Inhaber des Kuxscheins, binnen drei Monaten den Kuxschein dem Gerichte vorzulegen, mit der Verwarnung, daß sonst der Kuxschein werde für kraftlos erklärt werden.

Die Aufforderung wird dreimal in das Amtsblatt, den Staatsanzeiger und eine inländische Provinzialzeitung eingerückt. Es kann daneben auch die Bekanntmachung durch eine ausländische Zeitung angeordnet werden.

---

§ 1 des Ges. v. 20. März 1854 andere körperliche Sachen betreffende Forderungen voraussetzt, während der Antheil eines Gewerken keine solche Forderung ist, sondern die Mitgliedschaft an der Gewerkschaft, den Inbegriff aller hiermit verbundenen Rechte und Pflichten, also ein besonderes Vermögensrecht repräsentirt: Mot. S. 75. In der Provinz Hannover richtet sich die Exekution nach den §§ 552. 553 der Hann. BPrO. v. 8. Nov. 1850; die bezügliche Vorschrift beruht auf denselben Motiven, wie die unter n. 595 erwähnte. Ebenso erfolgt im früher kurhessischen Gebiete die Versteigerung (vorbehaltlich der besonderen Bestimmungen des § 238) nach den dort bestehenden Vorschriften, jedoch ausschließlich vom Aktuariate, wie denn auch dem Ermessen des Gerichts die Anberaumung des Verkaufstermins und die Art der Bekanntmachung überlassen ist, damit eine der Bedeutung des Falles und dem Werthe des Gegenstandes entsprechende Art des Verkaufs gesichert sei; vgl. Z. f. BR. 8. S. 173. 223. Ueber den Zwangsverkauf des mobilen Antheils an einer linksrheinischen Bw.'s-Konzession s. n. 1225.

596 bis. Daß das Wort „desselben" im § 109 nicht auf „Kuxschein," wie man nach den Regeln der grammatischen Interpretation annehmen sollte, sondern auf „Antheil" zu beziehen ist, folgt daraus, daß nicht der Schein, sondern der Kux selbst versteigert wird.

597. Ueber den Einfluß eines Zwangsverkaufs auf die Beitragspflicht vgl. n. 589. (Eine Konsequenz der dort referirten Ansicht Strohn's würde es allerdings sein, daß der die Exekution vollstreckende Richter nach Analogie des § 384 der Konkurs-Ordnung v. 8. Mai 1855 die Gewerkschaft von der Exekution benachrichtigen müßte, damit jene ihre Rechte wegen etwaiger rückständiger Beiträge wahrnehmen könne; s. übrigens § 111 der Subh.-Ordn. v. 15. März 1869 und unten n. 1223.) — Außerdem vgl. zu § 109 die n. 580. 585. 592. 599.

Zu § 110.

598. § 110 ist dem Art. 73 der Wechsel-Ordn. und § 2 des Einf.-Ges. zu derselben nachgebildet; nur sind die Förmlichkeiten mit Rücksicht auf die Verschiedenheit des Kuxscheins vom Wechsel vereinfacht: Mot. S. 75.

Wird von einem Inhaber der Kuxschein vorgelegt, so ist dem Antragsteller hiervon Kenntniß zu geben und ihm zu überlassen, sein Recht gegen den Inhaber geltend zu machen.

Meldet sich Niemand, so erklärt das Gericht den Kuxschein für kraftlos.

a. [Br 113 Abs. 1—3. 5. 6 gleichl., nur ist statt „Amortisation": „Mortifikation" gesagt. — Abs. 4: „Für das auf solchen Antrag einzuleitende Verfahren gelten die Bestimmungen der Civil-Prozess-Ordnung v. 19 März 1850 Thl. IV. Tit. 5."

M. 101. Abs 1 gleichl., ohne das Wort „ordentlichen." — Abs. 2 und 3: „Die Ediktalladung muss eine Frist von 3 Monaten enthalten. — Wird auf dieselbe der Kuxschein vorgelegt, so ist dem Antragsteller davon Kenntniss zu geben und zu überlassen, sein Recht gegen den Inhaber geltend zu machen." (Vgl. im Uebrigen Ges. v. 23. Juni 1855, insbes. Art. 6.)

G. und B. (vacat.)

b. In der RV. war § 110 Abs. 1 also gefaßt: „Der Eigenthümer eines verloren gegangenen Kuxscheins kann die Amortisation desselben bei rc beantragen." Im Abs. 4 geschah des Amtsblatts keine Erwähnung.

c. § 110 gilt nicht für ältere Gewerkschaften: § 227. — Vgl. § 94 Abs. 3.]

§ 111. Die Gewerken fassen ihre Beschlüsse in Gewerkenversammlungen.

Das Stimmrecht wird nach Kuxen, nicht nach Personen ausgeübt.

a. [Br. 114, M. 102 gleichl. — G. (vacat.) — B. 100 gleichl.

b. § 111 gilt auch für ältere Gewerkschaften: § 226.]

---

599. Abs. 1 der RV. wurde geändert, weil nicht blos dem Eigenthümer, sondern auch Anderen, auf welche dessen Recht übergehe, die Beantragung der Amortisation zustehen könne: KB. I. S. 41. Zu den hierzu Berechtigten gehört insbesondere der Gläubiger, welcher den Zwangsverkauf betreiben will (§ 109), und im Gebiete des rheinischen Rechts (s. Art. 1166 des BGB.) jeder Gläubiger des Gewerken. — Die Amortisation involvirt überhaupt keine Verfügung über den Kux, sondern ist eine rein konservatorische Maßregel; vgl. n. 583.

600. Der bei der Gesetzesberathung gemachte Vorschlag, im Abs. 2 die Worte „und Verlust" zu streichen, weil wol der Besitz, nicht aber der Verlust glaubhaft zu machen sei, wurde auf die Erwägung hin abgelehnt, daß dieselbe Ausdrucksweise im Einf.-Ges. zur Wechsel-Ordn. § 2 gebraucht, und vom vernünftigen Ermessen des Richters die richtige Würdigung der obwaltenden Verhältnisse zu erwarten sei: KB. I. S. 41.

Zu § 111.

601. Die §§ 111—114 schließen sich im Wesentlichen an die Grundsätze des Ges. v. 12. Mai 1851 an, § 111 insbesondere entspricht dem § 4 [Abs. 1] jenes Gesetzes; ihm zufolge ist die Beschlußfassung durch Circulare und Briefwechsel ausgeschlossen: Mot. S. 75. Letzteres soll nach Klost. n. 235 im Falle der Einstimmigkeit sämmtlicher Gewerken eine Ausnahme erleiden; vgl. übrigens n. 630.

602. Die Legitimation zum Stimmen wird bei neuen Gewerkschaften durch das Gewerkenbuch festgestellt; vgl. § 106 und n. 587. Bei älteren Gewerkschaften soll nach Brockhoff (Z. f. BR. 7. S. 181) ausschließlich das Hypothekenbuch maßgebend sein. A. M. ist Ebmeier (ib. 1. S. 131) unter Bezugnahme auf OT. 7. Juli 1851 (Entsch. 21. S. 10), wonach für den mittelbaren Erwerb von Bw.'s-Antheilen nicht die Umschreibungen im Hypothekenbuche, sondern die allgemeinen Gesetze entscheidend sind; er hält demgemäß für das einzig Wesentliche,

§ 112. Zur Gültigkeit eines Beschlusses ist erforderlich, daß alle Gewerken anwesend oder unter Angabe des zu verhandelnden Gegenstandes zu einer Versammlung eingeladen waren.

Einladungen durch die Post erfolgen gegen Post-Insinuationsschein.

---

daß die Betreffenden zur Zeit der Beschlußfassung Eigenthümer waren, was sie eventuell, spätestens in der Versammlung selbst, urkundlich nachzuweisen hätten. Wo keine Hypothekenbücher bestehen, läßt sich der Nachweis überhaupt nur durch die Erwerbsdokumente führen. — Die Abstimmung kann auch durch Bevollmächtigte geschehen; doch gilt die Vollmacht zur Empfangnahme der Einladung (§ 112 Abs. 3) noch nicht als Vollmacht zum Stimmen. Die dem Repräsentanten obliegende Leitung und Konstatirung der Verhandlung bildet kein Hinderniß, daß derselbe gleichzeitig abwesende Gewerken vertrete, wie ihm ja auch, wenn er selbst Gewerke ist, das Stimmrecht unverkürzt bleibt: Lindig (Z. f. BR. 5. S. 263). Die Prüfung der Vollmachten und die Entscheidung, ob auf deren Grund die Bevollmächtigten zuzulassen seien, steht der Versammlung zu, das Resultat dieser Entscheidung muß daher im Protokolle (§ 113 Abs. 5) vermerkt werden: Brockhoff (ib. 7. S. 182); vgl. übrigens § 24. II, 2 AGO. und unten n. 610 ff.

603. Der einzelne Gewerke ist arg. § 99 für seine Abstimmung Dritten gegenüber civilrechtlich in der Regel nicht verantwortlich, es sei denn, daß der Beschluß, dem er zugestimmt, eine unerlaubte Handlung, z. B. einen gesetzwidrigen Betrieb zum Gegenstande gehabt habe, und ein Dritter durch dessen Ausführung, ohne eigne Schuld, zu Schaden gekommen sein sollte; vgl. n. 641.

Zu § 112.

604. Im § 112 sind die Vorschriften der VO. v. 5. Mai 1838 (GS. S. 273) zur Geltung gelangt; s. Z. f. BR. 8. S. 24. Abs. 1 wurde wörtlich aus § 4 des Ges. v. 12. Mai 1851 übernommen; auf den übrigen Inhalt des § 112 ist § 3 jenes Gesetzes nicht ohne Einfluß geblieben; vgl. Mot. S. 75.

605. Von wem die Berufung zur Gewerkenversammlung auszugehen habe, darüber vgl. § 122 und n. 669. Da dem Erfordernisse der Berufung an und für sich genügt ist, sofern die Einladung an alle zu dieser Zeit in das Gewerkenbuch eingetragenen Gewerken ergeht, so glaubt Klost. n. 263, daß die Gewerkenversammlung in solchem Falle durch die nach der Einladung beantragte Umschreibung eines Kuxes nicht beschlußunfähig werde. Dies dürfte jedoch höchstens nur dann anzunehmen sein, wenn zur Einladung des neuen Gewerken die Zeit nicht mehr ausreicht. Vgl. im Uebrigen n. 602.

606. Eine an wesentlichen Mängeln leidende Einladung ist als gar nicht geschehen zu betrachten. Auch steht dem Falle, wo ein Gewerke weder anwesend noch eingeladen ist, der Fall gleich, wo der ungeladene Gewerke zwar erscheint, aber nur, um gegen die Beschlußfassung zu protestiren, weil er eben nicht eingeladen und darum nicht vorbereitet sei, sowie der Fall, wo der anwesende Gewerke, resp. Bevollmächtigte mit Unrecht zur Berathung und Abstimmung nicht zugelassen wird. In allen diesen Fällen ist daher der trotzdem gefaßte Beschluß nichtig, ohne daß hieran das Stimmenverhältniß Etwas zu ändern vermag.

607. Schon das HMR. v. 26. Febr. 1864 (Z. f. BR. 5. S. 265) hatte die Postbehörde angewiesen, die Repräsentanten und Grubenvorstände in Bezug auf die an einzelne Gewerken nach dem Ges. v. 12. Mai 1851 und der Instr. v. 6. März 1852 zu machenden, und gegen Postinsinuationsschein zu versendenden Mittheilungen 2c., gleich den Behörden zu behandeln. Dies erhält durch § 112 gesetzliche Bestätigung und ist gegenwärtig durch die in den Amtsblättern veröffentlichte Instruktion v. 9. Juli 1866 geregelt. Nach jenem MR. und § 16 des Ges. v. 12. Mai 1851 hatte sich der Repräsentant durch eine Bescheinigung des OBA.'s zu legitimiren. Gegenwärtig erfüllt nach § 118 eine Ausfertigung des Wahlprotokolls diesen Zweck. Die Versendung von Geld- und Postvorschuß-Briefen sowie von Werthgegenständen mit Insinuationsdokumenten ist, obiger Instruktion zu-

Gewerken, welche weder im Inlande, noch in einem Deutschen Bundesstaate wohnen, haben zur Empfangnahme der Einladungen einen Bevollmächtigten im Inlande zu bestellen. Ist dies nicht geschehen, so reicht ein vierzehntägiger Aushang am Amtslokale des Revierbeamten aus.

Dasselbe gilt bei Gewerken, deren Wohnort unbekannt ist.

a. [Br. 115 Abs. 1 gleichl., nur heißt es statt „waren": „werden." — Abs. 2: „Einladungen an auswärtige Gewerken sind recommandirt gegen Rückschein durch die Post zu befördern." — Abs. 3. 4 gleichl., nur heißt es statt „ein 14tägiger Aushang am Amtslokale des RB.": „eine Bekanntmachung durch die Braunschweig. Anzeigen."
M. 103 gleichl., nur ist statt „deutschen": „norddeutschen" gesagt.
G. (vacat.)
B. 101 Abs. 1—3. 5 gleichl. mit Abs. 1. 2, dem ersten Satz des Abs. 3 und Abs. 4 h. l.; nur heißt es statt „in einem deutschen Bundesstaate: „in einem Staate des früheren deutschen Bundes," und statt „Postinsinuationsschein": Postinsinuationsnachweis." — Abs. 4: „Ist dies nicht geschehen, so sind die treffenden Gewerken in einer wenigstens 15 Tage vor Abhaltung der Gewerkenversammlung zu veröffentlichenden Bekanntmachung zu derselben einzuladen, und zwar, wenn zu den öffentlichen Bekanntmachungen der Gewerkschaft satzungsmässig bestimmte Blätter bezeichnet sind, in diesen, ausserdem in dem Amtsblatte des Kreises, in welchem die Gewerkschaft ihren Sitz hat."

b. § 112 Abs. 3 und 4 der RV. lauteten:
„Im Auslande wohnende Gewerken haben u. s. w. So lange dies nicht geschehen ist, erfolgt die Einladung durch rekommandirte Briefe. Bei Gewerken, deren Wohnort unbekannt ist, reicht ein 14tägiger Aushang 2c. aus."

c. § 112 gilt auch für ältere Gewerkschaften.]

---

folge, unstatthaft; mithin erscheint es auch als unzulässig, auf die zu insinuirende Einladung Kosten durch Postvorschuß zu entnehmen; vgl. Klost. n. 238, welcher außerdem vor einer Verwechselung der im § 112 erwähnten Postinsinuations- mit s. g. Rekommandations- oder Rückscheinen warnt. Ob die Einladung wörtlich in den Postinsinuationsschein aufzunehmen sei, damit aus demselben hervorgehe, daß das Einladungsschreiben den zu verhandelnden Gegenstand angebe, ist streitig. Gedicke (Z. f. BR. 6. S. 603) bejaht diese Frage, während Brass. und Achenb. (ib. S. 604) sie verneinen und eine Aenderung des für außergerichtliche Verfügungen instruktionsmäßig vorgeschriebenen Formulars für unnöthig halten. Letztere Ansicht hat demnächst ihre Bestätigung durch OT. 7. Febr. 1868 (ib. 10. S. 413) erhalten, welches entschied, daß aus dem Postinsinuationsscheine weder die in der Einladung geschehene Angabe des zu verhandelndeu Gegenstands noch das im Falle des § 113 in die Einladung aufzunehmende Präjudiz zu erhellen brauche; die Interessen der einzelnen Gewerken würden dadurch nicht gefährdet, da diese eventuell durch Vorlage des Original-Einladungsschreibens dessen Mangelhaftigkeit beweisen könnten.

608. Die Einladung braucht nicht nothwendig durch die Post zu erfolgen; vielmehr kann die Erfüllung der desfallsigen Vorschrift auch durch andere, selbst nicht unter amtlicher Autorität zu Stande gekommene Bescheinigungen dargethan werden, was selbstredend nicht ausschließt, daß bei Zweifeln über die Echtheit der Bescheinigung bessere Nachweise gefordert oder nachträgliche Ermittelungen angestellt werden; vgl. Brass. und Achenb. (Z. f. BR. 6. S. 604). Contra: Gedike (ib. S. 603).

609. Die Einladung muß regelmäßig so zeitig erfolgen, daß den Gewerken eine moralische Frist zum Erscheinen belassen ist. Doch wurden statt des Abs. 3 und 4 der RV. die jetzigen Bestimmungen beliebt, damit der Auffassung vorge-

beugt werde, als ob der Termin so weit hinauszurücken sei, daß der eingeladene Ausländer entweder selbst oder durch einen Bevollmächtigten erscheinen könne, indem sonst bei sehr großen Entfernungen eine sehr weite Hinaussetzung nothwendig geworden wäre; vgl. KB. I. S. 41. — Unter den Deutschen Bundesstaaten (Abs. 3) sind gegenwärtig alle zum deutschen Bunde gehörig gewesenen Staaten zu verstehen: Brass. und Achenb. (Z. f. BR. 9. S. 212). Contra: Huyssen S. 67, welcher jenen Ausdruck nur auf die Staaten des Norddeutschen Bundes bezieht. — Ueber den vorschriftsmäßig erfolgten Aushang hat der RB. eine Bescheinigung auszustellen: Bonner Instr. § 51.

610. Ob den Vorschriften des § 112 genügt sei, hat im gegebenen Falle die Versammlung selbst zu prüfen; s. n. 602. Wird jedoch ein Beschluß gefaßt, ungeachtet den Vorschriften des § 112 nicht genügt ist, so sind die Interessenten befugt, dies vor Gericht geltend zu machen; § 115 steht dem nicht entgegen und kommt überhaupt hierbei gar nicht zur Sprache; vgl. Brass. und Achenb., AH. Cöln 29. Juni 1867 (Z. f. BR. 8. S. 421; 9. S. 176) und n. 628. Legitimirt zur Erhebung des Einwandes der formellen Ungültigkeit sind unter den Gewerken nicht blos die weder gehörig eingeladenen noch erschienenen und die mit Unrecht von der Berathung ausgeschlossenen, vielmehr können den Beschluß auch die übrigen anfechten, mindestens dann, wenn sie bei der Beschlußfassung nicht mitgewirkt oder dies nur, ohne Kenntniß von dem formellen Mangel zu besitzen, gethan haben.

611. Das OBA., welchem ein in gesetzlicher Form beurkundeter Gewerkschaftsbeschluß zur Bestätigung vorgelegt wird, hat sich mit der Prüfung seiner Gültigkeit nach Maßgabe des § 112 nicht zu befassen, weil die Entscheidung über diese wesentlich privatrechtliche Frage jener Behörde nirgends ausdrücklich beigelegt ist, andererseits weil durch die Bestimmungen, welche die Bestätigung gewisser Beschlüsse vorschreiben, keineswegs bezweckt ward, das frühere Bevormundungsprinzip in der hier fraglichen Hinsicht aufrecht zu erhalten, endlich und vor Allem, weil die ertheilte Bestätigung die privatrechtliche Gültigkeit des Beschlusses nach keiner Seite hin gewährleistet und dessen prozessualische Anfechtung durchaus nicht ausschließt. A. M. ist Gedike (Z. f. BR. 6. S. 602); vgl. auch Brass. und Achenb. (ib. S. 604) und n. 643. 647.

611bis. Das Gegentheil gilt von der Hypothekenbehörde, welche in Folge des Gewerkschaftsbeschlusses oder eines auf Grund desselben vom Repräsentanten mit Dritten abgeschlossenen Vertrages eine Eintragung oder Löschung bewirken soll; diese hat sich von der Gültigkeit des Beschlusses allerdings zu vergewissern, und zwar selbst dann, wenn der letztere durch das OBA. bestätigt worden ist. Hiermit stimmt Gedike l. c. überein, während Brass. und Achenb. l. c. rücksichtlich der vom OBA. bestätigten Beschlüsse entgegengesetzter Meinung sind. Eine andere Frage ist es, ob die Hypothekenbehörden jener Prüfung bei gerichtlich oder notariell beurkundeten Beschlüssen nicht wenigstens dann überhoben sind, wenn der Richter, resp. Notar die Beobachtung der Vorschriften des § 112 im Protokolle ausdrücklich bezeugt hat, und ob überhaupt der Richter, resp. Notar so befugt wie verpflichtet sei, die Beobachtung der betreffenden Formalitäten zu kontroliren und mit beweisender Kraft zu attestiren. Brass. und Achenb. l. c. bejahen diese Frage, unter Berufung auf die §§ 25ff. II, 2; § 48, III. 7. der AGO., und die §§ 3. 4 der Not.-Ordn. v. 11. Juli 1845, resp. auf die Art. 16. 17 der Rhein. Not.-Ordn. v. 25. April 1822, und es kann ihre Ansicht gegenwärtig als die herrschende bezeichnet werden; vgl. Klost. n. 257, Brockhoff (Z. f. BR. 7. S. 181) und unten n. 655. Der von Gedike l. c. für die entgegengesetzte Meinung angeführte Grund, daß der Richter oder Notar nur die Erklärungen der Anwesenden aufzunehmen, gegen Abwesende aber Nichts festzustellen habe, ist allerdings schwerlich zutreffend; auch ist es nicht folgerichtig, wenn Gedike für den Fall der statutarischen Ermächtigung des instrumentirenden Beamten eine Ausnahme gelten läßt, da die Befugnisse des Richters und Notars in dieser Hinsicht nur auf dem Gesetze beruhen können, und eine Ausdehnung ihrer Pflichten sowie ihrer Verantwortlichkeit über das gesetzliche Maß hinaus durch die Statuten einer Gewerkschaft nicht statthaft erscheint. Gleichwohl ist die erwähnte Ansicht Brassert's ꝛc. nicht unbedenklich, zumal für das Gebiet der rheinischen Gesetzgebung, welche den Notarien keineswegs so weit reichende Funktionen überträgt, wie die AGO. Die

§ 113. Die Beschlüsse werden in der beschlußfähigen Gewerkenversammlung mit einfacher Stimmenmehrheit gefaßt.

Beschlußfähig ist die erste Versammlung, wenn die Mehrheit aller Kuxe vertreten ist.

Ist die Mehrheit aller Kuxe nicht vertreten, so sind sämmtliche Gewerken zu einer zweiten Versammlung einzuladen.

---

rheinischen Gerichte haben, soviel bekannt, noch nicht Gelegenheit gehabt die Frage zu entscheiden; bezüglich desjenigen, was ein notarielles Protokoll über die Beschlüsse einer Generalversammlung von Aktionären in formeller Hinsicht zu konstatiren habe, sprechen sich AH. Cöln 15. Febr. 1858 (Z. f. d. rhein. Not. 3. S. 17), und die ebendaselbst (S. 27) abgedruckte Abhandlung in einer auf wesentlich anderen Anschauungen beruhenden Weise aus.

Zu § 113.

612. Der § läßt in Uebereinstimmung mit § 6 des Ges. v. 12. Mai 1851, jedoch in allgemeinerer Fassung, als Regel die einfache, relative Stimmenmehrheit gelten, (die Ausnahmen ergeben sich aus den §§ 94. 114 und 118); der übrige Inhalt des § stimmt mit § 4 des cit. Ges. überein: Mot. S. 76. (Die RV. wurde geändert, weil die dingliche Belastung des Bw.'s eine unter § 114 fallende Verfügung über die Substanz darstelle.) — Bei Stimmengleichheit kommt, von dem Falle des § 118 abgesehen, gar kein Beschluß zu Stande, vielmehr bleibt der zur Beschlußfassung gestellte Antrag unerledigt, resp. er gilt als abgelehnt, sofern nicht im Statute etwas Anderes, z. B. die Entscheidung durch das Loos oder durch Schiedsrichter angeordnet ist; vgl. MR. v. 2. April 1856 (M. Z. 4. S. 50), Huyssen S. 67, Klost. n. 239.

613. Der Beschluß wird schon durch die bloße Abstimmung perfekt; das Protokoll (Abs. 5) dient nur zum Beweise der gefaßten Beschlüsse, und erfüllt diesen Zweck insoweit, als dessen Inhalt bis zum Beweise des Gegentheils von jedem Gewerken anerkannt werden muß. Zu dem Behufe braucht dasselbe nur vom Repräsentanten unterschrieben zu werden, sofern das Statut nicht ein Anderes bestimmt. Vgl. OT. 7. Febr. 1868, Ebmeier (Z. f. BR. 10. S. 413; 1. S. 130), Wachler S. 181, Klost. n. 241. Letzteres erleidet selbst bei den gerichtlich oder notariell aufzunehmenden Protokollen (§§ 94. 118) keine Ausnahme; s. Klost. n. 257. Brockhoff (Z. f. BR. 7. S. 182) folgert zwar aus §§ 45. 46 II, 2 AGO., §§ 13. 14 der Not.-Ordn. v. 11. Juli 1845 und aus Art. 28 der rhein. Not.-Ordn. v. 25. April 1822 das Gegentheil; inzwischen sind die ihr Stimmrecht ausübenden Gewerken ebensowenig als Parteien, resp. Interessenten im Sinne obiger Gesetzesstellen anzusehen, wie nach AH. Cöln v. 15. Febr. 1858 und einer Abh. (Z. f. d. rhein. Not. 3. S. 17. 27) die einzelnen Stimmenden bei den Beschlüssen einer Generalversammlung von Aktionären. — Dagegen entspricht es allerdings dem Verhältnisse der Gewerken zur Gewerkschaft, wenn Klost. l. c. die Namhaftmachung der anwesenden Gewerken im Protokolle für erforderlich hält, obgleich die cit. Entscheidung des AH. Cöln bezüglich der Aktionäre in entgegengesetztem Sinne erkannte.

614. Während § 6 des Ges. v. 12. Mai 1851 als den Gegenstand gewöhnlicher Mehrheitsbeschlüsse speziell die Betriebs- und Haushalts-Angelegenheiten, die Anlagen, welche, ohne für den Betrieb unbedingt nöthig zu sein, doch den gemeinsamen Vortheil bezwecken, die Lösung benachbarter Grubenfelder oder die Gestattung des Mitgebrauchs von Betriebsvorrichtungen und Maschinen, endlich die Ansprüche der Grundbesitzer aufzählte, sieht § 113 von einer solchen Exemplifikation gänzlich ab. In der That bedurfte es derselben nicht, da sie doch nur dazu dienen könnte, den Gegensatz bloßer Verwaltungs-Maßregeln zu den eine Dreiviertel-Majorität oder Einstimmigkeit erheischenden Verfügungen über die Substanz des Bw.'s zu erläutern, dieser Gegensatz aber, in ausreichender, wenngleich negativer Weise, durch § 114, wie früher durch § 7 des Ges. v. 1851, präzisirt ist; vgl. n. 621ff.

Die zweite Versammlung ist ohne Rücksicht auf die Zahl der vertretenen Kuxe beschlußfähig. Diese Folge muß indeß, wenn sie eintreten soll, in der Einladung angegeben werden.

Ueber jede Gewerkenversammlung ist ein Protokoll aufzunehmen.

a. [Br. 116, M. 104 gleichl. — G. (vacat.) — B. 102 gleichl.

b. § 113 entspricht dem § 114 der RV., § 114 dem § 113 derselben. Doch lautete Abs. 1 des § 114 der letzteren:

„Insofern nicht für einzelne Beschlüsse etwas Anderes bestimmt ist, genügt zu den Beschlüssen, insbesondere auch zu denjenigen über die Verpfändung oder die sonstige dingliche Belastung des Bergwerks, die einfache Stimmenmehrheit innerhalb der nach Vorschrift des § 112 berufenen beschlußfähigen Gewerkenversammlung."

Abs. 5 h. l. fehlte in der RV.

c. § 113 gilt auch für ältere Gewerkschaften: § 226.]

§ 114. Eine Mehrheit von wenigstens drei Viertheilen aller Kuxe ist erforderlich zu Beschlüssen, durch welche über den Gegenstand der Verleihung — Substanz des Bergwerks — ganz oder theilweise verfügt werden soll. Dies gilt insbesondere von den Fällen des Verkaufes, des Tausches, der Verpfändung oder der sonstigen dinglichen Belastung des Berg-

---

Freilich kommt noch ein fernerer Gegensatz in Betracht, der Gegensatz nemlich zwischen dem, was Gegenstand von Majoritätsbeschlüssen, und dem, was Sache des Repräsentanten ist. Dieser Gegensatz erläutert sich jedoch aus anderen Bestimmungen, d. h. denjenigen, welche die Befugnisse und Obliegenheiten des Repräsentanten regeln, mithin gegenwärtig aus den §§ 119ff. h. l., wie früher aus den §§ 18ff. des Ges. v. 1851. Hiernach giebt es gewisse Gegenstände, welche nur durch gewerkschaftliche Beschlüsse geordnet werden können, und wieder andere, in Betreff deren nur der Repräsentant kompetent ist. Die letzteren ergeben sich aus § 124, zu den ersteren gehören der Natur der Sache gemäß die Wahl und Entlassung des Repräsentanten, die Erweiterung, resp. Beschränkung seiner Befugnisse (§ 119 Abs. 4), die Bestellung eines Grubenvorstandes an Stelle eines Repräsentanten 2c., und kraft Gesetzes (in Ermangelung abweichender statutarischer Anordnungen) die Ausschreibung der Beiträge. Von diesen Materien abgesehen, ist als Regel festzuhalten, daß die beiderseitige Kompetenz sich deckt, daß also, ungeachtet der Repräsentant das Organ für die fortlaufende Verwaltung bildet, die Gewerkschaft dennoch befugt ist, sich in dieselbe einzumischen, und verbindliche Beschlüsse hinsichtlich solcher Angelegenheiten zu fassen, über welche sonst der Repräsentant nach eigenem Ermessen zu befinden gehabt hätte, während freilich die Ausführung des Beschlossenen, wie z. B. der Abschluß von Verträgen mit Dritten (§ 119), Sache des letzteren bleibt; vgl. im Uebrigen Ebmeier (Z. f. BR. 1. S. 135ff.).

Zu § 114.

615. Die Worte der RV. „in der nach § 112 berufenen Gewerkenversammlung" und Abs. 2 ib. wurden gestrichen, erstere, weil sie nur eine Wiederholung des § 112 enthielten, und damit klarer hervortrete, daß nicht drei Viertel aller Kuxe der Anwesenden, sondern drei Viertel sämmtlicher Kuxe zustimmen müßten, Abs. 2, weil sein Inhalt selbstverständlich sei: KB. I. S. 43.

616. Die Mitwirkung zu einem Beschlusse im Sinne des § 114 involvirt keine Verfügung über die Substanz des Antheils, sondern stellt einen bloßen Verwaltungsakt dar, weshalb zur Ausübung des Stimmrechts auch hier die-

werks, sowie der Ueberlassung der Ausbeutung gegen Entgelt (Verpachtung).

Zu Verfügungen über das verliehene Bergwerkseigenthum durch Verzicht oder Schenkung ist Einstimmigkeit erforderlich.

a. [Br. 117 gleichl., nur ist nach „des Verkaufs" eingeschaltet: „der Consolidation, der Theilung."

M. 105 gleichl. — G. (vacat.) — B. 103 gleichl., nur statt „Ausbeutung": „Ausbeute."

b. Statt des Abs. 1 enthielt die RV. folgende Bestimmungen:

„Zu Beschlüssen, durch welche über den Gegenstand ꝛc., insbesondere durch Verkauf, Tausch und Verpachtung verfügt werden soll, ist eine Mehrheit von wenigstens drei Viertheilen aller Kuxe in der nach Vorschrift des § 112 berufenen Gewerkenversammlung erforderlich. — Bei Verfügungen vorstehender Art, welche das verliehene Bw.'s-Eigenthum zweier oder mehrerer Bw., oder den Austausch von Feldestheilen zwischen angrenzenden Bw. betreffen, muß die Stimmenmehrheit von wenigstens drei Viertheilen auf Seiten eines jeden betheiligten Bw.'s vorhanden sein."

c. § 114 gilt auch für ältere Gewerkschaften: § 226. — Vgl. § 94 Abs. 3.]

---

jenige Dispositionsfähigkeit ausreicht, welche zur Vornahme von Verwaltungsakten erforderlich ist, gleichviel, ob es sich um eine Gewerkschaft des neuen oder des alten Rechts handelt; vgl. Klost. n. 243.

617. Die Konsolidation ist selbstredend eine Verfügung über die Substanz: KB. II, S. 57; dies muß sogar dann angenommen werden, wenn die Gewerkschaft Alleineigenthümerin der zu konsolidirenden Werke ist.

618. Dasselbe gilt von der Theilung des Bw.'s, resp. der realen Feldestheilung und dem Austausche von Feldestheilen, ja nach OT. v. 11. Mai 1857 (Strieth. 25. S. 103) sogar von einem Vergleiche über die streitigen Grenzen zweier Werke. — Das Gegentheil ist jedoch bei Anträgen auf Felderweiterung (§ 215) der Fall; desgleichen bei Umwandlungsanträgen, sofern nicht etwa feststeht, oder nach sicheren Schlußfolgerungen angenommen werden muß, daß ein noch nutzbarer Theil der Minerallagerstätte in's Freie fallen würde; die bloße Möglichkeit, daß der verliehene Gang ꝛc. in einer noch unbekannten, beträchtlichen Teufe aus den Begrenzungsebenen des Feldes heraustreten möchte, oder der Umstand, daß einzelne Theile eines Längenfeldes, in denen der Gang ꝛc. weder bebaut, noch überhaupt aufgeschlossen, sondern voraussichtlich gar nicht vorhanden ist, außerhalb der Grenzen des Umwandlungsfeldes gelassen werden, begründet die Anwendbarkeit des § 114 noch nicht. So: Brass. (Z. f. BR. 10. S. 67). Vgl. jedoch Lindig (ib. 6. S. 612), Huyssen S. 149.

619. Unter § 114 fällt ferner ein Beschluß, durch welchen ein Bw. als Pertinenz zu einer anderen Sache, z. B. einer Hütte geschlagen und dadurch aus einer Haupt- zur Nebensache gemacht werden soll, desgleichen der Beschluß einer Erbstollengewerkschaft, die Verstufung aller Oerter des Erbstollens zu beantragen, um sich dadurch im Besitze der erworbenen Rechte zu erhalten; vgl. Ebmeier (Z. f. BR. 1. S. 132), welcher jedoch hervorhebt, daß ein solcher Beschluß keine reine Verzichtleistung [§ 114 Abs. 2] betreffe.

620. Ebenso gehört hierher die Bestellung eines Nießbrauchs am Werke. A. M. ist für das Gebiet des ALR. Wachler S. 180. Der Verpachtung des Bw.'s ist in der hier fraglichen Beziehung ein über dasselbe abzuschließender antichretischer, resp. Versatz-Vertrag gleichzustellen.

620 bis. Endlich kommt § 114 zur Anwendung bei allen Veräußerungen unbeweglicher Pertinenzien der Grube, z. B. einer Aufbereitungsanstalt oder eines Hülfsbaues, während in Betreff der kein Zubehör des Bw.'s bildenden Grundstücke (s. § 138 h. l.) und der der Gewerkschaft erworbenen Finderrechte das Gegentheil gilt.

§ 115. Binnen einer Präklusivfrist von vier Wochen vom Ablaufe des Tages, an welchem ein Gewerkschaftsbeschluß gefaßt ist, kann jeder Gewerke die Entscheidung des ordentlichen Richters, in dessen Bezirk das Bergwerk liegt, darüber, ob der Beschluß zum Besten der Gewerkschaft gereiche, anrufen und gegen die Gewerkschaft auf Aufhebung des Beschlusses klagen.

---

621. Zu den Beschlüssen, welche nicht nach § 114, sondern nach § 113 zu beurtheilen sind, gehören, abgesehen von den am Schlusse der n. 618 und 620 bis erwähnten, u. A. diejenigen über die Versilberung oder Naturaltheilung der Bw.'s-Produkte, selbst solcher, die erst gefördert werden sollen, vgl. Gräff S. 61. 62; OT. 15. Dezember 1864 (Z. f. BR. 6. S. 467).

622. ..... Beschlüsse, durch welche nicht das Werk oder ein Theil desselben verpachtet, sondern nur einzelne Befugnisse der Gewerkschaft, z. B. die Lösung, der Abbau und die Förderung (d. h. die Herausschaffung der Produkte) an Dritte überlassen werden, sofern diese Ueberlassung nicht die bergbauliche Gemeinschaft in ihrem Wesen aufhebt, sondern sich als eine bloße Betriebsmaßregel (conductio operarum) charakterisirt; vgl. Ebmeier (Z. f. BR. 1. S. 135).

623. Ebenso kann die einstweilige Betriebseinstellung durch einfache Mehrheit beschlossen werden. Aehnliches galt schon unter der Herrschaft des Ges. v. 12. Mai 1851, obgleich in den Motiven zu demselben zur Gültigkeit eines Beschlusses über die Fristung des Bw.'s Einstimmigkeit sämmtlicher Gewerken gefordert wurde; vgl. Ebmeier (l. c. S. 138). Freilich konnte es sich damals nur um die Stellung eines desfallsigen Antrags bei der Behörde handeln, während gegenwärtig, von Erbstollen abgesehen (s. n. 1159), stets die Betriebseinstellung selbst den Gegenstand der Beschlußfassung bildet. Dies motivirt jedoch keine entgegengesetzte Entscheidung, sofern die Betriebseinstellung nur nicht den Charakter einer vorübergehenden Maßregel verleugnet. Ohnehin dürfte der betreffende Beschluß, auch ohne durch einen zweiten förmlich aufgehoben zu sein, seine verbindliche Kraft verlieren, sobald eine Aufforderung im Sinne des § 65 ergeht.

624. Abs. 2 versteht unter „Verzicht" eine Verzichtleistung im Sinne des 6. Titels des BG., sollte dieselbe auch nur einzelne Theile des Feldes betreffen. Der Antrag auf Feldesumwandlung gehört daher bezüglich der in's Freie fallenden Feldestheile nicht hierher: Brass. (Z. f. BR. 10. S. 68). Vgl. auch n. 619.

Zu § 115.

625. § 115 lehnt sich an § 8 des Ges. v. 12. Mai 1851 an, verweist jedoch die dort formulirte, aus § 15, I, 17 ALR. entnommene Frage vor den ordentlichen Richter zurück, da das Zwangsinstitut des Schiedsgerichts sich in dieser Materie nicht bewährt hat und ohnehin anzunehmen ist, daß auch in Zukunft da, wo es sich um bergtechnische und bergwirthschaftliche Fragen handelt, das Urtheil kompetenter Sachverständiger wesentlich den Ausschlag geben wird, sei es, daß letztere im Prozesse von den Parteien vorgeschlagen oder gemäß Art. 4 des Ges. v. 26. April 1851 (GS. S. 183) als Beisitzer vom Gerichte zugezogen werden; um indessen den Gewerkschaften, welche dem schiedsrichterlichen Verfahren den Vorzug geben, die Gelegenheit zu entsprechenden autonomischen Bestimmungen darzubieten, sind letztere im Abs. 2 vorbehalten: Mot. S. 77.

626. § 115 erhielt seine gegenwärtige, von der RV. abweichende Fassung einestheils, weil es selbstverständlich sei, daß bei Konsolidationen rc. nur auf Aufhebung des Beschlusses derjenigen Gewerkschaft geklagt werden könne, zu welcher der Kläger gehöre, anderentheils, damit klar erhelle, daß die Klage nicht etwa gegen die für den Beschluß stimmenden Gewerken, sondern gegen die Gewerkschaft anzustellen und geradezu auf Aufhebung des Beschlusses zu richten sei, sowie daß letzterer eventuell nicht blos dem Kläger gegenüber, sondern unbedingt außer Kraft trete, jedem Gewerken mithin auch das Recht zustehe, in dem Prozesse zu interveniren: KB. I. S. 44. (Daß auch die rechtskräftige Abweisung der

Durch das Statut kann bestimmt werden, daß die Entscheidung dieser Frage in Streitfällen durch ein Schiedsgericht erfolgen, wie das Schiedsgericht gebildet und unter welchen Formen von demselben verfahren werden soll.

Diese Bestimmungen finden auf einen in Gemäßheit des § 94 gefaßten Beschluß keine Anwendung.

a. [Br. 118 gleichl. — M., G. (vacat.)
B. 104: „Binnen einer ausschliessenden Frist von 30 Tagen, vom Ablaufe des Tages, an welchem ein Gewerkschaftsbeschluss gefasst ist, kann jeder Gewerke, welcher denselben für nachtheilig erachtet, bei dem Bezirksgerichte, in dessen Sprengel das Bergwerk liegt, gegen die Gewerkschaft auf Aufhebung des Beschlusses klagen und es hat das Gericht dessen Aufhebung auszusprechen, wenn nachgewiesen wird, dass derselbe der Gewerkschaft zum Nachtheile gereiche. — Durch die Satzungen kann etc.“ (im Uebrigen gleichl.).

b. Im § 115 Abs. 1 der RV. lautete der Schluß:
„darüber anrufen, ob der Beschluß zum Besten der Gewerkschaft bez. bei Konsolidationen und Austausch von Feldestheilungen derjenigen Gewerkschaft gereiche, zu welcher der Widersprechende gehört.“
Abs. 3 fehlte in der RV.

c. § 115 gilt auch für ältere Gewerkschaften: § 226.]

Klage, sofern die Entscheidung zur Sache selbst erging, den Mitgewerken gegenüber rem iudicatam begründe, diese daher ihrerseits nicht mehr klagen, bez. die bereits angestellte Klage nicht mehr mit Erfolg fortsetzen können, unterliegt ebensowenig einem Zweifel; vgl. übrigens n. 633.)

627. Das Urtheil kann hiernach nur auf Aufhebung des Beschlusses oder auf Abweisung der Klage lauten. Namentlich ist der Richter nicht kompetent, Bestimmungen zu treffen, welche den Beschluß blos modifiziren oder gar an Stelle des aufgehobenen Beschlusses treten sollen. Demgemäß greift § 115 nur dann Platz, wenn durch den anzufechtenden Beschluß in der bisherigen Betriebsweise oder sonst in der bisherigen Sachlage eine Aenderung eintreten würde, so daß z. B. Beschlüsse, welche blos die Anordnung einer in Antrag gebrachten Maßregel ablehnen, der gerichtlichen Anfechtung auf Grund des § 115 entzogen sind; s. OT. 6. März 1868 (Z. f. BR. 10. S. 420).

628. § 115 setzt, gleich dem § 116, einen formell wie materiell gültigen Beschluß voraus. Die Ungültigkeit eines Beschlusses kann zwar gleichfalls im Rechtswege geltend gemacht werden; doch finden jene §§ auf eine solche Klage keine Anwendung, und es läßt sich namentlich nicht mit einem in der Z. f. BR. 1. S. 323 mitgetheilten Schiedsrichterspruche argumentiren, jeder rechtlich ungültige Beschluß gereiche nicht zum Besten der Gewerkschaft, die Frage der Gültigkeit bilde daher eine Vorfrage, welche als präjudiziell für die Hauptsache gleichzeitig mit dieser zur Entscheidung gebracht werden müsse; vgl. Ebmeier und Lindig (ib. 1. S. 142; 5. S. 262), MR. 6. März 1853 (M. Z. 1. S. 33).

629. Die Präklusivfrist des § 115 beträgt nicht etwa 30, sondern nur 28 Tage, und läuft vom Ablaufe des Tages des Beschlusses an selbst zum Nachtheile der bei der Beschlußfassung abwesenden Gewerken, gleichviel, ob und wann sie von seinem Inhalte Kunde erhielten: Lindig (Z. f. BR. 5. S. 264). — Sie ist keine Verjährungsfrist, weshalb die für die Klagenverjährung geltenden Grundsätze auf die Klage des § 115 durchweg keine Anwendung finden. In Betreff des Satzes „quae ad agendum sunt temporalia, ad excipiendum sunt perpetua“ wurde dies anerkannt durch OT. 8. März 1817 (ib. 9. S. 175); im Uebrigen vgl. n. 240.

630. § 115 gestattet die Beschreitung des Rechtswegs jedem Gewerken, mithin auch demjenigen, welcher mit der Mehrheit gestimmt hat, so daß selbst ein

einstimmig gefaßter Beschluß auf diese Weise angefochten werden kann. Letzteres ergiebt sich auch aus § 116 Abs. 3 in Verbindung mit § 120 und § 114 Abs. 2; vgl. n. 643. Im Uebrigen s. was die Aktivlegitimation zum Prozesse betrifft, n. 584 und 616. Passiv legitimirt ist gemäß § 119 der Repräsentant, sollte er gleich als Gewerke mit der Minderheit gestimmt haben, wie er ja auch den gegen sein Votum gefaßten Beschluß ausführen muß. Contra Klost. n. 244, insofern er für letzteren Fall dem Repräsentanten zur Pflicht macht, die Gewerkschaft zur Wahl eines Substituten behufs Führung des Prozesses zu veranlassen.

631. Ob der Beschluß dem Widersprechenden selbst nachtheilig sei, kommt nach § 115 nicht in Betracht; es handelt sich vielmehr nur um das Beste der Gewerkschaft als solcher. Die hiervon abweichenden civilrechtlichen Grundsätze des Gemeinschaftsrechts (vgl. §§ 17, 18, I, 17 ALR.) sind von dem BG. nicht adoptirt worden, dem § 226 zufolge selbst nicht für ältere Gewerkschaften. Gleichwohl geht Strohn (Z. f. BR. 7. S. 52) zu weit, wenn er annimmt, dem Richter (resp. Schiedsgerichte, § 115 Abs. 2) stehe keine ausgedehntere Kompetenz zu, als dem OBA. bei Prüfung des Statuts (s. n. 542), derselbe habe demnach darüber keine Kognition, ob der Beschluß ohne Rücksicht auf ein kollidirendes Interesse der Majorität und Minorität zum Besten der Gewerkschaft gereiche. Für eine solche Beschränkung bieten weder der Wortlaut des §, noch die Materialien irgend welchen Anhalt; gleichwenig entspricht sie den Grundsätzen des Gemeinschaftsrechts.

632. Wen in Prozessen nach Maßgabe des § 115 die Beweislast treffe, ob nemlich der Gewerkschaft mit Rücksicht auf das Axiom „in re communi prohibentis conditio melior est“ der Beweis obliege, daß der Beschluß zu ihrem Besten gereiche, oder ob der Kläger zur unmittelbaren Begründung seiner Klage das Gegentheil darthun müsse, wurde bei der Gesetzesberathung (vgl. KB. II. S. 58) zwar angeregt, aber unentschieden gelassen. Die Fassung des § 115 spricht wie diejenige der §§ 15 ff., I, 17 ALR. allerdings der ersteren Alternative das Wort. Auch liegt der Satz „in re communi etc.“ ganz unverkennbar den letzterwähnten §§ zu Grunde. Inzwischen hat sich das BG. den Anschauungen, auf welchen diese §§ beruhen, keineswegs überall angeschlossen (s. n. 631), und es war dies in der That, bei dem großen Unterschiede zwischen den gegenseitigen Beziehungen der Theilhaber einer communio incidens und den Rechtsverhältnissen der einzelnen Gewerken zur Gewerkschaft, nicht anders möglich. Diesen letzteren Verhältnissen entspricht es aber weit mehr, wenn der im Beschlusse auf legale Weise zum Ausdrucke gelangte Willen der Gewerkschaft so lange als dem gemeinsamen Besten förderlich präsumirt und aufrecht erhalten wird, bis der Kläger das Gegentheil nachweist. Nur mit dieser Auffassung lassen sich auch die Vorschriften des § 116 und deren Motive (s. n. 639) in Einklang bringen. Ihr zufolge wird übrigens die Klage selbst dann abzuweisen sein, wenn der Richter durch das Beweisverfahren zu der Ueberzeugung gelangt, daß der Beschluß dem Besten der Gewerkschaft zwar nicht förderlich, aber auch nicht schädlich sei, resp. daß der aus dessen Ausführung zu erzielende Gewinn den voraussichtlichen Nachtheilen das Gleichgewicht halte. Vgl. Art. 104 des Bayr. BG.

633. Das gerichtliche Verfahren ist, von den im § 129 erwähnten Fällen abgesehen, das gewöhnliche. Machen von dem Klagerecht gleichzeitig, aber unabhängig von einander, mehrere Gewerken Gebrauch, so sind die verschiedenen Prozesse, soweit dies nach allgemeinen Prozeßregeln möglich ist, zu verbinden und durch ein Erkenntniß zu erledigen; s. n. 626 und Klost. n. 247.

634. Da § 94 Abs. 3 unter den einer Abänderung entzogenen §§ den § 115 nicht mit aufzählt, so glaubt Strohn (Z. f. BR 7. S. 51), daß durch das Statut nicht blos der ordentliche Rechtsweg, sondern auch das schiedsrichterliche Verfahren ausgeschlossen werden könne. Ganz unbedenklich ist dies nicht, indem sich e contrario des Abs. 2, welcher sonst eine ganz müßige Bestimmung enthalten würde (s. n. 636), der Schluß herleiten ließe, daß die autonomischen Befugnisse der Gewerkschaft hinsichtlich des § 115 in diesem § selbst ihre Grenze finden sollen, wie sie im Uebrigen durch § 94 Abs. 3 begrenzt sind. Es muß jedoch anerkannt werden, daß die Entstehungsgeschichte des § 115 Abs. 2 (s. n. 625) diese letztere Deutung nicht begünstigt.

§ 116. Durch die Anstellung der Klage auf Aufhebung des Gewerkschaftsbeschlusses wird die Ausführung desselben nicht aufgehalten.

Wird der Beschluß aufgehoben, so verliert derselbe erst von der Rechtskraft der richterlichen Entscheidung an seine rechtliche Wirksamkeit.

Diese Bestimmungen finden keine Anwendung, wenn der Beschluß die im § 120 bezeichneten Gegenstände betrifft.

a. [Br. 119 gleichl. — M., G. (vacat.) — B. gleichl.

b. Im § 116 der RV. hieß es statt „nicht aufgehalten": „nur dann aufgehalten, wenn derselbe die im § 120 bezeichneten Gegenstände betrifft;" dafür fehlte Abs. 3.

c. § 116 gilt auch für ältere Gewerkschaften: § 226.]

---

635. Gewerkschaften des alten Rechts können von dem Rechte des Abs. 2 keinen Gebrauch machen, da die Handhabung desselben, der Fassung des Abs. 2 zufolge, das Bestehen der generellen Befugniß zu statutarischen Festsetzungen (§ 94 Abs. 2) zur Voraussetzung hat, diese Voraussetzung aber bei jenen Gewerkschaften nicht zutrifft (§ 227). Hier wird daher zur Einführung des schiedsrichterlichen Verfahrens Einstimmigkeit sämmtlicher Gewerken erfordert; vgl. n. 681 und 1192. A. M. sind Strohn (l. c. S. 49) und Klost. n. 612.

636. Unter der Herrschaft des Ges. v. 12. Mai 1851 war es überaus streitig, ob für die Bestellung der dort angeordneten Zwangsschiedsgerichte, für das vor denselben stattfindende Verfahren, für die Anfechtbarkeit der ergehenden Entscheidungen zc., die allgemeinen Bestimmungen der verschiedenen Civil- und Prozeß-Gesetzgebungen über Schiedsgerichte maaßgebend seien. Die gewichtigen Gründe, welche Achenb. (Z. f. BR. 4. S. 91 ff.) zu Gunsten der verneinenden Ansicht geltend macht, passen keinesfalls auf die Schiedsgerichte des § 115 Abs. 2; bei ihnen kommen daher jene allgemeinen Bestimmungen allerdings zur Anwendung, soweit denselben durch das Statut nicht derogirt wird. Andererseits kann jedoch in dem Statute Nichts bestimmt werden, was allgemeinen Rechtsgrundsätzen zuwiderliefe, wie z. B. daß der schiedsrichterliche Spruch von dem OBA. oder dem RB. als solchem ausgehen solle; vgl. Oppenhoff Ress.-Ges. S. 13 n. 24.

637. Der Anspruch der Schiedsrichter auf ihre Gebühren, auf den Ersatz der Reisekosten zc. ist privatrechtlicher Natur, mithin im Rechtswege geltend zu machen. Die Vorschriften des MR. v. 3 Mai 1857 (M. Z. 5. S. 23) über die Festsetzung und Einziehung solcher Gebühren durch die Bergbehörde sind als unverträglich mit dem veränderten Charakter des Schiedsgerichts und mit der gegenwärtigen Stellung der Behörde zur Gewerkschaft nicht mehr in Kraft.

638. Zu Abs. 3 vgl. n. 543.

Zu § 116.

639. Im Anschlusse an § 9 des Ges. v. 12. Mai 1851 bezeichnet § 116 speziell diejenigen Fälle, in welchen die Berufung auf richterliche Entscheidung wegen der Wichtigkeit des Gegenstands Suspensiv-Effekt ausübt, während diese Wirkung bei Beschlüssen über gewöhnliche Verwaltungssachen nicht eintritt. Abweichend von der nicht völlig zutreffenden Vorschrift im cit. § 9 bestimmt Abs. 2 die Wirkung einer den Beschluß aufhebenden Entscheidung. Hierbei ging man davon aus, daß der Beschluß an sich verbindlich sei, mithin seine rechtliche Wirksamkeit erst dadurch verlieren könne, daß er durch rechtskräftigen Richterspruch als nicht zum Besten der Gewerkschaft gereichend bezeichnet werde; vgl. Mot. S. 77. Eventuell hört daher die rechtliche Wirksamkeit des Beschlusses (von den Fällen des Abs. 3 abgesehen) nicht ex tunc, sondern ex nunc auf: KB. II. S. 59.

640. Obschon die nach § 116 provisorisch vollstreckbaren Beschlüsse in den Motiven (s. n. 639) als Beschlüsse über gewöhnliche Verwaltungssachen charakterisirt werden, so paßt dies doch nicht auf alle Beschlüsse jener Art, insbesondere nicht

§ 117. Jede Gewerkschaft ist verpflichtet, einen im Inlande wohnenden Repräsentanten zu bestellen und der Bergbehörde namhaft zu machen.

---

auf Beschlüsse über die Veräußerung von Grundstücken. Solche zur Vermögensverwaltung im engeren Sinne nicht gehörige Verfügungen werden nach Klost. n. 246, durch die Aufhebung des Beschlusses rückgängig, mit dem Vorbehalte jedoch, daß im Gebiete des ALR. (§§ 264. 265. 270. 311, I, 11 ib.) die Redlichkeit des Erwerbers eines dinglichen Rechts, welchem die Anfechtung des Beschlusses unbekannt war, die Wiederaufhebung jenes Rechtes ausschliesse. Dieser Ansicht mag im Prinzip beigetreten werden, wenngleich dieselbe mit dem Satze, daß die Wirksamkeit des Beschlusses ex nunc aufhöre, schwer vereinbar ist. Da jedoch dergleichen Verfügungen in der Regel keinen Gewerkschaftsbeschluß bedingen, vielmehr vom Repräsentanten auch kraft eignen Rechts getroffen werden können (s. n. 658), so ist der Dritte, welcher in gutem Glauben mit dem Repräsentanten kontrahirt hat, schon durch die Vorschriften des BG. (vgl. §§ 119. 125 h. l. und unten n. 687), mithin nicht blos für das Gebiet des ALR. dagegen geschützt, daß ihm das erworbene Recht wieder streitig gemacht werde.

641. Wird der Beschluß durch Richterspruch aufgehoben, so ist die Mehrheit, da sie nur in Ausübung ihrer Rechte handelte, in Ermangelung eines vertretbaren Versehens, weder der Gewerkschaft, resp. der Minderheit noch Dritten gegenüber regreßpflichtig; vgl. Ebmeier (Z. f. BR. 1. S. 152), Renaud Aktien-Gesellschaften S. 465 und oben n. 603.

642. Unter rechtskräftiger Entscheidung ist im § 116 für das ganze Staatsgebiet dasselbe, d. h. nur eine solche Entscheidung gemeint, die durch kein Rechtsmittel mehr angefochten werden kann, weshalb der rheinischrechtliche Satz, daß jedes Definitivurtheil, so lange es nicht durch Berufung angefochten worden, als vollstreckbar und in gewissem Sinne rechtskräftig gilt, hier außer Anwendung bleibt.

643. In den Fällen des Abs. 3 tritt der Suspensiveffekt, diesem Abs. 3 zufolge, stets ein, mithin selbst da, wo § 114 Abs. 2 Einstimmigkeit sämmtlicher Gewerken fordert; vgl. n. 630. Jene Wirkung wohnt nicht allein der Anstellung der Klage, sondern auch der dafür gewährten Frist bei, indem das, was in diesem Sinne § 129 hinsichtlich der Erhebung der beschlossenen Beiträge bestimmt, um so viel mehr von dem Vollzuge der im § 114 erwähnten, weit wichtigeren und präjudizielleren Verfügungen gelten muß. Vgl. Gedike (Z. f. BR. 6. S. 605), welcher dies speziell bezüglich der Eintragungen in das Hypothekenbuch sagt. Er verlangt im Hinblick hierauf, daß der Repräsentant dem Hypothekenrichter vorher eine Bescheinigung des Gerichts darüber beibringe, daß keiner der einzeln zu benennenden Gewerken Klage innerhalb jener Frist erhoben habe, während Klost. n. 248 anzunehmen scheint, daß der Hypothekenrichter sich selbst an das Gericht zur Auskunftserlangung wenden müsse. Dieselbe Bescheinigung soll sich nach Gedike l. c. auch das OBA. vor Ertheilung einer etwa erforderlichen Bestätigung vorlegen lassen. Hierin weichen jedoch die Ansichten Brass.'s und Achenb.'s (Z. f. BR. 6. S. 606) von der Gedike's in ähnlicher Weise ab, wie rücksichtlich der unter n. 243 erörterten analogen Frage von derjenigen Lindig's. Der Verf. pflichtet den letzteren (Brass. und Achenb.) bei; vgl. auch n. 611.

Zu § 117.

644. Das Ges. v. 12. Mai 1851 hatte unter anderen den Zweck, den Uebergang von der Leitung des Privatbergbaus durch die Bergbehörde zur freien Selbstverwaltung dadurch zu vermitteln, daß zunächst eine gesetzlich geordnete Repräsentation der Gewerkschaften in's Leben gerufen wurde, welche nicht blos die Vertretung der Gewerkschaft nach Außen (einschließlich derjenigen in Passivprozessen, welche durch AKO. v. 24. Okt. 1831 dem bisherigen Lehnsträger übertragen war), sondern auch den gesammten inneren Geschäftsbetrieb übernehmen sollte. Die so geschaffene Vertretung bewährte sich in der Hauptsache, obwohl sie sich nicht vollständig in das bisherige Miteigenthümerverhältniß einfügen ließ und in Folge dessen zu manchen Streitfragen Anlaß gab. Die Personifizirung der Gewerkschaft dient dazu, jenes

Statt eines einzelnen Repräsentanten kann die Gewerkschaft jedoch einen aus zwei oder mehreren Personen bestehenden Grubenvorstand bestellen.

Als Repräsentanten oder Mitglieder des Grubenvorstandes können auch Personen bestellt werden, welche nicht Gewerken sind.

a. [Br. 120 gleichl., doch ohne die Worte „im Inlande wohnenden" und mit dem Zus. als Abs. 4: „Im Auslande wohnende Personen können nur mit Genehmigung der Bergbehörde dazu bestellt werden."

M. 106 gleichl., mit dem Zus.: „Das Bergamt kann, vorbehaltlich des Widerrufs, die Bestellung eines im Auslande wohnenden Repräsentanten gestatten."

G. (vacat.) — B. 106 gleichl.

b. § 117 gilt auch für ältere Gewerkschaften.]

Rechtsverhältniß nach seinen verschiedenen Seiten klar zu stellen und in größerer Vollständigkeit zu behandeln. Dies ist in den §§ 117—128 nach Analogie der Vorschriften des HGB. über den Vorstand der Aktiengesellschaft geschehen und hierdurch gleichzeitig dem Mangel an gesetzlichen Bestimmungen über diesen Gegenstand abgeholfen, welcher bei der Unverbindlichkeit der VO. des OBA.'s Bonn v. 27. Juni 1819 in den linksrheinischen Landestheilen bestand. — Der Repräsentant vereinigt hiernach, wie unter dem Ges. v. 1851, in seiner Person die Funktionen, welche bei sonstigen Korporationen nach dem ALR. (§§ 114 ff., 137 ff., II, 6) zwischen den Repräsentanten und Vorstehern vertheilt sind, indem er einestheils die Gewerkschaft nach Außen hin ständig vertritt, anderentheils aber das Organ für die fortlaufende Verwaltung ist, wozu die Gewerkenversammlung nicht als geeignet erschien; s. Mot. S. 77.

645. § 117 insbesondere schließt sich den §§ 13. 15 des Ges. v. 1851 an, ohne jedoch vorzuschreiben, daß der Repräsentant in der Nähe des Bw.'s wohne, daß die Mitglieder des Vorstands aus den Gewerken gewählt, und daß der Vorstand durch eins seiner Mitglieder nach Außen vertreten werden müsse (§ 123): Mot. S. 78.

646. Zu Repräsentanten können, nach der Absicht des Gesetzes, nur vollkommen dispositionsfähige und für ihre Handlungen verantwortliche Personen bestellt werden. Ausgeschlossen sind daher Minderjährige, Interdizirte, Ehefrauen und moralische Personen, nicht aber, wie Klost. n. 254 außerdem annimmt, unverheirathete Frauenzimmer. Wird der Repräsentant erst in der Folge dispositionsunfähig, oder verlegt er seinen Wohnsitz in's Ausland, so ist die Gewerkschaft zur Wahl eines neuen Repräsentanten ebensowohl verpflichtet, als wenn jener gestorben wäre. So lange jedoch kein neuer Repräsentant durch Gewerkschaftsbeschluß oder durch die Behörde (§ 127) bestellt ist, bleibt der in's Ausland verzogene Repräsentant als solcher in Funktion und der Gewerkschaft gegenüber in jeder Hinsicht verpflichtet.

647. Die Namhaftmachung des Repräsentanten (Abs. 1) ist nur dann eine vollständige, wenn sie unter Vorlage einer Ausfertigung des Wahlprotokolls geschieht. Doch bedarf es keiner Vorlage der Belege für die Gültigkeit der Wahl, da deren Prüfung zu den Obliegenheiten der Bergbehörde nicht gehört; vgl. n. 655 sowie Brass. und Achenb. (Z. f. BR. 6. S. 606), contra Lindig (ib.). Das OBA. zu benachrichtigen ist unbestritten Sache des RB.

648. Daß die Gewerkschaften dem Repräsentanten im Behinderungsfalle ein- für allemal einen Stellvertreter bestellen oder jenem selbst Substitutionsbefugniß einräumen können, und daß sie ebensowohl befugt sind, einzelne der nach dem Gesetze dem Repräsentanten obliegenden Funktionen von vorne herein einer anderen Person, z. B. einem besonders bestellten Betriebsdirigenten zu überweisen, stand schon unter der Herrschaft des Ges. v. 12. Mai 1851 fest; vgl. MR. v. 17. Aug. 1852 und 24. März 1853, OT. 10. Juli 1866 (M. Z. 1. S. 34. 35; Z. f. BR. 9. S. 160).

649. Der Beschluß darüber, ob statt des Repräsentanten ein Grubenvorstand zu bestellen sei, unterliegt nicht den Vorschriften des § 118, sondern denen

§ 118. Die Wahl erfolgt in einer nach § 113 beschlußfähigen Versammlung durch absolute Stimmenmehrheit. Ist eine solche bei der ersten Abstimmung nicht vorhanden, so werden diejenigen beiden Personen, welche die meisten Stimmen erhalten haben, in die engere Wahl gebracht. Bei Stimmengleichheit entscheidet das Loos.

Bei Ausmittelung der in die engere Wahl zu bringenden zwei Personen entscheidet im Falle der Stimmengleichheit ebenfalls das Loos.

---

des § 113. Im Falle der Stimmengleichheit entscheidet daher nicht, wie bei der Wahl der Personen, das Loos, sondern es kommt gar kein Beschluß zu Stande, und verbleibt bei der Regel, daß ein Repräsentant zu wählen ist. Dasselbe gilt, wenn auch nur bezüglich der Frage, aus wieviel Personen der Grubenvorstand bestehen solle, keine Mehrheit der Stimmen erlangt werden kann.

650. In Betreff der Wählbarkeit zu Mitgliedern des Grubenvorstandes vgl. im Allgemeinen n. 646. Doch dürfte es unter Umständen statthaft sein, in den Vorstand selbst einen Ausländer zu berufen. Ebenso hält Klost. n. 254 hier auch Frauen und juristische Personen für wählbar; eventuell werde nach §§ 202. 207. I, 13 ALR. vermuthet, daß ihre Mitwirkung bei den außer der Sphäre ihrer Handlungsfähigkeit liegenden Geschäften unnöthig sei; bei der Wahl einer juristischen Person müsse in die Legitimation des Grubenvorstandes (§ 118) das Nöthige über die Vertretung dieses Mitglieds aufgenommen werden.

651. Nach § 15 des Ges. v. 12. Mai 1851 mußte unter den Mitgliedern des Grubenvorstands eins bezeichnet werden, welches den Vorstand bei Ausübung seiner äußeren Rechte und Verpflichtungen ꝛc. vertrat; dieses Mitglied war alsdann befugt, die im § 18 ib. aufgezählten Geschäfte, sofern sie die Vertretung der Gewerkschaft in ihren Rechten und Pflichten gegen Dritte zum Gegenstande hatten, Namens der Gewerkschaft allein vorzunehmen: OT. 10. Sept. 1866 (Z. f. BR. 7. S. 530). Das BG. kennt, von der singulären Bestimmung des § 123 abgesehen, eine solche Vorschrift nicht. Demgemäß können gegenwärtig einzelne Mitglieder des Vorstands, ohne ausdrückliche Ermächtigung keine Verbindlichkeit Namens der Gewerkschaft eingehen; s. KB. II. S. 60. Andererseits bilden die Mitglieder aber auch kein nach Stimmenmehrheit beschließendes Kollegium, und müssen daher in Ausübung der Befugnisse des Vorstands sammt und sonders handeln, falls die Geschäfte nicht etwa durch das Statut oder besondere Vollmacht unter ihnen vertheilt sind. Vgl. Lindig und Brassi. (Z. f. BR 6. S. 608; 7. S. 530), Klost. n. 253. Scheidet jedoch ein Mitglied aus, so bilden in der Regel sowie vorbehaltlich abweichender Statutsbestimmungen die übrigen bis zur Wiederbesetzung der Stelle den Grubenvorstand, und sind zur Ausübung seiner Befugnisse legitimirt. Es entspricht übrigens der Natur der Sache und dem § 127. II, 6 ALR., daß alle Angelegenheiten, bei welchen keine Gefahr im Verzuge ist, bis zu jener Wiederbesetzung verschoben werden.

Zu § 118.

652. § 118 adoptirt den durch § 14 des Ges. v. 12. Mai 1851 eingeführten Wahlmodus; doch füllt er eine im § 14 offen gelassene Lücke aus, insofern er (im Abs. 2) den Fall vorsieht, wo mehr als zwei Personen die meisten Stimmen zufallen, weil von denen, welche die meisten Stimmen erhalten, mehrere gleichviel Stimmen haben; vgl. Mot. S. 78; KB. I. S. 46. Außerdem gilt der Wahlmodus gemäß § 118 und § 117 Abs. 3 auch für die Bestellung des Grubenvorstandes und ist daher bei der Wahl jedes einzelnen Mitglieds desselben zur Anwendung zu bringen, während er im cit. § 14 nur für die Wahl des Repräsentanten vorgeschrieben war.

653. Die Schlußworte des Abs. 1 sind nur auf den Fall einer engeren Wahl zu beziehen, weshalb selbst dann, wenn sich schon bei der ersten Wahl

Das Protokoll über die Wahlverhandlung ist notariell oder gerichtlich aufzunehmen. Eine Ausfertigung desselben wird dem Repräsentanten oder dem Grubenvorstande zu seiner Legitimation ertheilt.

a. [Br. 121, M. 107 gleichl. — G. (vacat.)
B. 107 gleichl., doch ohne die Worte „oder gerichtlich."
b. Abs. 2 fehlte in der RV.
c. § 118 gilt auch für ältere Gewerkschaften.]

§ 119. Der Repräsentant oder Grubenvorstand vertritt die Gewerkschaft in allen ihren Angelegenheiten gerichtlich und außergerichtlich.

---

sämmtliche Stimmen unter zwei Personen in gleicher Zahl vertheilen, eine engere Wahl stattfinden muß.

654. Die Repräsentantenwahl kann unzweifelhaft im Rechtswege angefochten werden, da die Bedenken, welche früher vom OT. wider den Antrag auf schiedsrichterliche Entscheidung erhoben wurden (s. Oppenhoff Ress.-Ges. S. 120), der Vorschrift des § 115 gegenüber keinen Boden mehr haben. A. M. ist Wachler (Z. f. BR. 10. S. 32) für den Fall, wo das Loos entschieden hat.

655. In Betreff der Fassung resp. des Inhalts des Wahlprotokolls, welches auch von der Berghypothekenkommission aufgenommen werden kann, vgl. Brockhoff und Fleckser (Z. f. BR. 7. S. 178 ff.; 10. S. 248) sowie oben n. 611 bis. Gemäß Abs. 3 genügt die Vorlage einer Ausfertigung jenes Protokolls zur Legitimation des Repräsentanten rc. auch den Bergbehörden gegenüber, und sind letztere schon aus diesem Grunde der Prüfung der Gültigkeit der Wahl überhoben, es sei denn, daß sich aus der Urkunde selbst Bedenken gegen die Rechtsgültigkeit des darin niedergelegten Beschlusses ergeben möchten; so: MR. 2. Jan. 1868 (Z. f. BR 9. S. 212). Aehnlich entschied IS. 20. Juli 1867 (ib. S. 167) bezüglich der Legitimation bei den Gerichten. Nach Fleckser l. c. sollen sich jedoch Bedenken der eben erwähnten Art schon dann erheben, wenn das Gericht oder der Notar unterlassen hat, im Protokolle das Zutreffen aller derjenigen Voraussetzungen zu konstatiren, welche die Gültigkeit der Wahl bedingen. Im Uebrigen vgl. n. 611. 611 bis und 647.

656. Das Mandatsverhältniß in welchem der Repräsentant oder Grubenvorstand zur Gewerkschaft steht (§ 128), ist nach Art. 2004 des rhein BGB. sowie nach gemeinem Rechte, den Mandatarien gegenüber, jederzeit widerruflich, und dieser Widerruf durch eine Neuwahl unzweideutig ausgesprochen: AH. Cöln 7. Juni 1867 (Z. f. BR. 10. S. 270). — Für den Beschluß über den bloßen Widerruf der erfolgten Bestellung ist die gerichtliche, resp. notarielle Form nicht vorgeschrieben; contra: Bonner Instr. § 49.

Zu § 119.

657. Bei Begrenzung der Befugnisse und Verpflichtungen des Repräsentanten rc. durfte einerseits die Wirksamkeit der Vertretung nicht durch eine zu enge Vollmacht gelähmt, andererseits in wichtigen Angelegenheiten die entscheidende Stimme der Gewerkenversammlung nicht durch eine zu ausgedehnte Vollmacht ausgeschlossen werden; die der Repräsentation durch das Gesetz v. 12. Mai 1851 angewiesene Stellung entsprach diesen Gesichtspunkten nicht vollständig; § 119 stimmt grundsätzlich mit den §§ 13. 18. 19 jenes Gesetzes sowohl, wie mit den Art. 227. 232 des HGB. überein, während Abs. 4 sich durch den Zweck der Legitimation rechtfertigt: Mot. S. 78. Zur näheren Charakterisirung des Unterschiedes der gegenwärtigen Stellung des Repräsentanten von derjenigen unter der Herrschaft des Ges. v. 1851 diene Folgendes: In jenem Gesetze werden die Grundsätze über das Vollmachtsverhältniß, selbst in Bezug auf Dritte, noch in den Vordergrund gerückt; der Repräsentant wird in seinem Verhältnisse zur Bergbehörde geradezu als Generalbevollmächtigter bezeichnet und er kann, abgesehen von den im § 118 aufgezählten An-

Eine Spezialvollmacht ist nur in den im § 120 bezeichneten Fällen erforderlich.

Eide Namens der Gewerkschaft werden durch ihn geleistet.

Beschränkt oder erweitert die Gewerkenversammlung die Befugnisse des Repräsentanten oder Grubenvorstandes, so müssen die betreffenden Festsetzungen in die Legitimation aufgenommen werde.

a. [Br. 122, M. 108 gleichl. — G. (vacat.) — B. 109 gleichl.
b. § 119 gilt auch für ältere Gewerkschaften; soweit jedoch die bereits bestellten Repräsentanten 2c. mit besonderen Vollmachten versehen sind, behält es bei diesen sein Bewenden: §§ 226. 233.]

---

gelegenheiten nur da selbstständig handeln, wo weder die allgemeinen Gesetze noch die Berggesetze eine Spezialvollmacht verlangen. Dagegen ist derselbe nach dem BG., obschon sich seine Rechte und Pflichten der Gewerkschaft gegenüber auch hier aus der ihm durch die Wahl ertheilten Vollmacht ableiten, in Folge der zum Abschlusse gebrachten Personifizirung der Gewerkschaft, im prägnantesten Sinne des Worts deren gesetzlicher Vertreter, so daß er sich Dritten gegenüber durchweg vollkommen mit jener selbst identifizirt, und daß jede Beschränkung seiner Dispositionsgewalt als eine der engsten Auslegung anheimfallende Ausnahme erscheint, welche, insoweit sie nicht auf dem mit der Gewerkschaft geschlossenen Vertrage, sondern auf dem Gesetze beruht, lediglich im BG. selbst gesucht werden muß. Wenn daher schon unter der Herrschaft des Ges. v. 1851 wiederholt anerkannt wurde, — vgl. MR. 25. Juli 1859 (M. Z. 7. S. 177), OT. 5. Juli 1858 (Entsch. 39. S. 340ff.), — daß die Grundsätze des Mandats auf die rechtliche Stellung des Repräsentanten nicht schlechthin Anwendung fänden, und daß Letzterer namentlich in den ihm durch § 18 l. c. überwiesenen Materien nicht nach dem Willen der Machtgeber, sondern nach eigner Entschließung handle, so gilt dies gegenwärtig um so gewisser und allgemeiner, als die Dispositionsbefugniß desselben als gesetzlichen Vertreters der juristischen Person der Gewerkschaft überhaupt eine umfassendere und mehr unmittelbare ist. Vgl n. 696.

658. Zur Erläuterung der Dispositionsbefugniß des Repräsentanten im Einzelnen dient zunächst das, was in n. 618. 620—623 über den möglichen Gegenstand gewöhnlicher Mehrbeitsbeschlüsse angegeben ist; vgl. n. 614. Andererseits umfaßt jene Dispositionsbefugniß, vorbehaltlich des in n. 638 Gesagten, Alles, was schon unter der Herrschaft des Ges. v. 12. Mai 1851 in den Kreis der Befugnisse des Repräsentanten fiel. Er ist daher beispielsweise befugt, Namens der Gewerkschaft Verträge mit einem Grundbesitzer über die für Benutzung seines Grundstücks zu leistende Entschädigung zu schließen, Kaufverträge über die zum Abfahren dienenden Transportmittel, Verkaufs- und Lieferungs-Verträge über Bw.'s-Produkte, selbst solche, die erst gefördert werden sollen, einzugehen, — vgl. OT. 23. April 1866, 9. Dez. 1862, 15. Dez. 1864 (Z. f. BR. 8. S. 107; 5 S. 223; 6. S. 467), — er kann ferner auf Grund der der Gewerkschaft erworbenen Finderrechte oder in Handhabung des Vorrechts des § 55 für die Gewerkschaft Muthung einlegen, über streitige Muthungen Verträge abschließen oder auf dieselben Verzicht leisten; vgl. MR. 25. Juli 1859 (M. Z. 7. S. 177). Ueber die Grenzen der Befugnisse hinaus, welche nach dem Ges. v. 1851 dem Repräsentanten zustanden, ermächtigt das BG. denselben, auch ohne Spezial-Vollmacht die in den §§ 99—109. I, 13 ALR. aufgeführten Geschäfte für die Gewerkschaft abzuschließen; vgl. Klost. n. 259. (Das MR. 28. Mai 1859, M. Z. 7. S. 121, folgerte übrigens schon aus dem Ges v. 1851 die Befugniß des Repräsentanten, alle eingehenden Gelder und Sachen, welche zum Betriebe des Bw.'s verwendet werden sollen, sowie die aus dem Verkaufe der Produkte, Materialien und Inventarienstücke gelösten Summen zu empfangen und wies daher die Postbehörden an, alle an die Gruben und Zechen adressirten Briefe, Gelder und Packete an die Repräsentanten abzuliefern, da bei dergleichen Sendungen die Vermuthung dafür spreche, daß sie Gegenstände obiger Art enthielten. Vgl.

n. 552.) Ebenso steht dem Repräsentanten die ihm unter der früheren Gesetzgebung (s. AH. Cöln 16. Jan. 1861, OT. 4. Juni 1863, Z. f. BR. 4. S. 125; 5. S. 228) bestrittene Befugniß zu, für Betriebszwecke (s. n. 555) Wechsel- und Darlehnsverbindlichkeiten Namens der Gewerkschaft einzugehen; vgl. Wachler S. 172. Aehnlich verhält es sich mit der Befugniß, im Namen der Gewerkschaft Dritte mit dem Abschlusse bestimmter Geschäfte zu bevollmächtigen: Klost. n. 269. Wenn es im KB. II. S. 60 heißt, der Repräsentant habe ohne ausdrückliche Ermächtigung keine Substitutionsbefugniß, so ist dies wohl nur dahin zu verstehen, daß jenem die Befugniß abgehe, seine eigenen Obliegenheiten in mehr oder weniger generellem Umfange auf einen Andern so zu übertragen, daß letzterer, der Gewerkschaft gegenüber, gewissermaßen selbst wieder die Stellung eines Repräsentanten einnähme. Vgl. §§ 121. 122. I, 14 ALR.

659. Alles, was der Repräsentant in Handhabung seiner in n. 657. 658. näher umgrenzten Dispositionsbefugniß thut, kann seitens der einzelnen Gewerken nicht etwa, wie ein Gewerkschaftsbeschluß nach § 115, vom Gesichtspunkte der Nützlichkeit aus vor Gericht angefochten werden. Es bietet sich daher die Anomalie dar, daß, obgleich die Dispositionsbefugniß des Repräsentanten und die Kompetenz gewöhnlicher Mehrheitbeschlüsse im Wesentlichen dieselben Gegenstände umfassen (s. n. 614. 658), den Maßnahmen des für sich allein handelnden Repräsentanten der Gewerkschaft dennoch eine größere Wirksamkeit beiwohnt, als demjenigen, was in einer beschlußfähigen Gewerkenversammlung von der Mehrheit der Gewerken selbst beschlossen wird.

660. Abs. 3 bezieht sich nicht blos auf Prozeßeide, sondern auch auf andere Eide, und was die ersteren betrifft, nicht blos auf zugeschobene oder zurückgeschobene, sondern auch auf von Amtswegen auferlegte Eide. Der Bestimmung liegt die Voraussetzung zu Grunde, daß die Eidesleistung an sich einer juristischen Person überhaupt auferlegt werden könne, — eine Voraussetzung, welche für das Gebiet der AGO. unmittelbar im Gesetze selbst (§§ 270 ff., I, 40 ib.) begründet, und im Gebiete des gemeinen Rechts mindestens durch die Praxis sanctionirt ist (vgl. v. Savigny, Syst. 2. S. 297), während im Gebiete des rheinischen Rechts über die Zulässigkeit solcher Eide sehr gestritten wird (vgl. Tr. A. 7. S. 216 ff.). Gleichwohl kann gemäß § 119 auch für das letztere Gebiet an der Statthaftigkeit solcher Eide in Bezug auf Gewerkschaften nicht mehr gezweifelt werden. — Die Anwendbarkeit des Abs. 3 wird dadurch nicht ausgeschlossen, daß die betreffenden Vorgänge in die Zeit vor dem Geschäftsantritte des Repräsentanten &c. fallen; s. Renaud S. 530. Das Recht, einen zugeschobenen Eid zurückzuschieben, ist in dem Rechte, denselben auszuschwören, stillschweigend mitenthalten. Ist ein Grubenvorstand bestellt, so muß der Eid von sämmtlichen Mitgliedern geleistet werden; vgl. n. 651 und AH. Cöln 29. Mai 1856 (Rh. A. 52. I, 29). In Betreff der Frage, inwiefern es unter Umständen statthaft sei, daß statt des Repräsentanten &c. ein Beamter der Gewerkschaft den Eid leiste, vgl. das, was Renaud S. 532 ff. bezüglich der dem Abs. 3 analogen Vorschrift des Art. 232 des HGB. sagt; (derselbe verlangt für diese Eventualität die Zustimmung beider Prozeßparteien).

661. Geräth die Gewerkschaft mit ihrem eignen Repräsentanten, oder gerathen zwei Gewerkschaften, welche denselben Repräsentanten haben, mit einander in Streit, so hat die Gewerkenversammlung, resp. jede der beiden Gewerkenversammlungen, falls sie nicht vorzieht, oder nicht in der Lage ist, den Repräsentanten zu entlassen, einen Stellvertreter desselben, gewissermaßen einen Repräsentanten ad hoc zu ernennen, welcher für diesen Prozeß die Eidesleistung und überhaupt ganz analoge Rechte und Pflichten hat, wie der ständige Repräsentant.

662. Das im Abs. 4 gedachte Recht, die Befugnisse des Repräsentanten &c. zu beschränken oder zu erweitern, findet im § 124 seine nähere Begrenzung. Arg. e contr. dieses § kann dem Repräsentanten die Vertretung der Gewerkschaft in den Aktivprozessen und die Eidesleistung in letzteren entzogen werden. In Betreff der Eidesleistung kommen alsdann die §§ 270 ff., I, 10 AGO. zur Anwendung: Klost. n. 268. Hinsichtlich des gemeinen Rechts vgl. Savigny Syst. 2. S. 297. Für das Gebiet des rheinischen Rechts behandelt Art. 336 der BPrO.

§ 120. Der Repräsentant oder Grubenvorstand bedarf eines besonderen Auftrages der Gewerkenversammlung:

1) wenn es sich um Gegenstände handelt, welche nur von einer Mehrheit von wenigstens drei Viertheilen aller Kuxe oder nur mit Einstimmigkeit beschlossen werden können;
2) wenn Beiträge von den Gewerken erhoben werden sollen.

a. [Br. 123, M. 109 gleichl. — G. (vacat.) — B. 109 gleichl.
b. § 120 gilt auch für ältere Gewerkschaften.]

§ 121. Der Repräsentant oder Grubenvorstand führt das Gewerkenbuch und fertigt die Kurscheine aus (§ 103).

---

einen wenigstens annähernd analogen Fall; vgl. auch AH. Cöln 22. Febr. 1855 (Rh. A. 50. I, 212).

663. Geschieht der Erweiterung der Befugnisse in der Legitimation keine Erwähnung, so hat dies regelmäßig blos die Folge, daß der Repräsentant im Verkehr mit Dritten bei diesen möglicher Weise auf Bedenken stoßen wird. Die Nichterwähnung der Beschränkung der Befugnisse hat dagegen die wichtige Folge, daß die Beschränkung Dritten gegenüber, welche in gutem Glauben mit dem Namens der Gewerkschaft handelnden Repräsentanten kontrahiren, keine Wirkung ausübt. — Auf das Verhältniß des Repräsentanten zur Gewerkschaft hat die Verabsäumung der Vorschrift des Abs. 4 keinen unmittelbaren Einfluß.

Zu § 120.

664. Die Fälle des Erfordernisses einer Spezialvollmacht noch weiter als im § 120 geschehen, auszudehnen, empfahl sich mit Rücksicht auf den geordneten Fortgang des Betriebs und den kommerziellen Geschäftsverkehr der Gewerkschaft nicht: Motive S. 78. Da nur der Repräsentant, nicht die Gewerkenversammlung, die Gewerkschaft nach Außen vertritt, so kontrahirt auch nur er mit Dritten, und zwar, was Verträge über die Substanz des Bw.'s betrifft, in Ausführung des darüber gefaßten Gewerkschaftsbeschlusses. Andererseits bedarf er jedoch neben jenem Beschlusse nicht noch einer besonderen Vollmacht, der Beschluß selbst enthält vielmehr schon implicite den Auftrag zu seiner Ausführung. Wenn daher § 120 Nr. 1 lediglich die Vorschrift des § 114 aufrecht erhält, resp. deren Wirksamkeit, Dritten gegenüber gewährleistet, so enthält § 120 Nr. 2 eine neue, namentlich auch vom Ges. v. 12. Mai 1851 abweichende Bestimmung, indem er in Verbindung mit § 129 die Entscheidung über die Beiträge in die Hände der Gewerkenversammlung legt. Ein besonderer Auftrag zur Empfangnahme der einmal beschlossenen Beiträge ist nicht erforderlich: OT. 7. Febr. 1868 (Z. f. BR. 10. S. 413).

Zu § 121.

665. In Betreff des Gewerkenbuchs s. n. 575. Die Pflicht, für Führung der anderen Bücher Sorge zu tragen, stimmt mit dem seitherigen Verfahren und der analogen Vorschrift im Art. 239 des HGB. überein; die Einsichtnahme der Bücher gehört zu den Rechten jedes einzelnen Gewerken: Mot. S. 79. Unter den „Büchern“ am Schlusse des Abs. 2 ist das Gewerkenbuch mitbegriffen. Von anderen Schriften, als Büchern spricht § 121 gar nicht. Gleichwohl kann der einzelne Gewerke, um die erforderliche Auskunft über den Betrieb zu erhalten, unter Umständen auch die Einsicht solcher anderen Schriften, z. B. auch der gelegten Rechnungen und Verhandlungen über die Verwendung des Ertrags fordern, ohne darum jedoch berechtigt zu sein, gegen den Repräsentanten auf förmliche Rechnungsablage zu klagen; vgl. OT. 30. Juni 1865 (Z. f. BR. 7. S. 239) und unten n. 697.

Er ist verpflichtet, für die Führung der übrigen erforderlichen Bücher der Gewerkschaft Sorge zu tragen, und jedem Gewerken auf Verlangen die Bücher zur Einsicht offen zu legen.

a. [Br. 124, 110 gleichl. — G. (vacat.)

B. 110: „Der Repräsentant oder Grubenvorstand ist verpflichtet, für die Führung der erforderlichen Bücher der Gewerkschaft Sorge zu tragen und jedem Gewerken auf Verlangen die Bücher zur Einsicht offen zu legen."

b. Insoweit § 121 nicht von Gewerkenbüchern handelt, gilt er auch für ältere Gewerkschaften: §§ 226. 233.]

§ 122. Der Repräsentant oder Grubenvorstand beruft die Gewerkenversammlungen.

Er muß, wenn das Bergwerk im Betriebe ist, alljährlich eine Gewerkenversammlung berufen und derselben eine vollständig belegte Verwaltungsrechnung vorlegen.

---

666. Die Befugniß der Bergbehörden, die Vorlage der Bücher zu verlangen, ist im Gesetze nirgends ausdrücklich anerkannt. Daß die Behörde jedoch in gewissen Fällen (s. § 122 Abs. 2. 3; § 127) ein gesetzlich begründetes Interesse und hiermit ein eventuell durch exekutivische Strafbefehle zu verwirklichendes Recht habe, jene Bücher oder doch wenigstens das Gewerkenbuch einzusehen, erleidet keinen Zweifel; vgl. Dortm. Instr. § 58. Dagegen steht ein allgemeines und unbedingtes Recht zur Einsicht der Bücher, etwa als Ausfluß des landesherrlichen Rechts der Aufsicht über die juristischen Personen (§ 13. II, 13 ALR.) selbst dem OBA. nicht zu, da ein solches Recht mit dem Prinzipe der Selbstverwaltung unverträglich wäre. Ist doch auch die Befugniß, die Bücher einer Aktiengesellschaft einzusehen, der Behörde nur unter gewissen Voraussetzungen (Art. 240 des HGB.) verliehen. — Inwiefern dritte Personen die Offenlegung der Bücher, zumal in Prozessen fordern können, beurtheilt sich nach den allgemeinen Regeln der verschiedenen Gesetzgebungen über die Editionspflicht.

Zu § 122.

667. Früher war die Pflicht des Repräsentanten rc. zur Berufung von Gewerkenversammlungen streitig, der Gewerkschaft daher kein hinlänglicher Schutz gegen Willkürlichkeit der Vertretung gewährt; diesen Uebelstand beseitigen Abs. 2 und 3; s. auch Art. 237 des HGB.; in den Fällen des letzten Absatzes ist die Berufung durch den Repräsentanten rc. oft unmöglich oder ungeeignet, weshalb den Interessenten gestattet werden mußte, jene Berufung durch die Behörde zu erwirken: Mot. S. 79.

668. Gemäß § 122 ist eine direkte Einladung durch einzelne Gewerken, sollten diese auch die Majorität aller Kuxe vertreten, unverbindlich und daher nicht geeignet, einer gültigen Beschlußfassung zur Grundlage zu dienen: OBA. Bonn 26. Febr. 1867 (Z. f. BR. 8. S. 131).

669. Dies soll nach Klost. n. 236 eine Ausnahme erleiden, so lange kein Repräsentant rc. bestellt ist: alsdann sei jeder Gewerke zur Berufung befugt. OBA. Bonn 27. März 1868 (Z. f. BR. 9. S. 213) tritt dieser Ansicht für den Fall bei, wo es sich um die erste Repräsentantenwahl handelt. Grade für den letzteren Fall giebt ja aber Abs. 4 das Auskunftsmittel an die Hand, und wenn dort auch nicht gesagt ist, daß jene Wahl in einer durch den RB. ausgeschriebenen oder in einer solchen Versammlung, in welcher sämmtliche Gewerken vertreten sind (§ 112), stattfinden müsse, so ist doch noch viel weniger gesagt, daß sie, der gesetzlichen Regel zuwider, in einer von einzelnen Gewerken berufenen Versammlung erfolgen könne. Zudem wird die nach obiger Ansicht für die erste Repräsentantenwahl ganz entbehrliche Vorschrift des Abs. 4 in den Motiven (s. n. 667) nicht etwa blos auf Nützlichkeits-, sondern auch auf Nothwendigkeitsgründe gestützt. Handelt es sich dagegen um andere Gegenstände, so paßt Abs. 4 verbis ex-

Der Repräsentant ist zur Berufung einer Gewerkenversammlung verpflichtet, wenn dies die Eigenthümer von wenigstens einem Viertheil aller Kuxe verlangen. Unterläßt er die Berufung, so erfolgt dieselbe durch die Bergbehörde auf den an sie gerichteten Antrag.

Zur Vornahme der Wahl eines Repräsentanten oder Grubenvorstandes oder zur Beschlußfassung über den Widerruf der erfolgten Bestellung kann die Bergbehörde auf dem an sie gerichteten Antrag eine Gewerkenversammlung berufen.

a. [Br. 125 gleichl., nur ist im Abs. 3 eingeschaltet nach „Der Repräsentant": „oder der Grubenvorstand."
M. 111 gleichl. — G. (vacat.)
B. 111 gleichl., nur ist im Abs. 3 statt „Der Repräsentant" gesagt: „Er."

b. Abs. 3 begann in der RV. mit den Worten: „Auch ist er" und enthielt nicht den Schlußsatz: „Unterläßt er dies rc." Der Schluß des letzten Abs. lautete in der RV.: „kann die Berufung einer Gewerkenversammlung bei der Bergbehörde in Antrag gebracht werden."

c. § 122 gilt auch für ältere Gewerkschaften: §§ 226. 233.]

---

pressis freilich nicht; dergleichen Fälle sind aber im Gesetze überhaupt nicht berücksichtigt, und wenn daher hier durch die Praxis ohnehin nachgeholfen werden muß, so dürfte es den Regeln der Gesetzesauslegung ungleich mehr entsprechen, daß ob paritatem rationis Abs. 4 analogisch angewendet, als daß zu einem Mittel gegriffen werde, für welches sich im Gesetze nicht einmal eine Analogie findet, ja welches im Gegentheil sowohl nach den Motiven als arg. Abs. 4 allgemein ausgeschlossen sein sollte.

670. Selbst bei den nach Abs. 2 alljährlich zu berufenden Versammlungen ist die Vorschrift des § 112, daß die Einladung den zur Verhandlung kommenden Gegenstand enthalten müsse, zu beachten. Es genügt in dieser Hinsicht schwerlich die bloße Hinweisung auf § 122 Abs. 2.

671. Abs. 3 gilt auch vom Grubenvorstande; daß seiner dort nicht gedacht wird, beruht blos auf der Konstruktionsveränderung der RV. durch das HH.: KB. II. S. 333.

672. Da sich nach dem letzten Abs. des § 122 der RV. annehmen ließ, daß es vom RB. abhange, ob er auf den an ihn gestellten Antrag eingehen wolle, diesem Gesuche aber im Falle des Abs. 3 mit Nothwendigkeit stattzugeben ist [vorausgesetzt, daß dasselbe den zu verhandelnden Gegenstand bezeichnet, s. § 112 h. l. und Art. 237 des HGB.], so wurde die jetzige Fassung der Abs. 3 und 4 beschlossen: KB. I. S. 46. Wenn hiernach im Falle des Abs. 4 jene Nothwendigkeit, dem Willen des Gesetzgebers zufolge, nicht vorliegt, so folgt dennoch aus der Natur der Sache, daß der RB. den Antrag nur dann ablehnen darf, wenn es nach seiner pflichtmäßigen Ueberzeugung an einem genügenden Anlasse zur Stellung desselben fehlt; vgl. Bonner Instr. § 49. Gegen die Ablehnung des Antrags, welcher übrigens, nach Klost. n. 265, nicht blos von einzelnen Gewerken, sondern auch von jedem dritten Interessenten, z. B. demjenigen, der wider die Gewerkschaft klagen will, gestellt werden kann, ist der Rekurs nach Maßgabe des § 191 gestattet.

673. Abs. 4 kommt da, wo es sich nur um die Wahl eines einzelnen Mitglieds des Grubenvorstands an Stelle eines ausgeschiedenen handelt, sowohl der Fassung und den Motiven des Gesetzes als auch dem unter n. 651 Gesagten zufolge, regelmäßig nicht zur Anwendung.

674. Ueber das nach Maßgabe des Abs. 3 und 4 vom RB. zu beobachtende Verfahren vgl. die Bonn., Dortm. und Hall. Instr. §§ 49. 50, resp. §§ 56. 58. 59, resp. 49—51. Aus dem BG. läßt sich die in den beiden letzterwähnten Instr. dem

§ 123. Der Repräsentant ist berechtigt und verpflichtet, alle Vorladungen und andere Zustellungen an die Gewerkschaft mit voller rechtlicher Wirkung in Empfang zu nehmen.

Bestellt die Gewerkschaft einen Grubenvorstand, so muß ein Mitglied desselben mit dieser Empfangnahme beauftragt und in der Legitimation des Grubenvorstandes bezeichnet werden. Wenn dies nicht geschehen ist, so kann die Zustellung an jedes Mitglied des Grubenvorstandes erfolgen.

a. [Br. 126, M. 112 gleichl. — G. (vacat.) — B. 112 gleichl.
b. § 123 gilt auch für ältere Gewerkschaften: §§ 226. 233. — Vgl. § 94.]

§ 124. Die Bestimmungen der §§ 120. 121 und 122 dürfen nur durch ein förmliches Statut (§ 94), diejenigen des § 123 aber gar nicht abgeändert werden.

RB. auferlegte Pflicht, in den Fällen des Abs. 4 der Versammlung, wenngleich nicht immer bis zu Ende beizuwohnen, keineswegs herleiten. Demgemäß spricht sich denn auch die Bonner Instr. § 49 für das Gegentheil aus. Am allerwenigsten ist ein Beschluß darum nichtig, weil die Versammlung in Abwesenheit des RB. und der Berufung gemäß, außerhalb des Reviers abgehalten wurde: AH. Cöln 7. Juni 1867 (Z. f. BR. 10. S. 276).

675. Ist die erste Versammlung nicht beschlußfähig (§ 113), so muß der Antrag, sowohl im Falle des Abs. 3 wie in denjenigen des Abs. 4 beim RB. wiederholt werden, wenn dieser in der Lage sein soll, eine zweite Versammlung auszuschreiben. Dies erhält, speziell in Betreff des letzterwähnten Falles, durch die Bonner Instr. § 49 i. f. seine Bestätigung.

676. Während die vom Repräsentanten ausgehenden Einladungen zur Gewerkenversammlung stempelfrei sind, unterliegen diejenigen des RB. einem Stempel von 5 oder 15 Gr., je nach der Wichtigkeit des Gegenstands; werden Mehrere durch Eine Verfügung, z. B. zu Händen eines gemeinschaftlichen Bevollmächtigten eingeladen, so findet nur eine einmalige Verwendung des Stempelbetrags statt: MR. v. 12. Juli 1857 (M. Z. 5. S. 149).

Zu § 123.

677. § 123, welcher einen einfachen, die Rechte Dritter sichernden Verkehr der Gewerkschaft nach Außen vermitteln soll, entspricht den §§ 20. 15 des Ges. v. 12. Mai 1851 und der analogen Vorschrift im Art. 235 des HGB.: Motive S. 79.

678. Unterläßt es die Gewerkschaft, ein Mitglied des Grubenvorstandes nach Maßgabe des Abs. 2 zu beauftragen, so tritt keine andere Folge als die am Schlusse dieses Abs. 2 bezeichnete ein. A. M. ist Huyssen S. 73, insofern er annimmt, das OBA. könne alsdann exekutivische Maßregeln anwenden, um die Bezeichnung des betreffenden Mitglieds zu erzwingen.

Zu § 124.

679. Die Rücksichten auf das konkurrirende öffentliche Interesse bringen es mit sich, daß die im § 123 und § 124 Abs. 2 bezeichneten Funktionen dem Repräsentanten ꝛc. nicht genommen werden dürfen, wogegen die Vorschriften der §§ 120 bis 122 wenigstens der jederzeitigen Abänderung durch einfachen Majoritätsbeschluß entrückt wurden, weil es sich hierbei wesentlich um den Schutz der Gewerkschaft und des einzelnen Gewerken gegen Uebergriffe der Vertretung, resp. um Sicherung des Besitzstandes handelt: Motive S. 79.

680. Daß § 123 und § 124 Abs. 2 durch das Statut nicht abgeändert werden dürfen, bestimmt bereits § 94. Gleichwohl enthält die bezügliche Vorschrift des § 124 keine bloße Wiederholung, indem sie in gewissem Betracht weiter reicht als

In keinem Falle darf dem Repräsentanten oder Grubenvorstande die Vertretung der Gewerkschaft bei den Verhandlungen mit der Bergbehörde, mit dem Knappschaftsvereine und mit anderen auf den Bergbau bezüglichen Instituten, sowie in den gegen sie angestellten Prozessen und die Eidesleistung in letzteren entzogen werden.

a. [Br. 127, M. 113 gleichl. — G. (vacat.) — B. 113 gleichl.

b. § 124 gilt auch für ältere Gewerkschaften: §§ 226. 233. — Vgl. § 94.]

§ 125. Die Gewerkschaft wird durch die von dem Repräsentanten oder Grubenvorstande in ihrem Namen geschlossenen Rechtsgeschäfte berechtigt und verpflichtet.

---

§ 94. Während nemlich dieser nur statutarische, d. h. solche Beschlüsse im Auge hat, welche die Stellung und Befugnisse eines Repräsentanten der Gewerkschaft ein für allemal regeln sollen, umfaßt jene Vorschrift des § 124 gleichzeitig diejenigen Beschlüsse, welche sich auf die Stellung des jeweiligen Repräsentanten, resp. auf den mit diesem abzuschließenden Vollmachtsvertrag beziehen. Vgl. n. 538. Wenn ferner § 94 Abs. 3 auf einstimmig von sämmtlichen Gewerken gefaßte Beschlüsse keine Anwendung finden sollte (s. n. 546), so würde § 124 auch nach dieser Richtung hin etwas Neues bestimmen, indem das in demselben enthaltene Verbot nicht blos nach seiner Fassung, sondern auch nach seinen Motiven (s. n. 677. 679) ein absolutes, mithin auch gegen einstimmige Beschlüsse sämmtlicher Gewerken gerichtet ist. — Ob das letztere in ähnlicher Weise auch von der anderweitigen, die Abänderung der §§ 120—122 betreffenden Vorschrift des § 124 gelte, ob also namentlich eine solche Abänderung selbst im Falle der Einstimmigkeit sämmtlicher Gewerken von der für statutarische Beschlüsse erforderlichen Bestätigung des OBA 's abhängig sei, ist mit Rücksicht auf die Motive (s. n. 679) minder unbedenklich. Die verneinende Ansicht liegt der Abh. Achenb.'s (Z. f. BR. 7. S. 178) zu Grunde; vgl. auch Huyssen S. 71 und n. 681.

681. Für ältere Gewerkschaften soll § 124 nach Achenb. l. c. u. a. die Wirkung haben, daß dieselben, ungeachtet ihnen im Allgemeinen das auf § 94 beruhende Recht, mittelst einer Dreiviertelsmajorität ein Statut festzusetzen, mangelt (§ 227), dieses Recht dennoch besitzen, insofern es sich um Abänderung der §§ 120 bis 122 handelt, z. B. um zu beschließen, daß der Repräsentant ohne Spezialvollmacht zur Erhebung von Beiträgen (§ 120 Nr. 2) befugt sein solle. Inzwischen hält Huyssen S. 71 diese Ansicht mit Recht für höchst bedenklich; vgl. n. 635 und 1192.

682. Die auf Passivprozesse der Gewerkschaft bezügliche Vorschrift des § 124 fand sich schon im Entw. v. 1862, nachdem bereits die AKO. v. 24. Okt. 1831 (GS. S. 226) den Lehnsträger zum gesetzlichen Vertreter der Gewerkschaft in solchen Prozessen erklärt hatte, damit eine vielköpfige Gewerkschaft die Anstellung eines Prozesses wider sie nicht durch Ertheilung einer beschränkenden Vollmacht erschweren oder gar vereiteln könne. — Zu den gegen die Gewerkschaft angestellten Prozessen gehört auch die im Entw. v. 1862 neben ihnen genannte nothwendige Subhastation (§ 159 Abs. 1 ib.); vgl. Motive v. 1862 S. 107.

Zu § 125.

683. Der anomale Grundsatz in § 22 des Ges. v. 12. Mai 1851, wonach die Rechte nnd Verpflichtungen der Gewerkschaft aus der dem Repräsentanten ertheilten Vollmacht auf die Rechtsnachfolger der einzelnen Gewerken übergehen, erscheint nunmehr als juristische Konsequenz der Personifizirung der Gewerkschaft. Derselbe war in § 125 der RV. und zwar im Anschlusse an den eine Streitfrage beseitigenden Wortlaut des Art. 230 des HGB. ausgesprochen. Die dies ausdrückenden Worte sind jedoch als selbstverständlich gestrichen worden. Vgl. Mot. S. 79, KB. I. S. 47.

Es ist gleichgültig, ob das Geschäft ausdrücklich im Namen der Gewerkschaft geschlossen worden ist, oder ob die Umstände ergeben, daß es nach dem Willen der Kontrahenten für die Gewerkschaft geschlossen werden sollte.

a. [Br. 128, M. 114 gleichl. — G. (vacat.) — B. 114 gleichl.

b. In der RV. fanden sich nach den Worten „die Gewerkschaft wird" die Worte: „ohne Rücksicht auf den Wechsel in ihren Mitgliedern."

c. § 125 gilt auch für ältere Gewerkschaften: §§ 226. 233. — Vgl. § 94.]

§ 126. Der Repräsentant oder die Mitglieder des Grubenvorstandes sind aus den von ihnen im Namen der

---

684. Die Anwendbarkeit des § 125 ist dadurch bedingt, daß das vom Repräsentanten mit Dritten abgeschlossene Rechtsgeschäft in den Kreis seiner durch das Gesetz, resp. den Vollmachtsvertrag normirten Befugnisse falle. § 125 spricht dies zwar nicht ausdrücklich aus, und es steht auf der anderen Seite fest, daß das Gegentheil nach dem D. HGB. bei Aktiengesellschaften Rechtens ist. Letzteres beruht aber auch hier nicht auf dem der Vorschrift des § 125 h. l. entsprechenden Art. 230 l. c., sondern auf Art. 231 Abs. 2 ib., einer Bestimmung, welche wegen ihres durchaus anomalen Charakters offenbar mit Absicht in das BG. nicht übernommen wurde. Trifft jedoch obige Bedingung zu, so ist die Gewerkschaft sogar für ein Verschulden des Repräsentanten bei der Abschließung oder Vollziehung des Vertrags verantwortlich; vgl. Achenb. (Z. f. BR. 9. S. 118 ff.). Ebenso erklärte OT. 17. Okt. 1862 (ib. 4. S. 110) in einem Falle, wo der Repräsentant eine Anlage angeordnet hatte, die eine Ueberschreitung der durch Expropriationsbescheid festgestellten Grenzen enthielt, die possessorisch belangte Gewerkschaft für passiv legitimirt zur Klage. (Hierbei wurde ausdrücklich erwogen, der Repräsentant sei freilich mit der Ueberschreitung jener Grenzen nicht besonders beauftragt gewesen, dessen bedürfe es aber auch nicht zur Begründung der Passivlegitimation; vielmehr genüge in dieser Hinsicht, daß jener keine außerhalb seines Auftrags liegenden Geschäfte vorgenommen, sondern eben in Ausführung dieses Auftrags den Besitz des Klägers aus Versehen gestört habe.) Immerhin gilt jedoch das oben von bloßen Vertragswidrigkeiten Gesagte nicht ohne Weiteres auch von widerrechtlichen resp. unter die lex Aquilia fallenden Handlungen, deren sich der Repräsentant bei Gelegenheit seiner Geschäftsführung schuldig macht. Wenigstens läßt sich hier die Verantwortlichkeit der Gewerkschaft nicht aus § 125 herleiten, während die Grundsätze der verschiedenen Civilgesetzgebungen in Betreff der letzteren Frage nicht übereinstimmend nnd außerdem streitig sind. Vgl. über diese Materie Achenb. l. c. und Endemann S. 147 ff. (Ersterer beruft sich übrigens, l. c. S. 113, u. A. gerade auf die §§ 125. 126, um die Haftbarkeit der Gewerkschaft für Schäden zu begründen, welche keinem Mitkontrahenten des Repräsentanten, sondern dritten Personen dadurch erwachsen, daß der Repräsentant sich bei Bestellung des Betriebsführers einer culpa in eligendo schuldig macht.)

685. Die Gewerkschaft wird aus den Namens ihrer abgeschlossenen Geschäften dem Mitkontrahenten des Repräsentanten selbst dann verpflichtet, wenn letzterer durch den Abschluß des Geschäfts zwar nicht die Grenzen der ihm im Allgemeinen ertheilten Legitimation überschritten, wohl aber einem speziell über den Gegenstand jenes Geschäfts gefaßten Gewerkschaftsbeschlusse entgegengehandelt hat, vorausgesetzt, daß der Mitkontrahent in gutem Glauben war.

686. Kontrahirte der Repräsentant für die Gewerkschaft, ohne daß der Mitkontrahent dies wußte, so kommt § 125 nicht zur Anwendung; es entsteht daher, von einer etwaigen in rem versio abgesehen, zwischen der Gewerkschaft und jenem Mitkontrahenten kein unmittelbar obligatorisches Verhältniß.

Zu § 126.

687. § 126, dessen Inhalt durch die Natur des Rechtsverhältnisses begründet wird, stimmt mit Art. 241 des HGB. überein: Mot. S. 79.

Gewerkschaft vorgenommenen Rechtshandlungen Dritten gegenüber für die Verbindlichkeiten der Gewerkschaft persönlich nicht verpflichtet.

Handeln dieselben außer den Grenzen ihres Auftrages oder den Vorschriften dieses Titels entgegen, so haften sie persönlich, beziehungsweise solidarisch für den dadurch entstandenen Schaden.

a. [Br. 129, M. 115 gleichl. — G. (vacat.) — B. 115 gleichl.
b. § 126 gilt auch für ältere Gewerkschaften: §§ 226. 233. — Vgl. § 94.]

§ 127. Die Bergbehörde ist befugt, eine Gewerkschaft aufzufordern, innerhalb drei Monaten einen Repräsentanten oder einen Grubenvorstand zu bestellen.

Wird dieser Aufforderung nicht entsprochen, so kann die Bergbehörde bis dahin, daß dies geschieht, einen Repräsentanten bestellen und demselben eine angemessene, von der Gewerkschaft aufzubringende und nöthigenfalls im Verwaltungswege exekutivisch einzuziehende Belohnung zusichern.

Dieser interimistische Repräsentant hat die in den §§ 119 bis 123 bestimmten Rechte und Pflichten, insofern die Bergbehörde keine Beschränkungen eintreten läßt.

a. [Br. 130 gleichl., nur heißt es statt „im Verwaltungswege": „durch die betreffende Herzogl. Kreisdirektion."
M. 116 gleichl. — G. (vacat.)
B. 116 gleichl., nur ist statt „3 Monaten": „90 Tagen" gesagt und statt der Worte „und nöthigenfalls im Verwaltungswege exekutivisch einzuziehende," zu Abs. 2 der Zusatz gemacht: „Sie kann nöthigenfalls die Urkunde, durch welche diese Belohnung zugesichert wurde, vollstreckbar erklären und für deren Beitreibung sorgen."
b. § 127 gilt auch für ältere Gewerkschaften: § 226. — Vgl. § 94.]

---

688. § 126 Abs. 1 wird durch Abs. 2 ib. modifizirt, indem letzterer nicht blos von den Entschädigungsforderungen der Gewerkschaft, sondern auch von denen dritter Personen redet, der Repräsentant daher in dem dort vorgesehenen Falle von Dritten gleichfalls in Anspruch genommen werden kann; dies folgt namentlich aus der Exemplifikation am Schlusse des Art. 241 des HGB. Derselben Ansicht sind bezüglich des letzterwähnten Artikels Renaud S. 548, Koch S. 261, der entgegengesetzten Endemann S. 311, Makower S. 147.

Zu § 127.

689. In Uebereinstimmung mit § 23 des Ges. v. 12. Mai 1851 giebt § 127 der Behörde ein indirektes Zwangsmittel, die Repräsentantenwahl herbeizuführen; vgl. Mot. S. 80. Doch soll der RB. gemäß § 57 resp. 48 der Dortm. und Hall. Instr. von jenem Rechte nur in dem Falle eines wirklichen Bedürfnisses Gebrauch machen. — Statt eines interimistischen Repräsentanten einen interimistischen Grubenvorstand zu bestellen, ist unzulässig.

690. Das Ausscheiden eines einzelnen Mitgliedes des Grubenvorstands bietet an und für sich keinen Anlaß zur Anwendung des § 127; vgl. n. 651.

691. Obgleich § 127 die Vorschrift des cit. § 23, wonach der Repräsentant wo möglich aus den in der Nähe wohnenden Gewerken zu wählen ist, nicht wiederholt, so entspricht es doch der Natur der Sache und dem Geiste des Gesetzes, daß bei der Wahl auf jene vorzugsweise gerücksichtigt werde. Jedenfalls kann aber die

§ 128. Soweit der gegenwärtige Titel nichts Anderes bestimmt, sind die durch die Bestellung eines Repräsentanten oder Grubenvorstandes entstehenden Rechtsverhältnisse nach den allgemeinen Vorschriften über den Vollmachtsvertrag zu beurtheilen.

a. [Br. 131, M. 117 gleichl. — G. (vacat.) — B. 117 gleichl.

b. § 128 gilt auch für ältere Gewerkschaften: §§ 226. 233. — Vgk. § 94.]

Wahl nur auf eine im Inlande wohnende, vollkommen dispositionsfähige Person fallen.

692. Die in Abs. 1 erwähnte Aufforderung ist an die Gewerkschaft, d. h. hier an jeden der verschiedenen Gewerken, welche die Gewerkschaft bilden, zu richten. In Betreff etwaiger unbekannter Gewerken reicht jedoch, ex anal. des § 112, ein vierzehntägiger Aushang der schriftlichen Aufforderung am Amtslokale des RB. hin. A. M. ist Klost. n. 271; nach ihm soll schon durch die einem einzigen Gewerken zugegangene Aufforderung der Vorschrift des Abs. 1 genügt sein.

693. Während die Behörde die Rechte des interimistischen Repräsentanten über das im Abs. 4 bestimmte Maß zu erweitern nicht befugt ist, ist sie andererseits bei Beschränkung jener Rechte durch § 124 nicht gebunden. Konnte sie doch auch früher gemäß § 23 des Ges. v. 12. Mai 1851 in den durch § 20 ib. bestimmten Befugnissen Beschränkungen eintreten lassen, ungeachtet letzterer § durch den zwischen der Gewerkschaft und ihrem Repräsentanten geschlossenen Vertrag keiner Aenderung unterlag. Immerhin aber erscheint die Ernennung eines interimistischen Repräsentanten, Dritten gegenüber, als eine Maßregel, welche der RB. an Stelle der Gewerkschaft trifft, indem er ein Recht, welches dieser selbst, und zwar in ausgedehnterem Umfange zusteht, kraft eines gesetzlichen Mandats für sie ausübt. Demgemäß kommen die §§ 125. 126 und 128 auch im Falle der Bestellung eines interimistischen Repräsentanten zur Anwendung.

693 bis. Das Bewilligen einer Belohnung ist keine nothwendige Folge der Bestellung eines interimistischen Repräsentanten, sondern dem verständigen Ermessen des RB. anheimgegeben. Dieser muß jenem zu seiner Legitimation auf Erfordern eine Bescheinigung über seine Bestellung und den Umfang seiner Vollmacht ertheilen, dem OBA. aber von der Bestellung Anzeige machen; vgl. Bonner Instr. § 48.

694. Die in Handhabung des § 127 ergehenden Verfügungen des RB. können, mögen sie nun aus dem staatlichen Aufsichtsrechte oder aus der Polizeigewalt des Staates abzuleiten sein (vgl. VO. v. 26. Dez. 1808 § 36; Ges. v. 11. Mai 1842), im Rechtswege nicht angefochten werden, insbesondere auch nicht unter der Behauptung, es sei keine Aufforderung an die Gewerkschaft vorhergegangen, oder es lägen die sonstigen Voraussetzungen des Abs. 2 nicht vor, die bewilligte Belohnung sei zu hoch gegriffen ꝛc. Ueber die Einziehung der letzteren vgl. n. 1003.

Zu § 128.

695. In welchen Grenzen die allgemeinen Grundsätze über den Vollmachtsvertrag auf das Rechtsverhältniß des Repräsentanten und Grubenvorstands anzuwenden seien, war früher nicht unbestritten; § 128 dient zur Beseitigung desfallsiger Zweifel: Motive S. 80.

696. Klost. n. 272a bezieht den § 128 lediglich auf die Rechtsverhältnisse, welche durch die Bestellung des Repräsentanten zwischen diesem und der Gewerkschaft entstehen. Inzwischen zählen die Mot. S. 72 den § 128 gerade umgekehrt zu den die Vertretung der Gewerkschaft nach Außen regelnden §§ und konstatiren gleichzeitig, daß derselbe eben darum, gleich den §§ 123—127, der Autonomie der Gewerkschaft entrückt wurde (§ 94 Abs. 3). Wenn § 128 hiernach, wo nicht ausschließlich, so doch vorzugsweise auf das Verhältniß des Repräsentanten, resp. der Gewerkschaft zu Dritten bezogen werden muß, das BG. sich mithin von der sogen. Mandatstheorie nicht völlig losgesagt hat, so beweist dennoch der Inhalt des 4. Titels, daß, soweit das BG. Bestimmungen getroffen hat, diese, zumal

§ 129. Die Klage gegen einen Gewerken auf Zahlung seines durch Gewerkschaftsbeschluß bestimmten Beitrages kann nicht vor Ablauf der in dem § 115 bestimmten Präklusivfrist von vier Wochen erhoben werden. Ist innerhalb dieser Frist

---

die §§ 125. 126, mehr oder weniger der sogen. Repräsentationstheorie huldigen, und daß in Folge dessen die rechtliche Stellung des Repräsentanten von derjenigen eines bloßen Bevollmächtigten erheblich abweicht, wie es dem Wesen der Sache und namentlich der Eigenschaft des Repräsentanten als gesetzlichen Vertreters einer juristischen Person vollkommen entspricht; vgl. Achenb. (Z. f. BR. 9. S. 117. 121) und oben n. 657.

697. Der einzelne Gewerke steht zu dem Repräsentanten rc. in dem Verhältnisse eines Dritten, insofern auch ihm gegenüber der Repräsentant rc. die Gewerkschaft vertritt. Demgemäß kann er vom Repräsentanten behufs Zahlung der Beiträge belangt werden (§ 129), und auch seinerseits gegen denselben auf Ausantwortung seines Antheils an der Ausbeute, auf Gewährung der Einsicht der Bücher (§ 121 Abs. 2) rc. klagen. Dagegen hat er wegen derjenigen Befugnisse, die er nur als Mitglied in der Gesammtheit ausüben kann, kein Klagerecht. Handelt es sich daher darum, den Repräsentanten zur Erfüllung seiner Pflichten gegen die Gewerkschaft anzuhalten, so muß die desfallsige Klage von der Gewerkschaft als juristischer Person ausgehen; ja der einzelne Gewerke dürfte, ex anal. des Art. 226 des HGB., nicht einmal befugt sein, in einen solchen Prozeß zu interveniren. Selbst in der Stellung eines Beklagten hat der Gewerke keine weitergehenden Rechte. So sprach OT. 4. Febr. 1867 (Z. f. BR. 9. S. 161) einem vom Grubenvorstande belangten Gewerken die Legitimation ab, einen Nachweis darüber zu verlangen, daß die Anstellung des Prozesses auf einem ordnungsmäßigen Beschlusse des Vorstands beruhe, eben weil letzterer nur seinem Machtgeber, d. h. der Gewerkschaft gegenüber verpflichtet sei, über die Ausführung des ertheilten Auftrags Rechenschaft abzulegen. Dieses Erkenntniß gründete sich zwar auf das Ges. v. 12. Mai 1851, der dort ausgesprochene Satz gilt aber noch für das heutige Recht, und steht namentlich nicht mit demjenigen in Widerspruch, was in n. 610 über die Anfechtung von Gewerkschaftsbeschlüssen gesagt ist. Daß der einzelne Gewerke nicht legitimirt sei, gegen den Repräsentanten rc. auf Zusammenberufung der Gewerkenversammlung zu klagen, folgt überdies aus den besonderen Vorschriften des § 122. Früher wurde in letzterer Hinsicht mitunter das Gegentheil angenommen; s. OT. 1. Dez. 1856, MR. 28. Febr. 1855, Ber. des BA.'s Siegen v. 19. Jan. 1854 (M. Z. 5. S. 90; 3. S. 10 ff.) — Außerdem vgl. n. 659. 665.

Zu § 129.

698. Mit der unmittelbaren Theilnahme der Behörde an dem Betriebe und der Verwaltung der Bergwerke mußten auch das rechtsrheinische Zubuß- und Kaduzirungs-Verfahren in Wegfall kommen. An Stelle der desfallsigen Gesetzgebung sind die §§ 129—132 getreten, welche jede Betheiligung der Bergbehörde an der Ausschreibung und Einziehung der Betriebsgelder ausschließen und gleichzeitig die Aufgabe des BG. erfüllen helfen, den Bergbau von den Nachtheilen der seitherigen singulären Arten der Eigenthumsentziehung zu befreien. Das HH. hat den § 129, ohne den Grundgedanken der RV. zu verlassen oder zu modifiziren, in eine korrektere Form gebracht. Vgl. Motive S. 81, KB. I. S. 48; II. S. 61.

699. Demgemäß ist es trotz der veränderten Fassung des § Sache der Gewerkenversammlung, durch Mehrheitsbeschluß nicht blos über die Nothwendigkeit des Gesammtbeitrags, sondern auch über dessen Höhe und den Zeitpunkt der Zahlung zu entscheiden, und müssen diese Punkte vor Einklagung der einzelnen Gewerken endgültig feststehen, können daher nicht mehr in den gegen letztere anzuhebenden Prozessen zum Gegenstande einer Erörterung gemacht werden. Wie aber, wenn die Entscheidung über diese Punkte durch das Statut (§ 124) der Gewerkenversammlung entzogen und dem Repräsentanten übertragen worden ist? Da dem einzelnen Gewerken nicht zusteht, die Beschlüsse und Anordnungen des Re-

von dem Gewerken auf Aufhebung des Beschlusses Klage erhoben worden (§ 115), so findet vor rechtskräftiger Entscheidung über dieselbe die Klage gegen den Gewerken nicht statt.

Die Klage gegen den Gewerken kann nur bei dem ordentlichen Richter angestellt werden, in dessen Bezirk das Bergwerk liegt.

Das Verfahren über beide Klagen richtet sich nach den für schleunige Sachen bestehenden Vorschriften.

a. [Br. 132 Abs. 1 und 2 gleichl.; Abs. 3: „Das Verfahren über beide Klagen ist bei den Herzogl. Kreisgerichten das abgekürzte (summarische).

M. 118 Abs. 1 gleichl. mit Abs. 2 h. l., doch ist nach „gegen den Gewerken" eingeschaltet: „auf Zahlung seines durch Gewerkschaftsbeschluss bestimmten Beitrags)." Abs. 1 und 3 h. l. (vacant).

G. (vacat).

B. 118 gleichl. mit Abs. 1. 2 h. l., nur ist statt „Präklusivfrist von 4 Wochen" gesagt: „ausschliessenden Frist von 30 Tagen." Abs. 3 h. l. (vacat).

b. § 129 lautete in der RV.:

„Hat die Generalversammlung über die Nothwendigkeit und die Höhe der von den Gewerken zu leistenden Beiträge (§ 102), sowie über den Zeitpunkt der Zahlung Beschluß gefaßt, so wird der Gewerke, welcher die Zahlung zu der bestimmten Zeit nicht leistet, von dem Repräsentanten mit einer Frist von 14 Tagen zur Berichtigung des Beitrags aufgefordert."

„Ist von dem Gewerken die richterliche Entscheidung darüber angerufen worden, ob jener Beschluß zum Besten der Gewerkschaft gereiche (§ 115), so kann die Aufforderung erst nach Beendigung des hierauf bezüglichen Verfahrens erfolgen."

„Bleibt die Aufforderung ohne Erfolg, so ist der Repräsentant befugt, bei dem ordentlichen Richter, in dessen Bezirk das Bergwerk liegt, auf Zahlung zu klagen."

„In diesem Verfahren sind Einwendungen gegen die Nothwendigkeit und die Höhe des von der Gewerkschaft beschlossenen Gesammtbeitrags, sowie gegen die Zahlungstermine nicht mehr zulässig."

„Auf beiderlei vorstehend bezeichnete Prozesse finden in den Landestheilen des allgemeinen Landrechts und des gemeinen Rechts die für schleunige und einfache Sachen, und in den Landestheilen des französischen Rechts die für summarische Sachen gegebenen Prozeßvorschriften Anwendung."

b. § 129 findet auch auf ältere Gewerkschaften Anwendung.]

---

präsentanten, gleich den gewerkschaftlichen Beschlüssen (§ 115), vom Gesichtspunkte der Nothwendigkeit oder Nützlichkeit aus vor Gericht anzufechten (s. n. 659), so ist in obigem Falle von Abwartung einer Frist bei Anstellung der Klage wider den Gewerken keine Rede, wogegen der Satz, daß in dem nach § 129 eingeleiteten Prozeßverfahren keine Einwendung gegen die Nothwendigkeit und Höhe des Gesammtbeitrags wie gegen den Zahlungstermin erhoben werden kann, auch hier Platz greift. Selbstredend läßt sich jedoch einer solchen Anomalie, welche die Gewerken, dem Repräsentanten gegenüber, in gewissem Grade rechtlos stellt, durch besondere Bestimmungen im Statute begegnen.

700. § 129 findet auf Beiträge, die von den Gewerken aus der Zeit, wo sie noch Muthungsinteressenten waren, verschuldet werden, keine Anwendung; der Repräsentant ist überhaupt nicht legitimirt, solche Beiträge, welche die Gewerkschaft als solche gar nicht zu fordern hat, im Wege der Klage einzuziehen; vgl. OT. 24. Febr. 1860 (Strieth. 36. S. 281).

§ 130. **Der Gewerke kann seine Verurtheilung und die Exekution dadurch abwenden, daß er unter Ueberreichung des Kurscheins den Verkauf seines Antheils Behufs Befriedigung der Gewerkschaft anheimstellt.**

a. [Br. 130, M. 118 Abs. 2 gleichl. — G. (vacat).
B. 119 gleichl., nur ist statt „Exekution“ gesagt: „Hilfsvollstreckung.“
b. § 130 gilt auch für ältere Gewerkschaften: §§ 226. 234.]

§ 131. **Der Verkauf des Antheils erfolgt im Wege der Mobiliarversteigerung nach Vorschrift des § 109.**

Aus dem gelösten Kaufpreise werden zunächst die Verkaufskosten und sodann die schuldigen Beiträge gezahlt.

---

701. Die Klage eines einzigen Gewerken nach Maßgabe des § 115 suspendirt die Anstellung der Klage des § 129 Abs. 2 zu Gunsten sämmtlicher Gewerken; vgl. n. 626. 633; Kloft. n. 248.

702. Die Kompetenzbestimmung des Abs. 2 kommt gemäß § 46 I, 16 ALR. auch demjenigen zu Gute, welcher statt des Gewerken den Beitrag gezahlt hat, und denselben nunmehr von jenem zurückfordert; handelte es sich um einen Beitrag, welchen der Gewerke einer älteren Gewerkschaft für seinen (unbeweglichen) Antheil verschuldete, so wird das forum rei sitae zum Vortheile des dritten Zahlers überdies durch die §§ 112. 113 I, 2 AGO. begründet: OT. 13. Juli 1868 (Z. f. BR. 10. S. 423). Gleiche Grundsätze gelten jedoch, vom Falle einer förmlichen Subrogation abgesehen, für das Gebiet der rhein. Gesetzgebung nicht, und ebensowenig für dasjenige des gemeinen Rechts.

703. Im Gebiete des rheinischen Rechts ist der ordentliche Richter (Abs. 2) stets das Landgericht, sollte auch der einzuklagende Betrag 100 Thaler nicht übersteigen.

704. Hinsichtlich der Formen des gerichtlichen Verfahrens für beide im § 129 erwähnte Klagen verweisen die Mot. S. 81 auf die §§ 13. 27 der VO. v. 21. Juli 1846 (GS. S. 294), die §§ 37. 38 der VO. v. 21. Juli 1849 (GS. S. 316) und die Artt. 404 ff. der rheinischen BPrO. Dies fand im HH. keinen Widerspruch, obgleich dasselbe die Fassung der RV. auch in Betreff der Bestimmung über das Verfahren änderte. Dagegen wurden von der Komm. des H. d. Abgeordn. (KB. II. S. 61) der cit. § 27 der VO. v. 1846 sowie der oben nicht bezogene § 77 der VO. v. 1849 als unanwendbar auf jene Prozesse bezeichnet, und zwar ohne Widerspruch der Regierungskommissarien, welche nur hervorhoben, daß der Mandatsprozeß nicht zugelassen sei, weil derselbe zu seiner Grundlage eine öffentliche Urkunde erfordere. Demgemäß bleiben die beiden letzterwähnten §§ bei obigen Prozessen außer Anwendung; vgl. Strohn und OT. 22. Febr. 1867 (Z. f. BR. 7. S. 59; 8. S. 417).

705. Im Gebiete des rheinischen Rechts bedarf es, wegen der Dringlichkeit der Sache (s. Art. 49 der BPrO.) keines vorgängigen Sühneversuchs. — Die Gesetzgebung des vormaligen Herzogth. Nassau kennt kein schleuniges Prozeßverfahren im Sinne des § 129; es bleibt daher hier die Schlußbestimmung des § außer Anwendung; für Kurhessen ist die besondere Vorschrift getroffen, daß das nach § 129 [bei beiden Klagen] stattfindende Verfahren unter Beobachtung der im Kurh. Ges. v. 6. Okt. 1834 § 6 festgesetzten Fristen und Termine zur schleunigen Erledigung gebracht werden soll; vgl. Z. f. BR. 8. S. 14. 200.

Zu §§ 130. 131.

706. Die §§ 130. 131 erhalten dem Gewerken die Befugniß, sich von der persönlichen Haftbarkeit für die Beiträge durch Hingabe seines Antheils zu befreien, ohne ihm und seinen sonstigen Gläubigern, wie dies bei den Kaduzirungen der Fall war, den Werth dieses Antheils, soweit derselbe den verschuldeten Betrag übersteigt, zu entziehen: Mot. S. 81. Wenn hiernach die §§ 130. 131 in gewissem Betrachte

Ist der Antheil unverkäuflich, so wird derselbe den anderen Gewerken nach Verhältniß ihrer Antheile in ganzen Kuxen, soweit dies aber nicht möglich ist, der Gewerkschaft als solcher im Gewerkenbuche lastenfrei zugeschrieben.

a. [Br. 134, M. 119 gleichl. — G. (vacat).
B. 120 gleichl. mit Abs. 1. 3 h. l., nur heißt es statt „Mobiliarversteigerung nach Vorschrift des § 109": „Versteigerung beweglicher Gegenstände (Art. 99)." Abs. 2 h. l. (vacat).

b. Abs. 2 enthielt in der RV. noch den Zusatz:
„Der Rest gebührt den etwaigen Gläubigern, und nur, was nach Befriedigung derselben übrig bleibt, kann der Gewerke in Anspruch nehmen."

c. § 131 gilt auch für ältere Gewerkschaften jedoch mit der Maßgabe, daß der Verkauf im Wege der nothwendigen Subhastation, und die Zuschreibung des unverkäuflichen Antheils im Hypothekenbuche erfolgt: §§ 226. 234].

---

in der früheren rechtsrheinischen Gesetzgebung wurzeln, so beruhen sie dennoch auf so wesentlich anderen Grundlagen und Voraussetzungen, daß zu ihrer Erläuterung auf jene älteren Bestimmungen schwerlich zurückgegangen werden kann. Daß § 130 nicht etwa gar eine bloße Deklaration der früheren Gesetze sei, und daß derselbe auf die aus der Zeit vor dem Inkrafttreten des BG. verschuldeten Beiträge keine Anwendung finde, erkannte OT. 4. Febr. 1867 (Z. f. BR. 9. S. 165), wogegen freilich JS. 20. Juli 1867 (ib. S. 167) einer wenigstens theilweise anderen Ansicht huldigt. In Betreff der Frage, inwiefern nach dem Inkrafttreten des BG. noch eine Kaduzirung wegen älterer Rückstände ausgesprochen werden könne, vgl. Achenb. (Z. f. BR. 6. S. 447) und Meude (Bgst. 1865 S. 465).

707. Der Eigenthümer mehrerer Kuxe ist nicht etwa, wie dies möglicher Weise aus dem Ausdrucke „seines Antheils" und der Bedeutung, welche diesem Ausdrucke im § 131 Abs. 3 gegeben wird, gefolgert werden könnte, genöthigt, jene sämmtlich der Gewerkschaft zur Verfügung zu stellen. Da vielmehr der auf jeden einzelnen Kux fallende Beitrag den Gegenstand einer selbstständig für sich bestehenden Schuld bildet, so steht dem Eigenthümer frei, den Beitrag für einen Kux zu zahlen, und hinsichtlich des anderen nach § 130 zu verfahren.

708. Der Gewerke kann von der Rechtswohlthat des § 130 auch noch im Laufe des Prozesses Gebrauch machen, bleibt dann aber für die Prozeßkosten persönlich verpflichtet, und ist daher eventuell wenigstens zur Zahlung dieser zu verurtheilen; vgl. Huyssen S. 74.

709. Die Ausübung der Rechtswohlthat des § 130 enthält eine antizipirte Cession des Steigerlöses an die Gewerkschaft, soweit dieser Erlös zur Deckung des Beitrags erforderlich ist. Der Gewerke kann daher von jener Rechtswohlthat keinen Gebrauch machen, wenn er sich außer Stande befindet, über den Steigerlös nach seinem vollen Betrage zu verfügen, wie dies namentlich da der Fall ist, wo auf dem Kuxe bevorrechtete Forderungen lasten, welche den nächsten Anspruch auf den Kaufpreis haben. Ist die Forderung eine Pfandforderung, so tritt noch der besondere Umstand hinzu, daß der Gläubiger zufolge § 108 im Besitze des Kuxscheins, der Gewerke daher nicht in der Lage ist, diesen Schein, dem § 130 gemäß, der Gewerkschaft zu überreichen. Eine Kollision mit bevorrechteten Forderungen kommt sonach im Falle des § 130 gar nicht in Frage, eben, weil das Bestehen solcher Forderungen die Handhabung des § 130 von vorne herein ausschließt. Ebensowenig kann aber auch von einer Kollision der Gewerkschaft mit den bloßen Chirographargläubigern des Gewerken die Rede sein. Denn, wenn letzterer bei Handhabung des § 130 den zu erzielenden Kaufpreis in dem obigen Umfange zum Voraus auf die Gewerkschaft überträgt, so wird der Ansteigerer sofort im Augenblicke des Zuschlags der unmittelbare Schuldner der Gewerkschaft, so daß nur der überschießende Rest dieses Kaufpreises zum Vermögen des Gewerken gehört und von dessen Chirographargläubigern in Anspruch genommen werden kann. Mit dieser

Auffassung steht § 131 Abs. 2 in Einklang, und zwar nicht blos nach seiner jetzigen Fassung, sondern auch nach derjenigen, welche derselbe in der RV. (s. oben) hatte. Daß Strohn dieser Bestimmung eine ganz andere Bedeutung beilegt, ist bereits in n. 589 angedeutet. Er nimmt an, daß die Anwendbarkeit des § 130 durch das Bestehen bevorrechteter Forderungen nicht ausgeschlossen werde, und erblickt in dem § 131 Abs. 2 eine Vorschrift, welche der Gewerkschaft für ihre Forderung ein dingliches Recht am Kuxe und zwar als Vorrecht vor anderen, selbst bevorrechteten Forderungen prinzipiell zuerkenne; das folge namentlich aus dem bei der Gesetzesberathung gestrichenen Satze der RV. (s. oben), sowie aus dem Umstande, daß dieser Satz sowie der § 131 überhaupt aus dem Klostermannschen die Mobilisirung der Kuxe betreffenden Gesetzentwurfe entlehnt sei, letzterer aber unter den Gläubigern der Pfandgläubiger sogar ausdrücklich gedenke. Hiernach würde also der gestrichene Satz der RV. eine ganz besondere und höchst charakteristische Vorschrift von weittragendster Bedeutung gehabt haben. Im direkten Widerspruch hiermit behandeln jedoch schon die Motive die in jenem Satze enthaltene Bestimmnng als etwas Selbstverständliches, indem sie dieselbe mit der Bemerkung abfertigen, daß sie den allgemeinen Grundsätzen entspreche. Gerade um deswillen wurde der Satz denn auch vom HH. gestrichen und diese Streichung vom H. d. Abgeordn. gebilligt. Vgl. KB. II. S. 62, wo es in dieser Hinsicht heißt: „Daß der nach Abzug der Verkaufskosten und schuldigen Beiträge übrig bleibende Erlös dem exekutirten Gewerken zusteht, sofern darauf kein Dritter begründete Ansprüche erhebt, versteht sich von selbst, und sind die dies ausdrückenden Worte daher mit Recht aus dem § beseitigt." Mag daher die von Strohn verfochtene Ansicht dem Klostermannschen Gesetzentwurfe immerhin zu Grunde gelegen haben, so steht es dennoch fest, daß sie von sämmtlichen Faktoren der Gesetzgebung nicht getheilt wurde. Es erübrigt, anzuführen, in welcher Weise obiger Streitfrage bei den Berathungen der unter Brassert's Vorsitze zusammengetretenen Kommission über die Einführung des BG. in Nassau gedacht wurde. Das Protokoll (Z. f. BR. 8. S. 22) besagt: „Es kam zur Sprache, daß in der Literatur über die §§ 131 und 234 die Ansicht vertreten sei, daß den Gewerkschaften des neuen und des früheren Rechts [s. n. 710] für ihre Forderungen auf Entrichtung der Beiträge ein Vorrecht eingeräumt sein solle. Die Kommission war darüber einverstanden, daß ein solches Vorrecht, wenn es nach diesen §§ bestehen sollte, worüber sich auszulassen sie keine Veranlassung fand, für Nassau aus dem zu § 249 erörterten [auf dem Nass. Pfandsysteme, — vgl. Ges. v. 15. Mai 1851, — beruhenden] Gründen nicht herüberzunehmen sei."

710. Die unter n. 709 und 589 besprochenen Fragen kehren in Folge der §§ 226. 234 auch bei den älteren Gewerkschaften wieder. Strohn (Z. f. BR. 7. S. 56) und Klost. n. 276 nehmen keinen Anstand, auch hier die oben bestrittenen Sätze für anwendbar zu erklären, obgleich deren Anwendung, wohlerworbenen Hypothekarrechten gegenüber, noch anomalere Erscheinungen bieten würde. Die Ansicht des Verfassers ist schon oben ausgesprochen und geht, was speziell die §§ 130. 131 betrifft, dahin, daß deren Anwendbarkeit bei älteren Gewerkschaften durch die bloße Existenz einer auf dem Antheile lastenden Hypothek ebensowohl ausgeschlossen werde, wie bei neuen Gewerkschaften durch das Bestehen eines Pfand- oder sonstigen Vorrechts.

711. Macht der Gewerke von der Rechtswohlthat des § 130 Gebrauch, so erlischt nicht blos die Pflicht zur Zahlung der zuletzt ausgeschriebenen Beiträge, sondern auch diejenige zur Zahlung älterer Rückstände. Hierbei wird jedoch vorausgesetzt, daß letztere dem jetzigen Besitzer zur Last liegen. Auf die vom Vorbesitzer verschuldeten Beiträge findet § 130 arg. § 107 und wegen seines exzeptionellen, eine restriktive Deutung erfordernden Charakters keine Anwendung, es sei denn, daß die Schuld nach Maßgabe der §§ 102. 107 eine Beiden gemeinsame, und der jetzige Besitzer im Falle ihrer Tilgung durch den Vorbesitzer diesem gegenüber ersatzpflichtig wäre; vgl. n. 589. 590. Sollte freilich das, was Renaud (s. n. 589) bezüglich der Inhaber von Namensaktien annimmt, auch von den Gewerken gelten, der dermalige Gewerke daher als solcher für alle Rückstände ohne Ausnahme persönlich haftbar sein, so würde der letztgedachte Fall stets vorliegen. Daß Strohn und Klost., wenngleich aus völlig anderen Gründen, zu demselben Resultate gelangen, mithin der Ansicht sind, daß das Erlöschen der Ansprüche der Gewerkschaft ältere Rückstände stets mit umfasse, ist bereits unter n. 589 gesagt.

§ 132. Jeder Gewerke ist befugt, auf seinen Antheil freiwillig zu verzichten, wenn auf dem Antheile weder schuldige Beiträge noch sonstige Schuldverbindlichkeiten haften, oder die ausdrückliche Einwilligung der Gläubiger beigebracht wird, und außerdem die Rückgabe des Kuxscheins an die Gewerkschaft erfolgt.

Der Antheil soll alsdann, sofern die Gewerkschaft nicht anderweitig über denselben verfügt, durch den Repräsentanten zu Gunsten der Gewerkschaft verkauft werden.

Ist der Antheil unverkäuflich, so findet die für diesen Fall im § 131 getroffene Bestimmung Anwendung.

a. [Br. 135, M. 120 gleichl. — G. (vacat.) — B. 121 gleichl.

b. § 132 findet auch auf ältere Gewerkschaften Anwendung, mit der Maßgabe, daß der Verkauf im Wege der nothwendigen Subhastation, und die Zuschreibung des unverkäuflichen Antheils im Hypothekenbuche erfolgt.]

---

712. Daß der Verkauf durch Mobiliarversteigerung stattfinde, ist zur Sicherstellung des Gewerken vorgeschrieben: Mot. S. 80. (Auch diese Art der Motivirung ist mit Strohn's Ansicht, — s. n. 709 — unvereinbar; denn ihr zufolge kämen doch außer den Interessen des Gewerken diejenigen der bevorrechteten Gläubiger in Betracht.) Mit Einwilligung des Gewerken kann der Verkauf daher auch in anderer Weise stattfinden.

712 bis. Ob der Gewerke selbst den Zuschlag erhalten könne, erscheint mindestens zweifelhaft, da er doch bis zum Verkaufe Eigenthümer bleibt, und sich im Bejahungsfalle das mit dem Zwecke des Gesetzes unverträgliche Resultat ergäbe, daß jener von der Pflicht zur Zahlung desjenigen Theils des Beitrags, welcher durch den Erlös nicht gedeckt wird, sich befreien und dessenungeachtet nach wie vor Eigenthümer bleiben würde.

713. Da die Umschreibung des Kuxes auf den Namen des Ansteigerers ein Accessorium des Versteigerungsgeschäfts darstellt, so ist die Gewerkschaft hierzu ohne Weiteres befugt, wie sie ja auch im Falle des Abs. 3 keinen Antrag auf Umschreibung seitens der betreffenden Interessenten abzuwarten braucht. A. M. ist Esser S. 48, welcher glaubt, der frühere Eigenthümer bleibe selbst in den Fällen der §§ 130. 131 der Gewerkschaft gegenüber so lange berechtigt (§ 106), bis vom Ansteigerer die Umschreibung freiwillig beantragt sei.

714. Das Accrescenzrecht der übrigen Gewerken (§ 131 Abs. 3) findet sich schon im früheren Bergrechte, und entspricht dem Umstande, daß die übrigen Gewerken an Stelle des ausfallenden Mitbetheiligten die künftigen und nöthigenfalls auch die rückständigen Beiträge aufbringen müssen: Mot. S. 80. Dasselbe bildet ein selbstständiges Recht der einzelnen Gewerken und kann ihnen daher durch Gewerkschaftsbeschluß nicht verkürzt werden. Sind die heimgefallenen Kuxe der Gewerkschaft als solcher zuzuschreiben, so wird dadurch die Gewerkschaft nicht etwa selbst zum Gewerken, es tritt vielmehr eine Verminderung der gesetzlich bestimmten Kuxzahl um ebensoviele Kuxe ein, als der Gewerkschaft zugeschrieben sind; nach der so verminderten Zahl ist daher auch hinfüro die Mehrheit 2c. zu berechnen: vgl. Kloft. n. 277. 278.

Zu § 132.

715. Die Vorschriften des § 132 ergeben sich aus allgemeinen Rechtsgrundsätzen und dem Wesen der Gewerkschaft: Mot. S. 81; s. übrigens n. 589. — Der Eigenthümer mehrerer Kuxe kann auf einzelne verzichten und Eigenthümer der anderen bleiben; s. n. 707.

716. Der Repräsentant ist befugt, den Antheil unter der Hand zu verkaufen, da § 132 keine öffentliche Versteigerung vorschreibt und das dem § 131

§ 133. Die Bestimmungen der §§ 94 bis 132 kommen nicht zur Anwendung, wenn die Rechtsverhältnisse der Mitbetheiligten eines Bergwerks durch Vertrag oder sonstige Willenserklärung anderweitig geregelt sind. Ein solches Rechtsgeschäft bedarf zu seiner Gültigkeit der notariellen oder gerichtlichen Form. Die Urkunde über dasselbe ist der Bergbehörde einzureichen.

Mitbetheiligte eines Bergwerks im Sinne des § 94 sind nicht die Theilhaber an einer ungetheilten Erbschaft oder an einer sonstigen gemeinschaftlichen Masse, zu welcher ein Bergwerk gehört.

a. [Br. 136 gleichl.

M. 124 gleichl., nur lautet der Schlußsatz des Abs. 1: „Die Urkunde über dasselbe ist dem zur Führung des Berggrundbuchs zuständigen Gericht und in beglaubigter Abschrift dem Bergamte einzureichen."

G. 85: „Zwei oder mehrere Mitbetheiligte eines Bergwerks sind befugt, durch Vertrag jede nach den allgemeinen Grundsätzen zulässige Gesellschaftsform anzunehmen. Solche Verträge sind gerichtlich oder notariell aufzunehmen und bei der Bergbehörde einzureichen." — 86: „Besteht ein gültiger Vertrag zwischen den Betheiligten nicht, so ist das Rechtsverhältniss der Mitbetheiligten nach den Grundsätzen über Miteigenthum und nach den Grundsätzen des Gesellschaftsvertrags zu beurtheilen."

B. 122 gleichl., doch ohne die Worte „oder gerichtlichen."

b. § 133 hatte in der RV. folgende Fassung:

„Die Mitbetheiligten eines Bergwerks sind befugt, durch Vertrag jede nach den allgemeinen Gesetzen zulässige Gesellschaftsform anzunehmen. — Desgleichen können dieselben dasjenige Rechtsverhältniß vertragsmäßig unter sich feststellen, welches nach der in den Landestheilen des ALR., des gemeinen und franz. Rechts gültigen allgemeinen Gesetzgebung unter Miteigenthümern besteht. — Der Vertrag ist notariell oder gerichtlich aufzunehmen und der Bergbehörde einzureichen. — Ist ein solcher Vertrag nicht aufgenommen oder bei der Bergbehörde nicht eingereicht, so kommen lediglich die Bestimmungen des gegenwärtigen Titels (§§ 94 bis 132) zur Anwendung."]

Abs. 1 zu Grunde liegende Motiv (s. n. 712) hier ohnehin nicht zutrifft, außerdem aber auch der Gewerkschaft jede anderweitige Verfügung über den Antheil in § 132 vorbehalten wird. Es ist daher anomal, wenn § 234 vorschreibt, daß der Verkauf unbeweglicher Antheile im Wege der nothwendigen Subhastation erfolgen solle.

717. Da die Gewerkschaft das Recht der anderweitigen Verfügung besitzt, so hat die Vorschrift des Abs. 3 einen anderen Charakter, als die entsprechende des § 131, insofern den einzelnen Gewerken im Falle des § 132 unter keinen Umständen ein Anspruch darauf zusteht, daß die Kuxe ihnen nach Verhältniß ihrer Antheile zugeschrieben werden.

Zu § 133.

718. Ueber das Verhältniß, in welchem § 133 zum Gewerkschaftsrechte der §§ 94 ff. steht, und über das Erforderniß der Einstimmigkeit sämmtlicher Betheiligten s. n. 529. 536. Damit schärfer hervortrete, daß die §§ 94 ff. in allen Fällen außer Anwendung bleiben, wo die Rechtsverhältnisse der Betheiligten in irgend einer anderen Weise geregelt sind, und damit namentlich auch anderen Willenserklärungen, als Verträgen, insbesondere letztwilligen Dispositionen, ihre Wirksamkeit nach jener Richtung hin gesichert werde, ist dem § die von der RV.

§ 134. In den Fällen des § 133 muß, wenn die Mitbetheiligten eines Bergwerks nicht eine Gesellschaft bilden, deren Vertretung durch die allgemeinen Gesetze geordnet ist, ein im Inlande wohnender Repräsentant bestellt und der Bergbehörde namhaft gemacht werden, widrigenfalls letztere nach § 127 zu verfahren befugt ist.

Dasselbe gilt, wenn der Alleineigenthümer eines Bergwerks im Auslande wohnt.

---

abweichende Fassung gegeben worden; eine Abänderung der Materie wurde nicht beabsichtigt; vgl. KB. I. S. 49; II. S. 62.

719. Demgemäß können sich die Betheiligten auch den allgemeinen civilrechtlichen Grundsätzen über das Miteigenthum unterwerfen, wie es die RV. ausdrücklich gestattete.

720. Eine anderweitige Regelung im Sinne des § 133 braucht nicht nothwendig in demselben Augenblicke, wo das Mitbetheiligungsverhältniß seinen Anfang nimmt, oder gar vorher vereinbart zu werden; ja dies wird häufig gar nicht möglich sein. Da nun aber das gewerkschaftliche Verhältniß im Sinne der §§ 94 ff. sofort und von Rechtswegen eintritt; so kann, dem Obigen zufolge, eine bereits als juristische Person in's Leben getretene Gewerkschaft durch Einstimmigkeit sämmtlicher Gewerken in eine anderweitige Gemeinschaft nach Maßgabe des § 133 umgewandelt werden.

721. Andererseits kommen die § 94 ff. wieder zur Anwendung, sobald die anderweitige Regelung ihr Ende nimmt, ohne, daß gleichzeitig das Mitbetheiligungs-Verhältniß aufhört, und ohne, daß für die Folgezeit eine neue anderweitige Regelung vereinbart wird. Dies erleidet jedoch eine Ausnahme, wenn einzelne ideelle Theile des Bw.'s mit Hypotheken belastet sind: Klost. n. 279. Vgl. n. 534.

722. Hinsichtlich der Formen für eine anderweitige Regelung im Gebiete des rhein. Rechts vgl. n. 541 i. f. Durch holographische oder mystische Testamente kann diese Regelung nicht stattfinden.

723. Die Einreichung der Urkunde erfolgt nur zur Kenntnißnahme für die Behörde; s. Z. f. BR. 8. S. 15. Während nach der RV. die Wirksamkeit des Rechtsgeschäfts, resp. die Ausschließung der §§ 94 ff. von jener Einreichung abhängen sollte, hat die Unterlassung derselben nach der gegenwärtigen Fassung des § keine andere Folge, als daß die Bergbehörde die Mitbetheiligten als Gewerkschaft behandeln wird. Vgl. Klost. n. 281.

724. Die in der RV. nicht enthaltene Vorschrift des Abs. 2, welche einen bei der Berathung des § 94 hervorgetretenen Zweifel lösen soll, beruht darauf, daß die dort genannten Theilhaber zu einander nur in einem mehr oder weniger vorübergehenden Verhältnisse stehen, welches weder aus bergbaulichen Zwecken hervorgegangen ist, noch durch solche Zwecke begrenzt wird. Sie greift selbst dann Platz, wenn das Bw. den ganzen Aktivbestand der Masse bildet. Auch macht es bei einer Erbschaft keinen Unterschied, ob die Betheiligten Intestat- oder Testamentserben sind. Regelmäßig wird aber eine Universalsuccession vorausgesetzt. Demgemäß kommt nicht Abs. 2, sondern Abs. 1 zur Anwendung, wenn ein einzelnes Bw. von seinem Alleineigenthümer mehreren Legataren gemeinschaftlich vermacht wird. Hier erweist sich daher die Zulassung der testamentarischen Regelung des Betheiligungsverhältnisses (s. n. 718) als praktisch.

725. Die zu Abs. 2 gehörigen Fälle sind außer der Erbschaft die eheliche Gütergemeinschaft und die Konkursmasse: Klost. n 282.

Zu § 134.

726. § 134 stimmt im Wesentlichen mit dem bisherigen rechtsrheinischen Rechte (Ges. v. 12. Mai 1851) überein. Was dagegen die linksrheinischen Landestheile betrifft, so enthielt das Ges. v. 21. April 1810 Nichts über die Vertretung der Conzessionäre, eine Lücke, welche in Frankreich durch ein Ges. v. 27. April 1838, wesentlich conform mit § 134, ausgefüllt wurde, in jenen Landestheilen aber noch

Dieser Repräsentant hat diejenigen Geschäfte zu besorgen, welche im § 124 als solche bezeichnet sind, die dem Repräsentanten oder Grubenvorstande einer Gewerkschaft niemals entzogen werden dürfen. Eine Abänderung ist auch hier unzulässig.

a. [Br. 137 gleichl., doch ohne die Worte „im Inlande wohnender."

M. 124 gleichl., mit dem Zusatze: „Das Bergamt kann widerruflich die Bestellung eines im Auslande wohnenden Repräsentanten gestatten, bezüglich von der Verpflichtung, einen solchen aufzustellen, entbinden."

G. 87: „Die Mitbetheiligten eines Bw.'s sind, soweit die Vertretung gewisser Gesellschaften nicht bereits durch die allgemeinen Gesetze angeordnet ist, verpflichtet, einen im Inlande wohnenden Vertreter zu bestellen und der Bergbehörde namhaft zn machen. — Dieselbe Verpflichtung liegt dem Alleineigenthümer eines Bw.'s ob, wenn er ausserhalb des Herzogthums wohnt. — Kommen die Mitbetheiligten eines Bw.'s oder der ausserhalb des Herzogthums wohnende Alleineigenthümer eines Bw.'s binnen dreimonatlicher Frist der Aufforderung des Bergamts zur Bestellung eines Repräsentanten nicht nach, so kann das Bergamt bis dahin, wo dies geschieht, einen Vertreter bestellen und demselben eine angemessene von den Bw.'s-Besitzern aufzubringende, nöthigenfalls im Verwaltungswege exekutivisch beizutreibende Belohnung zusichern. — 88: Der Repräsentant vertritt die Bw.'s-Besitzer in allen ihren Angelegenheiten vor den Bergbehörden und Bergbeamten, sowie dem Knappschaftsvereine gegenüber und in den gegen sie anhängig gemachten Prozessen. Diese Vertretungsbefugniss darf den Vertretern nicht entzogen werden. Auch ist der Vertreter verpflichtet, die Bw.'s-Abgaben sowie die Beiträge zur Knappschaftskasse zu berichtigen. — 89: Eine Specialvollmacht ist für den ernannten Vertreter dann erforderlich, wenn das Bw. verkauft, verpfändet oder sonst dinglich belastet werden soll. — 90: Der Vertreter ist berechtigt und verpflichtet, alle Vorladungen und andere Zustellungen an seine Mandanten mit voller rechtlicher Wirkung in Empfang zu nehmen. — 91: Die Miteigenthümer eines Bw.'s werden ohne Rücksicht auf den Wechsel der Personen derselben durch die von dem Vertreter in ihrem Namen geschlossenen Geschäfte berechtigt und verpflichtet. — 92: Der Vertreter ist aus den von ihm im Namen der Eigenthümer des Bw.'s vorgenommenen Handlungen Dritten gegenüber für die Verbindlichkeiten der Eigenthümer persönlich nicht verpflichtet. — Handelt derselbe ausser den Grenzen seines Auftrags oder den Vorschriften dieses Titels entgegen, so haftet er persönlich für den daraus entstehenden Schaden."

B. 123 gleichl.

b. Abs. 1 war in der RV. also gefaßt:

„Die Mitbetheiligten eines Bw.'s sind jedoch, soweit die Vertretung gewisser Gesellschaften nicht bereits durch die allgemeinen Gesetze geordnet ist, auch in den Fällen des § 133 verpflichtet, einen im Inlande wohnenden Repräsentanten zu bestellen und der Bergbehörde namhaft zu machen, widrigenfalls rc."]

---

bestand, da die im Verwaltungswege erlassene Vorschrift wegen Bestellung eines Repräsentanten (VO. des OBA.'s Bonn v. 27. Juni 1819, Martins S. 186) keine desfallsige Zwangspflicht auferlegen konnte. Die Vorschriften des § 134 beruhen auf dem öffentlichen Interesse, indem dieses nicht blos bei der Gewerkschaft, sondern auch bei jedem anderen Mitbetheiligungs-Verhältnisse, und sogar bei einem im Auslande wohnenden Alleineigenthümer eine Vertretung nach Außen bezüglich der im § 134 aufgeführten Geschäfte erfordert. Sie weichen nur in der Form von der RV. ab. (Die Fassungs-Veränderung war eine bloße Folge der Veränderung des § 133.) Vgl. Mot. S. 82; KB. I. S. 49; II. S. 63.

727. Einer streng wörtlichen Auslegung der Eingangsworte des § zufolge würde derselbe nicht allein die Fälle des § 133 Abs. 1, sondern auch diejenigen des § 133 Abs. 2 umfassen. Da indessen § 133 Abs. 2 sich in der RV. nicht vorfand, und die Absicht nicht dahin gegangen ist, an dem materiellen Inhalte des § 134 der RV. Etwas zu ändern (s. n. 726), so ist jene streng wörtliche Auslegung zu verwerfen; es sind daher die Theilhaber einer Erbschaft, zu welcher ein Bw. gehört, zur Bestellung eines Repräsentanten nicht verpflichtet. Die Vertretung der ehelichen Gütergemeinschaft und der Konkursmasse ist ohnehin schon durch die allgemeine Gesetzgebung geordnet.

728. Indem die Motive als Beispiel der von der Bestellung eines Repräsentanten entbundenen Gesellschaften die Aktiengesellschaft anführen, geben sie zu erkennen, daß unter jenen nicht blos diejenigen Gesellschaften, deren Vertretung unmittelbar durch das Gesetz bestimmt ist, sondern auch solche zu verstehen sind, deren Vertretung nach Bestimmung des Gesetzes durch die Statuten geregelt werden muß, wie dies ja gerade bei Aktiengesellschaften der Fall ist. Vgl. Klost. n. 284. Aktiengesellschaften, die ihren Sitz im Auslande haben, fallen unter den Abs. 2.

729. Nach Brass. und Achenb. (Z. f. BR. 6. S. 609) ist eine Aktiengesellschaft, wenngleich nicht verpflichtet, so doch berechtigt, einen besonderen Repräsentanten zu bestellen; nur sei alsdann gemäß § 118 das Protokoll über die Wahlverhandlung notariell oder gerichtlich aufzunehmen und in demselben jedes einzelne Bw., für welches der Repräsentant bestellt werde, mit Namen aufzuführen. Klost. n. 283 geht noch weiter, indem er allgemein sagt, daß auch außer den Fällen des § 133 die Bestellung eines Repräsentanten und zwar sogar mit allen in den §§ 119—126 ausgedrückten Befugnissen erfolgen könne, mithin sowohl seitens eines Alleinbesitzers, als seitens einer Korporation, Aktiengesellschaft, kaufmännischen Firma oder einer sonstigen zur Erwerbung von Bergeigenthum auf einen Gesammtnamen berechtigten Personenmehrheit. Aus dem BG. läßt sich dieser Satz jedoch nicht herleiten, nach den Grundsätzen der verschiedenen Civil- und Prozeßgesetzgebungen erleidet derselbe jedenfalls mehrfache Einschränkungen. Namentlich schließt im Gebiete des rheinischen Rechts die dort geltende Rechtsregel: „nul ne plaide par procureur“ jede Vertretung im Prozesse aus, welche nicht unmittelbar oder mittelbar auf dem Gesetze beruht. Einen Eid durch einen Stellvertreter ausschwören zu lassen, ist dem Bw.'s-Eigenthümer, von den im Gesetze ausdrücklich bestimmten Fällen abgesehen, wohl nach keiner der verschiedenen Gesetzgebungen gestattet, zum mindesten für den Fall, wo der Prozeßgegner nicht ausdrücklich darin willigt. Vgl. übrigens n. 734.

730. Der Verpflichtung des Abs. 1 geschieht kein Genüge, wenn statt eines Repräsentanten ein Grubenvorstand bestellt wird. Die Vertretung durch das immerhin schwerfällige Institut des Grubenvorstands entspricht dem öffentlichen Interesse nicht in gleichem Grade, wie die Vertretung durch einen einzelnen Repräsentanten, weshalb es einer ausdrücklichen Bestimmung nach Analogie des § 117 Abs. 2 bedurft hätte, wenn das Gegentheil angenommen werden sollte. Vgl. Abs. 3 und Huyssen S. 76.

731. Durch den Tod eines der Mitbetheiligten erlischt regelmäßig das Mandat des Repräsentanten überhaupt, so daß also eine Neuwahl eintreten muß. Zur Statuirung des Gegentheils bedurfte es einer den Grundsätzen des Civilrechts derogirenden, ausdrücklichen Bestimmung, wie sie im § 22 des Ges. v. 12. Mai 1851 und im § 99 des Entwurfs v. 1862 enthalten war, im BG. aber nicht wiederholt wird.

731 bis. Abs. 2 greift auch dann Platz, wenn zwar nicht der Bw.'s-Eigenthümer im Auslande wohnt, wohl aber derjenige, welcher das Bw. für eigne Rechnung betreibt; in diesem Falle muß also der letztere einen Repräsentanten bestellen.

732. Wenn der RV. eventuell nach § 127 [Abs. 1 und 2] verfahren kann, so hat der demgemäß bestellte Repräsentant darum doch nicht dieselben Rechte und

Fünfter Titel.

Von den Rechtsverhältnissen zwischen den Bergbautreibenden und den Grundbesitzern.

Erster Abschnitt.

Von der Grundabtretung.

Pflichten, wie der interimistische Repräsentant im Falle des § 127. Dessen Wirkungskreis findet vielmehr im Abs. 3 des § 134 seine Begrenzung. Doch gilt das Eingangs der n. 693 Gesagte analoger Weise auch hier, weshalb die Schlußbestimmung des § 134 Abs. 3 auf den interimistischen Repräsentanten nicht anwendbar ist; vgl. Ges. v. 22. Febr. 1869 § 10 Abs. 4 (s. Anhang).

733. Die gemäß Abs. 3 vom Repräsentanten zu besorgenden Geschäfte beschränken sich nicht auf diejenigen, welche § 124 Abs. 2 speziell als solche bezeichnet, die dem Repräsentanten einer Gewerkschaft in keinem Falle entzogen werden dürfen, vielmehr gehören dahin auch die Geschäfte, von welchen zufolge § 124 Abs. 1 in Verbindung mit § 123 das Gleiche gilt; vgl. Motive S. 82; Ges. v. 22. Febr. 1869 § 10. § 134 begründet übrigens, da er nicht im Interesse der Betheiligten, sondern im öffentlichen, resp. im Interesse Dritter, verfügt, zu Gunsten ersterer keinen unbedingten Anspruch darauf, daß der Repräsentant bei allen im Abs. 3 erwähnten Geschäften als ihr Vertreter von Dritten hingenommen werde. Beispielsweise wird ein Dritter, welcher gegen einen im Auslande wohnenden Alleineigenthümer geklagt hat, unter Umständen verlangen können, daß ein von ihm deferirter Eid vom Alleineigenthümer ausgeschworen werde.

734. Die Befugnisse des Repräsentanten können über den in den §§ 134. 124 gezogenen Kreis hinaus erweitert werden, jedoch nur vorbehaltlich gewisser aus den Grundsätzen des Civil- und Prozeßrechts sich ergebenden Restriktionen nach Maßgabe des unter n. 729 Gesagten.

735. Ueber den persönlichen Gerichtsstand trifft das BG. für die Fälle des § 133 keine Bestimmung. Hier treten daher die allgemeinen Grundsätze über das forum domicilii ein, da es schwerlich angeht, den § 96 Abs. 2 hier analog zur Anwendung zu bringen. Doch dürfte es der dem § 134, namentlich dem Abs. 2 desselben zu Grunde liegenden Idee entsprechen, daß das forum sich nach dem Domizile des Repräsentanten richte.

Zum ersten Abschnitte.

736. Der 5. Titel ordnet die Rechtsverhältnisse zwischen Bergbautreibenden und Grundbesitzern insoweit, als die gesetzliche Regulirung derselben außerhalb des Bereichs des allgemeinen Civilrechts liegt und der Berggesetzgebung zufällt. Bei Ausbildung des Bergregals hatte das Deutsche Bergrecht sich eine unbefriedigende Behandlung des Grundeigenthümers selbst in denjenigen Beziehungen desselben zum Bergbau zu Schulden kommen lassen, bei welchen die Benutzung des Oberflächenterrains und die Beschädigung des letzteren durch den Bergbau, also Eingriffe in die unbestrittenen Rechte des Grundeigenthümers in Frage stehen, wogegen das französische Bergrecht nicht überall das richtige Maß in der Begünstigung des Grundeigenthümers einhielt. Die Vorschriften des BG. stehen vermittelnd zwischen der seitherigen Gesetzgebung beider Rheinseiten, indem sie neben dem von allen Gesetzgebungen anerkannten, und im § 64 h. l. als Ausfluß des Bergeigenthums bezeichneten Expropriationsrechte des Bw.'s-Besitzers auch die Interessen des Grundeigenthums vollständig zu wahren bestimmt sind. Zu dem Behufe ist jenes Expropriationsrecht in feste Grenzen eingeschlossen und hierbei an dem bisherigen rechtsrheinischen Grundsatze festgehalten worden, daß der Bw.'s-Besitzer nicht die Ueberlassung des Eigenthums, sondern nur die Abtretung des Grundes und Bodens zur zeitweisen Benutzung fordern könne, wogegen dem Grundeigenthümer die ihm früher nur nach linksrheinischem Rechte zustehende Befugniß eingeräumt wird, in gewissen Fällen die Erwerbung des Eigenthums vom Bw.'s-Besitzer

§ 135. Ist für den Betrieb des Bergbaues und zwar zu den Grubenbauen selbst, zu Halden-, Ablade-, und Niederlageplätzen, Wegen, Eisenbahnen, Kanälen, Maschinenanlagen, Wasserläufen, Teichen, Hülfsbauen, Zechenhäusern, und anderen für Betriebszwecke bestimmten Tagegebäuden, Anlagen und Vorrichtungen zu den im § 58 bezeichneten Aufbereitungsanstalten, sowie zu Soolleitungen und Soolbehältern die Be-

---

zu verlangen. Für das Zwangsverfahren sind im Wesentlichen die sachgemäßen Grundsätze beibehalten, nach welchen dieses Verfahren bisher auf der rechten Rheinseite geordnet war, indem das franz. Gesetz keine genügenden Anknüpfungspunkte bot. Vgl. Mot. S. 82. Aus letzteren folgert eine ME. 1. Sept 1866 (Z. f. BR. 8. S. 132), daß die Absicht des Gesetzgebers wohl dahin gegangen sei, das Expropriationsrecht nach Zweck und Gegenstand fest zu begrenzen, nicht aber, dasselbe weiter einzuschränken, als es bereits vor Emanation des BG. dem Bw.'s-Eigenthümer zustand. Die einschlägigen früheren Bestimmungen sind in den §§ 109 ff. II, 16 ALR. und in der Deklaration v. 27. Okt. 1804, und für das linksrheinische Gebiet in den Artt. 43—45 des Ges. v. 21. April 1810 enthalten.

737. Ueber den Bereich des 1. Abschnitts im Allgemeinen vgl. n. 420 ff. — Im vormaligen Kurhessen kommen neben den Bestimmungen desselben gewisse Vorschriften des Kurh. Ges. v. 30. Okt. 1834 (s. n. 1288) in Betracht.

738. Ob die AKO. v. 4. Mai 1833 (GS. S. 49), betreffend die Stempelfreiheit bei Besitzveränderungen, welche zum Zwecke des allgemeinen Besten angeordnet worden, auch auf die in bergbaulichen Expropriations-Angelegenheiten aufzunehmenden Verhandlungen anwendbar sei, ist streitig, indem sich eine Verf. des OBA.'s Bonn v. 6. Dez. 1866 (Z. f. BR. 8. S. 135) für die bejahende, das OBA. Halle dagegen, im Anschlusse an ein MR. v. 12. Juli 1857 (M. Z. 5. S. 149) für die verneinende Ansicht ausgesprochen hat. Keinesfalls gilt jene AKO. für Verhandlungen über Grundentschädigungen im Sinne des § 148. Vgl. Huyssen S. 77.

Zu § 135.

739. Im Allgemeinen vgl. n. 420—423, 736—738. In dem „Betriebe des Bergbaus" (welcher Ausdruck vom Ausdrucke: „Betrieb eines Bergwerks" wesentlich verschieden ist: MR. v. 30. April 1866, Z. f. BR. 7. S. 266) sind gemäß § 64 die Aufsuchungs-Arbeiten des Bw.'s-Besitzers einbegriffen, wie ja auch der Schürfer und Muther nach §§ 4 ff. eine Art Expropriationsrecht besitzen. — Die Gewinnung von Versatzmaterial und von Baumaterial zur Ausführung von Tagegebäuden bildet keinen die Expropriation rechtfertigenden bergbaulichen Zweck: OT. 28 Nov. 1862, OBA. Bonn 28. Febr. 1867 (Z. f. BR. 4. S. 114; 8. S. 121).

740. Die spezielle Aufzählung der bergbaulichen Anlagen ꝛc. erfolgte, weil das in Rede stehende Privileg des Bergbaus schon an sich eine feste Begrenzung nach Zweck und Gegenstand erheischt, und der Mangel einer solchen Festsetzung dem Ermessen der Behörden einen zu weiten Spielraum eröffnen würde, andererseits aber erfahrungsgemäß kein gleiches unbestrittenes Bedürfniß besteht, um für andere als die im § 135 aufgezählten Anlagen die Abtretungspflicht des Grundbesitzers im allgemeinen Interesse des Bergbaus auszusprechen: Mot. S. 83. Demgemäß ist jene Aufzählung nicht exemplifikativ, sondern limitativ zu deuten.

741. Während das belgische Ges. v. 2. Mai 1837 zwischen solchen Anlagen, welche unmittelbar zum Bw.'s-Betriebe gehören, und solchen, welche die Verarbeitung sowie den Absatz der Produkte bezwecken, insofern unterscheidet, als für erstere das Expropriations-Recht unmittelbar durch das Gesetz ertheilt, für letztere aber die Nachsuchung dieses Rechts für jeden einzelnen Fall vorbehalten ist, begründet das BG. für beiderlei Anlagen dasselbe Recht: KB. II. S. 66. Demgemäß gehören auch die zur Abfuhr der gewonnenen Mineralien erforderlichen Wege zu den „Wegen" im Sinne des § 135, welcher hierin mit dem frü-

nutzung eines fremden Grundstücks nothwendig, so muß der Grundbesitzer, er sei Eigenthümer oder Nutzungsberechtigter, dasselbe an den Bergwerksbesitzer abtreten.

[Br. 138, M. 123, G. 93 gleichl.

B. 124 gleichl., ausgenommen daß statt „Abladeplätze": „Ablageplätze" gesagt, und nach „Kanälen" eingeschaltet ist: „ohne Unterschied, ob diese Anlagen zur Gewinnung oder zum Absatze der Bergbauerzeugnisse dienen, ingleichen zu," und daß es statt „dasselbe an den Bw.'s-Besitzer abtreten" heißt: „die Benutzung desselben dem Bergwerksbesitzer insoweit überlassen, als es der Betriebszweck erfordert."]

---

heren Rechte beider Rheinseiten (Deklar. v. 1804 und KO. 25. März 1844, AH. Cöln 30. Juli 1841, Rh. A. 37. II, 90; 31. I, 246) übereinstimmt. Desgleichen sind daselbst unter „Eisenbahnen" nicht blos die unmittelbar zum Betriebe, resp. zur besseren Förderung der Mineralien oder zur Verbindung der Förderpunkte und Aufbereitungs-Anstalten dienenden, sondern auch solche Bahnen zu verstehen, welche die Bestimmung haben, den Förderpunkt an eine öffentliche Eisenbahn anzuschließen, und den Absatz der gewonnenen Bw.'s-Produkte auf der letzteren zu ermöglichen; s. MR. 28. Febr., 30. April 1866 und Achenb. (Z. f. BR. 7. S. 263. 162 ff.). So oft es sich daher um Expropriationen behufs Anlage von Wegen, Eisenbahnen und Kanälen zu Betriebszwecken im engeren oder im obigen weiteren Sinne handelt, treten die §§ 135 ff. h. l. an Stelle der allgemeinen Gesetze über Expropriationen und der einschlägigen Bestimmungen des Eisenbahngesetzes v. 3. Nov. 1838. (Letzteres Gesetz kommt, nach Achenb. h. l., bei Zechenbahnen überhaupt nicht zur Anwendung, da dasselbe nur öffentliche Verkehrsanstalten im Auge habe. Eben darum bedürfe es zur Anlage solcher Bahnen keiner staatlichen Genehmigung, wogegen dem OBA. selbstredend freistehe, gemäß § 196 h. l. eine BPBO. über Anlage sowie Betrieb der Bahn zu erlassen, und zwar bei solchen Bahnen, die sich über den Bereich der Grubenbaue und Halden hinaus erstrecken, in Konkurrenz mit der Bezirksregierung, welche eventuell auch an der polizeilichen Beaufsichtigung der letztgedachten Bahnen theilnehme. Nur dann, wenn die Zechenbahn den Charakter einer öffentlichen Bahn erhalten solle, könne dieselbe durch AKO. unter das Ges. v. 1838 gestellt werden. Von letzterem Falle abgesehen, würde daher nach Achenbach's Ansicht auch § 14 des Ges. v. 1838 auf Zechenbahnen keine unmittelbare Anwendung finden. Da jedoch im landespolizeilichen Interesse ähnliche Anlagen, wie die dort erwähnten, bei Zechenbahnen gleichfalls nöthig werden können, die Bestimmung über landespolizeiliche Angelegenheiten aber ressortmäßig der Bezirksregierung zusteht, so widerspricht es der obigen Ansicht nicht, sondern bestätigt dieselbe vielmehr, wenn ein Beschluß des OBA.'s Dortmund v. 19. Mai 1866 (ib. S. 403) verordnet, daß, so oft bei Anlage einer Zechenbahn landespolizeiliche Interessen in Frage kommen, das Expropriations-Verfahren erst nach Ertheilung der Konzession zur Bahnanlage seitens der Regierung eingeleitet werden solle. Vgl. ferner § 136.)

742. Als Taggebäude bezeichnet Gräff (S. 19) außer den Aufbereitungs-Anstalten (s. n. 391 ff.) und Zechenhäusern, d. h. denjenigen Gebäuden, in welchen sich die Bergleute, bevor sie zur Arbeit gehen, versammeln und die Geräthschaften aufbewahrt werden, auch die [zum Werke gehörigen] Bergschmieden, wo man die zur Gewinnung der Erze erforderlichen Werkzeuge gegen bestimmten Lohn fertigt. Ganz unbedenklich ist es jedoch nicht, daß die Fertigung des Gezähes als „Betriebszweck" im Sinne des § 135 anzusehen sei.

743. Das BG. beschränkt das Expropriationsrecht nicht auf das Terrain des Grubenfeldes. Demgemäß besteht die rechtliche Möglichkeit, daß ein Grundstück expropriirt werde für den Betrieb des Bergbaus auf ein Mineral, welches in dem Landestheile selbst, dem das Grundstück (nicht aber das Werk) angehört, zufolge provinzialrechtlicher Bestimmungen der Verfügung des Grundbesitzers unterliegt, wie die Expropriation ja auch zu Gunsten älterer Werke stattfindet, die auf ein nicht unter § 1 fallendes Mineral berechtigt sind. Dies erlitt ehedem nicht etwa

zufolge der Vorschrift des § 213 in den im § 212 genannten Landestheilen eine Ausnahme; vgl. ME. 31. Oktbr. 1867 (Z. f. BR. 9. S. 216) und Huyssen S. 76.

744. Was vom Grunde und Boden gilt, gilt nach allgemeinen Rechtsregeln auch von dessen Zubehörungen. Es müssen daher auch diese dem Bergbau weichen, sobald die Abtretung des Grundstücks selbst ausgesprochen ist, und zwar, von dem Fällen des § 136 abgesehen, ohne Unterschied, ob das Grundstück bebaut ist, oder nicht; dagegen kann der Bw.'s-Besitzer nie verlangen, daß ihm Gebäude oder sonstige bauliche Anlagen als solche abgetreten werden: Mot. S. 84.

745. Nach § 109, II, 16. ALR. mußte der Grundbesitzer auch das für Kunst-, Poch-, Wasch- und Hüttenwerke nöthige Wasser abtreten. Allein abgesehen davon, daß Hüttenwerke überhaupt nicht mehr unter dem BG. stehen und von den Aufbereitungsanstalten nur diejenigen, welche das Zubehör eines Bw.'s bilden, lag erfahrungsgemäß kein ausreichender Grund vor, das Expropriations-Recht auf Wasserberechtigungen auszudehnen, zumal der Bergbautreibende schon nach den allgemeinen Gesetzen, namentlich denjenigen über die Benutzung der Privatflüsse, in anderer Weise zur Benutzung eines Wasserlaufs gelangen kann; vgl. Mot. S. 84, Mot. v. 1862 S. 126. Gleichwohl können nach Klost. n. 290, auch Privatflüsse expropriirt werden, z. B. zur Anlage eines Kanals oder zur Abführung der Grubenwässer; in letzterem Falle seien gemäß § 99, I, 8. ALR. alle Adjazenten des Privatflusses unterhalb der beabsichtigten Anlage zum Expropriations-Verfahren zuzuziehen. Daß die Verlegung eines Wasserlaufs behufs Beseitigung des Einfallens der Wässer in die Grubenbaue unter den Begriff eines Hülfsbaus zu subsumiren, jedenfalls aber als eine für Betriebszwecke bestimmte Anlage und Vorrichtung im Sinne des § 135 zu erachten sei, erkannte eine ME. 1. Sept. 1866 (Z. f. BR. 8. S. 133) an, indem dieselbe gleichzeitig aussprach, daß das Verfahren auf Abtretung des Flußbettes nicht blos gegen den Grundeigenthümer, auf dessen Boden das neue Bett gegraben werden soll, sondern auch gegen die Adjazenten des bisherigen Flußbettes zu richten sei.

746. Nach den Motiven v. 1862 S. 126 soll für bergbauliche Zwecke keine zwangsweise Konstituirung einer Servitut stattfinden, (wie darüber auch in dem seitherigen Bergrechte beider Rheinseiten Nichts enthalten sei,) da die hierin enthaltene Beschränkung des Grundeigenthümers in der Benutzung seines Grundstückes sich nicht genügend rechtfertigen lasse und der Bw.'s-Besitzer sich jederzeit in der Lage befinde, das zu dem betreffenden Zwecke nöthige Terrain zur vorübergehenden Benutzung, resp. eigenthümlich zu erwerben. Gleichwohl dürfte nach der Rechtsregel „minus continetur maiori“ und nach den für Expropriationen allgemein geltenden Grundsätzen anzunehmen sein, daß auch eine bloß theilweise Abtretung, resp. die Einräumung einer theilweisen Benutzung, z. B. der Mitbenutzung eines Weges, begehrt werden, ja daß die dem Grundbesitzer im Interesse des Bergbaus aufzuerlegende Verpflichtung in gar keiner, selbst nur theilweisen Abtretung, sondern gleich derjenigen des Eigenthümers eines dienenden Grundstücks blos in patiendo, oder in non faciendo bestehen könne. Demgemäß entsprechen OT. v. 26. Mai und 19. Juni 1865 (Z. f. BR. 7. S. 93ff.), von welchen das erstere den Erlaß eines Verbots an eine Gewerkschaft, ihr Grubenwasser in einen Bach zu leiten, ablehnte, weil die Nothwendigkeit dieser Ableitung durch die Bergbehörde festgestellt worden, und das zweite einem desfallsigen Antrage wegen des Mangels einer solchen administrativen Feststellung stattgab, auch dem gegenwärtigen Rechte. Als Beispiel, wo die Verpflichtung des Grundbesitzers in non faciendo besteht, dient der Fall, wo zur Dämpfung eines Grubenbrandes die Anlage von Steinbrüchen, oder zum Schutze der Grube gegen das Eindringen des Wassers die Beflößung einer Wiese untersagt wird; vgl. Klost. n. 292. A. M. ist Strohn (Z. f BR. 7. S. 108), welcher die §§ 135ff. nur auf eigentliche Grundabtretungen bezieht und ähnliche Fälle, wie die vom OT. entschiedenen, gegenwärtig nach § 148 beurtheilt wissen will. — Jedenfalls aber wird zur Anwendbarkeit der §§ 135ff. auf Verbote der oben erwähnten Art erfordert, daß letztere vom Bw.'s-Besitzer in Handhabung seines Expropr.-Rechts beantragt worden seien. Werden daher dergleichen Verbote von der Behörde aus eignem Antriebe und aus rein polizeilichen Rücksichten erlassen, so kommen, sowohl was den Anspruch auf Entschädigung, als was die Modalitäten dieses An-

spruchs und die Art seiner Feststellung betrifft, die Bestimmungen der allgemeinen Gesetze, insbesondere des Ges. v. 11. Mai 1842, zur Anwendung.

746bis. Andererseits berechtigt der Ausdruck „fremdes Grundstück" nicht zu der Annahme, als ob die dem Bw.'s-Eigenthümer selbst gehörigen, aber im Besitze eines Nutzungsberechtigten befindlichen oder solche Grundstücke, an welchen jenem ein Miteigenthum zusteht, durch den § 135 unberührt blieben; vgl. n. 61. 62.

747. Bergwerkseigenthum bildet keinen Gegenstand der Expropriation nach Maaßgabe der §§ 135ff. Die hier fraglichen Beziehungen zwischen benachbarten Werkbesitzern regeln sich vielmehr durch andere Bestimmungen, insbesondere die §§ 56. 60ff. h. l. — Wird die Abtretung eines Grundstücks von einem Bw.'s-Besitzer, gegenüber einem andern Bw.'s-Besitzer beansprucht, so ist die Frage, ob die Benutzung zu bergbaulichen Zwecken nöthig sei, mit Rücksicht auf das Bedürfniß sowohl des einen wie des andern Werks zu untersuchen. Ergiebt sich hierbei, daß die Benutzung für beide gleich nöthig, eine gemeinsame Benutzung aber unmöglich ist, so findet die Expropriation nicht statt. Suchen dagegen zwei Werksbesitzer die Expropriation desselben einer dritten Person gehörigen Grundstücks nach, so muß nach Wachler S. 198 auf die §§ 95ff. der Einleitung zum ALR. zurückgegangen werden. Bei der Konkurrenz eines Schürfers mit dem Werksbesitzer, wird der letztere, wenigstens für den Bereich seines Grubenfeldes, wohl stets vorgehen.

748. Die bei der Gesetzesberathung (KB. I. S. 50) vorgeschlagene Aenderung des Worts „nothwendig" in „erforderlich" wurde abgelehnt, weil jener Ausdruck der bei Expropriationen übliche sei, beide Ausdrücke aber auch im Wesentlichen auf Eins hinausliefen. In ähnlicher Weise forderte die Deklar. v. 1804 zur Expropriation eines Terrains für Wege ꝛc. den Nachweis der Unentbehrlichkeit, woraus im KB. II. S. 65 gefolgert wurde, daß jene Deklar. den Bergbautreibenden ungünstiger stelle, als jeden andern Gewerbtreibenden der § 30 I, 8. ALR., indem dieser ein billiges Abwägen der auf beiden Seiten entstehenden Vortheile sowie Nachtheile anordne. Inzwischen nimmt Wachler S. 190 wohl mit Recht an, daß eine absolute Nothwendigkeit auch vom BG. nicht gefordert werde, und daß die dem § 30 I, 8. ALR. zu Grunde liegende Anschauung mehr oder weniger auch hier Platz greife. In diesem Sinne erachtete ME. 1. Septbr. 1866 (Z. f. BR. 8. S. 133) bei einem Falle, wo das Wasser eines Baches die Grubenbaue verschlämmte und nicht blos die Gewinnungsarbeiten erheblich erschwerte, sondern auch die Gesundheit der Arbeiter gefährdete, die im Expropriationswege stattfindende Abtrocknung, resp. Verlegung des Bachbetts für gerechtfertigt, weil sie das einzige Mittel sei, jenen dem regelrechten und nutzbaren Betriebe eines wichtigen Bergbaus entgegenstehenden Uebelstand in einem ausgedehnten Grubenfelde zu beseitigen. Die ME. 22. Jan. 1867 (ib. 9. S. 214) steht gleichfalls von dem Erfordernisse einer absoluten Nothwendigkeit ab und spricht sich überdies dahin aus, daß, wenn die Nothwendigkeit einer Grundabtretung im Sinne des § 135 nach den Grundsätzen einer technisch und wirthschaftlich regelrechten Betriebsführung überhaupt feststehe, der Bw.'s-Eigenthümer berechtigt sei, gerade dasjenige Grundstück zu wählen, welches zur Anlage in technischer und wirthschaftlicher Hinsicht am besten geeignet erscheine. (Ob dieser letztere Satz in solcher Unumschränktheit gelte, unterliegt freilich erheblichen Bedenken.)

749. Die den Verwaltungsbehörden vorbehaltene Prüfung der Nothwendigkeit (§§ 142ff.) hat sich nicht darauf zu beschränken, ob die beabsichtigte Anlage die Abtretung erfordere, sondern sich auch auf die Nothwendigkeit der Anlage selbst zu erstrecken, indem § 135 ausdrücklich vorschreibt, daß die Abtretung zum Bergbaubetriebe nöthig sein müsse, und die Aufzählung der einzelnen bergbaulichen Anlagen nur dazu dient, diese Bedingung näher zu präzisiren, damit dem Ermessen der Behörde nach dieser Richtung hin kein zu großer Spielraum gelassen sei (s. n. 740). Contra: Baur (Z. f. BR. 3. S. 469 hinsichtlich der conformen Bestimmung des Entwurfes v. 1862) und Klost n. 291. Freilich ist der Bw.'s-Besitzer an und für sich der alleinige Richter über die Zweckmäßigkeit seiner Anlagen. Dies entspricht nicht blos dem Prinzipe der Selbstverwaltung, sondern auch der Natur der Sache. Soll aber zur Ausführung jener Anlagen fremdes Eigenthum benutzt werden, so entspricht es ebensowohl der Natur der Sache, daß das

§ 136. **Die Abtretung darf nur aus überwiegenden Gründen des öffentlichen Interesses versagt werden.**

Zur Abtretung des mit Wohn-, Wirthschafts- oder Fabrikgebäuden bebauten Grund und Bodens und der damit in

---

Richteramt in die Hände der Behörde übergehe, eben weil es sich hier nicht um das ausschließliche Interesse des Bw.'s-Besitzers, sondern um kollidirende Interessen und Rechte handelt, welche auf den staatlichen Schutz gleich starken Anspruch haben. So wird denn auch in sonstigen Expropriations-Angelegenheiten, und besonders in denen der Eisenbahngesellschaften verfahren; so bestimmte sogar ausdrücklich § 3 der Dekl. v. 1804, der Hauptquelle des BG. für die ganze Materie. Wenn die Jurisprudenz in Frankreich und Belgien der entgegengesetzten Ansicht huldigt (s. Achenb. S. 282 resp. Z. f. BR. 8. S. 516 — contra: Baur l. c.), so kommt hierbei in Betracht, daß die französische Berggesetzgebung, indem sie dem Grundbesitzer das Doppelte des Reinertrags, bez. des Kapitalwerths als Entschädigung zusichert, gegen den Mißbrauch des Okkupationsrechts einen wirksamen Schutz verleiht, wie er im BG. gerade durch ein geordnetes Expropriations-Verfahren gewährt werden sollte; s. Mot. v. 1862 S. 127.

750. Während § 64 nur den Bw.'s-Eigenthümer als den Expropriations-Berechtigten bezeichnet, soll die Abtretung nach § 135 an den Bw.'s-Besitzer erfolgen. Bei dieser Ungleichmäßigkeit in der Ausdrucksweise bietet die Fassung des BG. keinen genügenden Anhalt zur Beantwortung der Frage, ob das Expropriationsrecht blos dem Eigenthümer, oder überhaupt jedem rechtmäßigen Bw.'s-Betreiber, namentlich also dem Nutznießer (des gemeinen und rheinischen Rechts) und dem Pächter zustehe. Der Verf. entscheidet sich, gegen die Ansicht Achenbach's (S. 284 resp. Z. f. BR. 8. S. 519), für die letztere Alternative, sowohl wegen des rechtlichen Wesens des Nießbrauchs- bez. Pachtverhältnisses im Allgemeinen, als auch um deswillen, weil ohne jene Befugniß das Recht, ein Bw. auch nur zeitweise auszubeuten, gar nicht ausgeübt werden kann (§ 86 der Einl. zum ALR.). Wollte man dem entgegensetzen, daß der Eigenthümer eventuell kontraktlich verpflichtet sei, jene Befugniß im Interesse des Nutzungsberechtigten auszuüben, hierzu also auch vom Richter angehalten werden könne, so würde es doch immerhin bei dem auf dem Gesetze beruhenden Nießbrauche an einem solchen Auskunftsmittel fehlen.

751. Der Bw.'s-Besitzer erwirbt durch die Zwangsabtretung nur das Recht, das Grundstück zu den jene Abtretung motivirenden und für dieselbe maßgebend gewesenen Zwecken zu benutzen. Die im OT. v. 28. Nov. 1862 (Z. f. BR. 4. S. 114) ausgesprochene, entgegengesetzte Ansicht hat in Klostermann's Uebers. II. S. 79 ff. ihre Widerlegung gefunden. Eventuell kann daher der Grundbesitzer gegen die anderweitige Benutzung auf dem Rechtswege Widerspruch erheben. Hinsichtlich der Rechtsmittel des Bw.'s-Besitzers zur Geltendmachung und Wahrung seines Benutzungsrechts vgl. n. 65. 66.

752. Der Grundeigenthümer kann trotz der Abtretung alle Rechte eines Eigenthümers, soweit diese mit dem Benutzungsrechte des Bw.'s-Besitzers verträglich sind, ausüben. Die Besitzhandlungen des letzteren kommen dem Grundbesitzer, welcher das Grundstück vor vollendeter Ersitzung desselben abgetreten hat, zu Gute.

Zu § 136.

753. Die Auffassung der älteren Berggesetzgebung, daß der Bergbau stets und unbedingt jeder Benutzung des Oberflächenterrains zu landwirthschaftlichen, gewerblichen und sonstigen Zwecken vorgehe, paßt nicht mehr. Solches erkannte bereits die Deklaration von 1804 insofern an, als sie bestimmte, daß die Expropriation zur Anlage von Abfuhrwegen und Niederlageplätzen nur dann stattfinden solle, wenn dadurch kein anderes, dem Staate gleich nützliches Gewerbe gehindert werde. Dieser Grundsatz war jedoch nicht allgemein genug. Vielmehr müssen die sämmtlichen Gründe, welche in einem Kollisionsfalle für und gegen die Abtretung geltend gemacht werden, der sorgfältigsten Abwägung vom Standpunkte des öffentlichen In-

Verbindung stehenden eingefriedigten Hofräume kann der Grundbesitzer gegen seinen Willen niemals angehalten werden.

[Br. 139, M. 124 gleichl.

G. 94 gleichl., nur ist hinter „Hofräume“ eingeschaltet: „ingleichen der zum Wohnhaus gehörigen Gärten und Parkanlagen.“

B. 125 Abs. 1: „Eine solche Ueberlassung kann nach Massgabe der Vorschriften des Art. 136 erzwungen werden, wenn nicht die Weigerung des Grundbesitzers durch überwiegende Gründe des öffentlichen Interesses unterstützt wird.“ Abs. 2 gleichl., nur ist statt „bebauten“ gesagt: „überbauten.“]

---

teresses unterliegen. Hierauf beruht § 136 Abs. 1. Der Abs. 2 entspricht gleichfalls den Forderungen des öffentlichen Interesses, indem dieses verlangt, daß der Einzelne in seiner Wohnung und in seinem Erwerbe gesichert sei. Vgl. Mot. S. 84, Mot. v. 1862 S. 127, KB. II. S. 67.

754. § 136 ist dem § 4 h. l. analog. Doch giebt § 136 Abs. 2 dem Weigerungsrechte des Grundbesitzers keine solche Ausdehnung wie § 4, was nach den Motiven zur Vermeidung wesentlicher Erschwerungen für den Bergbau geschah, und überdies dadurch gerechtfertigt wird, daß das Recht des Bw.'s-Besitzers schon an sich ein stärkeres und intensiveres ist, als dasjenige des Schürfers. Ferner weicht § 136 darin von § 4 ab, daß er das absolute Verbot des § 4 Abs. 1 nicht wiederholt, so daß die Abtretung öffentlicher Plätze rc. zu bergbaulichen Zwecken gleichfalls nur beim Entgegenstehen überwiegender Gründe des öffentlichen Interesses versagt werden kann, — ein Fall, welcher freilich in der Regel vorliegen wird. A. M. ist Klost. n, 294, insofern er annimmt, das Verbot blos vorübergehender Schürfarbeiten schließe von selbst das Verbot dauernder Bw.'s-Anlagen ein. Der Gesetzgeber kann sehr füglich für wichtigere und näher liegende Zwecke Etwas gestatten, was er für geringere oder blos problematische Zwecke verbietet.

755. Daß das Weigerungsrecht des Grundbesitzers sich auch auf einen speziellen Rechtstitel gründen könne, wird durch § 136 nicht ausgeschlossen und im § 145 sogar ausdrücklich anerkannt. Ueber die Verschiedenheit zwischen der formellen Behandlung eines solchen Falles und derjenigen des § 136 Abs. 2 s. n. 805.

756. Ob die Gebäude, von welchen Abs. 2 redet, schon zur Zeit der Inbetriebsetzung des Werks bestanden, ist gleichgültig: KB. I. S. 50. Es kommt vielmehr auf den Zeitpunkt an, wo die Nothwendigkeit der bergbaulichen Benutzung eintritt, oder wie Huyssen S. 79 annimmt, wo der Eintritt dieser Nothwendigkeit zur Kenntniß des Bodeneigenthümers gebracht wird.

757. § 285 des StGB. unterscheidet zwischen Gebäuden, welche zur Wohnung, und solchen, die blos zeitweise zum Aufenthalte von Menschen dienen. Auch im Sinne des § 136 h. l. zählen letztere nicht zu den Wohngebäuden, wohl aber gehören dahin alle Gebäude, welche die Bestimmung der Wohngebäude haben, sollten sie auch augenblicklich unbewohnt sein. (Insofern paßt also das in Oppenhoff's Komm. n. 13 zu § 285 des StGB. Gesagte auf § 136 nicht.) Doch wird stets ein bewohnbares Gebäude vorausgesetzt, weshalb bei Wohngebäuden, welche erst im Bau begriffen sind, § 136 außer Anwendung bleibt.

758. Gottesdienstliche und Schul-Gebäude fallen, dem in n. 757 Gesagten zufolge, nicht unter den § 136 Abs. 2. Doch wird deren Abtretung in der Regel durch Abs. 1 ausgeschlossen.

759. Die Bestimmung bezüglich der Wirthschafts- und Fabrikgebäude wird in den Motiven damit gerechtfertigt, daß jene Gebäude für landwirthschaftliche und gewerbliche Zwecke besonders werthvoll seien. Dieselbe umfaßt, da sie wie Abs. 2 überhaupt restriktiv zu deuten ist, andere zu Gewerbsanlagen dienende Gebäude, als Fabrikgebäude nicht mit.

760. Unter dem „Grundbesitzer“ ist im § 136 ebensowohl wie im § 135 nicht blos der Grundeigenthümer, sondern auch der Nutzungsberechtigte, einschließlich des Pächters zu verstehen. Im Uebrigen vgl. n. 50.

§ 137. Der Bergwerksbesitzer ist verpflichtet, dem Grundbesitzer für die entzogene Nutzung jährlich im Voraus vollständige Entschädigung zu leisten, und das Grundstück nach beendigter Benutzung zurückzugeben.

Tritt durch die Benutzung eine Werthsverminderung des Grundstücks ein, so muß der Bergwerksbesitzer bei der Rückgabe den Minderwerth ersetzen. Für die Erfüllung dieser Verpflichtung kann der Grundbesitzer schon bei der Abtretung des Grundstücks die Bestellung einer angemessenen Kaution von dem Bergwerksbesitzer verlangen. Auch ist der Eigenthümer

---

Zu § 137.

761. § 137 Abs. 1 entspricht den allgemeinen Grundsätzen über die Entschädigungspflicht bei unfreiwilligen Eigenthumsbeschränkungen im Privatinteresse Dritter. Die Entschädigung muß eine vollständige im Sinne des allgemeinen Civilrechts [vgl. § 7. I, 6 ALR.] sein, und jährlich im Voraus geleistet werden, damit dem Grundbesitzer die nöthige Sicherheit und die Nutzung des Entschädigungspreises an Stelle der entbehrten Nutzung des Grundstücks verschafft wird. Der im früheren Bergrechte beruhenden Verpflichtung, das Grundstück dereinst in dem früheren Culturzustande, oder doch so, daß es gehörig benutzt werden könne, zurückzugeben, vermochte der Bw.'s-Besitzer entweder gar nicht oder doch nur mit Aufwendung unverhältnißmäßiger Kosten nachzukommen, zumal wenn das Terrain zum Haldensturze benutzt worden war. Statt dessen verpflichtet daher § 137 Abs. 2 jenen zur Rückgabe und zum Ersatze des Minderwerths. Abs. 3 ist dem Art. 44 des franz. Ges. v. 21. April 1810 nachgebildet. Vgl. Motive S. 84.

762. Die §§ 137—139 verstehen gleich dem § 135 (vgl. n. 750) unter dem „Bw.'s-Besitzer" jeden, welcher das Bw. kraft eigenen Rechts und für eigene Rechnung betreibt, und nur ihn allein. Contra: Achenb. (S. 275, resp. Z. f. BR. 8. S. 509. 518), welcher, sich hierbei namentlich auf das französische Bergrecht als Quelle der §§ 137 ff. stützend, jenen Ausdruck, so oft derselbe dort vorkommt, ausschließlich auf den Bw.'s-Eigenthümer bezieht, wodurch jedoch nicht ausgeschlossen sei, daß jeder andere Okkupant, wenn auch nicht auf Grund jener §§, so doch auf Grund des allgemeinen Civilrechts zum vollständigen Ersatze des von ihm bewirkten Schadens und vor geschehener Okkupation sogar zur Bestellung einer Kaution nach Wahl des Grundeigenthümers angehalten werden könne.

763. Den §§ 424. 430 ff. I, 5. ALR. zufolge sind mehrere Gewerkschaften bezüglich der Entschädigungssumme, welche für den gemeinschaftlich an sie abgetretenen Grund und Boden festgesetzt ist, solidarisch verpflichtet, mag die Abtretung auf einer Expropriation oder einem Vertrage beruhen. So: KG. Essen und AG. Hamm v. 20. Jan. resp. 25. Okt. 1860 (Gruchot 5. S. 220). Dies gilt auch unter der Herrschaft des BG., da ex analogia des § 149 h. l. nicht das Gegentheil gefolgert werden kann. Aus den Vorschriften des gemeinen und rheinischen Rechts läßt sich dagegen eine solidarische Verpflichtung für den obigen Fall nicht konstruiren.

764. Daraus, daß die Entschädigung für die ganze Zeit bis zur Rückgewähr gezahlt werden muß, folgerte OT. 27. Juni 1864 (Z. f. BR. 5. S. 360), daß sie für die Zeit, binnen welcher der Besitz von einem Singularsuccessor des Okkupanten fortgesetzt werde, von diesem Singularsuccessor zu leisten sei, sollte er auch selbst das Grundstück nicht weiter benutzt haben, während in Betreff des linksrheinischen Rechtsgebiets AH. Cöln v. 16. April 1863 (Rh. A. 58. I, 6) unter ganz gleichen thatsächlichen Verhältnissen im entgegengesetzten Sinne entschied.

765. § 137 begreift, gleich den §§ 5. 135, unter dem „Grundbesitzer" den bloßen Nutzungsberechtigten, z. B. den Pächter mit. Ist ein solcher vorhanden, so kommt der Eigenthümer als Zahlungsempfänger nicht in Betracht:

des Grundstücks in diesem Falle zu fordern berechtigt, daß der Bergwerksbesitzer, statt den Minderwerth zu ersetzen, das Eigenthum des Grundstücks erwirbt.

a. [Br. 140 gleichl., nur ist nach den Worten „von dem Bw.'s-Besitzer" eingeschaltet: „mit Ausnahme des Fiscus."

M. 125, G. 95 gleichl.

B. 126 Abs. 1 gleichl. mit Abs. 1 h. l., nur ist statt „zurückzugeben" gesagt: „wieder zur freien Verfügung des Grundbesitzers zu stellen." 126 Abs. 2: „Ebenso ist derselbe verpflichtet, für die entzogene Ausübung von Dienstbarkeiten, welche auf dem zur Benutzung überlassenen Grundstücke ruhen, dem Berechtigten jährlich im Voraus vollständige Entschädigung zu leisten." — 127: „Tritt durch die Benützung eines Grundstücks eine Werthverminderung desselben oder einer darauf ruhenden Dienstbarkeit ein, so muss der Bergwerksbesitzer, wenn er das Grundstück wieder zur freien Verfügung des Grundbesitzers stellt, die Minderwerthe ersetzen. — Für die Erfüllung dieser Verpflichtung kann der Grundbesitzer und der Dienstbarkeitsberechtigte schon bei der Ueberlassung zur Benützung die Bestellung angemessener Sicherstellung verlangen. — Der Eigenthümer des Grundstücks ist in diesem Falle" etc. (Im Uebrigen gleichl. mit dem Schlusse des § 136.)

b. Die §§ 137. 138 der RV. wurden in einen § zusammengezogen, so daß § 137 h. l. den §§ 137. 138 der RV., §§ 138. 139 h. l. den §§ 139. 140 der RV. entsprechen; § 140 h. l. fehlte dort ganz, so daß vom § 141 an die Zahlen wieder stimmen.]

Achenb. (S. 286, resp. Z. f. BR. 8. S. 520). Anders verhält es sich mit der Kautionsbestellung wegen Werthsverminderung; s. n. 774. 806.

766. Unter der Herrschaft des Gesetzes v. 21. April 1810 entschied der AH. Cöln (Rh. A. 58, I, 3), daß die jährliche Entschädigung nicht nach dem Ertrage zur Zeit der Abtretung, sondern nach demjenigen Ertrage zu bemessen sei, den das Grundstück dem Grundbesitzer in den Jahren der entzogenen Nutzung geliefert haben würde, und welcher daher für jedes einzelne Jahr ein sehr verschiedener sein kann, man denke nur an Obstkulturen, Weinberge 2c. Ob dies noch jetzt gelte, ist mit Rücksicht darauf, daß die Entschädigung nach der ausdrücklichen Vorschrift des § 137 im Voraus geleistet werden, mithin auch im Voraus bestimmbar sein muß, und daß sie in den Motiven von 1862 S. 128 geradezu einem Pachtzinse gleichgestellt wird, sehr in Zweifel zu ziehen. Der Vortheil, welchen der Bw.'s-Besitzer selbst aus der Benutzung des Grundstücks zieht, kommt jedenfalls bei Festsetzung der Entschädigungssumme weder zu seinen Gunsten noch zu seinem Nachtheile in Betracht.

767. Der Ausdruck „e n t z o g e n e N u t z u n g" ist, der Natur der Sache nach, nicht auf solche Nutzungen zu b e s c h r ä n k e n, welche ein Grundstück u n b e s c h a d e t s e i n e r S u b s t a n z gewährt (§ 110 I, 2 ALR.). Beispielsweise bezieht er sich daher auch auf den Gewinn, welcher dadurch, daß die Abtretung das Ausbeuten eines im abgetretenen Terrain befindlichen Kalksteinlagers hindert, dem Grundbesitzer entgeht und in den Zinsen der Summe besteht, die aus dem Erlöse der sonst möglich gewesenen Gewinnung nach Abzug der Gewinnungskosten gebildet wird. Vgl. OT. 16. Juni 1862 (Z. f. BR. 4. S. 116).

768. Ob die Entschädigung für die entzogene Nutzung nach den Grundsätzen des Rhein. Rechts (BGB. Art. 2277) schon in 5 Jahren v e r j ä h r e, war unter der Herrschaft des Ges. v. 21. April 1810 streitig; s. das von A c h e n b a c h (S. 280 resp. Z. f. BR. 8. S. 514) cit. Urtheil des KH. Brüssel und andererseits AH. Cöln 16. April 1863 (Rh. A. 58 I, 4). Doch ist der in letzterem Erkenntnisse für die verneinende Ansicht geltend gemachte Grund, daß nämlich das Gesetz keine Bestimmung enthalte, nach welcher die Entschädigung jährlich oder in kürzeren periodisch wiederkehrenden Fristen geleistet werden müsse, unter der Herrschaft des BG., eben in Folge des § 137, nicht mehr zutreffend; vgl. übrigens n. 766. — Der

Vormund des Grundbesitzers ist in demselben Rechtsgebiete legitimirt, sich über die Höhe der jährlichen Entschädigung mit dem Bw.'s-Besitzer zu einigen, jedoch arg. Art. 1718 nur für einen Zeitraum von höchstens neun Jahren; vgl. Achenb. l. c.

769. Der Bw.'s-Besitzer kann die Rückgewähr nicht aus dem Grunde verweigern, weil die Benutzung, obwohl sie thatsächlich aufgehört hat, doch künftig möglicher Weise wieder eintrete. Die Benutzung ist beendigt, wenn sie nicht mehr zu demjenigen Zwecke stattfindet, zu welchem die Abtretung erfolgte. Muß daher der Bw.'s-Besitzer das Grundstück fortan zu anderen bergbaulichen Zwecken benutzen, so hat er eventuell einen neuen Abtretungsbeschluß zu erwirken. Andererseits kann jedoch die Rückgewähr nicht begehrt werden, weil die ursprüngliche Benutzung zwar fortdauere, aber nicht mehr nothwendig sei. Vgl. Klost. n. 296.

770. Ist im Abtretungsbescheide der Zeitpunkt der Rückgewähr bestimmt, so hat dies nur die Folge, daß der Grundbesitzer beim Eintritte dieses Zeitpunkts die Zurückgabe selbst dann fordern kann, wenn die Benutzung zu dem betreffenden Zwecke noch nicht beendigt sein sollte. Jene Zeitbestimmung berechtigt daher, falls die Benutzung schon früher aufhört, weder den Bw.'s-Besitzer, das Grundstück bis zum Ablaufe jener Zeit zurückzubehalten, noch den Grundbesitzer, die Rücknahme desselben bis dahin zu verweigern. Nimmt die Benutzung nur in Betreff einzelner Theile des abgetretenen Terrains ein Ende, so müssen wenigstens diese auf Verlangen des Grundbesitzers sofort zurückgeliefert werden.

771. Eine Werthverminderung im Sinne des § 137 Abs. 2 setzt die Verminderung des Werths des Grundstückes selbst voraus, indem die bloße Beschädigung oder Zerstörung daraufstehender Früchte als Entziehung der Nutzungen im Sinne des Abs. 1 zu betrachten ist. Doch stellt die Abholzung eines Waldterrains oder die Zerstörung einer Weinpflanzung unzweifelhaft eine Werthverminderung des Grundstückes dar. Schon die geringste Werthverminderung motivirt die Anwendung des § 137 Abs. 2; hinsichtlich des Anspruchs auf Ersatz des Minderwerths folgt dies aus der Natur der Sache, dasselbe muß aber auch von dem Anspruche auf den Erwerb des Eigenthums gelten, da das Gesetz alternative Beides gewährt, beide Ansprüche daher auf gleiche Linie stellt, während seine Quelle, der Art. 44 des Ges. v. 21. April 1810, den Zwangskauf nur dann vorschreibt, wenn der Boden sich nicht mehr zur [früheren] Kultur eignet.

772. Der Ausdruck „Werthverminderung" ist nur auf das abgetretene Grundstück und seinen Werth im Ganzen zu beziehen. Wenn daher dasselbe in gewissem Betrachte an Werth verloren, in anderem Betracht aber, z. B. in Folge einer Entwässerung, an Werth gewonnen hat, und zwar so, daß Vortheil und Nachtheil sich völlig ausgleichen, so liegt trotz § 140 keine Werthverminderung im Sinne des § 137 vor. Ist dagegen nur ein Theil eines Grundstücks abgetreten und dieser in seinem Werthe vermindert worden, während die dem Grundbesitzer unausgesetzt verbliebenen Theile durch die Benutzung jenes Theiles an Werth gewonnen haben, so kann der Grundbesitzer dennoch vollen Ersatz für die Deterioration des abgetretenen Theils oder den Erwerb des letzteren zu seinem vollen Werthe verlangen; vgl. JMBl. 1864 S. 361.

773. Bei dem Ersatze des Minderwerths und dem Zwangserwerbe wird der Preis nach § 9. I, 11 ALR. nicht zu dem gemeinen, sondern zu dem außerordentlichen Werthe [§ 114. I, 2 ib.] geschätzt: Klost. n. 298. Das pretium affectionis [§ 115. I, 2 ib.] kommt dagegen nicht in Betracht.

774. Kautionsleistung kann nur für den Ersatz des Minderwerths, nicht auch für die jährliche Entschädigung (Abs. 1) gefordert werden. Beim Vorhandensein eines Nutzungsberechtigten ist sowohl dieser wie der Eigenthümer befugt, Kautionsbestellung zu fordern, jedoch jeder nur, soweit sein Interesse reicht. Die abweichende Ansicht Achenbach's (S. 286 resp. Z. f. BR. 8. S. 520), dahin gehend, daß in jenem Falle der Nutzungsberechtigte allein Kautionsleistung fordern könne, und zwar für den vollen Betrag des Minderwerths, dürfte nicht blos der Natur der Sache, sondern auch der Absicht des Gesetzgebers entgegen sein, wie sie sich bei Erörterung einer analogen Frage, zu welcher § 5 Anlaß gab (s. n. 60), kund gegeben hat; vgl. auch Mot. v. 1862 S. 128 i. f.

775. Das Recht, statt des Minderwerths den Erwerb des Eigenthums seitens der Bw.'s-Besitzers zu verlangen, steht ausschließlich dem Grundeigenthümer und selbst ihm nur dann unbedingt zu, wenn kein Nutzungsberechtigter vorhanden ist; im entgegengesetzten Falle kann dasselbe nur unter der Voraussetzung ausgeübt werden, daß der Nutzungsberechtigte seinerseits auf alle Entschädigungsansprüche, dem Bw.'s-Besitzer gegenüber, verzichtet. Ebenso ist seine Ausübung bei einem Mehreren zu ideellen Theilen gehörigen Grundstücke durch das Einverständniß sämmtlicher Miteigenthümer bedingt. Doch bestimmt in Bezug auf das Grundstück einer ehelichen Gütergemeinschaft, der Ehemann allein über die Geltendmachung jenes Rechts. Der Vormund muß zu gleichem Behufe obervormundschaftliche Genehmigung erwirken. Im Gebiete der rheinischen Gesetzgebung ist bei Mündelgütern nach den Artt. 457. 458 des BGB. zu verfahren, wie es zufolge Achenb. (S. 271 resp. Z. f. BR. 8. S. 505) schon unter der Herrschaft des Ges. v. 21. April 1810 nöthig war; über die Frage, ob hier auch die Formen eines öffentlichen Verkaufs zu beobachten seien, sowie über die fernere Frage, ob der Vormund auf das besprochene Recht arg. Art. 1718 des BGB. für die Dauer von neun Jahren oder für kürzere Dauer verzichten könne, s. Achenb. l. c.

776. Jenes Recht steht dem Grundeigenthümer selbst dann zu, wenn er in die Abtretung gewilligt, ein administratives Verfahren (§§ 142ff.) mithin gar nicht stattgefunden hat. Voraussetzung desselben ist jedoch stets, daß die Abtretung sonst hätte erzwungen werden können, daß also die Benutzung des Grundstückes für den Betrieb des Bergbaus nothwendig war, und daß das Grundstück selbst nicht zu den im § 136 Abs. 2 aufgeführten gehörte; s. OT. 11. Sept. 1868 (Z. f. BR. 10. S. 429).

777. Die Fassung des § 137 läßt es zweifelhaft, ob der Grundbesitzer ähnlich wie im Falle des § 138, befugt sei, den Eigenthumserwerb schon vor, resp. bei der Abtretung zu fordern, wenn mit Rücksicht auf die Art der beabsichtigten Benutzung der Eintritt einer Werthsverminderung im Voraus gewiß ist. Im KB. II. S. 69 i. f. scheint die verneinende Ansicht als die richtige unterstellt zu werden; dieselbe Auffassung liegt den Motiven zu dem (freilich nicht ganz gleich gefaßten) Art. 127 des Bayr. BG. S. 60 i. f. zu Grunde. Sollte gleichwohl das Gegentheil anzunehmen sein, so könnte jener Anspruch dennoch dadurch beseitigt werden, daß der Bw.'s-Besitzer sich unter Kautionsleistung verpflichtete, das Grundstück nach beendigter Benutzung in seinen früheren Zustand zurückzuversetzen. Denn da das BG. von der Wiederherstellung des früheren Zustandes lediglich im Interesse des Bw.'s-Besitzers abgesehen hat (s. n. 761), so muß es diesem immerhin freistehen, durch freiwillige Uebernahme einer desfallsigen Verpflichtung den Grundeigenthümer interesse- und klaglos zu stellen; vgl. auch OT. 21. Juni 1861 (Z. f. BR. 2. S. 396).

778. Das Recht des Grundeigenthümers, zwischen dem Ersatze des Minderwerths und dem Zwangserwerbe zu wählen, dauert nach den für alternative Forderungen geltenden Grundsätzen so lange fort, bis die Wahl endgültig getroffen und von dem Gegner angenommen worden ist. Klagt der Grundeigenthümer auf Ersatz des Minderwerths, so ist das Wahlrecht konsumirt im Augenblicke der Einlassung des Beklagten auf die Klage, resp. im Augenblicke der Litiskontestation (s. Göschen III. S. 45), sollte auch sofort in der Klage ein bestimmter Betrag gefordert und die Höhe desselben vom Beklagten bestritten sein. A. M. ist Klost. n. 299, welcher annimmt, der Grundbesitzer könne selbst nach beendigtem Prozesse statt der zuerkannten Entschädigung den Erwerb des Grundstücks verlangen, sofern jene den in der Klage geforderten Betrag nicht erreiche. Keinesfalls wird der Grundbesitzer schon dadurch, daß er sich für den Ersatz des Minderwerths Kaution bestellen läßt, seines Wahlrechts verlustig.

779. Auf den Zwangserwerb kommen im Allgemeinen die Grundsätze vom Kaufe, resp. Verkaufe, und zwar vom freiwilligen Verkaufe zur Anwendung, da das Geschäft auf Seiten des Grundbesitzers ja stets ein freiwilliges ist. Der Zwangserwerb hat daher an und für sich nicht die Folge, daß die auf dem Grundstücke lastenden Hypotheken erlöschen, wie es gemäß Art. 135 des Bayr. BG. der Fall ist. Nach rheinischem Rechte (Artt. 1184. 1654 des BGB.) kann wegen Nichtzahlung des Preises auf Auflösung des Geschäfts geklagt werden: Achenb. S. 274, resp. Z. f. BR. 8. S. 508). Inwiefern das Eingangs Gesagte bezüglich eines auf

§ 138. **Wenn feststeht, daß die Benutzung des Grundstücks länger als drei Jahre dauern wird, oder wenn die Benutzung nach Ablauf von drei Jahren noch fortdauert, so kann der Grundeigenthümer verlangen, daß der Bergwerksbesitzer das Eigenthum des Grundstücks erwirbt.**

[Br. 141, M 126, G. 96, B. 128 gleichl.]

---

dem Grundstücke haftenden Vorkaufsrechts eine Ausnahme erleide, darüber vgl. n. 783. (Das dort bezogene Erkenntniß hat zwar zunächst nur den Fall eines Zwangserwerbs nach Maßgabe der §§ 138. 139 h. l. im Auge; doch würden dessen Gründe, wenn sie überhaupt zutreffend wären, auch auf einen Fall im Sinne des § 137 passen). — Der Erwerb geschieht zu Gunsten des Bw.'s-Besitzers, nicht zu Gunsten des Werkes selbst, das Grundstück bildet mithin auch keine Zubehör des letzteren; s. n. 762. A. M. ist Achenb. (l. c. S. 273. 275, resp. S. 507. 509).

Zu § 138.

780. Muß ein Grundstück für einen ganz unbestimmten oder längeren Zeitraum zu bergbaulichen Zwecken benutzt werden, so wird der Eigenthümer regelmäßig vorziehen, statt des Nutzungsrechts das Eigenthum abzutreten, zumal, wenn es in seinem Interesse liegt, das Grundstück durch ein neu zu erwerbendes zu ersetzen. Auf dieser Betrachtung beruht § 138, welcher dem Art. 44 des franz. Ges. v. 21. April 1810 nachgebildet ist; die dort bestimmte einjährige Frist ist zu einer dreijährigen ausgedehnt worden; vgl. Mot. S. 85.

781. § 138 setzt hiernach voraus, daß der Eigenthümer auch der Nutzungsberechtigte sei. So lange daher das Nutzungsrecht einem Andern zusteht, kann der Grundeigenthümer von jener Befugniß keinen Gebrauch machen. Eventuell läuft die dreijährige Frist erst von der Beendigung des Nutzungsrechts des Dritten an. Der Wechsel in der Person des Eigenthümers äußert dagegen keinen Einfluß auf die Ausübung jener Befugniß resp. den Ablauf des dreijährigen Zeitraums, vielmehr kommt die Zeit, während welcher Jemand Eigenthümer ist, seinem Rechtsnachfolger zu Gute. Gleichwenig verschlägt es, ob auf Seiten des Bw.'s-Besitzers ein Personenwechsel innerhalb der dreijährigen Benutzungszeit stattgefunden hat, indem der Anspruch ohne Rücksicht darauf, wie lange gerade der dermalige Bw.'s-Besitzer das Grundstück benutzt, stets gegen diesen geltend gemacht werden muß. Der Anspruch ist für die Dauer der bergbaulichen Benutzung unverjährbar, insofern er stets oder doch alle drei Jahre von Neuem existent wird; vgl. Achenb. (S. 271 resp. Z. f. BR. 8. S. 505).

782. Wenn kein Fall einer Grundabtretung vorliegt, sondern nur der unterirdisch geführte Grubenbetrieb solche Beschädigungen zur Folge hat, daß der Grundeigenthümer an Bestellung und Benutzung des Grund und Bodens behindert ist, so kommt § 138 überhaupt nicht zur Anwendung, sondern § 148, sollte der Grubenbetrieb auch voraussichtlich länger als drei Jahre das Grundstück mit Beschädigungen bedrohen und seine Benutzung hindern: ME. 12. Dez. 1866 und 22. Okt. 1867 (Z. f. BR. 9. S. 218ff.).

783. Vgl. im Uebrigen n. 762. 773. 775—779. Das an letzterer Stelle (n. 779) Gesagte soll nach OT. 11. Sept. 1868 (Z. f. BR. 10. S. 426) insofern eine Ausnahme erleiden, als der Zwangserwerb in den Fällen der §§ 138. 139 der Ausübung des Vorkaufsrechtes, resp. dem Retracte (§§ 575. 631 I, 20 ALR.) nicht unterworfen sei. Doch sind die für diese Ansicht und zur Widerlegung des in anderem Sinne ergangenen Erkenntnisses des AG. Ratibor geltend gemachten Gründe schwerlich überzeugend. (Die Frage, ob dem Vorkaufsberechtigten nicht wenigstens ein Entschädigungsanspruch wegen Ausschließung jenes Rechtes zur Seite stehe, hatte das OT. keinen Anlaß zu entscheiden. Doch sprach dasselbe gleichzeitig den nicht minder bedenklichen Satz aus, daß im Falle des Einverständnisses der Kontrahenten über die Nothwendigkeit der Abtretung [s. n. 776] der Vorkaufsberechtigte nicht legitimirt sei, dem zu widersprechen, um hieraus seinen Anspruch auf Ausübung des Vorkaufsrechts abzuleiten.)

§ 139. Wenn ein Grundstück durch die Abtretung einzelner Theile so zerstückelt werden würde, daß die übrig bleibenden Theile nicht mehr zweckmäßig benutzt werden können, so muß auch für letztere die jährliche Entschädigung (§ 137) auf Verlangen des Grundbesitzers von dem Bergwerksbesitzer geleistet werden.

Unter derselben Voraussetzung kann der Eigenthümer eines solchen Grundstücks verlangen, daß der Bergwerksbesitzer das Eigenthum des ganzen Grundstücks erwirbt.

[Br. 142 gleichl.

M. 127: „Im Uebrigen findet das Expropriationsgesetz v. 28. Juni 1845 Anwendung." (Statt der §§ 139—147 h. l. — Ueber den Inhalt jenes Gesetzes s. Z. f. BR. 9. S. 322).

G. 98 gleichl.

B. 129 Abs. 1 gleichl., nur ist statt „Abtretung": „Ueberlassung zur Benützung" gesagt und der dem § 137 entsprechende Art. 126 nicht bezogen. — Abs. 2: „In diesem Falle kann der Eigenthümer des zerstückelten Grundstückes, soferne hinsichtlich des zur Benützung überlassenen Theiles entweder die Voraussetzung des Art. 127 oder jene des Art. 128 gegeben ist, verlangen, dass der Bergwerksbesitzer das Eigenthum des ganzen Grundstücks erwirbt."]

Zu § 139.

784. Auch für diesen § bildet Art. 44 des Ges. v. 21. April 1810 die Quelle; vgl. Mot. S. 85. Eben um deswillen sind die Ausdrücke „Grundstück" und „Theile eines Grundstückes" an dieser Stelle nicht in dem Sinne zu nehmen, in welchem sie der der preußischen Gesetzgebung entlehnte § 141 gebraucht (s. n. 793). Nach dem § 139 handelt es sich vielmehr wesentlich darum, ob das Terrain vom Grundbesitzer thatsächlich als ein Ganzes behandelt und benutzt worden ist. Demgemäß und ex ratione legis ist die Frage, ob die übrig bleibenden Theile nicht mehr zweckmäßig benutzt werden können, vorwiegend nach den individuellen Verhältnissen des Grundbesitzers und mit Rücksicht auf die bisherige Benutzung des Grundstücks zu beurtheilen, so daß die Anwendbarkeit des § 139 nicht ausgeschlossen wird, wenn jene Theile sich in anderen Händen und zu anderen Zwecken angemessen würden verwenden lassen. Contra: ME. 22. Juni 1867 (Z. f. BR. 8. S. 552), welche annahm, daß, falls der Rest noch zweckmäßig benutzt werden, und nur eine bestimmte Benutzungsart zweckmäßiger Weise nicht mehr stattfinden könne, dies lediglich bei Bemessung der Entschädigung von Erheblichkeit sei.

785. Die Abtrennung eines schmalen, unmittelbar an der Grenze des Grundstücks liegenden Streifens stellt überhaupt keine Zerstückelung im Sinne des § dar; vgl. ME. 22. Juni 1867 (s. n. 784), wo übrigens gleichzeitig das Verhältniß der Größe des ganzen Grundstücks zu derjenigen des Streifens in Rücksicht gezogen wurde.

786. Der Bw.'s-Besitzer kann nur dann zur Entschädigung für den Rest des Grundstücks angehalten werden, wenn auch dieser an ihn abgetreten wird, und zwar zur beliebigen Benutzung, da die Abtretung des Rests durch bergbauliche Zwecke gar nicht motivirt wird, hier mithin von der unter n. 751 gedachten Beschränkung in der Art der Benutzung keine Rede sein kann.

786 bis. Abs. 2 gilt nur unter der Voraussetzung, daß der Bw.'s-Besitzer zum Erwerbe des abgetretenen oder abzutretenden Theils, sei es auf Grund des § 137, sei es auf Grund des § 138, ohnehin verpflichtet ist; s. Klost. n. 303 und Art. 129 des Bayr. BG. — Darin, daß der Grundbesitzer von der Rechtswohlthat des Abs. 1 während dreier Jahre nach der Abtretung keinen Gebrauch macht, ist kein Verzicht auf das Recht zu erblicken, in dem Falle, wo die bergbauliche Benutzung der ab-

§ 140. **Bei der zwangsweisen Abtretung oder Erwerbung eines Grundstücks zu einer bergbaulichen Anlage kommen diejenigen Werthserhöhungen, welche das Grundstück erst in Folge dieser Anlage erhält, bei der Entschädigung nicht in Anschlag.**

a. [Br. 143 gleichl. — M. (s. Bemerk. zu § 139 b. l.) — G. 97 gleichl.

B. 130 gleichl., nur statt „Abtretung": „Ueberlassung zur Benützung." Die folgenden Artt. lauten: „131: Die Entschädigung für jede zwangsweise Erwerbung des Eigenthums eines Grundstücks von Seiten des Bw.'s-besitzers nach den Bestimmungen der Art. 127 Abs. 3, 128, 129, ingleichen für den von dem letzteren nach Art. 127 Abs. 1 zu ersetzenden Minderwerth des Grundstücks ist nach Art. V des Ges. v. 17. Nov. 1837, die Zwangsabtretung des Grundeigenthums für öffentl. Zwecke betr., zu bemessen. — 132: Kleben unkörperliche Rechte dem für den Betrieb des Bergbaues nach den Vorschriften des Art. 127 Abs. 3, 128 und 129 von dem Bw.'sbesitzer zum Eigenthume zu erwerbenden Grundstücke an, so muss der Bw.'sbesitzer 1. nutzbare Rechte auf anderen unbeweglichen Sachen, welche activ mit dem zu erwerbenden Grundstücke verbunden sind, auf Verlangen des Eigenthümers gegen volle Entschädigung des letzteren übernehmen; 2. nutzbare Rechte, welche passiv auf dem zu erwerbenden Grundstücke ruhen, durch volle Entschädigung der Berechtigten ablösen, wenn diese darauf dringen oder die Ausübung jener Rechte mit der neuen Bestimmung des Grundstücks nicht mehr vereinbar ist. — 133: Für die mit dem zu erwerbenden Grundstücke verbundenen, im Art. 132 bezeichneten Rechte, ingleichen für den nach Art. 127 Abs. 1 zu ersetzenden Minderwerth der Dienstbarkeiten ist die Entschädigung nach den im Art. VI des Zwangsabtretungsgesetzes v. 17. Nov. 1837 enthaltenen Bestimmungen zu ermitteln und zu leisten. — 134: Hypothekengläubiger und andere Realberechtigte sowie privilegirte Gläubiger des pfälzischen Rechts sind, insoweit ihre Sicherheit durch die in Folge der Ueberlassung des Grundstücks zur Benützung eintretende Werthsverminderung gefährdet ist, befugt, ihre Rechte bei der Festsetzung der im Art. 127 Abs. 2 bezeichneten Sicherheitsleistung zu wahren. Auf dieselben gehen, insoweit es zu ihrer Deckung erforderlich ist, die von dem Grundeigenthümer nach der Vorschrift des Art. 127 Abs. 1 erworbenen Ansprüche auf Ersatz des Minderwerths kraft Gesetzes über. — 135: Die auf dem von dem Bw.'sbesitzer zum Eigenthume zu erwerbenden Grundstücke ruhenden Hypotheken und die in Beziehung auf dasselbe im Hypothekenbuche etwa eingetragenen Verfügungsbeschränkungen erlöschen durch dessen Abtretung, falls nicht bezüglich der Hypotheken deren Uebernahme durch den Bw.'sbesitzer im Einverständnisse mit den Hypothekengläubigern erfolgt. Die Forderungen, für welche Hypothek bestellt war, gehen auf die Entschädigungssumme über, und es muss diese Summe, welche, soweit sie reicht, und wenn sie die hypothecirten Forderungen übersteigt, bis zum Betrage jener Hypotheken und deren Zinsen bei Gericht zu hinterlegen ist, an den Gläubiger ausbezahlt oder nach gesetzlicher Ordnung oder nach Uebereinkunft der Betheiligten an diese vertheilt werden."

b. § 140 fehlte in der RV.]

---

getretenen Theile noch fortdauert, den Erwerb des ganzen Grundstücks nach Maßgabe des Abs. 2 zu verlangen. — Im Uebrigen vgl. die Noten zu §§ 137. 138.

Zu § 140.

787. Nach Art. 44 des Ges. v. 21. April 1810 war der Kaufpreis nach dem Werthe des Grundstücks vor dem Betriebe des Bw.'s zu ermitteln. Hiermit sollte

§ 141. Wegen aller zu Zwecken des Bergbaubetriebes veräußerten Theile von Grundstücken findet ein Vorkaufs- und Widerkaufsrecht statt, wenn in der Folge das Grundstück zu den Zwecken des Bergbaues entbehrlich wird.

Das Vorkaufs- und Wiederkaufsrecht steht dem zeitigen Eigenthümer des durch die ursprüngliche Veräußerung verkleinerten Grundstücks nach denselben gesetzlichen Grundsätzen zu,

---

jedoch nur bestimmt werden, daß bei der Abschätzung diejenige Werthsteigerung oder Werthverminderung nicht in Betracht komme, welche sich allein auf den Betrieb des betreffenden Bw.'s zurückführen lasse, da im Uebrigen für die Festsetzung des Kaufpreises der Werth des Grundstücks zur Zeit des Ankaufs maßgebend blieb; vgl. Achenb. (S. 272 resp. Z. f. BR. 8. S. 506) § 140 stimmt hiermit im Wesentlichen überein. Er ist aus § 7 Abs. 2 des Entwurfs eines neuen Expropriations-Gesetzes (JMbl. 1864 S. 338), entnommen und wird im KB. I. S. 50, id. II. S 71 damit motivirt, daß der Natur der Sache gemäß, bei der Entschädigung nur derjenige Werth berücksichtigt werden könne, den das Grundstück bei der Abtretung habe, indem dieselbe nur nach dem vorhandenen, nicht nach dem erst später zu erwartenden Werthe zu bemessen sei. Aehnlich besagen die Motive zu § 7 l. c.: die Werthserhöhung, welche das Grundstück durch das Unternehmen selbst erlange, trete erst nach der Expropriation ein und könne für die Werthsbestimmung um deßwillen nicht maßgebend sein. Diese Art der Motivirung berührt jedoch nur die äußere Seite der Sache, der innere und wahre Grund für jene Vorschrift besteht vielmehr darin, daß eine Expropriation keinen Anlaß zur Bereicherung des Grundbesitzers bilden, letzterer daher in Geld nur so viel erhalten soll, als er an Grundeigenthum besitzen würde, wenn die Expropriation desselben ganz unterblieben wäre. Abgesehen hiervon paßt sie aber auch nicht auf diejenigen Fälle, wo der Zwangserwerb erst *lange* nach der Abtretung erfolgt. Trotzdem unterliegt es zufolge § 140 keinem Zweifel, daß in letzteren Fällen zwar nicht der Zeitpunkt der *Abtretung*, sondern derjenige des *Zwangserwerbs* für die Werthsbestimmung maßgebend ist, hierbei jedoch die in § 140 erwähnten *Werthserhöhungen* ebensowohl wie die aus gleicher Ursache entstandenen *Werthsverminderungen* außer Betracht bleiben.

788. Wenn, dem unter n. 787 Gesagten zufolge, § 140 zunächst und vorzugsweise im Interesse des Bw.'s-Besitzers disponirt, so kommt seine Bestimmung doch unter Umständen auch dem Grundbesitzer zu Gute, insofern sie nemlich bestätigt, daß dieser für etwaige *Werthserhöhungen*, welche die Folge der bergbaulichen Benutzung sind, von besonderen Verpflichtungsgründen abgesehen, *keine Vergütung* schuldet. Wollte man das Gegentheil annehmen, so wäre die Möglichkeit gegeben, daß der Grundbesitzer, dem § 137 Abs. 1 entgegen, für die entzogene Nutzung gar keine Entschädigung erhielte, oder das dafür Erhaltene später zurückgeben müßte. Das Obige gilt selbst dann, wenn auf dem Grundstücke *Tagegebäude* errichtet sind. Der Bw.'s-Besitzer hat hier blos das Recht, die Gebäude wieder abzubrechen, und die Materialien sich anzueignen. Vgl. KB. II. S. 70, Ges. v. 3. Nov. 1838 § 18.

789. § 140 spricht nur von Werthserhöhungen, welche durch die *betreffende bergbauliche Anlage* herbeigeführt werden, nicht also von solchen Werthserhöhungen, die durch den *Betrieb* des Bw.'s *überhaupt* entstehen. Letztere, insbesondere auch diejenigen, welche darin ihren Grund haben, daß das Grundstück in Folge des Bergbaubetriebs zu anderen Bestimmungen, als seinen ursprünglichen, zweckmäßig verwandt werden kann, kommen bei der Abschätzung allerdings in Betracht; s. KB. I. S. 57. Vgl. auch n. 772.

Zu § 141.

790. Da der Grundeigenthümer angehalten werden kann, einzelne Theile seines Grundstücks zu bergbaulichen Zwecken abzutreten, und er auch bei der *freiwilligen Veräußerung* unter diesem gesetzlichen Zwange steht, entspricht es

welche in dieser Beziehung den Eisenbahngesellschaften gegenüber gelten.

a. [Br. 144 Abs. 1 gleichl.; Abs. 2—7 gleichen Inhalts mit Abs. 2 h. l.; es sind hier die bezüglichen §§ des preußischen Ges. v. 3. Nov. 1838 mutatis mutandis in das BG. aufgenommen worden.

M. (s. Bemerk. zu § 139 h. l.)

G. 99 Abs. 1 gleichl., Abs. 2. 3 gleichen Inhalts mit Abs. 2 h. l., ähnlich wie § 144 des Br. BG., nur mit einer das Vorkaufsrecht betreffenden Modifikation im Schlußsatze, welcher also lautet: „Unterlässt der Bw.'sbesitzer die Anzeige, so ist er zur Leistung von Schadenersatz verpflichtet; gegen einen Dritten kann der zum Vorkaufe Berechtigte seinen Anspruch nur dann geltend machen, wenn der Dritte zur Zeit der Uebergabe in unredlichem Glauben gestanden hat oder wenn das Vorkaufsrecht im Grundbuch eingetragen ist."

B. (vacat.)

b. Die §§ 16 ff. des Eisenbahn-Ges. v. 3. Nov. 1838 (GS. S. 505) lauten:

§ 16. „Hat die Gesellschaft ein nach § 8 der Expropriation unterworfenes Grundstück, sei es durch Expropriation oder durch freien Vertrag erworben, so soll für dasselbe ein Anspruch sowohl auf Wiederkauf als auf Vorkauf eintreten, wenn in der Folge entweder die Anlage dieser Eisenbahn aufgegeben, oder das Grundstück zu ihren Zwecken entbehrlich wird.

§ 17. Den Anspruch auf Wiederkauf und Vorkauf hat der zeitige Eigenthümer des durch den ursprünglichen Erwerb (§ 16) verkleinerten Grundstücks.

§ 18. Den Wiederkauf kann dieser Eigenthümer in solchem Fall zu jeder Zeit geltend machen; bestreitet die Gesellschaft das Dasein der im § 16 bestimmten Bedingungen, so tritt richterliche Entscheidung ein. Die Gesellschaft kann von ihrer Seite den Eigenthümer auffordern, sich über die Ausübung dieses Rechts zu erklären, und er verliert dasselbe, wenn er nicht binnen zwei Monaten diese Erklärung abgiebt. Bei dem Wiederkauf zahlt der Eigenthümer den ursprünglichen Kaufpreis, nach Abzug der durch die bisherige Benutzung in dem Grundstück entstandenen Werthsverminderung. Dagegen kann die Gesellschaft keine Verbesserungen in Anrechnung bringen, wohl aber die von ihr auf diesem Boden etwa errichteten Gebäude oder andere Anlagen hinwegnehmen.

§ 19. Der Vorkauf tritt ein, wenn die Gesellschaft das entbehrlich gewordene Grundstück anderweit zu verkaufen Gelegenheit findet. Sie hat diese Absicht, so wie den angebotenen Kaufpreis dem nach § 17 berechtigten Eigenthümer anzuzeigen, welcher sein Vorkaufsrecht verliert, wenn er sich nicht binnen zwei Monaten darüber erklärt. Unterläßt die Gesellschaft die Anzeige, so kann der Berechtigte seinen Anspruch gegen jeden Besitzer geltend machen."

Außerdem bestimmt das für die linke Rheinseite nicht mit ergangene Ges. v. 2. März 1850 (GS. S. 77) in § 4 Abs. 2 und 3:

„Ein gesetzliches Vorkaufsrecht findet ferner wegen aller Theile von Grundstücken statt, welche in Folge des von dem Staate ausgeübten oder verliehenen Expropriationsrechts zu gemeinnützigen Zwecken haben veräußert werden müssen, wenn in der Folge das expropriirte Grundstück ganz oder theilweise zu dem bestimmten Zwecke nicht weiter nothwendig ist und veräußert werden soll.

Das Vorkaufsrecht steht dem zeitigen Eigenthümer des durch den ursprünglichen Erwerb verkleinerten Grundstücks zu. Wer das Expropriationsrecht ausgeübt hat, muß die Absicht der Veräußerung und den angebotenen Kaufpreis dem berechtigten Eigenthümer anzeigen, welcher sein Vorkaufsrecht verliert, wenn er sich nicht binnen zwei Monaten darüber erklärt. Wird die Anzeige unterlassen, so kann der Berechtigte seinen Anspruch gegen jeden Besitzer geltend machen."

---

der Billigkeit [?], die Wiedervereinigung des getheilten Grundstücks zu einem Ganzen in dem Falle zu erleichtern, wo die abgetretenen Theile für die Zwecke des Bergbaues wieder entbehrlich werden; demgemäß bewilligt § 141 dem zeitigen

Eigenthümer des verkleinerten Grundstücks ein Vor- und Wiederkaufsrecht und erklärt mit Rücksicht darauf, daß ein solches Recht unter denselben Voraussetzungen den Eisenbahngesellschaften gegenüber bereits besteht, die in letzterer Beziehung maßgebenden Grundsätze (zur Zeit die §§ 16 ff. des Ges. v. 3. Nov. 1838, vergl. mit § 4 des Ges. v. 2. März 1850) auch auf den vorliegenden Fall anwendbar: Mot. S. 85. — Doch kann auf diese Rechte zum Voraus, d. h. schon bei dem Eigenthumserwerbe des Bw.'s-Besitzers rechtsgültig verzichtet werden.

791. Für Nassau gelten die im § 141 Abs. 2 bezogenen Grundsätze nur soweit, als ihnen nicht das Stockbuchs-Ges. v. 15. Mai 1851 entgegensteht. Durch die desfallsige Vorschrift (VO. v. 22. Febr. 1867 Art. IV.) sollte der dingliche Charakter, den das Vorkaufsrecht nach der preuß. Gesetzgebung hat, als unvereinbar mit den allgemeinen Prinzipien der nass. Gesetzgebung, insbesondere dem Ges. v. 1851, ausgeschlossen werden; vgl. Z. f. BR. 8. S. 15. Für Hannover, Kurhessen rc. ist die unbedingte Anwendbarkeit jener Grundsätze auf die hier fraglichen Fälle ausdrücklich ausgesprochen worden, damit dieselbe, welche schon an sich aus der Einführung des § 141 folgen würde, völlig unzweifelhaft sei; vgl. ib. S. 173. Hiernach greifen jene Grundsätze auch in der vormals Großh. Hess. Provinz Oberhessen und in Hessen-Homburg Platz, obgleich dies für letztere Landestheile nicht ausdrücklich bestimmt worden ist. Ebensowenig unterliegt deren Anwendung in den Hohenzollernschen Landen einem Bedenken, ungeachtet das dortige Eisenbahngesetz v. 1. Mai 1865 (GS. S. 317) keine den §§ 16—19 l. c. entsprechenden Vorschriften enthält.

792. Wie durch § 141 die für Eisenbahngesellschaften geltenden Vorschriften über das Wieder- und Vorkaufsrecht, einschließlich der in Betreff der Modalitäten dieser Rechte, insbesondere der Preisbestimmung in §§ 18. 19 cit. enthaltenen, auch dem Bergbau gegenüber gelten, — vgl. KB. II. S. 71, — ebenso bilden für die Verhältnisse beider die allgemeinen civilrechtlichen Grundsätze über diese Rechte die gemeinsame Grundlage, indem die §§ 16 ff des Ges. v. 3. Nov. 1838 aus der allgemeinen Civilgesetzgebung zu erläutern und zu ergänzen sind. Hierbei erhebt sich jedoch die Frage, ob zu diesem Behufe die verschiedenen Civilgesetzgebungen — jede für ihren Bereich, — in Betracht kommen, oder ob das ALR. überall bei der Auslegung zum Grunde zu legen sei, weil es nicht allein für den größten Theil des Staatsgebiets gilt, sondern auch auf den Inhalt der citt. §§ 16 ff. unmittelbar eingewirkt hat (vgl. § 19 mit § 610 I, 20 ALR.). Mit speziellem Bezuge auf die Bedingungen des Wiederkaufsrechts sprechen sich Bess. und Kühlw. I, S. 124 in dem letzteren, AH. Cöln v. 22. Aug. 1846 (Rh. A. 41. I, 42) in dem ersteren Sinne aus. Der Verf. ist der Ansicht, daß zwar diejenigen Vorschriften des ALR., welche denen der anderen Civilgesetzgebungen direkt widersprechen möchten, für die Gebiete der letzteren außer Betracht bleiben, daß jedoch im Uebrigen das ALR. bei dem unverkennbaren Antheile, den seine Vorschriften an der Entstehung der citt. § 16 ff. haben, auch für jene Gebiete die Bedeutung eines Interpretationsmittels, und zwar in hervorragendem Maße besitze.

793. Was als Theil eines Grundstücks im Sinne des § 141 Abs. 1 anzusehen sei, beurtheilt sich nicht nach der thatsächlichen Bewirthschaftung zur Zeit der Abtretung, sondern nach der rechtlichen Individualität des Grundstücks. Für die älteren westlichen Provinzen ist in dieser Hinsicht der Grundsteuer-Kataster maßgebend, jede Parzelle des Flurbuchs daher als Ganzes anzusehen; während in den östlichen Provinzen nur ein geschlossenes Gut und von den Wandeläckern jedes im Hypothekenbuche unter einer besonderen Nummer aufgeführte Grundstück ein Ganzes im Sinne des § 141 bildet. Vgl. Klost. n. 305, Bess. und Kühlw. I, S. 121, sowie das Ges. v. 3. Jan. 1845 (GS. S. 25). Auf das Größenverhältniß des veräußerten zu dem dem Grundbesitzer verbliebenen Theile kommt es in Betreff des § 141 nicht an.

794. Ueber den Begriff „Zwecke des Bergbaubetriebs" vgl. § 135. Dem § 16 des Ges. v. 3. Nov. 1838 und der Natur der Sache gemäß muß nicht allein die Veräußerung zu solchen Zwecken stattgefunden haben, sondern die Abtretung zur Erreichung derselben auch wirklich nothwendig gewesen sein. Das zweite Erforderniß für die Existenz des Vor- und Wiederkaufsrechts, die Entbehrlichkeit des Grundstücks [oder richtiger des Grundstückstheils] bezieht sich nach dem Wortlaute

des Abs. 1 nicht blos auf den die frühere Veräußerung speziell motivirenden Zweck, sondern auf alle Zwecke im Sinne des § 135. Ueber das Zutreffen dieses zweiten Erfordernisses und, wenn die ursprüngliche Veräußerung auf einem freien Vertrage beruhte, auch über das Zutreffen des ersten, hat gemäß § 18 des Ges. v. 1838 der Richter zu entscheiden; dieser wird daher in solchen Fällen mit der Erörterung von Fragen befaßt, welche unter anderen Voraussetzungen seiner Kognition nicht unterliegen. Die Beweislast liegt im Prozesse dem Grundbesitzer ob, doch wird die Entbehrlichkeit schon durch die Thatsache des anderweitigen Verkaufs dargethan, während die Thatsache allein, daß die Grundstückstheile augenblicklich zu bergbaulichen Zwecken nicht benutzt werden, jenen Nachweis noch nicht liefert; vgl. AH. Cöln 22. Febr. 1844 (Rh. A. 36. I, 238).

795. Das Wiederkaufsrecht setzt stets einen früheren Verkauf voraus, wogegen das Vorkaufsrecht auch dann eintritt, wenn der Grundstückstheil in anderer Weise veräußert, z. B. vertauscht worden war. Ob der frühere Verkauf erzwungen wurde, oder auf einem freien Vertrage beruhte, ist in Betreff beider Rechte gleichgültig; s. Ges. v. 3. Nov. 1838 § 16 und n. 790. 794.

796. Das Vorkaufsrecht kann nur einem anderweitigen freiwilligen oder nothwendigen Verkaufe, nicht also auch einem Tausche, einer Schenkung rc. gegenüber, ausgeübt werden. Auch spricht nach §§ 577. I, 20 ALR. die Vermuthung in zweifelhaften Fällen gegen den Verkauf; vgl. Bess. und Kühlw. I, S. 125 ff., Klost. n. 306. 309; der letztere stellt ein aus Kauf und Tausch gemischtes Geschäft in diesem Betrachte dem Tausche gleich und hält auch den § 578. I, 20 ALR. hier für anwendbar. Von § 584 ib. dürfte jedenfalls das Gegentheil gelten. Handelt es sich um einen Verkauf, durch welchen der Grundstückstheil mit anderen Immobilien zu einem Gesammtpreis veräußert werden soll, so kommt für das Gebiet des ALR.'s: § 607 I, 20 ib. zur Anwendung, während in den übrigen Rechtsgebieten richterliche Evaluation zur Ermittelung des auf jenen Grundstückstheil fallenden Kaufpreises eintritt. Ein Verkauf, welcher das betreffende Bw. mitumfaßt, giebt zur Ausübung des Vorkaufsrechts überhaupt keinen Anlaß. Ebensowenig kann dasselbe geltend gemacht werden, wenn nur ein Stück oder ideeller Theil des Grundstückstheils anderweitig veräußert werden soll, da in diesem Falle der Zweck des Gesetzes, nemlich die Wiedervereinigung des getheilten Grundstücks zu einem Ganzen, nicht erreichbar ist, und § 141 als Ausnahmebestimmung ohnehin der engsten Auslegung unterliegt. Bei dem Verkaufe des Grundstückstheils an Mehrere zu ideellen Theilen kann das Vorkaufsrecht aus gleichem Grunde nur hinsichtlich sämmtlicher Theile, mithin nicht einem einzelnen Ankäufer gegenüber ausgeübt werden; vgl. OT. 28. Febr. 1851 (Strieth. 1. S. 273).

797. Aehnliche Grundsätze gelten, wenn das durch die ursprüngliche Veräußerung verkleinerte Grundstück im Miteigenthume Mehrerer steht, und zwar hier ebensowohl für das Wiederkaufs- wie für das Vorkaufsrecht. Beide Rechte können daher nur gemeinschaftlich von sämmtlichen Miteigenthümern ausgeübt werden, — vgl. § 320 I, 11 ALR., — und sie erlöschen, wenn das Grundstück in natura getheilt wird, da ex ratione legis (s. n. 796) anzunehmen ist, daß sie ihm nur als Ganzem, nicht also seinen einzelnen Theilen und Stücken ankleben. Zu demselben Resultate gelangen Bess. und Kühlw. I, S. 122, während Klost. n. 307 im Falle der abermaligen Theilung jedem der Besitzer der Trennstücke jene Rechte zuspricht, welche jedoch im Falle der Konkurrenz gemeinschaftlich ausgeübt werden müßten. In ähnlichem Sinne erkannte auch AH. Cöln 22. Aug. 1846 (Rh. A. 41. I, 42), unter Bezugnahme auf die Vorschriften des Rh. BGB.'s über das vertragsmäßige Wiederkaufsrecht: diesen gemäß sei jedoch jeder einzelne Besitzer nur nach Verhältniß seines Antheils zu klagen befugt, wogegen der Verklagte verlangen könne, daß die übrigen mit in den Prozeß gesetzt würden, um sich über die Zurücknahme des Grundstücks zu einigen.

798. Daß das Wiederkaufs- und Vorkaufsrecht subjektiv dinglicher Natur seien, folgt unmittelbar aus § 141. Ob denselben auch die Eigenschaft objektiv dinglicher Rechte beiwohne, beantwortet § 19 des Ges. v. 3. Nov. 1838 nur bezüglich des Vorkaufsrechts und zwar, vorbehaltlich des unter n. 800 i. f. Gesagten, im bejahenden Sinne. In Betreff des Wiederkaufsrechts enthält auch das ALR. keine unmittelbare Lösung der obigen Frage, indem dasselbe nur ein vertragsmäßiges

§ 142. Können die Betheiligten sich in den Fällen der §§ 135 bis 139 über die Grundabtretung nicht gütlich einigen, so erfolgt die Entscheidung darüber, ob, in welchem Umfange und unter welchen Bedingungen der Grundbesitzer zur Abtretung des Grundstücks oder der Bergwerksbesitzer zum Erwerbe des Eigenthums verpflichtet ist, durch einen gemeinschaftlichen Beschluß des Oberbergamts und der Regierung.

[Br. 145 gleichl. bis „Beschluß," dann: „der Bergbehörde und der btr. Herzogl. Kreisdirektion, bei Grundabtretungen für den Betrieb des fiscalischen Bergbaues aber durch einen alleinigen Beschluss der btr. Herzogl. Kreisdirektion."

M. (s. Bemerkung zu § 139 h. l.)

G. 100 gleichl., nur ist vor „Abtretung" und „Erwerbe" jedesmal das Wort „zwangsweisen" eingeschaltet, und statt „durch einen gemeinsamen Beschluß 2c." gesagt: „durch einen Beschluss des Bergamts."

B. 136: „Können die Betheiligten sich in den Fällen der Artt. 124 125 Abs. 1, 126—129 nicht gütlich einigen, so erfolgt die Entscheidung darüber, ob, in welchem Umfange und unter welchen Bedingungen der Grundbesitzer zur Ueberlassung der Benützung oder der Bw.'sbesitzer zum Erwerbe des Eigenthums verpflichtet ist, durch einen gemeinschaftlichen Beschluss

---

Wiederkaufsrecht kennt. Da das ALR. jedoch diesem, sofern es in das Hypothekenbuch eingetragen ist, jene Eigenschaft ebensowohl zuerkennt, wie unter derselben Voraussetzung dem vertragsmäßigen Vorkaufsrechte (§ 311 I, 11; § 57) I, 20 l. c.), da ferner das gesetzliche Vorkaufsrecht des ALR. nach der richtigen Deutung jene Eigenschaft gleichfalls besitzt, und zwar, ohne daß hierbei von einer Eintragung in das Hypothekenbuch die Rede ist (§ 573 I, 20 ib.), so wird das Gleiche auch von dem gesetzlichen Wiederkaufsrechte des § 141 anzunehmen sein. A. M. sind Bess. und Kühlw. I, S. 124.

799. Das Wiederkaufsrecht cessirt nicht etwa mit dem Eintritte der Voraussetzungen des Vorkaufsrechts: AH. Cöln 22. Aug. 1846 (Rh.A. 41. I, 42). Dasselbe kann nach § 18 des Ges. v. 3. Nov. 1838 zu jeder Zeit geltend gemacht werden, ohne daß darum jedoch die Klagenverjährung ausgeschlossen wäre. (Der Lauf der Verjährungsfrist, welche für das Gebiet des rhein. Rechts nicht etwa durch Art. 1660 des BGB. abgekürzt wird, beginnt in dem Augenblicke, wo der veräußerte Grundstückstheil zu bergbaulichen Zwecken entbehrlich wird.) Auch die Ausübung des Vorkaufsrechts ist nicht, gleich der Erklärung darüber, an eine kurze Frist gebunden. Vielmehr ist, wenn der Berechtigte erklärt, sein Recht ausüben zu wollen, die Erfüllung seiner Obliegenheiten aber trotzdem verzögert, dem Besitzer überlassen, entweder die Uebergabe der Sache zu suspendiren oder auf Erstattung des Gezahlten, gegen Uebernahme des Grundstücks, zu klagen: OT. 10. Aug. 1846 (Arnsb. Arch. 13. S. 31).

800. Die im § 19 des Ges. v. 3. Nov. 1838 vorgeschriebene Anzeige muß selbst bei Zwangsverkäufen erfolgen. Die entgegenstehende auf § 384 der Konkurs-Ordnung v. 8. Mai 1855 sich gründende Ansicht Klost.'s n. 212 hat dadurch ihre Erledigung gefunden, daß der cit. § 384 durch § 117 der Subh.-Ordn. v. 15. März 1869 außer Kraft gesetzt ist, die im § 13 Nr. 7 der letzteren angedrohte Präklusion aber nur solche Realrechte trifft, welche zur Wirksamkeit gegen Dritte der Eintragung in das Hypothekenbuch bedürfen. Die Unanwendbarkeit des § 616 I, 20 ALR. folgt daraus, daß § 19 dem Vorkaufsberechtigten allgemein und ohne zwischen den Arten des Verkaufs zu unterscheiden, die zweimonatliche Frist gewährt. A. M. ist Klost. n. 310, welchem jedoch darin beizupflichten ist, daß, falls der Berechtigte sich zwar zeitig erklärt, aber in ablehnendem Sinne, das Vorkaufsrecht nicht blos für den speziellen Veräußerungsfall, sondern endgültig verloren geht.

Zu § 142.

801. Die §§ 142—147 behandeln das in den Fällen der §§ 135—139 Mangels einer gütlichen Einigung eintretende Zwangsverfahren. Dasselbe schließt

der einschlägigen Districtspolizeibehörde und der einschlägigen Bergbehörde. — Zu diesem Beschlusse haben der Vorstand und ein Beamter der ersteren, ferner ein Beamter der letzteren mitzuwirken. — Gegen den Beschluss ist Berufung zulässig und innerhalb der auf die Eröffnung desselben an die Betheiligten folgenden 15 Tage bei der Districtspolizeibehörde anzumelden und auszuführen. Sie ist dem Gegentheile zur Erinnerungsabgabe innerhalb weiterer 15 Tage mitzutheilen und es ist die einschlägige Kreisregierung, Kammer des Innern, und die Oberbergbehörde gemeinschaftlich als zweite und letzte Instanz zur Bescheidung der Berufung zuständig, vorbehaltlich dessen, was in dieser Beziehung das Gesetz über den Verwaltungsgerichtshof bestimmt. — Zu dem Beschlusse der zweiten Instanz haben der Vorstand der Regierungskammer und 2 Mitglieder derselben, ferner 2 Mitglieder der Oberbergbehörde mitzuwirken. Die zu diesem Zwecke nöthigen Reisekosten der Mitglieder der Oberbergbehörde dürfen den Parteien nicht aufgerechnet werden."

137: „Der bei der Bergbehörde anzubringende Antrag des Bw.'sbesitzers auf Ueberlassung eines Grundstücks zur Benützung muss enthalten: den Namen und Wohnort des treffenden Grundeigenthümers oder Nutzungsberechtigten, die Bezeichnung der zur Benützung zu überlassenden Grundfläche nach Lage, Grösse und Grenzen, die Beschreibung der Anlage, zu welcher dieselbe verwendet werden soll, die muthmassliche Dauer der Benützung, das Anerbieten einer bestimmten jährlichen Nutzungsentschädigung, endlich die Erklärung, dass eine gütliche Einigung auf der bezeichneten Grundlage vergebens versucht worden sei — Als Beleg ist dem Antrage beizufügen der Steuerkatasterplan mit einer Einzeichnung der zur Benützung in Anspruch genommenen Grundflächen und der beabsichtigten Anlage."

138. „Der bei der Bergbehörde anzubringende Antrag des Grundeigenthümers auf Erwerbung des Eigenthums des Grundstücks durch den Bw.'seigenthümer muss in den Fällen der Artt. 127 Abs. 3, 128 Abs. 2 Alternative und 129 enthalten: den Namen und Wohnort des letzteren, bez. der Gewerkschaft, die Bezeichnung der bereits zur Benützung überlassenen Grundfläche nach Lage, Grösse und Grenzen und des Zeitpunkts der zwangsweise oder freiwillig nach Art. 124 erfolgten Gebrauchsüberlassung, ferner den Capitalbetrag, für welchen die Abtretung angeboten wird, endlich die Erklärung, dass eine gütliche Vereinigung auf dieser Grundlage erfolglos versucht worden sei. — Ist die Ueberlassung zur Benützung noch nicht erfolgt, und stützt der Grundeigenthümer sein Verlangen auf Erwerbung des Eigenthums des Grundstücks durch den Bw.'sbesitzer auf die Vorschrift des Art 128 1. Alternative oder des Art. 129, so hat er dieses Verlangen als Gegenantrag dem auf Gebrauchsüberlassung gerichteten Antrage des Bw.'sbesitzers gegenüber anzubringen."

139: „Die Bergbehörde hat den bei ihr eingekommenen Antrag (Art. 137. 138) im Benehmen mit der einschlägigen Districtspolizeibehörde einer vorläufigen Prüfung zu unterstellen. Wird der Antrag unvollständig befunden, so ist derselbe zur Vervollständigung zurückzugeben; wird derselbe unzulässig befunden, sei es wegen Gefährdung öffentlicher Interessen oder aus anderen gesetzlichen Gründen, so ist er durch einen nach Art. 136 zu fassenden Beschluss abzuweisen. Liegt keiner dieser Fälle vor oder ist der Antrag nachträglich vervollständigt worden, so hat die Districtspolizeibehörde zur weiteren Instruction des Antrags zu schreiten."

Das Nähere hierüber findet sich in den zu § 143 h. l. mitgetheilten Artt. 140—143. Außerdem vgl. Art. 146, mitgetheilt zu § 146 h. l.]

---

sich im Wesentlichen und abgesehen von den hauptsächlich eine Vereinfachung bezweckenden Abweichungen an dasjenige Verfahren an, welches sich auf Grund der Deklar. v. 27. Okt. 1804 und der darauf beruhenden neueren Vorschriften ausgebildet hatte; die Anordnung einer gemeinschaftlichen Kognition des OBA.'s und der Regierung soll die allseitige und unparteiische Prüfung der kollidirenden Interessen verbürgen. Vgl. Mot. S. 86. Aus ihnen und den Landtagsverhandlungen folgert das MR. v. 21. Aug. 1866 (Z. f. BR. 7. S. 406), daß in den §§ 142—147 das Verfahren habe erschöpfend geregelt werden sollen, weshalb zur Ergänzung dieser klaren und keiner Vervollständigung bedürftigen Vorschriften auf keine älteren, ähnliche Rechtsverhältnisse betreffenden Gesetze zurückgegangen werden könne.

802. Nimmt der Bw.'s-Besitzer ein Grundstück eigenmächtig, unter Umgehung der §§ 142 ff., in Besitz, oder überschreitet er die durch den Expropriationsbescheid bestimmten Grenzen, so steht dem Grundbesitzer das possessorium zu, sollte ein Grund zur Abtretung auch wirklich vorliegen. Selbst die Genehmigung des Betriebsplans oder die bergpolizeiliche Genehmigung der Anlage, durch welche die Störung stattgefunden hat, schließt eine solche Klage nicht aus. Wohl aber würde derselben unter Umständen entgegenstehen, wenn die Besitzhandlungen unter den Augen und ohne Widerspruch des Grundbesitzers stattgefunden hätten, insofern daraus eine [stillschweigende] Zustimmung des letzteren hergeleitet werden könnte. Auf administrativem Wege kann der Bw.'s-Besitzer zur Rückgewähr, resp. zur Einschlagung des in den §§ 142 ff. vorgezeichneten Weges nicht angehalten werden. Vgl. OT. 6. März 1861, 7. März und 17. Okt. 1862; MR. 3. Juli 1862 (Z. f. BR. 2. S. 512; 4. S. 108. 110; 3. S. 396) und Oppenhoff Ress.-Ges. S. 125.

803. Dem klaren Wortlaute des § 142 zufolge ist der Eintritt der administrativen Kognition dadurch bedingt, daß sich die Betheiligten über die Grundabtretung nicht einigen können. Demgemäß gehört u. a. der auf Ersatz des Minderwerths bezügliche Fall des § 137 Abs. 2 nicht hierher, sondern vor den ordentlichen Richter: Mot. S. 86. Eben um deswillen findet die administrative Festsetzung der jährlichen Entschädigung und der Kaution nur in Ermangelung einer gütlichen Einigung über die Abtretung statt: s. MR. 12 Aug. 1859 (M. Z. 6. S. 273), wo namentlich hervorgehoben wird, daß im entgegengesetzten Falle die administrative Entscheidung nicht vollstreckbar sein würde. Vgl. auch Wachler S. 195 und Oppenhoff Ress.-Ges. S. 321 n. 16.

804. Aus demselben Grunde haben die Verwaltungsbehörden über den Zwangserwerb nur dann zu entscheiden, wenn der desfallige Anspruch vom Grundbesitzer schon vor der Abtretung, resp. im Abtretungsverfahren geltend gemacht wird, wenn also, während der Bw.'s-Besitzer nur die Abtretung begehrt, jener dieselbe nicht gestatten will, sondern auf den Erwerb des Eigenthums dringt, oder wenn beide zwar in Betreff des Eigenthumserwerbs an sich einig sind, sich aber über die Bedingungen nicht verständigen können, und der Grundbesitzer in Folge dessen sogar die bloße Abtretung verweigert. Diese Ansicht, welche auch der Vorschrift des § 147 zu Grunde liegt (s. n. 831), findet außerdem durch den KB. II. S. 70 insofern ihre Bestätigung, als dort anerkannt wird, daß bei dem Zwangserwerbe nach Maßgabe des § 137 Abs. 2 die §§ 142 ff. nicht Platz greifen. Gleichwohl scheint daselbst in Betreff der Fälle der §§ 138. 139 ohne Unterschied das Gegentheil angenommen zu sein. Klost. n. 313. 313a. 330 hält das administrative Verfahren sogar bei allen Fällen des Zwangserwerbs für geboten, ungeachtet er ausführt, daß der ergehende Beschluß dem im Besitze befindlichen Bw.'s-Besitzer gegenüber gar nicht vollstreckbar sei; seine Meinung hat in diesem wie in so manchen anderen Punkten dem Bayr. BG. zur Grundlage gedient.

805. Die Behörden haben ihre Entscheidung nur nach Maßgabe der §§ 135—140 zu treffen, indem die Kognition darüber, ob dem Bw.'s-Besitzer etwa ein vertragsmäßiges Recht auf Abtretung des Grundstücks zur Seite stehe, ebensowohl wie darüber, ob der Grundbesitzer auf Grund eines speziellen Rechtstitels von der gesetzlichen Pflicht zur Abtretung befreit sei, wegen des rein privatrechtlichen Charakters dieser Fragen und arg. § 136 Abs. 1 sofort und ausschließlich dem Richter gebührt. Vgl. n. 74. 75. 820. 822 und ME. v. 1. Sept. 1866 (Z. f. BR. 8. S. 134).

806. Das Verfahren ist gegen einen etwaigen Nutzungsberechtigten, z. B. einen Pächter des Grundstücks, mitzurichten: ME. 2. März 1866 (Z. f. BR. 7. S. 403). Ja es genügt, wenn dasselbe gegen letzteren allein gerichtet wird, sofern die Art und Dauer der beabsichtigten Benutzung unzweifelhaft mit den Befugnissen

§ 143. Vor der Entscheidung müssen beide Theile gehört und die Verhältnisse durch Kommissarien der beiden entscheidenden Behörden an Ort und Stelle untersucht werden.

Die Ermittelung der für die vorübergehende Benutzung des Grundstücks oder für die Abtretung des Eigenthums zu leistenden vollständigen Entschädigung, sowie der im § 137 erwähnten Kaution liegt beim Mangel einer gütlichen Einigung der Betheiligten ebenfalls den Kommissarien ob.

Zu dieser Ermittelung sind Sachverständige zuzuziehen.

Jeder Theil ist befugt, Einen Sachverständigen zu bezeichnen. Geschieht dies binnen einer von den Kommissarien zu bestimmenden Frist nicht, so ernennen letztere die Sachverständigen.

In jedem Falle können die Kommissarien einen dritten Sachverständigen zuziehen.

[Br. 146 gleichl., ausgenommen daß in Abs. 3 nach „zuzuziehen" die Worte folgen: „welche die Commissarien zu ernennen haben," und daß Abs. 4. 5 h. l. fehlen.

M. (s. Bemerkung zu § 139 h. l.)

G. 101 gleichl., nur ist im Abs. 1 statt „Kommissarien rc.": „einen Commissar der entscheidenden Behörde," und in den Abss. 2. 4. 5 statt „Kommissarien": „Bergamt" gesagt, endlich im Abs. 3 hinter „zuzuziehen" zugesetzt: „für deren Qualification die allgemeinen Vorschriften des Prozesses gelten."

B. 140: „Die Districtspolizeibehörde hat vorerst sämmtliche bei dem Antrage Mitbetheiligte im Benehmen mit dem treffenden Rentamte und der Hypothekenbehörde zu ermitteln. — Sie setzt hiernach gemeinschaftlich mit der Bergbehörde eine Tagsfahrt zur Untersuchung

---

des Eigenthümers nicht in Kollision tritt, und namentlich die Möglichkeit einer Werthsverminderung durch die Art der Benutzung offenbar ausgeschlossen ist. Die Frage, ob noch sonstige Realberechtigte zu den „Betheiligten" im Sinne des § 142 gehören, wird von Kloſt. n. 315 bezüglich der Hypothekengläubiger, von OT. 11. Sept. 1868 (Z. f. BR. 10. S. 429) bezüglich eines Vorkaufsberechtigten verneint; vgl. auch oben n. 69. — Die Behörden haben die Legitimation des Provokaten zu prüfen; doch bindet das irrthümlich gegen einen Nichtberechtigten betriebene Verfahren den Berechtigten selbstredend nicht: Kloſt. l. c.

807. § 3 der Deklar. v. 1804 verordnete für den Fall der Nichteinigung der beiden zur Entscheidung berufenen Behörden die Einholung einer höheren Bestimmung, anscheinend damit letztere der demnächst zu erlassenden und gleichwohl im Rekurswege angreifbaren Entscheidung zu Grunde gelegt werde. Kloſt. n. 323 deutet die Deklar. anders, indem er jene höhere Bestimmung als eine unmittelbar zur Sache ergehende Entscheidung auffaßt, durch deren Erwirkung der Rekursweg abgeschnitten gewesen sei, und er folgert hieraus, daß gegenwärtig in ähnlicher Weise nicht ferner verfahren werden könne, der Expropriations-Antrag vielmehr in obigem Falle als abgelehnt erscheine, wenn auch dem OBA. und der Regierung (in der Provinz Hannover der Landdrostei) unbenommen sei, über prinzipielle Meinungsverschiedenheiten den Ausspruch ihrer vorgesetzten Minister vor der Entscheidung einzuholen.

Zu § 143.

808. Es können auch ständige Kommissarien ernannt werden: Mot. S. 86. Wird ein RB. zum Kommissar des OBA.'s ernannt, so sind die von ihm gepflogenen Verhandlungen und nicht blos das Protokoll über die stattgehabte Lokaluntersuchung zu den Expropriations-Akten zu bringen: MR. 21. Aug. 1866 (Z. f. BR. 7. S. 407).

und Verhandlung der Sache an Ort und Stelle an, erlässt die Ladung hiezu an sämmtliche Betheiligte unter genauer Bezeichnung der Zeit und des Orts und giebt nach Umständen das beabsichtigte Unternehmen in der Gemeinde, in deren Bezirke die Anlage eingeführt werden soll, durch Anschlag oder durch ein hiefür geeignetes Localblatt bekannt. — Die Vorladung der Parteien und der Mitbetheiligten, namentlich der Realberechtigten, der Hypothekengläubiger und der privilegirten Gläubiger des pfälzischen Rechts, sowie der Eigenthümer der benachbarten Grundstücke, Wasserrechte und Triebwerke hat unter dem ausdrücklichen Beisatze zu geschehen, dass das Nichterscheinen der Geladenen in Person oder durch einen Bevollmächtigten zur rechtlichen Folge haben werde: 1. für den Antragsteller die Verbindlichkeit zur Schadloshaltung der Erschienenen in Bezug auf Auslagen und Versäumnisse, ferner die Annahme, dass der Antrag als auf sich beruhend erachtet werde, 2. für den Gegner des Antragsstellers die Verbindlichkeit zur Schadloshaltung der Erschienenen in Bezug auf Auslagen und Versäumnisse und die Wiederaufnahme der Tagsfahrt auf seine Kosten unter Androhung des weiteren Rechtsnachtheils, dass bei seinem wiederholten Ausbleiben seine Einwilligung in die verlangte Benützung oder Erwerbung des Grundstücks werde angenommen werden, 3. für die geladenen Mitbetheiligten den Verlust ihrer Einwendungen gegen den Antrag, bez. gegen die nach der Vorschrift des Art. 142 auszumittelnde Grösse der Sicherheitsleistung oder Entschädigung. — Die Bescheinigung der stattgehabten Vorladung ist zu den Acten zu bringen."

141: „Bei der Tagsfahrt selbst, welche mit der Ortsbesichtigung im Beisein eines Abgeordneten der Bergbehörde zu beginnen ist, hat der Districtspolizeibeamte vor Allem auf die Erzielung einer gütlichen Uebereinkunft zwischen den Theilen über die Abtretungsfrage und die zu leistende Entschädigung hinzuwirken und das Ergebniss zu Protokoll zu nehmen. — Kommt eine solche Uebereinkunft nicht zu Stande, so sind die gegen den Antrag erhobenen Einwendungen vorerst mündlich zu erörtern und hiernach mit den Gegenerinnerungen des Antragstellers genau und vollständig zu Protokoll zu nehmen. — Sämmtliche Verhandlungen sind unter Zulassung von Rechtsanwälten, jedoch mit Ausschluss jedes Schriftenwechsels zu führen."

142: „Den Beamten der Districtspolizeibehörde und der Bergbehörde liegt auch ob, bei der anberaumten Tagsfahrt (Art. 140) die für die Benützung oder für die Abtretung des Eigenthums des Grundstücks, ingleichen die nach den Vorschriften der Art. 132 und 133 zu leistenden Entschädigungen, sowie die in Art. 127 bezeichnete Sicherheitsleistung auszumitteln. — Diese Ausmittelung hat auch dann zu geschehen, wenn der Gegner des Antrags nach der Vorschrift des Art. 140 Ziff. 2 die Folgen seines ungehorsamen Ausbleibens hinsichtlich der Abtretungsfrage verwirkt hat."

143: „Zur Ausmittelung der Entschädigung nach der Vorschrift des Art. 142, und, wo es sonst nach der Sachlage nöthig erscheint, sind Sachverständige beizuziehen. — Die Wahl derselben ist der Uebereinkunft der Betheiligten überlassen. — Es können hierbei nicht mehr als 3 Sachverständige aufgestellt werden. — Kommt eine Uebereinkunft hierüber innerhalb einer den Betheiligten vorzusteckenden Frist nicht zu Stande, so werden die Sachverständigen von Amtswegen ernannt und durch Eidesabnahme verpflichtet."]

809, Eine Verf. des OBA.'s Bonn v. 6. Dez. 1866 (ib. 8. S. 135) empfiehlt den Kommissarien, falls das Verfahren direkt auf den Erwerb des Eigenthums gerichtet werde, in den Verhandlungen die ausdrückliche Zustimmung des Grundbesitzers zu konstatiren, daß an Stelle der vorübergehenden Benutzung der Eigenthumserwerb trete.

§ 144. Der Beschluß, durch welchen die zwangsweise Abtretung oder Erwerbung eines Grundstücks ausgesprochen wird, muß das Grundstück genau bezeichnen, die dem Grundbesitzer zu leistende Entschädigung, beziehungsweise Kaution festsetzen und die sonstigen Bedingungen der Abtretung oder Erwerbung enthalten.

[Br. 147 gleichl. — M. (s. Bemerkung zu § 139 h. l.) — G. 102 gleichl.
B. 144: „Der Beschluss, durch welchen die zwangsweise Gebrauchsüberlassung oder die Erwerbung eines Grundstücks zum Eigenthume ausgesprochen wird, muss dasselbe genau bezeichnen und die Bedingungen der Gebrauchsüberlassung oder Erwerbung enthalten. — Ingleichen ist in dem Beschluss erster Instanz die nach der Vorschrift des Art. 142 ausgemittelte Entschädigung, bez. Sicherheitsleistung vorbehaltlich der Beschreitung des Rechtsweges festzusetzen."]

---

810. Aus dem Nichterscheinen des vorgeladenen Grundbesitzers ist nicht zu folgern, daß dieser seinen Widerspruch gegen die Abtretung fallen lasse. Demgemäß ist bei seiner Vorladung das Präjudiz nicht in jenem Sinne, sondern dahin zu stellen, daß eventuell mit der örtlichen Untersuchung und der Erörterung des erhobenen Widerspruchs ohne seine Zuziehung nach Vorschrift der Gesetze werde verfahren werden. — Die Parteien sind übrigens gemäß Abs. 1 auch über die Werthangaben der Sachverständigen zu hören. Vgl. MR. v. 21. Aug. 1866 (Z. f. BR. 7. S. 407).

811. Wird das Verfahren gegen einen Nutzungsberechtigten mitgerichtet, so ist die Entschädigung für diesen und den Eigenthümer nicht, wie bei Expropriationen zu Eisenbahnzwecken (vgl. Oppenhoff Ress.-Ges. S. 323 n. 27) in Einer Summe, sondern für jeden besonders festzusetzen, weshalb daher auch einem jeden von beiden die Wahl eines Sachverständigen zusteht.

812. Beide Theile können denselben Sachverständigen bezeichnen, während die Kommissarien, wenn beide die Wahl verabsäumen, zwei Sachverständige ernennen müssen. Ist nur einer der Interessenten in der Wahl säumig, so bleibt die Wahl des anderen bestehen; die Kommissarien ernennen dann nur Einen Sachverständigen, insofern sie nicht von der Befugniß des Abs. 5 Gebrauch machen. — Die Wahl approbirter und vereideter Sachverständigen ist weder auf Seiten der Parteien, noch auf Seiten der Kommissarien nöthig, zumal erstere nur Rathgeber der letzteren, ihre Gutachten daher nicht maßgebend sind: MR. v. 21. Aug. 1866 (Z. f. BR. 7. S. 407).

813. Ueber das Verhältniß der Kommissarien und ihrer Ermittelungen zu den entscheidenden Behörden und deren Beschlüssen schweigt das Gesetz. Es liegt aber im Wesen solcher Verhältnisse, daß die Ermittelungen der Kommissarien den von den kommittirenden Behörden zu treffenden Entscheidungen zwar zur Grundlage dienen, daß dieselben jedoch in keinem Punkte für die Beschlußfassung unbedingt verbindlich sind. Vgl. auch die §§ 33 ff. des Ges. v. 28. Febr. 1843. Erachten die Behörden noch fernere Ermittelungen für nöthig, so steht Nichts im Wege, solche durch einen Zwischenbescheid anzuordnen.

Zu § 144.

814. § 144 beruht darauf, daß es mit Rücksicht auf die Bedeutung und die Wirkungen des Beschlusses zweckmäßig ist, die Gegenstände, welche aus letzterem hervorgehen müssen, gesetzlich vorzuschreiben: Mot. S. 86. Der Beschluß muß nach dem Wortlaute der §§ 142. 144 über die Nothwendigkeit der verlangten Grundabtretung selbst dann Entscheidung treffen, wenn hierüber unter den Parteien kein Streit obwaltet: MR. v. 21. Aug. 1866 (Z. f. BR. 7. S. 407). Ebenso wird der Beschluß den Zweck, zu welchem die Abtretung erfolgen soll, speziell angeben müssen. Vgl. n. 751. 769.

815. Unter den „sonstigen Bedingungen" sind außer dem Zeitpunkte der Rückgewähr die Einschränkungen in der Benutzung zu Gunsten des Grundbesitzers und die in seinem Interesse für nöthig befundenen Anlagen (Wege, Ueber-

fahrten, Einfriedigungen, Vorfluth-Anlagen) zu verstehen. Sie bilden keinen Bestandtheil der Entschädigung, weshalb gegen deren Festsetzung nicht der Rechtsweg, sondern nur der Rekurs stattfindet (§ 145). So: Klost. n. 321. Um so viel weniger ist, wenn der Beschluß die Herstellung solcher Anlagen nicht anordnet, eine unmittelbar hierauf gerichtete Klage statthaft; dem Grundbesitzer bleibt daher in einem solchen Falle kein anderes Mittel übrig, als die Nachtheile, welche aus dem Mangel jener Anlagen ihm erwachsen möchten, bei der gerichtlichen Verfolgung seines Entschädigungsanspruchs in Anrechnung zu bringen. Haben dagegen die Behörden derartige Anlagen oder sonstige Bedingungen im Interesse des Grundbesitzers angeordnet, so kann dieser, da jene Anordnungen im Verhältnisse der Betheiligten zu einander die Stelle vertragsmäßiger Festsetzungen einnehmen (s. n. 818), auf Erfüllung der hieraus entstehenden Verpflichtungen, namentlich auch auf Instandhaltung der betreffenden Anlagen klagen, ja er ist befugt, falls die Bedingungen nach ihrem Gegenstande und der Absicht der Behörden schon vor der Abtretung zu erfüllen sind, sich bis zu deren Erfüllung der Besitznahme des Grundstücks, und zwar nöthigenfalls auf dem Rechtswege, zu widersetzen. Demgemäß gehören auch Streitigkeiten darüber, ob die Bedingungen erfüllt seien, oder nicht, zur richterlichen Kognition, wenngleich diese Frage, soweit es sich um die Vollziehung des Expropriations-Bescheides seitens der entscheidenden Behörden (s. n. 827) handelt, von letzteren gleichfalls zu prüfen ist. Vgl. Oppenhoff Ress.-Ges. S. 324 ff. 537.

816. Die Anordnung von Anlagen zu Gunsten anderer Personen als des Expropriirten, insbesondere zu Gunsten von Adjazenten, nach Analogie des § 14 des Eisenbahnges. v. 3. Nov. 1838 liegt an und für sich nicht innerhalb der Befugnisse der gemäß §§ 142. 144 entscheidenden Behörden. Da jedoch die Abtretung aus Gründen des öffentlichen Interesses ganz versagt werden kann (§ 136), so muß es jenen Behörden in einem solchen Falle auch gestattet sein, die Abtretung zwar zuzuerkennen, aber nur unter der Bedingung, daß der Bw.'s-Besitzer sich zur Herstellung derjenigen Anlagen verstehe, durch welche dem öffentlichen Interesse genügt werden würde. Vgl. übrigens n. 78 und 741.

817. In solchen Beschlüssen, welche den Bw.'s-Besitzer zum Eigenthumserwerbe verpflichten, bedarf es der Aufnahme einer Bedingung, daß die Vergütungssumme nur insoweit, als der Grundbesitzer die Freiheit des Grundstücks von Hypotheken nachweist und zur Empfangnahme bereit ist, an ihn zu zahlen, im Uebrigen aber gerichtlich zu deponiren sei. So: Gedicke (Z. f. BR. 8. S. 554). Vgl. überdies n. 779. Im vormals kurhessischen Gebiete erfolgt die Deposition beim Bestehen von Spezialhypotheken schon kraft Gesetzes, sofern keine Privatübereinkunft mit dem Pfandgläubiger beigebracht wird.

817bis. Aus Anlaß einer Expropriation zu Eisenbahnzwecken entschied OT. 25. Jan. 1867 (Strieth. 67. S. 66), daß der Expropriations-Beschluß nicht zu denjenigen Erlassen der Administrativjustiz gehöre, welche nach Ablauf gewisser Fristen die Kraft rechtskräftiger Erkenntnisse erlangen; es stehe daher Nichts entgegen, daß die Verwaltungsbehörde ihren Beschluß zurücknehme, oder daß derselbe vom Handelsminister als der vorgesetzten Behörde aufgehoben werde. Ob dieser Satz bei Expropriationen zu Eisenbahnzwecken zu Recht bestehe, mag dahingestellt bleiben. Keinesfalls läßt sich derselbe auf die nach § 144 h. l. gefaßten Beschlüsse zur Anwendung bringen; vielmehr unterliegen letztere einer Abänderung nur nach Maßgabe der §§ 145. 193. Sie können daher von den entscheidenden Behörden gar nicht, und von den betreffenden Ressortministern nur in Folge eines rechtzeitig eingelegten Rekurses sowie nur unter der aus § 145 hervorgehenden Einschränkung aufgehoben werden. Vgl. auch n. 818. 819 und Wachler (Z. f. BR. 10. S. 36).

818. Da der auf den Eigenthumserwerb lautende Expropriations-Bescheid zwischen den Interessenten ein Rechtsverhältniß begründet, welches als ein gezwungenes Kaufgeschäft zu betrachten ist, so kann sich der Bw.'s-Eigenthümer nicht einseitig durch Verzicht auf seine Rechte aus jenem Bescheide, der Verpflichtung entziehen, das Grundstück in Eigenthum zu übernehmen: ME. 11. Juli 1866 (Z. f. BR. 7. S. 407).

819. Das Eigenthum geht arg. § 1. I, 10. ALR. nicht, wie bei gerichtlichen Zwangsverkäufen mit dem Zuschlage, schon mit Ertheilung des Expropriations-Bescheides, sondern erst mit der nach dessen Rechtskraft zu bewirkenden Besitzein-

§ 145. Gegen den Beschluß des Oberbergamts und der Regierung steht beiden Theilen der Rekurs an die betreffenden Ressortminister zu. Derselbe muß nach näherer Vorschrift der §§ 192 und 193 bei dem Oberbergamte eingelegt werden. Gegen die Festsetzung der Entschädigung und der Kaution findet der Rekurs nicht statt.

Ueber die Verpflichtung zur Abtretung eines Grundstücks ist der Rechtsweg nur in dem Falle zulässig, wenn die Befreiung von dieser Verpflichtung auf Grund des zweiten Absatzes des § 136 oder eines speziellen Rechtstitels behauptet wird.

1. [Br. 148 gleichl., nur ist statt „des OBA.'s ꝛc.": „der Bergbehörde und der betreffenden Herzogl. Kreisdirection," statt „die betr. Ressortminister": „das Herzogl. Staatsministerium," und statt „dem OBA.": „der Bergbehörde" gesagt.

M. (s. Bemerkungen zu § 139 h. l.)

G. 103 gleichl., nur ist statt „des OBA.'s und der Regierung" und statt „bei dem OBA. gesagt: „des Bergamts" und „bei dem Bergamte."

B. 145 Abs. 1. 2: „Gegen den Beschluss, welcher nach der Vorschrift des Art. 136 von den Verwaltungsbehörden endgiltig ergangen ist, kann über die Verpflichtung zur zwangsweisen Ueberlassung zur Benützung oder zur Erwerbung eines Grundstücks als Eigenthum der Rechtsweg nicht beschritten werden. — Was dagegen die von den Verwaltungsbehörden erster Instanz nach Vorschrift des Art. 142 ausgemittelte Entschädigung oder Sicherheitsleistung betrifft, so kann der sich beschwert glaubende Theil den Rechtsweg beschreiten. Die Klage ist bei demjenigen Bezirksgerichte, in dessen Sprengel das treffende Grundstück liegt, zu erheben."

2. Abs. 2 des § 145 lautete in der RV.:

„Der Rechtsweg ist über die Verpflichtung zur zwangsweisen Abtretung oder Erwerbung eines Grundstücks nur in dem Falle zulässig, wenn die Befreiung von dieser Verpflichtung auf Grund eines besonderen Rechtstitels behauptet wird."]

---

weisung auf den Bw.'s-Besitzer über: v. Rynsch (ib. S. 410). Ein Gleiches gilt für das Gebiet des gemeinen Rechts, während für dasjenige des rheinischen Rechts das Gegentheil anzunehmen ist. Vgl. Oppenhoff Ress.-Ges. S. 257 n. 198. Im vormaligen Kurhessen erfolgt die Ueberschreibung in die Wirthschafts- und Hypothekenbücher auf Grund der Vorlage des im Verwaltungswege rechtskräftigen Expropriations-Bescheides.

Zu § 145.

820. Die Mot. S. 87 rechtfertigen den im Wesentlichen dem § 4 der Deklar. v. 1804 entsprechenden § 145 der RV. damit, daß die Entscheidung der Verwaltungsbehörden auf Gründen beruhe, welche sich aus der Wahrung des öffentlichen Interesses ergäben, der Rechtsweg mithin nur insoweit zugelassen werden könne, als die Befreiung von der fraglichen Verpflichtung auf Grund eines besonderen Rechtstitels (Privilegium, Vertrag, Verjährung ꝛc.) behauptet werde. Inzwischen hat die RV. erhebliche Abänderungen erfahren, einestheils, damit jeder Zweifel über die Prozeßfähigkeit der Frage schwinde, ob ein Fall des § 136 Abs. 2 vorliege (vgl. n. 83), anderentheils, um den Rechtsweg über die Verpflichtung zum Eigenthumserwerbe allgemein zu eröffnen. Letzteres wurde im KB. I. S. 51 dadurch motivirt, daß es sich hierbei nicht um öffentliche Interessen, wie diejenigen des Bergbaus, sondern um bloße Privatinteressen handle, möge auch die Frage, ob die Benutzung länger als drei Jahre dauern werde, bei Tiefbauten oft rein technischer Natur sein.

§ 146. Durch Beschreitung des Rechtsweges wird, wenn dieselbe nur wegen der Festsetzung der Entschädigung oder Kaution erfolgt, die Besitznahme des Grundstücks nicht aufgehalten, vorausgesetzt, daß die festgesetzte Entschädigung an den Berechtigten gezahlt oder bei verweigerter Annahme ge-

---

821. Der im Abs. 1 ausgeschlossene Rekursweg wird nicht dadurch eröffnet, daß die Beschwerde, obwohl sie sachlich nur die Festsetzung der Entschädigung rc. betrifft, der Form nach wegen angeblicher Nichtigkeit des Verfahrens gegen den ganzen Inhalt des Beschlusses gerichtet ist: ME. 2. März 1866 (Z. f. BR 7. S. 410).

822. Der Rekurs kann auch darauf nicht gegründet werden, daß Rekurrent auf Grund eines speziellen Titels von der Abtretungspflicht frei sei; vgl. n. 805. A. M. ist Kloft. n. 325. — Selbst, wenn der Rekurs unzulässig ist, muß seine Zurückweisung dennoch durch die betreffenden Ressortminister erfolgen: MR. 15. Febr. 1866 (Z. f. BR. 7. S. 266).

823. Die Ressortminister sind bei landwirthschaftlich benutzten Grundstücken der Handels-Minister und der Minister für landwirthsch. Angelegenheiten; bei gewerblich benutzten Grundstücken ressortirt die Entscheidung von der 1. und 4. Abtheilung des Handels-Ministeriums: Kloft. n. 324.

824. In Betreff des Begriffs und der Erfordernisse eines speziellen Rechtstitels vgl. Oppenhoff Ress.-Ges. S. 73 ff. 349 ff. Die Deklar. v. 1804 führt außer den in den Motiven (s. n. 820) aufgeführten Titeln noch die für einzelne Fälle bereits ergangenen rechtskräftigen Urtheile an. Ein Fall, wo die Befreiung von der Abtretungspflicht mit Erfolg auf die Verjährung gegründet werden könnte, läßt sich übrigens praktisch kaum denken.

825. Außer den im Abs. 2 und n. 820 erwähnten Fällen kann die richterliche Hülfe auch dann angerufen werden, wenn der Widerspruch gegen den Beschluß darauf gegründet wird, daß die Abtretung nach den eignen thatsächlichen Feststellungen der entscheidenden Behörden zu anderen, als den im § 135 aufgeführten Zwecken erfolgen oder daß sie Gegenstände betreffen solle, welche gleich den im § 136 Abs. 2 genannten Grundstücken dem Expropriations-Recht gar nicht unterworfen seien, wie z. B. ein Gebäude als solches oder eine Wassergerechtigkeit (s. n. 744. 745). § 145 Abs. 2 steht dieser Ansicht nicht entgegen, da Streitigkeiten über den Umfang des § 135 oder über die Beschaffenheit des Objekts, dessen Abtretung begehrt wird, die Existenz des Expropriations-Rechts an sich und im Prinzip, mithin eine Vorfrage betreffen, von deren Beantwortung die Anwendbarkeit der §§ 142 ff. ja eben erst abhängt. Dem entsprechend heißt es denn auch im KB. II. S. 73, daß der Zusatz bezüglich des in der RB. nicht allegirten § 136 nicht nothwendig, wenngleich unbedenklich gewesen sei. A. M. ist Wachler (Z. f. BR. 10. S. 35). Diese letztere Meinung wird durch die Jurisprudenz des Kompetenzgerichtshofs unterstützt; vgl. in dieser Hinsicht auch Oppenhoff Ress.-Ges. S. 318. 319 n. 4 ff. Während es jedoch schon an sich als höchst zweifelhaft erscheint, ob diese Jurisprudenz mit den Grundsätzen des Expropriationsrechts überhaupt in Einklang stehe, tritt für die Expropriationen, von welchen das BG. handelt, noch der besondere Umstand hinzu, daß den Kammerverhandlungen über dasselbe unverkennbar die entgegengesetzte Anschauung zu Grunde liegt. — Im Uebrigen s. n. 815.

Zu § 146.

826. § 146 entspricht gleichfalls den Grundsätzen, welche schon früher, der Deklar. v. 1804 zufolge (vgl. § 5 ib.), zur Anwendung kamen: Mot. S. 87.

827. Ob der Abtretungsbeschluß, um vollstreckt werden zu können, im Verwaltungswege rechtskräftig geworden sein müsse, wird weder im § 146 noch in den §§ 192 ff. beantwortet. Die Frage dürfte zu bejahen sein, was nach v. Rynsch (Z. f. BR. 7. S. 410) auch das OBA. Dortmund anzunehmen scheint. Die Vollstreckung erfolgt durch die in erster Instanz entscheidenden Verwaltungsbehörden, resp. durch deren Kommissarien mittelst zwangsweiser Uebergabe des Grundstücks (§ 60. I, 7 ALR.), bei Abtretungen zum Eigenthume mittelst zwangsweiser Uebergabe und der von jenen Behörden bei Gericht nachzusuchenden zwangsweisen Ab-,

richtlich deponirt, desgleichen die gerichtliche Deposition der festgesetzten Kaution geschehen ist.

[Br. 149 gleichl. — 150: „Auf die Abfindung der Realberechtigten an dem einem Bw.'sbesitzer abzutretenden Grundstücke findet das Ges. v. 17. Sept. 1841 Nr. 13 über das Verfahren bei Abfindung der Realberechtigten bei Chaussee- und Eisenbahn-Anlagen, Anwendung."

M. (s. Bemerkungen zu § 139 h. l.) — G. 104 gleichl.

B. 145 Abs. 3: „Durch die Beschreitung des Rechtswegs wird in diesem Falle die Besitznahme des Grundstücks nicht aufgehalten, vorausgesetzt, dass die von den Verwaltungsbehörden 1. Instanz ausgemittelte Entschädigung an den Berechtigten gezahlt oder bei verweigerter Annahme gerichtlich hinterlegt, desgleichen die gerichtliche Hinterlegung der festgesetzten Sicherheitsleistung geschehen ist."

146: „Handelt es sich nach Beendigung der Benützung eines Grundstücks nach Art. 127 Abs. 1 um den Ersatz des Minderwerthes durch den Bw.'sbesitzer, so sind behufs der Festsetzung der Ersatzsumme lediglich die Gerichte zuständig."]

§ 147. Die Kosten des Expropriationsverfahrens hat für die erste Instanz der Bergwerksbesitzer, für die Rekursinstanz der unterliegende Theil zu tragen.

[Br. 151 gleichl. — M. (s. Bemerkungen zu § 139 h. l.) — G. 105 gleichl.

B. 147: „Die Kosten des Verfahrens über die zwangsweise Ueberlassung eines Grundstücks zur Benützung oder über die zwangsweise Erwerbung zum Eigenthume hat für die erste Instanz der Bergwerksbesitzer, für die Berufungsinstanz der unterliegende Theil zu tragen." —

Die Art. 148—150 enthalten Vorschriften über die „Benützung des Wassers," welchen keine Bestimmungen des preußischen und der anderen BG. entsprechen. Sie lauten:

---

resp. Umschreibung im Hypothekenbuche. Vgl. Gebike (Z. f. BR. 8. S. 552), oben n. 66 und Oppenhoff Ress.-Ges. S. 130 n. 353.

828. Die eigenmächtige Besitznahme des Grundstücks vor Zahlung, resp. Hinterlegung der festgesetzten Entschädigungssumme berechtigt den Grundbesitzer zur Anstellung der Possessorienklage: vgl. OT. 7. März 1862 (Z. f. BR. 4. S. 109) und oben n. 802.

829. Die Deposition erfolgt bei dem persönlichen Richter des Grundbesitzers. Im Gebiete des rhein. Rechts findet sie bei der Depositenkasse statt, und zwar außer dem Falle der verweigerten Annahme auch dann, wenn der Bw.'s-Besitzer wegen eines Arrestes, welcher auf die Entschädigungsforderung von einem Gläubiger des Grundbesitzers angelegt worden ist, an diesen nicht zahlen kann; vgl. Art. 817 der rhein. BPrO. Ueber die verschiedenen Fälle, in welchen im vormaligen Kurhessen die Deposition erfolgen muß, bestimmt Art. XIV § 3 der BO. v. 1. Juni 1867. Im Uebrigen vgl. n. 817.

830. Die Zahlung der im Beschlusse festgesetzten Entschädigungssumme hindert nicht die Zurückforderung des Zuvielbezahlten, und es ist die desfallsige Klage nicht an die Bedingungen der condictio indebiti gebunden; vgl. OT. 10. Juni 1864 (Entsch. 52. S. 97 ff.)

Zu § 147.

831. § 147 entspricht dem Grundsatze, daß in der Regel der Extrahent eines amtlichen Verfahrens, bei unbegründeter Beschwerde aber der unterliegende Theil die Kosten tragen muß: Mot. S. 87. Er beruht daher auf der Voraussetzung, daß der Bw.'s-Besitzer stets der Extrahent des Verfahrens sei und enthält insofern eine mittelbare Bestätigung des unter n 804 Gesagten, zumal ja sonst

148: „Auf Grubenwässer, welche der Bw.'sbesitzer erschroten hat, bleibt demselben, auch wenn er sie zu Tage ausfliessen lässt, bis zu deren Vereinigung mit anderen beständigen Tagwässern das Vorrecht der Benützung zum Betriebe des Bw.'s und der dazu gehörigen Aufbereitungsanstalten vorbehalten."

149: „In so weit und so lange ein Bw.'sbesitzer seine Grubenwässer zu Betriebszwecken nicht selbst benützt, kann deren Benützung von der Bergbehörde in widerruflicher Weise auch Anderen gestattet werden. — Den Besitzern benachbarter Bergwerke und Aufbereitungsanstalten gebührt in diesem Falle der Vorrang."

150: „Hinsichtlich der Benützung des Tagwassers bei dem Betriebe der Berg- und Hüttenwerke kommen die Bestimmungen des Ges. v. 28. Mai 1852, die Benützung des Wassers betr., zur Anwendung."]

Zweiter Abschnitt.

Von dem Schadensersatze für Beschädigungen des Grundeigenthums.

---

angenommen werden müßte, daß jener die Kosten selbst dann zu tragen habe, wenn das Verfahren nicht von ihm, sondern vom Grundbesitzer lediglich zum Zwecke des Zwangserwerbs extrahirt worden wäre, und der betreffende Antrag sich in der Folge als durchaus unbegründet, ja frivol erwiese.

Zum zweiten Abschnitte.

832. Die eigenthümlichen Verhältnisse des Bergbaus lassen die civilrechtlichen Grundsätze über die Entschädigungspflicht als unzureichend erscheinen, um die Beziehungen des Bergbaus zu dem durch denselben beschädigten Grundeigenthume zu regeln. Gleichwohl war die ältere Berggesetzgebung in dieser Materie sehr lückenhaft und daher der Rechtsprechung eine mehr oder weniger schaffende Thätigkeit zugefallen. Der gegenwärtige Abschnitt hat den Gegenstand gesetzlich geregelt und hierbei ganz wesentlich die in der Gerichtspraxis bereits geltenden Anschauungen zum Gesetze erhoben, indem er sich, wie die Motive S. 87 bemerken, zur Aufgabe stellte, die singuläre Entschädigungspflicht des Bergbautreibenden im Anschlusse an die bisher geltenden Rechtsgrundsätze so zu normiren, daß einerseits den gerechten Ansprüchen des Grundeigenthümers vollständig Genüge geleistet, andererseits aber der Bergbau nicht mit Verpflichtungen belastet werde, welche über diese Rücksicht hinausgehen.

833. Ueber die Frage, ob und inwieweit der Grundeigenthümer verpflichtet sei, für den seinerseits dem Bergbautreibenden zugefügten Schaden Ersatz zu leisten, enthält das BG., von den speziellen Fällen der §§ 153—155 abgesehen, keine näheren Bestimmungen; sie ist daher nach allgemeinen Rechtsgrundsätzen zu beantworten: Mot. S. 90. Diesen zufolge ist der Grundbesitzer dem Bw.'s-Besitzer gegenüber nicht mit einer gleichen Verpflichtung belastet, wie dieser jenem gegenüber. Von etwaigen Polizei-Verfügungen abgesehen, welche aus Anlaß des Bergbaus ergehen und den Grundbesitzer, vorbehaltlich der ihm selbst möglicher Weise gebührenden Entschädigung, treffen können (vgl. Ges. v. 11. Mai 1842 § 4; OT. 11. Juli 1854, Z. f. BR. 5. S. 362), erleidet der letztere durch die Bergeigenthums-Verleihung an einen Anderen keine Einschränkung in der vollen Ausübung seiner Eigenthumsrechte. Er bleibt daher nach wie vor befugt, über sein Grundstück beliebig zu verfügen und auf demselben sowohl ober- wie unterirdische Arbeiten vorzunehmen, z. B. Be- und Entwässerungs-Anlagen zu errichten, Brunnen zu graben, Steinbrüche anzulegen, sollte auch die Ausübung dieser Befugnisse nicht ohne Beschädigung des Bergeigenthums möglich sein. Jeder desfallige Ersatzanspruch des Werksbesitzers wird durch den Grundsatz: „qui suo iure utitur, neminem laedit" ausgeschlossen, es sei denn, daß der Fall eines dolus vorläge. Vgl. Achenb. S. 292, resp. Z. f. BR. 8. S, 525), OT. 16. März 1865, 23. Sept. 1859 (ib. 4. S. 335 ff.; 6. S. 479; Strieth. 35. S. 95) und Mot. S. 88. Inzwischen ist diese Ansicht nicht unbestritten. Für das Gebiet des deutschen, resp. preußischen

§ 148. Der Bergwerksbesitzer ist verpflichtet, für allen Schaden, welcher dem Grundeigenthume oder dessen Zubehörungen durch den unterirdisch oder mittelst Tagebaues geführten Betrieb des Bergwerks zugefügt wird, vollständige Entschädigung zu leisten, ohne Unterschied, ob der Betrieb unter dem beschädigten Grundstücke stattgefunden hat oder nicht, ob die

---

Rechts haben sich außer einem Erk. des Ob.-AG. Wiesbaden v. 16. Dez. 1864 (Z. f. BR. 6. S. 480), u. A. Klost. Uebers I, S. 162) und Veith S. 56 ff. in abweichendem Sinne ausgesprochen; vgl. auch Koch ALR. § 28. I, 8 n. 18. Ueber die im Gebiete des französischen Rechts hervorgetretene Meinungsverschiedenheiten s. Achenb. l. c.

Zu § 148.

834. § 148 normirt in ähnlicher Weise, wie Art. 15 des franz. Ges. v. 21. April 1810, aber noch genereller die bei Grundbeschädigungen eintretende Entschädigungspflicht. Diese Pflicht charakterisirt sich als eine obligatio ex lege, deren tieferer Grund darin gesucht wird, daß die Verleihung des Bergeigenthums als eines bloßen Bergbaurechts das Bodeneigenthum unverkurzt bestehen lasse und daher nur unter der stillschweigenden Bedingung erfolge, daß voller Ersatz für jeden Schaden geleistet werde, welcher in Folge der Verleihung dem Grunde und Boden erwachse.

835. Die Verbindlichkeit, von welcher § 148 spricht, beschränkt sich daher auf den Grund und Boden, sowie auf dessen Zubehörungen (z. B. industrielle Anlagen, s. OT. 11 März 1859, Präj. Nr. 1462; bei sonstigen Beschädigungen, z. B. von Personen, treten die allgemeinen Rechtsregeln ein: Mot. S. 88.

836. Letzteres gilt namentlich auch von Beschädigungen, welche benachbarten Bergwerken zugefügt werden. Hier gestaltet sich das Rechtsverhältniß auf ähnliche Weise, wie in den unter n. 833 besprochenen Fällen. Der Bw.'s-Besitzer hat demgemäß die aus der gesetzlichen Ausübung seines Gewinnungsrechts für ein anderes Bergwerk hervorgehenden Folgen nicht zu vertreten, z. B den Schaden nicht zu ersetzen, welcher dadurch entsteht, daß der Abbau des ihm verliehenen Minerals Senkungen, Risse und Spalten verursacht, die sich bis zur Lagerstätte des anderen Werks fortpflanzen, oder daß seine Betriebsarbeiten dem letzteren eine größere Wassermenge zuführen. Vgl. H. Achenb. (S. 261, resp Z. f. BR. 8. S. 268 ff.) und A. Achenb. (ib 7. S. 129. Art. 45 des franz. Ges. v. 21. April 1810 begründet wenigstens für den zweiterwähnten Fall eine singuläre, von jedem vertretbaren Versehen unabhängige Entschädigungspflicht zu Lasten des Bw.'s-Besitzers, wie er demselben andererseits für den entgegengesetzten Fall, wo also durch dessen bergbauliche Arbeiten die Wasser des anderen Werks ganz oder theilweise gelöst werden, einen Anspruch auf Vergütung zuerkennt. Auch in letzterer Hinsicht weicht das BG vom Gesetz v. 21. April 1810 ab, indem es die Vergütungsfrage mit Stillschweigen übergeht, sie mithin gleichfalls der Beurtheilung nach allgemeinen Grundsätzen anheimgiebt, diese aber, von besonderen Umständen abgesehen, jenem Anspruche nicht das Wort reden. Vgl. AH Cöln 7. März 1861 (Z. f. BR. 2 S. 402) und H. Achenb l. c.; letzterer bezeichnet es übrigens mit Recht als Sache der Bergpolizei, Maßregeln zum Schutze der verschiedenen Grubenbaue gegen Ueberschwemmungen anzuordnen, und zwar mit der Wirkung, daß die Uebertretung solcher Verordnungen den betreffenden Bw.'s Besitzer nicht blos straf, sondern auch civilrechtlich verfolgbar mache.

837 Ob für Grundschäden in dem hier fraglichen Sinne ausschließlich der Bw.'s-Eigenthümer oder der Bw.'s-Betreiber, z. B. der Pächter, oder ob beide zugleich haften, ist im Gebiete des französischen Bergrechts überaus streitig; s. Dalloz, m. mines, n. 310, Achenb. (S. 290 resp. Z. f. BA. 8. S. 523) und LG. Aachen 20. Mai 1868 (ib. S 460 Achenb. l. c. bespricht diese Frage auch vom Standpunkte des BG., ohne sich jedoch für die eine oder andere Ansicht ausdrücklich zu entscheiden. Dem Wortlaute des BG. sowohl, wie der Na-

Beschädigung von dem Bergwerksbesitzer verschuldet ist, und ob sie vorausgesehen werden konnte oder nicht.

[Br. 152 gleichl.
M. 128 gleichl, d. mit Zus.: „Die Haftung dauert nach Erlöschen des Bw.'s-eigenthums noch 5 Jahre fort. — Der Bw.'sbesitzer muss für den Schadenersatz auf Verlangen Caution leisten; hierüber entscheidet das Bergamt mit Ausschluss des Rechtswegs." (Letzteres gilt jedoch nur, wenn die civilrechtlichen Voraussetzungen für die cautio damni infecti vorliegen: Brass. Z. f. BR. 9. S. 346.)
G. 105, B. 151 gleichl.]

---

tur der Sache entspricht es am besten, wenn man als den allein haftbaren den Bw.'s-Betreiber, d. h. denjenigen betrachtet, welcher das Bw. thatsächlich für eigene Rechnung betreibt, oder doch zu betreiben befugt und in der Lage wäre (insofern es sich nämlich von einem stille liegenden Werke handelt, s. n. 859). Hiernach beantwortet sich auch die Frage, wer für den Schaden einzustehen habe, der an der Oberfläche eines eingetauschten Feldestheils in der Zeit zwischen dem Abschlusse des Vertrags und der Bestätigung des OBA.'s (§ 51) hervortritt. Vgl. AH. Cöln 12. März 1863 (Rh. A. 57, I, 127) und oben n. 339.

838. Mit der eben besprochenen hängt die fernere Frage zusammen, ob die Entschädigungspflicht eine blos persönliche sei, oder dinglich auf dem Werke ruhe. Sie ist nach dem Vorgesagten in ersterem Sinne zu entscheiden. Wenn die Motive den Besitzer als solchen für ersatzpflichtig erklären, so sollte damit wohl nur gesagt werden, daß die Ersatzpflicht unmittelbar auf dem Gesetze beruhe und von einem subjektiven Verschulden unabhängig sei. Doch ist für den weiter entstehenden Schaden der dermalige Besitzer nach Maßgabe des unter n. 839 Gesagten verantwortlich; vgl. AH. Cöln 25. April 1849 (Rh. A. 44, I, 159).

839. Unter mehreren successiven Bw.'s-Besitzern haftet (von besonderen Verpflichtungsgründen abgesehen) nicht derjenige, in dessen Besitzzeit die Ursache des Schadens fällt, sondern nur derjenige, unter dessen Besitzzeit der Schaden in die äußere Erscheinung tritt, sollte auch die Zwischenursache, durch welche der früher bestehende Grund sich wirksam erweist, unermittelt bleiben. So, in Uebereinstimmung mit der bisherigen linksrheinischen Praxis (AH. Cöln 25. April 1849, 12. März 1863, Rh. A. 44, I, 159; 57, I, 126) Klost n. 334.

840. Berechtigt zum Schadenersatze ist nicht blos der Grundeigenthümer, sondern auch der Nutzungsberechtigte, sofern sich der Schaden auf das Nutzungsrecht miterstreckt (OT. 20 Okt. 1855, Präj. Nr. 2055): Mot. S. 88. Dies gilt namentlich auch vom Pächter: AG. Hamm 14 April 1862 und Strohn (Z. f. BR. 4. S. 515; 7. S. 110).

841. Ob aus dem Schaden des Grundbesitzers ein Vortheil für den Bergbautreibenden erwachsen ist, kommt nach § 148 nicht in Betracht: KB. II. S. 74.

842. § 148 regelt die Verbindlichkeit des Bw.'s-Besitzers nur insoweit, als der Schaden eine unmittelbare Folge des Betriebs ist oder mit dem Betriebe in unmittelbarer Verbindung steht, so daß also Beschädigungen durch die Anlagen, Maschinen, Kessel und dergleichen über Tage den allgemeinen gesetzlichen Vorschriften unterliegen: KB. II. S. 78

843. In anderem Betracht bezieht sich § 148 jedoch allerdings auch auf den mittelbaren Schaden, indem er nämlich denjenigen Schaden mitumfaßt, welcher zwar aus dem Betriebe entsteht, aber nur in Verbindung mit einem anderen, von jenem Betriebe verschiedenen Ereignisse oder mit einer nicht gewöhnlichen Beschaffenheit der Oertlichkeiten (§ 3, I, 6 ALR.). OT. 8. Mai 1863 (Z. f. BR. 5. S. 106) stimmt hiermit im Prinzipe überein, nimmt jedoch das Vorhandensein eines solchen nicht an, wenn der Bergbau den Schaden nicht verursacht, sondern nur ein mitwirkendes Ereigniß bildet. (Es handelte sich l. c. um einen den Grund und Boden beschädigenden Grubenbrand, welcher durch den Betrieb des Bw.'s nicht entstanden, sondern nur möglich geworden war, da er sich ohne die durch die Schächte und Strecken hineingebrachte Lüftung nicht hätte erzeugen können.) Vgl. übrigens Klost. Uebers., II. S. 68 und Strohn (Z. f. BR. 7 S. 103), welche diese Beschränkung des Begriffs eines mittelbaren Schadens stark in Zweifel ziehen.

844. Außerdem entscheidet § 148, indem er den Ersatz für zugefügten Schaden nicht territorial beschränkt, die wenigstens im linksrheinischen Gebiete (vgl. Achenb., Z. f. BR. 8. S. 522) streitige Frage, ob für Wasserentziehungen, z. B. für das Versiegen eines Brunnens, Entschädigung selbst dann geleistet werden müsse, wenn der Bergbau nicht unter dem Eigenthume des Grundbesitzers, noch in dessen unmittelbarer Nähe betrieben worden sei, in bejahendem Sinne: vgl. KB. II. S. 74.

845. Die Entschädigung bemißt sich nicht nach den für den Fall einer Expropriation im § 137 gegebenen Vorschriften, sondern nach den allgemeinen Grundsätzen des Civilrechts. Demgemäß muß sie im Sinne dieser letzteren eine vollständige sein und zwar als Kapitalentschädigung geleistet werden, weil der Grundeigenthümer hierauf nach allgemeinen Rechtsgrundsätzen Anspruch hat. Nach denselben Grundsätzen beurtheilt sich die Frage, ob der Beschädiger befugt sei, die Entschädigung statt in Gelde, durch Wiederherstellung des früheren Zustands oder durch gleichartige Leistungen zu gewähren, und ob andererseits der Beschädigte eine derartige Entschädigung verlangen könne. Vgl. Mot. S. 88. Diese allgemeinen Rechtsgrundsätze sind für das Gebiet des ALR. in den §§ 7. 79—82. 84. 89. 90. I, 6 ib. enthalten. Ihnen zufolge kann der Grundbesitzer in erster Linie die Wiederherstellung des früheren Zustands fordern, sofern dies möglich, resp. mit der Fortsetzung des Betriebs vereinbar ist, und die Kosten der Wiederherstellung den Betrag des Schadens nicht übersteigen. Andererseits ist jener nicht befugt, statt der Wiederherstellung Geldentschädigung zu verlangen, wenn der Bw.'s-Besitzer sich zu jener Leistung bereit findet: OT. 21. Juni 1861 (Z. f. BR. 2. S. 396). In dem Falle einer Wasserentziehung sprach sich OT. 19. Okt. 1863 (ib. 5. S. 108) sogar zu Gunsten einer blos gleichartigen Leistung aus, und erklärte es demgemäß für genügend, wenn dem Grundbesitzer das Wasser nicht gerade in dem abgetrockneten Brunnen, sondern in einem nahebei befindlichen Behälter wieder verschafft werde, und jener wegen des etwaigen Mehraufwands an Zeit 2c. für den Wassertransport Vergütung erhalte; auch müsse derselbe sich die zur Wiederverschaffung des Wassers erforderlichen Arbeiten und Anlagen auf seinem Grunde und Boden gefallen lassen. Bei der Berechnung der Geldentschädigung kommt (außer dem Falle des dolus oder einer lata culpa) nur der gemeine, nicht der außerordentliche Werth in Betracht. Der Kapitalsbetrag des Schadens wird nur dann verschuldet, wenn letzterer ein fortdauernder ist, indem bei blos temporären, d. h. solchen Schäden, welche während eines zur Kapitalisirung ausreichenden Zeitraums nicht anhalten, nur Ersatz für die jährlich ausfallenden Nutzungen bis zur Wiederherstellung gefordert, auch in Betreff der letzteren keine Kautionsleistung gefordert werden kann. Vgl. Strohn (Z. f. BR. 7. S. 104 ff.), Kloft. n 335 und Huyssen S. 84.

846. Der Grundbesitzer ist nicht befugt, außer den unter n. 845 besprochenen Leistungen die Einstellung der beschädigenden Handlungen oder die Herrichtung von Anlagen zur Verhinderung ferneren Schadens zu verlangen, vorausgesetzt natürlich, daß jene Handlungen erlaubt, resp. zum Bergbaubetriebe erforderlich sind; vgl. Strohn l. c. Die Bergeigenthumsverleihung unterscheidet sich eben dadurch von der Konzessionirung einer Gewerbsanlage, daß sie das Recht zum Betriebe unmittelbar gewährt, den Bw.'s-Besitzer daher auch ermächtigt, die zur Ausübung dieses Rechts unvermeidlichen Beschädigungen, vorbehaltlich des zu leistenden Ersatzes, zuzufügen, während die Ertheilung einer gewerbepolizeilichen Konzession Nichts anderes ist, als der Ausspruch der Behörde, daß der Errichtung und dem Betriebe der Gewerbsanlage ein polizeiliches Bedenken nicht entgegenstehe, so daß dieselbe privatrechtlichen Widerspruchsrechten nicht präjudizirt, sollten letztere auch nicht auf einen speziellen Titel, sondern auf die allgemeinen Grundsätze vom Eigenthum gegründet werden. Vgl. Oppenhoff, Ress.-Ges. S. 451. Selbstredend wird jedoch auch bei den zum Bergbaubetriebe erforderlichen Handlungen vorausgesetzt, daß sie keine unmittelbare Disposition über den Grund und Boden enthalten, wie sie nur auf Grund einer totalen oder partiellen Expropriation stattfinden könnte, indem dieselben sonst allerdings so lange zu inhibiren wären, bis gemäß §§ 142 ff. die Expropriation ausgesprochen ist; n. 746.

§ 149. Ist der Schaden durch den Betrieb zweier oder mehrerer Bergwerke verursacht, so sind die Besitzer dieser Bergwerke gemeinschaftlich, und zwar zu gleichen Theilen zur Entschädigung verpflichtet.

Im Verhältniß der Bergwerksbesitzer unter sich ist der Nachweis eines anderen Theilnahmeverhältnisses und der Anspruch auf Erstattung des Zuvielgezahlten nicht ausgeschlossen.

a. [Br. 153, M. 129, G. 107, B 152 gleichl.

b. Abs. 2 fehlte in der RV., während Abs. 1 daselbst den Nachsaz enthielt: „soweit nicht von ihrer Seite ein anderes Theilnahmeverhältniß nachgewiesen wird."]

§ 150. Der Bergwerksbesitzer ist nicht zum Ersatze des Schadens verpflichtet, welcher an Gebäuden oder anderen Anlagen durch den Betrieb des Bergwerks entsteht, wenn solche Anlagen zu einer Zeit errichtet worden sind, wo die denselben durch den Bergbau drohende Gefahr dem Grundbesitzer bei Anwendung gewöhnlicher Aufmerksamkeit nicht unbekannt bleiben konnte.

Zu § 149.

847. § 149 der RV. stimmte mit der früheren Praxis des OT. und es scheint seine Fassung sogar aus dem Pl.-Beschl. v. 7. Nov. 1849 (Entsch. 18 S. 71) entlehnt zu sein. Um den Grundbesitzer gegen die Weiterungen zu schützen, welche aus dem Nachweise eines anderen Theilnahmeverhältnisses hervorgehen können, ist diesem Nachweise blos für das gegenseitige Verhältniß der verschiedenen Bw.'s-Besitzer eine Bedeutung belassen worden: KB. I. S. 53; II, S. 78. Sollten daher auch die einzelnen Werksbesitzer unter sich Anträge in Betreff eines anderweitigen Theilnahmeverhältnisses wechseln, so darf dadurch doch die Entscheidung über die Klage des Grundbesitzers nicht aufgehalten werden.

848. Es ist nicht erforderlich, daß der Grundbesitzer gleichzeitig und in Einer Klage sämmtliche Bw.'s-Besitzer belange. Ebenso wenig steht § 149 entgegen, daß jener einzelne der Bw'.s-Besitzer zu einem größeren Theile in Anspruch nehme. Er übernimmt dadurch nur die Beweislast in Betreff des behaupteten Theilnahmeverhältnisses.

Zu § 150.

849. § 116b II, 16. ALR., welcher den Fall vorsieht, wo die Entschädigungspflicht des Bw.'s-Besitzers ausnahmsweise nicht eintreten solle, erwies sich als unpraktisch. Das BG. hat der auch im französischen Bergrechte maßgebenden Ansicht den Vorzug gegeben, wonach jede singuläre Ausnahme von jener Pflicht zu vermeiden und lediglich auf die allgemeine Rechtsregel zurückzugehen ist, daß der Beschädigte, dem ein eignes grobes Versehen bei der Beschädigung zur Last fällt, keinen Schadenersatz beanspruchen kann, sofern nicht etwa auf Seiten des Beschädigers ebenfalls grobes Versehen vorliegt (§ 20 I, 6. ALR.). Damit aber über die Anwendbarkeit dieses Grundsatzes kein Zweifel dadurch verursacht werde, daß das BG. die Entschädigungspflicht des Bw.'s-Besitzers im Uebrigen weiter ausdehnt, als das Civilrecht, ist demselben im § 150 [Abs. 1] besonderer Ausdruck verliehen: Mot. S. 88.

850. Zur Erläuterung des Ausdrucks „Anlagen" vgl. § 116b II, 16. ALR., wo Wasserleitungen, Teiche, Bleichen und dergleichen, neben den Gebäuden genannt werden. Zu letzteren gehören auch die Tagegebäude eines andern Bw.'s, indem der betreffende Werksbesitzer insofern als Grundbesitzer erscheint.

Muß wegen einer derartigen Gefahr die Errichtung solcher Anlagen unterbleiben, so hat der Grundbesitzer auf die Vergütung der Werthsverminderung, welche sein Grundstück dadurch etwa erleidet, keinen Anspruch, wenn sich aus den Umständen ergiebt, daß die Absicht, solche Anlagen zu errichten, nur kund gegeben wird, um jene Vergütung zu erzielen.

a. [Br. 154, M 130 gleichl.
G. 108 gleichl. mit § 150 der RV. (s. unten b.)
B. 153 gleichl., doch ohne das Wort „etwa."

b. § 150 der RV. lautete:
„Der Bw.'s-Besitzer ist nicht zum Schadensersatze verpflichtet, wenn durch den Betrieb des Bw.'s solche Gebäude oder andere Anlagen beschädigt werden, bei deren Errichtung dem Grundbesitzer die bereits durch den Bergbau drohende Gefahr nicht ohne eignes grobes Verschulden unbekannt bleiben konnte."].

---

851. Daß der Bergbau in jeden Theil des beliehenen Feldes gelangen, und daß dies dem Grundbesitzer nicht unbekannt sein kann, schließt die Entschädigungspflicht des Bw.'s-Besitzers selbstredend noch nicht aus. Eine durch den Bergbau drohende Gefahr ist vielmehr nur dann anzunehmen, wenn der unzweifelhaft baldige Eintritt derselben nachgewiesen, insbesondere also, wenn der Bergbau schon in solcher Nähe betrieben wird, daß sich dessen Ausdehnung bis zu der neuen Anlage vernünftiger Weise voraussehen läßt; vgl. KB. I, S. 54. Die Worte des § 150 „bei Anwendung gewöhnlicher Aufmerksamkeit" und diejenigen der RV. „ohne grobes Versehen" bedeuten sowohl nach dem gemeinen Sprachgebrauche als nach § 18 I, 3. ALR. ziemlich dasselbe: KB. II, S. 81. A. M. ist Strohn (Z. f BR. 7. S. 113), insofern er annimmt, daß nach der jetzigen Fassung des § ein mäßiges Versehen auf Seiten des Grundbesitzers (§ 20 I, 3. § 21 I, 6. ALR.) die Ersatzpflicht des Bw.'s-Besitzers ausschließe. Jedenfalls ist jener nicht verbunden, durch eine technische Untersuchung der geognostischen Verhältnisse und des in der Gegend betriebenen Bergbaus die größere oder geringere Wahrscheinlichkeit einer Ausdehnung des letzteren feststellen zu lassen: OT. 27 Sept. 1858 (Entsch. 39 S. 296). Das Versehen des Grundbesitzers muß vom Bw.'s-Besitzer bewiesen werden, selbst im Falle einer vorhergegangenen Warnung, welche nur als ein Glied in der Kette der Beweise in Betracht kommt

852. Klost. n. 340 findet in der Bestimmung des Abs. 1 eine gesetzliche Einschränkung des Grundeigenthums zu Gunsten des Bw.'s, die Konstituirung einer Legalservitut in Gestalt eines Untersagungsrechts, auf welche der Bw.'s-Besitzer in einer seinen Besitznachfolger bindenden Weise vertragsmäßig verzichten könne, indem dieser Verzicht zu Gunsten des bebauten Grundstücks eine Servitut „ne aedes diruantur" begründe; durch einen solchen Verzicht erlange der Bw.'s-Besitzer den Vortheil, daß er die Entschädigungsforderung des Grundbesitzers beseitige, falls dieser wegen der drohenden Gefahr vom Bauen abstehe (Abs. 2). Diese Argumentation dürfte jedoch mit der Anschauung, auf welcher § 150 Abs. 1 den Motiven (s. n. 849) zufolge beruht, schwerlich in Einklang stehen.

853. Für den Fall, daß der Grundeigenthümer in Folge einer durch den Bergbau drohenden Gefahr die Errichtung von Gebäuden unterläßt, soll es nach den Materialien bei den Rechtsgrundsätzen der allgemeinen Gesetzgebung verbleiben. Gerade, um der Auffassung zu wehren, als ob § 150 auch für diesen Fall die Entschädigung ausschließe, und um andererseits die Besorgniß spekulativer Ausbeutung zu beseitigen, hat man jenem § den Abs. 2 hinzugefügt; vgl. KB. I. S. 56; II. S. 81. Gleichwohl scheint es sowohl der Natur der Sache als dem Willen des Gesetzes zu entsprechen, wenn man in dem Gewähren einer Vergütung für dergleichen Nachtheile eine Erweiterung der positiven Vorschrift des § 148 erblickt, und daher bei Bestimmung der Person des Pflichtigen rc., nicht auf die allgemeinen Rechtsgrundsätze, sondern auf die §§ 148. 149 zurückgeht. Als Zeitpunkt, wo der Schaden

§ 151. Ansprüche auf Ersatz eines durch den Bergbau verursachten Schadens (§§ 148. 149), welche sich nicht auf Vertrag gründen, müssen von dem Beschädigten innerhalb drei Jahren, nachdem das Dasein und der Urheber des Schadens zu seiner Wissenschaft gelangt sind, durch gerichtliche Klage geltend gemacht werden, widrigenfalls sie verjährt sind.

[Br. 155, M. 131, G. 109, B. 154 gleichl.]

---

ins Leben tritt (s. n. 839), gilt der Augenblick, in welchem der Grundbesitzer den Entschluß zu bauen ꝛc., wegen der durch den Bergbau drohenden Gefahr aufgiebt. Für die Existenz eines solchen Entschädigungsanspruchs ist es übrigens gleichgültig, ob der Grundbesitzer die Errichtung der Anlage um jener Gefahr willen aus freien Stücken oder in Folge eines polizeilichen Verbots unterläßt.

854. § 116b II, 16. ALR. sah den Fall nicht vor, wo der Bergbau schon über die zu bebauende Stelle hinausgerückt ist. Es mag dahin gestellt bleiben, ob § 150 insofern ein weiteres Gebiet beherrscht, da auch dann, wenn derselbe auf jenen Fall keine unmittelbare Anwendung finden sollte, ein Bedenken darüber nicht obwaltet, daß hier gleiche Grundsätze zur Geltung zu bringen sind. Sind die bergbaulichen Arbeiten so beschaffen, daß sie zwar nicht die Aufführung eines Baus widerrathen, wol aber die Verwendung größerer Kosten nöthig machen, z. B. erfordern, daß das Gebäude nur einstöckig sei, oder daß dasselbe massiver konstruirt werde, als dies sonst nöthig gewesen wäre ꝛc. ꝛc., so kann der Grundbesitzer Erstattung der Mehrkosten und des sonstigen Interesses fordern. — Im Uebrigen vgl. zu § 150 unten n. 866.

Zu § 151.

855. § 151 wiederholt für das Gebiet des ALR. die dort schon früher geltenden Grundsätze über die Verjährung der aus Grundschäden origininirenden Klagen, und generalisirt dieselben gleichzeitig für das ganze Staatsgebiet. § 54 I, 6. ALR. bestimmt nämlich allgemein, daß wer einen außer dem Falle eines Kontraktes erlittenen Schaden innerhalb dreier Jahre, nachdem das Dasein und der Urheber desselben zu seiner Wissenschaft gelangt seien, gerichtlich einzuklagen vernachlässige, sein Recht verloren haben solle, und es erklärt die Deklar. v. 31. März 1838 (GS. S. 252) diesen § ausdrücklich auf alle außer dem Falle des Kontrakts, durch erlaubte oder unerlaubte Handlungen entstandenen Beschädigungen, insbesondere auch auf die bei dem Bergbau zugefügten für anwendbar. Nach derselben Deklaration tritt jedoch, wenn der Beschädiger sich zugleich mit dem Schaden des Andern einen Vortheil verschafft hat, die ordentliche Verjährung ein, soweit der Anspruch des Beschädigten die Höhe jenes Vortheils nicht übersteigt.

856. § 151 handelt nach der Ueberschrift und dem sonstigen Inhalt des ganzen Abschnitts sowohl als nach dem Allegat der §§ 148. 149 nur von Grundschäden (einschließlich der unter n. 853. 854 besprochenen Nachtheile), nicht also von Beschädigungen, die durch den Bergbau Personen, Mobilien oder anderen Bergwerken zugefügt werden. Hinsichtlich letzterer kommen für das Gebiet des ALR. unmittelbar die unter n. 855 bezogenen Gesetzesstellen und für die übrigen Landestheile die dort geltenden Grundsätze über die Verjährung zur Anwendung. Bei Klagen im Sinne des § 149 Abs. 2 greift für das ganze Staatsgebiet nur die ordentliche Verjährung Platz.

857. Die unter n. 855 bezogenen Gesetzesstellen fanden selbst dann Anwendung, wenn der den Schaden verursachende Bergbau von einem Unberechtigten betrieben wurde, sollte dieser sich auch nach dem Ges. v. 26. März 1856 strafbar gemacht haben. Dasselbe gilt gegenwärtig von § 151, und zwar, trotz Art. XII, § 1 des Einführ.-Ges. zum StrGB., sogar für das Gebiet des rhein. Rechts.

858. Die Schlußbestimmung der Deklar. v. 1838 vermischt die Schadensersatzklage mit der Klage aus der nützlichen Verwendung. Letztere unterliegt allerdings auch unter der Herrschaft des § 151 der gewöhnlichen Verjährung. Insofern jene Schlußbestimmung jedoch über den Gesichtspunkt der nützlichen Ver-

§ 152. Auf Beschädigungen des Grundeigenthums oder der Zubehörungen desselben durch die von Schürfern und

---

wendburg hinausgeben, und auch für die Schadenersatzklage unter Umständen die 30jährige Verjährung aufrecht erhalten sollte, würde ein Gleiches gegenwärtig nicht mehr gelten: KB. II. S. 81. Der Gewinn des Bergbaubetriebs an sich ist nicht als „Vortheil" im Sinne der Deklar. anzusehen: Huyssen S. 86, Strohn (Z. f. BR. 7. S. 112). Uebrigens ist dem Beschädigten, insofern sich sein Anspruch in Folge Ablaufs der dreijährigen Verjährungsfrist, auf die Höhe des Vortheils beschränkt, die Last eines in den meisten Fällen höchst schwierigen Beweises auferlegt: Gräff S. 106.

859. Die allgemein gehaltene Fassung des § 151 scheint zwar dafür zu sprechen, daß der im § 55 I, 6. ALR. ausgedrückte Grundsatz auf die hier fraglichen Beschädigungen nicht anwendbar, der Zeitpunkt der erlangten Kenntniß hinsichtlich ihrer mithin für den Lauf der Verjährungsfrist selbst dann noch entscheidend sei, wenn seit der Schadenszufügung 30 Jahre verflossen sind. Eine solche Deutung stände jedoch mit der klaren Absicht des Gesetzes in Widerspruch, und zwar um so mehr, als die Verjährung, von welcher § 151 redet, gleich jeder anderen excipiendo geltend gemacht, mithin vom Beklagten bewiesen werden muß, zu diesem Beweise aber auch der Nachweis des Zeitpunkts der erlangten Wissenschaft gehört, welcher, je später geklagt wird, um so schwieriger zu erbringen ist. — Unter dem aus § 54 I, 6. ALR. herübergenommenen Ausdrucke „Urheber des Schadens" versteht § 151 selbstredend die nach §§ 148. 149 zum Schadensersatze verpflichtete Person (s. n. 839).

860. Erwirbt Jemand im Gebiete des ALR. ein durch den Bergbau beschädigtes Grundstück im Wege der Adjudikation, so nimmt, falls der Entschädigungsanspruch als ein mit diesem Erwerbe auf ihn übergegangenes Recht zu betrachten ist, die wider ihn laufende Verjährungsfrist nicht erst mit der Insinuation, sondern schon mit der Publikation der Adjudikation ihren Anfang: OT. 18. April 1859 (Strieth. 33 S. 149).

861. Die ehedem streitige Frage, ob die Verjährung bei fortdauernd schädlichen Folgen einer Handlung nur den Anspruch auf Ersatz des bereits eingetretenen oder auch denjenigen auf Ersatz des in der Folge entstehenden Schadens treffe, ist durch OT. (Pl.-B.) 30. März 1846 (Entsch. 13 S. 19) in letzterem Sinne entschieden worden. Das Gegentheil ist jedenfalls dann anzunehmen, wenn der fortdauernde Schaden nicht durch eine einmalige Handlung, sondern durch eine Reihe gleichartiger, stets wiederkehrender Handlungen verursacht wird, stets also auch von Neuem actio nata vorliegt. Vgl. Klost. n. 341 und OT. 23. Aug. 1845 (Arnsb. Arch. 13 S. 78ff.). Dahin gehört das von Klost. angeführte Beispiel einer Wasserentziehung durch Tiefbau, indem hier das Wasser täglich von Neuem ausgepumpt wird, so daß bei zeitweiser Betriebseinstellung auch die Wasserentziehung so lange aufhört.

862. Ist die Verpflichtung zum Schadensersatze in quali rechtskräftig festgestellt, so unterliegt die Klage auf Feststellung der Entschädigung in quanto nicht mehr der dreijährigen Verjährung: OT. 22. Juni 1863 (Z. f. BR. 5. S. 234).

Zu § 152.

863. Daß Schürfer und Muther nur die bergmännischen und bergrechtlichen Vorbereitungen zum Bw.'s-Betriebe treffen, bedingt keine Verschiedenheit ihres Verhältnisses zum Grundbesitzer von demjenigen, in welchem der Bw.'s-Besitzer zu letzterem in Bezug auf die Ersatzpflicht steht; hierdurch rechtfertigt sich § 152: Mot. S. 89.

864. § 152 gilt auch von Solchen, welche auf eignem Grund und Boden schürfen. Dies folgt sowohl aus der allgemeinen Fassung des §, als daraus, daß das BG. in den sonstigen Vorschriften über das Schürfen gleichfalls nicht zwischen dem Grundbesitzer und Dritten unterscheidet, es entspricht endlich auch den älteren Rechtsanschauungen (vgl. OT. 8. Sept 1848, Präj. Nr. 2068b). Die abweichende Ansicht Klost.'s n. 342 hängt mit der unter n. 32 bekämpften Theorie zusammen,

Muthern ausgeführten Arbeiten finden die §§ 148 bis 151 ebenfalls Anwendung.

[Br. 156, M 132, G. 110, B 155 gleichl.]

Dritter Abschnitt.

Von dem Verhältnisse des Bergbaues zu öffentlichen Verkehrs-Anstalten.

§ 153. Gegen die Ausführung von Chausseen, Eisenbahnen, Kanälen und anderen öffentlichen Verkehrsmitteln, zu deren Anlegung dem Unternehmer durch Gesetz oder besondere landesherrliche Verordnung das Expropriationsrecht beigelegt ist, steht dem Bergbautreibenden ein Widerspruchsrecht nicht zu.

---

welche das Recht, auf eignem Grund zu schürfen, nicht aus dem BG., sondern aus den civilrechtlichen Grundsätzen über das Eigenthum ableitet.

865. Die Ausdehnung des § 149 auf Schürfer und Muther beschränkt sich nicht auf das Verhältniß mehrerer Schürfer resp. Muther zum Grundbesitzer und unter einander. Im Gegentheil sind nach § 152 auch ein Schürfer und ein Bw.'s-Besitzer dem Grundbesitzer gegenüber zu gleichen Theilen verpflichtet, wenn der Schaden theilweise von den Arbeiten des Schürfers, theilweise von dem Betriebe des Bw.'s herrührt.

Zu § 153.

866. Das öffentlichen Verkehrsanstalten beigelegte Expropr.-Recht bezieht sich, seinem Zwecke gemäß, nur auf das Grundeigenthum und dessen Zubehörungen, nicht auch auf das unterirdische Bw.'s-Eigenthum. Letzteres muß sich indeß gleichfalls diejenigen Beschränkungen gefallen lassen, ohne welche die Ausführung oder Erhaltung jener Anstalten unmöglich sein würde; § 153 Abs. 1 soll etwaige Zweifel hierüber ausschließen So: die Motive S. 92. An und für sich bedurfte es freilich keiner ausdrücklichen Gesetzesvorschrift darüber, daß dem Bw.'s-Besitzer nicht das Recht des Widerspruchs gegen die Ausführung öffentlicher Verkehrsanstalten zustehe. Dies folgt vielmehr schon daraus, daß die Bergeigenthumsverleihung dem Beliehenen überhaupt nicht das Recht gewährt, der beliebigen Benutzung der Oberfläche seitens des Grundbesitzers entgegenzutreten, gleichviel, ob letzterer ein Privater oder eine mit Expropriationsrechten ausgerüstete Eisenbahngesellschaft rc. ist, resp. ob jene Benutzung einem Privat-, oder ob sie gleichzeitig öffentlichen Interessen dient. Trotzdem enthält § 153 Abs. 1 keine ganz müßige Bestimmung, indem er namentlich außer Zweifel stellt, daß auf die daselbst erwähnten Verkehrsanstalten § 150 keine Anwendung findet, daß mithin der Bw.'s-Besitzer die Entschädigungsklage des Unternehmers einer solchen Anstalt nicht durch den Einwand beseitigen kann, die Ausführung der Anlage habe wegen der durch den Bergbau drohenden Gefahr unterbleiben müssen. Außerdem dient § 153 Abs. 1 zur Erläuterung des § 154, mit dessen Bestimmungen auch der Abs. 2 zusammenhängt, insofern er die dort ausgesprochene Beschränkung der Entschädigungsansprüche des Bw.'s-Besitzers durch Anordnung einer Maßregel mildert, welche geeignet ist, Kollisionen zwischen den Interessen des Bergbaus und denen jener Anstalten vorzubeugen.

867. Bloße Zechenbahnen rc. sind trotz des zum Zwecke ihrer Herrichtung bestehenden Expropriations-Rechts (§ 135) unter den in den §§ 153. 154 gedachten Anlagen nicht einbegriffen, da sie nicht zu den öffentlichen Verkehrsmitteln gehören; s. n. 741. A. M. ist, im speziellen Hinblick auf § 153 Abs. 2, Klost. n. 345.

868. Wird eine Zechenbahn durch eine öffentliche (Lokomotiv-) Bahn gekreuzt, so kann § 153 behufs Schlichtung der hieraus hervorgehenden, die Störungen des Transports auf ersterer betreffenden Konflikte nicht angerufen werden. Wohl aber ergiebt sich aus § 153 in Verbindung mit § 196, daß, wenn die Sicher-

Vor Feststellung der solchen Anlagen zu gebenden Richtung sind Diejenigen, über deren Bergwerke dieselben geführt werden sollen, Seitens der zuständigen Behörde darüber zu hören, in welcher Weise unter möglichst geringer Benachtheiligung des Bergwerkseigenthums die Anlage auszuführen sei.

a. [Br. 157 gleichl.
M. 133 gleichl., doch ohne den Zwischensatz „zu deren Anlegung ꝛc." (Vgl. Expropriationsges. v. 28. Juni 1845.)
G. 111 gleichl., nur ist statt „zu deren Anlegung ꝛc." gesagt: „auf welche das Expropriationsges. v. 28. April 1842 und v. 8. April 1857 Anwendung findet."
B. 156 gleichl., nur ist statt „Expropriations-Recht" gesagt: „Recht der Zwangsenteignung."
b. Abs. 2 fehlte in der RV.]

---

heit des Verkehrs durch den vermehrten Betrieb der Lokomotivbahn gefährdet erscheint, die Zechenbahn, vorbehaltlich des etwaigen Anspruchs auf Entschädigung, diejenigen Betriebseinschränkungen erleiden muß, welche im sicherheitspolizeilichen Interesse geboten sein möchten; so: OBA. Dortmund 12. Febr. 1867 (Z. f. BR. 8. S. 136). — Handelt es sich erst um die Anlage einer Lokomotivbahn, welche eine Zechenbahn kreuzen soll, so kommt Abs. 2 des § selbst dann zur Anwendung, wenn der Kreuzungspunkt außerhalb des Grubenfeldes fallen würde, da die Worte „über deren Bergwerke" auf die Zubehörungen von Bergwerken mit zu beziehen sind.

869. Die Anwendbarkeit des § 153 Abs. 1 ist keineswegs durch die Beobachtung des § 153 Abs. 2 bedingt. Wird daher letztere Vorschrift vernachlässigt, so erwächst dem Bw.'s-Besitzer nicht etwa das Recht, die Beseitigung der Anlage zu fordern, sondern höchstens ein Entschädigungsanspruch gegen die Behörde, sofern dieser ein grobes Verschulden zur Last liegt.

870. Bei Feststellung der einer öffentlichen Verkehrsanstalt zu gebenden Richtung sind zwei Akte zu unterscheiden, nemlich der Akt der Konzessionirung der Anstalt, durch welche die Richtung regelmäßig nur im Allgemeinen, mittelst Fixirung der Endpunkte, bestimmt wird, und sodann die Feststellung der Richtung im Einzelnen, welche gemeinhin erst unmittelbar vor, oder gar erst während der Ausführung der Anlage erfolgt. Abs. 2 hat offenbar nur den letzteren Akt im Auge.

871. Wenn ein Bw. von einem Nutzungsberechtigten betrieben wird, so ist sowohl dieser, wie der Eigenthümer zu hören. Contra: Achenb. S. 293, resp. Z. f. BR. 8. S. 527, nach dessen Ansicht stets die Anhörung des Eigenthümers genügt. — Beim Werke einer Gewerkschaft braucht nur der Repräsentant gehört zu werden; vgl. § 119.

872. Die Vernehmung liegt, wenn es sich um die Richtung einer Eisenbahn handelt, speziell dem Eisenbahnkommissariate ob; so: MR. 2. Nov. 1866 (Z. f. BR. 8. S 136), welches den Regierungen unter der Auflage mitgetheilt wurde, bei der landespolizeilichen Prüfung der Bahnprojektirungsarbeiten über Befolgung des § 153 Abs. 2 zu wachen; s. BMbl. S. 226. Im Anschlusse an dieses R. trifft ein ferneres v. 13. Juli 1867 (Z. f. BR. 8. S. 424) umfassende Vorschriften über das vor definitiver Feststellung der Bahnlinie zur Erreichung der Zwecke des Abs. 2 theils von den Eisenbahnkommissariaten, resp. den königl. Eisenbahndirektionen in Verbindung mit den Regierungen, theils von den Oberbergämtern zu beobachtende Verfahren.

873. § 14 des Eisenbahnges. v. 3. Nov. 1838 kommt dem Bw.'s-Besitzer als solchem, d. h. also, insofern es sich um die unmittelbare Sicherstellung des Bergbaus durch Schutzanlagen handelt, schwerlich zu Statten. Wohl aber kann eine Eisenbahn-Gesellschaft gemäß § 14 cit. angehalten werden, Schutzanlagen im Interesse des Bw.'s-Besitzers in der Eigenschaft eines Grundbesitzers zu errichten, sollte der Grund und Boden von diesem auch nur zu bergbaulichen Zwecken

§ 154. War der Bergbautreibende zu dem Bergwerksbetriebe früher berechtigt, als die Genehmigung der Anlage (§ 153) ertheilt ist, so hat derselbe gegen den Unternehmer der Anlage einen Anspruch auf Schadensersatz. Ein Schadensersatz findet nur insoweit statt, als entweder die Herstellung sonst nicht erforderlicher Anlagen in dem Bergwerke oder die sonst nicht erforderliche Beseitigung oder Veränderung bereits in dem Bergwerke vorhandener Anlagen nothwendig wird.

Können die Betheiligten sich über die zu leistende Entschädigung nicht gütlich einigen, so erfolgt die Festsetzung derselben nach Anhörung beider Theile und mit Vorbehalt des

---

benutzt werden, und ihm auch nur zur vorübergehenden Benutzung (§ 137) abgetreten sein.

Zu § 154.

874. Daß der Bergbau im Interesse öffentlicher Verkehrsanstalten mannichfachen Beschränkungen unterworfen werden könne, stand von jeher fest und ist durch § 196 neuerdings bestätigt worden. Desto lebhafter wurde früher darüber gestritten, ob dem Bw.'s-Besitzer eventuell Entschädigung gebühre, ein Streit, welcher wesentlich auf die andere Frage hinauslief, ob in jenen Beschränkungen, insbesondere in der Auflage, Sicherheitspfeiler stehen zu lassen, eine Art Expropriation zu erblicken sei. Soweit diese Frage noch jetzt eine offene ist, wird sie unter n. 888 näher besprochen. § 154 schneidet dieselbe für das erst nach dem Inkrafttreten des BG. verliehene Bergeigenthum ab, indem er den Gegenstand gesetzlich regelt, und zwar so, daß er für den entgangenen Gewinn gar keinen Ersatz zubilligt, und selbst den Ersatz des entstandenen wirklichen Schadens in feste Grenzen einschließt. Die Nachtheile, denen der Bw.-Besitzer durch Legung einer Chaussee &c. über das Grubenfeld ausgesetzt ist, haben nemlich vorzugsweise in dreierlei Anlässen ihren Grund. Einmal kann der Bw.'s-Besitzer in seinem Ausbeuterecht, wie oben erwähnt, beschränkt werden. Sodann kann er, wenn er bereits abgebaut hat und der Boden so schwach geworden ist, daß derselbe den Bau einer öffentlichen Verkehrsanlage nicht mehr verträgt, gehalten sein, Anlagen zur Herstellung eines Fundaments zu machen; endlich kommt es vor, daß Anlagen, die im Werke gemacht worden, z. B. Stollen, beseitigt und verändert werden müssen. Nur bezüglich der aus den letzten beiden Anlässen erwachsenden Schäden soll dem Bw.'s-Besitzer ein Ersatzanspruch zustehen, nicht auch in Betreff der Beschränkung des Ausbeuterechts, resp. des Stehenlassens von Sicherheitspfeilern. Vgl. Motive S. 90 ff., KB. I. S. 58, II, S. 82 ff. und Grimm Stenogr. Protok. S. 166, Z. f. BR. 6. S. 344).

875. § 154 bezieht sich nur auf das unterirdische Eigenthum des Bw.'s-Besitzers; der Schaden, welchen die Verkehrsanstalt dem Grunde und Boden sowie dem oberirdischen Eigenthume [den Tagegebäuden] des Bw.'s-Besitzers zufügt, unterliegt den allgemeinen gesetzlichen Vorschriften; die Veränderungen, welche letzterer in Folge von Verkehrsanlagen vornehmen muß, haben nach § 154 [?] eventuell auf Kosten jener Anstalt zu erfolgen. So: die Reg.-Komm. im KB. II. S. 86. Dies bezieht sich jedoch im Wesentlichen nur auf das Verhältniß des Bw.'s-Besitzers als Grundbesitzers zur Verkehrsanstalt. Auf den Fall, wo der Bw.'s-Betrieb mittelst Tagebaus stattfindet, kommt § 154 allerdings zur Anwendung, insofern auch hier der Bw.'s-Besitzer keinen Anspruch auf Entschädigung wegen Beschränkung des Ausbeuterechts oder wegen Erschwerung des Fortbetriebs des Bw.'s z. B. um deswillen hat, weil die das Grubenfeld durchschneidende Verkehrsanstalt die Kontinuität des Bergbaus hindert, weil sie die Herrichtung eines besonderen Niederlageplatzes für den abgetrennten Theil des Grubenfeldes nöthig macht &c. Vgl. auch OT. 16. Mai 1865 (Z. f. BR. 6. S. 477). Wohl aber kom-

Rechtsweges durch einen Beschluß des Oberbergamts, welcher vorläufig vollstreckbar ist.

a. [Br. 158 gleichl. bis „durch einen Beschluß," dann: „der Bergbehörde, und bei Concurrenz fiscalischen Bergbaues durch einen Beschluss der betr. Herzogl. Kreisdirection, welche vorläufig vollstreckbar sind."

M. 134 gleichl.

G. 112 gleichl., nur ist der zweite Satz so gefaßt, wie § 154 der RV. (s. unten b.).

B. 157 gleichl. mit Abs. 1 h. l., 158 gleichl. mit Abs. 2 ib. bis „einigen," dann: „so erfolgt die Festsetzung derselben durch die einschlägigen Gerichte."

b. § 154 der RV. lautete:

„Einen Anspruch auf Schadensersatz hat der Bergbautreibende gegen den Unternehmer solcher Anlagen (§ 153) nur insoweit, als ꝛc.

§ 154 Abs. 2 h. l. bildet den § 155 der RV.]

---

men nach Umständen diese Nachtheile und sogar der beim unterirdischen Betriebe aus dem Stehenlassen von Sicherheitspfeilern hervorgehende Ausfall, unbeschadet des § 154, dann in Betracht, wenn der Bw.'s-Besitzer gleichzeitig der Eigenthümer des Grundes und Bodens ist, und genöthigt wird, diesen ganz oder theilweise behufs Anlegung der Verkehrsanstalt abzutreten. Denn, da ihm in der Eigenschaft eines Grundbesitzers der außerordentliche Werth des abzutretenden Grundes und Bodens (§ 114. I, 2 ALR.) ersetzt werden muß, so hat er auch Anspruch auf die besonderen Vortheile, welche ihm das Eigenthum am Grunde und Boden dadurch gewährte, daß er in der Benutzung seines Bergeigenthums unbeschränkt war.

876. § 154 benimmt der Staatsregierung nicht das Recht, die Ertheilung der Konzession für eine neue Verkehrsanstalt an Bedingungen zu knüpfen, welche dem Bw.'s-Besitzer in einzelnen Fällen größere Entschädigungsansprüche beilegen, sofern sich nemlich bei Erfüllung der Vorschrift des § 153 Abs. 2 ergeben möchte, daß hierfür besondere Billigkeitsgründe sprechen; vgl. Grimm l. c., KV. II. S. 87. Da nun aber die Konzession in der Regel (s. n. 870) lange vor Ausführung des § 153 Abs. 2 ertheilt zu werden pflegt, so wird im Konzessionsakte mit Rücksicht auf dergleichen Eventualitäten nur ein allgemeiner Vorbehalt zu machen, und die nähere Bestimmung erst bei Festsetzung der Richtung im Einzelnen zu treffen sein.

877. Ob das Bw. vor oder nach Genehmigung der Verkehrsanstalt verliehen worden, war nach der RV. gleichgültig. Die Mot. S. 91 rechtfertigen die Gleichstellung beider Fälle sogar in sehr eingehender Weise. Erst bei der Gesetzesberathung (KV. I. S. 58) wurde zwischen jenen Fällen unterschieden und diese Unterscheidung lediglich darauf gegründet, daß die RV. zwar nicht im zweit-, wohl aber im ersterwähnten Falle den Bw.'s-Besitzer insofern beeinträchtige, als sie keine Entschädigung wegen der Beschränkung des Ausbeuterechts gewähre. Statt jedoch bezüglich dieses Falles eine Erweiterung des Entschädigungs-Anspruchs zu beantragen und für den umgekehrten Fall an der RV. festzuhalten, schlug man seltsamer Weise vor, jegliche Entschädigungspflicht auf ersteren Fall zu beschränken, ihr jedoch intensiv eine dem Obigen entsprechende Ausdehnung zu geben. Dieses Amendement wurde freilich abgelehnt; dasselbe hatte aber offenbar auf den Inhalt eines zweiten eingewirkt, welches den § 150 so, wie er jetzt lautet, formulirte, und angenommen ward. So ist es gekommen, daß, obschon wider die RV. nur solche Stimmen sich erhoben, welche in deren Vorschriften einen unzureichenden Schutz des Bergbaus erblickten, § 154 des BG. dennoch insofern hinter dem § 154 der RV. zurückbleibt, als er die dort erwähnten Entschädigungsansprüche lediglich solchen Bergbautreibenden zuerkennt, deren Berechtigung älter ist, als die Genehmigung der Verkehrsanstalt. Mit Rücksicht auf diese Art des Zustandekommens des § 154 dürfte derselbe keinen Rückschluß gestatten, daß jünger berechtigten Bergbautreibenden unter keinen Umständen ein Entschädigungsanspruch aus der Kollision ihres Betriebs mit demjenigen der Verkehrsanstalten erwachse, vielmehr werden hier die allgemeinen Grund-

sätze des Civilrechts entscheiden, nur mit der selbstverständlichen Beschränkung, daß die Anwendung dieser Grundsätze niemals zur Bewilligung größerer Ersatzansprüche führen darf, als § 154 unter gleichen Verhältnissen den älterberechtigtem zusichert. Dasselbe gilt bezüglich des bloßen Schürfers und Muthers.

878. Bei Beurtheilung der Frage, ob der Bergbautreibende zu dem Bw.'s-Betriebe früher berechtigt war, als die Genehmigung der Anlage ertheilt ist, kommt es nicht auf den Beginn seiner subjectiven Berechtigung, sondern auf das Datum der Verleihung des Bw.'s, resp. insoweit es sich um ein konsolidirts Werk handelt, auf das Datum der Verleihung des jüngsten der früheren Einzelwerke an; vgl. n. 274. — Als Zeitpunkt der Genehmigung der Anlage ist der Zeitpunkt ihrer Konzessionirung, resp. der Verleihung des Expropriations-Rechts, nicht also der Zeitpunkt der Feststellung ihrer Richtung (s. n. 870) zu betrachten. Wird die Genehmigung später erweitert, z. B. bei einer Eisenbahn für ein zweites Geleise ertheilt, so datirt dieselbe in Betreff solcher Nachtheile, welche sich als Folge der auf Grund jener Erweiterung errichteten Anlagen darstellen, erst vom Tage der Erweiterung an.

879. Zufolge Achenb. (S. 293, resp. Z. f. BR. 8. S. 527) soll das BG. im § 154 nur dem Eigenthümer eines Bw.'s Verbindlichkeiten auferlegen und Rechte zusprechen. Er folgert dies daraus, daß sowohl § 153 Abs. 2 als die Eingangsworte des § 154 nur auf den Bw.'s-Eigenthümer bezogen werden könnten. In Betreff des § 153 Abs. 2 ist bereits unter n. 871 die entgegengesetzte Ansicht ausgesprochen, während bezüglich der Eingangsworte des § 154 auf n. 878 verwiesen wird. Aber auch abgesehen hiervon, dürfte jene Argumentaton schwerlich zutreffen. Sowohl § 153 Abs. 2 wie der erste Satz des § 154 fehlten in der RV., schon diese gebrauchte jedoch den Ausdruck „Bergbautreibender." Da nun dieser Ausdruck, an und für sich genommen, mit dem Ausdrucke „Bw.'s-Eigenthümer" keineswegs identisch ist, sondern auf jeden bezogen werden muß, welcher für eigne Rechnung Bergbau treibt, so hat wenigstens die RV. unzweifelhaft nur den letzteren, den wirklichen Betreiber des Bw.'s im Auge gehabt. Daß aber mit der Abänderung derselben in den betreffenden Punkten auch die Aenderung ihres Inhalts nach der hier fraglichen Richtung beabsichtigt worden sei, dafür bieten die Materialien nicht den mindesten Anhalt. Ebenso fehlt es an einem inneren Grunde für eine solche Unterstellung.

880. § 154 bewilligt einen Schadensersatz für die Herstellung sonst nicht erforderlicher Anlagen in den Bergwerken nur dann, wenn diese Anlagen im Interesse der Verkehrsanstalt erforderlich sind. Wird daher die Herstellung solcher Anlagen zwar durch die Ausführung der Verkehrsanstalt erforderlich, aber nicht, damit letztere gesichert und erhalten bleibe, sondern damit der Bergbau trotz des Bestehens derselben weiter betrieben werden könne, so liegt kein Ersatzanspruch vor; vgl. n. 874.

881. Huyssen S. 88 empfiehlt im Hinblick auf § 154 den Bergbautreibenden als Schutzmittel gegen Tagebrüche soviel wie thunlich keine Sicherheitspfeiler stehen zu lassen, sondern Mauerung, Steinpfeiler oder Bergeversatz anzubringen, deren Kosten sie ersetzt bekämen. Inzwischen ist hier keineswegs das Belieben der Bergbautreibenden maßgebend, vielmehr hat eventuell, den §§ 67. 68 und 198 zufolge, die Behörde zu entscheiden, ob der Schutz der Verkehrsanstalt im konkreten Falle durch Einschränkung des Gewinnungsrechts, oder durch anderweitige Schutzmaßregeln zu erreichen sei, so daß also auch der Eintritt und Umfang der Ersatzverbindlichkeit im Sinne des § 154 ganz wesentlich von den Anordnungen der Behörde abhängt. Letztere hat hierbei allerdings die Aufgabe, die vom Gesetzgeber beabsichtigte Ausgleichung der kollidirenden Interessen herbeizuführen. Eben darum muß sie aber auch namentlich dahin wirken, daß keine Ansprüche wider die Verkehrsanstalten in solchen Fällen erwachsen, in welchen das Gesetz sie gerade ausschließen wollte. Demgemäß empfiehlt es sich, daß, bevor über die Anordnung von Schutzmaßregeln auf Grund obiger §§ beschlossen wird, nicht blos die Bw.'s-Eigenthümer, sondern auch die Vertretung der Verkehrsanstalt gehört, letztere daher zu dem anzuberaumenden Termine mitvorgeladen werde. Vgl. HMR. 24. Sept. 1867 (Z. f. BR. 8. S. 427), welches die OBA. anweist, nach diesen Gesichtspunkten zu verfahren, und die RV., durch Erhebung eines Einspruchs im Sinne des § 68 den Vertretern öffentlicher Verkehrsanstalten die Möglichkeit zur Wahrnehmung, resp.

§ 155. Wenn Bergbautreibende, welche vor Eintritt der Gesetzeskraft des gegenwärtigen Gesetzes zu dem Bergwerksbetriebe berechtigt waren, Entschädigungsansprüche erheben,

---

Kundgebung ihrer Interessen zu gewähren. (Das R. erging aus Anlaß eines Falles, wo man zur Vermeidung der Beschädigung eines Eisenbahnkörpers, statt Sicherheitspfeiler stehen zu lassen, einen schachbrettartigen Abbau geführt und die ausgekohlten Räume mittelst Bergeversatzes bis dicht unter das Hangende vermauert hatte, so daß die Kosten den Betrag überstiegen, welchen man durch Verwerthung der zu gewinnenden Kohlen zu erzielen im Stande war.)

882. Ob die polizeilich angeordnete Herstellung, resp. Beseitigung von Anlagen im Bw erforderlich gewesen sei, kann vor Gericht, selbst unter den Betheiligten, nicht in Frage gestellt werden. Vgl. Ges. v. 11. Mai 1842, § 1. Dagegen ist es statthaft, den Entschädigungsanspruch aus dem Grunde zu bestreiten, weil das Erforderniß ohnehin, d. h. also auch ohne Rücksicht auf die Verkehrsanstalt bestanden habe.

883. Wie bei der Grundabtretung (§§ 143 ff.), so ist auch im Falle des § 154 die administrative Festsetzung der Entschädigung geeignet, Streitigkeiten hierüber sachgemäß ohne prozessualisches Verfahren zu erledigen; doch erfolgt die Feststellung im letzteren Falle durch das OBA. allein, da es sich lediglich um Beurtheilung bergbaulicher Verhältnisse handelt: Mot. S. 92.

884. Da die Ausführung der bergpolizeilichen Anordnung nicht von dem Ausgange eines Prozesses über die Höhe der Entschädigungssumme abhängig gemacht werden kann, so lag es in der Billigkeit, dem Bw.'s-Eigenthümer auf seinen Antrag die oberbergamtlich festgesetzte Entschädigungssumme zu verschaffen und zu diesem Behufe den desfallsigen Beschluß für vorläufig vollstreckbar zu erklären: Mot. S. 92.

885. Hieraus folgt jedoch nicht, daß wenigstens jener Beschluß ergangen und vollstreckt sein müsse, bevor der Bw.'s-Eigenthümer angehalten werden könne, die bergpolizeiliche Anordnung auszuführen. Ebensowenig kann aus den Worten der Motive „auf seinen Antrag" der Schluß gezogen werden, als ob der Unternehmer der Verkehrsanstalt kein Recht habe, die administrative Feststellung der Entschädigung zu beantragen, zumal, da letztere im beiderseitigen Interesse (s. n. 883) zugelassen ist.

886. Nach Huyssen S. 88 ist gegen den Beschluß des OBA.'s der Rekurs zulässig, ohne daß durch denselben jedoch die vorläufige Vollstreckung aufgehalten würde. In der That erscheint es gegenüber der allgemeinen Vorschrift des § 191 und bei dem exzeptionellen Charakter der Bestimmungen der §§ 8 und 145, als gewagt, sich wider die Stathaftigkeit des Rekurses zu erklären, obgleich dies der Idee des Gesetzgebers vielleicht entsprechen würde. Ist aber der Rekurs statthaft, so muß demselben auch Suspensiveffekt beigelegt, die provisorische Vollstreckbarkeit des Beschlusses mithin lediglich auf das Verhältniß des administrativen Verfahrens zum gerichtlichen bezogen werden, indem ja sonst wegen der Entschädigung eine dreimalige Exekution möglich wäre, eine auf Grund jenes Beschlusses, eine zweite auf Grund der Rekursentscheidung, eine dritte endlich auf Grund des gerichtlichen Erkenntnisses, was doch offenbar nicht beabsichtigt sein kann. — Die Vollstreckung des Beschlusses erfolgt nöthigenfalls nach Maßgabe der Exekutions-Ordnung v. 30. Juli 1853 (§ 1 Nr. 5), 24. Nov. 1843, 30. Juni 1845, 2. Febr. 1858.

Zu § 155.

887. Während § 154 auf ältere Bergbautreibende insofern Anwendung findet, als die dort erwähnten Rechte jedenfalls auch ihnen zustehen, ist die Anwendbarkeit desselben in seinem negativen Theile zu ihren Gunsten durch § 155 ausgeschlossen und hierdurch eine Ausnahme von dem unter n. 7 Gesagten statuirt worden. Wenn daher jene Bergbautreibenden in gewissem Sinne bevorrechtet sind, so billigt ihnen § 155 dennoch keine weitergehenden Ansprüche ohne Weiteres zu, sondern beläßt es in dieser Hinsicht lediglich bei dem bisherigen Rechte; die praktische Bedeutung des § 155 beschränkt sich mithin darauf, daß die frühere Streitfrage über die Existenz solcher weiter gehenden Rechte, insbesondere des Rechts, für

welche über den ihnen nach § 154 zu gewährenden Schadensersatz hinausgehen, so ist über diese Ansprüche nach den bisherigen Gesetzen zu entscheiden.

a. [Br., M., G., B. (vacat.)
b. § 155 fehlte in der RV.]

Sechster Titel.

Von der Aufhebung des Bergwerkseigenthums.

---

das Stehenlassen von Sicherheitspfeilern Entschädigung zu fordern, in Betreff älterer Werke noch jetzt eine offene und eventuell auf dem Rechtswege zu lösen ist. Eine administrative Entscheidung nach Maßgabe des § 154 Abs. 2 findet hier nicht Statt.

888. Die reichhaltige Litteratur über obige Streitfrage findet sich im KB. II, S. 84 ff. Den dort citirten Erkenntnissen sind noch OT. 16. Mai 1865 und 24. Okt. 1868 (Z. f. BR. 6. S. 477; 10. S. 272) anzureihen. Die herrschende Ansicht hat sich längst zum Nachtheil des Bw.'s-Besitzers entschieden. Insofern dieselbe jedoch auf der Anschauung beruht, als ob die gesetzlichen Bestimmungen über die (in den §§ 82. 108 II, 16. ALR. zwar neben dem Direktionsrechte genannte, stets aber von demselben wesentlich verschiedene) Bergpolizei zu Lasten des Bergeigenthums eine gesetzliche Servitut begründeten, deren Handhabung von vorne herein jeden Entschädigungsanspruch ausschließe, ist der Verf. derselben bereits in seinen „Ressort-Gesetzen" S. 355 (n. 106) entgegengetreten, indem er geltend machte, daß jene Gesetze lediglich die allgemeinen Grundsätze über die staatliche Polizeigewalt, in ihrer Anwendung auf den Bergbau, aufrecht erhielten. Letzteres ist seitdem durch die Monographie Veith's S. 37 ff. in eingehendster Weise dargelegt worden. Gleichwohl kann diesem Schriftsteller nicht beigepflichtet werden, wenn er aus dem allgemein polizeilichen Charakter der für den einzelnen Fall hinsichtlich des Stehenlassens von Sicherheitspfeilern getroffenen Anordnungen einen generellen Anspruch auf Entschädigung nach Maßgabe der §§ 74, 75 der Einl. des ALR. herleitet. Da nämlich dergleichen Anordnungen die Abwendung eines Schadens betreffen, für welchen der Bw.'s-Besitzer nach dem älteren Rechte nicht minder, als nach § 148 h. l. verantwortlich sein würde, so enthalten dieselben keinen durch das gemeine Wohl gebotenen Eingriff in Privatrechte, wie er in jenen §§ und dem § 4 des Ges. v. 11. Mai 1842 gemeint ist, vorausgesetzt, daß der zu verhütende Schaden zu dem ausfallenden Gewinn in einem entsprechenden Verhältnisse steht. Nur da, wo letztere Voraussetzung nicht zutrifft, und nur insoweit dieselbe nicht zutrifft, würde daher ein Entschädigungsanspruch begründet sein. Vgl. im Uebrigen des Verf.'s „Ress.-Ges." S. 356 (n. 109). Was dort in Betreff des § 116b II, 16 ALR. gesagt wird, ist gegenwärtig nicht blos durch § 153 Abs. 2, sondern auch durch § 244 h. l. erledigt, indem zu den „bisherigen Gesetzen," von welchen § 155 i. f. redet, keine Bestimmungen gehören, welche das BG. ausdrücklich und unbedingt aufgehoben hat.

889. Das Vorrecht des § 155 hängt nicht von dem Datum der Verleihung ab, indem es gewissermaßen dem Bergwerke selbst anklebt, — vgl. KB. I. S. 59, — und nur dann erlischt, wenn das Bw.'s-Eigenthum ganz aufgehoben, oder wenn ein bevorrechtetes Werk mit einem nicht bevorrechteten konsolidirt wird. Daß dasselbe nicht wieder auflebe, wenn das Mineralvorkommen eines älteren verlassenen Werks von Neuem verliehen wird, ergiebt das bereits oben n. 118 Gesagte.

Zum sechsten Titel.

890. Eine zeitgemäße Reform in den Vorschriften über die Entziehung des Bw.'s-Eigenthums gehörte zu den wesentlichsten Aufgaben des BG. Es handelte sich an erster Stelle um Beseitigung der zahlreichen, die Sicherheit und Kreditfähigkeit des Bw.'s-Eigenthums beeinträchtigenden Aufhebungs-Gründe des früheren rechtsrheinischen Rechts (neun an der Zahl, die besonderen Aufhebungsarten

§ 156. Wird amtlich festgestellt, daß ein Bergwerkseigenthümer die nach Vorschrift des § 65 an ihn erlassene Aufforderung zur Inbetriebsetzung des Bergwerks oder zur Fortsetzung des unterbrochenen Betriebes nicht befolgt hat, so kann das Oberbergamt die Einleitung des Verfahrens wegen Entziehung des Bergwerkseigenthums durch einen Beschluß aussprechen.

[Br. 159, M. 135 gleichl.
G. 113 gleichl., doch ist eingeschaltet nach „nicht befolgt hat": „oder haben im Falle des § 87 drei vom Bergamte zur Uebernahme der Vertretung aufgeforderte Personen solche abgelehnt."
B. 159 gleichl., ohne das Wort „unterbrochenen."]

---

des Erbstollenrechts nicht mitgerechnet) und in zweiter Linie um ein sowohl die Rechte des Eigenthümers wie diejenigen der Realberechtigten sicherndes Verfahren für den einzigen noch beibehaltenen Fall der Entziehung. Für das linksrheinische Gebiet hilft der 6. Titel einem Mangel ab, welcher umgekehrt darin bestand, daß das Ges. v. 21. Apr. 1810 sogar im Falle eines dem öffentlichen Interesse nachtheiligen Nichtbetriebes kein ausreichendes Mittel zur Konzessionsentziehung bot. Die freiwillige Aufgebung des Bw.'s-Eigenthums ist im BG. nach denselben Formen und Rücksichten geregelt, wie dessen Entziehung. Vgl. Mot. S. 92, KB. II. S. 89.

891. Der 6. Titel findet an sich auch auf ältere Berechtigungen Anwendung; vgl. n. 7. Ist jedoch die Berechtigung als Erbpacht, Lehen rc. anzusehen, so kommen die bei Rechtsinstituten dieser Art vorgesehenen besonderen Aufhebungsarten in Betracht. Ebenso kann auch der sonstige Inhalt der Verleihungsurkunde von Erheblichkeit sein. Die volle Anwendbarkeit der §§ 156—160 hängt davon ab, ob die Berechtigung, gleich dem Grundeigenthume, einen besonderen Gegenstand der Eintragung in das Hypothekenbuch [resp. in die Hypothekenregister des rheinischen Rechts] bildet. Vgl. Achenb. S. 345.

892. Der Verlust des Bw.'s-Eigenthums als Folge einer strafbaren Handlung ist der Gesetzgebung fremd. Dagegen zieht nach § 5 der VO. v. 9. Aug. 1867 die wegen Salzabgabendefraude im zweiten Rückfalle erfolgende rechtskräftige Verurtheilung eines Salzwerksbesitzers den Verlust der Befugniß zur eignen Verwaltung des Salzwerks nach sich. Alsdann wird daher von der Behörde ein besonderer Repräsentant bestellt, welcher dann nicht etwa blos mit den in § 127, resp. § 134 erwähnten Funktionen, sondern mit der selbstständigen Verwaltung betraut werden muß.

Zu § 156.

893. Die Entziehung des Bw.'s-Eigenthums ist auch dann statthaft, wenn der Eigenthümer selbst nicht berechtigt ist, das Bw. zu veräußern, z. B. weil dasselbe zu einem Majorate gehört. Doch empfiehlt es sich, in letzterem Falle dem nächsten Anwärter eine amtliche Benachrichtigung zugehen zu lassen, damit dieser Gelegenheit erhalte, die Interessen des Majorats in geeigneter Weise zu wahren.

894. Die Ausübung der Befugniß des OBA.'s ist nicht fakultativ. Doch steht es demselben frei, das eingeleitete Entziehungsverfahren demnächst wieder fallen zu lassen, wenn der Bw.'s-Eigenthümer nachträglich den Betrieb wieder aufnimmt. Einen Anspruch auf Sistirung des Verfahrens hat jener im letzteren Falle nicht. Gleichwohl kann er trotz der Abfassung des in § 156 erwähnten Beschlusses das Bw. noch verpfänden, ja veräußern und hierdurch das ganze Verfahren illusorisch machen; s. Achenb.-S. 331.

§ 157. Der Bergwerkseigenthümer ist befugt, binnen vier Wochen vom Ablaufe des Tages, an welchem ihm der Beschluß, beziehungsweise der Rekursbescheid (§ 191) zugestellt ist, bei dem Gerichte, in dessen Bezirk das Bergwerk liegt, gegen das Oberbergamt auf Aufhebung des Beschlusses zu klagen. Geschieht dies nicht, so ist das Einspruchsrecht erloschen.

[Br. 160 gleichl., mit d. Zusatze: „Das Gericht hat jedoch nur über rechtliche Einwendungen gegen den Beschluss der Bergbehörde, nicht aber darüber zu entscheiden, ob durch den Beschluss das öffentliche Interesse verletzt sei.“
M. 136 gleichl.
G. 114 gleichl., nur ist statt „bei dem Gerichte ꝛc.“: bei dem Kreisgerichte gegen das Bergamt“ gesagt.
B. (vacat.)]

§ 158. Erhebt der Bergwerkseigenthümer keinen Einspruch oder ist derselbe rechtskräftig verworfen, so wird der Beschluß von dem Oberbergamte den aus dem Hypothekenbuche oder den Rheinischen Hypothekenregistern ersichtlichen Gläubigern und anderen Realberechtigten zugestellt und außerdem durch das Amtsblatt der Regierung, in deren Bezirk das

---

Zu § 157.

895. Die Anstellung der Klage ist eine konservatorische Maßregel. Legitimirt dazu ist bei Gewerkschaften des neuen Rechts nur der Repräsentant, während bei denen des alten Rechts und bei Betheiligungsverhältnissen im Sinne des § 133 jeder Gewerke, resp. Betheiligte klagen kann. Eventuell nützt die von einem derselben angestellte Klage wegen der Untheilbarkeit ihres Gegenstands auch den übrigen.

896. Nichteigenthümern ist die Klage nicht gewährt. Hinsichtlich der Realberechtigten wird Solches in den Mot. S. 94 ausdrücklich gesagt; dies dürfte sogar vom Nutznießer gelten. Ebensowenig hat der Pächter des Werks ein Klagerecht. Im Betreff der Gläubiger vgl., was das rheinische Recht betrifft, Art. 1166 des BGB.

897. Da die Bergbehörde allein darüber zu entscheiden hat, ob das Bw. aus überwiegenden Gründen des öffentlichen Interesses betrieben werden müsse, so kann die Klage des § 157 nicht darauf gegründet werden, daß die Aufforderung zur Inbetriebsetzung (§ 65) eine ungerechtfertigte gewesen sei; bei jener Klage handelt es sich vielmehr nur um rechtliche Einwendungen gegen den Beschluß selbst, z. B. um die Behauptung, der Beschluß sei nicht gegen die richtige Person gerichtet, der Betrieb sei [vor Ablauf der Frist des § 65] wirklich eröffnet worden ꝛc.: Mot. S. 94. Eine Fristung kann auf dem Rechtswege nicht erlangt werden.

Zu § 158.

898. In Betreff des Begriffs „Realberechtigte“ s. n. 282 und 899. Die Vorschriften über die Bekanntmachung entsprechen denen des § 45, sind aber insofern noch umfassender, als die Zustellung selbst im Gebiete des rheinischen Rechts den eingetragenen Hypothekargläubigern gemacht werden muß. Die Bekanntmachung durch das Amtsblatt erfolgt im Interesse derjenigen Interessenten, deren Realan-

Bergwerk liegt, unter Verweisung auf diesen und den folgenden Paragraphen, zur öffentlichen Kenntniß gebracht.

[Br. 161 gleichl., ohne die Worte „oder den rheinischen Hypoth.-Registern." M. 137, G. 115 gleichl., nur ist statt „aus dem Hypothekenbuche ꝛc." gesagt: „aus dem Berggrund- und Hypothekenbuche."
B. 160: „Der rechtskräftige Beschluss der Bergbehörde wird den aus dem Hypothekenbuche und den pfälzischen Hypothekenregistern etc." Im Uebrigen gleichl., nur ist statt „Regierung": „Kreisregierung" gesagt.]

§ 159. Jeder Hypothekengläubiger oder sonstige Realberechtigte, sowie jeder privilegirte Gläubiger des Rheinischen Rechts ist befugt, binnen drei Monaten vom Ablaufe des Tages, an welchem der Beschluß zugestellt, beziehungsweise an welchem das die Bekanntmachung enthaltende Amtsblatt ausgegeben worden ist, Behufs seiner Befriedigung die nothwendige Subhastation des Bergwerks bei dem zuständigen Richter auf seine Kosten zu beantragen, vorbehaltlich der Erstattung derselben aus den Kaufgeldern.

Wer von diesem Rechte binnen der angegebenen Frist keinen Gebrauch macht, hat bei der demnächstigen Aufhebung des Bergwerkseigenthums das Erlöschen seines Realanspruchs zu erleiden (§ 160).

---

spruch aus den Hypothekenbüchern, resp. Registern nicht ersichtlich ist, wie z. B. der Bergarbeiter im Falle des § 249. Vgl. Mot. S. 94.

Zu § 159.

899. Da die nach Maßgabe des § 160 erfolgende Entziehung des Bw.'s-Eigenthums als eines bloßen Bergbaurechts das Erlöschen aller und jeder auf dem Werke ruhenden Realrechte zur Folge hat (s. n. 314 i. f.), so entspricht es der Absicht des Gesetzes (s. n. 890), daß kein Realinteressent von der Rechtswohlthat des § 159 Abs. 1 ausgeschlossen sei. Namentlich bieten die Worte „behufs ihrer Befriedigung," obschon sie nach dem KB. I. S. 62 mit den Worten der RB. „behufs Befriedigung aus dem Erlöse" gleichbedeutend sind, keinen genügenden Anlaß zu der Annahme, daß § 159 Abs. 1 nur von solchen Realrechten rede, welche sich im Falle einer nothwendigen Subhastation in einen Anspruch auf den Erlös umwandeln, wie sie andererseits nicht den Schluß rechtfertigen, als ob alle Realrechte ohne Ausnahme, mithin auch diejenigen, welche, wie z. B. der Nießbrauch und die Freikuxberechtigung, bei einem sonstigen Zwangsverkaufe auf dem Werke ruhen bleiben, bei einer Subhastation nach Maßgabe des § 159 zu einem bloßen Anspruche auf die Steigschillinge umgestaltet würden. Jene Worte erklären sich vielmehr dadurch, daß Hypothekar- und ähnliche Realforderungen die gewöhnlichste Art der auf Bergwerken ruhenden Realrechte bilden, und daher im § 159 ebensowohl, wie in den §§ 43 ff. zunächst, resp. vorzugsweise berücksichtigt worden sind. Von diesem Gesichtspunkte aus sind auch die unter n. 904 referirten Motive aufzufassen.

900. Das Recht, auf Subhastation anzutragen, steht nach der Fassung des § sowohl, als ex ratione legis auch solchen Interessenten zu, deren Realrecht sich nur auf einen ideellen Theil des Werks erstreckt. Wie jedoch die Entziehung des Bw.'s-Eigenthums stets das Werk im Ganzen trifft, ebenso kann auch jener Antrag stets nur in Bezug auf das ganze Werk gestellt werden.

901. Die Frist ist auf drei Monate bemessen, damit den Realinteressenten Zeit zu anderweitigen Arrangements mit dem Bw.'s-Eigenthümer belassen sei:

Auch der seitherige Eigenthümer des Bergwerks kann innerhalb jener Präklusivfrist von drei Monaten die Subhastation auf seine Kosten beantragen.

a. [Br. 162 Abs. 1: „Jeder Inhaber einer eingetragenen oder ohne Eintragung mit vollkommen dinglichen Rechten versehenen Hypothek (§ 1 der VO. Nr. 14 v. 26. März 1823) oder sonstige Realberechtigte ist befugt, binnen 3 Monaten vom Ablaufe des Tages, an welchem der Beschluss zugestellt, bez. an welchem das die Bekanntmachung enthaltende Anzeigenblatt ausgegeben worden ist, behufs seiner Befriedigung die nothwendige Subhastation des Bw.'s bei dem zuständigen Herzogl. Amts- oder Stadtgerichte auf seine Kosten zu beantragen, vorbehaltlich der Erstattung derselben aus den Kaufgeldern. Die Subhastation ist von dem Gerichte wie eine nothwendige zu behandeln." Abs. 2. 3 gleichl.

M. 138 gleichl., ohne die Worte „sowie jeder privilegirte Gläubiger des Rheinischen Rechts."

G. 116 gleichl., ohne die letzterwähnten Worte; statt „behufs seiner Befriedigung" ist gesagt: „behufs Befriedigung bez. Sicherstellung aus dem Erlöse."

B. 161: „Jeder Gläubiger, insbesondere die Hypothekengläubiger oder sonstigen Realberechtigten sowie die privilegirten Gläubiger des pfälzischen Rechts sind befugt, binnen 90 Tagen vom Ablaufe des Tages, an welchem der Beschluss zugestellt, bez. an welchem das die Bekanntmachung enthaltende Kreisamtsblatt ausgegeben worden ist, behufs ihrer Befriedigung die Versteigerung des Bw.'s bei dem Bezirksgerichte, in dessen Sprengel dasselbe liegt, auf ihre Kosten zu beantragen, vorbehaltlich der Erstattung derselben aus den Kaufgeldern. — Hypothekengläubiger oder sonstige Realberechtigte und privilegirte Gläubiger des pfälzischen Rechts, welche von diesem Rechte binnen der angegebenen Frist keinen Gebrauch machen, haben bei der demnächstigen Aufhebung des Bw.'seigenthums das Erlöschen ihrer dinglichen Ansprüche zu erleiden. — Auch der seitherige Eigenthümer des Bw.'s kann innerhalb jener ausschliessenden Frist von 90 Tagen die Versteigerung auf seine Kosten beantragen; er darf aber weder in diesem, noch in dem Falle, dass die Versteigerung nach Abs. 1 von einem Dritten beantragt ist, mitsteigern."

b. Im § 159 der RV. war statt: „behufs seiner Befriedigung" gesagt: „behufs Befriedigung aus dem Erlöse;" auch fehlten daselbst die Worte „vorbehaltlich rc."]

Mot. S. 94. In Betreff ihres Beginnes vgl. n. 293. Sie ist eine präklusivische wohl nur in dem Sinne, daß nach deren Ablauf das OBA. die Aufhebung des Bw.'s-Eigenthums aussprechen darf. Mit Bewilligung des OBA.'s kann der Antrag daher auch später noch gestellt werden, und hat alsdann alle diejenigen Folgen, welche ein rechtzeitiger Antrag gehabt haben würde.

902. Der rechtzeitig seitens eines der Realberechtigten gestellte Antrag kommt insofern auch den übrigen zu Gute, als derselbe eventuell die Aufhebung des Bw.'s-Eigenthums abwendet. Doch kann kein Realberechtigter nach Ablauf der Frist des § 159 gemäß § 7 der Subh.-Ordn. v. 15. März 1869, resp. der rheinischen Subh.-Ordn. v. 1. August 1822 handeln, d. h. einer bereits eingeleiteten Subhastation beitreten, gleichviel ob der ursprüngliche Antrag von einem anderen Realberechtigten oder vom Bw.'s-Besitzer (Abs. 3) gestellt war.

903. Gemäß Abs. 3 auf Subhastation anzutragen, ist, analog dem unter n. 900 Gesagten, jeder Miteigenthümer, mithin bei Gewerkschaften des alten Rechts jeder Gewerke berechtigt, wogegen bei solchen des neuen Rechts nur der Repräsentant als hierzu legitimirt erscheint, und selbst dieser nur auf Grund eines Beschlusses im Sinne des § 114 Abs. 1, da der mehr oder weniger konser-

§ 160. Wird die Subhastation nicht beantragt, oder führt dieselbe nicht zu dem Verkaufe des Bergwerks, so spricht das Oberbergamt durch einen Beschluß die Aufhebung des Bergwerkseigenthums aus.

---

vatorische Charakter jener Maßregel von der Regel des § 114 keine Ausnahme begründet. Vgl. auch n. 895.

904. § 159 enthält keine Bestimmung, wie im Falle eines Antrags auf Subhastation zu verfahren sei, weil in dem ursprünglichen Geltungsbereiche desselben die Subhastation als eigenthümliches durch besondere Gesetze geregeltes Verfahren besteht, welches den Zweck des BG., Befreiung des zu veräußernden Bw.'s von den darauf ruhenden dinglichen Belastungen, erreicht. Das Nassauische Recht kennt dagegen ein solches Verfahren außerhalb des Konkurses nicht, weshalb für dessen Gebiet die Grundsätze und Wirkungen des Nassauischen Konkursverfahrens auf die Veräußerung eines Bw.'s nach § 159 für anwendbar erklärt worden sind. So: die Materialien zu Art. 14 der VO. 22. Febr. 1867 (Z. f. BR. 8. S. 21). Vgl. übrigens n. 899, und, was die übrigen neu erworbenen Landestheile betrifft, n. 347.

905. Gegenwärtig kommen für den Bereich der Subh.-Ordn. v. 15. März 1869 deren Bestimmungen zur Anwendung. Gemäß § 5 ib. und den Motiven des Entwurfs (S. 41. 47) bedarf es in den Fällen der §§ 159. 161 keiner vorherigen Angehung des Prozeßrichters; die Subhastation ist vielmehr sofort beim Subh.-Richter zu beantragen: Achenb. (Z. f. BR. 10. S. 246). In Betreff des rheinischen Rechtsgebiets s. § 248 Abs. 2 und n. 1227.

906. Abs. 3 gebraucht nicht, gleich dem Abs. 1 den Ausdruck „nothwendige Subhastation," sondern spricht von „Subhastation" schlechthin. Auch liegt in der That kein Fall einer Zwangsversteigerung dem Wesen nach vor, wenn der Bw.'s-Eigenthümer selbst den Antrag gestellt hat. Man könnte versucht sein, hieraus mit Klost. n. 354 zu folgern, daß der Subhastation im Falle des Abs. 3 nicht die Wirkungen einer nothwendigen Subhastation beiwohnen, ja daß dieselbe nicht einmal in den Formen einer solchen, sondern nach den für freiwillige Versteigerungen geltenden Vorschriften (§§ 66 ff., I, 52 AGO.; VO. v. 6. Apr. 1839 und Instr. v. 20. Mai 1839, — Art. 953 Abs. 2 der rhein. BPrO., resp. Art. 4 ff. des Ges. v. 18. April 1855) stattfinden müsse. Dessen ungeachtet ist das Gegentheil anzunehmen, weil die Statuirung eines so grundsätzlichen, formell wie materiell wichtigen Unterschieds zwischen den Fällen des Abs. 1 und des Abs. 3 dem Zwecke des Gesetzes augenscheinlich zuwiderliefe, und weil in den analogen Fällen der §§ 130. 132 die Versteigerung immobiler Kuxe gemäß § 234 gleichfalls im Wege der nothwendigen Subhastation erfolgt. Es tritt hinzu, daß für das Gebiet des rheinischen Rechts die ausdrückliche Vorschrift des § 248 Abs. 2 jeden Zweifel darüber ausschließt, daß die blos von Zwangsversteigerungen handelnde Subh.-Ordn. v. 1. Aug. 1822 auf alle nach den §§ 159. 161, mithin auch auf die vom Bw.'s-Eigenthümer selbst beantragten Subhastationen Anwendung finde, und daß Art. 14 der VO v. 22. Febr. 1867 (s. n. 904) obige Unterscheidung ebensowenig zuläßt.

907. Die Frage, ob der Bw.'s-Eigenthümer, sollte er auch Alleinbesitzer und kein bloßer Miteigenthümer sein, bei einer auf Grund des Abs. 1 oder Abs. 3 beantragten Subhastation selbst steigern dürfe, wird von Wachler S. 209 und Huyssen S. 90 bejaht. Diese Ansicht unterliegt jedoch, zumal da ihr zufolge der Bw.'s-Eigenthümer in der Lage wäre, den Zweck des Entziehungsverfahrens zu vereiteln, erheblichen Bedenken; vgl. auch n. 712bis und Art. 161 des Bayer. BG.

Zu § 160.

908. Das OBA. ist nicht, wie Lindig (Z. f. BR. 8. S. 550) annimmt, gehalten, bei Gericht anzufragen, ob ein Antrag auf Subhastation von der einen oder anderen Seite gestellt sei; es ist vielmehr Sache des betreffenden Interessenten, das OBA. zu benachrichtigen, widrigenfalls er zu gewärtigen hat, daß dieses die Aufhebung des Bw.'s-Eigenthums ausspreche, und ihn dadurch zu besonderen Schritten nöthige, um die Unwirksamkeit des desfallsigen Beschlusses fest-

Mit dieser Aufhebung erlöschen alle Ansprüche auf das Bergwerk, von welcher Art sie auch sein mögen.

[Br. 163, M. 139, G. 117 gleichl.
B. 162 gleichl., nur statt „Subhastation": „Versteigerung."]

§ 161. Erklärt der Eigenthümer eines Bergwerks vor der Bergbehörde seinen freiwilligen Verzicht auf dasselbe, so wird mit dieser Erklärung nach § 158 ebenso verfahren, wie mit dem dort bezeichneten Beschlusse.

---

stellen zu lassen Vgl. Brass. (ib. S. 552), welcher annimmt, daß letzteres nicht auf dem Verwaltungs- sondern nur auf dem Rechtswege geschehen könne [?].

909. Der Beschluß des OBA.'s kann überhaupt, unter der Behauptung, daß eine der in den §§ 157 ff. vorgeschriebenen Formalitäten nicht beobachtet sei, im Rechtswege angefochten werden, und zwar ex anal. des § 157 mittelst einer gegen das OBA. selbst bei dem Gerichte der belegenen Sache anzustellenden Klage. Doch steht die Klage auch den Realinteressenten zu, insofern es sich um Verletzung einer gerade ihr Interesse wahrenden Formvorschrift handelt.

910. Mit dem Verluste des Bw.'s-Eigenthums gingen nach §§ 289 ff. II, 16. ALR, alle Rechte auf die Gegenstände verloren, welche die Substanz des Eigenthums, einschließlich der Pertinenzien, bildeten; ausgenommen waren nur die bereits geförderten Mineralien und alle beweglichen Sachen über Tage. Vgl. Gräff S. 73. Gemäß Art. 17 des französischen Ges. v. 28. Juli 1791 konnte dagegen der Konzessionär nicht blos die geförderten Mineralien, sondern auch die Maschinen, Gebäude und zum Bergbau bestimmten Materialien verkaufen; derselbe war in seinen Dispositionen nur insofern beschränkt, als er die Anlagen nicht zerstören, namentlich also die Fahrten, Stempel, Zimmerung oder sonst zur Befahrung der Grube und zur Erhaltung der inneren Baue nothwendigen Materialien nicht fortnehmen durfte. Auf denselben Anschauungen, wie dieser Art. 17, beruht das BG.; nur zieht es den Kreis der dem bisherigen Bw.'s-Eigenthümer auferlegten Einschränkungen im § 163 noch enger. Ihm zufolge geht daher nur das Bw.'s-Eigenthum, d. h. das Bergbaurecht verloren und bleibt der Bw.'s-Eigenthümer von jenen Einschränkungen abgesehen befugt, über alle zum bisherigen Betriebe benutzten, beweglichen und unbeweglichen Gegenstände völlig frei zu verfügen. Vgl. Wachler S. 210; s. jedoch Huyssen S. 90.

911. In Betreff des Abs. 2 vgl. oben n. 314. — Im Uebrigen s. § 219.

Zu § 161.

912. Obwohl derjenige, welcher nicht beabsichtigt, sein Bw. ferner zu betreiben, die Einleitung des Entziehungs-Verfahrens (§§ 156 ff) abwarten kann, ein ausdrücklicher Verzicht mithin nur selten vorkommen wird, so war dennoch dessen Möglichkeit und rechtliche Zulässigkeit anzuerkennen und die Materie im BG. zu ordnen, weil hierfür allgemeine Rechtsgrundsätze mit Rücksicht auf das kollidirende öffentliche, namentlich bergpolizeiliche Interesse und auf den Schutz der Realrechte nicht ausreichen. Das Verfahren ist durch Anwendung der in den §§ 158—160 aufgestellten Grundsätze geregelt, indem auch hier auf den Schutz der Realinteressenten sowie darauf Bedacht genommen werden mußte, daß durch förmliche amtliche Aufhebung des Bw.'s-Eigenthums das Bw. wieder unter die allgemeine Bergbaufreiheit zurückgelangt; s. Mot. S. 95. — Ueber das ältere Recht beider Rheinseiten in dieser Materie vgl. Mot. v. 1862 S. 138.

913. § 161 handelt nur von solchen Verzichten, welche die Aufhebung des Bw.'s-Eigenthums zur Folge haben. Der Verzicht auf eine Erbschaft, deren einziger Gegenstand ein Bw. ist, gehört nicht hierher; vgl. auch n. 619. 624.

914. Klost. n. 360 gestattet neben dem ausdrücklichen Verzichte (§ 161) auch die Dereliktion des Bw.'s-Eigenthums (§ 12. II, 16 ALR), verbindet mit letzterer jedoch nicht die im § 160 Abs. 2 erwähnten Folgen. Diese ganze Ansicht ist eine der Konsequenzen jener Theorie, welche in dem Bw.'s-Eigenthume eine Art Sacheigenthum erblickt, sie steht und fällt mit dieser Theorie; s. n 314. Abgesehen

Die den Hypothekengläubigern und anderen Realberechtigten, sowie den privilegirten Gläubigern des Rheinischen Rechts im § 159 eingeräumte Befugniß steht denselben auch in diesem Falle zu, und hinsichtlich der Aufhebung des Bergwerkseigenthums finden die Bestimmungen des § 160 ebenfalls Anwendung.

[Br. 164, M. 140, G. 118 gleichl., doch ohne Erwähnung der privilegirten Gläubiger des rheinischen Rechts.
B. 163 Abs. 1 gleichl.; Abs. 2: „Die den Gläubigern, insbesondere den Hypothekengläubigern und Realberechtigten sowie den privilegirten Gläubigern des pfälzischen Rechts etc.“ Im Uebrigen gleichl.]

§ 162. Nach § 161 ist auch dann zu verfahren, wenn der freiwillige Verzicht auf das Bergwerkseigenthum nur einzelne Theile eines Feldes betrifft.

[Br. 165, M. 141, G. 119, B. 164 gleichl.]

---

hiervon ergiebt sich deren Unhaltbarkeit ferner daraus, daß der Statthaftigkeit einer formlosen Dereliktion in den Materialien mit keiner Silbe gedacht wird, ja daß die Motive (s. n. 912) vielmehr das Gegentheil als selbstverständlich voraussetzen. Wie ließe es sich aber auch vom legislativen Standpunkte aus verantworten, wenn mit alleiniger Rücksicht auf die Form der Willenserklärung und trotz des Mangels irgend eines inneren Unterscheidungsgrundes zweierlei Verzichtleistungen mit ganz verschiedenen Wirkungen zugelassen wären?

915. Zum Verzichte wird Veräußerungsbefugniß erfordert. In Betreff der Gewerkschaften vgl. §§ 114. 226. Einstimmigkeit ist ferner bei allen Miteigenthumsverhältnissen im Sinne des § 133 Abs. 1 erforderlich, es sei denn, daß in zulässiger Weise ein Anderes vereinbart worden wäre.

916. In den Fällen des § 161 steht dem Bw.'s-Eigenthümer nicht das Recht zu, auf Subhastation anzutragen. Doch kann er, so lange die Aufhebung des Bw.'s-Eigenthums nicht ausgesprochen ist, den Verzicht jederzeit zurücknehmen. Thut er solches nicht und wird ebensowenig seitens der Realinteressenten auf Subhastation angetragen, so muß das OBA. die Aufhebung aussprechen. Letztere datirt auch in diesem Falle erst vom Tage des desfallsigen Beschlusses (mithin nicht, wie früher, vom Tage des Verzichts), so daß erst von da ab das Mineralvorkommen des verlassenen Bw.'s neu gemuthet werden kann; vgl. Lindig (Z. f. BR. 9. S. 221) und ME. 12. Juni 1868 (Achenb. S. 332).

917. Wie die Realberechtigten dem Entziehungsverfahren an sich nicht widersprechen können (§ 157), ebenso können sie auch der an sich rechtsbeständigen Verzichtleistung (s. n. 914) keinen Widerspruch entgegensetzen.

Zu § 162.

918. Im Gegensatze zu dem Austausche von Feldestheilen (§ 51) betrifft § 162 den Fall, wo das Bw.'s-Eigenthum selbst hinsichtlich einzelner Feldestheile auf Grund freiwilligen Verzichts aufgehoben wird; der rechtlichen Zulässigkeit dieses Verzichts stehen im Allgemeinen keine Bedenken entgegen, doch sind die Bedingungen des § 161 aus gleichen Gründen auch hier zu erfüllen: Mot. S. 95. Trotz jener Verwandtschaft zwischen dem Austausche von Feldestheilen und dem Verzichte auf Feldestheile ist letzterer von ersterem dadurch unterschieden, daß er nicht an die Zustimmung des OBA.'s gebunden, resp. nicht dadurch bedingt ist, daß keine Gründe des öffentlichen Interesses entgegenstehen.

919. Die Statthaftigkeit eines Verzichts auf einzelne Feldestheile ist nicht etwa davon abhängig, daß die Form des dem Bw.'s-Eigenthümer verbleibenden Feldesrests den Vorschriften des § 26 entspreche. Minder unbedenklich ist die Statthaftigkeit eines Verzichts, welcher die Kontinuität des Feldes unterbrechen würde,

§ 163. Bei jeder Aufhebung eines Bergwerkseigenthums darf der bisherige Eigenthümer die Zimmerung und Mauerung des Grubengebäudes nur in soweit wegnehmen, als nach der Entscheidung der Bergbehörde nicht polizeiliche Gründe entgegenstehen.

a. [Br. 166: „Bei jeder Aufhebung eines Bw.'seigenthums muss der bisherige Eigenthümer das Grubengebäude in einem solchen Zustande zurücklassen, dass daraus der öffentlichen Sicherheit keine Gefahr droht und darf derselbe insbesondere die Zimmerung etc." (Im Uebrigen gleichl.).

M. 142, G. 120, B. 165 gleichl.

b. Vgl. die Strafvorschrift des § 207.]

---

obgleich die wider einen solchen Verzicht im MR. 21. März 1860 (Z. f. BR. 1. S. 327) geltend gemachten Gründe gegenwärtig nicht mehr passen.

920. Die Realberechtigten können auch im Falle des § 162 die Subhastation des ganzen Werks beantragen: Klost. n. 362. Ja sie sind nur hierzu unbedingt befugt, indem eine Beschränkung des Antrags auf den betreffenden Feldestheil, weil dies zu einer realen Feldestheilung führen würde, nach § 51 nur dann statthaft wäre, wenn das OBA. in die partielle Subhastation willigte.

Zu § 163.

921. Die Zimmerung und Mauerung eines Grubengebäudes sind, um letzteres vor dem Einbruche zu schützen, und für einen späteren Betrieb zugänglich zu erhalten, sowie gemeingefährliche Tagebrüche zu verhüten, so unentbehrlich, daß es aus polizeilichen Gründen gerechtfertigt erschien, die Wegnahme dieser Gegenstände von der im § 163 aufgestellten Bedingung abhängig zu machen: Mot. S. 95. Die „polizeilichen Gründe" im Sinne dieses § greifen hiernach über das im § 196 begrenzte Gebiet der Bergpolizei insofern hinaus, als sie auch die Rücksicht auf die spätere Wiederaufnahme des Betriebs, mithin eine vorwiegend bergwirthschaftliche Rücksicht mitumfassen.

922. Quelle des § 163 ist augenscheinlich Art. 17 des französischen Ges. v. 28. Juli 1791 (s. n. 910). Entsprechend der beiden Bestimmungen zu Grunde liegenden Voraussetzung, daß der bisherige Bw.'s-Eigenthümer trotz der Aufhebung des Bw.'s-Eigenthums fortfahre, Eigenthümer des zur Zimmerung und Mauerung verwandten Materials zu sein, verpflichtet Art. 18 jenes Gesetzes denjenigen, welcher zur Wiederaufnahme des Betriebs eines verlassenen Werks eine Konzession nachsucht, dem früheren Konzessionär den Werth der Zimmerung &c. zu ersetzen. § 163 erwähnt einer gleichen Verpflichtung zwar nicht; hieraus folgt jedoch nur, daß die Frage des Bestehens oder Nichtbestehens derselben aus der allgemeinen Gesetzgebung zu beantworten ist. Bemerkenswerth bleibt es jedoch immerhin, daß die Motive des Entwurfs v. 1862 zu dem entsprechenden § 141 ausführen, derselbe beschränke sich in Bezeichnung der betreffenden Theile und Zubehörungen des Grubengebäudes auf das Nothwendigste, damit einerseits der seitherige Besitzer nicht weiter, als die öffentlichen Rücksichten erheischen, in seinem Verfügungsrechte beschränkt und andererseits eine die Wiederaufnahme des Bw.'s erschwerende Vorschrift entbehrlich werde, wonach der neue Betreiber den früheren für die zurückgelassenen Gegenstände zu entschädigen hätte.

923. Die eingebauten Fahrten, Pumpensätze und Kunstgezeuge, welche § 141 des Entw. v. 1862 neben der Zimmerung und Mauerung nannte, können stets weggenommen werden, insofern sie nicht etwa als Theil der letzteren zu betrachten sind.

924. Die Wegnahme der Zimmerung &c. muß nach § 163 nicht blos dann unterbleiben, wenn eine Entscheidung des RB. über das Vorhandensein entgegenstehender polizeilicher Gründe bereits vorliegt, sondern sie ist überhaupt unstatthaft, so lange der RB. noch gar nicht entschieden hat. Wer daher diese Entscheidung nicht abwartet, verfällt der Strafe des § 207 ebensowohl, wie derjenige,

§ 164. Die Kosten, welche durch das im gegenwärtigen Titel angeordnete Verfahren bei der Bergbehörde erwachsen, hat der Bergwerkseigenthümer zu tragen.

[Br. 167, M. 143, G. 121, B. 166 gleichl.]

Siebenter Titel.

Von den Knappschaftsvereinen.

§ 165. Für die Arbeiter aller dem gegenwärtigen Ge-

---

welcher der getroffenen Entscheidung zuwiderhandelt, sollte auch im ersteren Falle nachträglich das Nichtvorhandensein solcher Gründe festgestellt werden.

924 bis. Das Berggesetz enthält keine spezielle, dem § 139 des Entwurfs von 1862 entsprechende Vorschrift über die amtliche Konstatirung des Zustands des Bw.'s bei Aufhebung des Bw.'s-Eigenthums, sei es mit Rücksicht auf die allgemeine Vorschrift des § 72, sei es, weil davon ausgegangen wurde, daß desfallige Anordnungen im Instruktionswege oder durch allgemeine BPVO. getroffen werden könnten. Vgl. n. 458. 459 und § 30 der Dortm. Instr., welche den RB. anweist, darauf zu achten, daß vor dem Verlassen der Baue deren vollständige Nachtragung im Grubenbilde erfolge; auch seien die Lochsteine auf Kosten des früheren Besitzers [?] zu entfernen. (Der Entwurf des Bayer. BG. enthielt im Art. 165 eine Bestimmung der Eingangs erwähnten Art, sie wurde gestrichen, weil die Behörde im Besitze eines stets evident gehaltenen Grubenbildes, die Kosten der vorgeschlagenen kommissionellen Untersuchung daher nicht nothwendig seien.)

Zu § 164.

925. § 164 beruht darauf, daß der Bw.'s-Besitzer die Kosten durch sein gesetzwidriges Verhalten, resp. durch seinen freiwilligen Verzicht verursacht: Motive S. 96. Zu diesen Kosten gehören die unter n. 924 bis erwähnten nicht.

Zum siebenten Titel.

926. Die älteren einschlägigen Bestimmungen fanden sich vornemlich in den §§ 134. 214 ff., II, 16. ALR., resp. den Artt. 15 ff. des franz. Dekrets v. 3. Jan. 1813, insbesondere aber in dem Ges. v. 10. April 1854 (GS. S. 139), welches die Errichtung von Knappschaftsvereinen für das ganze damalige Staatsgebiet vorschrieb, und in der zu dessen Ausführung erlassenen Instr. v. 3. Apr. 1855 (M. Z. 3. S. 25 ff.). Das BG. behält die Grundsätze jenes Gesetzes im Allgemeinen bei, verbessert dasselbe aber insofern, als es im Einklange mit seiner ganzen Tendenz dem Vereine eine größere Selbstständigkeit und Unabhängigkeit von der Behörde giebt, und das Knappschaftsinstitut auch im Uebrigen zeitgemäß fortbildet. Demgemäß ist der Behörde nicht mehr ein in's Einzelne gehender Antheil an den Einrichtungs- und Verwaltungsgeschäften vorbehalten, vielmehr die Bestimmung der Bezirke und die Aufstellung der Statuten für neu zu gründende Vereine zunächst den Betheiligten überlassen, von dem Beschlusse der letzteren die Abänderung bestehender Statuten abhängig gemacht, endlich die Leitung aller inneren Geschäfte, sowie die statutarische Vermögensverwaltung den Vorständen übertragen, während das staatliche Aufsichtsrecht dahin präzisirt ist, daß die Behörde nur gesetzwidrigen Statuten die Bestätigung versagen darf, und die Beobachtung der Statuten, namentlich hinsichtlich der Vermögensverwaltung, überwachen muß. Als Aufsichtsbehörde ist das OBA., welchem hierbei der RB. als ausführendes Organ dient, in der Weise hingestellt, daß dasselbe auch die seither dem Handelsministerium vorbehaltenen Funktionen auszuüben hat. Vgl. Mot. S. 96, KB. II, S. 91.

927. Der 7. Titel findet auch auf den Kohlenbergbau im Calenbergschen und in den vormals königlich sächsischen Landestheilen Anwendung. Im Uebrigen vgl. §§ 210. 214. 250 Abs. 2 h. l.

Zu § 165.

928. Abs. 1 und 2 schließen sich, letzterer in präziserer Fassung [?], dem § 1 des Ges. v. 10. April 1854 an; Abs. 3 wiederholt den § 10 ib.: Mot. S. 96.

setze unterworfenen Bergwerke und Aufbereitungsanstalten, desgleichen für die Arbeiter der Salinen sollen Knappschaftsvereine bestehen, welche den Zweck haben, ihren Theilnehmern und deren Angehörigen nach näherer Bestimmung des Gesetzes Unterstützungen zu gewähren.

Sind mit den vorbezeichneten Werken zugleich Gewerbsanlagen verbunden, welche nicht unter der Aufsicht der Bergbehörde stehen, so können die bei diesen Gewerbsanlagen beschäftigten Arbeiter auf den gemeinschaftlichen Antrag der letzteren und der Werksbesitzer durch den Knappschaftsvorstand in den Knappschaftsverein aufgenommen werden.

Die Knappschaftsvereine erlangen durch die Bestätigung ihrer Statuten die Eigenschaft juristischer Personen.

[Br. 168: „Für alle Arbeiter der dem gegenwärtigen Gesetze unterworfenen Bw. und Aufbereitungsanstalten, desgleichen für die Arbeiter der Salinen sollen Knappschaftsverbände bestehen. — Die Bergbehörde ist berechtigt, Werke, die zur Bildung selbstständiger Knappschaftsvereine befähigt und so gelegen sind, dass sie bei der Vereinigung kleinerer Werke zu einem Knappschaftsvereine nicht herangezogen werden müssen, zur Constituirung eines isolirten Knappschaftsvereines — demnächstigen etwa erforderlichen Beitritt neuer Werke zu diesem Vereine nach Beschluss der Bergbehörde vorbehältlich, — zu autorisiren, auch Werke, die zufolge der zu geringen Anzahl ihrer Arbeiter und ihrer Lage weder einen selbstständigen Knappschaftsverein bilden, noch einem anderen Vereine eingefügt werden können, von der aus diesem § originirenden Verpflichtung zu entbinden. Die Knappschaftsvereine haben den Zweck, ihren Theilnehmern etc." (Im Uebrigen gleichl.)

M. (Die Stelle der §§ 165—186 h. l. vertritt Art. 80 Abs. 2 des M. BG., mitgetheilt zu § 80 h. l., in Verbindung mit Art. 195, also lautend: „Das Knappschaftskassenreglement nebst den ergänzenden Bestimmungen bleibt vorbehältlich der Abänderung auf dem Verwaltungswege in Geltung."]

G. (An Stelle der §§ 165—186 h. l. bestimmt § 169 des G. BG.: „Für die Knappschaftsvereine bleibt das Ges. v. 20. Mai 1863 — Nr. 734 der GS. — massgebend." Dasselbe ist abgedruckt in der Z. f. BR. 9. S. 456.)

B. 167 gleichl., nur statt „Statuten": „Satzungen."]

---

929. Dem Einflusse dieses Gesetzes mag es beigemessen werden, daß § 165 neben den Bergarbeitern noch besonders der Salinenarbeiter gedenkt, während dies im § 80 nicht geschieht, und das BG. auch sonst durchweg (s. jedoch § 196) unter den Bergwerken, dem § 1 gemäß, die Salinen mitversteht. Keinesfalls kann aus der Fassung des § 165 gefolgert werden, daß von den blos in Verbindung mit den Bergwerken genannten Aufbereitungs-Anstalten die zur Aufbereitung der Salz- oder Soolgewinnung dienenden Anstalten, insofern sie nicht schon unter den Begriff „Saline" fallen, hätten ausgeschlossen werden sollen. Selbstredend wird hierbei jedoch vorausgesetzt, daß letztere Anstalten Zubehör eines Salzbergwerks 2c. (§ 58) seien. Ob die Anlage natürliche an Ort und Stelle gewonnene, oder aus herbeigeführtem Steinsalz künstlich dargestellte Soole versiede, ist nach Huyssen S. 92 gleichgültig.

930. Im § 165 sind nach Huyssen S. 92 unter den Arbeitern die aus dem Stande derselben hervorgegangenen niederen Werksbeamten (als Ober-

§ 166. Die bereits bestehenden Knappschaftsvereine bleiben in Wirksamkeit. Der gegenwärtige Titel findet jedoch auch auf sie Anwendung. Ihre Statuten sind mit den Vorschriften der §§ 170. 176. und 181 bis 186 in Uebereinstimmung zu bringen.

Die Besitzer und Arbeiter der Hüttenwerke und der dem gegenwärtigen Gesetze nicht unterworfenen Aufbereitungsanstalten, welche bereits einem Knappschaftsvereine angehören, scheiden auf ihren gemeinschaftlichen Antrag aus dem Vereine aus.

[Br. 169 gleichl., nur ist eingeschaltet: „binnen 3 Jahren nach Publication dieses Gesetzes" vor „in Uebereinstimmung zu bringen."

M. G. (s. Bemerk. zu § 165 h. l.)

B. 168 Abs. 1: „Die bereits bestehenden Knappschaftsvereine bleiben in Wirksamkeit; dieselben können mit Zustimmung ihrer Vertreter einem nach Art. 169 zu bildenden Bezirke einverleibt werden. Der gegenwärtige Titel findet jedoch auch auf sie Anwendung, und es sind ihre Satzungen mit den Vorschriften dieses Gesetzes in Uebereinstimmung zu bringen." Abs. 2 gleichl.]

---

steiger, Steiger, Kohlenmesser, Siede- und Gradirmeister, Aufseher ꝛc.) einbegriffen. Vgl. jedoch § 168 Abs. 2 und unten n. 1230.

931. Der im Abs. 2 gedachte Antrag muß von sämmtlichen bei der Gewerbsanlage actuell beschäftigten Arbeitern ausgehen und hat, wenn er angenommen wird, die Folge, daß für die später in Beschäftigung tretenden Arbeiter die Pflicht des Beitritts besteht. Der Knappschaftsverband ist übrigens nach dem Wortlaut des Gesetzes nur befugt, nicht verpflichtet, einem solchen Antrage und dem hiermit übereinstimmenden der Werksbesitzer zu willfahren. — Das Recht, unter denselben Bedingungen wieder auszutreten, scheint den betreffenden Arbeitern nicht, wie im Falle des § 166 Abs. 2 den Besitzern und Arbeitern der Hüttenwerke ꝛc., zuzustehen.

932. Die Knappschaftsvereine sind keine jener Korporationen, welche als Behörden in die Verfassung des Staats organisch eingreifen, und daher ihre Beamten keine mittelbaren Staatsdiener nach Maßgabe des § 69 II, 10. ALR.: OBA. Breslau (Z. f. BR. 8. S. 139). Demgemäß finden auf letztere Beamten die für Staatsdiener überhaupt geltenden Gesetze, wie z. B. die §§ 102. 331 ff. des StrGB., das Konflikts-Gesetz v. 13. Febr. 1854, § 5 des Ges. v. 14. Mai 1860 (GS. S. 238) ꝛc. keine Anwendung.

933. Immerhin aber gehören die Knappschaftsvereine zu den Korporationen des öffentlichen Rechts, auf welche die §§ 25—202 II, 6. ALR. und selbst Art. 13 der Deklar. v. 6. April 1839 (GS. S. 126) Anwendung finden: Klost. n. 367. Zweifelhafter erscheint es, ob die Knappschaftskassen öffentliche Kassen und Verwaltungen im Sinne der VO. v. 24. Jan. 1844 (GS. S. 52) darstellen; vgl. § 185 h. l., und n. 989, Oppenhoff Ress.-Ges. S. 438 n. 37 und oben n. 932.

934. Die den Vereinen durch MR. 18. Juni 1854 und das Regul. v. 3. Febr. 1862 für ihre Korrespondenz mit den königlichen Behörden in Aufsichtssachen gewährte Portofreiheit besteht, dem B.-Ges. v. 31. Mai 1869 (B.GBl. S. 141) zufolge, seit dem 1. Jan. 1870 nicht mehr.

Zu § 166.

935. § 166 trägt dem durch das Ges. v. 10. Apr. 1854 geschaffenen Rechtszustande Rechnung, insofern er dafür sorgt, daß das Knappschaftsinstitut trotz der Aufhebung jenes Gesetzes seine gesetzliche Unterlage selbst für diejenigen Werke behalte, welche hinfüro der Berggesetzgebung nicht mehr unterworfen sind; er bestimmt daher

§ 167. Die Bestimmung der Bezirke, für welche neue Knappschaftsvereine gegründet werden sollen, hängt zunächst von dem Beschlusse der Betheiligten ab. Kann hierüber eine Einigung nicht erzielt werden, so entscheidet das Oberbergamt nach Anhörung der Werksbesitzer und eines von den Arbeitern zu wählenden Ausschusses.

[Br. 170 gleichl. — M. G. (s. Bemerk. zu § 165 h. l.
B. 169 Abs. 1 gleichl. mit dem 1. Satze h. l.; Abs. 2: „Wird von den Betheiligten der zu gründenden Knappschaftsvereine die Bildung eines Bezirks überhaupt nicht beschlossen oder erfolgt über die Bestimmung des Bezirks keine Einigung unter den Betheiligten, so entscheiden die Bergbehörden nach Anhörung der Werksbesitzer und eines von den Arbeitern zu wählenden Ausschusses."]

---

generell, daß die bereits bestehenden Vereine, also auch diejenigen in Wirksamkeit bleiben, welche für andere als die im § 165 bezeichneten Werke bestehen: Motive S. 97. Außerdem ergiebt sich aus dem Eingangs Gesagten in Verbindung mit dem Schlußsatze des § 166 Abs. 1, daß der zweite Satz desselben die Bestimmungen des 7. Titels nur dem Gesetze von 1854 substituiren soll, mithin die Statuten der bestehenden Vereine unberührt läßt. Letztere bleiben daher so lange in Kraft, als sie nicht nach Maßgabe jenes Schlußsatzes abgeändert sind; vgl. n. 957.

936. Den bestehenden Vereinen ist zur Pflicht gemacht, ihre Statuten mit denjenigen Vorschriften des Titels in Uebereinstimmung zu bringen, durch welche den Knappschaftsvereinen und ihren Verwaltungen größere Selbstständigkeit gegeben und das Aufsichtsrecht der Behörde genauer begrenzt wird, damit die Aufsichtsbehörde überall in ein gleiches Verhältniß zu den Vereinen trete: Mot. S. 97. Andererseits erklärt sich die Einschränkung der hier fraglichen Bestimmung auf den Gegenstand gewisser §§ dadurch, daß die übrigen §§ des Titels durchweg nur die Vorschriften des Ges. v. 10. Apr. 1854 wiederholen, nach deren Inhalt die Organisation aller älteren Vereine bereits stattgefunden hatte. Eben darum wurde § 166 für die Provinz Hannover, die vormals Kurhessischen und Bayerischen Landestheile, bei welchen jene Voraussetzung nicht zutraf, dahin abgeändert, daß die Statuten der dort bestehenden Vereine mit den Vorschriften des ganzen Titels in Einklang gebracht werden sollen; s. Z. f. BR. 8. S. 174. 221.

937. Nach Huyssen S. 93. 95 erfolgt die Umänderung der Statuten im Sinne des Abs. 1 so, wie es das Statut jedes einzelnen Vereins für solche Fälle vorschreibt. Vgl. Ges. v. 1854 § 2.

938. Abs. 2 wiederholt den § 13 des Kompetenzgesetzes v. 10. Juni 1861: Mot. S. 97. — Die dort erwähnte Befugniß steht den Besitzern und Arbeitern eines dem BG. nicht unterworfenen Bergwerks nicht zu: Wachler S. 213.

939. Der Ausdruck „Arbeiter" ist hier nicht aus § 168, sondern aus dem Ges. v. 10. Apr. 1854 zu erläutern und begreift daher die unmittelbaren Aufseher der Arbeiter (Steiger, Meister, Oberschmelzer, Obersieder rc.) mit. Vgl. Mot. des cit. Ges. bei Gräff Anhang S. 61.

Zu § 167.

940. § 167 weicht vom § 2 des Ges. v. 10. Apr. 1854 insofern ab, als die Behörde nur beim Mangel einer Einigung der Betheiligten die Bezirke festsetzen soll: Mot. S. 97. Er gilt für das vormalige Nassau nicht; dort soll vielmehr gemäß Art. V. der VO. v. 22. Febr. 1867 ein allgemeiner Knappschaftsverein gegründet werden, und ist nur zu Gunsten gewisser bereits bestehender Vereine ein Vorbehalt gemacht. Da jener allgemeine Verein gleichzeitig an Stelle der in Gemäßheit des Ges. v. 23. Nov. 1861 errichteten allgemeinen Knappschaftskasse treten und mit deren Vermögen dotirt werden soll, so werden an dem Vereine auch diejenigen Hüttenwerke mit ihren Arbeitern betheiligt, welche bereits der allgemeinen Knappschaftskasse angehörten, so lange nicht gemäß § 166 Abs. 2 der Austritt aus dem Vereine erklärt ist. Vgl. Mater. zu jener VO. (Z. f. BR. 8. S. 28) und n. 63.

§ 168. Alle in dem Bezirke eines bereits bestehenden oder neu gegründeten Knappschaftsvereins belegenen Bergwerke, Aufbereitungsanstalten und Salinen (§ 165) und die auf denselben beschäftigten Arbeiter sind dem Vereine nach näherer Bestimmung des Statuts beizutreten berechtigt und verpflichtet.

---

941. Klost. n. 371 erblickt im § 167 nur eine Instruktion für das OBA., die Besitzer und Arbeiter der in dem projektirten Bezirke belegenen Werke vor der definitiven Feststellung des Bezirks zu vernehmen und die Begrenzung eventuell nach den Beschlüssen dieser Versammlung zu modifiziren, da die Betheiligung ja von dem erst zu bildenden Bezirke abhange. Allerdings mag die Eingangsbestimmung des § 167 in gewissem Betrachte perplex, jedenfalls aber, schon bei dem Mangel einer Fristbestimmung für die Einigung, schwer zu handhaben sein, so daß das OBA. sich nicht selten in der Lage befinden wird, die Initiative zu ergreifen. Andererseits unterliegt es jedoch nach § 167 keinem begründeten Zweifel, daß, so oft die Besitzer solcher Werke, welche in keinem Bezirke eines bestehenden Vereins belegen sind, sich mit ihren Arbeitern über die Bildung eines eigenen Vereins ohne amtliche Anregung und Anleitung einigen, die Behörde dieser Einigung nicht entgegentreten könne, wenn der neue Bezirk ein abgeschlossenes Ganze darstellt, namentlich keine bei der Einigung unbetheiligten Werke einschließt, und sich auch gegen die Bezirke älterer Vereine in geeigneter Weise abgrenzt.

942. Zur Einigung im Sinne des § 167 wird Einstimmigkeit sämmtlicher Werksbesitzer und Arbeiter erfordert. Bei Bergwerken, welche einer Gewerkschaft gehören, übt der Repräsentant die Befugnisse des Werksbesitzers aus. Vgl. Huyssen S. 94. Die zum Beitritt blos berechtigten Werksbeamten (§ 168 Abs. 2) gehören zu den Betheiligten im Sinne des § 167 wohl nicht.

943. Für die Entscheidung des OBA.'s sind die in der Instr. v. 3. April 1855 (s. n. 926) für die Begrenzung der Bezirke aufgestellten Gesichtspunkte maßgebend geblieben, daß nämlich die Lebensfähigkeit der Vereine nicht durch Bestimmung zu kleiner Bezirke gefährdet, noch die Wirksamkeit des Vorstands durch das Gegentheil erschwert werden dürfe, und daß die Grenzen der Bezirke soviel als möglich mit der geographischen Eintheilung der Bergreviere in Uebereinstimmung zu bringen seien. Wider die ergangene Entscheidung findet gemäß § 36 der VO. v. 26. Dez. 1808 der Rechtsweg nicht statt.

944. Nach Huyssen S. 94 sollen die in den §§ 167 und 169 dem Ausschusse übertragenen Funktionen von der statutengemäß berufenen Arbeitervertretung ausgeübt werden. Abgesehen jedoch davon, daß beide §§ ausdrücklich besagen, daß der Ausschuß von den Arbeitern zu erwählen sei, setzen dieselben ja gerade den Fall voraus, wo noch gar keine Statuten bestehen.

945. Ueber die Erweiterung und Beschränkung bereits bestehender Bezirke trifft § 167 zwar keine Bestimmung, wie § 2 des Ges. v. 10. Apr. 1854. Gleichwohl unterliegt es keinem Bedenken, daß in dieser Hinsicht der 1. Satz des § 167 (nicht auch dessen Schlußsatz) analog zur Anwendung zu bringen ist, daß hier also ausschließlich der Beschluß der Betheiligten entscheidet, und zwar ohne, daß zu diesem Beschlusse arg. § 170 die Bestätigung des OBA.'s hinzuzutreten braucht. Betheiligte sind in einem solchen Falle nicht blos diejenigen Werksbesitzer und Arbeiter, welche dem Bezirke in seiner neuen Begrenzung angehören würden, sondern auch diejenigen, bei denen diese Voraussetzung nicht zutrifft, welche aber dem Bezirke in seiner bisherigen Begrenzung angehören.

Zu § 168.

946. Die Werke selbst sind genannt, weil die Beitrittspflicht sich auf jeden Betreiber und Besitzer eines BW.'s, ohne Rücksicht auf seinen Besitztitel, erstreckt: Mot. v. 1862 S. 168. Doch gehören arg. §§ 175. 176 nur die im Betrieb befindlichen Werke dem Vereine an: Klost. n. 369.

947. Die Worte „nach näherer Bestimmung des Statuts" beziehen sich, der Absicht des Gesetzes zufolge, nicht auf die Werke, sondern nur auf die Arbeiter, und sollen andeuten, daß das Statut die vom Eintritte in den Verein

Berechtigt zum Beitritt sind auch die Werksbeamten, sowie die Verwaltungsbeamten des Knappschaftsvereins.

[Br. 171 gleichl., — M. G. (s. Bemerk. zu § 165). — B. 170 gleichl.]

§ 169. Für jeden neu gegründeten Knappschaftsverein haben die Werksbesitzer unter Mitwirkung eines von den Arbeitern zu wählenden Ausschusses ein mit dem Gesetze in Uebereinstimmung stehendes Statut aufzustellen. Dasselbe unterliegt der Bestätigung des Oberbergamts, welche nur versagt werden darf, wenn das Statut den gesetzlichen Bestimmungen zuwiderläuft.

---

auszuschließenden Arbeiterklassen, wie z. B. die Klasse der nur vorübergehend als Handwerker, Fuhrleute ꝛc. beschäftigten Personen zu bezeichnen habe. Vgl. Mot. S. 98, Mot. v. 1862 S. 168. Selbstredend hat jedoch die Befugniß, diesen Gegenstand im Statute zu regeln, ihre durch den Zweck des Gesetzes enge gezogenen Grenzen.

948. Zu den „Werksbeamten" im Sinne des Abs. 2 gehören auch die höheren technischen sowie die nicht technischen Werksbeamten, z. B. die Rechnungsführer. Als Verwaltungsbeamte des Vereins sind z. B. die Kassenbeamten und Sekretaire zu nennen; vgl. Mot. v. 1862, S. 169. Das Gegentheil ist arg. § 181 bei den Knappschafts-Aerzten, desgleichen bei den Vorstandsmitgliedern als solchen der Fall.

949. Ueber den Austritt einzelner Mitglieder aus dem Vereine und über den Verlust der Mitgliedschaft schweigt das BG. Auch dieser Gegenstand ist daher mehr oder weniger der statutarischen Regelung anheimgegeben. Daß die Verurtheilung zu entehrenden Strafen im Statute mit dem Verluste der Mitgliedschaft bedroht werden könne, erkannte bereits ein MR. 16. Okt. 1853 (M. Z. 1. S. 221) an, indem es gleichzeitig aussprach, daß die desfallige Bestimmung in älteren Statuten durch § 12 des StrGB. aufrecht erhalten werde. Der Austritt aus dem Arbeiterverhältnisse bei den dem Vereine angehörigen Werken hat den Austritt aus dem Verein noch nicht zur nothwendigen Folge, falls mit jenem nicht etwa der Eintritt in einen anderen Verein verbunden ist, eventuell entrichtet der Arbeiter einen statutengemäß festgestellten Feierbeitrag: Klost. n. 370. 380. Die Werks- und Vereinsbeamten dürften, arg. Abs. 2 zu jeder Zeit aus dem Vereine austreten können, obgleich den Motiven v. 1862 S. 169 die entgegengesetzte Ansicht zu Grunde zu liegen scheint, insofern dort gesagt wird, daß sich durch die dem Abs. 2 entsprechende Bestimmung des Entwurfs in der allgemeinen Verpflichtung, dem Vereine anzugehören, Nichts für diejenigen Werksbeamten ändere, deren Aufnahme in den Verein zu einer Zeit erfolgt sei, wo sie noch im Arbeiterverhältnisse standen.

950. Streitigkeiten über das Recht und die Pflicht des Beitritts, oder Austritts, resp. über das Bestehen der Mitgliedschaft und seiner Voraussetzungen, sind an sich prozeßfähig. Vgl. Oppenhoff Ress.-Ges. S. 27 n. 65.

Zu § 169.

951. Dem Grundsatze der Selbstverwaltung gemäß überläßt § 169 den Interessenten die Aufstellung des Statuts und legt hierbei in die Hand der Behörde nur die Wahrung der allgemeinen Interessen: Mot. S. 98. Da das BG. die Verfassung eines Knappschaftsvereines nicht, gleich derjenigen einer Gewerkschaft, vollständig geregelt hat, vielmehr eine Menge von Gegenständen der statutarischen Regelung ausdrücklich zuweist, — vgl. §§ 168. 170—172. 175. 179. 180, — so ist es den Knappschaftsinteressenten nicht, wie den Gewerken freigestellt, ob ein Statut errichtet werden soll, oder nicht. Hieraus ergeben sich die wesentlichsten Verschiedenheiten im Charakter der beiderseitigen Statuten. Während das Statut einer Gewerkschaft sich als eine Modifikation des im Gesetze bereits enthaltenen Normal-

Wird das Statut nach vorgängiger Aufforderung nicht innerhalb Jahresfrist vorgelegt, so hat das Oberbergamt dasselbe aufzustellen.

[Br. 172 gleichl. — M. G. (s. Bemerk. zu § 165 h. l.)
B. 171 gleichl., doch ohne die Worte „neu gegründeten" und statt „Statut": „Satzungen."]

§ 170. Zu allen Abänderungen von Knappschaftsstatuten ist erforderlich, daß dieselben von den Betheiligten nach den hierüber in das Statut aufzunehmenden näheren Bestimmungen beschlossen werden und sodann die Bestätigung des Oberbergamts nach Maaßgabe des § 169 erlangen.

[Br. 173 gleichl. — M. G. (s. Bemerk. zu § 165.) — B. 172 gleichl.]

---

statuts darstellt, sich daher zu diesem wie die Ausnahme zur Regel verhält, charakterisirt sich das Statut eines Knappschaftsvereins als ein Supplement und die nähere Ausführung des Gesetzes. Während von den Bestimmungen des Normalstatuts für die Gewerkschaften nur einzelne im Gesetze ausdrücklich bezeichnete der Abänderung durch die Gewerkschaft nicht unterliegen, sind die Vorschriften des 7. Titels ohne Ausnahme (s. n 936) der Abänderung durch das Statut entzogen. Endlich ist das Statut der Gewerkschaft stets strictissime auszulegen, wogegen dies bei dem Statute des Knappschaftsvereins nicht der Fall ist.

952. Da die Formen und Regeln, welche bei der Beschlußfassung in Vereinsangelegenheiten zu beobachten sind, nach §§ 170. 179ff. gerade durch das Statut festgesetzt werden sollen, mithin keine Anwendung finden können, wenn es sich eben erst um Aufstellung des Statuts handelt, so ist man in Betreff der Art des Zustandekommens der hierzu erforderlichen Beschlüsse auf die Vorschriften hingewiesen, welche § 169 selbst über diesen Gegenstand enthält. Diese Vorschriften sind nun zwar dürftig, gleichwohl ist Klost. n. 371 schwerlich darin beizupflichten, daß das OBA. auch hier stets die Initiative zu ergreifen habe und die Formen festzusetzen befugt sei, nach welchen jene Beschlüsse gefaßt werden müßten. Das Gesetz verlangt lediglich, daß das Statut von den Werksbesitzern unter Mitwirkung eines von den Arbeitern gewählten Ausschusses aufgestellt werde. Besondere Formen sind hierbei nicht zu beobachten, es ist nur erforderlich, daß das Einvernehmen über den Statutsentwurf in geeigneter Weise konstatirt werde; dieses Einvernehmen muß aber freilich, da das Gesetz von Mehrheitsbeschlüssen nicht redet, ein allseitiges sein, es müssen daher sämmtliche Werksbesitzer und die sämmtlichen Mitglieder des Ausschusses jenem Entwurfe ihre Zustimmung ertheilen, widrigenfalls das entworfene Statut keine Rechtsgültigkeit erlangt, und, trotz seiner etwaigen Bestätigung durch das OBA., angefochten werden kann. — Die Werks- und Vereinsbeamten (§ 168 Abs. 2) haben bei der Beschlußfassung keine Stimme. Im Uebrigen vgl. n. 944.

953. Auf Ertheilung der Bestätigung kann selbstredend bei Gericht nicht geklagt werden: Oppenhoff, Ress.-Ges. S. 53 n. 136ff., Wachler (Z. f. BR. 8. S. 477). Versagt das OBA. dieselbe, so sind die Betheiligten nur dann berechtigt, ein neues Statut aufzustellen, wenn die im Abs. 2 normirte Frist noch läuft, und auch nur so lange, als dieselbe noch läuft.

Zu § 170.

954. Während das Ges. v. 1854 über die für Abänderungen der Statuten geltenden Grundsätze nichts enthält, bestimmen die meisten Statute, daß solche Abänderungen auch ohne und selbst gegen den Antrag der Betheiligten, von der Aufsichtsbehörde vorgenommen werden können. § 170 schließt diese mit den allgemeinen Vorschriften über Abänderung der Verfassung von Korporationen und mit den Statuten anderer juristischen Personen unvereinbare Anomalie aus; vgl. Mot. S. 98. Er findet auf die erst nach dem Inkrafttreten des BG. gegründeten Vereine un-

§ 171. Die Leistungen, welche jeder Knappschaftsverein nach näherer Bestimmung des Statuts seinen vollberechtigten Mitgliedern mindestens zu gewähren hat, sind:

1) in Krankheitsfällen eines Knappschaftsgenossen freie Kur und Arznei für seine Person,
2) ein entsprechender Krankenlohn bei einer ohne eigenes grobes Verschulden entstandenen Krankheit,
3) ein Beitrag zu den Begräbnißkosten der Mitglieder und Invaliden,

---

mittelbar Anwendung, während bei älteren Vereinen zuvor der Schlußsatz des § 166 Abs. 1 auszuführen ist; vgl. n. 937.

955. Im KB II. S. 92 ward mit Rücksicht auf den Fall, wo die Werksbesitzer und die Knappschaftsgenossen nach den Statuten in Vereinsangelegenheiten nicht gemeinsam beschließen, eine Vorschrift darüber vermißt, wie verfahren werden solle, wenn für beabsichtigte Statutsabänderungen kein übereinstimmender Beschluß jener beiden Seiten des Vereins zu Stande komme; es sei daher nöthig, hierüber im Statute das Erforderliche anzuordnen. Da jedoch § 170 vorschreibt, daß die Betheiligten die Abänderungen beschließen sollen, da mithin dem Gesetze nur genügt wird, wenn die in dieser Hinsicht gefaßten Beschlüsse übereinstimmen, so verbleibt es im entgegengesetzten Falle bei dem bisherigen Statute, und würde eine das Gegentheil anordnende Bestimmung des letzteren, als unvereinbar mit § 170, nicht statthaft sein. In diesem Sinne hat sich denn auch ein bei Klist. n. 372 referirtes R. 26. März 1866 ausgesprochen. Ueber die Art der Abstimmung der Betheiligten und über das Stimmenverhältniß, ob also zu den Beschlüssen über Statutsabänderungen einfache Stimmenmehrheit genüge &c., greift das BG. dem Statute nicht vor; dieses kann daher namentlich auch bestimmen, daß die betheiligten Arbeiter hier durch die Knappschaftsältesten (§ 179) vertreten werden sollen.

956. Der Abänderung des Statuts kann keine rückwirkende Kraft beigelegt, und sonach nicht bestimmt werden, daß die Herabsetzung der Invalidenpension selbst die bereits früher zum Genusse der Pension gelangten Personen trotz der Fortdauer der der Pensionirung zu Grunde liegenden thatsächlichen Voraussetzungen treffen solle: MR. 23. Juli 1862 (Z. f. BR. 3. S. 396).

Zu § 171.

957. § 171 weicht vom § 3 des Ges. v. 1854 nur in zwei Punkten ab, nämlich darin, daß es unter Nr. 2 des letzteren statt: „bei einer — Krankheit" heißt: „während der Dauer der — Krankheit", und daß im Schlußsatze des § 3 für den Fall, wo ein Mitglied bei der Arbeit verunglückt, und die unter Nr. 3, nicht auch die unter Nr. 4 genannten Leistungen als diejenigen bezeichnet werden, welche mindestens gewährt werden müssen. Die erstere dieser Abweichungen erklärt sich dadurch, daß die Gewährung eines Krankenlohns für die ganze Dauer der Krankheit die Leistungsfähigkeit der meisten Vereine überstieg, weshalb sich unter der Herrschaft des Ges. v. 1854 die Praxis gebildet hatte, in den Statuten bezüglich der Krankenlohnszahlung beschränkende Bestimmungen zu treffen, indem man theils den Lohn bei Krankheiten von nur wenigen Tagen ganz ausschloß, theils bezüglich der Sonn- und Feiertage eine Ausnahme machte, theils die Dauer für die Lohnszahlung auf eine bestimmte Zeit und zwar in der Weise beschränkte, daß die ständigen Mitglieder von da ab nur noch Invaliden-, die unständigen Mitglieder aber gar keinen Lohn mehr erhielten. Diese mit der Fassung des Ges. v. 1854 kaum vereinbare Praxis sollte durch § 171 eine gesetzliche Grundlage erhalten. Vgl. Mot. S. 99, Mot. v. 1862 S. 170. Die den Knappschaftsgenossen günstigere Bestimmung im Abs. 2 beruht auf Billigkeitsrücksichten; sie findet auch auf ältere Vereine Anwendung, jedoch nur dann, wenn deren Statut nicht das Gegentheil bestimmt. Auch gehört eine abweichende Statutsbestimmung dieser Art (vorbehaltlich der für die neuerworbenen Landestheile getroffenen besonderen

4) eine lebenslängliche Invalidenunterstützung bei einer ohne grobes Verschulden eingetretenen Arbeitsunfähigkeit,

5) eine Unterstützung der Wittwen auf Lebenszeit, beziehungsweise bis zur etwaigen Wiederverheirathung,

6) eine Unterstützung zur Erziehung der Kinder verstorbener Mitglieder und Invaliden bis nach zurückgelegtem vierzehnten Lebensjahre.

Für die Mitglieder der am wenigsten begünstigten Klasse sind mindestens die unter 1. und 2. genannten Leistungen und, wenn sie bei der Arbeit verunglücken, auch die unter 3. und 4. genannten zu gewähren.

[Br. 174 gleichl. — M. G. (s. Bemerk. zu § 165.)
B. 173 Abs. 1 gleichl., nur ist statt „seinen vollberechtigten Mitgliedern mindestens zu gewähren hat" gesagt: „seinen Mitgliedern gewähren kann;" Abs. 2: „Mindestens sind den Mitgliedern die unter etc." (im Uebrigen gleichl.)]

§ 172. Für die Leistungen unter 1. 2. und 3. des § 171 oder für einzelne derselben können nach dem gemein=

Vorschriften) nicht zu denen, welche umgeändert werden müssen; vgl. § 166 und oben n. 935. 936.

958. Nach einem MR. 6. Juni 1867 (Z. f. BR. 9. S. 223) gebraucht der Gesetzgeber in demselben Sinne, wie er sich unter Nr. 2 der Worte „bei einer ꝛc. Krankheit" (s. n. 957) bedient, unter Nr. 1 den synonymen Ausdruck „in Krankheitsfällen", so daß auch die Wohlthat der „freien Kur und Arznei" sowohl in Beziehung auf den Beginn ihres Eintritts, als in Beziehung auf die Fortdauer ihres Bezuges durch nähere Bestimmungen des Statuts beschränkt werden kann [?].

959. Die Invalidenunterstützung (Nr. 4) fällt fort und das Mitglied tritt wieder unter die Zahl der aktiven beitragspflichtigen Mitglieder ein (§ 174), wenn dasselbe wieder arbeitsfähig wird, sollte die Arbeitsfähigkeit sich auch nur auf bestimmte Arbeitsleistungen beziehen, vorausgesetzt, daß das Mitglied gerade für diese Verrichtungen dauernde Beschäftigung findet. So ein bei Klost. n. 376 referirtes MR. 14. Nov. 1865.

960. Nr. 5 findet auch auf die Wittwen der Invaliden, nicht aber auf solche Wittwen, die mit Invaliden erst nach deren Austritt aus dem aktiven Dienste geheirathet sind, noch Nr. 6 auf Kinder aus Ehen der letzteren Art Anwendung: MInstr. 3. April 1855 Art. V.

961. Der Unglücksfall (§ 171 Schlußsatz) muß den Tod oder die Arbeitsunfähigkeit zur unmittelbaren Folge haben. Ist der Erfolg nur ein mittelbarer, d. h. aus dem Unfalle erst in Verbindung mit einem späteren davon unabhängigen Ereignisse, z. B. der Vernachlässigung ärztlicher Hülfe entsprungen, so kann man nicht annehmen, daß das Mitglied bei der Arbeit verunglückt sei. So: MR. 15. Jan. 1860 (cit. bei Klost. n. 377).

961 bis. Der Anspruch auf Unterstützung aus der Knappschaftskasse schließt keine anderen, resp. weitergehenden Ansprüche aus, welche bei Unglücksfällen den Knappschaftsgenossen gegen den Werksbesitzer oder sonstige Dritte nach civilrechtlichen Grundsätzen zustehen möchten; auch kann das Gegentheil nicht etwa zu Gunsten der Werksbesitzer ꝛc. durch das Statut bestimmt werden.

Zu § 172.

962. Während das Pensionswesen größere, mit Kapitalvermögen ausgestattete Vereine und daher ausgedehntere Bezirke, sowie die Unabhängigkeit solcher Vereine von dem Bestande der einzelnen Werke bedingt, bewährt sich diese Einrichtung bei

schaftlichen Beschlusse der Werksbesitzer, der Knappschaftsältesten und des Knappschaftsvorstandes besondere Krankenkassen auf sämmtlichen zu einem Knappschaftsvereine gehörigen Werken, und zwar auf jedem einzelnen Werke oder gruppenweise auf mehreren, eingerichtet werden.

Die für die Krankenkassen nach Vorschrift des § 169 aufzustellenden Statuten unterliegen der daselbst erwähnten Bestätigung.

Die Beaufsichtigung der Krankenkassen gehört zu den Obliegenheiten des Knappschaftsvorstandes. In den Statuten des Knappschaftsvereins sind die näheren Bestimmungen hierüber, sowie über die bei der Abzweigung der Krankenkassen eintretende Herabsetzung der Beiträge zur Hauptkasse zu treffen.

[Br. 175 gleichl. — M. G. (s. Bemerk. zu § 165.)
B. 174 gleichl., nur ist statt „Statuten" gesagt: „Satzungen."]

---

dem Krankenunterstützungswesen nicht überall, namentlich, weil letzteres wegen des häufigen Simulirens von Krankheiten eine genauere Kontrole erfordert. Darum gewährt § 172 die Möglichkeit, das Krankenunterstützungswesen von der Hauptverwaltung abzuzweigen, ohne jedoch den Krankenkassen die Eigenschaft einer juristischen Person beizulegen: Mot. S. 99.

963. Für das vormalige Nassau bestehen besondere, vom § 172 abweichende Vorschriften. Dort war bereits früher das Pensionswesen von dem Krankenunterstützungswesen vollständig getrennt, indem die Leistungen der letzteren Art aus den Mitteln der aus freier Entschließung hervorgegangenen Knappschaftsvereine, diejenigen der ersteren Art aus der gesetzlich angeordneten allgemeinen Knappschaftskasse bestritten wurden. In Folge dessen gewährt auch der neu zu errichtende, und mit dem Vermögen der Knappschaftskasse zu dotirende allgemeine Knappschaftsverein dereinst nur die im § 171 Nr. 4—6 aufgezählten Leistungen. Hierdurch wurde die Begründung besonderer, selbstständig für sich bestehender Vereine für das Krankenwesen (§ 171 Nr. 1—3), insofern sie nicht schon in den ersterwähnten Knappschaftsvereinen vorhanden sind, zur Nothwendigkeit und es verordnet demgemäß Art. V. der VO. 22. Febr. 1867 die Einrichtung besonderer Krankenkassen, resp. die Umbildung der bereits bestehenden Knappschaftsvereine zu solchen Krankenkassen, indem er gleichzeitig allen diesen, vom allgemeinen Knappschaftsverein unabhängigen Kassen die Eigenschaft juristischer Personen beilegt. Alles dies erleidet nur bei denjenigen älteren Vereinen eine Ausnahme, welche bereits nach ihren Statuten die Zwecke des BG. vollkommen erfüllen, indem diese durch das OBA. von der Theilnahme an dem allgemeinen Knappschaftsvereine und von der Umbildung zu Krankenkassen befreit werden können. Doch muß diese Befreiung sich stets auf Beides zugleich erstrecken. Vgl. Z. f BR. 8. S. 8. 28.

964. Die Absicht des § 172 geht zwar dahin, daß die Einrichtung von Krankenkassen sich auf sämmtliche Werke eines Knappschaftsvereins zu erstrecken habe; doch liegt keinesfalls ein Grund vor, von Aufsichtswegen einem Beschlusse entgegenzutreten, nach welchem zunächst nur auf einzelnen Werken ein Versuch mit der neuen Einrichtung gemacht werden soll. So: d. Reg.-Komm. im KB. II. S. 93.

965. Soweit es sich bei Einrichtung von Krankenkassen um Aenderung bestehender Vereinsstatuten handelt, tritt zugleich § 170 in Anwendung. — Die Zuziehung des Kommissars der Behörde (§ 184) ist bei der Verwaltung, resp. Kontrole der Krankenkassen nicht nöthig; vgl. Mot. v. 1862 S. 172.

§ 173. Die Ansprüche der Berechtigten auf die Leistungen der Knappschafts- und der Krankenkassen können weder an Dritte übertragen, noch auch mit Arrest belegt werden.

[Br. 176 gleichl., nur ist eingeschaltet nach „belegt“: „und zum Gegenstande der Vollstreckung benutzt.“
M. G. (s. Bemerk. zu § 165 h. l.)
B. 175 gleichl., nur ist statt „Arrest“: „Beschlag“ gesagt.]

§ 174. Sowohl die Arbeiter als auch die Werksbesitzer haben zu den Knappschafts- und den Krankenkassen Beiträge zu leisten.

[Br. 177 gleichl. — M. G. (s. Bemerk. zu § 165.) — B. 176 gleichl.]

§ 175. Die Beiträge der Arbeiter sollen in einem gewissen Prozentsatze ihres Arbeitslohns oder in einem entsprechenden Fixum bestehen.

Die Beiträge der Werksbesitzer sollen mindestens die Hälfte des Beitrags der Arbeiter ausmachen.

[Br. 178 gleichl. — M. G. (s. Bemerk. zu § 165.) — B. 177 gleichl.]

Zu § 173.

966. § 173, welcher den § 10 des Ges. v. 1854 wiederholt und auf Krankenkassen ausdehnt, scheint selbst vertragsmäßige Subrogationen (Art. 1250 Nr. 1 des rhein. BGB.) auszuschließen. Obschon die im § 173 erwähnten Ansprüche an und für sich höchst persönliche sind, dürften die einmal existent und fällig gewordenen Forderungen der Berechtigten (§ 171 Nr. 2. 4) dennoch auf deren Erben übergehen und von diesen übertragen werden können, da § 173 nur den Fall im Auge hat, wo die Forderung dem ursprünglich Berechtigten zusteht. Doch gilt § 173 auch von den Ansprüchen, welche den Angehörigen der Knappschaftsgenossen nach § 171 Nr. 3. 5. 6 unmittelbar zustehen, da diese Angehörigen insofern gleichfalls zu den „Berechtigten“ gehören.

Zu §§ 174. 175.

967. Obschon § 175 sich dem § 4 des Ges. v. 1854 anschließt, (Abs. 2 ib. ist blos deshalb weggefallen, weil es sich von selbst versteht, daß das Statut dem Verein als erwerbsfähiger juristischer Person zu Vereinszwecken auch zufällige Einnahmen zuweisen könne,) so soll er doch nicht das Maximum der Beiträge der Werksbesitzer beschränken, welches nach § 4 cit. bis zum vollen Betrag der Arbeiterbeiträge bestimmt werden konnte: Mot. S. 101, KB. II. S. 94. Jene Beiträge können auch in einem Fixum nach der Arbeiterzahl ausgedrückt werden, sofern nur im Resultate der Gesammtbeitrag der Werksbesitzer der Hälfte des Beitrags der Arbeiter gleichkommt: Klost. n. 381.

967bis. Ueber die Höhe der Beiträge der dem Vereine beitretenden Werks- und Vereinsbeamten trifft das BG. keine Bestimmung, da der Ausdruck „Arbeiter“, selbst, wenn er im weitesten Sinne genommen wird, auf die Vereinsbeamten nicht paßt, § 179 die Beamten ausdrücklich neben den Arbeitern nennt, auch eine unbedingte Gleichstellung beider dann wenigstens, wenn der Beitrag der Arbeiter in einem Prozentsatze ihres Lohns besteht, nicht überall am Platze sein würde. Den Statuten ist daher die desfallige Bestimmung völlig frei gegeben, mit der Beschränkung jedoch, daß, falls die betreffende Normirung für jene Beamten so nachtheilig sein sollte, daß sie thatsächlich auf eine Ausschließung der letzteren vom Vereine

§ 176. Die Werksbesitzer sind bei Vermeidung des gegen sie selbst zu richtenden Zwangverfahrens verpflichtet, für die Einziehung und Abführung der Beiträge ihrer Arbeiter aufzukommen.

Auch haben die Werksbesitzer ihre Arbeiter regelmäßig an den durch das Statut festzusetzenden Zeitpunkten bei dem Knappschaftsvorstande anzumelden.

Unterbleibt die Anmeldung, so ist der Vorstand befugt, die Zahl der Arbeiter, für welche die Beiträge zur Knappschaftskasse eingezogen werden sollen, nach seinem Ermessen zu bestimmen oder bei dem Oberbergamte den Erlaß eines Strafbefehls gegen den säumigen Werksbesitzer in Antrag zu bringen.

[Br. 179 gleichl., nur ist statt „bei dem OBA" gesagt: „bei der Herzogl. Kreisdirection."

M. G. (s. Bemerk. zu § 165.)

B. 178 Abs. 1. 2: „Die Werksbesitzer sind berechtigt und verpflichtet, durch Lohnabzüge die Beiträge von ihren Arbeitern einzuheben und haben dieselben bei Vermeidung der zwangsweisen Einziehung an die Vereinskasse abzuliefern. — Auch haben die Werksbesitzer ihre Arbeiter und deren Lohnsbezüge regelmässig an den durch die Satzungen festzusetzenden Zeitpuncten bei dem Knappschaftsvorstande anzumelden." — Abs 3 gleichl., nur ist statt „bei dem OBA. den Erlaß eines Strafbefehls" gesagt: „bei der Bergbehörde die Androhung einer Ungehorsamsstrafe."]

---

hinauslaufen würde, das OBA. dem Statute als einem ungesetzlichen (§ 168 Abs. 2), seine Bestätigung zu versagen hätte. — Daß die Beiträge der Beamten bei Bemessung der Beiträge der Werksbesitzer (nach Maßgabe des § 175 Abs. 2) nicht in Betracht kommen, ergiebt sich schon aus dem Eingangs Gesagten.

Zu § 176.

968. Abs. 1 ist aus § 11 des Ges. v. 1854 herübergenommen, die übrigen Bestimmungen des § 176 sind neu und aus dem Bedürfnisse einer geordneten Verwaltung der Vereine hervorgegangen. Dem Knappschaftsvorstande ist keine Strafbefugniß beigelegt, während das OBA. zum Erlaß exekutivischer Strafbefehle kompetent ist. Vgl. Mot. S. 101 und unten n. 1017.

969. § 176 macht, gleich dem § 11 das Ges. v. 1854, die Werksbesitzer für die von den Arbeitern verschuldeten Beiträge nur um deswillen verantwortlich, weil er zur Einziehung derselben durch die bei der Lohnzahlung zu machenden Abzüge im Stande ist. Es erhebt sich daher die Frage, ob jene Verantwortlichkeit auch dann bestehe, wenn der Werksbesitzer sich gegen seinen Willen nicht in der Lage befand, solche Abzüge zu machen, z. B. weil er durch die Sequestration des Bw.'s von dessen Verwaltung ausgeschlossen war. Die verneinende Ansicht liegt augenscheinlich dem Erkenntnisse des Komp.-Gerichtshofs v. 18. März 1865 (JMbl. S. 120) zu Grunde. Ohnehin kommt hier in Betracht, daß der Ausdruck „Werksbesitzer" im § 176, wie in den übrigen §§ des Titels nicht als synonym mit „Werkseigenthümer" gebraucht, sondern stets nur auf denjenigen zu beziehen ist, welcher das Bw. selbst und für eigene Rechnung betreibt; s. n. 946 und 970.

§ 177. Alle Beiträge zur Knappschaftskasse wie zu den Krankenkassen können, auf vorgängige Festsetzung durch das Oberbergamt, im Wege der Verwaltungs-Exekution eingezogen werden.

Durch Beschreitung des Rechtsweges wird die Exekution nicht aufgehalten.

[Br. 180 gleichl., nur ist statt „das OBA." gesagt: „die Herzogl. Kreisdirection."

M. G. (s. Bemerk. zu § 165.)

B. 179 „Alle Beiträge zur Knappschaftskasse, wie zu den Krankenkassen können, nachdem die Austandsverzeichnisse von der Bergbehörde vollstreckbar erklärt sind, zwangsweise beigetrieben werden." 180: „Durch Beschreitung des Rechtsweges wird die Einhebung der Beiträge (Art. 178 und 179) nicht aufgehalten."]

§ 178. Die Verwaltung eines jeden Knappschaftsver-

Zu § 177.

970. Die Exekution findet, nach Maßgabe der verschiedenen Exek.-Ordnungen (s. n. 1032), gegen den Werksbesitzer sogar wegen der von den Arbeitern verschuldeten Beiträge statt (§ 176), obschon auch wider die Arbeiter selbst in gleicher Weise vorgegangen werden kann, es sei denn, daß ihnen der Betrag der Beiträge schon seitens des Werksbesitzers vom Lohne abgehalten worden wäre, in welchem letzteren Falle der Verein sich arg. § 176 Abs. 1 nur an den Werksbesitzer halten kann. Gegen das persönliche Vermögen des Repräsentanten einer Gewerkschaft oder desjenigen eines im Auslande wohnenden Alleineigenthümers kann die administrative Exekution nicht stattfinden, selbst dann nicht, wenn ihm selbst ein Verschulden insofern zur Last fiele, als er beim Auslöhnen der Arbeiter für die Abhaltung der Beiträge keine Sorge getragen hätte; dies könnte höchstens einen im Prozeßwege geltend zu machenden Regreßanspruch der Gewerkschaft ꝛc. begründen.

971. Ein Erkenntniß des Kompetenz-Gerichtshofs v. 11. März 1848 (JMbl. S. 324) rechnete eine Knappschaftskasse zu den den Provinzial-Verwaltungsbehörden untergeordneten, moralischen Personen im Sinne des § 41 der VO. v. 26. Dez. 1808 und wandte daher die §§ 78. 79 II, 14 ALR. auf die Knappschaftsbeiträge an; vgl. Oppenhoff Ress.-Ges. S. 96. 108. Auf gleicher Anschauung beruhte § 11 des Ges. v. 1854; nur ging dieser § insofern noch weiter, als er, ohne solche Ausnahmen, wie diejenigen des § 79 cit. zu statuiren, bestimmte, daß Reklamationen wider die exekutorisch erklärte Nachweisung jener Beiträge ausschließlich im Verwaltungswege zu erledigen seien. Da nun § 11 cit. aufgehoben ist, § 177 Abs. 2 h. l. aber seiner Fassung gemäß keine neue Kompetenzvorschrift zu treffen, sondern nur da, wo der Rechtsweg ohnehin offen steht, der administrativen Exekution ihren Fortgang während des gerichtlichen Verfahrens zu sichern scheint, so glaubt Wachler (Z. f. BR 10 S. 39), daß die Prozeßfähigkeit wieder lediglich nach §§ 78. 79 II, 14. ALR. zu beurtheilen, d. h. nur in den Fällen des § 79 begründet sei. Abgesehen jedoch davon, daß es mit Rücksicht auf das unter n. 932 Gesagte mehr als zweifelhaft ist, ob die jenem Erkenntnisse zu Grunde liegende Voraussetzung bei den Knappschaftsvereinen mindestens jetzt noch zutreffe, sagen auch die Mot. S. 101 allgemein, „durch Abs. 2 sei die den Rechtsweg ausschließende Vorschrift des § 11 als nicht genügend motivirt aufgehoben," und geben hiermit deutlich zu erkennen, daß die Absicht des Gesetzes eine andere und zwar dahin gerichtet ist, über die Pflicht zur Zahlung der Beiträge und die Modalitäten dieser Verpflichtung die richterliche Kognition unbeschränkt zuzulassen. Vgl. überdies Klost. n. 384.

Zu §§ 178. 179.

972. §§ 178. 179 geben dem aus den Zeiten der ersten Knappschaftseinrichtungen überkommeneu Institute der Knappschaftsältesten eine gesetzliche Grund-

eins erfolgt unter Betheiligung von Knappschaftsältesten durch einen Knappschaftsvorstand.

[Br. 181 gleichl. — M. G. (s. Bemerk. zu § 165.) — B. 181 gleichl.]

§ 179. Die Knappschaftsältesten werden von den zum Vereine gehörigen Arbeitern und Beamten in einer durch das Statut bestimmten Zahl aus ihrer Mitte gewählt.

Auch den invaliden Arbeitern und Beamten kann die Wählbarkeit durch das Statut beigelegt werden.

Die Knappschaftsältesten vertreten die Knappschaftsmitglieder bei der Wahl des Vorstandes und haben im Allgemeinen das Recht und die Pflicht, einerseits die Befolgung des Statuts durch die Knappschaftsmitglieder zu überwachen und andererseits die Rechte der letzteren gegenüber dem Vorstande wahrzunehmen.

Das Statut oder eine besondere Instruktion (§ 181) regelt ihre Dienstobliegenheiten.

[Br. 182 gleichl. — M. G. (s. Bemerk. zu § 165.)
B. 182 gleichl., nur ist statt „Statut": „Satzungen" gesagt.]

§ 180. Die Mitglieder des Knappschaftsvorstandes werden nach näherer Bestimmung des Statuts zur einen Hälfte von den Werksbesitzern, beziehungsweise von den Repräsentanten, und zur anderen Hälfte von den Knappschaftsältesten je aus ihrer Mitte oder aus der Zahl der Königlichen oder Privat-Bergbeamten gewählt.

[Br. 183 gleichl., nur ist statt „Königlichen": Herzoglichen" gesagt.
M. G. (s. Bemerk. zu § 165.)
B. 183 gleichl., nur ist statt „Statut": „Satzungen" gesagt.]

---

lage, und zwar in erschöpfenderer Weise, als die §§ 5. 7 des Gesetzes v. 1854: Mot. S. 102.

973. Das Wahlrecht, welches § 179 Abs. 1 ausschließlich den zum Vereine gehörigen Arbeitern und Beamten verleiht, kann diesen nicht dadurch geschmälert werden, daß dasselbe im Statute noch sonstigen Personen z. B. den Invaliden gewährt wird. Ebensowenig verträgt es sich mit Abs. 1, jenes Wahlrecht oder die Wählbarkeit der dort bezeichneten Mitglieder an besondere Bedingungen zu knüpfen. A. M. ist im letzteren Punkte Klost. n. 386. Mit der Wählbarkeit der Invaliden (Abs. 2) verhält es sich in dieser Hinsicht freilich anders.

974. Eine besondere Instruction (§ 181) kann die Dienstobliegenheiten der Knappschaftsältesten nur insoweit regeln, als das Statut nicht schon bestimmt hat, da § 179 Abs. 4 dem Knappschaftsvorstande nicht etwa, im Widerspruche mit § 170, die Befugniß einräumen soll, das Statut in dieser Hinsicht abzuändern.

Zu § 180.

975. § 180 wiederholt die Vorschrift des § 5 des Ges. v. 1854 über die Vorstandswahl, jedoch mit Weglassung der Schlußvorschrift, indem die Zulassung des Kassenbeamten zu den Vorstandssitzungen ohne gesetzliche Bestimmung bewirkt werden kann, und kein Grund vorliegt, jenem Beamten, wenn er in den Vorstand gewählt wird, das Stimmrecht zu entziehen: Mot. S. 102.

975bis. Da das Gesetz v. 1854 die unmittelbaren Aufseher der Arbeiter zu

§ 181. Der Knappschaftsvorstand vertritt den Verein nach Außen, leitet die Wahlen der Knappschaftsältesten, erwählt die Beamten und Aerzte des Vereins, schließt die Verträge mit denselben sowie mit den Apothekern ab, erläßt die erforderlichen Instruktionen, verwaltet das Vermögen des Vereins und besorgt alle übrigen ihm durch das Statut übertragenen Geschäfte.

[Br. 184 gleichl. — M. G. (s. Bemerk. zu § 165.)
B. 184 gleichl., nur ist statt „Statut": „Satzungen" gesagt.]

§ 182. Die jährlich zu legenden Rechnungen müssen nach vorgängiger Prüfung durch den Vorstand den Knappschaftsältesten und den Werksbesitzern zur Einsicht und etwaigen

---

den Arbeitern zählte (s. n. 939), so verstand es im § 5 unter den „Privatbergbeamten" dergleichen niedere Werksbeamte nicht mit. Dasselbe gilt von § 180, welcher jene Vorschrift des § 5 lediglich wiederholen will (s. n. 975). Andererseits wird nicht erfordert, daß ein Privatbergbeamter, um in den Vorstand gewählt werden zu können, gerade bei einem der betheiligten Werke angestellt sei. Das wird durch die Zusammenstellung der Privat-Bergbeamten mit den Königlichen Bergbeamten bestätigt.

Zu § 181.

976. § 181 stellt den Geschäftskreis des Vorstands in allgemeinen Umrissen fest, und erwähnt hierbei auch derjenigen Funktionen, bei welchen die seitherige Konkurrenz der Behörde wegfällt; hiernach ist § 6 Abs. 1 des Ges. v. 1854 modifizirt, Abs. 2 aber ganz weggelassen, weil derselbe lediglich einen Verwaltungsgegenstand betraf, und überdies seit Aufhebung der Bergämter nicht mehr praktisch war: Mot S. 102.

977. Der Vorstand ist als Repräsentant der juristischen Person des Vereins befugt, seinerseits sowohl Spezial- als General-Mandatarien zu bestellen, ohne daß ihm hierzu Substitutionsbefugniß beigelegt zu sein braucht (§§ 114 ff., 147 ff. II, 6. ALR.). So: ein bei Klost. n. 385 referirtes HMR. 21. Febr. 1866.

978. Nach § 5 des Ges. v. 1854 gab bei Stimmengleichheit im Vorstande der Kommissar [§ 184] den Ausschlag. Diese Bestimmung entsprach der Stellung des Kommissars nicht und wurde daher in das BG. nicht übernommen, zumal durch das Statut in anderer Weise Vorsorge getroffen werden kann, wie bei Stimmengleichheit zu verfahren ist: Mot. S. 103. Es erscheint hiernach als unstatthaft, daß durch das Statut jene Vorschrift des Ges. v. 1854 wiederhergestellt werde; vgl. auch n. 981 i. f.

979. Die königl. Bergbeamten bedürfen zur Annahme eines Knappschaftsamts der Genehmigung des OBA.'s; vgl. R. v. 6. Sept. 1864 u. 6. Nov. 1843, cit. bei Huyssen S. 98. — Die Verträge mit den Apothekern betreffen namentlich auch den Rabatt, welcher den Vereinen als solchen Korporationen, die die öffentliche Armenpflege zu ersetzen, resp. zu erleichtern bezwecken, bis zum Maximalsatze von 25 Prozent, seit Einführung der neuen Arzneitaxe wieder bewilligt werden kann. Vgl. MR. 15. Dez. 1866 und 14. Jan. 1867 (Bgst. 1867 S. 9. 29).

979 bis. Das MR. 24. Jan. 1867 (Bgst. S. 55) gestattet den Vorständen die Versendung ihrer Vorladungen, Verfügungen ꝛc. mittelst Postinsinuationsscheins nach der Instruktion für die postamtliche Insinuation außergerichtlicher Verfügungen; zur Legitimation der Vorstände dient eine Bescheinigung des OBA.'s. Im Uebr. s. n. 934.

Zu § 182.

980. § 182 schließt sich dem § 7 des Ges. v. 1854 an, ohne dessen Vorschrift

Erklärung offen gelegt werden, bevor der Vorstand dem Kassenbeamten die Entlastung ertheilt.

[Br. 185 gleichl. — M. G. (s. Bemerk. zu § 165.) — B. 185 gleichl.]

§ 183. Die Oberbergämter haben die Beobachtung der Statuten und insbesondere die statutenmäßige Verwaltung des Vermögens zu überwachen.

[Br. 186 gleichl. — M. G. (s. Bemerk. zu § 165.)
B. 186: „Die Bergbehörden haben die Beobachtung der Satzungen und insbesondere die satzungsmässige Verwaltung des Vermögens zu überwachen."]

§ 184. Zur Ausübung dieses Aufsichtsrechts ernennt das Oberbergamt für jeden Knappschaftsverein einen Kommissar.

Derselbe ist befugt, allen Sitzungen des Knappschaftsvorstandes, welche ihm zu diesem Zwecke mindestens drei Tage vorher anzuzeigen sind, beizuwohnen und jeden statutenwidrigen Beschluß zu suspendiren. Von einer solchen Suspension muß er dem Oberbergamt sofort Anzeige machen.

[B. 187 gleichl., nur heißt es statt „ernennt": „kann — ernennen"; auch fehlen die Worte „mindestens 3 Tage."
M. G. (s. Bemerk. zu § 165.)
B. 187: „In Ausübung dieses Aufsichtsrechtes ist der Vorstand der Bergbehörde oder dessen Stellvertreter befugt, allen Sitzungen des Knappschaftsvorstandes, welche ihm zu diesem Zwecke mindestens 8 Tage vorher anzuzeigen sind, beizuwohnen und jeden satzungswidrigen Beschluss zu suspendiren."]

---

zu wiederholen, daß die Rechnung durch die Behörde geprüft werden müsse; das Recht der letzteren zur Einsicht der Rechnungen wahrt § 185: Mot. S. 102.

Zu § 183. 184.

981. Um die staatliche Beaufsichtigung der Vereine auf das durch das öffentliche Interesse und die veränderte Stellung der Bergbehörde vorgezeichnete Maß zu beschränken, ist die Kompetenz des OBA.'s, wie im § 183 geschehen, abgegrenzt. Die auf § 5 des Gesetzes v. 1854 beruhende Abordnung eines Kommissars der Behörde zu den Verhandlungen des Vorstands ist als eine zweckmäßige und am wenigsten belästigende Form für die Ausübung des staatlichen Aufsichtsrechts im § 184 beibehalten worden. Doch weicht dieser §, abgesehen von dem unter n 978 Gesagten, vom cit. § 5 darin ab, daß er die Gültigkeit der Beschlüsse von der Anwesenheit des Kommissars in den Sitzungen nicht abhängig macht. Vgl. Mot. S. 102.

982. Die §§ 183 ff. sind lediglich an Stelle der betreffenden Vorschriften des Gesetzes v. 1854 getreten; sie lassen die für Korporationen überhaupt geltenden Grundsätze der allgemeinen Gesetzgebung, soweit diese bei Bemessung des Umfangs des staatlichen Aufsichtsrechts in Knappschaftsangelegenheiten neben dem Gesetze v. 1854 zur Sprache kamen, unberührt. Denn, so sehr auch das BG. dem Prinzipe der Selbstverwaltung huldigt, so geht sein Streben in dieser Hinsicht doch wesentlich nur dahin, die vielen Singularitäten zu beseitigen, welche gerade die frühere Berggesetzgebung nach der entgegengesetzten Richtung eingeführt hatte; es lag daher die Absicht fern, auf der anderen Seite neue singuläre Zustände zu schaffen.

983. Demgemäß sind für die Knappschaftsvereine diejenigen allgemeinen Gesetze in Kraft geblieben, welche die Gültigkeit gewisser Verfügungen über das Korporationsvermögen, insbesondere die Gültigkeit des Erwerbs und der Veräußerung von Grundstücken von einer höheren Genehmigung abhängig machen;

§ 185. Der Knappschaftsvorstand ist jederzeit verpflichtet, dem Oberbergamte und dessen Kommissar auf Verlangen die Einsicht der über seine Verhandlungen zu führenden Protokolle, der Kassenbücher und der gelegten Rechnungen, sowie die Revision der Kasse zu gestatten.

Auch hat derselbe dem Oberbergamte die zur Statistik des Knappschaftswesens erforderlichen Nachrichten zu geben.

[Br. 188 gleichl. — M. G. (s. Bemerk. zu § 165.)
B. 188 gleichl., nur heißt es statt „dem OBA. und dessen Kommissar“: „dem Vorstande der Bergbehörde oder dessen Stellvertreter,“ und weiter unten statt „dem OBA.“: „der Bergbehörde.“]

---

s. §§ 83. 85. II, 6 ALR. Im Prinzipe ist dies zwar nicht streitig, doch hält das OBA. Breslau den cit. § 83. II, 6 ALR. wenigstens insofern für modifizirt, als eine besondere Genehmigung des OBA.'s dann nicht mehr nöthig sei, wenn der Kommissar der Fassung des betreffenden Beschlusses beigewohnt habe, ohne ihn nach Maßgabe des § 184 zu suspendiren; dieser Ansicht treten Lindig (Z. f. BR. 8. S. 138) sowie Huyssen S. 98 bei, weil der Beschluß in einem solchen Falle als von der Aufsichtsbehörde genehmigt gelten müsse, während Kloft. n. 389 der entgegengesetzten Meinung huldigt. Letztere verdient den Vorzug. Jene landrechtliche Vorschrift beruht unverkennbar auf obervormundschaftlichen Rücksichten, sie soll verhüten, daß Verträge zu Stande kommen, welche die Interessen der Korporation schädigen möchten. Mit der Nützlichkeitsfrage ist jedoch der Kommissar in keiner Weise befaßt, er hat vielmehr nur die Statutenmäßigkeit der Beschlüsse zu prüfen, und würde seine Kompetenz überschreiten, wenn er einem Beschlusse entgegentreten wollte, weil derselbe zwar nicht statutenwidrig, wohl aber für den Verein nachtheilig sei. Hieraus erhellt, daß die Gutheißung eines Beschlusses seitens des Kommissars in keinerlei Weise geeignet ist, die oberbergamtliche Genehmigung des auf Grund dieses Beschlusses zu schließenden Vertrags zu ersetzen.

984. Unter den Statuten, deren Beobachtung das OBA. überwachen soll, sind augenscheinlich nicht blos die Statutsbestimmungen im engeren Sinne, sondern auch die Vorschriften des 7. Titels, welche gemeinschaftlich mit ersteren die Verfassung des Vereins begründen, zu verstehen.

985. Kloft. n. 392 bemerkt mit Recht, daß der Vorstand von der Aufsichtsbehörde nicht blos an der Fassung statutenwidriger Beschlüsse gehindert, sondern auch zu positivem Handeln angehalten werden könne, wenn er die Erfüllung seiner statutenmäßigen Verpflichtungen (z. B. Einberufung von Generalversammlungen, Unterbringung von Kapitalien, Offenlegung der Rechnung) versäume. — Zu den Obliegenheiten des OBA.'s gehört u. A. auch die Herbeiführung der Wahl der Knappschaftsältesten, sofern diese versäumt wird: MR. 4. März 1858 (M. Z. 5. S. 267). Im Uebrigen vgl. unten n. 990.

986. Die Wahl des Kommissars braucht nicht innerhalb der Mitglieder des OBA.'s getroffen zu werden und kann namentlich auch auf den RB. fallen, obgleich dieser im Uebrigen an der Ausübung des staatlichen Aufsichtsrechts (im Gegensatze zur Polizeigewalt) keinen Antheil hat. Ebenso können bei den von den Arbeitern der Staatswerke gebildeten Vereinen die Beamten der betreffenden Bw.'s- und Salinen-Aemter dazu bestimmt werden: vgl. Hall. Instr. § 57, MR. 3. Apr. 1855 (M. Z. 3. S. 33).

987. Unbeschadet des § 184 Abs. 2 reicht für die regelmäßigen Vorstandssitzungen eine einmalige, auf alle Fälle bezügliche Benachrichtigung des Kommissars aus: Mot. v. 1862 S. 177.

988. Auf Aufhebung der Suspension eines Beschlusses (§ 184 Abs. 2) kann nicht bei Gericht geklagt werden: Wachler (Z. f. BR. 8. S. 477).

Zu § 185.

989. Die Bestimmungen dieses § waren erforderlich, um die Behörde zu einer wirksamen Ausübung ihres Aufsichtsrechts in den Stand zu setzen, und die Sta-

§ 186. Beschwerden über die Verwaltung des Vorstandes sind bei dem Oberbergamte und in der weiteren Instanz bei dem Handelsminister anzubringen.

[Br. 189 gleichl., doch ist statt „Handelsminister" gesagt: „Herzogl. Staatsministerium."

M. G. (s. Bemerk. zu § 165.)

B. 189: Beschwerden über die Verwaltung des Vorstandes sind bei der Bergbehörde vorzubringen." — Sodann bestimmt:

Art. 190. „Für den Fall der Auflösung eines Knappschaftsvereines kann über den nach Erfüllung aller Verbindlichkeiten noch übrig bleibenden Vermögensrest durch die Satzungen oder, wenn diese eine ausreichende Bestimmung darüber nicht enthalten, durch die letzten Mitglieder nur zu Gunsten von anderen Knappschaftsvereinen oder von Gemeinden verfügt werden. — Mangelt eine solche Verfügung, so sind die Knappschaftsvereine oder die Gemeinden, welchen der Vermögensrest zufallen soll, durch die Staatsregierung zu bezeichnen."]

---

tistik in eigenem Interesse des Knappschaftsinstituts weiter auszubilden: Mot. S. 103. Im Uebr. vgl. n. 933.

Zu § 186.

990. Aus dem Aufsichtsrechte der Behörde über den Verein folgt noch nicht, daß dieselbe sich auch der Untersuchung und Entscheidung der von einzelnen Vereinsmitgliedern in persönlichen Angelegenheiten erhobenen Beschwerden unterziehen müsse. Da jedoch die desfallige Befugniß der seitherigen Praxis und dem Interesse der Arbeiter entspricht, so trifft § 186, hierin vom Knappschaftsgesetze abweichend, ausdrücklich Bestimmung über diesen Gegenstand. Jene Befugniß findet ihre sachgemäße Begrenzung darin, daß die Behörde überhaupt nur auf Befolgung des Statuts zu halten, mithin nur solche Beschwerden ihrer Kognition zu unterwerfen hat, welche eine statutwidrige Verwaltung des Vorstands behaupten. So: Mot. S. 103. Aus dieser Art der Motivirung geht hervor, daß § 186 nicht so sehr diejenigen Beschwerden im Auge hat, welche ein einzelnes Mitglied zwar für sich allein, aber doch zum allgemeinen Besten des Vereins erhebt, als vielmehr solche Beschwerden, die das persönliche Interesse des Beschwerdeführers betreffen, und daher durchweg einen vermögensrechtlichen Anspruch desselben zum Gegenstande haben. Bei dergleichen an sich prozeßfähigen Beschwerden wird der Beschwerdeführer zwar stets dem Vorstande eine Statutwidrigkeit zur Last legen. Bei Prüfung derselben handelt es sich jedoch meist nicht um Prinzipfragen, sondern darum, ob die thatsächlichen Behauptungen, aus denen die Statutwidrigkeit hergeleitet wird, wahr oder falsch seien. Dies bestätigt es, daß das administrative Verfahren sich zur endgültigen, resp. unumstößlichen Erledigung derartiger Streitpunkte nach keiner Seite hin eigne, daß vielmehr trotz der ergangenen Entscheidung nicht allein der Beschwerdeführer, sondern auch der Knappschaftsvorstand den Rechtsweg beschreiten könne. Demgemäß findet der aus § 36 der VO. v. 26. Dez. 1808 abgeleitete Grundsatz, nach welchem es wenigstens den dem Aufsichtsrechte untergeordneten Instituten und deren Vertretern versagt ist, einen in Ausübung dieses Rechts ergangenen Akt vor Gericht in Frage zu stellen, — vgl. Oppenhoff, Ress.-Ges. S. 50 ff., n. 128. 131. 134 ff., — auf die nach Maßgabe des § 186 getroffenen Entscheidungen keine Anwendung. Andererseits sind letztere aber auch nicht als Ausflüsse einer eigentlichen Administrativjustiz in dem ib. S. 181 n. 240 ff. besprochenen Sinne zu behandeln und haben namentlich mit diesen nicht die Eigenschaft der vorläufigen Vollstreckbarkeit gemein, ja sie sind nach der bisherigen, durch das BG. aufrechterhaltenen Praxis überhaupt keiner Exekution im Verwaltungswege empfänglich. Der Erlaß von Strafbefehlen, welche Klost. n. 394 wenigstens für statthaft hält, wird schon dadurch ausgeschlossen, daß dieses Exekutionsmittel nur bei executiones ad faciendum aut omittendum, nicht also da Platz greift, wo es sich, wie bei den hier fraglichen Beschwerden durchweg

Achter Titel.
Von den Bergbehörden.

§ 187. Die Bergbehörden sind:
die Revierbeamten,
die Oberbergämter,
der Handelsminister.

[Br. 190: „Alle Geschäfte, welche nach gegenwärtigem Gesetze der Bergbehörde obliegen, gehören zum Wirkungskreise der Herzogl. Cammer, Direction der Bergwerke.“ — 191: „Mit Genehmigung des Herzogl. Staatsministeriums ist Herzogl. Cammer, Direction der Bergwerke befugt, Hülfsbeamte für bestimmte Bezirke zu ernennen, und den Umfang der von ihnen zu besorgenden Geschäfte zu bestimmen. — Die desfallsigen Ernennungen und Bestimmungen sind durch die Braunschw. Anzeigen bekannt zu machen. — Die Hülfsbeamten sind der Herzogl. Cammer, Direction der Bergwerke untergeordnet. — Sie bilden keine abgesonderte Instanz.“
M. (vacat.) Vgl. übrigens Art. 144, mitgetheilt zu § 189 h. l.
G. 131: „Die Bergbehörden sind die Revierbeamten, — die Bergämter Liebenstein und Tenneberg — das Staatsministerium.“
B. (vacat.) Jedoch bestimmt Art. 191: „Sämmtliche Verhandlungen der Bergbehörden erster Instanz sind unter Zulassung von Rechtsanwälten, sowie von sonstigen Bevollmächtigten oder Beiständen zu Protokoll mit Ausschluss jeden Schriftwechsels zu führen.“]

---

der Fall ist, um die Realisirung von Geldansprüchen handelt. Vgl. n. 1017. Jenen Entscheidungen wohnt daher regelmäßig nur eine konsultative Bedeutung bei.

Zum achten Titel.

991. Der 8. und 9. Titel finden auch auf den Westpreußischen Braunkohlen-Bergbau, den Kohlenbergbau in den vormals königlich sächsischen Landen und im Fürstenthum Calenberg sowie auf gewisse linksrheinische Steingewinnungen Anwendung. Vgl. §§ 210. 213. 214 h. l., Art. 13 der VO. 8. Mai 1867 und § 9 des Ges. v. 22. Febr. 1869. Jene §§ thun zwar nicht, wie die citt. Stellen der Gesetze von 1867 und 1869, beider Titel, sondern nur des von der Bergpolizei handelnden Tit. 9 Erwähnung; da aber die Bestimmungen über die Organe der Bergpolizei, über den Rekurs, den Kostenpunkt ꝛc. sich in dem 8. Titel finden, so dürfen seine Vorschriften von denen des 9. Titels nicht getrennt werden; auch wird in den Motiven zu dem cit. Art. 13 (Z. f. BR. 8. S. 169) der Uebereinstimmung dieses Art. mit § 213 h. l. ausdrücklich gedacht. Vgl. auch Huyssen S. 99.

Zu § 187.

992. Das BG. hat die durch das Ges. v. 10. Juni 1861 in's Leben getretene neue Organisation beibehalten und kennt daher keine Bergämter als Mittelinstanz zwischen dem Revierbeamten und dem Oberbergamte, die drei seit der Einführung jenes Gesetzes bestehenden Instanzen sind vielmehr dieselben, welche § 187 aufzählt. Die Berghypothekenkommissionen blieben mit Rücksicht auf deren im § 246 in Aussicht genommene Auflösung unerwähnt. Vgl. Mot. S. 104. Die Verwaltungen der Staatswerke bilden keine Behörden in dem hier gebrauchten Sinne.

993. Die Ober-Präsidenten nehmen an der Verwaltung der Bw.'s-Angelegenheiten keinen Antheil, und es sind ihnen in keinerlei Hinsicht die Oberbergämter und Revierbeamten untergeordnet, während dies bei den Regierungen, den Provinzial-Steuer-Direktionen, den General-Kommissionen und deren Unterbehörden gemäß § 4 der Instr. v. 31. Dez. 1825 (GS. 1826 S. 1) wohl der Fall ist.

§ 188. **Die Bezirke der Oberbergämter werden durch Königliche Verordnungen, diejenigen der Revierbeamten durch den Handelsminister festgestellt.**

[Br. M. (vacat.)

G. 132: „Der Bezirk des Bergamtes Liebenstein umfasst die Justizamtsbezirke Liebenstein, Zella, Ohrdruf und Ichtershausen, der Bezirk des Bergamts Tenneberg die Bezirke der übrigen Justizunterbehörden des Herzogthums, die Bezirke der Revierbeamten werden durch Verordnung festgestellt."

B. (vacat.)]

Wenn dagegen § 8 ib. die Ober-Präsidenten ermächtigt, Beschwerden in Bw.'s-Angelegenheiten, welche nicht den technischen Betrieb betreffen, zu untersuchen, und von den dabei wahrgenommenen Mängeln, resp. Mißbräuchen der oberen Verwaltungs-Behörde zur Abhülfe Kenntniß zu geben, so dürfte diese nur im Oberaufsichtsinteresse erlassene und für die Entscheidung des konkreten Falles nicht maßgebende Bestimmung noch gegenwärtig in Kraft bestehen und zwar um so mehr, als sie mit der Stellung des Oberpräsidenten im Allgemeinen enge zusammenhängt, und das Gleiche im cit. § 8 auch hinsichtlich der Post- sowie Militairintendantur-Angelegenheiten verfügt, für diese aber unbestritten in Geltung geblieben ist.

994. Als allgemeine, und daher wohl für alle Instanzen geltende Regel stellt Achenb. (Z. f. BR. 10. S. 109) den Satz auf, daß die bergrechtlichen, resp. bergamtlichen Akten öffentliches, bez. Staats-Eigenthum seien; dies gelte selbst von den seitens der Privatinteressenten eingereichten, in amtlicher Verwahrsam verbleibenden Situationsrissen und Grubenbildern trotz der Ausdrucksweise der §§ 33. 72 h. l.; demgemäß stehe der Behörde im Allgemeinen das Recht zu, Dritten von diesen Akten und Rissen Einsicht zu gewähren, wenn es auch dem Geiste des BG. entspreche, daß von diesem Rechte außer den Fällen, wo die Oeffentlichkeit ausdrücklich vorgeschrieben sei (s. §§ 20. 29. 35. 37. 45. 49. 51. 156 ff.), nur ausnahmsweise aus besonderen Gründen und nur nach Anhörung des betreffenden Berechtigten Gebrauch gemacht werde. Dagegen erachtete ein MR. 19. Juni 1866 (Z. f. BR. 10. S. 110) die Verhandlungen über fremde Berechtigungen mehr oder weniger als ausschließliches Eigenthum der Betheiligten und hielt daher der Letzteren Zustimmung zur Mittheilung jener Verhandlungen an Dritte für unbedingt nöthig; in ähnlichem Sinne sprach sich ein MR. 1. Okt. 1868 bezüglich der Entnahme von Copien der Muthungs-Situationsrisse aus; s. n. 260. Daß, wenn der Behörde zu ganz bestimmten Zwecken Urkunden überreicht sind, jene in der Verfügung über diesen Zweck hinaus behindert ist, wird auch von Achenb. l. c. anerkannt. Hinsichtlich der Pflicht der Bergbehörde, in Folge eines Rechtsstreits Akten und Risse, sei es als Partei (§ 157 h. l.), sei es Dritter zu ediren, gelten die allgemeinen Vorschriften der verschiedenen Prozeßgesetzgebungen über die Editionspflicht; s. Achenb. l. c.

Zu § 188.

995. Wie bereits behufs Ausführung des Ges. v. 10. Juni 1861 die Bezirke der bei Erlaß des BG. bestehenden vier Oberbergämter durch ACO. v. 29. Juni 1861 (GS. S. 429) festgestellt wurden, so sind gemäß § 188 auch etwaige abändernde Bestimmungen hierüber gemäß Art. 45 der Verfassungs-Urkunde durch Königliche Verordnung zu treffen, wogegen die in Folge des Wechsels lokaler Verhältnisse häufiger gebotenen Aenderungen in der Begrenzung der Revierbeamten-Bezirke [Bergreviere] nach eben jenem § dem Handelsminister auch fernerhin überlassen sind: Mot. S. 104.

996. Auf Grund des § 188 sind in Folge der Erweiterung des Staatsgebiets im Jahre 1866 die Bezirke der Oberbergämter Bonn, Dortmund und Halle vergrößert, und ist aus dem Reste der neuerworbenen Länder der Bezirk für ein neuerrichtetes fünftes OBA. zu Clausthal gebildet worden. Gegenwärtig umfaßt der Bezirk des OBA.'s zu Breslau (wie früher) die Provinzen, Schlesien, Posen und Preußen, der Bezirk des OBA.'s zu Halle die Provinzen Sachsen, Brandenburg und Pommern nebst der vormals Bayrischen Enklave Kaulsdorf, derjenige des OBA.'s zu Dortmund die Provinz Westphalen mit Ausnahme

§ 189. Die Revierbeamten bilden für die ihnen überwiesenen Bergreviere die erste Instanz in allen Geschäften, welche nach dem gegenwärtigen Gesetze der Bergbehörde obliegen und nicht ausdrücklich den Oberbergämtern übertragen sind.

Sie handhaben insbesondere die Bergpolizei nach Vorschrift des Gesetzes.

---

des Herzogthums Westphalen, der Grafschaften Wittgenstein-Wittgenstein und Wittgenstein-Berleburg, des Fürstenthums Siegen und der Aemter Burbach und Neuenkirchen, von der Rheinprovinz die Kreise Rees, Duisburg und Essen, sowie die nördlich der Düsseldorf-Schwelmer Staatsstraße belegenen Theile der Kreise Düsseldorf und Elberfeld, endlich die Landdrostei-Bezirke Osnabrück und Aurich der Provinz Hannover, derjenige des OBA.'s zu Bonn die Rheinprovinz, mit Ausschluß der zum Dortmunder Bezirke gehörigen Theile, die Theile der Provinz Westphalen, welche letzterem Bezirke nicht angehören, die Hohenzollernschen Lande, das Herzogthum Nassau, die vormals Großherzoglich Hessischen Landestheile, Hessen-Homburg mit dem Oberamte Meisenheim und das Frankfurter Gebiet, derjenige des OBA.'s zu Clausthal die Provinz Hannover, mit Ausnahme von Osnabrück und Aurich, das vormalige Kurhessen, die vormals Bayrischen Theile mit Ausnahme von Kaulsdorf, endlich die Provinz Schleswig-Holstein. Zu bemerken bleibt noch, daß der zuletzt erwähnte Bezirk (mit Ausnahme von Schleswig-Holstein) bis zum 1. März 1868 zwei getrennte Bezirke (Hannover — Kurhessen mit den Bayrischen Landestheilen) bildete, den des Berg- und Forstamts zu Clausthal und den der Oberberg- und Salzwerks-Direktion zu Cassel, welche Behörden die Befugnisse eines OBA.'s besaßen. Vgl. VO. v. 29. Juni 1866 (GS. S. 429), 6. März, 25. Mai, 24. Juni 1867 (ib. S. 351. 735. 884) und 3. Febr. 1868 (ib. S. 69). — In Betreff der Reviereintheilung s. Huyssen S. 105 und M. Z. 16. S. 73ff., 87ff., 100.

Zu § 189.

997. Durch den im Abs. 1 ausgesprochenen Grundsatz wird der Geschäftskreis des Revierbeamten scharf begrenzt, resp. sachgemäß erweitert und zugleich die Kompetenz des Oberbergamts bestimmt: Mot. S. 104, KB. II. S. 95. Trotz der Worte „welche nach dem gegenwärtigen Gesetze der Bergbehörde obliegen" wird jener Grundsatz auch auf alle späteren Gesetze zu beziehen sein, insofern dieselben eben auf der Grundlage des BG. weitere Bestimmung treffen. Bei älteren in Kraft gebliebenen Gesetzen kann freilich nicht ohne Weiteres angenommen werden, daß das, was dort der „Bergbehörde" überwiesen sein möchte, stets vor den Revierbeamten als erste Instanz gehöre. Vgl. n. 1009.

998. Die Ausnahmen von dem Grundsatze des Abs. 1 beruhen darauf, daß bei diesen die Bearbeitung durch das kollegialisch formirte und mit rechtskundigem Beistande versehene Oberbergamt der Wichtigkeit oder besonderen Beschaffenheit der Gegenstände entspricht: Mot. S. 104. Es dürfte bei denselben durchweg aber noch ein anderer, tieferer Grund vorwalten, welcher darin besteht, daß die Preußische Verwaltungsorganisation überhaupt auf dem Prinzipe der Provizialverwaltung beruht, und daß demgemäß die Ausübung der eigentlichen Hoheits- und Majestätsrechte im Sinne des ALR. und der VO. v. 26. Dez. 1808 (zu denen das Besteuerungs- und Expropriationsrecht, das Recht der Aufsicht über Korporationen, seit dem Erlasse des BG. auch das Recht der Bergeigenthumsverleihung, ferner das Recht zum Erlasse allgemeiner Polizeiverordnungen, nicht aber die Polizeigewalt im Uebrigen gehört, — vgl. Oppenhoff, Ress.-Ges. S. 36 n. 83. 84, — den Provinzialbehörden vorbehalten ist. — Dieses Verhältniß hat freilich die eigenthümliche Folge, daß da, wo die Revierbeamten die erste Instanz bilden, in der Regel drei, für die übrigen, durchweg wichtigeren Angelegenheiten dagegen nur zwei Verwaltungsinstanzen bestehen. Vgl. n. 1019.

999. Unbeschadet des § 189 Abs. 2, gehört der RB. nicht zu den Hülfsbeamten der gerichtlichen Polizei im Sinne der rheinischen StrPrO. (Art. 48ff.). — In dem Bezirke eines Privatregalbesitzers übt der RB. die Bergpolizei nur dann aus, wenn jener hierzu keinen qualifizirten Beamten bestellt hat.

Auch gehört zu ihrem Geschäftskreise die Wahrnehmung der Rechte des Staates hinsichtlich der Bergwerksabgaben.

[Br. (s. Bemerk. zu § 187 h. l.)

M. 144: „Das Bergamt bildet, soweit in dem gegenwärtigen Gesetz nichts anderes bestimmt ist, in den Angelegenheiten des Bergbaues die erste Verwaltungsinstanz, das Staatsministerium, Abtheilung des Innern, die Aufsichts- und Recursinstanz — Hinsichtlich der Berufung gegen Entscheidungen des Staatsministeriums, Abth. des Innern, kommen die allgemeinen Vorschriften zur Anwendung." — 146: „Zur Handhabung der Bergpolizei und zur Wahrnehmung der Rechte des Staates hinsichtlich der Bergwerksabgaben unter Aufsicht des Bergamts können Revierbeamte (Berggeschworene) angestellt, oder es können dazu für einzelne Bezirke oder Geschäfte Mitglieder des Bergamts abgeordnet werden. — Das Bergamt kann ihnen alle die Geschäfte übertragen, welche der Bergbehörde obliegen, und nicht ausdrücklich dem Bergamt zugewiesen sind. — Die vom Revierbeamten oder von einem abgeordneten Mitgliede des Bergamts getroffenen Anordnungen gelten als von dem Letzteren selbst getroffen." — 147: „Bei denjenigen Angelegenheiten, welche nach den Vorschriften der Gewerbegesetzgebung oder nach allgemeinen polizeilichen Vorschriften zu beurtheilen sind, kann die Mitwirkung der anderen Verwaltungsbehörden angeordnet, oder es können den Letzteren ausschliesslich diese Angelegenheiten überwiesen werden." — 148: „Die Finanz- und Verwaltungsbehörden haben den Requisitionen der Bergbehörden überall zu entsprechen." — 150: „Der polizeilichen Beaufsichtigung durch die Bergbehörde nach Massgabe des Art. 152 kann die Gewinnung auch anderer Mineralien, als die in Art. 1 genannten, unterstellt werden."

Art. 145 ist bereits zu § 192 h. l., Art. 149 zu § 190 h. l. mitgetheilt worden.

G. 133 gleichl., nur statt „OBA." „Bergämtern."

B. (vacat.)]

1000. Abs. 3 soll den Motiven S. 104 zufolge keine selbstständige Kompetenzvorschrift enthalten, sondern nur die Bestimmungen über das Bergabgabenwesen, insofern sie den Revierbeamten gewisse Funktionen übertragen, aufrecht erhalten. Er wiederholt daher lediglich den im § 245 allgemein ausgesprochenen Satz in speziellem Bezuge auf die Amtsobliegenheiten jener Beamten. Im Uebrigen vgl. die MInstr. 29. Jan. 1866, betr. die Veranlagung und Erhebung der Bw.'s-Abgaben in den rechtsrheinischen Landestheilen (M. Z. 14. S. 60), insbesondere die §§ 3. 7. 9. 14—17, und die für die linksrheinischen Landestheile ergangenen Instr. v. 23. Nov. 1864 (ib. 12. S. 203), §§ 1—20, ferner § 55 der Dortmunder Instr.

1001. Daß der Revierbeamte außer den ihm durch das Gesetz überwiesenen Geschäften auch diejenigen zu erledigen hat, welche ihm von dem Oberbergamte z. B. bei Instruktion der Muthungen, in Expropriations- oder in Knappschaftsangelegenheiten, kommissarisch übertragen werden, ist im BG. als selbstverständlich unerwähnt geblieben: Mot. v. 1862 S. 148.

1002. Im Uebrigen vgl., was den Wirkungskreis der Revierbeamten betrifft, die für dieselben ergangenen, oft bezogenen Dienstinstruktionen der Oberbergämter zu Bonn, Dortmund, Halle und Breslau v. 29. Sept. 1865, 1. März und 2. Sept. 1866, so wie v. 6. Jan. 1867, von denen die drei erstgenannten sich in der M. Z. 13. S. 250; 14. S. 69. 313 abgedruckt finden. — Die Bw.'s-Betreiber über etwaige Mängel ihres Betriebs und die Art der Verbesserung desselben aufzuklären (wie es Art. 48 des Ges. v. 21. April 1810 den Bw.'s-Ingenieuren zur Pflicht machte), liegt dem RB. nicht ob: Achenb. S. 311. Ja er ist nicht einmal gehalten, seinen Rath zu ertheilen, wenn er förmlich darum vom Bw.'s-Besitzer er-

§ 190. Die Oberbergämter bilden die Aufsichts- und Rekursinstanz für die Revierbeamten.

---

sucht wird. Ertheilt er denselben, so handelt er blos als Privater, und präjudizirt daher schon um deswillen nach keiner Seite den trotz der Befolgung des Raths etwa zu treffenden polizeilichen Maßregeln oder der civilrechtlichen Verantwortlichkeit der Werksbesitzer.

1003. Das Verfügungs-, resp. Entscheidungsrecht schließt nach den Grundsätzen der preußischen Gesetzgebung das Recht, die getroffenen Verfügungen oder Entscheidungen zu vollstrecken, stillschweigend in sich; s. Oppenhoff Ress.-Ges. S. 130 n 353. Dies gilt daher an und für sich auch bei den Revierbeamten. Dem entsprechend enthält § 202 h. l., in spezieller Beziehung auf bergpolizeiliche Verfügungen des RB., die dem § 48 Nr. 1 der VO. v. 26. Dez. 1808 und dem § 20 des Ges v 11. März 1850 conforme Bestimmung, daß die Ausführung im Falle der Säumigkeit des betreffenden Bw.'s-Besitzers auf dessen Kosten durch den RB. zu bewirken sei. Ebenso kann der letztere, um seinen Verfügungen Nachdruck zu verleihen, unter Umständen den Bw.'s-Betrieb einstellen. Vgl. §§ 70. 75. Was dagegen den Erlaß von Strafbefehlen im Sinne des § 48 Nr. 2 der cit. VO. v. 26. Dez. 1808 betrifft, so gestattet zwar die bei der Verwaltung herrschende Ansicht auch den Lokalbehörden die Handhabung jenes Exekutionsmittels und ist es eine bloße Konsequenz dieser Ansicht, wenn Klost. n. 423 ff. den RB. hierzu für gleichfalls befugt erachtet. Abgesehen jedoch davon, daß die erwähnte Ansicht überhaupt den ernstlichsten Bedenken unterliegt (vgl. Oppenhoff Ress.-Ges. S. 182), so hat die frühere Praxis jene Konsequenz gerade in Betreff der Revierbeamten nicht gezogen, sondern letzteren die Befugniß zum Erlasse solcher Strafbefehle geradezu abgesprochen; vgl. MR. 15. Jan. 1862 (Z. f. BR 3. S. 125); danach kann das Stillschweigen des BG und seiner Motive über diesen Punkt nur dahin gedeutet werden, daß jene Befugniß dem RB. auch gegenwärtig nicht zustehen solle. Der gleichen Auffassung huldigen Huyssen S. 108 und die Hall. Instr., insofern dort, § 50, der RB. angewiesen wird, exekutivische Zwangsmaßregeln bei dem OBA. zu beantragen, wenn der Repräsentant im Falle des § 122 Abs. 3 (Schlußsatz) die Mittheilung des Gewerkenverzeichnisses verweigere. Ebenso beruft die Instr. v. 29. Jan. 1866 (s. n. 1000, überall, wo von Strafbefehlen die Rede ist, stets nur das OBA. zum Erlasse derselben; s. insbesondere § 15 ib. — Ebensowenig kann die Vermittelung des OBA.'s bei der executio ad solvendum entbehrt werden. Dies folgt aus § 2 der Exek.-Ordnung von 1843, 1845, 1853 und 1858, da dem RB. keine bestimmten, zur Ausführung der Exekution dienenden Beamten zugeordnet sind Demgemäß verfügt z. B. § 48 der Bonner und Hall. Instr, daß die Einziehung der nach den §§ 127. 134. 226. 240 vom RB. festgesetzten Belohnung durch das OBA. veranlaßt, resp. bei diesem von dem RB. beantragt werden müsse.

1004. Gemäß § 1 der Dortm. und Hall. Instr. kann der RB. die ihm zur Beschäftigung, resp. Ausbildung zugetheilten Bergeleven und Bergreferendarien mit der selbstständigen Besorgung einzelner Dienstgeschäfte beauftragen. Dies dürfte jedoch in Betreff solcher Geschäfte nicht unbedingt gelten, welche dem RB. selbst als Kommissar des OBA's. übertragen sind, namentlich aber keine Anwendung finden auf die Annahme der Muthungen, wenn das OBA. von der Befugniß des § 12 Abs. 2 Gebrauch gemacht hat.

1005. Eine ACO. v. 18. Mai 1867, deren Inhalt durch die Amtsblätter verkündigt wurde, legt den RB. den Rang der 5. Klasse der Beamten bei, und gestattet ihnen, den mit dieser Rangklasse verbundenen Diätensatz von $2^1/_2$ Th. sowie die entsprechenden Reisekostensätze [vgl. ACO. v. 10. Juni 1848, GS S. 151] zu beziehen. — Ueber die empfehlenswerthe Einrichtung von Bw.'s-Repertorien in den Revieren s. Brass. (Z. f. BR. 9. S 428.).

Zu § 190.

1006. Außer den Revierbeamten sind auch die Verwaltungen der Staatswerke und die standesherrlichen Bergbehörden der Oberaufsicht der Obergbergämter untergeordnet. Was endlich die Berg-Hypothekenkommissionen

Unter ihrer Aufsicht stehen die Markscheider.

Durch sie erfolgt die Prüfung und Konzessionirung der letzteren, sowie die Wiederentziehung ertheilter Konzessionen.

Sie überwachen die Ausbildung derjenigen Personen, welche sich für den Staatsdienst im Bergfache vorbereiten.

Außerdem liegen den Oberbergämtern die denselben im gegenwärtigen Gesetze ausdrücklich übertragenen Geschäfte ob.

---

anlangt, so gebührt gemäß § 4 des Ges. v. 18. April 1855 (GS. S. 221) und § 2 des Ges. v. 10. Juni 1861, die Aufsicht und die Erledigung derjenigen Beschwerden, welche die Disciplin, den Geschäftsbetrieb oder Verzögerungen betreffen, zunächst dem Appellationsgerichte, in dessen Bezirke die Kommission ihren Sitz hat, und dem betreffenden OBA., schließlich aber dem Justiz- und Handelsminister, während für andere Beschwerden das genannte Appellationsgericht die alleinige Beschwerdeinstanz bildet; dieses Verhältniß besteht für die zur Zeit allein noch in Funktion befindliche Berghypothekenkommission zu Dortmund trotz der Aufhebung des Ges. v. 10. Juni 1861 (s. § 244 h. l.) selbst jetzt noch fort. Vgl. Instr. 19. Nov. 1866, § 1 (Z. f. BR. 7. S. 437).

1007. Die Gewerbe-Ordnung v. 17. Jan. 1845 zählte die Markscheider zu den Gewerbtreibenden, und zwar zu denjenigen, welche ihr Geschäft nur dann betreiben dürfen, wenn sie als solche von den kompetenten Behörden angestellt sind. Gleichwohl beruhte das Markscheidewesen nach wie vor ausschließlich in den Händen eigentlicher Staatsbeamten, bis auf Grund der §§ 53 und 93 der Gewerbe-Ordn. das allgemeine Markscheider-Reglement v. 25. Febr. 1856 (M. Z. 4. S. 27) erging, mit welchem das für die vormals Nassauischen und Großherzoglich Hessischen Lande am 8. April 1867 erlassene Reglement in allen wesentlichen Punkten übereinstimmt. Jenes Reglement regelt die Bestallung, die Verrichtungen, die Beaufsichtigung und Remuneration der Privat-Markscheider in der Weise, wie sie, der Hauptsache nach, zufolge § 190, noch gegenwärtig gilt. Zwar ist mittlerweile die Gewerbe-Ordnung v. 21. Juni 1869 ergangen. Inzwischen gestattet § 34 derselben, daß der Gewerbebetrieb der Markscheider durch die Landesgesetze von einer Prüfung und Konzession abhängig gemacht werde und es folgert die Min.-Instr. v. 4. Sept. 1869 sub Nr. 8 hieraus sowie aus § 190 h. l., daß es in Betreff der Voraussetzungen, unter welchen die Markscheider zugelassen werden, der Behörden, welche über ihre Zulassung entscheiden, und der Bedingungen, denen ihr Geschäftsbetrieb unterliegt, bei den bestehenden, gesetzlichen Vorschriften und den dazu erlassenen Ausführungsbestimmungen bis auf Weiteres bewende. Demgemäß nehmen die konzessionirten Markscheider auch jetzt noch eine Mittelstellung zwischen Gewerbtreibenden und Beamten ein. Sie werden geprüft, angestellt und beaufsichtigt durch das Oberbergamt, welches auch eine Instruktion für die vom königlichen Oberbergamts-Markscheider zu bewirkende Revision ihrer Arbeiten erlassen muß. In disziplinarischer Hinsicht unterscheidet das Reglement zwischen den Fällen, wo nur geringe Verstöße zu ahnden sind, und denen, wo es sich um den Verlust der Berechtigung zum Geschäftsbetriebe handelt. Bezüglich der ersteren werden die Privatmarkscheider den Beamten geradezu gleichgestellt, indem sie nach den §§ 19. 21 des Ges. v. 21. Juli 1852 (GS. S. 465) mit Ordnungsstrafen belegt werden sollen, während für die Zurücknahme der Bestallung die einschlägigen Vorschriften der Gewerbegesetzgebung aufrecht erhalten sind. Letztere waren früher in den §§ 71—74 der Gew.-Ordn. v. 1845, bezw. der Novelle v. 22. Juni 1861, und sind gegenwärtig im § 53 der BGew.-Ordn. v. 1869 und Nr. 60—65 der Min.-Instr. v. 4. Sept. 1869 enthalten. Wenngleich unter letzteren Vorschriften sich keine befindet, welche dem § 74 der Gew.-Ordn v. 1845 und dem § 73 Abs. 1 der Novelle entsprechend, die Behörde für befugt erklärte, die Ausübung des Gewerbes während des Laufs des administrativen Verfahrens zu suspendiren, so dürfte diese Befugniß dennoch, dem oben Gesagten gemäß, noch jetzt auf Grund jener älteren Bestimmungen anzuerkennen sein. Das Recht, die Ausübung des Gewerbes arg. § 50 des cit. Ges. v. 21. Juli 1852 auch aus Anlaß und für die

Innerhalb ihres Geschäftskreises haben die Oberbergämter die gesetzlichen Befugnisse und Verpflichtungen der Regierungen.

[Br. 192: „Innerhalb ihres Geschäftskreises hat die Bergbehörde die gesetzlichen Befugnisse und Verpflichtungen der Kreisdirectionen (§§ 17—19 des Ges. Nr. 26 v. 19. März 1850); die Zwangsmittel, durch welche sie ihren speciellen Anordnungen den erforderlichen Nachdruck zu ertheilen befugt ist, können indessen bis zur Androhung einer Geldstrafe von 50 Thalern oder von Gefängnissstrafe bis zu 14 Tagen steigen. — Die Vollstreckung solcher Zwangsmassregeln liegt auf Requisition der Herzogl. Cammer, Direction der Bergwerke, den Herzogl. Kreisdirectionen ob (§ 3 des Ges. Nr. 26 v. 19. März 1850)."

M. 149: „Die Prüfung, Concessionirung, Beaufsichtigung und Entlassung der Markscheider und die Aufsicht über die Ausbildung derer, welche sich für den Staatsdienst im Bergfache ausbilden wollen, steht dem Staatsministerium, Abtheilung des Innern, zu." Im Uebrigen s. Bemerk. zu § 189 h. l.

G. 134: „Die Bergämter bestehen: a. aus dem Oberbeamten des am Sitze des Bergamts befindlichen Justizamts, b. aus dem Bergmeister, und c. aus dem 2. Beamten des sub a bezeichneten Justizamts. — Die formelle Behandlung der dem Bergamte obliegenden Geschäfte wird auf dem Wege der Instruction festgesetzt. Dieselbe hat namentlich zu bestimmen, welche Geschäfte collegialisch und welche bureaumässig behandelt werden sollen. Es müssen jedoch der collegialischen Behandlung jedenfalls alle diejenigen Angelegenheiten zugewiesen werden, in welchen nach gegenwärtigem Gesetze ein Beschluss des Bergamts erforderlich ist. — Die Protocollführung, die Registratur-, Mundir- und Dienergeschäfte werden von dem entsprechenden Personale des oben sub a bezeichneten Justizamtes besorgt." — 135: „Die Bergämter haben innerhalb ihres geographischen Geschäftsbereiches: a. die ihnen in dem gegenwärtigen Gesetze übertragenen Geschäfte zu besorgen, b. die freiwillige Gerichtsbarkeit in Beziehung auf das Bergwerkseigenthum zu verwalten, sowie die Berg-, Grund- und Hypothekenbücher zu führen, c. die Untersuchung und Bestrafung von Bergpolizeivergehen, welche mit einer Geldstrafe bis zu 10 Thlr. oder Gefängnissstrafe bis zu 14 Tagen bedroht sind, wobei das Mandatsverfahren (Art. 346 ff. der StrPO.) zur Anwendung zu bringen ist, d. die Aufsicht über die Revierbeamten zu führen." — 136: „Die seither den Bergämtern als Berggerichtsbehörden zuständig gewesene Gerichtsbarkeit in strittigen Rechtssachen geht auf die ordentlichen Gerichte über."

B. (vacat; s. jedoch Bemerk. zu § 191 h. l.).]

Dauer eines gerichtlichen Strafverfahrens zu suspendiren, scheint in den höheren Verwaltungskreisen zwar als begründet angesehen zu werden, dasselbe unterliegt jedoch den ernstlichsten Bedenken. Keinesfalls führt die theilweise Gleichstellung der Privatmarkscheider mit Staatsdienern dahin, daß auf sie das Konfliktsgesetz v. 13. Febr. 1854 zur Anwendung gebracht werden könnte. — Die Arbeiten derselben unterliegen, den Vorschriften des obigen Reglements zufolge, der Aufsicht und Controle des hiermit ein für alle Mal beauftragten OBA.'s-Markscheiders, während die Festsetzung ihrer Liquidationen, beim Mangel einer Einigung der Interessenten, durch das OBA. erfolgt. Wenn jedoch § 1 Nr. 13 der Exek.-Ordn. v. 30. Juli 1853 die Markscheidergebühren zu denjenigen Forderungen zählt, welche durch administrative Exekution einzuziehen sind, so hat er wohl nur die zur Staatskasse fließenden, gesetzlichen Gebühren der (früheren) königlichen Markscheider im Auge, und schließt daher nicht aus, daß die Gebühren der Privatmarkscheider auf dem Rechtswege geltend gemacht werden müssen, obgleich ein MR. 3. Febr. 1864 der entgegengesetzten Ansicht huldigt. Das Nähere über die verschiedenen hier angeregten Punkte s. bei Oppenhoff Ress.-Ges. S. 169 n. 499; S. 454 n. 38; S. 458 n. 48; S. 535 n. 53ter; und Wachler (Z. f. BR. 5. S. 89).

1008. Zu Abs. 4 vgl. das Prüfungsreglement v 21. Dez 1863, den Nachtrag v. 11. Sept. 1867, und was Nassau sowie Hannover betrifft, die Min.-Erl. v. 25. März, resp. 14. Juni 1867 (M Z. 11. S. 297 ff; 15. S. 54. 14. 25)

1009. Wenngleich Abs. 5 nur von den im gegenwärtigen Gesetze ausdrücklich übertragenen Geschäften spricht, so gilt das dort Gesagte doch auch von solchen Geschäften, welche dem OBA. durch ältere, in Kraft gebliebene Gesetze übertragen wurden. Ja es liegen dem OBA selbst diejenigen Geschäfte ob, welche die ältere Gesetzgebung den Bergämtern zuwies, sofern diese Geschäfte zur Zeit überhaupt noch zum Wirkungskreise der Bergbehörden gehören und nicht etwa speziell den Revierbeamten oder Berg-Hypothekenkommissionen zugetheilt sind. Vgl. Ges. v. 10. Juni 1861 § 1.

1010. Obwohl den Oberbergämtern innerhalb ihres Geschäftskreises schon früher die gesetzlichen Befugnisse und Verpflichtungen der Regierungen beigelegt wurden, so beruhte diese Kompetenz doch im Wesentlichen nur auf einer analogen Anwendung der zunächst für die Regierung maßgebenden Vorschriften, namentlich der Geschäftsinstruktion v. 23. Okt. 1817 [resp. der als Anhang derselben publizirten §§ 34 ff. der VO. v. 26. Dez. 1808]; dies ist gegenwärtig durch § 190 Abs. 6 gesetzlich geregelt: Mot. S. 105.

1011. § 190 Abs. 6 bestätigt zunächst, daß die Oberbergämter den Fiskus in den Angelegenheiten ihres Geschäftsbereichs, nach Maßgabe der §§ 34 ff. der VO. v. 26. Dez. 1808, vertreten. Vgl. Huyssen S. 111 und für das Gebiet des rheinischen Rechts den StM. Beschl. v. 30. Nov. 1838 (Rh. S. 6. S. 667). In Betreff der prozeßualischen Anfechtbarkeit solcher Verfügungen, welche die Oberbergämter in Finanzangelegenheiten erlassen, s. § 41 jener VO., in Betreff der Konkurrenz der Bergbehörden bei den fiskalischen sowie den in den Bergbau einschlagenden Privat-Prozessen s. die §§ 43. 44 ib., Ed v. 21. Febr. 1816 § 10 (GS. S. 104), VO. v 2 Jan. 1849 § 13 und Ges. v. 26. April 1851 Art. IV.

1012. Für die von den Oberbergämtern in Ausübung der landesherrlichen Hoheitsrechte getroffenen Verfügungen und ihr Verhältniß zur gerichtlichen Kompetenz sind, vorbehaltlich der besonderen Vorschriften des BG. über das Verleihungsverfahren, die §§ 36. 37 der VO. v. 1808 maßgebend.

1013. Das an Stelle des §§ 38—40 der VO. v. 1808 getretene Gesetz vom 11. Mai 1842 hat durch das BG keine Modifikation erlitten und gilt daher für bergpolizeiliche ebensowohl wie für alle sonstigen Polizeiverfügungen. Das im § 45 der VO. v. 1808 wurzelnde Recht zum Erlasse von Polizei-Strafverordnungen steht den Oberbergämtern in den Angelegenheiten ihres Ressorts gleichfalls zu und ist durch das BG. selbst (§ 197) näher geregelt. Dagegen besitzen jene keine administrative Strafjurisdiktion, wie sie sich auf Grund desselben § 45 ausgebildet hat und zur Zeit wenigstens noch bei den mit bloßer Geldbuße bedrohten Zuwiderhandlungen gegen die Finanzgesetze den Regierungen und Provinzialsteuerbehörden zuständig ist, da die Gesetzgebung über das Bergabgabenwesen, von den Gesetzen über die Einführung einer Salzabgabe vom 9 Aug. resp. 12. Okt. 1867 abgesehen, keine solchen Strafbestimmungen enthält, die zur Verwaltung der Salzabgabe bestellte Prov.-Behörde aber nicht das OBA., sondern die Provinzial-Steuerbehörde ist. Eben um deswillen finden die Art. 138 ff. des Ges. v. 3. Mai 1852 auf die Oberbergämter keine Anwendung.

1014. Die Disziplinargewalt der Oberbergämter, — vgl. § 46 der VO. v. 1808, — ist, gleich derjenigen der Bezirksregierungen, durch die §§ 18—24 des gemäß VO. v. 23. Sept. 1867 (GS. S. 1613) auch in den neuerworbenen Landestheilen geltenden Gesetzes v. 21. Juli 1852 näher geregelt. Handelt es sich um ein förmliches, auf Entfernung aus dem Amte abzielendes Disziplinarverfahren, so bilden die Oberbergämter nach § 24 ib und dem StMBeschl. v. 23. Aug. 1853 (BMBl. S. 227) die in erster Instanz entscheidende Behörde nicht blos für die von ihnen selbst, sondern auch für die vom Handels-Minister angestellten Beamten, mit Ausnahme der Oberbauinspektoren, sowie der Betriebsdirigenten der Hüttenwerke und Salinen. Der cit. StMBschl. zählte zu den ausgenommenen Beamten auch die Direktoren und Mitglieder der Bergämter, sowie die OBA.'s-Hauptkassenrendanten.

Die desfallige Bestimmung erweist sich als noch wirksam hinsichtlich derjenigen Revierbeamten, welche Bergamtsmitglieder gewesen sind, dagegen ist dieselbe, nachdem die OBA.'s-Hauptkassen im Jahre 1862 aufgehoben und OBA.'s-Sekretaire mit der Rendantur bei den OBA.'s-Kassen betraut wurden, auf letztere nicht auszudehnen. Andererseits müssen den Betriebsdirigenten der Hüttenwerke und Salinen in der vorgedachten Beziehung die Dirigenten der bei Erlaß des StMBeschlusses noch nicht bestehenden Berginspektionen gleichgestellt werden. So: Huyssen S. 111.

1015. Inwiefern den Oberbergämtern von Einleitung gerichtlicher Prozeduren gegen die ihnen untergeordneten Beamten und von den ergangenen Erkenntnissen Mittheilung zu machen sei, beurtheilt sich nach § 47 der VO. von 1808 und den auf Grund desselben ergangenen Verfügungen, insbesondere der JMVerf. v. 29. Juni 1851 (JMBl. S. 230). Vgl. auch die MR. v. 12. Mai 1854 und 5. April 1855 (Rh. S. 11. S. 440ff.), F. C. Oppenhoff Strafverf. S. 11 n. 36 und des Verf Ress.-Ges. S. 173 n. 518ff. — Die Oberbergämter sind befugt, als vorgesetzte Provinzialbehörde in den gegen Bergbeamte aus Anlaß ihres Amtes eingeleiteten gerichtlichen Prozeduren einen Konflikt im Sinne des Ges. v. 13. Febr. 1854 zu erheben, wie sie in allen gerichtlichen Prozeduren nach Maßgabe des Ges. v. 8. April 1847 den Kompetenz-Konflikt erheben können. Vgl. Oppenhoff Ress.-Ges. S. 482 n. 74. Die beiden ebenerwähnten Gesetze gelten zufolge der VO. v. 16. Sept. 1867 (GS. S. 1515) auch in den neuerworbenen Landestheilen.

1016. Derselbe § 47 der VO. v. 1808 verpflichtet, in Verbindung mit § 190 h. l., die Justizbehörden, bei Versiegelungen des Vermögens oder Nachlasses von Beamten des oberbergamtlichen Ressorts das betreffende OBA. zu benachrichtigen, indem er gleichzeitig das letztere ermächtigt, an denjenigen Zimmern und Behältnissen, worin Amtsakten zu vermuthen sind, seine Siegel mitanlegen und sich jene Akten bei der Entsiegelung zu Händen eines Abgeordneten ausantworten zu lassen. Vgl. auch, was das Gebiet des rheinischen Rechts betrifft, die ACO. vom 14. Juli 1843 (GS. S. 321), den StMBschl. v. 20. Mai 1845, die MR. 2. resp. 22. Aug. 1845 (Rh. S. 9. S. 50) und Oppenhoff Ress.-Ges. S. 300 n. 321.

1017. Die Exekutivgewalt des OBA.'s und die Mittel, welche demselben behufs Vollziehung seiner in Hoheits-, Polizei- und Finanz-Angelegenheiten getroffenen Verfügungen oder Entscheidungen zu Gebote stehen, bemessen sich, dem § 190 zufolge nach den §§ 42 und 48 der VO. v. 1808, den zusätzlichen Bestimmungen der AKO. v. 31. Dez. 1825, und den Exek.-Ordn. vom 24. Nov. 1843, 30. Juni 1845, 30. Juli 1853, 1. Febr. 1858 u. 22. Sept. 1867. Während der cit. § 42, ein Theil der Bestimmungen der ACO. v. 31. Dez. 1825 und die bezogenen Exekut.-Ordnungen von der executio ad solvendum handeln, ist für die executio ad faciendum aut omittendum vorzugsweise der cit. § 48 (Nr. 1 und 2) maßgebend, welchem der § 2 der cit. für die neuerworbenen Landestheile ergangenen VO. v. 22. Sept. 1867 entspricht. Er führt als Mittel dieser Arten der Exekution unter Nr. 1 die Ausführung auf Kosten des säumigen Verpflichteten, und unter Nr. 2 den Erlaß sowie die Vollstreckung von Strafbefehlen bis zur Summe von 100 Thlrn oder vierwöchentlichem Gefängniß auf. Inwiefern die bezogenen Vorschriften dieses § durch die spätere preußische Gesetzgebung, insbesondere die VO. v. 4. März 1834 (GS. S. 31) modifizirt wurden, darüber vgl. Oppenhoff Ress.-Ges. S. 179ff. Durch das Gesetz, betr. die Aufhebung der Schuldhaft, v. 29. Mai 1868 (BGBl. S. 237) sind dieselben nicht berührt worden. — Jene Strafbefehle sind bei Gewerkschaften direkt wider den Repräsentanten oder die Mitglieder des Grubenvorstandes, bei Knappschaftsvereinen wider die Mitglieder des Vorstands zu richten, und daher, wenn sie eine Geldbuße betreffen, nicht etwa gegen das Vermögen der Gewerkschaft, resp. des Knappschaftsvereins zu vollstrecken; s. HMR. 6. Okt. 1853 (BMBl. S. 247). Hinsichtlich der Frage, ob Strafbefehle auch zur Vollziehung bergpolizeilicher Verfügungen erlassen werden können, wird auf n. 1097 verwiesen. — Die Kommissare des OBA.'s sind unter Umständen gleichfalls befugt, exekutivische Maßregeln anzuordnen; vgl. MR. 21. Jan. 1843 (BMBl. S. 23).

§ 191. Gegen Verfügungen und Beschlüsse des Revierbeamten ist der Rekurs an das Oberbergamt, gegen Verfügungen und Beschlüsse des letzteren der Rekurs an den Handelsminister zulässig, insofern das Gesetz denselben nicht ausdrücklich ausschließt.

[Br. 193 gleichl., doch ist statt „OBA.": „Bergbehörde," statt „Handelsminister": „Staatsministerium" gesagt.

M. (s. Bemerk. zu § 189 h. l.)

G. 137 gleichl., doch ist statt „OBA." und „Handelsminister": „Bergamt" und „Staatsministerium" gesagt.

B. 192: „In allen nach diesem Gesetze zur Zuständigkeit der Bergbehörden gehörigen Sachen bildet die Oberbergbehörde die zweite und letzte Instanz, vorbehaltlich dessen, was das Gesetz über den Verwaltungsgerichtshof bestimmt." — 193: Alle Beschlüsse und diejenigen Verfügungen der Bergbehörden erster Instanz, welche den Bergwerksbesitzern ein Handeln oder Unterlassen in Bezug auf das Bergwerk auferlegen, können durch Berufung an die Oberbergbehörde angefochten werden."]

Zu § 191.

1018. Das Recht der Beschwerde über Behörden und Beamte in Bezug auf die Geschäfts- und Dienstführung im Allgemeinen ist an keine Fristen und Formen gebunden. Während es zu besonderen Vorschriften über diesen Gegenstand an einem Anlasse fehlte, führen die §§ 191—193 für diejenigen Fälle, in denen nach dem BG. durch Verfügungen und Beschlüsse der Bergbehörden Rechtsverhältnisse festgestellt und Privatrechte betroffen werden, im Anschlusse an die einschlägigen, jedoch blos für Muthungs- und Konzessionssachen ergangenen Vorschriften im § 4 des Ges. v. 10. Juni 1861, ein geregeltes Rekursverfahren ein; § 191 insbesondere spricht die allgemeine Zulässigkeit des Rekurses unter Vorbehalt ausdrücklicher Ausnahmen (vgl. § 145) aus und ordnet den Instanzenzug: Mot. S. 105.

1019. Der Rekurs an den Handelsminister findet selbst gegen solche Verfügungen und Beschlüsse statt, welche das OBA. als Rekursinstanz erlassen hat.

1020. Der Rekurs stellt den angefochtenen Beschluß nur zu Gunsten des Rekurrenten in Frage. Eine Abänderung jenes Beschlusses zu Gunsten des nicht rekurrirenden Gegners ist unstatthaft.

1021. Ist außer dem Rekurse auch die Beschreitung des Rechtswegs zugelassen, so kann der letztere Weg auch dann noch eingeschlagen werden, wenn der Rekurs verworfen oder zurückgenommen worden ist. Wer jedoch zur gerichtlichen Klage schreitet, ohne von dem Rechtsmittel des Rekurses Gebrauch gemacht zu haben, und demnächst seine Klage zurücknimmt, kann zu jenem Rechtsmittel seine Zuflucht nicht mehr nehmen. Wenn keine der Parteien sich bei der in erster Instanz ergangenen administrativen Entscheidung beruhigt, und die eine den Weg Rechtens, die andere den des Rekurses einschlägt, so wird letztere gleichfalls auf den Rechtsweg zu verweisen sein, das Rekursverfahren also ganz wegfallen. Vgl. Oppenhoff, Ress.-Ges. S. 81 n. 241, Wachler (Z. f. BR. 10. S. 38).

1022. Selbst da, wo der Rekurs gesetzlich ausgeschlossen ist, muß seine Zurückweisung durch diejenige Behörde erfolgen, an welche rekurrirt wird. Ein Gleiches gilt von einem zwar an sich statthaften, aber verspäteten Rekurse. Vgl. n. 822.

1023. Die Stempelpflichtigkeit der Beschlußausfertigungen und Rekursschriften ist nach den Tarifpositionen „Ausfertigungen" und „Gesuche" zu beurtheilen: MR. 30. Juni 1862 (Z. f. BR. 3. S. 397).

§ 192. **Der Rekurs muß binnen vier Wochen vom Ablaufe des Tages, an welchem die Verfügung oder der Beschluß zugestellt oder sonst bekannt gemacht worden ist, eingelegt werden, widrigenfalls das Rekursrecht erlischt.**

[Br. 194 gleichl.

M. 145: „In allen Fällen muss der Recurs bei Verlust desselben binnen 10 Tagen von Ablauf des Tages ab, an welchem die Verfügung bekannt gemacht wurde, und zwar stets beim Bergamt eingelegt werden. — Binnen 3 Wochen von Ablauf der Einwendungsfrist an kann eine Ausführung des Recurses beim Bergamt übergeben werden. — In den Fällen, wo eine Gegenpartei vorhanden ist, wird dieser Recurs nebst dessen Ausführung zur Beantwortung binnen 3 Wochen vom Bergamte mitgetheilt. — Aus triftigen Gründen kann das Bergamt die Ausführungs- und Beantwortungsfrist einmal um 3 Wochen verlängern. Nach Ablauf der zur Ausführung des Recurses oder zur Beantwortung ertheilten Frist sendet das Bergamt die Acten ein."

G. 138 gleichl., nur statt „4 Wochen": „10 Tagen."

B. 194: „Für die Berufungen gegen die Beschlüsse und Verfügungen der Bergbehörden erster Instanz ist, sofern nicht das Gesetz für besondere Fälle eine andere Frist bestimmt, eine Nothfrist von 15 Tagen festgesetzt."]

Zu § 192.

1024. § 192 setzt allgemein eine vierwöchentliche Präklusivfrist fest und sieht von der besonderen zehntägigen Anmeldefrist des § 4 des Ges. v. 10. Juni 1861 ab, weil hierdurch die Formalitäten ohne Noth vermehrt wurden: Mot. S. 105.

1025. Während es im BG. an formellen Vorschriften über die Zustellung, resp. Bekanntmachung von Verfügungen und Beschlüssen der Bergbehörden fehlt, treffen die Einführungs-Verordnungen v. 22. Febr. und 1. Juni 1867 solche Bestimmungen, und zwar, wie es in den Mot. (Z. f. BR. 8. S. 24) heißt, um eine Lücke in der bisherigen Gesetzgebung der bezüglichen neuen Landestheile auszufüllen. Der Gesetzgeber hat daher das Bestehen einer Lücke in der Gesetzgebung des ursprünglichen Geltungsbereichs des BG. nicht angenommen, und zwar augenscheinlich um deswillen, weil er es als selbstverständlich betrachtete, daß dort die gesetzlichen Vorschriften über die Zustellung gerichtlicher Verfügungen und Erkenntnisse — vgl. VO. v. 5. Mai 1838 (GS. S. 273) — analoger Weise zur Anwendung zu bringen seien. Dies wird dadurch bestätigt, daß nicht allein obige Einführungs-Verordnungen sich an die ebenerwähnte VO. v. 1838 eng anschließen, sondern daß letztere auch schon im § 112 h. l. zur Geltung gelangt ist. — Einer Belehrung der Interessenten über die Zulässigkeit und Frist des Rekurses bedarf es daher bei der Bekanntmachung nicht; vgl. § 2 der cit. VO. v. 1838 und Lindig (Z. f. BR. 6. S. 609).

1026. Bei Bemessung der Frist des § 192 kommt es auf den Tag der Ausgabe der Rekursschrift an die Behörde, nicht auf den Tag der Ankunft des Briefes bei dem betreffenden Postamte an. Selbst die vor Schluß der Dienststunden stattfindende Unterzeichnung des Empfangsscheins über den Brief würde jene Frist nicht wahren. Auch findet keine Restitution wider den Ablauf der Frist statt, z. B. wegen eines Versehens der Postbehörde; letzteres könnte höchstens eine Entschädigung gegen die Postverwaltung, resp. gegen den betreffenden Postbeamten begründen. Vgl. ME. 26. März 1862, 12. April 1866 (Z. f. BR. 3. S. 385; 7. S. 266).

1027. Die Frage, ob der Lauf der Rekursfrist, resp. die rechtzeitige Ergreifung des Rekurses die Vollstreckung des Beschlusses erster Instanz suspendiren, ist im BG. nur für gewisse Fälle gelöst; vgl. § 201 Abs. 2. Inzwischen darf aus letzterer Vorschrift (arg. e contrario) wie aus § 5 des Ges. v. 10. Juni 1861, in Verbindung mit der Tendenz des BG., die bezüglichen Vorschriften des eben erwähnten Gesetzes zu generalisiren (s. n. 1018), die allgemeine Regel abgeleitet wer-

§ 193. In den Fällen, wo nach dem gegenwärtigen Gesetze ein Beschluß des Oberbergamts erforderlich ist, desgleichen gegen Verfügungen, welche eine Entscheidung zwischen streitenden Parteien enthalten, muß der Rekurs innerhalb der im § 192 bestimmten Frist bei derjenigen Behörde eingelegt werden, von welcher die beschwerende Entscheidung getroffen worden ist. Durch Einlegung bei einer anderen Behörde wird das Rekursrecht nicht gewahrt.

In den Fällen, wo eine Gegenpartei vorhanden ist, wird derselben die Rekursschrift zur Beantwortung binnen einer vierwöchentlichen, vom Ablaufe des Tages der Behändigung beginnenden Frist mitgetheilt. Geht innerhalb dieser Frist die Beantwortung nicht ein, so werden die Verhandlungen ohne Weiteres zur Rekursentscheidung eingesendet.

[Br. 195 gleichl., nur statt „des OBA.'s": „der Bergbehörde."
M. 145 (mitgetheilt zu § 192 h. l.)
G. 139 gleichl., statt „OBA.'s": „Bergamts."
B. 195: „Die Berufung ist bei der Bergbehörde erster Instanz schriftlich oder zu Protokoll anzumelden und binnen weiterer 30 Tage auszuführen. — Handelt es sich um die Streitsache zweier oder mehrerer Parteien, so muss die Berufung den betheiligten Parteien mitgetheilt und ihnen zur Beantwortung eine fünfzehntägige Frist freigelassen werden."]

---

den, daß jene Frage in Betreff der Ergreifung des Rekurses, zumal für die Fälle des § 193 Abs. 1, durchweg zu bejahen sei, während dieselbe, insoweit sie sich auf den Lauf der Rekursfrist bezieht, eine so prinzipielle Beantwortung schwerlich zuläßt. Vgl. n. 121. 465.

1027 bis. Nach OT. 4. Juni 1869 (Z. f. BR. 10. S. 436) wohnt der Entscheidung, durch welche ein Rekurs verworfen wird, insofern rückwirkende Kraft bei, als die Perfektion des durch den Beschluß erster Instanz begründeten Rechtsverhältnisses in diesem Falle dennoch vom Tage jenes Beschlusses und nicht erst vom Tage der Rekursentscheidung datire; ob zur Rechtfertigung des Rekurses neue Thatsachen hätten vorgebracht werden können, sei in dieser Hinsicht gleichgültig.

Zu § 193.

1028. Von der Regel, daß es dem Rekurrenten überlassen ist, bei welcher Instanz er den Rekurs anmelden will, macht § 193 zur Beschleunigung und Vereinfachung des Verfahrens für solche Fälle eine Ausnahme, bei welchen es sich regelmäßig um privatrechtliche Verhältnisse und eine Entscheidung zwischen streitenden Parteien handelt, indem hier die Rekursinstanz sonst genöthigt sein würde, zunächst die Vorverhandlungen und nach Umständen auch den Bericht der unteren Instanz einzufordern, außerdem aber auch die vorgängige Mittheilung der Rekursschrift an den Gegner in kontentiösen Sachen als nöthig erscheint. — Abs. 2 und 3 stimmen mit den bezüglichen Vorschriften im § 4 des Ges. v. 10. Juni 1861 überein. Vgl. Mot. S. 105.

1029. Der Verlust des Rekursrechts tritt nicht ein, wenn die Behörde, bei welcher der Rekurs irrthümlich eingelegt wurde, die Rekursschrift der betreffenden Behörde so zeitig übersendet, daß diese schon vor Ablauf der Frist des § 192 im Besitze derselben ist: Klost. n. 404. Doch hat jene erstere Behörde die Wahl, ob sie die Schrift zurückgeben oder weiter befördern will; das Gegentheil ist nicht etwa ex analogia des Ges. v. 18. Juni 1840 § 3 zu folgern.

§ 194. Die bei den Bergbehörden in Bergbauangelegenheiten erwachsenden Kosten können von denjenigen Personen, welchen dieselben nach dem gegenwärtigen Gesetze zur Last fallen, im Wege der Verwaltungsexekution eingezogen werden.

[Br. 196 gleichl., nur statt „den Bergbehörden": „der Bergbehörde."
M. (vacat.)
G. (vacat.) Doch bestimmt § 141: „Für die bei den Bergbehörden anzusetzenden Sporteln sind die für die Justizbehörden bestehenden gesetzlichen Bestimmungen und die im Verordnungswege festzusetzenden Kostenbeträge massgebend." § 140 wird zu § 195 h. l. mitgetheilt.
B. (vacat.)]

§ 195. Die Bergbeamten des Staates, deren Frauen und unter väterlicher Gewalt stehenden Kinder können im Verwaltungsbezirke der ersteren durch Muthung keine Bergwerke oder Kuxe erwerben.

1030. Obschon § 193 Abs. 2 die Frist zur Beantwortung der Rekursschrift nicht, wie § 4 des Gesetzes v. 10. Juni 1861, ausdrücklich als eine präklusivische bezeichnet, so geht dennoch aus n. 1028 i. f. hervor, daß sie eine solche sein soll, daß daher die erst später eingehende Beantwortung unberücksichtigt bleiben muß.

1031. Einer materiellen Berichterstattung über die faktische und rechtliche Begründung des Rekurses bedarf es nicht, es sei denn, daß die betreffende Behörde nach Lage des einzelnen Falles besonderen Anlaß hat, auf den Inhalt der Rekursschrift einzugehen; vgl. MR. v. 8. Jan. 1862 (Z. f. BR. 3. S. 125) und n. 1028.

Zu § 194.

1032. Die Mot. S. 106 bemerken, daß, wenngleich die im § 194 erwähnte Befugniß schon früher unbestritten gewesen sei, sie doch nicht überall auf so unzweideutigen Vorschriften beruht habe, wie im Falle des § 1 Nr. 5 der Exekutions-Ordn. v. 30. Juli 1853. Inzwischen findet sich letztere Vorschrift bereits in der rhein. Exek.-Ordn. v. 24. Nov. 1843, und ist aus dieser ebensowohl in die Exek.-Ordn. v. 1845 und 1858 als in jene v. 1853 herübergenommen worden. Hinsichtlich der Zulässigkeit des Rechtsweges wider dergleichen Exekutionen vgl. § 3 der citt. Exekutions-Ordnungen und Oppenhoff Ress.-Ges. S. 132 n. 355 ff.

1033. Da § 194 unter den „Bergbehörden" die Berghypothekenkommissionen mit begreift, so findet er auch auf die durch Ausfertigung der Kuxscheine ꝛc. nach § 239 erwachsenden Kosten und Auslagen Anwendung: MInstr. v. 19. Nov. 1866 § 8 (Z. f. BR. 7. S. 441). Im Uebrigen vgl. n. 1003.

Zu § 195.

1034. Durch die AKO. v. 20. Jan. 1806 und 2. Nov. 1808 wurde den Bergbeamten, ihren Frauen und unter väterlicher Gewalt stehenden Kindern der Besitz von Bw.'s-Vermögen unbedingt untersagt, und dieses Verbot später sogar auf die Betheiligung an Bw.'s-Aktien ausgedehnt. Seitdem die Behörde auf die staatliche Oberaufsicht über den Privatbergbau beschränkt ist, lag zur Aufrechterhaltung des Verbots in solchem Umfange kein Grund mehr vor; da vielmehr Kollisionen zwischen den Amtspflichten und Privatinteressen der Bergbeamten hauptsächlich nur noch bei dem unmittelbaren Erwerbe des Bergeigenthums durch Muthungen zu befürchten sind, so hat das BG. jenes unbedingte Verbot nur für diesen Fall beibehalten, andererseits aber, im Anschlusse an § 138. II, 16 ALR., den Erwerb von Bergwerken und Bw.'s-Antheilen durch Rechtsgeschäfte unter Lebenden von ministerieller Genehmigung abhängig gemacht. Erwerbungen von Todeswegen unterliegen keiner solchen Beschränkung. Vgl. Motive S. 106. In Betreff des Schürfens s. n. 35.

Zu solchen Erwerbungen durch andere Rechtsgeschäfte unter Lebenden ist die Genehmigung des Handelsministers erforderlich.

[Br. 197 gleichl., nur ist statt „Kuxe": „Antheile daran," statt „Handelsministers": „Herzogl. Staatsministeriums" gesagt.

M. 151 gleichl., nur ist statt „Handelsministers" gesagt: „Staatsministeriums, Abtheilung des Innern."

G. 140 gleichl., nur statt „Kuxe": „Antheile an solchen," und statt „Handelsministers": „Staatsministeriums."

B. 196 gleichl., nur heißt es statt „Die Bergbeamten des Staats": „Die Beamten der Bergbehörden erster Instanz," statt „Handelsministers": „zuständigen Königl. Staatsministeriums."]

1035. Zu den „Bergbeamten des Staats" sind mit Rücksicht darauf, daß § 195 als Ausnahmegesetz limitativ interpretirt werden muß, die Markscheider nicht zu zählen. Dasselbe gilt ex ratione legis und mit Rücksicht auf den Sinn, welcher den Worten „ihres Verwaltungsbezirks" an dieser Stelle beizulegen ist, von den Beamten der Staatswerke, insofern ihre Thätigkeit lediglich die Ausbeutung des staatlichen Bergeigenthums, nicht aber die Handhabung eigentlicher Hoheitsrechte zum Gegenstande hat. Ebensowenig passen die Worte „ihres Verwaltungsbezirks" auf solche Beamten, welche einstweilen mit Wartegeld entlassen sind. Vgl. jedoch MR. v. 30. Sept. 1822 (Gräff Anh. S. 46).

1036. Obwohl der Umfang des Verbots, nach der Idee des Gesetzes, für sämmtliche Theile des Staatsgebiets ein gleicher sein sollte, so trifft dies dennoch bei den Kindern der Bergbeamten nicht zu, indem hinsichtlich der Dauer der väterlichen Gewalt auf die Vorschriften der verschiedenen Civilgesetzgebungen zurückgegangen werden muß, diese aber in dieser Materie wesentlich von einander abweichen. Die im konkreten Falle maßgebende Gesetzgebung ist diejenige des Wohnorts, so daß z. B. die großjährigen und um deswillen nach rheinischem Rechte nicht mehr unter väterlicher Gewalt stehenden Söhne der Mitglieder des OBA.'s zu Bonn in den gemeinrechtlichen Theilen des Bezirks Bergeigenthum erwerben können, ungeachtet sie, nach den Grundsätzen des gemeinen Rechts beurtheilt, noch unter jener Gewalt stehen würden.

1037. Die Salinen sind, insofern sie überhaupt dem BG. unterliegen (s. n. 24), unter den „Bergwerken" mitverstanden.

1038. § 195 begreift unter dem Ausdrucke „Kux" auch solche Antheile, welche kein gewerkschaftliches Verhältniß im Sinne der §§ 94 ff., 226 ff. voraussetzen (s. § 133). Ja es scheint, daß jener Ausdruck nach der Absicht des Gesetzes (s. n. 1034) sogar die Aktien einer zum Bergbaubetriebe gegründeten Aktiengesellschaft einschließen solle.

1039. Bei Konsolidationen und dem Austausche von Feldestheilen kommt zwar nicht § 195 Abs. 1, wohl aber § 195 Abs. 2 zur Anwendung. Ebenso bedarf der einem Bergbeamten bei einem Zwangsverkaufe ertheilte Zuschlag der ministeriellen Bestätigung. Das Gegentheil gilt von Erbtheilungen, zumal nach rheinischem Rechte (Art. 883 des BGB.), von donationes mortis causa, und den in Eheverträgen zu Gunsten des Letztlebenden getroffenen Verfügungen; vgl. n. 1034

1040. Das unter Nichtachtung des § 195 verliehene Bergeigenthum besteht rechtlich nicht, und es kann dies von Jedem, welcher dabei interessirt ist, vor Gericht geltend gemacht werden. Bei Rechtsgeschäften unter Lebenden werden im Falle der späteren Versagung der Genehmigung beide Kontrahenten von ihren gegenseitigen Verbindlichkeiten frei, vorbehaltlich der etwaigen Entschädigungspflicht des Bergbeamten, falls dieser seine Beamtenqualität doloser Weise verschwiegen haben sollte.

Neunter Titel.

Von der Bergpolizei.

Erster Abschnitt.

Von dem Erlasse bergpolizeilicher Vorschriften.

Zum neunten Titel.

1041. Es liegt, wie die Mot. S. 106 hervorheben, in den natürlichen Verhältnissen des Bergbaus, daß derselbe mehr als andere Industriezweige der polizeilichen Beaufsichtigung bedarf. Diesem Bedürfnisse war für die linksrheinischen Landestheile durch die frühere Gesetzgebung, insbesondere das Decret vom 3. Januar 1813, ausreichende Rechnung getragen. In den älteren, rechtsrheinischen Landestheilen fehlte dagegen die praktische Veranlassung zu einem eigentlichen Bergpolizeirechte, da die Behörde durchweg den Betrieb der Bergwerke unmittelbar selbst leitete, die Funktionen der Bergpolizei daher mit dieser Betriebsleitung in Einer Hand vereinigt waren. Dies erklärt es denn auch, wenn das ALR. (§ 82 II, 16), ohne zwischen den bergpolizeilichen und jenen in dem regalen Verwaltungsrechte beruhenden Befugnissen scharf zu unterscheiden, sich auf die allgemeine Bestimmung beschränkte, daß jeder Beliehene sein Bw.'s-Eigenthum den Grundsätzen der Bergpolizei gemäß benutzen müsse und sich dabei der Aufsicht sowie Direktion des Bergamts nicht entziehen dürfe. Erst, als das Direktionsprinzip dem Inspektionsprinzipe weichen mußte, und dem Bw.'s-Besitzer theils in Folge des Ges. v. 12. Mai 1851, theils in Folge der MInstr. v. 6. März 1852 die Verwaltung seines Eigenthums überlassen wurde, konnte sich ein eigentliches Bergpolizeirecht bilden. Aber auch selbst jetzt noch verhielt sich die Gesetzgebung in dieser Hinsicht vorwiegend passiv. Sogar der Entwurf zu dem Ges. v. 21. Mai 1860, welches die Bestimmung hatte, den letzten Rest des Direktionsrechts, d. h. die Mitwirkung der Behörde bei Anlegung und Ablegung der Bergleute zu beseitigen, enthielt hierüber keine Bestimmung, vielmehr wurde eine solche dem Gesetze erst auf den Vorschlag des H. d. A. einverleibt, und zwar lediglich, um dem bereits zur Thatsache gewordenen Prinzipe der Selbstverwaltung einen allgemein gesetzlichen Ausdruck zu verleihen. Nur im Gegensatze zu diesem Prinzipe und zur besseren Begrenzung desselben wurde nemlich der bestehen bleibenden Befugnisse der Bergpolizei gedacht und deren Gegenstand näher charakterisirt. Die Bergpolizeigewalt des Staats sollte daher nicht etwa neu geregelt oder gar erweitert, sondern im Gegentheil nur besser begrenzt und auf ihr naturgemäßes Gebiet eingeschränkt werden. Gleichwohl bildete jenes Gesetz den Ausgangspunkt für die Normirung der Befugniß der Oberbergämter, allgemeine Bergpolizeivorschriften zu erlassen. Diese Normirung fand durch das Ges. v. 10. Juni 1861 statt, und hatte den Erlaß zahlreicher Verordnungen dieser Art zur Folge, während das Recht der Revierbeamten zur vorläufigen Straffestsetzung wegen bergpolizeilicher Uebertretungen auf der Grundlage des allgemeinen Ges. v. 14 Mai 1852 bereits durch die MVerf. v. 8. Aug. 1857 (BMBl. S. 148) anerkannt nnd geordnet war. Immerhin fehlte es aber noch an einer auch nur annäherungsweise erschöpfenden Behandlung der Materie. Sie blieb dem BG. vorbehalten, welches hierbei außer jenen Gess. von 1860 und 1861 die umfassenden Vorschriften des franz. Dekrets v. 3. Jan. 1813 als Quelle benutzt hat.

1042. Ueber das Verhältniß der Bergpolizei zur Orts- und Landespolizei enthält das BG. keine allgemeinen Vorschriften. Als Regel kann in diesem Betrachte aufgestellt werden, daß nicht Alles, was mit Rücksicht auf den Bergbau polizeilich anzuordnen ist, sondern nur die den Bw.'s-Betreibern selbst, ihren Angestellten und den Bergleuten zu machenden Auflagen zur Kompetenz der bergpolizeilichen Behörden gehören, resp. daß mindestens diejenigen Verfügungen, welche sich lediglich an die Grundbesitzer ꝛc. richten, in den Wirkungskreis der sonstigen Polizeibehörden fallen; vgl. n. 1044. 1047. 1049. 1083.

1042 bis. In Betreff des Bereichs des 9. Titels vgl. im Uebrigen n. 991.

§ 196. Der Bergbau steht unter der polizeilichen Aufsicht der Bergbehörden.

Dieselbe erstreckt sich auf

die Sicherheit der Baue,

die Sicherheit des Lebens und der Gesundheit der Arbeiter,

den Schutz der Oberfläche im Interesse der persönlichen Sicherheit und des öffentlichen Verkehrs,

den Schutz gegen gemeinschädliche Einwirkungen des Bergbaues.

Zu § 196.

1043. Quelle dieses § sind die Gesetze v. 21. Mai 1860 (§ 1) und v. 10. Juni 1861 (§ 9). Hieraus ergiebt sich bereits, daß derselbe nicht das ganze Gebüet der Bergpolizei umfaßt, sondern sich nur auf den eigentlichen Betrieb der bestehenden Werke, einschließlich des Betriebs der Erbstollen und der Herstellung von Hülfsbauen, bezieht. Vgl. n. 1041. Was im Uebrigen zu den Gegenständen der Bergpolizei gehört, beurtheilt sich theils aus anderen Stellen des BG. (vgl. §§ 4. 10. 49. 51. 55. 59. 65. 163 rc.), theils aus sonstigen Gesetzen. Namentlich ist hierhin die Arbeiterpolizei zu zählen. Abgesehen von den §§ 80ff. h. l. kommen in letzterer Hinsicht die Vorschriften über die Beschäftigung jugendlicher Arbeiter (s. oben n. 484) in Betracht, deren Beachtung die Revierbeamten zu kontroliren haben, ohne daß darum jedoch die Wirksamkeit der Fabrikinspektoren nach dieser Richtung hin ganz ausgeschlossen wäre. Vgl. Bonner Instr. § 41, Achenb. Bergpol.-Vorschr. S. 170. Die Entscheidung der Frage, welche Arbeiten als Notharbeiten am Sonntage zu gestatten seien, steht gleichfalls den Bergpolizeibehörden zu. In anderen Angelegenheiten der Arbeiterpolizei konkurrirt die Zuständigkeit der Ortspolizeibehörden. Das Nähere über diese Materie s. bei Klost. n. 410.

1044. Hinsichtlich der polizeilichen Wirksamkeit der Bergbehörden in Bezug auf das Schürfen vgl. § 4 Abs. 2 und § 10 Abs. 2. Im Uebrigen tritt die Handhabung der Bergpolizei bei bloßen Schürfarbeiten nicht ein, die Ueberwachung solcher Arbeiten im unverliehenen Felde ist vielmehr Sache der gewöhnlichen Polizeibehörden; s. Brass. (Z. f. BR. 1. S. 441), Achenb. Bergpol.-Vorschr. S. 28 und Mot. v. 1862 S. 32. (Die letzteren rechtfertigen dies damit, daß § 345 Nr. 9 des StrGB.'s ausreiche, um die Sicherstellung von Schürfarbeiten zu erzwingen, daß außerdem aber auch jede Einwirkung der Bergbehörde dadurch ausgeschlossen werden könne, daß sehr häufig keine äußerlich erkennbaren Unterschiede zwischen Schürf- und ähnlichen Arbeiten beständen.)

1045. § 196 stellt zwar den Bergbau unter die Aufsicht der Bergbehörden und bestimmt gleichzeitig die Gegenstände, auf welche sich diese Aufsicht zu erstrecken habe. Dagegen schweigt er in Betreff der Art und Weise, wie letztere zu handhaben sei. Auch die folgenden §§ geben keinen erschöpfenden Aufschluß, sondern betreffen nur einzelne Materien und speziell vorgesehene Fälle. Die Antwort auf jene Frage ist vielmehr vorzugsweise in den §§ 65ff. enthalten, indem die ständige Beaufsichtigung des Bergbaus, der Hauptsache nach, eben darauf gerichtet werden muß, daß kein Betrieb ohne einen Betriebsplan stattfinde, daß der eingereichte Plan den Anforderungen des § 196 und der Betrieb wiederum dem Plane entspreche, endlich daß ersterer von qualifizirten Personen geleitet werde. Demgemäß erläutern die §§ 65ff. und § 196 sich gegenseitig; die ersteren bilden gewissermaßen ein Supplement des letzteren.

1046. Bei Aufzählung der Gegenstände der bergpolizeilichen Aufsicht ist § 196 nicht exemplificativ, sondern limitativ zu deuten. Er weicht von seinen Quellen (s. n. 1043) in drei Punkten ab. Einmal spricht er ausdrücklich aus, daß der Schutz der Oberfläche der Bergpolizei nur insoweit obliege, als hierbei „die persönliche Sicherheit und der öffentliche Verkehr" in Betracht kom-

Dieser Aufsicht unterliegen auch die in den §§ 58 und 59 erwähnten Aufbereitungsanstalten, Dampfkessel und Triebwerke, sowie die Salinen.

a. [Br. 198 gleichl., nur heißt es statt „Bergbehörden": „Bergbehörde."
M. 152 gleichl., nur statt „Dampfkessel und Triebwerke": „Anlagen."
G. 142 gleichl. mit Abs. 1 h. l.; Abs. 2 h. l. (vacat.)
B. 197: „Der Bergbau steht unter der polizeilichen Aufsicht des Staates, welche sich auf die Verhütung von Gefahren für Personen und Eigenthum, insbesondere für Leben und Gesundheit der Bergarbeiter, auf die Sicherung der Grubenbaue, auf den Schutz der Oberfläche und auf die Beseitigung gemeinschädlicher Einwirkungen des Bergbaues erstreckt. — Unter den Bergbauen, welche der polizeilichen Aufsicht nach der Vorschrift dieses Titels unterliegen, sind die unterirdischen Baue auch auf andere als die im Art. 1 bezeichneten Mineralien, einschliesslich der unterirdischen Steinbrüche und Gräbereien begriffen."

b. § 196 Abs. 2 war in der RV. nicht enthalten.]

---

men, da es nicht zur Aufgabe der Bergpolizei gehört, auch rein privatrechtliche Interessen zu wahren, wie solches aus jenen Gesetzesstellen (verbis: „im Interesse des Privat- und öffentlichen Verkehrs") gefolgert werden konnte. Ferner gedenkt er nicht der Wahrung der Nachhaltigkeit des Bergbaus, theils, weil dieser dehnbare Begriff eine scharfe Begrenzung der Bergpolizei hindert, theils weil die Sorge für diesen Gegenstand den Bergbautreibenden überlassen, der förmliche Raubbau aber schon vom eigentlich bergpolizeilichen Standpunkt aus gehindert werden kann. Endlich füllt § 196 durch die neue Bestimmung, wonach die Bergpolizei sich auch auf den Schutz gegen gemeinschädliche Einwirkungen des Bergbaus zu erstrecken hat, eine Lücke obiger Gesetzesstellen aus. Vgl. Mot. S. 107.

1047. Ob § 196 unter den Bauen blos die eigentlichen Grubenbaue, oder aber das ganze Bergwerk verstehe, ist streitig. Vgl. Klost. n. 411, Huyssen S. 113. Die restriktive, von Klost. vertretene Deutung verdient als die dem Wortlaute des Gesetzes allein entsprechende den Vorzug. Insofern der § die bergpolizeiliche Aufsicht auf die Sicherheit der Baue erstreckt, macht er der Behörde zunächst zur Pflicht, darüber zu wachen, daß der Bergbautreibende seine eigenen Baue sicher anlege. Außerdem kann, resp. muß die Behörde, dem Bw.'s-Betriebe auch diejenigen Beschränkungen auferlegen, welche die Sicherheit fremder Grubenbaue erheischt. In dieser Hinsicht kommen jedoch, vorbehaltlich des unter n. 1050 Gesagten, nur die bereits vorhandenen, nicht also auch die zukünftigen Baue in Betracht; vgl. Verf. des OBA.'s Dortmund v. 23. Jan. 1866 und A. Achenb. (Z. f. BR. 7. S. 124. 399). Selbst zum Schutze bereits vorhandener Baue kann die Bergpolizeibehörde nur gegen solche Dritte einschreiten, welche entweder Bergbau treiben oder Schürfversuche in verliehenen Feldern anstellen, da § 196 ausdrücklich nur von der bergpolizeilichen Aufsicht über den Bergbau spricht, und die Vorschrift des § 10 Abs. 2 immerhin einen exzeptionellen Charakter hat. A. M. ist in diesem Punkte Wachler (Z. f. BR. 8. S. 493), welcher die Bergpolizei z. B. für befugt erachtet, die Anlage eines Teichs über Grubenbauen in klüftigem Gebirge zu verbieten.

1048. Die Rücksicht auf die Sicherheit des Lebens und der Gesundheit der Arbeiter unterwirft insbesondere die Förderung, Fahrung und Wetterführung sowie die Häuerarbeiten der bergpolizeilichen Aufsicht. Im Uebr. vgl. n. 488.

1049. Ueber die Tragweite des § 196, insofern er den „Schutz der Oberfläche im Interesse der persönlichen Sicherheit und des öffentlichen Verkehrs" betrifft, vgl. n. 1046. Das Wörtchen „und" ist in den eben allegirten Worten gleichbedeutend mit „oder"; es braucht daher nicht der öffentliche Verkehr und gleichzeitig die persönliche Sicherheit gefährdet zu sein, damit ein Anlaß zum Einschreiten der Bergbehörde vorliege; doch ist eine Gefährdung der persönlichen Sicherheit noch nicht anzunehmen, wenn z. B. an Wohngebäuden die Einwirkungen des Bergbaus durch Risse 2c. bemerkbar werden: Achenb. (Z. f. BR. 10. S. 520). Sollte aber auch ein Gebäude und hiermit gleichzeitig die persönliche Sicherheit seiner Bewohner gefährdet sein, so käme § 196 dennoch nicht zur Anwendung, falls jenes Gebäude zu einer Zeit errichtet wurde, wo die durch den Bergbau drohende Gefahr vorausgesehen werden mußte (§ 150); alsdann ist vielmehr die persönliche Sicherheit durch ortspolizeiliche, die Räumung des Hauses betreffende Anordnungen zu wahren. So: Klost. n 413 auf Grund eines MR. 7. Juli 1853. Ob das Gebäude oder die sonstige Anlage, um deren willen die Oberfläche im Interesse der persönlichen Sicherheit und des öffentlichen Verkehrs geschützt werden soll, älter oder jünger ist, als die Bergeigenthums-Verleihung, bleibt bei der Frage der Anwendbarkeit des § 196 außer Betracht; s. OBA. Dortmund 27. Febr 1867 (Z. f. BR. 8 S. 129).

1050. Eine gemeinschädliche Einwirkung des Bergbaus ist, wie Klost. n. 415 mit Recht bemerkt, dann vorhanden, wenn der Schaden solche Gegenstände trifft, die vom Gesichtspunkte des öffentlichen Interesses einen nicht in Geld zu schätzenden Werth besitzen (Gesundbrunnen, Friedhöfe, Denkmäler ꝛc.), ferner wenn die Höhe des drohenden Schadens außer Verhältniß zu den Mitteln des Bw.'s-Besitzers steht, oder wenn die Einwirkung in ihren Folgen die öffentliche Sicherheit oder den Nationalwohlstand gefährdet. Die Mot. S. 108 führen als Beispiele gemeingefährliche Tagebrüche und die Verunreinigung fließender Gewässer, die Mot. v. 1862 S. 97 gemeingefährliche Tagebrüche unter bewohnten Orten sowie die Verunreinigung von Gewässern durch Aufbereitungsarbeiten ꝛc. an. Ein Fall, wo die Verunreinigung fließender Gewässer und die Beschädigung der angrenzenden Wiesen als eine solche Einwirkung erkannt und die bergpolizeiliche Anordnung von Klärvorrichtungen zur Beseitigung dieser Einwirkung durch ME. aufrechterhalten wurde, ist in der Z. f. BR. 9. S 226 mitgetheilt. OBA. Dortmund 27. Febr. 1867 (ib. 8 S. 129) erachtete es für eine unzweifelhaft gemeinschädliche Einwirkung, wenn eine volkreiche, in stetem Wachsthum begriffene Stadt durch den Bergbau in ihrer nothwendigen Erweiterung gehindert werde. Die gemeinschädlichen Einwirkungen können aber auch den Bergbau selbst betreffen, es kann daher von diesem Gesichtspunkte aus der eine Bergwerksbetrieb zu Gunsten des andern, und zwar sogar zum Schutze der künftigen Baue, bergpolizeilichen Einschränkungen unterworfen werden. Ein solcher Fall ist jedoch nur dann anzunehmen, wenn die Produktion eines wichtigen Minerals für größere Strecken durch den anderweitigen Bw.'s-Betrieb gefährdet erscheint, wenn z. B. durch den im Felde vorstehenden Steinkohlenbau das Zubruchbauen der wichtigsten Eisenerzflötze zu befürchten steht, während das blos stellenweise Zubruchbauen des einen oder anderen Flötzes das öffentliche Interesse nicht berührt; s. OBA. Dortmund v. 23. Jan. 1866 und A. Achenb. (ib. 7. S. 124. 399). — Immerhin kann aber die Behörde auch nach dieser Richtung hin nur präventiv wirken. Ist daher der gemeinschädliche Erfolg schon eingetreten und zwar vollständig, so daß die Ursache desselben nicht fortfährt, Schaden zu bringen, es sich vielmehr nur um Wiederherstellung des früheren Zustands oder um Vergütung des Interesses handelt, so liegt zu einem bergpolizeilichen Einschreiten keine gesetzliche Veranlassung mehr vor; alsdann ist vielmehr die richterliche Gewalt anzusprechen; vgl. ME. 18. April 1867 (ib. 9. S. 224).

1051. Wie Abs. 1 des § 196 den Bergbau, so unterwirft Abs. 2 ib. die Aufbereitungsanstalten ꝛc., oder, richtiger gesagt, den Betrieb derselben der bergpolizeilichen Aufsicht. Die Bestimmung soll nur das schon früher bestehende Recht reproduziren (vgl Ges. v 10. Juni 1861 § 6; KB. II. S 96). Die besondere Aufführung der Salinen und deren Zusammenstellung mit den Aufbereitungsanstalten muß als eine Anomalie bezeichnet werden, da nach der Terminologie des BG. der Betrieb der Salzbergwerke und Salinen unter dem Ausdrucke „Bergbau" mitbegriffen ist (vgl. §§ 1 135 ꝛc.), auf diesen Betrieb daher schon § 196 Abs. 1 unmittelbar zur Anwendung kommen. — Bei Beaufsichtigung des Betriebs der Dampfkessel und Triebwerke kommen außer den im § 196 Abs. 1 aufgestellten, aber wohl nur theilweise hier zutreffenden Gesichtspunkten die besonderen polizeilichen, resp. gewerbepolizeilichen Vorschriften in Betracht, welche für diese Anstalten, insbesondere die Dampfkessel, ergangen sind. — Abs. 2 schließt die Mitwirkung der gewöhnlichen Polizeibehörden bei der polizeilichen Beaufsichtigung der hier fraglichen Wassertriebwerke aus, so daß nur bei der Konzessionirung der letzteren die beiderseitigen Behörden konkurriren (§. 59 h. l.).

§ 197. Die Oberbergämter sind befugt, für den ganzen Umfang ihres Verwaltungsbezirks oder für einzelne Theile desselben Polizeiverordnungen über die im § 196 bezeichneten Gegenstände zu erlassen.

Die Verkündigung dieser Verordnungen erfolgt durch das Amtsblatt der Regierungen, in deren Bezirk dieselben Gültigkeit erlangen sollen.

a. [Br. M. (vacat.) — Gemäß den Mott. zum Mein. BG. bedurfte es keiner den § 197 und § 208 Abs. 1 h. l. entsprechenden Vorschrift, da die nach dem Edikt v. 16. Juni 1829 dem Staatsministerium zustehende Befugniß zur Strafandrohung und zum Erlaß von Strafreglements sich auch auf Bergpolizeisachen erstreckt: Z. f. BR. 9. S. 348.

G. 143: „Die Polizeiverordnungen über die im vorhergehenden § bezeichneten Gegenstände werden von dem Staatsministerium erlassen."

B. 198: „Die bergpolizeilichen Bestimmungen in dem in Art. 197 angegebenen Umfange sind durch Verordnung oder oberpolizeiliche Vorschriften zu erlassen. — Die Uebertretungen dieser Bestimmungen können mit Geldstrafen bis zu 150 Gulden bedroht werden. — Zum Erlass oberpolizeilicher Vorschriften ist nur das treffende Königl. Staatsministerium zuständig." — 199: „Die den Polizeibehörden durch Art. 28 des Ges. v. 10. Nov. 1861, die Einführung des Strafgesetzbuchs und des Polizeistrafgesetzbuchs für das Königreich Bayern betr., eingeräumten Befugnisse zur Anwendung von Zwangsmitteln und von Ungehorsamsstrafen bis zum Betrage von 25 Gulden stehen zum Vollzuge des Berggesetzes den Bergbehörden zu."

b. Vgl. die Strafvorschrift des § 208 h. l.]

Zu § 197.

1052. § 197 bezieht sich lediglich auf allgemeine Bergpolizei-Verordnungen, und bildet daher den Gegensatz zu den §§ 198 ff., welche von bergpolizeilichen Verfügungen für einzelne Fälle handeln. — Das Recht, allgemeine Polizei-Verordnungen zu erlassen, wird im § 6. II, 13 ALR. neben dem Gesetzgebungsrecht genannt und zwar als eigentliches Hoheits- und Majestätsrecht. Doch stand seine Ausübung, den §§ 45. 40 der VO. v. 26. Dez. 1808 und dem § 11 der Geschäfts-Instr. für die Regierungen v. 23. Okt. 1817 zufolge, den Ministerien insoweit zu, als dieselben befugt waren, polizeiliche Anordnungen sowie Strafbestimmungen innerhalb der Grenzen der polizeilichen Strafgewalt [50 Thlr. Geldbuße und 6 Wochen Gefängniß] zu erlassen, und deren Erlaß von Seiten der Regierungen zu genehmigen: StMbeschl. 7. Jan. 1845 (JMbl. S. 34). Ohne eine solche Genehmigung konnte die Bezirksregierung nach denselben Vorschriften keine derartige Verordnung treffen, es sei denn, daß ein Verbotsgesetz bereits vorlag, dieses aber, beim Mangel jeder Strafbestimmung, einer Vervollständigung bedurfte. Aehnliche Befugnisse, wie diejenigen der Regierung, standen in Beziehung auf die Bergpolizei dem Oberbergamte zu. Ja letzteres war in den linksrheinischen Landestheilen, den Art. 50. 96 des Ges. v. 21. April 1810 gemäß, mit einer noch umfassenderen Verordnungsgewalt bekleidet, indem dasselbe zum Erlasse solcher Vorschriften, welche die öffentliche Sicherheit, die Sicherheit der Bergleute, der Grubenbaue und Gebäude über Tage, sowie die Dauerhaftigkeit der Arbeiten betrafen, keiner höheren Genehmigung bedurfte, und die Uebertretung jener Vorschriften keine blos polizeilichen Strafen in obigem Sinne, sondern die schwereren Strafen des cit. Art. 96 nach sich zog. Das Gesetz v. 11. März 1850 änderte diesen Rechtszustand in den wesentlichsten Beziehungen. Einestheils übertrug dasselbe den Regierungen allgemein die Befugniß, ohne höhere Genehmigung für ihren Bezirk oder mehrere Gemeinden desselben Verordnungen über die Gegenstände der Orts- und

Landespolizei zu erlassen. Anderntheils beschränkte es die in solchen Verordnungen anzudrohenden Strafen auf bloße Geldstrafen bis zu 10 Thalern. Die Anwendbarkeit dieses Gesetzes auf die Bergpolizei unterlag zwar ernstlichen Bedenken. Inzwischen theilte man seitens des Ministeriums diese Bedenken nicht, und forderte daher zur Gültigkeit fernerer allgemeiner BPVO die Mitwirkung der Bezirksregierung, indem nur die ältere linksrheinische Gesetzgebung (s. oben) als unausgesetzt in Kraft befindlich erachtet wurde. Aus solcher Anschauung ging denn auch das Ges v. 10. Juni 1861 hervor, insofern dasselbe in den §§ 8—11, unter Aufhebung der linksrheinischen Sondergesetzgebung, den Oberbergämtern bezüglich der Gegenstände der Bergpolizei ausdrücklich dieselbe Verordnungsgewalt beilegte, welche den Regierungen nach dem Ges v. 1850 in Bezug auf die Gegenstände der Orts-, resp. Landespolizei zusteht Vgl. Achenb. Bergpol. Vorschr. S. XXII ff., Oppenhoff Ress.-Ges. S. 164 ff. 293. Die Grundsätze des Gesetzes v. 1861 sind in das BG. herübergenommen worden, wenn davon abgesehen wird, daß das Strafmaximum erhöht und im Gesetze selbst, gleichmäßig für alle Bergpolizei-Uebertretungen normirt ist (§ 208). Demgemäß entspricht § 197 den §§ 8 und 9 jenes Gesetzes. Die §§ 10 und 11 ib. brauchten in das BG. nicht aufgenommen zu werden, weil ein Bedürfniß zu der für andere Verhältnisse berechneten Vorschrift des § 10 neben den allgemeinen Bestimmungen des BG. über die Ressortverhältnisse sowie den Instanzenzug nicht mehr vorlag, und die in § 11 allegirten §§ 8. 15. 18. 19 des Ges. v. 11. März 1850 mit Rücksicht auf den Inhalt des BG. theils entbehrlich, theils nicht mehr anwendbar waren, der eben dort allegirte § 17 jenes Gesetzes aber im § 209 h. 1 reproduzirt wird Vgl. Mot. S. 108.

1053. Die Verordnungsgewalt der Oberbergämter erstreckt sich auch auf den Betrieb der zu den Werken gehörigen Aufbereitungsanstalten, Dampfkessel und Triebwerke (§ 196 Abs. 2). Vgl. die PolVO. v. 22. Okt. 1861 und 12. Dez. 1866 (Z. f. BR. 2. S. 413; 7. S. 542). Ob beim Erlasse solcher Verordnungen, insoweit sie sich auf Wasser-Triebwerke beziehen, die Regierungen ebenso konkurriren müssen, wie bei der Konzessionirung derartiger zu Bergwerken gehöriger Triebwerke, ist nicht gesagt. Dieses Stillschweigen des Gesetzes scheint die verneinende Ansicht zu unterstützen. Vgl. auch n. 1051.

1053 bis. Ob jene Befugniß zum Erlasse allgemeiner Polizeistrafverordnungen sich auch auf das Schürfen erstrecke, sei es überhaupt, sei es wenigstens für die Fälle des § 4 Abs. 2, unterliegt erheblichen Bedenken; s. in dieser Hinsicht n. 41. 1044 und 1054.

1054. Eine BPVO. kann nach § 197, wie früher nach dem Ges v. 1861, unbeschadet des Charakters der Allgemeinheit, auch nur für einzelne Theile des Bezirks erlassen werden. [So verbietet eine BPVO. des OBA.'s Bonn v. 11. Febr. 1869 (M. Z. 17 S. 14), das Schürfen in einem bestimmten Umkreise um die Emser Quellen.] Ja es ist die Möglichkeit nicht ausgeschlossen, daß eine BPVO. nach Maßgabe des § 197 blos für ein einzelnes Werk erlassen werde; Brass. (Z. f. BR. 8. S. 450). Gleichwohl erblickte OT. 11. April 1865 (ib. 6. S. 463) in einer VO., welche für ein bestimmtes Bw. Separatbaue mittelst Reifenschächten ein für alle Mal verboten hatte, nur eine Verfügung für einen Einzelfall [§ 198], da sie keinen allgemeinen Charakter habe, und weder für den ganzen Bezirk des OBA.'s, noch für einzelne Theile im Sinne des Ges. v. 1861 § 8 ergangen sei; vgl. auch A. Achenb. (ib 8. S. 140).

1055. In dem Rechte, allgemeine Bergpolizeivorschriften zu erlassen, ist das Recht einbegriffen, ältere Verordnungen dieser Art aufzuheben, resp. durch neue zu ersetzen. Dieses Recht steht den Oberbergämtern selbst solchen Verordnungen gegenüber zu, welche nach Maßgabe der früheren Gesetzgebung von den Ministerien, resp. mit deren Genehmigung oder später gemeinschaftlich von dem OBA. und der Regierung erlassen wurden. Nur dann, wenn eine BPVO. in einem Gesetze oder in einer auf Grund desselben und zu seiner Ausführung ergangenen Ministerial-Verfügung enthalten ist, gilt das Gegentheil. Vgl. Brass. (Z. f. BR. 8. S. 447. 451).

1056. Die in gesetzlicher Weise erlassenen und gehörig verkündeten allgemeinen Polizeiverordnungen der Oberbergämter haben, wie diejenigen der Regierungen, eine große Verwandtschaft mit eigentlichen Gesetzen, ja sie stehen diesen rücksichtlich

§ 198. Tritt auf einem Bergwerke in Beziehung auf die im § 196 bezeichneten Gegenstände eine Gefahr ein, so hat das Oberbergamt die geeigneten polizeilichen Anordnungen nach Vernehmung des Bergwerksbesitzers oder des Repräsentanten durch einen Beschluß zu treffen.

a. [Br. 199 gleichl.; statt „das OBA." ist gesagt: „die Bergbehörde."
M. 153, G 144 gleichl.
B. 200: „Tritt auf einem Berkwerke in Beziehung auf die im Art. 197 bezeichneten Gegenstände eine Gefahr ein, so hat die Bergbehörde die geeigneten polizeilichen Verfügungen nach Vernehmung des Bw.'sbesitzers oder des Repräsentanten durch einen Beschluss zu treffen. — Ist die Gefahr dringend, so hat die Bergbehörde sofort selbst ohne vorgängige Vernehmung des Bw.'sbesitzers oder des Repräsentanten die zur Beseitigung der Gefahr erforderlichen polizeilichen Anordnungen zu treffen. — Bw'sbesitzer oder deren Repräsentanten, welche diesen Anordnungen nicht nachkommen oder denselben zuwiderhandeln, werden an Geld bis zu 150 Gulden bestraft."

b. Vgl. die Strafvorschrift des § 208 h. l.]

---

ihrer Wirksamkeit gleich. Demgemäß kann ein richterliches Erkenntniß wegen Verletzung oder unrichtiger Anwendung solcher Verordnungen ebensowohl wie wegen Verletzung einer materiellen Gesetzesvorschrift mittelst der Nichtigkeitsbeschwerde angefochten werden. Nicht minder findet der im Art. IV (Satz 2) des Einführungsgesetzes zum StrGB. ausgesprochene Grundsatz auch auf sie Anwendung. Auch muß sowohl das Publikum als der Richter dieselben, gleich den Gesetzen, kennen, so daß z. B. ihre Existenz vom Richter niemals zum Gegenstande einer Beweisauflage für eine der Parteien gemacht werden darf. In anderem Betrachte bilden sie jedoch eine besondere Gattung polizeilicher Verfügungen und sind insofern nach dem Ges. v. 11. Mai 1842 zu beurtheilen, insbesondere, was das Bestehen und die Geltendmachung von Entschädigungsansprüchen betrifft, die aus ihrem Erlasse hergeleitet werden (§§ 4. 6 des cit. Ges.). Vgl. F. Oppenhoff StrGB. § 332 n. 63. 67, Oppenhoff Ress.-Ges S. 509 n. 23. 23bis; OT. 5. Febr. 1863 (F. Oppenhoff Rechtspr. 3. S. 264).

1057. Die Art der Publikation allgemeiner Polizei-Verordnungen ist im § 197 Abs. 2, wie diejenige von Einzelverfügungen im § 200 so vollständig geregelt, daß den Oberbergämtern zur Entwickelung einer reglementarischen Thätigkeit, wie sie den Regierungen gemäß AKO. v. 8. Febr. 1840 (GS. S. 32) und § 5 des Ges. v. 11. März 1850 zusteht, kein Raum gelassen ist. A. M. ist Huyssen S. 114. — Die Verkündigung durch das Amtsblatt regelt sich nach der VO. v. 28 März 1811 (GS. S. 165) und der Deklar. v. 14. Jan. 1813 (ib. S. 2), für das Gebiet des rhein. Rechts nach der VO. v. 9. Juni 1819 (ib. S. 148, Rh. S. 1. S. 559). Demgemäß tritt jede allgemeine VO. mit dem Anfange des achten Tags nach dem Datum der betreffenden Nummer des Amtsblatts, dieses Datum miteingerechnet, für den ganzen Umfang des Bezirks in Kraft.

Zu § 198.

1058. Zu einer wirksamen Handhabung der Bergpolizei reichen allgemeine Bergpolizeiverordnungen nicht aus; vielmehr sind in Fällen der Gefahr, wie sie beim Bergbau häufig und unerwartet eintreten, spezielle, den konkreten Verhältnissen angepaßte Anordnungen unentbehrlich. Derartige Maßregeln zu treffen, gehört daher zu den wesentlichsten Aufgaben der Bergpolizei. Das ältere rechtsrheinische Recht entbehrte jedoch besonderer Bestimmungen sowohl über die Bedingungen, die Form und Verkündigung solcher Spezialverfügungen, als über die Art, wie denselben Nachdruck zu geben sei, weshalb hier die allgemeinen Grundsätze und, was die Vollstreckung betraf, die gewöhnlichen Exekutionsmittel, insbesondere exekutivische Strafbefehle zur Anwendung kamen. Desto eingehender war die Materie in den

§ 199. Ist die Gefahr eine dringende, so hat der Revierbeamte sofort und selbst ohne vorgängige Vernehmung des Bergwerksbesitzers oder des Repräsentanten die zur Beseitigung der Gefahr erforderlichen polizeilichen Anordnungen zu treffen, gleichzeitig aber dem Oberbergamte hiervon Anzeige zu machen.

Das Oberbergamt hat die getroffenen Anordnungen durch

---

linksrheinischen Landestheilen durch die franz. Berggesetzgebung (Ges. v. 21. April 1810, Art. 50. 96; Dekr. v. 3. Jan 1813, Art. 4 ff., 10) geregelt, indem letztere einestheils genaue Vorschriften über die Bedingungen für den Erlaß jener Spezialverfügungen, über die Behörden, von welchen dieselben je nach Lage der Umstände auszugehen hatten, und über die Form ihrer Verkündung enthielt, anderntheils aber die Uebertretungen solcher Anordnungen ohne Ausnahme den allgemeinen für Bergwerks-Kontraventionen geltenden Strafen unterwarf. Das BG. lehnt sich in den §§ 198 ff. 208 Abs. 2 an diese franz. Bestimmungen und an das hiernach auf der linken Rheinseite ausgebildete Verfahren an, welches dem öffentlichen Interesse vollständig gerecht wurde, ohne andererseits dem Rechte der Bergbautreibenden zu nahe zu treten. Cf. Mot. S. 108 ff., Oppenhoff (Z. f. BR. 6. S. 454), id. Ressort-Ges. S. 293.

1059. Der Ausdruck „Bergwerk" im § 198 ist im weiteren Sinne zu nehmen, so daß er nicht allein die Salinen sondern auch die Zubehöre eines Bergwerks, nemlich Aufbereitungsanstalten und Hülfsbaue mitumfaßt. Vgl. § 196 Abs. 2. — Wenn der § nur von einem Bergwerke redet, so sollte hierdurch nur der Gegensatz zwischen allgemeinen Polizei-Verordnungen (§ 197) und solchen, welche blos einzelne Werke in ihren ganz besonderen, konkreten Verhältnissen betreffen, hervorgehoben, keineswegs also der Erlaß der letzteren gerade auf Ein Werk beschränkt werden. Demgemäß können auf Grund der §§ 198 ff. bei einer mehreren Werken gemeinschaftlich drohenden, unter einen der Gesichtspunkte des § 196 fallenden Gefahr die sämmtlichen Werksbesitzer zu gemeinsamen Arbeiten angehalten werden, z. B. behufs Abführung der Wasser. Vgl. Mot. v 1862 S. 94, Achenb. S. 264, resp. Z. f. BR. 8. S. 267 und n. 400. 1062.

1060. Der Fassung des § sowohl wie den Art. 4. 7 des Dekr. v. 3. Jan. 1813 als seiner Quelle zufolge, scheint die Vernehmung des Werksbesitzers ꝛc. durch das OBA. selbst oder doch in dessen speziellem Auftrage, jedenfalls also erst, nachdem dasselbe von der Gefahr unterrichtet ist, erfolgen zu müssen. Inzwischen weist § 42 der Bonner und Hall. Instr. die RB. allgemein an, schon gleich nach Bewirkung der thatsächlichen Feststellungen, welche für die demnächstigen Anordnungen des OBA.'s erforderlich sind, den Werksbesitzer ꝛc. zu hören und dann erst die Verhandlungen dem OBA. einzureichen. Die Vernehmung hat sich, eben diesem § 42 gemäß, nicht allein über jene thatsächlichen Feststellungen, sondern auch über die vom RB. vorzuschlagenden Anordnungen zu erstrecken. Sie braucht keine protokollarische zu sein, sondern kann auch durch Schriftwechsel erfolgen: OBA. Halle (Z. f. BR. 7. S. 414).

Zu § 199.

1061. Ueber das Verhältniß des § 199 zur älteren Gesetzgebung s. n. 1058. Hauptquelle desselben ist Art. 5 des Dekr. v. 1813.

1062. Im Falle einer mehreren Bergwerken gemeinsam drohenden dringenden Gefahr kann der RB. für sämmtliche Werke die gleiche polizeiliche Anordnung treffen. Vgl. n. 1059 und OBA. Dortmund v. 19. Dez. 1866 (Z. f. BR. 8. S. 142; in dem dort fraglichen Falle hatte ein RB. mit Rücksicht auf das Grassiren der Cholera polizeiliche Anordnungen über das Reinigen der Grubenbaue und die Desinfektion für sämmtliche Zechen seines Reviers getroffen.)

1063. Wenngleich § 199 Abs. 1 nur von dem RB. spricht, so unterliegt es dennoch keinem Zweifel, daß das OBA. bei dringender Gefahr gleichfalls befugt ist, ohne vorgängige Vernehmung des Werksbesitzers ꝛc. in dem dort gedachten einen Beschluß zu bestätigen oder wieder aufzuheben. Vorher ist die Vernehmung der genannten Personen nachzuholen.

a. [Br. 200 gleichl. bis „zu treffen," nur ist statt „der RB." gesagt: „die Bergbehörde;" dann heißt es: „hiernächst die Vernehmung der genannten Personen nachzuholen und die getroffene Anordnung durch einen Beschluss zu bestätigen oder wieder aufzuheben."

M. 154 gleichl. mit § 200 des Br. BG. bis „zu treffen;" dann heißt es: „Sind diese Anordnungen von einem Revierbeamten oder von einem abgeordneten Mitgliede des Bergamts ausgegangen, so sind dieselben gleichzeitig dem Bergamte mitzutheilen, welches dieselben durch einen Beschluss zu bestätigen oder aufzuheben hat. Vorher ist die Vernehmung der genannten Personen nachzuholen."

G. 145 gleichl.

B. 200 (mitgetheilt zu § 198 h. l.).

b. Vgl. die Strafvorschrift des § 208 h. l.]

§ 200. Die Bekanntmachung der auf Grund der §§ 198 und 199 getroffenen polizeilichen Anordnungen an den Bergwerksbesitzer oder den Repräsentanten erfolgt durch Zustellung des Beschlusses des Oberbergamts, beziehungsweise der Verfügung des Revierbeamten.

Die Bekanntmachung an den Betriebsführer und die Grubenbeamten wird von dem Revierbeamten oder auf dessen Anweisung durch Eintragung in das Zechenbuch bewirkt, welches zu diesem Zwecke auf jedem Bergwerke gehalten werden muß.

Sinne zu verfügen. Immerhin muß aber auch dann dem Abs. 2 gemäß verfahren, mithin der Werksbesitzer &c. nachträglich vernommen und ein zweiter Beschluß gefaßt werden. Vgl. §§ 157. 158 des Entw. v. 1862, OT. 3. Nov. 1853 (Achenb., Bergpol.-Vorschr. S. XL.) und § 200 des Braunschw. BG.

Zu § 200.

1064. Damit für den Fall der gerichtlichen Verfolgung (§§ 208. 209) festgestellt werden könne, daß und wann die Anordnungen den Kontravenienten bekannt gemacht sind, schreibt § 200 die Formen der Bekanntmachung vor, und zwar nach der Natur der Verhältnisse und nach den schon jetzt bestehenden Einrichtungen. In Betreff des Zechenbuchs insbesondere genügt im Gesetze die Bestimmung, daß ein solches auf jedem Werke zu dem angegebenen Zwecke gehalten werden muß, während die übliche Mitbenutzung desselben zu anderen Zwecken der Bestimmung des Werksbesitzers oder der Bergbehörde [?] überlassen bleiben kann: Mot. S. 109.

1065. Etwas Weiteres, als die Beobachtung der im § 200 vorgeschriebenen Formen wird zur Bestrafung der Uebertretungen im Sinne des § 208 Abs. 2 nicht erfordert, namentlich nicht die individuelle Kenntniß des Inhalts der polizeilichen Anordnung auf Seiten der Kontravenienten. Die Verlesung geschieht vor der versammelten Belegschaft bei der Einfahrt oder Löhnung; der Aushang muß an einem der Belegschaft zugänglichen Orte (in der Kaue oder Zechenstube) stattfinden. Vgl. Klost. n. 421. 422. — Wie die Erfüllung der Formalitäten des Abs. 3 nachzuweisen sei, wird im BG. nicht gesagt, während § 160 des Entwurfs v. 1862 deren Konstatirung im Zechenbuche verordnete; demgemäß unterliegt die Frage, ob jener Nachweis im konkreten Falle durch einen solchen Vermerk im Zechenbuche oder auf andere Weise vollkommen geliefert worden, lediglich dem richterlichen Ermessen; s. n. 1103.

1066. Insofern § 207 auf den § 200 mitverweist, will er nur diejenigen Versäumnisse bestraft wissen, welche Privaten bezüglich der ihnen durch § 200, resp. auf Grund desselben gemachten Auflagen zur Last liegen, nicht also auch solche Ver-

Soweit eine Bekanntmachung an die Arbeiter erforderlich ist, geschieht dieselbe auf Anweisung des Revierbeamten durch Verlesen und durch Aushang auf dem Werke.

a. [Br. 201 Abs. 1 gleichl. bis „Zustellung," dann heißt es: „der Anordnung und des Beschlusses der Bergbehörde." — Abs. 2. 3 gleichl., nur ist jedesmal statt „RB." gesagt: „Bergbehörde."

M. 155 Abs. 1 gleichl. bis „Beschlusses," dann heißt es: „oder der Verfügung." — Abs. 2 gleichl., doch ohne die Worte „von dem RB. 2c." und mit dem Zusatze: „oder durch Zustellung der schriftlichen Verfügung bewirkt."

G. 146 gleichl. mit Abs. 1 und 3, nur ist statt „an den Bw.'s-Besitzer oder den Repräsentanten" gesagt: „an die Betheiligten."

B. 201 Abs. 1 gleichl., nur ist statt „polizeilichen Anordnungen": „bergpolizeilichen Verfügungen," statt „des Beschlusses des OBA.'s 2c.": „der Verfügung, bez. der Anordnung" gesagt. — Abs. 2 gleichl., nur statt „von dem RB. 2c.": „nach Anweisung der Bergbehörde." — Abs. 3 gleichl., nur ist statt „des RB.": „der Bergbehörde," statt „Aushang": „Anschlag" gesagt.

b. Vgl. die Strafvorschrift des § 207 h. l.]

§ 201. **In den Fällen des § 199 muß mit der Ausführung der polizeilichen Anordnungen des Revierbeamten ohne Rücksicht auf die vorbehaltene oberbergamtliche Bestätigung oder Wiederaufhebung sofort begonnen werden.**

Die Ausführung dieser Anordnungen wird durch Einlegung des Rekurses nicht aufgehalten.

a. [Br. 202 gleichl., nur ist statt „des RB." gesagt: „der Bergbehörde;" auch fehlt das Wort „oberbergamtliche."

M. 156 gleichl., nur fehlen die Worte „des RB.," und ist statt „oberbergamtliche": „bergamtliche" gesagt.

G. 147 gleichl.

B. 205: „In den Fällen des Art. 200 Abs. 2 und des Art. 203 findet der Vollzug der getroffenen Anordnungen ohne Rücksicht auf eine vom Bw.'sbesitzer eingelegte Berufung statt, es sei denn, dass die Oberbergbehörde denselben einstellt."

b. Vgl. die Strafvorschrift des § 207 h. l.]

---

säumnisse, deren sich etwa der RB. selbst in Betreff der zu bewirkenden Bekanntmachungen schuldig machen möchte. Die strafrechtliche Verantwortlichkeit wird bei Uebertretungen der Vorschrift des Abs. 3 in der Regel nur die im § 76 genannten Personen treffen; vgl. jedoch § 208 Nr. 12 des Bayer. BG.

Zu § 201.

1067. Die Gründe für diese Bestimmung liegen in der Sache selbst: Mot. S. 109. § 201 kommt analoger Weise auch dann zur Anwendung, wenn die Anordnung vom OBA. selbst ausgeht (s. n. 1063), vorausgesetzt, daß in derselben das Obwalten einer dringenden Gefahr ausdrücklich hervorgehoben wird.

1068. Die Bezugnahme des § 201 im § 207 beruht auf einem Versehen, indem jener § keine selbstständig für sich bestehende Verpflichtung den Betheiligten auferlegt, sondern nur die provisorische Vollstreckbarkeit der gemäß § 199 ergangenen Anordnungen ausspricht, deren Uebertretung zwar die Strafe des § 207 nach sich zieht, aber nicht auf Grund dieses §, sondern auf Grund des § 208 Abs. 2. [Im Entw. v. 1862 ist dieses Versehen vermieden; vgl. §§ 159. 176 ib. und die Mot. S. 155; dasselbe gilt von dem Braunschw. und Bayer. BG. (s. § 208 resp. Art. 208 ib.)]

§ 202. Werden die auf Grund der §§ 198 und 199 getroffenen polizeilichen Anordnungen nicht in der bestimmten Frist durch den Bergwerksbesitzer ausgeführt, so wird die Ausführung durch den Revierbeamten auf Kosten des Bergwerksbesitzers bewirkt.

[Br. 203 gleichl.
M. 157 gleichl., mit dem Zusatze: „Die Kosten werden im Verwaltungswege festgestellt und beigezogen."
G. 148 gleichl., mit dem Zusatze: „Die Beiziehung des Ersatzes solcher Verläge erfolgt auf dem Executionswege." — Demnächst bestimmt § 149: „Wenn bergpolizeiliche Gründe solches erforderlich erscheinen lassen, hat das Bergamt auch die Verfüllung der auflässig werdenden Schachte und Stollen anzuordnen, und wenn seiner Anordnung nicht binnen der dazu bestimmten Frist entsprochen wird, die Verfüllung auf Kosten des Bw.'seigenthümers vornehmen zu lassen. — Die Beiziehung des Ersatzes solcher Verläge erfolgt auf dem Executionswege."
B. (vacat.)]

§ 203. Sobald auf einem Bergwerke eine Gefahr in Beziehung auf die im § 196 bezeichneten Gegenstände eintritt, hat der Betriebsführer und im Verhinderungsfalle der den-

---

Zu § 202.

1069. Was § 202 bestimmt, entspricht der exekutiven Gewalt der Bergbehörde; vgl. Mot. S. 109, § 48 Nr. 1 der VO. v. 26. Dez. 1808 und § 20 des Ges. v. 11. März 1850. Eine vorgängige Androhung, daß im Falle der Säumigkeit des Bw.'s-Besitzers die Ausführung auf dessen Kosten erfolge, wird behufs Anwendung des § 202 nicht erfordert.

1070. Bw.'s-Besitzer ist auch hier jeder, welcher das Werk für eigne Rechnung betreibt. Derselbe hat die Ausführung auf seine Kosten selbst dann zu erleiden, wenn die Versäumniß nicht ihm, sondern dem Repräsentanten, dem Betriebsführer 2c. zur Last fällt. Eventuell steht ihm höchstens der Rückgriff gegen letztern zu.

1071. § 202 bezieht sich der Natur der Sache nach sowie gemäß §§ 49—54 I, 24 AGO., resp. der VO. v. 4. März 1834 §§ 9. 10 und den oben n. 1069 citt. Gesetzen nur auf diejenigen polizeilichen Anordnungen, welche positive Handlungen und zwar solche gebieten, deren Ausführung durch Dritte überhaupt möglich ist. Da hier die Ausführung, dem Wortlaut des § zufolge, stets auf Kosten des säumigen Werksbesitzers bewirkt werden soll, so greift schon um deswillen das andere Mittel zur Erzwingung positiver Handlungen, der Erlaß von Strafbefehlen (VO. v. 26. Dez. 1808 § 48 Nr. 2) in dergleichen Fällen nicht Platz. Die Kosten werden nöthigenfalls durch das OBA. festgesetzt und im Verwaltungswege eingezogen; s. § 194 h. l., § 159 des Entw. v. 1862 und oben n. 1003. Wider die Festsetzung und Einziehung der Kosten findet der Rechtsweg, gemäß § 1 des Ges. v. 11. Mai 1842, regelmäßig nicht statt: Oppenhoff Ress.-Ges. S. 342 n. 33. 35. — Im Uebrigen vgl. n. 1091. 1097.

Zu § 203.

1072. Ohne die hier fragliche, bereits im Dekret v. 3. Jan. 1813 ausgesprochene Verpflichtung würde ein rechtzeitiges Einschreiten der Bergbehörde häufig vereitelt werden; die Anzeige ist nicht dem Werksbesitzer selbst zur Pflicht gemacht, weil dieser in der Regel auf dem Werke nicht persönlich anwesend ist: Mot. S. 110. Erstattet er gleichwohl die Anzeige, so bedarf es keiner Anzeige seitens des selben vertretende Grubenbeamte dem Revierbeamten Anzeige hiervon zu machen.

a. [Br. 204 gleichl., nur ist statt „dem RB." gesagt: „der Bergbehörde, bez. dem Hülfsbeamten."
M. 158 gleichl., nur ist eingeschaltet nach „dem RB.": „wo aber ein solcher nicht bestellt ist, dem Bergamte."
G. 150 gleichl., nur statt „der Betriebsführer ꝛc.": „der Steiger, oder wenn ein solcher nicht vorhanden ist, einer der anwesenden Grubenarbeiter."
B. 202 gleichl., nur statt „dem RB": „der Bergbehörde."
b. Vgl. die Strafvorschrift des § 207 h. l.]

Zweiter Abschnitt.

Von dem Verfahren bei Unglücksfällen.

§ 204. Ereignet sich auf einem Bergwerke unter oder über Tage ein Unglücksfall, welcher den Tod oder die schwere Verletzung einer oder mehrerer Personen herbeigeführt hat, so sind die im § 203 genannten Personen zur sofortigen Anzeige an den Revierbeamten und an die nächste Polizeibehörde verpflichtet.

a. [Br. 205 gleichl., nur ist statt „an den RB." gesagt: „an die Bergbehörde, bez. an den Hülfsbeamten."
M. 159 gleichl., nur ist eingeschaltet hinter „an den RB.": „wo aber ein solcher nicht bestellt ist, an das Bergamt."
G. 151 gleichl.
B. 203 Abs. 1 gleichl., nur ist nach „herbeigeführt hat" eingeschaltet: „oder herbeizuführen droht," und statt „an den RB. ꝛc." gesagt: „bei der Bergbehörde und bei der Ortspolizeibehörde, in deren Bezirk der Unglücksfall sich ereignet hat."
b. Vgl. die Strafvorschrift des § 207 h l.]

Betriebsführers. Sie muß selbst dann erfolgen, wenn die Gefahr keine dringende (§ 199) ist.

1073. Im Uebrigen vgl. n. 1075. 1080.

Zu § 204.

1074. Die frühere amtliche Betriebsleitung setzte die Bergbehörde in den Stand, bei Unglücksfällen die erforderlichen Rettungs- und Sicherungsarbeiten sofort auf Kosten des Werksbesitzers auszuführen. Demgemäß fehlte es früher in den rechtsrheinischen Landestheilen an einem Bedürfnisse zur gesetzlichen Regelung dieser Materie und war das bei Unglücksfällen zu beobachtende Verfahren dort vornemlich nur durch Verwaltungsvorschriften geordnet, während die hierfür maßgebenden Grundsätze sich auf der linken Rheinseite gesetzlich und zwar durch das Dekret v. 3. Jan. 1813 [Art. 11 ff.] festgestellt fanden. Die einschlägigen Vorschriften der §§ 204 und 205 schließen sich im Wesentlichen diesem Dekrete an, indem § 204 insbesondere die durch § 203 ausgesprochene Verpflichtung zur Anzeige auch auf Unglücksfälle ausdehnt. Die gleichzeitige Anzeige an die nächste Polizeibehörde ist vorgeschrieben, damit die zuständige Behörde, den allgemeinen kriminalrechtlichen Vorschriften gemäß, über die etwaige Einleitung eines gerichtlichen Untersuchungsverfahrens befinden könne. Vgl. Mot. S. 110.

1075. Unter einem „Bergwerke" sind hier, wie im § 198 (s. n. 1059) nicht allein die Salinen, sondern auch die zum Werke gehörigen Hülfsbaue und Aufbereiterungs Anstalten mitverstanden. Vgl. Dekr. v. 3. Jan. 1813, Art. 11.

§ 205. Der Revierbeamte ordnet die zur Rettung der verunglückten Personen oder zur Abwendung weiterer Gefahr erforderlichen Maaßregeln an.

Die zur Ausführung dieser Maaßregeln nothwendigen Arbeiter und Hülfsmittel hat der Besitzer des Bergwerks zur Verfügung zu stellen.

Die Besitzer benachbarter Bergwerke sind zur Hülfeleistung verpflichtet.

a. [Br. 206: „Die Bergbehörde, bez. deren Hülfsbeamte und bis zum Eingreifen derselben die Polizeibehörde ordnet den Umständen nach die zur Rettung etc." Im Uebrigen gleichl., nur ist statt „dieser Maßregeln": „solcher Maassregeln" gesagt.

M. 160, G 152 gleichl.

B. 203 Abs. 2. 3: „Die genannten Behörden ordnen etc." Im Uebrigen gleichl., nur ist vor „der Besitzer des Bw.'s": „zunächst," vor „die Besitzer benachbarter Werke": „auch" eingeschaltet.

b. Vgl. die Strafvorschrift des § 207 h. l.]

1076. Der Ausdruck „schwere Verletzung" ist gleichfalls aus dem Art. 11 des Dekr. v. 1813 herübergenommen und daher um so weniger aus den §§ 193. 195. 198 des StrGB. zu erläutern.

1077. Das in n. 1074 i f. Gesagte hindert nicht, daß auch der RB., den Artt. 13. 21 des Dekr. v. 3. Jan. 1813 entsprechend, angewiesen werde, das strafrechtliche Interesse mit zu wahren, und die Ursachen des Unglücksfalls sowohl durch eigne Untersuchung als durch Zeugenvernehmung aufzuklären, um die desfallsigen Verhandlungen mit seiner gutachtlichen Aeußerung der Staatsanwaltschaft zu übersenden. Vgl. § 44 resp. 50 der Bonner, Hall. und Dortm. Instr., sowie § 172 des Entw. v. 1862 und unten n. 1079.

1078. Für den Fall, wo man zur Leiche eines bei der Bergarbeit Verunglückten nicht gelangen kann, verordnete Art. 19 des cit. Dekrets die Einsendung des über diesen Umstand aufzunehmenden amtlichen Protokolls an die Staatsanwaltschaft, damit dasselbe auf deren Betreiben, nach gerichtlicher Genehmigung, den Civilstandsregistern beigeheftet werde. Ein solches Protokoll vertrat alsdann die Stelle der Sterbeurkunde: Demolombe 1 n. 308; Richlot, princ. de dr. civ., 1 n. 188. Da diese Vorschrift durch § 244 h. l. in den linksrheinischen Landestheilen ihre Geltung verloren hat, (in dem rechtsrheinischen Gebiete des franz. Rechts galt sie ohnehin nicht,) so ist der Tod daselbst hinfüro, so oft sein Eintritt auch ohne ein förmliches Beweisverfahren keinem Zweifel unterliegt, in der gewöhnlichen Weise (Art. 78. 79 des BGB.) zu konstatiren, wogegen es in dem umgekehrten Falle nach Maßgabe der vom AH. Cöln 17. April 1845 (Rh. A. 39 I. 206) entwickelten Grundsätze, eines gerichtlichen Rektifikations- und Beweisverfahrens bedarf, damit die Aufnahme einer Sterbeurkunde stattfinden könne.

Zu § 205.

1079. Abs. 1 stellt die Kompetenz des RB. zur Anordnung der bei Unglücksfällen erforderlichen Rettungs- und Sicherungsarbeiten fest, während die näheren Bestimmungen über das Verfahren der Verwaltungsinstruktion vorbehalten sind; damit jener seine Anordnungen ausführen könne, verpflichtet Abs. 2 den Werksbesitzer, Arbeiter und Hülfsmittel zur Verfügung zu stellen, und Abs. 3, nach dem Vorgange des Dekr. v. 3. Jan. 1813, sogar die Besitzer benachbarter Werke zur Hülfeleistung; beides findet seine Rechtfertigung durch die Zwecke, für welche die Mitwirkung beansprucht wird: Mot. S. 110.

1080. § 205 weicht von seiner Quelle, dem franz. Dekrete v. 3. Jan. 1813, darin ab, daß er nur mit der Vorschrift des § 204, nicht auch mit derjenigen des § 203 in Verbindung steht, während die entsprechenden Bestimmungen des Dekrets gleich denen des Entw. v. 1862 die in beiden §§ vorgesehenen Fälle umfassen,

§ 206. Sämmtliche Kosten für die Ausführung der im § 205 bezeichneten Maaßregeln trägt der Besitzer des betreffenden Bergwerks, vorbehaltlich des Regreßanspruchs gegen Dritte, welche den Unglücksfall verschuldet haben.

[Br. 207, M. 161, G. 153 gleichl.
B. 204 gleichl., nur statt „betreffenden": „betroffenen," statt „Regreßanspruchs": „Entschädigungsanspruchs." — Art. 205 ist zu § 201 h. l mitgetheilt.]

Demgemäß sind die Worte „zur Abwendung weiterer Gefahr" in ihrem Zusammenhange mit dem übrigen Inhalte des § und mit § 204, und nicht gleichzeitig aus § 203, resp. § 196 zu erläutern. Sie beziehen sich mithin lediglich auf die Gefahren, welche den Personen drohen. Aus gleichem Grunde erstreckt sich die Pflicht zur Hülfeleistung nicht auf alle Unglücksfälle, welche in Bezug auf die im § 196 bezeichneten Gegenstände eintreten (§ 203), sondern nur auf den Fall der Verunglückung von Personen (§ 204). A. M. ist Achenb. (S. 268 resp. Z. f. BR. 8. S. 270). Allerdings kann mit Rücksicht auf die ratio legis sowohl als auf die Beziehung des § 205 zum Dekr. v. 1813 bezweifelt werden, ob bei dem Gesetzgeber die bestimmte Absicht vorgewaltet habe, die Tragweite jenes § so zu beschränken, wie es in dieser Note geschehen ist. Gleichwohl dürfte der Wortlaut des §, und die Stelle, welche ihm im BG. angewiesen wurde, eine andere Deutung schwerlich zulassen. Vgl. auch die Art. 203. 209 des Bayer. BG.

1081. Ueber die Art und Weise, wie die Hülfe von den Nachbarn zu leisten ist, vgl. § 205 Abs. 2 und Art. 17 des Dekr. v. 1813.

1082. Ist der RB. nicht sofort zur Stelle, so hat die Ortspolizeibehörde die ihm im § 205 zugetheilten Funktionen auszuüben; außerdem sind aber auch die Betriebsbeamten nach § 73 zur eigenen Ausführung der im § 205 Abs. 1 erwähnten Maßregeln bis zum Eintreffen der Behörde verpflichtet. Vgl. Huyssen S. 116, Klost. n. 432 und unten n. 1084.

1083. Die auf Uebertretung des § 205 [Abs. 2 und 3] gesetzte Strafe des § 207 setzt immer eine (schriftliche oder mündliche) Aufforderung des zuständigen RB. voraus. Die Nichtbeachtung unterwirft jener Strafe nicht blos die im Abs. 2 und 3 genannten Werksbesitzer, sondern auch die renitenten Werksbeamten und Arbeiter. Andere Personen sind nach Umständen auf Grund des § 340 Nr. 7 des StrGB. zu verfolgen, diese letztere Bestimmung kommt auch dann zur Anwendung, wenn die Unfolgsamkeit zwar obigen Werksbesitzern, Werksbeamten oder Arbeitern zur Last liegt, diese aber nicht von dem RB., sondern von der Ortspolizei aufgefordert wurden. Beim Mangel jeder polizeilichen Aufforderung findet keine strafrechtliche Verfolgung auf Grund obiger Gesetzesstellen statt. Vgl. Oppenhoff StrGB. § 340 n. 25, Huyssen S. 116, Klost. n. 432.

1084. Mit dieser strafrechtlichen Verantwortlichkeit konkurrirt unter Umständen auch eine civilrechtliche, nemlich die Verpflichtung zum Schadensersatze. Ja es sollen die benachbarten Werksbesitzer nach der französischen Doktrin und Achenb. (S. 268 resp. Z. f. BR. 8. S. 270) wegen Versagung der Hülfe selbst dann zum Schadensersatze verbunden sein, wenn die Aufforderung nicht von der Behörde, sondern von dem Besitzer des durch den Unglücksfall betroffenen Bw.'s ausging; vgl. auch Huyssen S. 116, Klost. n. 432,

Zu § 206.

1085. Die hier in Uebereinstimmung mit Art. 20 des Dekr. v. 3. Jan. 1813 ausgesprochene Verpflichtung des Bw.'s-Besitzers rechtfertigt sich dadurch, daß die Kosten in seinem unmittelbarem oder mittelbarem Interesse aufgewendet werden: Mot. S. 111 (der cit. Art. 20 spricht speziell von denjenigen Kosten, welche die zur Rettung der Beschädigten, Ertrunkenen oder Erstickten angewendeten Mittel erfordern, und von der Wiederherstellung der Baue.) Jene Kosten sind wenigstens insoweit sie der Behörde selbst erwuchsen, im Verwaltungswege einzuziehen (§ 194).

Dritter Abschnitt.

Von den Uebertretungen bergpolizeilicher Vorschriften.

§ 207. Uebertretungen der Vorschriften in den §§ 4. 10. 66. 67. 69. 71. 72. 73. 74. 80. 85. 93. 163. 200. 201. 203. 204 und 205 werden mit Geldbuße bis zu funfzig Thalern bestraft.

In den Fällen der §§ 67 und 69, sowie 73 und 74 tritt diese Strafe auch dann ein, wenn auf Grund der §§ 70 und 75 der Betrieb von der Bergbehörde eingestellt wird.

[Br. 208: „Uebertretungen der generellen Vorschriften in den §§ 4. 68. 69. 71. 73 bis 76. 82. 87. 96. 166. 201. 204 und 205 etc." Im Uebrigen gleichl.

M. 162 Abs. 1. 2: „Uebertretungen der Vorschriften in den Art. 4. 10. 66. 67. 69. 71. 72 73. 74. 81. 84. 142. 155. 156. 158 159 und 160 etc." Im Uebrigen gleichl. — Abs. 3 gleichl. mit § 208 Abs. 2. — Abs. 4: „Die Bestimmungen im Art. 59 des Gewerbegesetzes v 16. Juni 1862 werden durch die vorstehenden Vorschriften nicht aufgehoben."

G. 154 Abs. 1: „Uebertretungen der Vorschriften in den §§ 4. 10. 68. 69. 120. 147. 150. 151. 152 werden mit Geldbusse bis zu 50 Thlr. oder entsprechendem Gefängniss, Uebertretungen der Vorschriften in den §§ 61. 62. 64. 66. 67. 75. 84. 146 mit Geldbusse bis zu 10 Thlr. oder 14 Tagen Gefängniss bestraft" — Abs 2 gleichl.

B. 206: „Die Uebertretungen dieses Gesetzes oder der in demselben vorgesehenen Verordnungen und oberpolizeilichen Vorschriften sind Polizeiübertretungen. — Auf dieselben finden die allgemeinen Bestimmungen des Pol.-Str.-GB. Anwendung." — 207: „Die Aburtheilung erfolgt in dem für Uebertretungen gesetzlich angeordneten Verfahren durch den ordentlichen Richter." — 208: „An Geld bis zu 150 Gulden wird der Bw.'seigenthümer oder dessen Stellvertreter bestraft: 1) wenn er ohne Anzeige oder eigenmächtig vor Ablauf der 30tägigen Frist das Bw. in Betrieb setzt (Art. 64); 2) wenn er das Bw. in Betrieb setzt, ohne der Bergbehörde einen Betriebsplan vorgelegt zu haben (Art. 65), oder ehe der Betriebsplan von der Bergbehörde ausdrücklich oder stillschweigend genehmigt ist (Art. 66), oder wenn er von dem genehmigten oder festgestellten Betriebsplane eigenmächtig abweicht, ohne durch unvorhergesehene Ereignisse entschuldigt zu sein und ohne in diesem Falle rechtzeitig Anzeige gemacht zu haben (Art. 67); 3) wenn er den Betrieb trotz Einstellungsbeschluss der Bergbehörde fortsetzt (Art. 68); 4) wenn er die Anzeige über Betriebseinstellung nicht oder nicht rechtzeitig macht (Art. 69); 5) wenn er den Vorschriften des Art. 70 über Anfertigung, Ergänzung oder Ablieferung des Grubenbildes zuwiderhandelt; 6) wenn er die Leitung oder Beaufsichtigung des Bw.'s Personen überlässt, deren Befähigung nicht anerkannt ist (Art. 71 72); 7) wenn er unterlässt, die zur Leitung oder Beaufsichtigung des Bw.'s angenommenen Personen der Bergbehörde namhaft zu machen (Art. 72); 8) wenn er vom Erlass einer Arbeiterordnung nicht oder nicht rechtzeitig Anzeige macht (Art. 78); 9) wenn er Bergarbeiter aufnimmt, ohne sich die im Art 83 vorge-

---

Zu § 207.

1086. Indem das BG. sowohl für die Uebertretung seiner eigenen, eines strafrechtlichen Schutzes bedürftigen Bestimmungen (§ 207), als auch für die Uebertretung bergpolizeilicher Vorschriften und Anordnungen der Behörden (§ 208) die schriebenen Zeugnisse vorlegen zu lassen; 10) wenn er die in Art. 84 vorgesehene Arbeiterliste zu führen unterlässt oder dieselbe vorsätzlich unrichtig führt oder deren Vorlage an die Bergbehörde verweigert; 11) wenn er in einem Bw., dessen Eigenthum er verloren hat oder aufgiebt, Zimmerung oder Mauerung ohne oder gegen die Entscheidung der Bergbehörde wegnimmt (Art. 165); 12) wenn er kein Zechenbuch führt oder Einträge in dasselbe zu machen unterlässt oder vorsätzlich unrichtig macht, oder die gebotene Bekanntmachung bergpolizeilicher Vorschriften an die Arbeiter zu bewirken unterlässt (Art. 201)." — 209: „An Geld bis zu 150 Gulden wird ferner bestraft: 1) wer an Orten schürft, wo dies untersagt ist, oder wer gegen Verbot der Bergbehörde im freien oder verliehenen Felde schürft, oder wer dies ohne die erforderliche Einwilligung des Grundbesitzers thut (Art. 4 und 10), ferner 2) der Betriebsführer oder dessen Stellvertreter, welcher die sofortige Anzeige einer eingetretenen Gefahr (Art. 202) oder eines Unglücksfalls (Art. 203) unterlässt; endlich 3) wer seinen Obliegenheiten zur Rettung bei Unglücksfällen oder zur Hilfeleistung hiebei nicht nachkommt (Art. 203)." — 210. „Die Bestrafung tritt bei den in Art. 208 Ziffer 2. 3 und 6 bezeichneten Uebertretungen auch dann ein, wenn auf Grund der Art. 68 oder 73 der Betrieb des Bw.'s von der Bergbehörde eingestellt wurde." — Die Artt. 211 und 212 enthalten Strafvorschriften nach dem Vorbilde des Preuß. Ges v. 26. März 1856. — 211: „Wer ohne die nach dem gegenwärtigen Gesetze erforderliche Befugniss erlangt zu haben, bergbauliche Anlagen zur Gewinnung der in Art. 1 bezeichneten Mineralien macht oder ohne bergbauliche Anlagen zu Tag anstehende Mineralien in der Absicht wegräumt, um sich dieselben anzueignen, wird in dem ersteren Falle mit einer Geldstrafe bis zu 150 Gulden, im anderen bis zu 100 Gulden bestraft. In Rückfällen kann damit eine Arreststrafe bis zu 14 Tagen verbunden werden — Die Bergbehörde ist berechtigt, vorbehaltlich der Strafverfolgung die unbefugte Gewinnung dieser Mineralien abzustellen." — 212: „Wer bei Benützung seines Bw.'seigenthums fahrlässiger Weise die Grenzen seines Grubenfeldes überschreitet, wird mit einer Geldbusse bis zu 25 Gulden bestraft. — Geschieht eine solche Ueberschreitung der Grenze vorsätzlich, so tritt gegen den Eigenthümer oder dessen Stellvertreter Geldstrafe bis zu 150 Gulden ein. Im Rückfalle kann hiemit eine Arreststrafe bis zu 14 Tagen verbunden werden. — 213: „In den Fällen der Art. 211 und 212 unterliegen die widerrechtlich gewonnenen Mineralien vorbehaltlich der Rechte Dritter der Confiscation. — Alle nach den Bestimmungen des gegenwärtigen Gesetzes erkannten Geldstrafen fliessen in die treffende Knappschaftsvereinskasse" — 214: „In den Fällen der Art. 208. 209. 211 und 212 bleibt die strafrechtliche Verfolgung des Schuldigen vorbehalten, soferne die That nach ihrem Erfolge unter ein Strafgesetz fällt."]

---

gleiche Strafe androht, hat es den Art. 96 des franz. Gesetzes v. 21. April 1810 zum Vorbilde gehabt. Es unterscheidet sich von diesem Art. nur in Betreff des Strafmaßes, indem es den schwereren und zwar zuchtpolizeilichen Strafen desselben eine bloße Geldbuße bis zu 50 Thlrn substituirt. Dies hat jedoch die wichtige Folge, daß alle Zuwiderhandlungen gegen bergpolizeiliche Vorschriften als „Uebertretungen" im Sinne des StrGB. § 1 charakterisirt sind, und daß daher nicht blos die materiellen Vorschriften, welche das StrGB. in den §§ 332ff. über „Uebertretungen", z. B. bezüglich [des Strafminimums,] der Umwandlung der Geld- in Gefängnißstrafe 2c. enthält, sondern auch die prozessualischen Vorschriften über das einfache sowie beschleunigte Untersuchungsverfahren bei Uebertretungen für die Bergpolizei ebenfalls gelten. Vgl. Mot. S. 112.

1087. Demgemäß ist die Strafbarkeit der nach den §§ 207. 208 zu beurtheilenden Uebertretungen regelmäßig nicht durch den Nachweis eines Dolus, son-

§ 208. Uebertretungen der von den Bergbehörden bereits erlassenen, sowie der von den Oberbergämtern auf Grund des § 197 noch zu erlassenden Polizeiverordnungen unterliegen der Strafe des § 207.

---

dern nur durch Zurechnungsfähigkeit im Allgemeinen bedingt; s. §§ 40—44 des StrGB. Aus gleichem Grunde finden hier die Grundsätze wegen Rückfalls und Begünstigung keine Anwendung, während hinsichtlich der Verjährung § 339 ib. gilt. Hierbei kommt jedoch in Betracht, daß, wenn Uebertretungen eine dauernde Verletzung des Gesetzes enthalten, wenn bei ihnen also nicht etwa blos die durch die strafbare Handlung, resp. Unterlassung hervorgebrachte Wirkung, sondern die verpönte Handlung oder Unterlassung selbst fortdauert, die Verjährungsfrist erst mit dem Aufgeben des rechtswidrigen Verhaltens zu laufen beginnt. Vgl Oppenhoff StrGB. S. 594 n. 2. 4; § 339 n. 5. Im Falle der idealen Konkurrenz einer Uebertretung im Sinne des § 207 mit einem Vergehen ist die Anwendbarkeit des § durch § 55 des StrGB. von vorneherein ausgeschlossen.

1088. Uebertretungen der im § 207 bezogenen Gesetzesvorschriften sind nur solche Handlungen oder Unterlassungen, welche ein unmittelbar in denselben enthaltenes Verbot, resp. Gebot verletzen. Demgemäß fallen Zuwiderhandlungen gegen den Willen des Gesetzgebers, wie er sich für andere als die dort speziell vorgesehenen Fälle arg. e contrario jener §§ oder aus sonstigen Rückschlüssen ableiten läßt, der Strafbestimmung des § 207 nicht anheim; vgl. n. 432 bis.

1089. Die Strafbestimmung des § ist stets nur wider die Bergbautreibenden ꝛc., nicht auch wider die Bergbehörde gerichtet. Insofern daher in den dort bezogenen §§, wie z. B. in den §§ 200. 205 besondere Verpflichtungen dem RB auferlegt sind, kann deren Verabsäumung nur disziplinarisch geahndet werden.

1090. Zur Erläuterung des § 207 Abs. 1 im Einzelnen vgl. die Noten zu den dort citirten §§, ferner n. 473. 474 und die Art. 208. 209 des Bayer. BG, welche füglich als Kommentar jenes Abs. 1 dienen können. Wenn es auch nicht an einzelnen Verschiedenheiten unter den beiderseitigen Gesetzen fehlen mag, so stimmen dieselben doch darin überein, daß sie das Schürfen auf fremden Grundstücken ohne Erlaubniß (§§ 5. 8 h. l.), abgesehen von den Fällen des § 4 Abs 3 nicht mit Strafe bedrohen. Vgl. n. 1247.

1091. Abs. 2 beruht darauf, daß die Betriebseinstellung eben keine Strafe, sondern eine bloße Exekutivmaßregel darstellt. Aus gleichem Grunde wird durch die amtliche Ausführung einer bergpolizeilichen Vorschrift, resp. Anordnung auf Kosten des Verpflichteten (§ 202) die strafrechtliche Verfolgung nicht ausgeschlossen. Dagegen ist es unstatthaft, exekutivische Strafbefehle (§ 48 Nr. 2 der VO. v 26. Dez. 1808) neben der Strafe des § 207, oder gar an Stelle derselben zu verhängen; vgl. MR. v. 15. März 1869 (VMBl. S. 74) und unten n. 1097.

Zu § 208.

1092. Ueber das Verhältniß des § 208 zur franz. Berggesetzgebung, welches namentlich in Betreff des Abs. 2 scharf hervortritt, vgl. 1058 und 1097. Die Ausdehnung des § 208 auf die von den Bergbehörden bereits erlassenen [im § 245 Abs. 3 ausdrücklich aufrechterhaltenen] Bergpolizeiverordnungen erfolgte deshalb, weil kein innerer Grund vorlag die Uebertretung gewisser bergpolizeilicher Vorschriften mit abweichenden und insbesondere mit den höheren Strafen des Art. 96 des Ges. v. 1810 zu belegen, wenn diese Vorschriften bereits in den für einzelne Bezirke bestehenden Bergpolizeiverordnungen getroffen waren; zudem konnte es nicht in der Absicht liegen, von der Aufhebung jenes Gesetzes nur die Strafbestimmung des Art. 96 auszunehmen. Vgl. Mot. S. 112.

1093. Dem zuletzt Gesagten zufolge entspricht es der Absicht des Gesetzes, wenn man die Strafe des § 207 derjenigen des cit. Art. 96 in allen Fällen substituirt erachtet, mithin auch da, wo letztere Strafe nicht auf einer bloßen BPVO, beruht, sondern durch ein förmliches Gesetz angedroht wird. — Andererseits folgt

Dieselbe Strafe findet bei Uebertretungen der auf Grund der §§ 198 und 199 getroffenen polizeilichen Anordnungen Anwendung.

[Br. (vacat, gleich dem § 197 h. l.)
M. 162 Abs. 3 gleichl. mit Abs. 2 h. l. (Abs. 1 h. l. vacat.)
G. 155: „Uebertretungen der von Bergbehörden bereits erlassenen, sowie der auf Grund des § 143 noch zu erlassenden Polizeiverordnungen unterliegen einer Strafe bis zu 10 Thlrn oder 14 Tagen Gefängniss, soweit nicht eine höhere Strafe ausdrücklich angedroht ist. — Dieselbe Strafe findet bei Uebertretungen der auf Grund der §§ 144. 145 und 149 getroffenen polizeilichen Anordnungen Anwendung."
B. 206 Abs. 1 (mitgetheilt zu § 207 h. l.)]

---

aus dem Obigen, daß § 208 von älteren Bergpolizei-Verordnungen nur eigentliche Straf-Verordnungen im Auge hat, mithin diejenigen Verordnungen, deren Uebertretung bisher keine Strafe nach sich zog, nicht in sich begreift. Vgl. Klost. n. 650. 451.

1094. § 208 gilt, gleich dem § 245 Abs. 3, nur von solchen älteren Verordnungen, welche nach Maßgabe des unter n. 1052 Gesagten rechtsgültig erlassen sind. Aus §§ 208 und 245 läßt sich also nicht folgern, daß ältere, von den Bergbehörden außerhalb ihrer Kompetenz erlassene Verordnungen nunmehr wirksam seien, sollten sie auch, wenn sie unter der Herrschaft des BG. erlassen wären, in den Kreis jener Kompetenz fallen. Andererseits ist § 208 in Anbetracht dessen, daß § 245 ältere Verordnungen nur, soweit sie nicht mit dem BG. in Widerspruch stehen, aufrecht erhält, auf diejenigen Verordnungen zu beschränken, deren Gegenstand auch nach Maßgabe des BG. (§§ 196. 197) als ein bergpolizeilicher sich darstellt, beispielsweise daher nicht auf solche anzuwenden, welche im Interesse der Nachhaltigkeit des Bergbaus erlassen wurden.

1095. Die älteren in Kraft stehenden Bergpolizei-Verordnungen sind ebensowohl bei Herstellung eines Hülfsraus im fremden Felde, wie bei dem Grubenbetriebe zu beachten: ME 23. Okt. 1867 (Z. f. BR. 9. S. 210).

1096. Wie die älteren Bergpolizeiverordnungen, sofern sie überhaupt in Kraft blieben, darin wenigstens durch § 208 abgeändert wurden, daß an Stelle der auf ihre Uebertretung gesetzten Strafen die des § 207 traten, gleichviel, ob jene früheren Strafen strenger oder milder waren, ebenso sind die Vorschriften der §§ 207. 208 über das Strafmaß für die von den Behörden neu zu erlassenden Verordnungen unbedingt maßgebend. Denn das Gesetz entzieht der Verordnungsgewalt der Behörden die nähere Abgrenzung des Strafmaßes eben dadurch, daß es selbst über diesen Gegenstand allgemein gültige Bestimmungen trifft, während die Mot. S. 112 noch ausdrücklich hervorheben, daß die Arbitrirung der Strafe innerhalb des gesetzlichen Maximums von 50 Thlrn nach Maßgabe des § 335 des StrGB.'s Sache des Strafrichters sei. Es ist daher nicht allein unstatthaft, größere oder andere Strafen, z. B. die Konfiskation einzelner Gegenstände, anzudrohen, oder ein höheres Strafminimum als dasjenige von 10 Groschen Geldbuße festzusetzen, sondern auch, das Strafmaximum von 50 Thlrn. zu ermäßigen Wenn die Praxis des OT. bei Auslegung der analogen Vorschriften des Ges. v. 11. März 1850 zu theilweise anderen Resultaten gelangt ist (vgl. Oppenhoff StrGB. § 332 n. 52ff.), so wird dies durch die unter den beiderseitigen Vorschriften nach Fassung und Inhalt bestehenden Verschiedenheiten zur Genüge erklärt. Gleichwohl weicht eine BPVO. des OBA.'s Halle v. 30 Juli 1866 (M. Z. 14. S. 288) von dem Vorgesagten darin ab, daß sie unter Bezugnahme auf § 207 eine Geldbuße bis zu 10 (statt bis zu 50) Thlrn androht. — Eine das zuläsige Strafmaß überschreitende VO. ist darum nicht ungültig, vielmehr muß die Strafe in dem geringeren, gesetzlichen Maße verhängt werden: OT. 14. Okt. 1864 (Oppenhoff Rechtsp. 5. S. 174).

1096bis Eine besondere Strafandrohung oder die Bezugnahme der §§ 207. 208 braucht in der BPVO. nicht enthalten zu sein, da das BG. die desfallige Vorschrift des Ges. v. 19. Juni 1861 nicht wiederholt und im § 208 allge-

§ 209. **Ueber die Uebertretungen der bergpolizeilichen Vorschriften (§§ 207 und 208) sind von dem Revierbeamten Protokolle aufzunehmen.**

---

mein jene Androhung ergänzt. Ebensowenig ist die Anwendung des § 208 Abs. 2 durch eine seitens der Behörde erfolgte Strafandrohung bedingt.

1097. Während den rechtsrheinischen Bergbehörden zur Vollstreckung ihrer für Einzelfälle erlassenen bergpolizeilichen Anordnungen ehedem die gewöhnlichen Exekutionsmittel, insbesondere also auch der Erlaß und die Vollstreckung von Strafbefehlen zu Gebote standen, war die Befolgung solcher Anordnungen auf der linken Rheinseite dadurch gewährleistet, daß die Uebertreter derselben den generell für Bw.'s-Kontraventionen geltenden und von den Gerichten zu handhabenden Strafen anheimfielen; s. Art. 96 des Ges. v. 21. April 1810. Das BG. hat im § 208 Abs. 2 das letztere System adoptirt. Hiermit ist denn auch der Erlaß von Strafbefehlen, soweit es sich um Anordnungen im Sinne der §§ 198. 199 handelt, allgemein ausgeschlossen. Dies wird zwar im BG. nirgends gesagt; ebensowenig sprechen sich die Motive zu § 208 hierüber aus, während jener Strafgewalt, welche dem OBA. in anderen Angelegenheiten unzweifelhaft zusteht, bei Erläuterung der §§ 198. 199, mithin gerade im Hinblicke auf die hier fragliche Materie sogar ausdrücklich gedacht ist; s. Mot. S. 108. Inzwischen ergiebt der unmittelbar folgende Satz, daß der Umfang und die Formen der Ausübung der exekutiven Gewalt in Bezug auf bergpolizeiliche Anordnungen unmittelbar durch das BG. selbst geregelt werden sollten. Die einschlägigen Bestimmungen des 9. Titels enthalten nun aber Nichts über exekutivische Strafbefehle, ja sie sind mit dem Fortbestande der desfallsigen Befugniß unverträglich. Hinsichtlich der weitaus meisten Fälle der executio ad faciendum folgt dies bereits aus dem unter n. 1071 Gesagten. Gemeinsam für alle Fälle, insbesondere auch für diejenigen der executio ad omittendum, ist dagegen der Gesichtspunkt, daß die Vollstreckung eines Strafbefehls doch immerhin die konsumirte Uebertretung der bergpolizeilichen Anordnung, mithin dieselbe Handlung, resp. Unterlassung zur Voraussetzung hat, welche auch die Anwendbarkeit des § 208 Abs. 2 bedingt, daß aber die gleichzeitige Handhabung einer zwiefachen Strafgewalt aus demselben Anlasse und mehr oder weniger sogar zu demselben Zwecke dem Grundsatze „non bis in idem" zuwiderläuft. Letzteres wird auch von Klost. n. 423. 446 anerkannt, er folgert hieraus aber nicht die Unstatthaftigkeit jener Strafbefehle, sondern die Unstatthaftigkeit eines strafgerichtlichen Verfahrens für solche Fälle, wo das OBA. von jenen Exekutivmaßregeln Gebrauch gemacht habe. Dies widerstreitet jedoch der ausdrücklichen Vorschrift des § 208 sowohl als dem Grundsatze der Unabhängigkeit der beiderseitigen Behörden. Wie ließe es sich aber auch erklären, daß die Uebertretung einer bergpolizeilichen Anordnung auf strafrechtlichem Wege nur mit höchstens 50 Thalern geahndet werden kann, wenn die Verwaltung befugt wäre, wegen derselben Handlung, resp. Unterlassung eine Geldbuße von 100 Thalern oder eine prinzipale Gefängnißstrafe von 4 Wochen zu verhängen? Im Uebrigen vgl. n. 1091 und Klost. n. 382.

1097 bis. Die Anwendung des § 208 Abs. 2 wird arg. § 201 bezüglich der gemäß § 199 getroffenen Anordnungen durch deren nachträgliche Bestätigung nicht bedingt; die strafrechtliche Verfolgung braucht daher jene Bestätigung nicht abzuwarten, noch fällt dieselbe weg, wenn das OBA. statt dessen die Anordnung wieder aufhebt. A. M. ist in letzterer Hinsicht Wachler (Z. f. BR. 10. S. 43), weil die Aufhebung ex tunc wirke; vgl. jedoch Klost. n. 419.

Zu § 209.

1098. Da § 209 nur die Uebertretungen der bergpolizeilichen Vorschriften betrifft, so verbleibt es hinsichtlich aller sonstigen Uebertretungen, der Vergehen und Verbrechen, sowie deren Konstatirung und Bestrafung bei den allgemeinen gesetzlichen Bestimmungen: Mot. S. 113. Vgl. n. 1074. 1077.

1099. Die Vorschriften dieses § über das Verfahren entsprechen den bereits früher im Gebiete des rheinischen Rechts geltenden Grundsätzen, während sie für die übrigen Theile des damaligen Staatsgebiets die dort dem RB. zustehende Befugniß zu vorläufigen Straffestsetzungen (s. n. 1041) in Wegfall brachten. Vgl. Mot.

Diese Protokolle werden der Staatsanwaltschaft zur Verfolgung übergeben.

Die Entscheidung steht den ordentlichen Gerichten zu. Dieselben haben hierbei nicht die Nothwendigkeit oder Zweckmäßigkeit, sondern nur die gesetzliche Gültigkeit der von den Bergbehörden erlassenen polizeilichen Vorschriften zu prüfen.

[Br. 209 Abs. 1: „Die Uebertretungen der bergpolizeilichen Vorschriften (§ 208) sind der Staatsanwaltschaft zur Verfolgung anzuzeigen.“ Abs. 2 gleichl., mit Abs. 3 h. l., nur statt „oder“: „und,“ statt „den Bergbehörden“: „der Bergbehörde.“ — 210: „Die in diesem Ges. angedrohten Strafen sind als Polizeistrafen im Sinne des Polizei-Str.GB. anzusehen, dessen Bestimmungen auf dieselben Anwendung finden.“

M. (vacat.)

G. 156 Abs. 1 gleichl., Abs. 2: „Diese Protocolle werden dem Bergamte vorgelegt, welches je nach der Höhe der Strafandrohung entweder selbst das Weitere verfügt oder die Protocolle zur weiteren Verfolgung an das zuständige Gericht abgiebt“ Abs. 3: „Die Gerichte haben hierbei etc.“ (im Uebrigen gleichl.) — 157: „Die von dem Bergamte erkannten Strafen werden an die Knappschaftskasse abgewährt.

B. 207, mitgetheilt zu § 207 h. l. (Abs. 1 h. l. vacat.)]

S. 112 Unter der Staatsanwaltschaft werden im Abs. 2 die Polizeianwälte verstanden. Auch im Gebiete des rheinischen Rechts sind die Protokolle direkt an diese, und nicht, wie Huyssen S. 117 meint, an den Oberprokurator abzugeben. Die Abgabe des Protokolls muß hier, gemäß Art. 139 ff. der Rheinischen StrPO., an denjenigen Polizeianwalt erfolgen, in dessen Bezirk die Uebertretung begangen wurde, während im Gebiete der VO. v. 3. Jan. 1849, zufolge Art. 2 des Ges. v. 3. Mai 1852, die Einsendung ebensowohl an den Polizeianwalt des Wohnsitzes, bez. Aufenthaltsortes des Kontravenienten geschehen kann. Hinsichtlich der Beweiskraft der Protokolle des RB. bewendet es bei den allgemeinen Regeln, welche für das Gebiet des rheinischen Rechts im Schlußsatze des Art. 154 der StrPO. enthalten sind, da die RB. nicht zu denjenigen Beamten gehören, die vom Gesetze die Gewalt erhalten haben, Vergehen und Uebertretungen bis zur Fälschungsklage zu konstatiren; die Affirmirung der Protokolle ist dort nicht mehr nöthig. — Der RB. ist arg. § 4 der VO. v. 3. Jan. 1849 gehalten, etwaigen Requisitionen des Polizeianwalts wegen Vervollständigung der polizeilichen Ermittelungen Folge zu leisten.

1100. Der Schlußsatz des § wiederholt die gleiche Vorschrift im § 17 des Ges. v. 11. März 1850, welche bereits durch § 11 des Ges. v. 10. Juni 1861 auf die Bergpolizeiverordnungen der Oberbergämter ausgedehnt wurde: Mot. S. 113. Da der cit. § 17 den Gerichten nur gestattet, die gesetzliche Gültigkeit der Polizeiverordnungen nach den §§ 5. 11. 15 ib in Erwägung zu ziehen, so hat man mitunter angenommen, daß den Gerichten die Prüfung der gesetzlichen Gültigkeit nach anderen Richtungen hin entzogen sei. Es wurde demgemäß bei der Kommissionsberathung des HH. angeregt, ob nicht auch im BG. der richterlichen Kognition eine solche Grenze gezogen werden solle. Die Kommission (KB. I. S. 64) hielt jedoch dafür, daß ein Bedürfniß hierzu nicht vorliege. Die richterliche Kognition ist daher dem Wortlaute des § entsprechend in der vorgedachten Hinsicht unbeschränkt.

1101. Um so unbedenklicher sind die Gerichte so befugt wie verpflichtet, zu prüfen, ob die angerufene Verordnung sich ihrem Gegenstande nach innerhalb der gesetzlichen Grenzen gehalten habe, sich mithin auf einen der im § 196 aufgezählten Gegenstände beziehe, und zwar selbst dann, wenn in der Verordnung einer dieser Gegenstände als Grund, resp. Zweck derselben ausdrücklich bezeichnet sein sollte. Vgl. Oppenhoff StrGB. § 332 n. 64.

Zehnter Titel.
Provinzialrechtliche Bestimmungen.

§ 210. In denjenigen Landestheilen, in welchen das unter dem 19. April 1844 publizirte Provinzialrecht für Westpreußen Anwendung findet, sind nur Steinsalz und Soolquellen den Bestimmungen des gegenwärtigen Gesetzes unterworfen.

1102. Zweifelhaft ist es dagegen, ob die Gerichte in Bezug auf bergpolizeiliche Anordnungen für einzelne Fälle das Bestehen einer Gefahr im Sinne des § 198, resp. einer dringenden Gefahr im Sinne des § 199 zu prüfen haben, oder ob dieser Punkt nicht vielmehr die Nothwendigkeits-, resp. Zweckmäßigkeitsfrage berühre, und um deswillen von der richterlichen Kognition ausgeschlossen sei. Der Verfasser ist zwar auch hier geneigt, sich zu Gunsten der richterlichen Kompetenz auszusprechen; die entgegengesetzte Ansicht findet jedoch durch ein Erkenntniß des Rhein. Cass.-Hofs v. 27. Jan. 1830 (Rh. Arch. 14. II, 14) Unterstützung. Vgl. Oppenhoff Ress.-Ges. S. 32 n. 72.

1103. Zur richterlichen Kognition gehört ferner die Frage, ob die Bekanntmachung der bergpolizeilichen Vorschrift dem § 197, resp. § 200 gemäß, erfolgt sei. Diese Kognition kann dem Gericht nicht durch eine allgemeine Bescheinigung der Bergbehörde, daß die Bekanntmachung vorschriftsgemäß stattgefunden habe, entzogen werden. Vgl. Oppenhoff StrGB. § 332 n. 64 und oben n. 1065.

1104. Die Frage, welcher Sinn einer bergpolizeilichen Anordnung (§§ 198. 199) beiwohne, ist rein thatsächlicher Natur und daher in der Nichtigkeitsinstanz nicht mehr zu erörtern, während von der Auslegung allgemeiner Bergpolizeiverordnungen (§ 197) das Gegentheil gilt; s. oben n. 1056.

Zum zehnten Titel.

1105. Von der Aufhebung des Partikularbergrechts nimmt dieser Titel einzelne provinzialrechtliche Bestimmungen aus. Abgesehen von § 214, welcher gewisse linksrheinische Steingewinnungen einzelnen Vorschriften des BG. unterwirft, handeln jene Bestimmungen von denjenigen Mineralien, die partikularrechtlich in einzelnen rechtsrheinischen Landestheilen vom Bergregale ausgenommen waren, indem sie behufs Schonung der bestehenden Besitz- und Rechtsverhältnisse die Anwendbarkeit des BG. auf jene Mineralien theils ganz ausschließen, theil auf gewisse Materien beschränken; vgl. Mot. S. 114.

1106. Die Zahl der provinzialrechtlichen Vorschriften ist, abgesehen von dem an Stelle der §§ 212. 213 getretenen Ges. v. 22. Febr. 1869, durch die verschiedenen Verordnungen vermehrt worden, welche das BG. in die neuerworbenen Landestheile einführen. Diese Verordnungen unterscheiden sich jedoch von den Vorschriften des 10. Titels sehr wesentlich nach ihrem Gegenstande, indem sie nicht blos mehrfache Ausnahmen von dem § 1 h. l. begründen, sondern auch manche andere Bestimmungen des BG. theils abändern, theils ergänzen. [Das Braunschw., Meining., Goth. und Bayer. BG. enthalten keine provinzialrechtlichen Vorschriften der hier fraglichen Art.]

Zu § 210.

1107. Nach § 82 der Westpreuß. Provinzialrechts v. 19. April 1844 (GS. 1844 S. 103; 1857 S. 87) sind nur Steinsalz und Soolquellen als regal zu betrachten und vom gemeinen Verkehr ausgeschlossen; § 210 Abs. 1 erhält diesen Rechtszustand aufrecht: Mot. S. 114. Der Bereich des Provinzialrechts umfaßt, dem Publikationspatente v. 19. April 1844 §§ 1. 2 (GS. S. 103) und dem Ges. v. 16. Febr. 1857 (GS. S. 87) zufolge, diejenigen Theile der Provinz Preußen, welche im Jahre 1806 zu Westpreußen gerechnet wurden, mit Einschluß des Thor-

Auf den Braunkohlenbergbau in diesen Landestheilen sollen jedoch der dritte Abschnitt des dritten Titels (von den Bergleuten), der siebente Titel (von den Knappschaftsvereinen) und der neunte Titel (von der Bergpolizei) Anwenduug finden.

[Vgl. Ges. v. 4. August 1865 Art. 3 (GS. S. 873), referirt unter n. 1107.]

§ 211. Von den Bestimmungen des gegenwärtigen Gesetzes sind ausgenommen die Eisenerze

---

ner Kreises in seiner jetzigen Begrenzung, jedoch mit Ausschluß der zum früheren Marienwerderschen Kreise gehörigen Landestheile sowie der Stadt Danzig nebst deren Gebiet, wie solches im Jahre 1793 mit dem Staate vereinigt wurde. Ueber diesen Bereich hinaus hat Art. 3 des Ges. v. 4. Aug. 1865 die Geltung des § 210 auf einzelne Theile der Provinz Pommern, nämlich die Kreise Lauenburg und Bütow, sowie die früher zu Westpreußen gehörig gewesenen Ortschaften der Kreise Belgard, Dramburg und Neustettin ausgedehnt.

1108. § 210 versteht unter dem Steinsalze die mit demselben auf der nämlichen Lagerstätte vorkommenden Salze (§ 1) mit. Vgl. Huyssen S. 118 und oben n. 20.

1109. Ohne an dem ausschließlichen Verfügungsrechte des Grundeigenthümers über die Braunkohle etwas zu ändern, ordnet § 210 Abs. 2 für diesen, im Wesentlichen noch der Zukunft angehörigen Bergbau von vorne herein die Arbeiterverhältnisse und die polizeiliche Beaufsichtigung nach denselben Grundsätzen welche bereits für den Braunkohlenbergbau in den sächsischen Landestheilen [§ 213] als zweckmäßig erkannt wurden: Mot. S. 114. Im Uebrigen vgl. oben n. 991. Wenn Klost. n. 453 über das dort Gesagte hinaus, sogar die §§ 66. 67. 69. 71—74 h. l. auf den Westpreußischen Braunkohlenbergbau angewendet wissen will, so wird dies durch die Allegirung obiger §§ im § 207 noch keineswegs gerechtfertigt. § 207 ergänzt jene §§ wie mehrere andere und unter letzteren die auf den Westpreußischen Braunkohlenbergbau offenbar unanwendbaren §§ 4. 10. 163 durch Verpönung der Uebertretung derselben; er enthält daher eine blos accessorische Vorschrift, deren Anwendbarkeit selbstredend nur soweit reicht, als die Anwendbarkeit jener anderen §§ schon an sich feststeht. Eher ließe sich Klost.'s Meinung aus § 196 herleiten, denn obschon dieser § die §§ 66 ff. nicht ausdrücklich in Bezug nimmt, so besteht dennoch unter ihnen die engste Wechselbeziehung; s. n. 1045. Inzwischen hat die mit § 210 Abs. 2 gleichlautende Vorschrift des § 213 stets die entgegengesetzte Auslegung gefunden; vgl. v. Rynsch und die Mot. zum Ges. v. 22. Febr. 1869 (Z. f. BR. 7. S. 305; 8. S. 362 i. f.). Dem entsprechend erwähnt § 9 des letzteren Gesetzes unter den auf den Sächsischen Kohlenbergbau anwendbaren §§ des BG. neben denjenigen des 9. Titels noch besonders die §§ 66 ff. Sollte hiernach Klost.'s Ansicht zu verwerfen sein, so würde das OBA. gleichwohl befugt erscheinen, durch eine allgemeine BPVO. die Vorschriften der §§ 66 ff. auf den Westpreußischen Kohlenbergbau auszudehnen, wie dies in Betreff des Kohlenbergbaus in einem Theile der sächsischen Lande durch die BPVO. der Oberbergämter zu Halle und Breslau v. 8. Aug. 1866 (ib. 7. S. 308) wirklich geschehen war.

1110. Die im § 196 ausdrücklich bezogenen §§ 58 und 59 finden auf den Westpreußischen Kohlenbergbau keinesfalls Anwendung. Soweit also zur Errichtung oder Veränderung der dort erwähnten Anlagen nach Vorschrift der Gewerbegesetzgebung eine besondere polizeiliche Genehmigung erforderlich ist, müssen bei Ausübung der polizeilichen Funktionen zwei Behörden auf einer und derselben Betriebsstätte in Thätigkeit treten. Vgl. Mot. zum Ges. v. 22. Febr. 1869 (Z. f. BR. 8. S. 374).

Zu § 211.

1111. In den hier erwähnten Landestheilen zählten die Eisenerze schon früher nicht zu den Gegenständen des Bergregals; § 211 erhält diesen Rechtszustand aufrecht. Letzterer beruhte für das Herzogthum Schlesien, wozu auch der Kreis

1) in dem Herzogthum Schlesien und der Grafschaft Glatz,
2) in Neuvorpommern und auf der Insel Rügen und
3) in den Hohenzollernschen Landen.

[§ 212 (aufgehoben). Die Besitz- und Rechtsverhältnisse bei Stein- und Braunkohlen:

1) in den vormals zum Königreiche Sachsen gehörigen Landestheilen der Provinz Sachsen, mit Ausschluß der Grafschaften Mansfeld und Barby, des Amtes Gommern und der standesherrlichen Gebiete der Grafen von Stolberg-Stolberg und von Stolberg-Roßla,
2) in den vormals zum Königreiche Sachsen gehörigen Landestheilen der Provinz Brandenburg, insbesondere in der Standesherrschaft Baruth und den Aemtern Jüterbogk, Dahme, Belzig und Rabenstein nebst enklavirten ritterschaftlichen Orten, sowie in den vormals zum Kreise Wittenberg gehörigen Ortschaften Blankensee und Stangenhagen,
3) in dem Markgrafenthum Oberlausitz,
4) in dem Markgrafenthum Niederlausitz, mit Einschluß der Herrschaft Sonnenwalde, sowie der Aemter Dobrilugk, Finsterwalde und Senftenberg,

sollen wie bisher aufrecht erhalten werden.]

[§ 213 (aufgehoben). Für die im § 212 genannten Landestheile kommen der dritte Abschnitt des dritten Titels, der siebente und der neunte Titel des gegenwärtigen Gesetzes in Anwendung.

Das Mandat vom 19. August 1743, das Regulativ vom 19. Oktober und 13. November 1843 und das Gesetz vom 1. Juni 1861 (Gesetz-Samml. für 1861 S. 353 ff.) bleiben in Kraft.]

Schwiebus der Provinz Brandenburg, nicht aber die zur Provinz Schlesien geschlagene Oberlausitz gehört, und für die Grafschaft Glatz auf der Schles. BO. v. 5. Juni 1769 Kap. I § 1, während es in Neuvorpommern und Rügen sowie in den Hohenzollernschen Landen wenigstens an hinreichenden gesetzlichen Grundlagen für die Regalität der Eisenerze fehlte, indem dort nicht das landrechtliche, sondern das gemeine deutsche Bergrecht galt, aus letzterem aber die Regalität der Eisenerze nicht hergeleitet werden konnte. Vgl. Mot. S. 114; Mot v. 1862 S. 181 und Huyssen S. 118. (Der Entw. v 1862 nahm von den Bestimmungen des BG. auch die Eisenerze in den Markgrafenthümern Ober- und Niederlausitz, einschließlich der Aemter Finsterwalde und Senftenberg aus.) — In Betreff der manganhaltigen Eisenerze vgl. n. 13. 17.

1112. Der Eisenerzbergbau wurde in obigen Landestheilen stets ohne Aufsicht der Bergbehörde betrieben; vgl. MR. 3. April 1855 (M. Z. 3. S. 32). Das BG. hat hieran Nichts geändert.

Zu §§ 212. 213.

1113. Durch diese §§ sollten nicht etwa blos die Besitz- und Rechtsverhältnisse bezüglich des in den betreffenden Landestheilen bereits eröffneten Kohlenbergbaus aufrecht erhalten, sondern die Kohlen in jenen Landen überhaupt von den Vorschriften des BG. ausgenommen und dem Grundeigenthümer nach Maßgabe der früher geltenden Vorschriften unter gewissen Beschränkungen vorbehalten werden. Diese Besitz- und Rechtsverhältnisse bestehen im Wesentlichen noch jetzt, doch hat die bereits bei Erlaß des BG. in Aussicht genommene Revision obiger älteren Vorschriften nunmehr stattgefunden und den Erlaß des unten besonders erläuterten Ges. v. 22. Febr. 1869 zur Folge gehabt, welches mit jenen Vorschriften auch die §§ 212 und 213 außer Kraft setzte.

§ 214. In den linksrheinischen Landestheilen bleiben die Dachschieferbrüche, die Traßbrüche und die unterirdisch betriebenen Mühlsteinbrüche auch fernerhin der polizeilichen Beaufsichtigung durch die Bergbehörde unterworfen.

Auf dieselben finden der siebente und der neunte Titel des gegenwärtigen Gesetzes Anwendung.

Elfter Titel.

Uebergangsbestimmungen.

Zu § 214.

1114. Während schon nach dem älteren rechtsrheinischen Rechte überall die Ortspolizeibehörde berufen war, den Betrieb der Steinbrüche, soweit dieselben nicht partikularrechtlich zum Bergregal gehörten, polizeilich zu beaufsichtigen, unterschieden die Art. 81. 82 des franz. Ges. v. 21. April 1810 zwischen den mittelst Tagebau und den unterirdisch betriebenen Steinbrüchen, indem erstere unter die Aufsicht der gewöhnlichen Polizeibehörde, letztere unter diejenige der Bergbehörde gestellt waren. Außerdem waren die Bergingenieure durch die Instr. v. 3. Aug. 1810 und Art. 14 des Dekr. v. 18. Nov. 1810 angewiesen, auch die mit Tagebau betriebenen Steinbrüche zu befahren und wegen des Betriebs derselben unter Berücksichtigung der Sicherheits- und Gesundheitsverhältnisse Anleitung zu geben. In den diesseitigen Landestheilen des linken Rheinufers nahmen unter denjenigen Gewinnungen, welche obigen Vorschriften anheimfielen, die Dachschiefer-, die Traß- und die unterirdisch betriebenen Mühlstein-Brüche wegen ihrer eigenthümlichen Betriebsweise, der großen Zahl und Ausdehnung der Betriebspunkte, der Gefährlichkeit des Betriebs und der häufigen Unglücksfälle die Aufmerksamkeit der Polizeibehörde ganz besonders in Anspruch, weshalb denn auch auf Grund der obigen Gesetzesvorschriften für diesen Steinbruchs-Betrieb besondere durch die Bergbehörde gehandhabte Bergpolizei-Verordnungen erlassen worden sind. [Vgl. Achenb. Bergpol.-Vorschr. S. 126 ff.] Da die Ortspolizeibehörde ohne Beihülfe technischer Bergbeamten nicht in der Lage sein würde, diese polizeilichen Funktionen wirksam auszuüben, jener Steinbruchsbetrieb überdies durch seine Produkte, welche wichtige Handelsartikel bilden, eine hervorragende Bedeutung besitzt, so erhält § 214 im Abs. 1 die bisherige Kompetenz der Bergbehörde aufrecht und dehnt folgeweise im Abs. 2 die Vorschriften des BG. über die Bergpolizei (Titel 9) auf jenen Betrieb aus, indem er gleichzeitig dasselbe hinsichtlich der Vorschriften über das Knappschaftswesen (Tit. 7) bestimmt, und zwar um deswillen, weil auf Grund des Ges. v. 10. April 1854 auch für die erwähnten Steinbrüche Knappschaftsvereine eingerichtet sind. Vgl. Mot. S. 115.

1115. Da § 214 als Ausnahmebestimmung strikte zu interpretiren ist, so sind diejenigen Gewinnungen, welche außer den im § 214 speziell aufgeführten, nach Vorschrift des Art. 82 des Ges. v. 21. April 1810 unter bergpolizeilicher Aufsicht standen, wie z. B. gewisse gemäß Art. 4 ib. zu den Steinbrüchen gehörige Sandgewinnungen, dieser Aufsicht gegenwärtig nicht mehr unterworfen. Vgl. MR. v. 14. Febr. 1866 (Z. f. BR. 7. S. 267), welches übrigens gleichzeitig ausspricht, daß den gewöhnlichen Polizeibehörden, denen hiernach die Beaufsichtigung solcher unterirdischen Sandgewinnungen obliegt, überlassen sei, in besonders dringenden Fällen sich der Unterstützung der Bergbehörde zu bedienen, wozu diese gern bereit sein werde; die Kosten müsse dann aber die Gemeindekasse tragen.

1116. Im Uebrigen vgl. n. 1109

Zum elften Titel.

1117. Während bei anderen Gesetzen die Uebergangsbestimmungen durchweg nur eine untergeordnete, auf einige Jahre beschränkte Bedeutung haben, wohnt den Uebergangsbestimmungen des BG., der Natur der Verhältnisse und dem Umfange der bestehenden Bergwerke zufolge, eine ganz hervorragende und zum

§ 215. Die Felder der bei dem Eintritt der Gesetzeskraft des gegenwärtigen Gesetzes eingelegten Muthungen und bestehenden Bergwerke sind nach Maaßgabe desselben (§§ 26 ff.) auf den Antrag des Berechtigten, wenn sie gestreckte sind, in gevierte Felder umzuwandeln, und wenn sie gevierte Felder sind, bis zu der zulässigen Ausdehnung (§ 27) zu erweitern.

Ein solcher Antrag gilt in Beziehung auf das begehrte freie Feld als Muthung.

Bei konsolidirten Bergwerken kann der Antrag für jedes einzelne Feld gestellt werden.

Ein Erweiterungsantrag ist nicht mehr zulässig, wenn er nicht binnen sechs Monaten nach Eintritt der Gesetzeskraft

---

Theil an keine Frist gebundene Wichtigkeit bei. Dieselben zerfallen, nach ihren Zwecken, in zwei Kategorien, indem die einen bestimmt sind, die Umwandlung der bisherigen Rechtsverhältnisse der bestehenden Bergwerke in einen den Bestimmungen des BG. entsprechenden Zustand zu vermitteln, während die anderen Lücken ausfüllen sollen, welche in Folge der Beseitigung der früheren Berggesetzgebung sonst entstehen würden. — Die das Knappschaftswesen betreffenden Uebergangsbestimmungen sind im § 166 und in den einzelnen Einführungs-Verordnungen enthalten.

Zu § 215.

1118. Wesentlich aus denselben Gründen, welche für Beseitigung der Längenvermessung bei künftigen Verleihungen sprechen, rechtfertigen sich die §§ 215 ff., insoweit sie die Umwandlung der bestehenden Längenfelder in Geviertfelder betreffen. Sie sollen diese Umwandlung im allgemeinen Bergbauinteresse möglichst erleichtern, andererseits aber verhüten, daß dies lediglich zu Gunsten einzelner Längenfelder und auf Kosten vieler anderen Felder solcher Art geschehe. Außerdem gewähren dieselben in Folge der Aenderungen, welche die RV. aus Gründen der Billigkeit erlitten hat, den nach früherem Rechte mit kleineren Geviertfeldern beliehenen Bw.'s-Eigenthümern das Recht, die an ihre Felder grenzenden freien Feldestheile bis zu der gegenwärtig zulässigen Feldesgröße ihrem Werke einzuverleiben, ohne nöthig zu haben, diese Theile auf Grund eines besonderen Fundes zu muthen und dann, im Wege der Konsolidation, ihrem Werke zuzuschlagen. Obgleich die „Feldesumwandlung" in der Regel gleichfalls eine Vergrößerung des Feldes in sich schließt, so besteht dennoch zwischen ihr und der „Feldeserweiterung" der innere Unterschied, daß bei der letzteren im Wesentlichen nicht das allgemeine Bergbauinteresse, sondern nur das eigene Interesse des Antragstellers betheiligt ist; vgl. Mot. S. 116, KB. I. S. 65.

1119. Insofern § 215 zur Umwandlung und Erweiterung auch bloße Muthungsfelder für geeignet erklärt, erleidet er gemäß Art. 9 der VO. v. 22. Febr. 1867 eine Ausnahme in dem vormaligen Herzogthum Nassau, weil die auf Grund der dortigen älteren Gesetzgebung, der Bergordnung v. 18. Febr. 1857, eingelegten Muthungen und Verleihungsgesuche sich in dieser Hinsicht den älteren Muthungen des Preußischen Rechts nicht gleichstellen ließen. Doch wurde es in den Commissionsverhandlungen als selbstverständlich angesehen, daß, wenn eine Muthung des seitherigen Rechts noch zur Verleihung gelange [s. n. 1120] oder nach dem Eintritte der Gesetzeskraft des BG. auf's Neue eingelegt werde [?], eine Umwandlung oder Erweiterung des Feldes nach den Grundsätzen des BG. eintreten könne. — In Betreff desselben Gebiets ist noch das Besondere hervorzuheben, daß dort auf Grund der cit. VO. v. 1857 sowohl zweierlei gestreckte Felder — Längen- und Breitenfelder, — als auch zweierlei gevierte Felder, — Vertikal- und gevierte Felder, — bestehen, und daß beide Arten der gestreckten Vermessung unter

dieses Gesetzes bei der zur Annahme von Muthungen befugten Bergbehörde (§ 12) gestellt worden ist.

a. [Br. 211 gleichl., ausgenommen daß im Abs. 1 die Worte: „wenn sie gestreckte Felder sind, in gevierte Felder umzuwandeln und wenn sie gevierte Felder sind," und im Abs. 4 die Worte „zur Annahme der Muthungen befugten" fehlen.

M. 163 gleichl. — Demnächst bestimmt Art. 164: „Mit dem Eintritte der Gesetzeskraft dieses Ges. hören die Vorrechte auf Benutzung freien Feldes zum Haldensturz oder zu anderen Betriebsanlagen auf, es bleibt aber denen, welchen solche Vorrechte zustehen, innerhalb der in Art. 163 bestimmten Frist ein Vorzugsrecht auf die Verleihung des fraglichen Feldes, und zwar selbst dann, wenn das in Art. 27 bestimmte Maximum überschritten werden sollte."

G. 158 gleichl. mit Abs. 1. 2 des § 215 der RV. (s. unten b.), nur ist nach „auf Antrag des Berechtigten": „oder auf Anordnung des Bergamts" eingeschaltet, und am Schlusse des Abs. 1 zugesetzt: „Wenn die Umwandlung auf Anordnung des Bergamtes erfolgt, so darf dem Eigenthümer des umzuwandelnden Feldes von dem ihm verliehenen Gang ohne seine Zustimmung in keinem Falle etwas entzogen werden."

B. 215 gleichl., nur ist statt „gestreckte Felder": „Längenfelder," statt „konsolidirten": „vereinigten" gesagt.

b. § 215 Abs. 1. 2 lautete in der RV.:

„Die gestreckten Felder der bei dem Eintritte der Gesetzeskraft des gegenwärtigen Gesetzes eingelegten Muthungen und bestehenden Bergwerke sind auf Antrag des Berechtigten nach Maßgabe dieses Gesetzes (§§ 26 ff.) in gevierte Felder umzuwandeln."

„Ein solcher Umwandlungsantrag hat in Beziehung auf das begehrte freie Feld die Wirkungen einer Muthung, soweit nicht der § 216 eine Einschränkung in Beziehung auf die Lage und Größe des Feldes enthält."

Abs. 4 fehlte in der RV.]

---

dem „gestreckten" Felde des § 215, sowie beide Arten der gevierten Vermessung unter dem „gevierten" Felde desselben § begriffen sind. Das neue Umwandlungsfeld kann jedoch auch dort nur ein geviertes Feld im Sinne des BG. sein. Vgl. Z. f. BR. 7. S. 461; 8. S. 20.

1120. Nach Brass. (Z. f. BR. 10. S. 63) findet § 215 auch dann Anwendung, wenn zwar das Bw. noch nach dem älteren Rechte gemuthet und verliehen, die Verleihungsurkunde aber erst nach dem Inkrafttreten des BG. ausgefertigt ist. Dieser Meinung steht allerdings die ratio legis zur Seite, während sie den Wortlaut des Gesetzes gegen sich hat; vgl. übrigens n. 1119. — Ob der Berechtigungstitel des Bw.'s in einer deutschrechtlichen Verleihung oder in einer linksrheinischen Konzession besteht, ob eine förmliche Verleihung oder eine rechtsgültige Feldesreservation (s. n. 25) vorliegt, ist gleichgültig. Erstreckt sich die Berechtigung auf verschiedene Mineralien, so kann die Feldeserweiterung auf einzelne derselben beschränkt werden: ME. v. 3. Juli 1866 (ib. 9 S. 227). Das Gegentheil gilt von der Feldesumwandlung, da hier das Längenfeld als solches zu bestehen aufhört; dies schließt jedoch nicht aus, daß die Berechtigung innerhalb einzelner Theile des Umwandlungsfeldes mit Rücksicht auf die Rechte Dritter beschränkt werde. Vgl. Brass. l. c.

1121. Den Bergwerken und Muthungen, welche andere als die im § 1 aufgezählten Mineralien zum Gegenstande haben, steht das Recht der Feldesumwandelung und Feldeserweiterung nach § 215 Abs. 2 nicht zu; erstreckt sich die Berechtigung gleichzeitig auf vorbehaltene und nicht vorbehaltene Mineralien, so kann die Feldesumwandelung erst dann erfolgen, wenn die Berechtigung auf die nicht vorbehaltenen Mineralien aufgehoben ist. Vgl. ME. 14. Febr. 1868 und Brass. (Z. f. BR. 9. S. 330; 10. S. 66), sowie oben n. 1120.

1122. Bei der Feldesumwandlung können die Rechte des Längenfeldes nicht aufrecht erhalten werden; ein desfallsiger Vorbehalt im betreffenden Antrage ist daher unstatthaft, und der Antrag zurückzuweisen, falls jener Vorbehalt nicht zeitig zurückgenommen wird: ME. 15. Nov. 1867 (Z. f. BR. 9. S. 228).

1123. Ist ein Umwandlungs- oder Erweiterungsantrag für eine Muthung gestellt worden, so bleibt letztere in Kraft, wenn jener Antrag ungültig ist, resp. in der Folge wird, oder wenn der Antragsteller denselben zurückzieht: ME. 12. Apr. 1866 und Braſſ. (Z. f. BR. 7. S. 268; 10. S. 71). Contra: die frühere Praxis des OBA.'s Bonn (ib. 6. S. 614).

1124. Der Antrag kann der Natur der Sache und dem Wortlaute des Gesetzes zufolge nur vom Eigenthümer gestellt werden; in Betreff der Legitimation des Repräsentanten s. n. 618. 658. Auch macht das BG. die Handhabung des § 215 nicht von der Zustimmung etwaiger Realberechtigten abhängig. Doch steht diesen nach den Grundsätzen der Civilgesetzgebungen die Befugniß zu, im Prozeßwege Einspruch zu erheben, falls demselben ein rechtlich begründetes Interesse zu Grunde liegt, was wenigstens bei Feldesumwandlungen denkbar ist; s. n. 337. Vgl. auch § 51 Abs. 3.

1125. Die dem ursprünglichen Felde eines bestehenden Bergwerks durch die Umwandlung resp. Erweiterung zuwachsenden Feldestheile bilden mit jenem nicht blos in bergbaulicher, sondern auch in rechtlicher Hinsicht ein einheitliches Ganze; sie sind daher auch den auf dem Werke haftenden Hypotheken und sonstigen Realrechten ohne Weiteres mit unterworfen, gleich als ob sie von jeher einen Theil des Feldes gebildet hätten, während die durch die Umwandlung in's Freie fallenden Feldestheile aus dem Hypothekennexus ꝛc. ganz ausscheiden. Im Uebrigen bleibt das Bergeigenthum dasselbe und behält namentlich im Bereiche des Berghypothekenbuchs sein seitheriges Folium, welches nur durch einen Vermerk über die erfolgte Umwandlung, resp. Erweiterung des Feldes zu vervollständigen ist. Vgl. Braſſ. (Z. f. BR. 10. S. 89 ff.), wo sich auch die wenigen und praktisch unwichtigen Beziehungen finden, in denen ausnahmsweise und abgesehen von dem unter n. 1127 in fine Gesagten zwischen den alten und neuen Feldestheilen noch unterschieden wird.

1126. Um zunächst den Bw.'s-Eigenthümer bei Umwandlung [resp. Erweiterung] seines Feldes gegen Chikanen jüngerer Muther zu sichern, legt § 215 Abs. 2 seinem Antrage, soweit letzterer auf freies Feld Bezug hat, vorbehaltlich der Vorschrift des § 216 die rechtliche Bedeutung einer Muthung bei, so daß das begehrte Feld gegen Muthungen Dritter geschlossen wird, während selbstverständlich das Alter des ursprünglich verliehenen Werks keine Aenderung erleidet: Mot. S. 117. § 215 Abs. 2 kommt übrigens auch dem auf Umwandlung ꝛc. antragenden Muther zu Statten und gilt andererseits nicht ausschließlich zum Vortheile des Antragstellers, sondern richtet sich unter Umständen auch gegen denselben. Vgl. n. 1121. 1128 und Lindig (Z. f. BR. 9. S. 221), welcher aus § 215 Abs. 2 sowie daraus, daß durch den Verzicht auf einzelne Feldestheile (§ 162) letztere nicht sofort frei werden, den zutreffenden Schluß zieht, daß mit einem solchen Verzichte kein Erweiterungsantrag verbunden werden könne, wenn jene Feldestheile bei Berechnung der zulässigen Feldesgröße außer Betracht bleiben sollen.

1127. Zufolge § 215 Abs. 2. 4 und § 218 unterliegen Umwandlungs- und Erweiterungsanträge sowie das auf Grund derselben stattfindende amtliche Verfahren den §§ 12—23. 26—38, soweit nicht die Verschiedenheit des Gegenstandes gewisse Abweichungen von selbst mit sich bringt. Letztere bestehen hauptsächlich darin, daß in jenen Anträgen kein Fundpunkt und kein besonderer Name für das begehrte Feld anzugeben ist, daß es ebenso an einem auf den Situationsriß aufzutragenden neuen Fundpunkte fehlt, wogegen jener Riß nicht blos das begehrte, sondern auch das ursprüngliche Feld angeben muß, daß ferner die Fundeskonstatirung wegfällt, der instruirende Beamte vielmehr nur den Schlußtermin (§ 28) abzuhalten und über die Kollisionen mit Rechten Dritter, eventuell unter Berücksichtigung der §§ 216 ff., zu verhandeln hat, endlich daß die mit Publikation der Verleihungsurkunde (§ 35) verbundene Aufforderung und Präklusion im Falle der Umwandlung resp. Erweiterung des Feldes eines bestehenden Bergwerks nur auf die neu verliehenen Feldestheile Bezug hat. Vgl. Braſſ. (Z. f. BR. 10. S. 67 ff.).

§ 216. Von dem durch einen Umwandlungs- oder Erweiterungsantrag (§ 215) begehrten Felde dürfen die gestreckten Felder anderer Bergwerke nur dann ganz oder theilweise umschlossen werden, wenn die Eigenthümer dieser Bergwerke auf eine desfallsige Aufforderung der Bergbehörde sich mit der Umschließung ihrer Felder ausdrücklich einverstanden erklären.

1128. Das oben von den §§ 12—23. 26—38 h. l. Gesagte gilt, vorbehaltlich gewisser auf den §§ 216—218 beruhenden Restriktionen, auch von den §§ 24 und 25. Vgl. Braſſ. (l. c. S. 67. 87).

1129. § 215 Abſ. 3 beruht auf der Erwägung, daß der Eigenthümer eines konsolidirten Werks in der hier fraglichen Beziehung in Folge der Konsolidation nicht ungünstiger gestellt werden dürfe, als derjenige, welcher seine Felder nicht konsolidirt hat: Mot. S. 117.

1130. Doch kann die Umwandlung resp. Erweiterung eines Einzelfeldes nur insoweit stattfinden, als dasselbe noch an freies Feld angrenzt, weshalb ein Einzelfeld der Umwandlung ꝛc. nicht unterliegt, wenn dasselbe durch das für eins der anderen Einzelfelder begehrte Geviertfeld ganz eingeschlossen wird. Vgl. Huyssen S. 149, Braſſ. (Z. f. BR. 10 S. 82) und die Mot. S 117. (Hier heißt es: „Bei kleinen konsolidirten Längenfeldern werde meist das für eins derselben begehrte Geviertfeld für den Zweck der Umwandlung ausreichen, indem dieser vorzugsweise in einer festen Begrenzung und erst in zweiter Linie in einer Erweiterung des Feldes bestehe; sobald daher die mehreren Längenfelder zweckmäßig schon durch ein einziges, das gesetzliche Maximum nicht überschreitendes Geviertfeld umschlossen werden könnten, würde es zweckwidrig und unzuläſſig sein, an dieses Geviertfeld noch mehrere andere anzuschließen. — Die Motive gehen hier offenbar noch über das oben Gesagte hinaus und beschränken die Feldesstreckung des Antragstellers, resp. die Umwandlung in einer Weise, wie es schon nach der RV. dem Wortlaute und der ratio legis (s. n. 1129) nicht entsprach, bei der gegenwärtigen Fassung des § aber um so weniger statthaft erscheint, als dieser ausdrücklich auf Feldeserweiterungen ausgedehnt ist.)

1131. Wenngleich die Einzelfelder wieder als selbstständig für sich bestehende Felder behandelt werden, falls der Bw.'s-Eigenthümer von dem Rechte des § 215 Abſ. 3 Gebrauch macht, so beruht dies doch nur auf einer für den Akt der Umwandlung eingeführten Rechtsfiktion, indem die Einheit des Feldes des konsolidirten Werks im Uebrigen nach wie vor bestehen bleibt. Demgemäß darf die Umwandlung der Einzelfelder nur in der Weise stattfinden, daß dadurch die Kontinuität des Gesammtfeldes nicht unterbrochen wird.

1132. Ueber die Frage, ob es statthaft sei, im Falle des § 215 Abſ. 3 die Anträge für die einzelnen Felder des konsolidirten Werks, sei es für alle oder für einige derselben, in einem einzigen Schriftstücke zusammenzufassen, sind Braſſ. (Z. f. BR. 10. S. 69) und Kloſt. n. 508 verschiedener Meinung. Jener macht für die Negative geltend, daß jeder Antrag, unbeschadet des Fortbestandes der Konsolidation, seinen besonderen Gegenstand habe und hiernächst zu seiner Erledigung auch eine besondere Berechtigungsurkunde erfordere. Der Verf. neigt sich, mit Rücksicht auf das unter n. 1131 Gesagte, zur entgegengesetzten Ansicht.

1133. Gemäß Abſ. 4 ist die Frist zur Stellung von Erweiterungsanträgen nicht blos für die alten, sondern auch für die neuen Landestheile längst verstrichen.

Zu § 216.

1034. § 216 modifizirt die Vorschrift des § 215 Abſ 2, damit die Umwandlung nicht lediglich zu Gunsten einzelner und auf Kosten vieler anderen Längenfelder erfolge: Mot. S. 117. Nachdem schon die RV. jeden Zwang gegen die Besitzer von Längenfeldern, einem Umwandlungsantrage beizutreten [wie er nach dem Entw. v. 1862 bestehen sollte], aufgegeben und die gemeinschaftliche Verleihung eines Umwandlungsfeldes zu Gunsten mehrerer Längenfelder von einer desfallsigen

Tritt diese Voraussetzung nicht ein, so muß der Antragsteller sich eine entsprechende, nöthigenfalls durch einen Beschluß des Oberbergamts festzustellende Beschränkung des begehrten gevierten Feldes gefallen lassen.

a. [Br. (vacat.) — M. 165 gleichl.
G. 159 gleichl. mit § 216 der RV. (s. unten b.), nur ist statt „OBA.'s": „Bergamts" gesagt.
B. 216 gleichl., nur statt „gestreckten Felder": „Längenfelder."
b. Die RV. wich von § 216 h. l. darin ab, daß sie der Erweiterungsanträge nicht gedachte, und daß sich nach „einverstanden erklären" noch die Worte fanden:
„oder dem Umwandlungsantrage zu Gunsten ihrer Felder beitreten, und wenn im letzteren Falle eine vertragsmäßige Einigung der Betheiligten über das Theilnahmeverhältniß an dem gevierten Felde zu Stande kommt," — und daß statt „Tritt diese Voraussetzung" gesagt war: „Treten diese Voraussetzungen."]

Einigung abhängig gemacht hatte, wurde der Hinweis auf ein solches, nach allgemeinen Rechtsgrundsätzen zulässiges Vertragsverhältniß für entbehrlich erachtet, und darum der betreffende Satz im § 216 (s. oben) gestrichen: Brass. (Z. f. BR. 10. S. 59).

1135. § 216 betrifft nur den Fall, wo beide Bergwerke auf dasselbe Mineral berechtigt sind: OBA. Breslau 16. Okt. 1866 und Brass. (Z. f. BR. 8. S. 143; 10. S. 77). Contra: Huyssen S. 149. — Die Längenfelder bloßer Muthungen (§ 215) werden durch § 216 nicht geschützt.

1136. Was § 216 unter gänzlicher oder theilweiser Umschließung verstehe, läßt sich durch eine abstrakte Begriffsbestimmung nicht wohl ausdrücken, indem bei der großen Verschiedenheit der Fälle das, was in dem einen als Umschließung behandelt werden muß, im anderen nicht als solche anzusehen ist. Im Zweifel hat man zu prüfen, ob der mit dem Verbote der Umschließung beabsichtigte Zweck [s. n. 1134] im konkreten Falle erreicht oder vereitelt werde. Doch ist der Begriff der Umschließung möglichst weit auszudehnen und daher z. B. nicht stets zu fordern, daß das Längenfeld mindestens an zwei Seiten von dem begehrten Felde begrenzt werde, da es als theilweise Umschließung schon gelten kann, wenn jenes nur an Einer Seite auf eine längere oder kürzere Erstreckung, zumal an der hangenden Vierung von dem umliegenden freien Felde getrennt wird. Ebensowenig ist eine unmittelbare Begrenzung erforderlich, vielmehr verstößt gegen § 216 schon eine solche Feldeslegung, welche einen schmalen für die Umwandlung des Längenfeldes unzureichenden Streifen frei läßt. Auch kommt es nicht lediglich auf die Projektion des Längenfeldes über Tage, sondern auch auf die Veränderungen an, welchen dasselbe mit Rücksicht auf das wechselnde Verhalten der Lagerstätte nach der Teufe zu unterworfen ist. Andererseits kann aber einer Umschließung nicht gleich geachtet werden, wenn das Längenfeld nur an dem einen oder anderen Punkte, z. B. von einem Winkel des begehrten Feldes berührt wird. So: Brass. (Z. f. BR. 10. S. 79).

1137. Die Frage, ob ein Fall des § 216 Abs. 1 vorliege, ist trotz ihrer vorwiegend technischen Natur prozeßfähig, da sie das Bestehen, resp. den Umfang des an sich privatrechtlichen Anspruchs auf Umwandlung betrifft, und durch das Gesetz vom Rechtswege nicht ausgeschlossen wird; dagegen findet dem Abs. 2 zufolge darüber, welche Beschränkungen sich der Antragsteller beim Feststehen einer unstatthaften Umschließung gefallen lassen müsse, nur die administrative Kognition statt. A. M. sind bezüglich des ersteren Satzes, Brass. und Wachler (Z. f. BR. 10. S. 81. 44), letzterer mit besonderer Rücksicht auf den unter n. 1138 referirten, lediglich den § 217 betreffenden Ausspruch der Kommission des H. d. Abgeordn.

§ 217. Mehrere Umwandlungsanträge, welche auf das nämliche Feld gerichtet sind, begründen für jeden der Antragsteller ein gleiches Recht. Dasselbe gilt von mehreren Erweiterungsanträgen, welche auf das nämliche Feld gerichtet sind.

Bei einer solchen Kollision bildet, insoweit eine vertragsmäßige Einigung nicht zu erzielen ist, die Theilung in gleiche Theile die Regel.

Das Oberbergamt ist jedoch befugt, bei der Verleihung von diesem Theilungsverhältnisse abzuweichen, insoweit sich dies für einen zweckmäßigen Betrieb als erforderlich darstellt.

a. [Br. 212 gleichl., nur ist statt „Mehrere Umwandlungsanträge" gesagt: „Mehrere Erweiterungsanträge" und fehlt der 2. Satz des § 217 h. l. M. 166 gleichl. — G. (vacat.) — B. 217 gleichl.
b. § 217 fehlte in der RV.]

Zu § 217.

1138. § 217 stellt zur Lösung der Schwierigkeiten, welche bei den auf dasselbe Feld erhobenen Ansprüchen entstehen könnten, zweckmäßige Grundsätze auf, und weist eventuell dem OBA. die Entscheidung zu; dieses Mittel, so sehr es dem Geiste des BG. über die Ertheilung der Gerechtsamen widerstreitet, empfahl sich als ein nothwendiges, weil sonst die größten wirthschaftlichen Nachtheile für den Bergbau entstehen könnten, und eine ausschließlich gesetzliche Regelung nicht innerhalb der Möglichkeit liegt: KB. II. S. 99.

1138 bis. Der Ausdruck „Umwandlungsantrag" ist aus § 215 zu erläutern und daher nicht ausschließlich auf die Felder bestehender Werke, sondern auch auf bloße Muthungsfelder zu beziehen. — Auf Kollisionen zwischen Erweiterungsanträgen und Konzessionsgesuchen des früheren linksrheinischen Rechts findet § 217 keine Anwendung: ME. 5. Jan. 1867 (Z. f. BR. 9. S. 233).

1139. § 217 modifizirt die Vorschrift des § 215 Abs. 2, indem er nicht blos für den Fall der gleichzeitigen Präsentation der Anträge gilt. Gerade um die allgemeinen Bergbauinteressen durch eine möglichst ausgedehnte Betheiligung der älteren Werke an der Umwandlung (und Erweiterung) zu fördern, ist hier die Priorität des Alters ausgeschlossen und den konkurrirenden Anträgen ein gleich starkes Recht beigelegt. Vgl. ME. 2. Nov. 1867, AG. Ratibor 22. April 1869 und Brass. (Z. f. BR. 9 S. 231; 10. S. 468. 57. 83). Dies soll zwar nach Macco (ib. 10. S. 501) insofern eine Ausnahme erleiden, als mit Rücksicht auf § 218 zwischen den innerhalb der dort normirten Frist und den erst später gestellten Umwandlungsanträgen in der Weise unterschieden werden müsse, daß die Anträge jeder Klasse unter sich gleichständen, während neben einander die der ersteren Klasse vor denen der zweiten den Vorzug hätten. Diese Ansicht ist jedoch von Brass. (ib. S. 504) mit überzeugenden Gründen widerlegt worden. — Ueber das Verhältniß der Umwandlungsanträge zu den Erweiterungsanträgen trifft das BG., von der Vorschrift des § 218 abgesehen, keine spezielle Bestimmung. Demgemäß ist bei Kollisionen zwischen einem nach Ablauf der Frist des § 218 gestellten Umwandlungs- und einem rechtzeitigen Erweiterungsantrage nach der allgemeinen Vorschrift des § 215 Abs. 2 zu Gunsten des letzteren Antrags zu entscheiden.

1140. Ueberdecken sich die von den Konkurrenten begehrten Felder nur theilweise, so findet § 217 nur auf diese Theile Anwendung, weshalb in die amtliche Theilung keine anderen Feldesstücke gezogen werden können: Brass. (ib. S. 85).

1141. Die Theilung kann nur eine reale sein. Stößt diese auf unüberwindliche Schwierigkeiten, so würde es doch nicht statthaft sein, wie Klost. n. 511 glaubt, eine Gemeinschaft zu ideellen Theilen eintreten zu lassen; eher wäre in einem solchen Falle ex anal. der §§ 569. 572 I, 11 ALR. das Loos zu Hülfe zu nehmen, und auf diesem Wege Einem der Konkurrenten das ganze Feld zuzusprechen.

§ 218. Diejenigen Umwandlungsanträge, welche innerhalb sechs Monaten nach Eintritt der Gesetzeskraft dieses Gesetzes bei der zur Annahme von Muthungen befugten Bergbehörde (§ 12) eingehen, gewähren den auf Grund dieses Gesetzes eingelegten Muthungen und Erweiterungsanträgen gegenüber ein Vorzugsrecht auf das im § 27 bestimmte Feld.

Von den gevierten Feldern der Muthungen, welche innerhalb dieser Frist eingelegt werden, dürfen die gestreckten Felder bereits bestehender Bergwerke ohne ausdrückliche Einwilligung der Eigenthümer auch dann nicht umschlossen werden, wenn Seitens der letzteren keine Umwandlungsanträge gestellt sind.

a. [Br. (vacat.) — M. 167 gleichl. — G. 160. 161 gleichl. mit §§ 217. 218 der RV. (s. unten b.)
B. 218 gleichl., nur statt „gestreckten Felder": „Längenfelder."

b. Die entsprechenden §§ der RV. lauteten:
217: „Diejenigen Anträge auf Umwandlung gestreckter Felder, welche innerhalb Eines Jahres von dem in § 215 bezeichneten Zeitpunkte an, bei der Bergbehörde eingehen, gewähren den auf Grund dieses Gesetzes eingelegten Muthungen ein Vorzugsrecht auf das im § 27 bestimmte Feld selbst dann, wenn diese Muthungen älter sind."
218 gleichl. mit Abs. 2 h. l., nur ist statt „innerhalb dieser Frist" gesagt: „innerhalb des im § 217 bezeichneten Jahres."]

§ 219. Wird das Eigenthum eines Bergwerks, dessen gestrecktes Feld von dem gevierten Felde eines anderen Bergwerks umschlossen ist, nach dem sechsten Titel des gegenwärtigen Gesetzes aufgehoben, so hat der Eigenthümer des anderen Bergwerks, welchen die Bergbehörde von der Aufhebung in Kenntniß zu setzen hat, ein binnen vier Wochen nach dieser

Abgesehen hiervon, ist bei Handhabung der Schlußbestimmnng des § die technische wie die wirthschaftliche Zweckmäßigkeit des künftigen Betriebs in dem zu theilenden Felde, in Zusammenhang mit dem in den betheiligten Feldern bereits vorhandenen Betriebe in Betracht zu ziehen. Gegen die desfallige Entscheidung des OBA.'s findet der Rechtsweg nicht statt. Vgl. Brass. l. c. und oben n. 1137. 1138.

Zu § 218.

1142. § 218 hat die Bestimmung, die bestehenden Längenfelder, neuen Muthungen Dritter gegenüber, wider diejenigen Gefahren und Nachtheile zu schützen, welche in Bezug auf die Feldesumwandlung durch § 216 vermieden werden sollen; s. Mot. S. 118.

1143. Diese zwischen den §§ 216 und 218 gezogene Parallele trifft insofern nicht zu, als das Vorrecht, dessen § 218 Abs. 1 erwähnt, sich auch auf solche Anträge erstreckt, welche die Umwandlung bloßer Muthungsfelder betreffen. — Immerhin ist jedoch § 218 Abs. 2 aus § 216 zu erläutern. Beispielsweise genügt daher auch hier eine blos theilweise Umschließung, während § 218 ganz außer Anwendung bleibt, wenn die Muthung ein anderes als das im umschlossenen Längenfelde verliehene Mineral betrifft; s. Brass. (Z. f. BR. 10. S. 78 ff.)

Zu § 219.

1144. § 219 beruht auf der Erwägung, daß die nach gestreckter Vermessung verliehenen Bergwerke nach dieser Vermessungsweise nicht wieder verliehen werden können, daß ferner bei solchen Werken, falls sie von Geviertfeldern umschlossen sind,

Bekanntmachung auszuübendes Vorzugsrecht auf die Vereinigung des gestreckten Feldes mit seinem gevierten Felde.

Die Vereinigung wird durch einen Nachtrag zur Verleihungsurkunde ohne weitere Förmlichkeiten ausgesprochen.

[Br. (vacat.) — M. 168, G. 162 gleichl.
B. 219 gleichl., nur statt „gestrecktes Feld“: „Längenfeld.“]

§ 220. Den im Kreise Wetzlar auf Grund der §§ 156 und 157 Theil II. Titel 16 des Allgemeinen Landrechts mit gevierten Feldern verliehenen Bergwerken steht die ewige Teufe nach senkrechten Ebenen zu.

[B., M., G., B. (vacat.)]

---

eine selbstständige Wiederverleihung nach gevierter Vermessung in der Regel unausführbar sein wird, daß dagegen die Vereinigung derartiger Längenfelder mit den umschließenden Geviertfeldern aus bergbaulichen und wirthschaftlichen Gründen zweckmäßig und deshalb durch ein einfaches Verfahren zu begünstigen ist: Mot. S 118.

1145. Die Anwendbarkeit des § 219 wird gleichfalls dadurch bedingt, daß beide Werke auf dasselbe Mineral berechtigt sind, bez. waren. Ebenso ist hier, wie in § 216 der Ausdruck „Umschließung“ aus dem Zwecke des Gesetzes zu erläutern. Da dieser Zweck jedoch bei § 219 ein wesentlich anderer ist, als bei § 216, so wohnt jenem Ausdrucke in § 219 ein theilweise anderer, und zwar engerer Sinn bei, als im § 216. Findet nur eine theilweise Umschließung statt, so beschränkt sich das Vorrecht des § 219 auf den umschlossenen Theil des Längenfeldes. Bei Kollisionen mit den Vereinigungsanträgen anderer Bw.'s-Besitzer oder mit den Anträgen dritter Muther hat das BG. dem Ermessen des OBA.'s keinen Spielraum belassen, wie in den Fällen der §§ 216 217. Demgemäß ist die Entscheidung der Bergbehörden keine endgültige, vielmehr steht den Konkurrenten wegen ihrer Streitigkeiten über die Ausführung des § 219 der Rechtsweg offen.

1146. Das Gesuch um Vereinigung ist, beim Mangel besonderer Vorschriften, nach den §§ 12. 13 anzubringen. Die folgenden §§ kommen jedoch, dem § 219 Abs. 2 zufolge, nicht zur Anwendung, abgesehen davon, daß der Nachtrag zur Verleihungsurkunde, welche die Vereinigung ausspricht, nach § 35 zu publiziren ist, wenn die dort angedrohte Präklusion eintreten soll. Vgl. jedoch Z. f. BR. 9. S. 235, wo sich auch ein Schema für die Nachtragsurkunde findet. In Betreff der rechtlichen Folgen der Vereinigung wird auf n 1125 verwiesen.

Zu § 220.

1147. Im Kreise Wetzlar wurden nach einer langjährigen Praxis die Verleihungen auf die flötzartigen Rotheisenstein-Lagerstätten nach gevierter Vermessung, und zwar gemäß §§ 156. 157. II, 16 ALR. mit einer Fundgrube zu 42 Lachter in's Gevierte und 20 Maßen, jede zu 28 Lachter in's Gevierte ertheilt, da man diese Lagerstätten als solche ansah, deren Fallen im Allgemeinen unter 15 Grad beträgt. Zwar war wohl schon in Folge des Ges. v. 1. Juli 1821 die Seitenbegrenzung dieser Felder mit der ewigen Teufe verbunden, die Berechtigung des Beliehenen mithin nicht auf die Fundlagerstätte beschränkt. Gleichwohl bestanden darüber Zweifel, welche die deklarirende Vorschrift des § 220 eben beseitigen soll: Mot. S. 118. Dieser Vorschrift entspricht eine andere für Nassau ergangene (VO. v. 22. Febr. 1867 Art. 10); nur macht letztere den selbstverständlichen, mithin auch für § 220 geltenden Vorbehalt: „soweit nicht Rechte Dritter entgegenstehen.“ Der § fehlte im Entwurfe von 1862, und ist anscheinend nur darum auf obigen Kreis beschränkt worden, weil der ihn anregende Vorschlag gleichfalls nur die dortigen Verhältnisse in's Auge gefaßt haben wird. Immerhin wird § 220 aber als eine Deklaration der früheren Gesetzgebung bezeichnet, und hat daher auch für die übrigen Landestheile, sofern dort ähnliche Verhältnisse bestehen, eine gewisse Bedeutung.

§ 221. Wer auf Grund einer vor dem Eintritt der Gesetzeskraft des gegenwärtigen Gesetzes eingelegten Muthung auf das Feld eines zu derselben Zeit bereits bestehenden Bergwerks oder auf Theile desselben ein Vorzugsrecht zu haben glaubt, muß letzteres innerhalb Eines Jahres, von jenem Zeitpunkte an, durch gerichtliche Klage gegen den Bergwerkseigenthümer verfolgen.

Wer von dieser Frist keinen Gebrauch macht, ist seines etwaigen Vorzugsrechts auf das Feld verlustig.

[Br. (vacat) — M. 169, G. 163, B. 120 gleichl.]

Zu § 221.

1148. Da das Bergeigenthum nach den Grundsätzen des früheren rechtsrheinischen Bergrechts stets nur „älteren Rechten unbeschadet" verliehen wurde, so entbehrten die älteren Werke jeder rechtlichen Sicherheit gegenüber solchen Muthern, welche auf das verliehene Feld Vorzugsrechte behaupten, solche aber aus irgend einem Grunde nicht geltend gemacht haben. Diesen Zustand soll § 221 beseitigen, indem er dem älteren Bergeigenthum dieselben Garantien verschafft, welche das nach dem BG. verliehene Eigenthum durch das Verfahren der §§ 35. 36 erlangt: Mot. S. 119. — Durch die bloße Anmeldung der Klage wird die Frist des § 221 selbst im Gebiete des ALR. nicht gewahrt: AG. Hamm 28. Mai 1868 (Gruchot 12. S. 904 ff).

1149. Abgesehen von § 221, den §§ 215 ff. und dem unter n. 1150 erwähnten § 223, fehlt es im BG. an näheren Vorschriften über die rechtliche Stellung, welche ältere Muthungen unter der gegenwärtigen Gesetzgebung einnehmen. In dieser Hinsicht kommen daher die allgemeinen Rechtsgrundsätze zur Anwendung. Ihnen zufolge sind jene Muthungen bezüglich ihrer Rechtsgültigkeit und Rechtswirksamkeit noch nach dem früheren Rechte zu beurtheilen, es sei denn, daß der Muther seine Muthung gemäß ausdrücklicher Erklärung den Vorschriften des BG. unterwirft, und daß entweder keine Kollisionen mit den Rechten Dritter vorliegen, oder daß letzteren gegenüber der Muther seine Altersrechte nicht schon nach dem Tage der ursprünglichen Einlegung der Muthung, sondern erst nach dem Tage obiger Erklärung zur Geltung bringen will: MR. 2. Juni 1866 (Z. f. BR. 7. S. 256). Von letzteren Fällen abgesehen, bleiben sonach für ältere Muthungen sämmtliche zur Zeit ihrer Einlegung geltenden materiellen Vorschriften und von den formellen mindestens diejenigen maßgebend, deren Anwendung durch die Anwendung jener materiellen Vorschriften bedingt wird. Vgl. Lindig, Brass. und Achenb. (ib. 6. S. 568 ff.)

1150. Demgemäß wird die Verleihung nicht dadurch ausgeschlossen, daß der gemuthete Gegenstand nach dem BG. keinen Gegenstand der Verleihung mehr bildet; dies erleidet nur bei Erbstollen und (in Hannover) bei Bergschmieden eine Ausnahme; s. § 223 h. l. und BO. v. 8. Mai 1867 Art. 17. Wie die ältere Gesetzgebung für Beurtheilung der Frage maßgebend bleibt, ob der Fund und die Muthung den gesetzlichen Anforderungen entspreche, ebenso richtet sich nach derselben die Feldesvermessung. Namentlich kommen in ersterer Hinsicht noch die Vorschriften über den Nachweis der Bauwürdigkeit und Verbreitung des Minerals in Betracht. Da ein Anspruch auf Verleihung von Distriksfeldern schon früher nicht bestand, so kann in Folge einer darauf gerichteten Muthung nur noch ein Feld in gewöhnlichem Umfange (§§ 156. 157 II, 16 ALR.) verliehen werden; auch kann, wenn ein Distriktsfeld bereits verliehen ist, aber nur unter einer in bestimmter Frist zu erfüllenden Bedingung, diese Frist nach dem Inkrafttreten des BG. nicht verlängert werden. Das Vorzugsrecht des § 55 gilt jenen älteren Muthungen gegenüber nicht, während dasjenige Vorrecht, welches einzelne Berg-Ordnungen dem Beliehenen gewährten, sofern er mit seinem Baue einen Gang überfahren hatte, jenen Muthungen gegenüber sich sogar dann als wirksam erweist, wenn dasselbe erst nach dem Inkrafttreten des BG. geltend gemacht wird, da durch Einlegung der Muthung Seitens

§ 222. **Soweit das gegenwärtige Gesetz auf die bereits bestehenden Bergwerke überhaupt Anwendung findet, unterliegen den Bestimmungen desselben auch diejenigen Bergwerke, welche den seitherigen gesetzlichen Vorschriften gemäß auf Mineralien berechtigt sind, die der § 1 dieses Gesetzes nicht mehr aufführt.**

[Br. (vacat.)

M 170 gleichl., mit dem Zusatze: „Werden solche Bw. ein Jahr lang nicht mehr betrieben, so ist das Bw.'seigenthum vom Staatsministerium, Abth. des Innern, für erloschen zu erklären."

G. 164 gleichl., nur ist statt „gesetzlichen": „bergrechtlichen," statt „berechtigt sind": „betrieben werden" gesagt. Dagegen bestimmt § 174: „Bw., in welchen nur im § 1 nicht genannte Mineralien gewonnen werden, sind nicht der Aufsicht des Bergamtes, sondern der mit landräthlichen Befugnissen versehenen Verwaltungsbehörde unterstellt."

B. 221 Abs. 1 gleichl. mit § 222 h. l., nur ist nach „diejenigen Bergwerke": „Steinbrüche und Gräbereien" eingeschaltet. — Abs. 2: „Der Titel VII. findet jedoch auf solche Bergwerke, Steinbrüche und Gräbereien, welche beim Eintritt der Gesetzeskraft des gegenwärtigen Gesetzes einem Knappschaftsvereine nicht angehören, keine Anwendung." — 222: „Dem Staate bleibt für die oberbayerischen Salinen das Gebiet des dermaligen Bezirksamts Berchtesgaden zur Steinsalz- und Soolegewinnung vorbehalten."]

---

eines Dritten unter der Herrschaft der alten Gesetze dem Ueberfahrenden ein Anspruch auf ersteres bereits erworben war. Ebenso verbleibt es rücksichtlich der Einreichung und des Maßstabes des Situationsrisses, der Folgen desfalliger Versäumnisse, sowie rücksichtlich der Frage, in wie weit das auf dem Risse einer solchen Muthung angegebene Feld geschlossen sei, bei den früheren Gesetzen. Endlich kommt bei den auf Grund solcher Muthungen erfolgenden Verleihungen die Präklusion, von welcher die §§ 31. 35 handeln, nicht zur Sprache. Vgl. Lindig, Brass. und Achenb., ME. 31. Jan., 18. April und 4. Juni 1866 (Z. f. BR. 6. S. 569 ff.; 7. S. 255. 390. 396) und Huyssen S. 151.

1151. Aehnliche Grundsätze gelten für die linksrheinischen Konzessions- und Regularisationsgesuche. Obschon die ersteren keinen privatrechtlichen Anspruch auf Verleihung begründeten, so liegt dennoch dem Staate aus Rücksichten des öffentlichen Rechts die Pflicht ob, solchen Gesuchen zu willfahren, falls alle gesetzlichen Bedingungen erfüllt sind und keine Gründe des öffentlichen Wohls die Bevorzugung eines Konkurrenzgesuchs (Ges. v. 21. April 1810 Art. 26) empfehlen, weshalb denn auch das begehrte Feld bis zur Zurückweisung des Gesuchs oder bis zur Einschränkung des Feldes durch die kompetente Behörde für Muthungen in gewissem Sinne gedeckt ist. Die Instruktion solcher Gesuche muß daher noch nach dem Ges. v. 21. April 1810 fortgesetzt werden, zumal die der Konzessionsertheilung vorhergehenden Publikationen mit Rücksicht auf die Hervorrufung der Konkurrenz, die Rechte Dritter, wie des Grundeigenthümers und Finders, die Größe des Feldes ꝛc. durch die im BG. für Muthungen vorgeschriebenen Formen nicht ersetzt werden. Die Regularisationsgesuche, welche die Feststellung der Grenzen älterer Berechtigungen mittelst einer neuen Konzessionsurkunde betreffen, sind zwar entbehrlich geworden, da die jene Regularisation verordnende Vorschrift des cit. Ges. v. 1810 (Art. 53) im BG. nicht wiederholt wird. Gleichwohl ist durch die vor dessen Inkrafttreten eingelegten Gesuche den Berechtigten ein privatrechtlicher Anspruch auf Erlangung einer förmlichen Konzession erwachsen, welche auch gegenwärtig nur unter Anwendung des Ges. v. 1810 ertheilbar ist. Vgl. Achenb. und Brass., sowie ME. 5. Jan. 1867 (Z. f. BR. 6. S. 450. 571; 9. S. 233).

Zu § 222.

1152. Da den hier erwähnten älteren Bergwerken, z. B. den auf Raseneisenstein, Dachschiefer, Marmor, Flußspath berechtigten, die bergrechtliche Grund-

§ 223. Nach dem Eintritt der Gesetzeskraft des gegenwärtigen Gesetzes findet eine Verleihung von Erbstollenrechten nicht mehr statt.

In Ansehung der bereits bestehenden Erbstollengerechtigkeiten, insbesondere auch der Aufhebungsarten, verbleibt es bei den Bestimmungen der seitherigen Gesetze.

---

lage durch Aufhebung der früheren Berggesetze nicht entzogen werden durfte, so mußten die an deren Stelle tretenden Vorschriften des BG. auch auf jene Werke Anwendung erhalten, damit so die Rechtsverhältnisse derselben, soweit sie bergrechtlicher Natur sind, geregelt werden: Mot. S. 119. § 222 greift selbstredend auch bei solchen Werken Platz, welche zwar erst nach dem Inkrafttreten des BG., aber in Folge älterer Muthungen auf nicht mehr vorbehaltene Mineralien verliehen sind.

1153. Nach Huyssen S. 153 unterliegen obige Werke auch den Bergabgabengesetzen nach wie vor. Dies folgt nun zwar noch keineswegs aus § 222. Inzwischen liegt dieselbe Anschauung dem Art. 17 § 4 der Einf.-VO. v. 1. Juni 1867 zu Grunde. In der ME. 29. Dez. 1866 (Z. f. BR. 8. S. 142) werden unter den Vorschriften des BG., welchen jene Werke durch § 222 unterworfen sind, beispielsweise die Vorschriften über die Beaufsichtigung der Bergwerke, über Expropriationen, das Knappschaftswesen und die gewerkschaftlichen Verhältnisse angeführt. Im Uebrigen vgl. n. 7 und 1121.

1154. Eine dem § 222 verwandte Bestimmung trifft für das vormalige Kurhessen ꝛc. Art. II der Einf.-VO. v. 1. Juni 1867. Inzwischen wird in den Materialien zu dieser VO. (Z. f. BR. 8. S. 215) unmittelbar aus § 222 selbst die unveränderte Fortdauer des bei Großalmerode innerhalb eines bestimmten Gebiets seit unvordenklicher Zeit dem Staate ausschließlich zustehenden Rechts der Thongewinnung hergeleitet; ebenso werden dort die gemäß § 47 des Zunftbriefs vom 8. Mai 1787 von der Bergbehörde verliehenen Steinbrüche als unter den § 222 fallend bezeichnet, während nach den citt. Materialien das auf § 14 desselben Zunftbriefs beruhende ausschließliche Recht der Zunftgenossen zum Steinbruchbetriebe schon seit Aufhebung der Exklusivrechte der Zünfte nicht mehr gilt. Im Uebrigen s. n. 1281.

Zu § 223.

1155. In Betreff der Motive des Abs. 1 vgl. n. 400. Abs. 1 schließt die Verleihung von Erbstollenrechten auch in Betreff der verstuften Stollenörter sowie für den Fall aus, wo schon vor dem Inkrafttreten des BG. Muthung eingelegt war. Vgl. Huyssen S. 153, Brassert und Achenb., ME. 28. Dez. 1865, 2. Mai 1866 (Z. f. BR. 6. S. 616. 620; 7. S. 269).

1156. Anlangend den Abs. 2, so mußten auf die bereits bestehenden Erbstollengerechtigkeiten, mögen dieselben eigentlichen Erbstollen oder Wasserhaltungsmaschinen zustehen, die seitherigen Gesetzesvorschriften anwendbar bleiben, weil es sonst für die Beurtheilung der bei solchen Gerechtigkeiten erst nach Erlaß des BG. entstehenden Rechtsverhältnisse an gesetzlichen Normen fehlen würde, und weil der Erbstollenbesitzer in Betreff der Aufhebung seines Rechts keinesfalls günstiger gestellt werden konnte, als er bisher gestellt war. Vgl. Mot. S. 120, KB. II. S. 101.

1157. Abs. 2 hat in negativer Hinsicht die Folge, daß die §§ 65. 156 ff. bei Erbstollengerechtsamen keine Anwendung finden: Brass. und Achenb., ME. 10. Jan. 1866 (Z. f. BR. 6. S. 618; 7. S. 153). Dies erleidet nur bei § 163 eine Ausnahme. Vgl. Klost n. 540, welcher gleichzeitig hervorhebt, daß die in § 190. II, 16 ALR. erwähnten Zubehörungen des Stollens im Falle der Freifahrung nicht in das landesherrliche Freie fallen, weil ein solches im Sinne jenes § 190 [gemäß Abs. 1 h. l.] nicht mehr bestehe.

1158. Huyssen S. 153 führt als die gemäß Abs. 2 für die bestehenden Erbstollenrechte in Kraft gebliebenen §§ des ALR die §§ 221—237. 244—247. 249. 251. 252. 383—470 II, 16 auf, während Klost. S. 373 ff. dahin noch die §§ 240 und 471 rechnet, die §§ 251 und 440 dagegen für aufgehoben hält. Die fortdauernde

Im Gesetzesbereiche des Allgemeinen Landrechts bedarf es jedoch zur Befreiung eines Bergwerks von den Erbstollengebühren durch eine Wasserhaltungsmaschine einer besonderen Verleihung der Erbstollengerechtigkeit für diese Maschine nicht mehr; es genügt, wenn die sonstigen Bedingungen der Enterbung nach den §§ 468 ff. Theil II. Titel 16 des Allgemeinen Landrechts vorhanden sind. Erbstollenrechte erwirbt eine solche Wasserhaltungsmaschine für sich nicht.

[Br (vacat.)
M. 171: „Die Verleihung von Erbstollenrechten findet nicht mehr statt."
G. (vacat.)
B. 223 gleichl., ohne Abs. 3 h. l.]

Geltung der §§ 222. 235. 387 wird auch durch OT. v. 27. März 1868 (Z. f. BR. 10. S. 442) anerkannt. Vgl. übrigens unten n. 1160. Selbstredend werden durch Abs. 2. auch die einschlägigen Spezial- [resp. provinzialrechtlichen] Gesetze aufrecht erhalten: KB. II. S. 101. Bezüglich des § 1 [und 3] Cap. 22 der Clev.-Märk. BO. wird dies anerkannt durch ME. v. 10. Jan. 1866 (Z. f. BR. 7. S. 129). Dasselbe gilt nach Huyssen S. 154 von Cap. 13—21. 23—25 jener BO., von Cap. 14—22, Cap. 22, §§ 1. 3, Cap. 24—26 der Magdeburg-Halberst und Schles. BO., ferner, mit Ausnahme einzelner als aufgehoben zu betrachtenden Bestimmungen, von der Kursächs. Stollen-O. v. 12. Juni 1749 und von dem 6. Theil der Kurcöln. BO., endlich von den Art. 29—35 der Nassau-Katzenelnb. BO; s. n. 1162.

1159. Obschon Abs. 2 die sonst nicht mehr statthafte Freifahrung in Beziehung auf Erbstollenrechte bestehen läßt, so folgt dennoch aus Abs. 1, daß sie auf Antrag eines neuen Muthers nicht mehr erfolgen kann. Ob dagegen die vorliegenden Gruben befugt seien, dieselbe zu verlangen, ist streitig. Die Antwort hängt wohl davon ab, ob § 249 II, 16. ALR. den vorliegenden Gruben jene Befugniß unbedingt oder nur für den Fall gewähre, wo mit dem Antrage auf Freifahrung der auf eigene Beleihung verbunden werde. Klost. n. 553 spricht sich für die Bejahung aus, entgegen der von Huyssen S. 153 adoptirten Ansicht Brass.'s und Achenb.'s (Z. f. BR 6. S. 617). Letztere erkennen jedoch an, daß den Anträgen der vorliegenden Gruben auf Verstufung einzelner Stollenörter beim Zutreffen der gesetzlichen Voraussetzungen entsprochen werden müsse, indem sie gleichzeitig annehmen, daß die Frage, ob der Fall des Verstufens eingetreten, nicht prozeßfähig sei. Gegen die Freifahrung findet der Rechtsweg unzweifelhaft statt, — vgl. Oppenhoff Ress.-Ges. S. 119, — nach Klost. n. 541 jedoch nur den gelösten oder vorliegenden Gruben, nicht also auch [ex anal. des § 157 h. l.] dem OBA. gegenüber. Daß es zulässig sei, einen Erbstollen in Fristen zu legen, ist unbestritten. Doch halten Brass. und Achenb. l. c. die Fristung mit Rücksicht auf das oben Gesagte weder für erforderlich, noch für zweckmäßig.

1160. Trotz Abs. 2 besteht die Enterbung eines Erbstollens durch einen anderen Erbstollen nicht mehr fort, da hierzu nach dem früheren Rechte eine Verleihung gehörte, und das BG. keine Bestimmung darüber trifft, daß der Stollen, gleich der Wasserhaltungsmaschine (s. Abs. 3), auch ohne eine solche Verleihung, beim Vorhandensein der sonstigen gesetzlichen Erfordernisse das Recht der Enterbung habe; s. KB. II. S. 102, Brass. und Achenb (Z. f. BR. 6. S. 618).

1161. Das auf Beförderung von Tiefbauanlagen berechnete Enterbungsrecht, welches nach § 469, II, 16. ALR. den Wasserhaltungsmaschinen zusteht, gewährt dem Bw.'s-Eigenthümer ein gesetzliches Mittel, sich von den an einen Erbstollen zu leistenden, lästigen Abgaben zu befreien. Dasselbe durfte dem Bw.'s-Eigenthümer nicht entzogen werden, weil sonst das Erbstollenrecht zum Nachtheile des Bergbaus noch mehr befestigt worden wäre. Zur Ausübung jenes Enterbungsrechts war jedoch eine vorgängige Verleihung der Erbstollengerechtigkeit an die enterbende Wasserhaltungsmaschine, als unvereinbar mit Abs. 1 h. l., nicht ferner zu verlangen; hierauf beruht Abs. 3.: Mot. S. 120.

§ 224. Bei Bergwerkseigenthum, welches nach dem Eintritt der Gesetzeskraft des gegenwärtigen Gesetzes verliehen wird, findet ein Anspruch auf Freikuxe irgend einer Art nicht mehr statt.

Den bereits vor diesem Zeitpunkte von Kirchen und Schulen, von dem Schlesischen Freikuxgelderfonds und von Grundbesitzern erworbenen Freikuxen steht nur eine Realberechtigung auf den durch die bisherigen Gesetze bestimmten Ausbeuteantheil an dem Bergwerke zu.

1162. Abs. 3 ist, entgegen dem § 219 des Entwufs von 1862, auf den Gesetzesbereich des ALR. beschränkt worden, und zwar augenscheinlich um deswillen, weil das Enterbungsrecht der Wasserhaltungsmaschine außerhalb dieses Bereichs nie bestand. Er bezieht sich übrigens auch auf diejenigen Landestheile, in welchen das ALR. nur als subsidiäres Bergrecht galt; doch sollte durch denselben nicht etwa, entgegen dem Abs. 2 Art. 31 die Nassau-Katzenelnbog. BO. in Wegfall kommen, vorausgesetzt, daß das nach diesem Art. dem Erbstöllner zustehende Vorzugsrecht auf Wasserhaltungsmaschinen überhaupt anwendbar sein möchte, eine Frage, welche der richterlichen Kognition vorbehalten ist; s. KB. II. S, 102. Brass. und Achenb. (Z. f. BR. 6. S. 620) bemerken hierzu, daß, wenn man bisher die Verleihung von Wasserhaltungsmaschinen im Bezirke jener BO. für zulässig erachtet habe, es auch nur eine Konsequenz dieser Ansicht sein dürfte, dem Erbstöllner jenes Vorzugsrecht auf Anlage der Wasserhaltungsmaschine zuzuweisen.

Zu § 224.

1163. Nachdem die beiden Freikuxe, welche den drei revidirten BO. und dem § 134 II, 16. ALR. zufolge der Knappschaftskasse zustanden, schon durch § 9 des Ges. v. 10. April 1854 aufgehoben worden, dehnt § 224 Abs. 1 diese Aufhebung bezüglich aller künftigen Verleihungen auf die Kirchen- und Schulkuxe, den Erb- oder Grundkux, sowie die Mitbaukuxe des Grundeigenthümers aus, theils wegen der Ungleichförmigkeit der einschlägigen älteren Gesetzgebung, theils wegen des Wegfalls jedes inneren Grundes für eine derartige Belastung der Bergwerke und wegen anerkannter wirthschaftlicher Interessen. Selbstredend ist hiermit bei künftigen Verleihungen auch die Tradde hinweggefallen, welche im Bereiche der cleve-märkischen BO. auf den Steinkohlenwerken zu Gunsten desjenigen lastete, auf dessen Grundstück ein Schacht abgeteuft war. Vgl. Mot. S. 120 KB. II. S. 102. Während daher Abs. 1 alle bereits erworbenen Freikuxe unberührt läßt, gleichviel, ob das Bw. beim Inkrafttreten des BG. schon in Ausbeute gestanden und der Berechtigte sein Recht damals schon ausgeübt hat, oder nicht, — s. Mot. v 1862 S. 197. 199, — kommt er andererseits nicht blos denjenigen Verleihungen zu Gute, welche zwar erst nach jenem Zeitpunkte aber auf Grund einer vor demselben eingelegten Muthung ertheilt sind, sondern auch den von Privatregalbesitzern ertheilten Verleihungen, falls die vorgeschriebene Bestätigung durch das OBA. erst unter der Herrschaft des BG. erfolgt ist. Vgl. Lindig (Z. f. BR. 6. S. 626) und unten n. 1241.

1164. Abs 2 und 3 sind deklaratorischer Natur, indem sie bezüglich der bereits erworbenen Freikuxe zwei frühere Streitfragen lösen. Die eine drehte sich darum, ob der Freikux als Reallast oder als Miteigenthum am Werke anzusehen sei. Da schon früher unbestritten feststand, daß die Freikuxberechtigten in gewerkschaftlichen Angelegenheiten kein Stimmrecht besitzen, daß sie zu den Betriebskosten nicht beitragen, und daß ihr Recht lediglich den Bezug einer gesetzlich bestimmten Ausbeutequote zum Gegenstande hat, so entschied sich das BG. um so unbedenklicher wider die zweite Alternative, als dieselbe mit der neuen Gewerkschaftsorganisation unvereinbar sein würde. Die andere, namentlich bei den Hypothekenbehörden hervorgetretene Streitfrage betrifft den Einfluß, welchen die Aufhebung der knappschaftlichen Freikuxe auf die Zahl der gewerkschaftlichen Kuxe und

Durch die nach § 9 des Knappschaftsgesetzes vom 10. April 1854 erfolgte Aufhebung der beiden Freikuxe für die Knappschafts- und Armenkasse ist weder die Quote des Ausbeuteantheils der übrigen Freikuxberechtigten, noch die Zahl der gewerkschaftlichen Kuxe verändert worden.

Die Ablösung der Freikuxe bleibt der freien Vereinigung der Betheiligten vorbehalten.

[Br. (vacat.)

M. 172 gleichl. mit Abs. 1. 2 h. l., nur ist statt „von dem Schlesischen Freikuxgelderfonds" gesagt: „Knappschaftskassen." Abs. 3 (vacat).

G. (vacat.)

B. 224 Abs. 1. 2 und 4 gleichl. mit § 224 h. l., doch ohne die Worte „von dem Schlesischen Freikuxgelderfonds." Abs. 3: „Die nach der seitherigen Gesetzgebung von Knappschaftscassen erworbenen Freikuxe erlöschen ohne Entschädigung. Durch diese Erlöschung wird weder die Quote des Ausbeuteantheiles der übrigen Freikuxberechtigten, noch die Zahl der gewerkschaftlichen Kuxe verändert."]

---

den Ausbeuteantheil der übrigen Freikuxe ausgeübt hat. Für die Entscheidung dieser Frage war maßgebend, daß die Zahl der gewerkschaftlichen Kuxe von derjenigen der Freikuxe völlig unabhängig und jede dieser Zahlen an sich bestimmt ist. Demnach besteht die einzige Veränderung, welche in Folge jener Aufhebung eintrat, darin, daß die Ausbeuteantheile der vier Freikuxe für Kirche und Schule, sowie für den Grundeigenthümer nicht mehr dem auf vier gewerkschaftliche Kuxe fallenden Ertragsantheile gleich sind, sondern daß sie nach wie vor $^{4}/_{128}$ resp. $^{4}/_{136}$ der Ausbeute ausmachen. Vgl. Mot. S. 122.

1165. Die durch Abs. 2 unberührte Frage, ob die dem Schlesischen Freikuxgelderfonds zustehenden Freikuxe privatrechtliche oder öffentliche Lasten, die betreffenden Ausbeuteantheile daher auf dem Rechtswege oder aber nach § 1 Nr. 6 der VO. v. 30. Juli 1853 im Verwaltungswege einzuziehen seien, wird durch ME. 30. Jan. 1867 (Z. f. BR. 9. S 240) mit Rücksicht auf den publizistischen Charakter, welchen die AKO. v. 5. März 1830 (GS. S. 48) jenem Fonds verleiht, im letzteren Sinne entschieden. Die Ansprüche der sonstigen Freikuxberechtigten müssen dagegen auf dem *Rechtswege* geltend gemacht werden. Vgl. MR v. 22. Juli 1857 (M. Z. 5. S. 133). Die dort vorgesehene eventuelle Mitwirkung der Bergbehörde findet, wie *Huyssen* S. 154 richtig bemerkt, schon seit dem Ges. v. 21. Mai 1860 nicht mehr statt. Ein Anspruch auf *besondere* Rechnungslegung steht den Freikuxberechtigten überhaupt nicht zur Seite; s. OT. v. 30. Juni 1865 (Z. f. BR. 7. S. 239). Vgl. jedoch *Klost.* n. 595.

1166. Nach früherem Rechte waren die Freikuxe nicht ablösbar. Da aber deren *Ablösbarkeit* im Interesse des Bergbaus liegt, so wird solche im Abs. 4 ausgesprochen. Doch sieht das BG., in Ermangelung vorwiegend öffentlicher Interessen und eines allgemein anwendbaren gerechten Ablösungsmodus, von einem Ablösungszwange ab, indem es die Ablösung der *freien Vereinigung der Betheiligten* überläßt. Zu letzteren gehören, wenn es sich um Freikuxe des Grundbesitzers handelt, allgemeinen Rechtsgrundsätzen zufolge, auch die *Realinteressenten und Hypothekengläubiger* des Grundstücks. Vgl. Mot. S. 123.

1167. Ein dem Grundkuxe ganz analoges Recht ist die *Grundrente*, welche die bisherige *linksrheinische* Gesetzgebung (Art. 6. 42 des Ges. v. 21. April 1810) dem Grundeigenthümer zubilligte. Sie hat gleichfalls die Eigenschaft einer Reallast und ist sowohl ablösbar als auch, vorbehaltlich der Rechte der Hypothekengläubiger, veräußerlich, indem sie eventuell die Eigenschaft eines beweglichen Rechts annimmt. Da das BG. über die einmal konstituirten Grundrenten keine neuen Bestimmungen trifft, so besteht hinsichtlich ihrer das ältere Recht fort, während die Entstehung neuer Grundrenten nach Maßgabe der bezüglichen Vorschriften durch das BG. ausgeschlossen wird. Vgl. *Achenb.* S. 134 ff.

§ 225. Nach dem Eintritt der Gesetzeskraft des gegenwärtigen Gesetzes kann ein Recht auf Mitbau zur Hälfte, wo solches bisher gesetzlich bestanden hat, nur noch alsdann in Anspruch genommen werden, wenn die Erklärung, mitbauen zu wollen, bereits vor jenem Zeitpunkte rechtzeitig abgegeben oder die dreimonatliche Frist zur Abgabe dieser Erklärung noch nicht abgelaufen ist.

Alle Ansprüche auf das Recht des Mitbaues zur Hälfte, bezüglich deren die vorgeschriebene Aufforderung zur Geltendmachung unterblieben ist, müssen bei Vermeidung der Präklusion innerhalb Eines Jahres von dem vorbezeichneten Zeitpunkte an durch gerichtliche Klage geltend gemacht werden.

[Br., M, G. (vacat.)
B. 225: „Nach dem Eintritte der Gesetzeskraft des gegenwärtigen Gesetzes kann das in Art. 8 der Bayr. BO v. 6. Mai 1784 begründete Mitbaurecht des Grundbesitzers nur noch etc.“ (Im Uebrigen gleichl. mit Abs. 1). Abs. 2 h. l. (vacat)].

Zu § 225.

1168. Das BG. beseitigt das singuläre Institut des Mitbaurechts, wie es nach der Schles. BO. v. 1769, den Deklarationen v. 4. Aug. 1770, resp. 1. Febr. 1790 und der Magd.-Halberst. BO. v. 1772 dem Grundeigenthümer zustand, wesentlich aus denselben Gründen, welche für die Aufhebung der Freikuxe sprachen. Andererseits sollen aber bereits erworbene Rechte geschützt werden. Die desfallige Vorschrift im § 225 Abs. 1 beruht darauf, daß nach den bisher bestehenden Vorschriften der Mitbauberechtigte vor der Verleihung zur Ausübung seines Rechts aufgefordert und seine Erklärung binnen einer dreimonatlichen Frist abgegeben werden mußte, daß ferner nach Einlegung der Muthung das Recht zum Mitbau als ein selbstständiges Recht erworben wurde. Vgl. Mot. S. 124.

1169. Hiernach ist das Mitbaurecht, insoweit es durch Abs. 1 aufrecht erhalten wird, keineswegs, gleich der Freikuxberechtigung, auf die schon vor dem Inkrafttreten des BG. verliehenen Werke beschränkt. Gleichwohl ergiebt sich aus dem Wortlaute und den Materialien des Gesetzes, daß jenes Recht den erst nach jenem Zeitpunkte verliehenen Werken gegenüber nur dann in Anspruch genommen werden kann, wenn die Erklärung, mitbauen zu wollen, schon vor jenem Zeitpunkte abgegeben worden, oder wenn wenigstens die Aufforderung schon früher erlassen, und die dreimonatliche Frist zur Abgabe der Erklärung noch nicht verstrichen ist, so daß also die Aufforderung nach jenem Zeitpunkte überhaupt nicht mehr zu erfolgen hat. Vgl. Lindig, Brass. und Achenb. (Z. f. BR. 6. S. 621ff.), Klost. n. 597. Contra: Wachler S. 298, Huyssen S. 155.

1170 Nicht bei allen bereits bestehenden Bergwerken waren die Ansprüche auf das Mitbaurecht zur Zeit des Erlasses des BG. in der einen oder anderen Weise definitiv erledigt, theils in Folge der Streitfrage, ob das Mitbaurecht dem Gutsherrn oder dem Grundeigenthümer zustehe, theils deshalb, weil die Fortexistenz jenes Rechts in den Sächsischen Landen den erheblichsten Zweifeln unterlag; Abs. 2 hat nun den Zweck, die bestehenden Werke von der Gefahr, noch nach Jahren durch Mitbauberechtigte in Anspruch genommen zu werden, zu befreien: Mot. S. 125. Hieraus sowie aus dem unter n. 1169 Gesagten geht hervor, daß Abs. 2 auf die erst unter der Herrschaft des BG. verliehenen Werke keine Anwendung findet. Durch Abs. 2 haben übrigens ältere Urtheile, welche die Klage auf Anerkennung des Mitbaurechts zur Zeit abwiesen, weil zuvor das OBA. um Verleihung anzugehen sei, von Rechtswegen ihre Erledigung gefunden; so: Karsten im Widerspruch mit OT. 10. Mai 1869 (Z. f. BR. 10. S. 454ff.).

§ 226. Die Rechtsverhältnisse der bei dem Eintritt der Gesetzeskraft des gegenwärtigen Gesetzes in den rechtsrheinischen Landestheilen bestehenden Gewerkschaften sind, soweit es an vertragsmäßigen Verabredungen fehlt und nicht in den nachfolgenden §§ 227 bis 239 etwas Anderes bestimmt ist, nach den Vorschriften des vierten Titels zu beurtheilen.

[Br. (vacat). Vgl. §§ 216. 217 mitgetheilt zu § 227 h. l.
M. 173 gleichl., ohne die Worte „in den rechtsrheinischen Landestheilen."
G. 165 Abs. 1 gleichl. mit § 233 Abs. 1 h. l.; Abs. 2: „Im Uebrigen finden die Bestimmungen im 4. Titel des gegenwärtigen Gesetzes auch auf die bereits verliehenen Bergwerke Anwendung."
B. 226 gleichl., nur statt „rechtsrheinischen Landestheilen": „Landestheilen diesseits des Rheins."]

1171. Derjenige, welchem das Mitbaurecht zugesprochen wird, muß der Gewerkschaft den auf seine Hälfte fallenden Antheil an den Schürf- und Anlagekosten ersetzen: Huyssen S. 156.

Zu § 226.

1172. Da die im 4. Titel enthaltene Organisation der Gewerkschaft sich unmittelbar an deren seitherige Verfassung, und namentlich an das Ges. v. 12. Mai 1851 anlehnt, und nur den Zweck hat, die gewerkschaftlichen Rechtsverhältnisse auf der vorhandenen Grundlage konsequenter zu entwickeln, so erschien es ebenso ausführbar wie zweckmäßig, den 4. Titel, vorbehaltlich gewisser aus der Personifizirung der neuen Gewerkschaften und der veränderten Natur der Kuxe sich ergebenden Modifikationen, auch auf die bereits bestehenden rechtsrheinischen Gewerkschaften auszudehnen; auf diesen Gesichtspunkten beruht die im § 226 aufgestellte Regel, während deren Modifikationen in den §§ 227—239 enthalten sind: Mot. S. 125.

1173. Trotz des unter n. 1203 Gesagten unterliegt die Anwendbarkeit der §§ 226 ff. auf Nassau, dem Art. 11 der VO. v. 22. Fbr. 1867 zufolge, keinem Zweifel. Ebenso finden jene §§ aber auch, von dem Eisensteinbergbau der vormals Hannöv. Aemter Zellerfeld und Elbingerode abgesehen, für welchen Art. 15 § 6 der VO. v. 8. Mai 1867 besondere, dem § 240 h. l. entsprechende Bestimmungen trifft, — auf die übrigen neu erworbenen Länder Anwendung. Anerkannt wird dies hinsichtlich der kurhessischen Gewerkschaften durch die Kommiss.-Verhdll. (Z. f. BR. 8. S. 226). Was dagegen die Provinz Hannover betrifft, so ist Klost. n. 208. 599 anderer Meinung, weil die VO. v. 8. Mai 1867 in den Artt. 6—8 die Vorschriften des 4. Titels, einschließlich der im § 227 h. l. aufgezählten, unmittelbar auf die dort bereits bestehenden Gewerkschaften anwende. Inzwischen bestätigen jene Artikel weder nach ihrem Inhalte noch nach ihren Motiven (Z. f. BR. 8. S. 173) Klost.'s Ansicht.

1174. Dem § 226 unterliegen die Gewerkschaften solcher Bergwerke nicht, welche auf Grund einer unter dem früheren Rechte eingelegten Muthung erst nach dem Inkrafttreten des BG., oder welche zwar früher von einem Privatregalbesitzer verliehen worden sind, in Betreff deren aber die vorschriftsmäßige Bestätigung des OBA.'s erst nach jenem Zeitpunkte erfolgte; s. n. 1241. Auf die Werke der einen und anderen Art kommt vielmehr sofort der 4. Titel zur Anwendung.

1175. § 226 soll nur bestimmen, daß das BG. von der Anwendung auf die Rechtsverhältnisse einer Gewerkschaft nicht schon um deswillen ausgeschlossen sei, weil die Gewerkschaft bereits vor dem Inkrafttreten des BG. bestand. Im Uebrigen derogirt § 226 keineswegs den allgemeinen Grundsätzen über die rückwirkende Kraft der Gesetze, denen zufolge Rechtsverhältnisse, welche unter der älteren Gesetzgebung begründet, und Rechte, die unter derselben erworben sind, durch ein neueres Gesetz nicht berührt werden. Vgl. JS. v. 20. Juli 1867 und OT. v. 24. Nov. 1868 (Z. f. BR. 9. S. 167; 10. S. 170, und oben n. 561.

§ 227. Die §§ 94 bis 98. 101. 103. 105. 106. 108. 109 und 110 finden auf die bestehenden Bergwerke keine Anwendung.

[Br. 216 gleichl., nur ist der dem § 101 h. 1 entsprechende § 104 nicht mit aufgeführt. 217: „Die Mitbetheiligten der bei dem Eintritte der Gesetzeskraft des gegenwärtigen Gesetzes bestehenden Bw. haben ihre Rechtsverhältnisse, soweit dies nicht schon geschehen ist, notariell oder gerichtlich zu regeln. Die Urkunden darüber sind an die Bergbehörde einzusenden. — Dieselben haben binnen 3 Monaten von dem obigen Zeitpuncte an den Repräsentanten oder Grubenvorstand in Gemässheit der §§ 120 bis 130 und 137 zu ernennen und der Bergbehörde namhaft zu machen. — Binnen gleicher Zeit sind derselben diejenigen Personen (§ 78) zu bezeichnen, welche die Leitung oder Beaufsichtigung des Betriebs übernommen haben."
M., G. (vacat).
B. 227: „Die Art. 85 bis 88. 91. 95. 96. 98 und 99 finden auf diejenigen Bw. keine Anwendung, welche in dem Zeitpuncte, in welchem gegenwärtiges Gesetz in Wirksamkeit tritt, sich bereits im Besitze einer Gewerkschaft befinden."]

§ 228. Die seitherige Kureintheilung bleibt bestehen. Jedoch kann von jetzt an ein Kux nur noch in Zehntheile getheilt werden.

Die Kuxe behalten die Eigenschaft der unbeweglichen Sachen.

a. [Br. (vacat). — M. 174 gleichl. — G. (vacat).
B. 238 gleichl., mit dem Zusatze am Schlusse: „Dieselben werden in dem wie bisher von der Bergbehörde zu führenden Gegenbuche vorgetragen."
b. § 228 der RV. enthielt als Abs. 2 die Worte:
„Jede andere oder weitere Theilung ist unzulässig."]

Zu § 227.

1176. Die Ausschließung der hier aufgezählten §§ von der Anwendbarkeit auf die bestehenden Bergwerke [oder richtiger gesagt: „auf die bestehenden Gewerkschaften," s. Kloſt. n. 600] rechtfertigt sich durch den Inhalt dieser §§ und das zu § 226 [s. n. 1172] Gesagte: Mot. S. 126. Gleich den §§ 228—239 gilt § 227, gemäß §§ 226. 240 nur für den Gesetzesbereich des § 226, d. h. also für die rechtsrheinischen Lande; die Unanwendbarkeit der in § 227 aufgezählten §§ auf die linksrheinischen Lande beruht vielmehr auf § 240. A. M. ist Huyssen S. 156.

1177. Zufolge § 227 muß hinsichtlich der Materien, von welchen die dort aufgezählten §§ handeln, bei den bestehenden Gewerkschaften noch auf die Grundsätze der älteren, in mehrfacher Hinsicht übrigens mit jenen §§ übereinstimmenden Gesetzgebung zurückgegangen werden, soweit dieselben eben nicht durch die §§ 226. 228—234 abgeändert worden sind. Vgl. Kloſt. n. 602. 213 und oben n. 551 ff. 578. — Außerdem s. n. 681 und 1192.

Zu § 228.

1178. Die mit der seitherigen willkührlichen und unbeschränkten Theilbarkeit der Kuxe verbundenen Nachtheile waren so groß, daß es nöthig erschien, für die älteren Gewerkschaften ähnliche Beschränkungen einzuführen, wie sie für die neuen Gewerkschaften in § 101 bestimmt sind; von einer zwangsweisen Zurückführung der bestehenden Bruchtheile auf Zehntel ist dagegen abgesehen worden. Abs. 2 der RV. wurde, als im Abs. 1 bereits enthalten, gestrichen. Vgl. Mot. S. 126, KB. I. S. 70.

§ 229. Die einzelnen Gewerken werden, soweit die Einrichtung des Hypothekenwesens dies gestattet, als Eigenthümer ihrer Kuxe in das Hypothekenbuch eingetragen.

[Br., M., G., B. (vacat).

§ 230. Die einzelnen Gewerken können ihre Kuxe zur Hypothek stellen.

Eine Verpfändung des ganzen Bergwerks durch Mehrheitsbeschluß (§ 114) ist nur dann zulässig, wenn die einzelnen Kuxe nicht mit Hypotheken belastet sind. Anderen Falls ist Einstimmigkeit erforderlich.

[Br., M., G., B. (vacat).]

B. 229 gleichl. mit Abs. 2 h. l. bis „belastet sind," dann heißt es: „ausserdem nur, wenn die Gläubiger, denen die einzelnen Kuxe verpfändet sind, vorher abgefunden sind oder in die Verpfändung des ganzen Bw.'s ausdrücklich eingewilligt haben und die Gewerkschaft die Verpfändung einstimmig beschliesst. Bei der Veräusserung von Kuxen und Geltendmachung bestehender Pfandrechte kommen die für Grundstücke geltenden Bestimmungen zur Anwendung." — Abs. 1 h. l. (vacat).]

1179. Während § 228 den thatsächlich vorgefundenen Zustand der Kuxeintheilung aufrecht erhält, und zwar mit der Maaßgabe, daß § 24 (Schlußsatz) der Instr. v. 21. Sept. 1832 (Jbb. 40. S. 232), welcher die zwangsweise Veräußerung der unter einem Achtel-Kux bleibenden Theile anordnete, außer Kraft getreten ist, gilt das in demselben (§ 228) enthaltene Verbot zukünftiger Untertheilung des Kuxes in andere als Zehntheile auch für die schon vorhandenen Bruchtheile. Letztere können daher gleichfalls nur so zerlegt werden, daß jeder neu entstehende Theil einen oder mehrere Zehntheile des ganzen Kuxes darstellt, während diejenigen Bruchtheile, bei denen eine solche Zerlegung nicht möglich ist, untheilbar sind. Vgl. v. Rynsch, Gedike, Bölling (Z. f. BR. 6. S. 628), Klost. n. 604. Doch bleibt es vollkommen statthaft, ältere Bruchtheile, welche nicht mit jenem Dezimalsystem in Einklang stehen, im Ganzen zu veräußern; vgl. Gedike l. c.

1180. Ueber die rechtliche Bedeutung eines Vertrags, welcher die Vorschrift des § 228 verletzt, sind Gedike und Bölling l. c. getheilter Meinung. Jener glaubt, daß, wenn Jemand seinen Antheil nach einem unstatthaften Verhältnisse an zwei Personen verkaufe, und diese die Sache nicht etwa in einer dem § 228 entsprechenden Weise reguliren, der Besitztitel des ganzen verkauften Antheils ungetrennt für beide Käufer einzutragen sei, und beide gemeinschaftlich das Stimmrecht ausüben, gemeinschaftlich die Ausbeute erheben und gemeinschaftlich die Beiträge leisten müßten, wogegen Bölling jeden die vorschriftsmäßige Eintheilung nicht beachtenden Vertrag für unwirksam und daher zur Berücksichtigung beim Berggegenbuche ungeeignet hält. Die letztere Ansicht dürfte den Vorzug verdienen. Vgl. im Uebrigen n. 569 ff.

Zu § 229.

1181. § 229 wiederholt lediglich bestehendes Recht: Mot. S. 126. Die Bedingung „soweit die Einrichtung rc." trifft zu für den Bereich der Hypotheken-Ordn. v. 20. Dez. 1783 und des Ges. v. 2. Febr. 1864 (GS. S. 34).

Zu § 230.

1182. Abs. 1 bezieht sich nicht blos auf die Verpfändung ganzer Kuxe, sondern auch auf diejenige bloßer Kuxtheile. Doch müssen, wenn der Gewerke nicht seinen gesammten Antheil, sondern nur einen ideellen Theil desselben zur Hypothek stellt, letzterer und die unbeschwerten Theile Zehntheile im Sinne des § 228 sein.

§ 231. Bei der Veräußerung und Verpfändung von Kuxen kommen die für Grundstücke gegebenen Bestimmungen zur Anwendung.

[Br., M., G. (vacat.)
B. 229 (Schlußsatz), mitgetheilt zu § 230 h 1.]

§ 232. Der § 107 findet mit der Maaßgabe Anwendung, daß die Erhebung der Beiträge beschlossen sein muß, bevor der seitherige Eigenthümer der Kuxe dieselben veräußert hat.

[Br., M., G. (vacat.) — B. 230 gleichl.]

§ 233. Soweit die bereits bestellten Repräsentanten und Grubenvorstände mit besonderen Vollmachten versehen sind, behält es bei denselben sein Bewenden.

Im Uebrigen ist von der Anwendung der §§ 119 bis 126 und 128 auf diese Repräsentanten und Grubenvorstände nur

---

1183. Abs. 2 beseitigt eine frühere Streitfrage; vgl. v. Rynsch (Z. f. BR. 3. S. 254). Er soll verhüten, daß eine Majorität da, wo einzelne Kuxe [oder Kuxtheile] bereits mit Hypotheken belastet sind, den Kredit der noch unbeschwerten Kuxe für ihr Interesse ausbeute: Mot. S. 126. Hieraus darf jedoch nicht etwa, entgegen dem klaren Wortlaute des §, gefolgert werden, daß alsdann wenigstens eine Dreiviertheilsmajorität genüge, wenn dieser gerade die sämmtlichen Eigenthümer der unbelasteten Kuxe angehören: Esser S. 56. — Unter Hypotheken versteht Abs. 2 augenscheinlich die Privilegien des rhein. Rechts mit.

Zu § 231.

1184. § 231 gründet sich auf die Immobiliarqualität der Kuxe älterer Gewerkschaften und auf allgemeine Grundsätze: Mot. S. 127. Klost. n. 608 macht auf die Uebereinstimmung dieser Vorschrift mit OT. (Pl.-Beschl.) 7. Juli 1851 (Entsch. 21. S. 10) aufmerksam, durch welches namentlich ausgesprochen wurde, daß der Eigenthumsübergang bei der mittelbaren Erwerbung von Kuxen nicht von der Zuschreibung im Berggegenbuche, wohl aber, wie beim mittelbaren Erwerbe des Grundeigenthums, von der Naturaltradition abhängig sei.

Zu § 232.

1185. Nach § 323. II, 16 ALR. blieb zwar der Verkäufer von Kuxen für die vor der „Zuschreibung" beschlossene Zubuße verhaftet; im § 232 h. l. mußte jedoch der Zeitpunkt der Veräußerung als der entscheidende angenommen werden, da eine Zuschreibung außerhalb des Bereichs der Preuß. Hypothekenverfassung nicht vorkommt: Mot. S. 127. Nur in Nassau ist mit Rücksicht auf § 8 des Nass. Ges. v. 15. Mai 1851 der Zeitpunkt des Antrags auf Ab- und Zuschreibung im Berggegenbuche für den entscheidenden Zeitpunkt erklärt worden. Vgl. Z. f. BR. 8. S. 23.

Zu § 233.

1186. Die Vorschriften dieses § beruhen darauf, daß die Vollmachten der bereits bestellten Repräsentanten und Grubenvorstände, soweit hierdurch die gesetzlichen Befugnisse erweitert oder beschränkt sind, nicht durch neue Gesetzesvorschriften beschränkt werden dürfen, daß im Uebrigen aber diese neuen Vorschriften auch auf die bereits vorhandenen Vertreter der Gewerkschaften um so unbedenklicher Anwendung finden können, als dieselben wesentlich darauf berechnet sind, die seither mehrfach zweifelhafte Kompetenz der gewerkschaftlichen Vertretung scharf abzugrenzen: Mot. S. 127.

die Bestimmung des § 121 über die Führung des Gewerkenbuchs und die Ausfertigung der Kurscheine ausgeschlossen.

[Br. (vacat.) — M. 175 gleichl. mit Abs. 1; Abs. 2 (vacat).
G. 165 (mitgetheilt zu § 226 h. l.)
B. 231 Abs. 1 gleichl., Abs. 2: „Im Uebrigen finden die Art. 108 bis 115 und 117 auf diese Repräsentanten und Grubenvorstände Anwendung.]

§ 234. In den Fällen der §§ 130 bis 132 erfolgt der Verkauf des Antheils im Wege der nothwendigen Subhastation und die Zuschreibung des unverkäuflichen Antheils im Hypothekenbuche, letzteres, soweit die Einrichtung des Hypothekenwesens dies gestattet.

[Br. (vacat.)
M. 179: „Bei Verkäufen in den Fällen der Art. 118—120 sind die aus dem Gewerkenbuch ersichtlichen Pfand- und Realberechtigten vom Versteigerungstermin zu benachrichtigen und vom Erlös zunächst zu befriedigen. — Durch den Verkauf erlöschen alle Pfand- und sonstigen Realberechtigungen an dem verkauften Antheil."
G, (vacat.)
B. 223: „In den Fällen der Art. 119 bis 121 erfolgt der Verkauf des Antheiles im Wege der Zwangsversteigerung unbeweglicher Sachen und die Zuschreibung des unverkäuflichen Antheiles im Gegenbuche (Art. 228 Abs. 2)."]

1187. Gemäß § 15 des Ges. v. 12. Mai 1851 mußte, so oft an Stelle eines einzelnen Repräsentanten ein Grubenvorstand gewählt wurde, die Gewerkschaft der Bergbehörde stets dasjenige Mitglied dieses Vorstands bezeichnen, welches den letzteren nach Außen hin vertrat. Diese Bevollmächtigung eines einzelnen Vorstandsmitglieds enthielt mithin keine Erweiterung oder Beschränkung der gesetzlichen Befugnisse der Vertreter der Gewerkschaft, ja überhaupt keine Abweichung von der gesetzlichen Regel, sondern umgekehrt eine Anwendung derselben. Sie stellt folgeweise auch keine besondere Vollmacht im Sinne des § 233 (s. n. 1187) dar, und ist sonach mit dem Inkrafttreten des BG. erloschen, so daß die unter n. 651 entwickelten Grundsätze die Richtschnur bilden. Die entgegengesetzte Meinung findet sich in der Z. f. BR. 7. S. 530 vertreten.

Zu § 234.

1188. Die Nothwendigkeit, das Zubuß- und Kaduzirungs-Verfahren durch die §§ 129—131 zu ersetzen, machte sich vorzugsweise für die schon bestehenden Gewerkschaften geltend; § 234 bestimmt die Modifikationen, welche das neue Verfahren in Ansehung ihrer darum erfahren muß, weil der zu verkaufende Kux Immobiliarqualität hat und Gegenstand der Eintragung in das Berg-Hypothekenbuch ist: Mot. S. 127.

1189. Die §§ 130. 234 hindern nicht die Verurtheilung wegen einer Verpflichtung, welche schon vor Einführung des BG. begründet und Gegenstand der Klage geworden ist: OT. 4. Febr. 1867 (Z. f. BR. 9. S. 161). Im Uebrigen vgl. n. 706 (i. f.).

1190. Die Worte: „im Wege der nothwendigen Subhastation" sind nicht blos auf das Formelle, sondern auch auf das Materielle zu beziehen, weshalb z. B. im Gebiete des Rheinischen Rechts von einem Reinigungsverfahren und Uebergebote keine Rede sein kann. — Im Uebrigen vgl. n. 710.

§ 235. Durch einen von einer Mehrheit von wenigstens drei Viertheilen aller Kuxe gefaßten Beschluß kann, soweit nicht vertragsmäßige Verabredungen entgegenstehen, jede bereits bestehende Gewerkschaft sich denjenigen Bestimmungen des vierten Titels, welche nach § 227 auf die bestehenden Bergwerke keine Anwendung finden, unterwerfen und insbesondere die Kuxe auf die nach § 101 zulässige Eintheilung mit der Wirkung zurückführen, daß die neuen Kuxe die Eigenschaft der beweglichen Sachen haben.

Ist bei dem Eintritt der Gesetzeskraft dieses Gesetzes der Besitz der Kuxe einer Gewerkschaft dergestalt getheilt, daß der Zurückführung derselben auf die vorbezeichnete Eintheilung außergewöhnliche Schwierigkeiten entgegenstehen, so kann mit Genehmigung des Oberbergamts die Zahl der Kuxe auf zehntausend bestimmt werden.

Das Protokoll über die Gewerkenversammlung, in welcher der Beschluß gefaßt wird, ist notariell oder gerichtlich aufzunehmen.

Zu § 235.

1191. Da die im 4. Titel konstituirte neue Form der Gewerkschaft zur Beförderung der allgemeinen Interessen des Bergbaus dient, so mußte es für wünschenswerth erachtet werden, daß auch die bestehenden Gewerkschaften allmählig diese Verfassung *in ihrem ganzen Umfange* annehmen, und insbesondere die vielen Unzuträglichkeiten beseitigen, welche mit der bisherigen Immobiliarqualität der Kuxe verbunden sind; um diesen Uebergang zu erleichtern, forderte die RV. nur den Beschluß der einfachen Majorität sämmtlicher Kuxe: Mot. S. 127. Inzwischen fand Letzteres mit Rücksicht auf die Wichtigkeit der hier fraglichen, denen des § 114 an Bedeutung gleichstehenden Beschlüsse, keinen Beifall. Andererseits wurde jedoch ein Stimmeneinheit fordernder Vorschlag abgelehnt und hierbei namentlich erwogen, daß, wenn nach § 114 eine Mehrheit von Dreiviertheilen auch bei den neuen Gewerkschaften über die Substanz verfügen, mithin Veräußerungen, Konsolidationen rc. vornehmen könne, dieselbe zu den weniger tief einschneidenden Dispositionen des § 235 gleichfalls befugt sein müsse. Die Vorschrift des Abs. 2 ward in den § aus dem Grunde aufgenommen, weil die im § 101 zugelassene Eintheilung in 1000 Kuxe für außergewöhnliche Fälle nicht ausreiche. Vgl. KB. I. S. 70.

1192. Schon in den Motiven (verbis: „*in ihrem ganzen Umfange*") ist der Wille des Gesetzgebers unzweideutig ausgesprochen, daß der nach § 235 zu fassende Beschluß nur die *Gesammtheit* der im § 227 aufgezählten Vorschriften adoptiren könne, daß also die Adoptirung *einzelner* derselben unter Ausschluß der übrigen unstatthaft sei. Dies erhält außerdem seine Bestätigung durch die analoge Vorschrift des § 240 Abs. 2. Endlich tritt hinzu, daß, wie *Strohn* (Z. f. BR. 7. S. 43) hervorhebt, die die Personifizirung der Gewerkschaft und deren rechtliche Consequenzen sanctionirenden Vorschriften der §§ 96—98. 101. 103. 105—110 ein untheilbares Ganze bilden, während die Unstatthaftigkeit eines Beschlusses, welcher lediglich die durch jene Personifizirung nicht bedingte Dezimaleintheilung des § 101 adoptiren möchte, unmittelbar aus der Fassung des § 235 folgt. Dagegen hält *Strohn* die *alleinige Annahme* des die *statutarische Autonomie* sanktionirenden § 94 Abs. 2 für statthaft, und es pflichtet ihm *Klost.* n. 612 mit dem Bemerken bei, daß zu einem desfallsigen Beschlusse keine Zustimmung der Realberechtigten (Abs. 4) nöthig sei, da deren Rechte hierdurch nicht berührt würden.

Wenn auf gewerkschaftlichen Antheilen Hypotheken haften oder Privilegien des Rheinischen Rechts, so darf ein solcher Beschluß nur dann ausgeführt werden, wenn diese Gläubiger entweder vorher abgefunden sind, oder in die Ausführung ausdrücklich eingewilligt haben.

a. [Br., M., G. (vacat.)

B. 223 gleich, nur fehlen die Worte „oder gerichtlich“ und „oder Privilegien des Rheinischen Rechts.“

b. § 235 der RV. forderte im Abs. 1 nur einen von der Mehrheit sämmtlicher Kuxe gefaßten Beschluß und enthielt nicht die Worte „soweit nicht vertragsmäßige Verabredungen entgegenstehen,“ während Abs. 2 und 3 h. l. gänzlich fehlten.]

Abgesehen jedoch davon, daß die statutarische Autonomie, wo nicht ausschließlich, so doch regelmäßig nur den juristischen Personen zusteht, § 94 Abs. 2 daher gleichfalls mit der Personifizirung der neuen Gewerkschaften mehr oder weniger zusammenhängt, würde die obige Ansicht in ihrem praktischen Erfolge auf eine theilweise Aufhebung des § 227 hinauslaufen. Denn da dieser § den älteren Gewerkschaften das Recht, mit einer Mehrheit von drei Viertheilen Statuten zu beschließen, geradezu abspricht, so käme es doch einer Zurücknahme dieser Vorschrift gleich, falls § 235 den Erwerb jenes Rechts an keine andere Bedingung knüpfte als an einen mit gleicher Mehrheit gefaßten Beschluß. Daß ein solcher Beschluß auf dem Rechtswege angefochten werden kann (§ 115), während bei dem Beschlusse über das Statut selbst das Gegentheil der Fall ist, ändert hieran wenig oder gar nichts. Wenn ferner Klost. ein Motiv vermißt, welches den Gesetzgeber hätte bestimmen können, den älteren Gewerkschaften die statutarische Autonomie vorzuenthalten, so möge daran erinnert werden, daß die Vorenthaltung dieses Rechts ein wirksames Mittel ist, um jene zur unbedingten Annahme des neuen Gewerkschaftsrechts zu drängen, daß sie also dem ausgesprochenen Zweck des § 235 recht eigentlich in die Hände arbeitet. Das für obige Ansicht aus § 115 entlehnte Argument erledigt sich durch das unter n. 635 Gesagte. Sollte diesem nicht beizupflichten sein, so würde aus der Verbindung der §§ 115 und 227 doch nur folgen, daß den älteren Gewerkschaften die Errichtung eines Statuts ausnahmsweise, d. h. zu dem im § 115 Abs. 2 speziell bezeichneten Zwecke zustände, und zwar schon von Rechts wegen, mithin ohne, daß sie darum zu § 235 ihre Zuflucht zu nehmen brauchten. — Gleich entschieden ist jedoch derjenigen Ansicht entgegenzutreten, welche von Fleckser (Z. f. BR. 6. S. 601) angedeutet und dahin gerichtet ist, daß, weil man sich nach § 235 nur den Vorschriften des im 4. Titel enthaltenen Normalstatuts unterwerfen könne, zur Festsetzung anderweitiger, dieses Statut modifizirender Bestimmungen stets Stimmeneinheit erforderlich sei; sie geht nach der anderen Seite hin zu weit. Macht eine Gewerkschaft von der Befugniß des § 235 Gebrauch, indem sie sich sämmtlichen im § 227 aufgezählten §§, mithin auch dem § 94 unterwirft, so erwirbt sie ja eben die statutarische Autonomie, welche von dem Erfordernisse der Stimmeneinheit entbindet.

1193. Obschon ein nach Maßgabe des § 235 gefaßter Beschluß in materieller Hinsicht einem Statute gleichkommt, so besteht doch darüber kein Zweifel, daß derselbe in formeller Hinsicht nicht als solcher aufzufassen, resp. den für das Statut des neuen Gewerkschaftsrechts geltenden besonderen Vorschriften (§ 94 Abs. 2 i. f., und § 115 Abs. 3) nicht unterworfen ist; vgl. Brockhoff und Mende (Z. f. BR. 6. S. 629; 8. S. 556), ferner oben n. 1192. Nur insofern besteht eine Meinungsverschiedenheit, als das Gesagte nach Brockhoff l. c. und einer ME. 11. April 1866 (ib. 9 S 239) mit Rücksicht auf § 101 Abs. 2 bei denjenigen Dispositionen eine Ausnahme erleiden soll, welche die Kuxzahl auf 1000 oder 10000 bestimmen, während Mende l. c. auch hier an der Eingangs erwähnten Regel festhält. Der Verf. theilt des Letzteren Ansicht. Abgesehen davon, daß älteren Gewerkschaften gemäß § 227 das Recht der statutarischen Autonomie gar nicht zusteht, und daß die Anwendbarkeit des § 101 auf sie ja eben erst in Folge eines

§ 236. Soweit nicht etwas Anderes vereinbart ist, haften den seitherigen Hypothekengläubigern die neuen Kuxe, welche an die Stelle der verpfändeten Antheile treten, in der unter denselben durch ihre Hypothekenrechte begründeten Rangordnung als Pfand.

Wo nach der Einrichtung des Hypothekenwesens die auf den gewerkschaftlichen Antheilen haftenden Hypotheken und anderen Realansprüche in der zweiten und dritten Rubrik des

---

nach § 235 gefaßten Beschlusses eintritt, dieser selbst daher jener Vorschrift noch keineswegs anheimfällt, widerstreitet der Auffassung Brockhoffs ꝛc. ganz entschieden die Entstehungsgeschichte des § 235. Wie weit die RV. von einer solchen Auffassung entfernt war, geht schon daraus hervor, daß sie zu Beschlüssen im Sinne des §, selbst denjenigen, welche die Kuxzahl auf 1000 bestimmen möchten, nur einfache Stimmenmehrheit sämmtlicher Kuxe forderte. Dieselbe wurde nun zwar in diesem Punkte abgeändert, keineswegs aber, weil sie insofern mit den §§ 94. 101 im Widerspruch stehe, sondern weil man Beschlüsse der hier fraglichen Art mit Beschlüssen über die Substanz (§ 114) auf Eine Linie stellte; vgl. n. 1191. In Betreff des Abs. 2 ist endlich noch das Besondere hervorzuheben, daß dort nicht, wie im § 94, von einer „Bestätigung," sondern von einer „Genehmigung" des OBA.'s geredet wird, daß mithin auch dort an die Vorschriften des BG. über das Statut der neuen Gewerkschaften nicht gedacht zu sein scheint.

1194. Nach dem KB. I. S. 71 wurde zwar für außerordentliche Fälle die Vermehrung der Kuxe auf 10000 für ausreichend erachtet. Gleichwohl kommen Betheiligungsverhältnisse vor, welche sich so wenig auf 10000 wie auf 1000 Theile zurückführen lassen. In solchen Fällen mag es sich empfehlen, im Anschlusse an § 222 des Entw. v. 1862, die in ganzen Tausend-, resp. Zehntausendtheilen nicht auszudrückenden Bruchtheile durch Zusammenwerfen derselben als Tausend-, resp. Zehntausendtheile zu versteigern und die unverkäuflichen unter die Betheiligten zu verloosen. Es fragt sich jedoch, ob zu dergleichen Maßregeln ein mittelst einer Mehrheit von Dreiviertheilen gefaßter Beschluß genüge, oder ob die Zustimmung derjenigen Gewerken erforderlich sei, über deren Antheile in obiger Weise verfügt werden soll. Strohn (Z. f BR. 7. S. 491) und v. Beughem (Glückauf 66. Nr. 4) entscheiden sich für die erstere Alternative, da jene Maßregeln nur die Ausführung des nach § 235 gefaßten Beschlusses zum Gegenstande hätten, aus der Kompetenz zur Fassung eines solchen Beschlusses aber die Kompetenz folge, über die Art der Ausführung desselben Bestimmung zu treffen. A. M sind jedoch mit Recht Bölling (Z. f. BR. 6. S. 630) und Klost. n. 613, welcher letztere es übrigens für statthaft hält, daß die überschießenden Kuxe, beim Mangel einer Einigung über deren Verkauf, im Gewerkenbuche den Betheiligten in Gemeinschaft zugeschrieben werden [?]. Vgl. außerdem Fleckser (Z. f. BR. 6. S. 598).

1195. Während die Vorschrift des Abs. 3 durch die Wichtigkeit des in Frage stehenden Aktes motivirt wird, beruht diejenige des Abs. 4 darauf, daß die wohlerworbenen Rechte der betreffenden Gläubiger gegen deren Willen der wesentlichen Umgestaltung nicht unterworfen werden können, welche die Mobilisirung der Kuxe mit sich bringt. Vgl. KB. I. S. 71, Mot. S. 127. Beide Vorschriften sind auch dann zu beachten, wenn der Beschluß mit Stimmeneinheit gefaßt wird.

1196. Wenn gleich Abs. 4 nur von Hypotheken und Privilegien des Rhein. Rechts spricht, dürfte dennoch die Abfindung, resp. Zustimmung etwaiger sonstigen Realberechtigten gleichfalls erforderlich sein. Vgl. § 236 Abs. 2.

Zu § 236.

1197. Obwohl nach § 235 die Immobiliarqualität der Kuxe nicht gegen den Willen der Hypothekengläubiger beseitigt werden kann, so waren dennoch Bestimmungen darüber nöthig, wie sich die Rechte der Hypothekengläubiger eventuell gestalten sollen, weil es sonst den Interessenten an gesetzlichen Anhaltspunkten für die

Hypothekenfoliums eingetragen sind, werden dieselben von diesem Folium wörtlich in die Kuxscheine übertragen.

Die Löschung dieser Vermerke erfolgt nach den für die Löschung im Hypothekenbuche maaßgebenden Vorschriften.

[Br. (vacat.)

M. 176: „Die bei Eintritt der Gesetzeskraft dieses Gesetzes auf gewerkschaftlichen Antheilen (Kuxe) haftenden Hypotheken und anderen dinglichen Berechtigungen werden, wenn der Berechtigte es innerhalb eines Jahres von jenem Zeitpuncte an beantragt, von dem zur Führung des Grundbuchs über das Bw. zuständigen Richter in den Kuxschein und in das Gewerkenbuch eingetragen. Erfolgt der Antrag auf Eintrag innerhalb dieser Frist nicht, so ist das Pfandrecht oder der dingliche Anspruch erloschen. — Ist nur ein Hypotheken-Gläubiger vorhanden, so wird diesem der Kuxschein ausgehändigt; sind deren mehrere vorhanden, so wird er für dieselben vom Richter aufbewahrt."

G. (vacat.)

B. 234 Abs. 1 gleichl. Abs. 2: „Die auf den gewerkschaftlichen Antheilen haftenden Hypotheken und anderen Realansprüche, welche in den treffenden Rubriken des Hypothekenfoliums eingetragen sind, werden von diesem Folium wörtlich in die Kuxscheine übertragen." Abs. 3 gleichl., nur statt „Vermerke": „Einträge."]

§ 237. Ist ein Antheil nach § 236 mit Pfandrechten, welche an die Stelle seitheriger Hypotheken getreten sind, belastet, so wird der darüber ausgefertigte Kuxschein, sofern nur Ein seitheriger Hypothekengläubiger vorhanden ist, diesem ausgehändigt, sofern aber zwei oder mehrere solche Gläubiger vorhanden sind, für diese von der Hypothekenbehörde (§ 239) in Gewahrsam genommen und aufbewahrt.

[Br. (vacat.) — M. 176, mitgetheilt zu § 236. — G. (vacat.)

B. 235 gleichl., nur ist statt „von der Hypothekenbehörde" gesagt: „durch einen von ihnen zu bestimmenden Notar."]

Beurtheilung ihrer Rechte gefehlt, und die Vollziehung eines auf Mobilisirung gerichteten Beschlusses Schwierigkeiten gefunden haben würde; die §§ 236—238 setzen deshalb das Erforderliche fest: Mot. S. 128. Diese Vorschriften sind indessen zum erheblichen Theile für das (rechtsrheinische) Gebiet des Rhein. Rechts nicht berechnet noch passend. Dort wird also, in Ermangelung besonderer, im § 236 ausdrücklich für statthaft erklärten Vereinbarungen zwischen der Gewerkschaft und den Hypothekengläubigern 2c., durch Instruktionen der Aufsichtsbehörden nachzuhelfen sein. Für Nassau ist mit Rücksicht auf die vorläufige Beibehaltung der dort vorgefundenen Berggegenbücher der Erlaß solcher Instruktionen zur näheren Ausführung der §§ 236. 237. 239 in den Kommissions-Verh. (Z. f. BR. 8. S. 24) sogar ausdrücklich vorbehalten worden.

1198. Was nach Abs. 3 von der Löschung gilt, muß auch von der Cession und Verpfändung gelten, da das BG. dem Gläubiger diese Verfügungen über sein Pfandrecht offenbar nicht entziehen wollte. So: Klost. n. 614.

Zu § 237.

1199. § 237 regelt die zur Entstehung des Faustpfandrechts erforderliche Besitzübergabe: Mot. S. 128. Der rheinische Hypothekenbewahrer ist unter der Hypothekenbehörde, von welcher die §§ 237. 239 reden, nicht mit verstanden. Im (rechtsrheinischen) Gebiet des rheinischen Rechts wird daher wohl, wie nach dem Bayer. BG., ein Notar als Depositar zu bestellen und die Person desselben

§ 238. Der Verkauf von Kuxscheinen Behufs Befriedigung seitheriger Hypothekengläubiger erfolgt im Wege der Mobiliarversteigerung (§ 109).

Der Versteigerungstermin ist sämmtlichen aus dem Kuxscheine ersichtlichen Realberechtigten bekannt zu machen.

Durch den Verkauf erlöschen alle Realansprüche auf den verkauften Antheil.

Der gelöste Kaufpreis wird unter die Gläubiger nach der Rangordnung ihrer Forderungen vertheilt.

[Br. (vacat.) — M. 178 gleichl. — G. (vacat.)
B. 236 gleichl., nur ist statt „Mobiliarversteigerung": „Versteigerung beweglicher Sachen," statt „Der Versteigerungstermin": „Die Versteigerungstagfahrt," statt „Realansprüche": „dinglichen Ansprüche" gesagt."]

§ 239. Wenn und so lange in Folge der Ausführung eines unter den § 235 fallenden Beschlusses Antheile einzelner Gewerken mit Pfandrechten, welche an die Stelle seitheriger Hypotheken getreten, belastet sind, erfolgt die Führung des Gewerkenbuchs und die Ausfertigung der Kuxscheine (§ 103 und 121) durch die Hypothekenbehörde, welche das Hypothekenbuch über das Bergwerk selbst zu führen hat.

[Br. (vacat.)
M. 177: „Wenn und so lange Antheile einzelner Gewerken mit Pfandrechten oder anderen dinglichen Berechtigungen belastet sind, erfolgt die Führung des Gewerkenbuchs und die Ausfertigung der Kuxscheine durch den zur Führung des Grundbuchs über das Bergwerk zuständigen Richter."
G., B. (vacat.)]

---

von den Gläubigern, beim Mangel einer desfallsigen Einigung aber von der Behörde zu wählen sein; vgl. Mot. zum Bayer. BG. S. 83.

1200. Dem Gewerken ist die weitere Verpfändung seines Antheils bis zur Tilgung der Pfandschulden entzogen, während die Cession und Umschreibung der belasteten Antheile einstweilen ohne Uebergabe und Produktion des Kuxscheins erfolgt. So: Klost. n. 615.

Zu § 238.

1201. Die Vorschriften dieses § ergeben sich aus allgemeinen Rechtsgrundsätzen in Verbindung mit §§ 109. 236: Mot. S. 128. In Betreff des vormals Kurhessischen Gebietes, vgl. Art. 14 § 1 der VO. v. 1. Juni 1867. — Die unter n. 589 erörterte Streitfrage kommt auch hier zur Sprache.

Zu § 239.

1202. Da die Führung des Gewerkenbuchs und die Ausfertigung der Antheilsscheine in dem hier vorgesehenen Falle, namentlich wegen der in jene Scheine nach § 236 zu übertragenden Vermerke, besondere Geschäftskenntniß und Sorgfalt erfordern, so sind diese Geschäfte zur Unterstützung der Gewerkschaften der Hypothekenbehörde, zur Zeit (§ 246) also den Berghypothekenkommissionen übertragen: Mot. S. 128. Das von letzteren hierbei zu beobachtende Verfahren ist durch eine MInstr. 19. Nov. 1866 (Z f. BR. 7. S. 437) näher geregelt. Im (rechtsrheinischen) Gebiete des Rheinischen Rechts dürften jene Geschäfte von den Gewerkschaften selbst zu besorgen sein. Vgl. n. 1197 und 1199.

§ 240. In den Rechtsverhältnissen der Mitbetheiligten der bei dem Eintritt der Gesetzeskraft des gegenwärtigen Gesetzes in den linksrheinischen Landestheilen im Besitze mehrerer Personen befindlichen Bergwerke wird durch dieses Gesetz nichts geändert. Jedoch finden die Bestimmungen des § 134 auch auf diese Bergwerke Anwendung.

Durch einen von einer Mehrheit von wenigstens drei Viertheilen aller Antheile gefaßten Beschluß können die Mitbetheiligten eines solchen Bergwerks die im vierten Titel des gegenwärtigen Gesetzes (§§ 94 bis 132) enthaltene gewerkschaftliche Verfassung annehmen, soweit nicht vertragsmäßige Verabredungen entgegenstehen.

Der Beschluß ist notariell aufzunehmen.

a. [Br., M., G. (vacat.)
B. 247 gleichl., nur ist statt „in den linksrheinischen Landestheilen" gesagt: „in der Pfalz."

b. § 240 der RV. forderte zur Annahme der gewerkschaftlichen Verfassung des 4. Titels nur einen mit einfacher Stimmenmehrheit gefaßten Beschluß.]

Zu § 240.

1203. In den linksrheinischen Landen unterlagen die Rechtsverhältnisse der Mitbetheiligten eines Bergwerks beim Mangel eines besonderen Vertrags der Beurtheilung nach den allgemeinen Regeln des Civilrechts. Da sonach die Aufhebung der franz. Berggesetzgebung an diesen Rechtsverhältnissen Nichts änderte, so lag um so weniger ein Grund vor, hinsichtlich der bereits bestehenden Werke abweichende Bestimmungen zu treffen. Da jedoch der Mangel geordneter Gewerkschaftsverhältnisse in manchen Fällen auch auf dem linken Rheinufer fühlbar geworden ist, so wird den Betheiligten die Annahme der gewerkschaftlichen Verfassung des BG. durch Abs. 2 möglich gemacht. Vgl. Mot. S. 129. — Die Idee, eine dem § 240 entsprechende Bestimmung für Nassau zu treffen, wurde nach den Kommissions-Verh. (Z. f. BR. 8. S. 21) aufgegeben, weil eine solche Bestimmung zu tief in die bestehenden Rechte eingreifen würde. Vgl. jedoch n. 1173.

1204. Die durch § 240 für die bestehenden Bergwerke aufrecht erhaltene linksrheinische Gesetzgebung stimmt mit dem BG. darin überein, daß die Antheile der Mitbetheiligten eines Bergwerks die Eigenschaft beweglicher Sachen haben. Dies beruht einestheils auf Art. 529 des BGB., insofern dieser zu den vermöge gesetzlicher Bestimmung beweglichen Sachen die Aktien oder Antheile an Finanz-, Handels- oder Industriegesellschaften rechnet, selbst wenn diese Gesellschaften Immobilien besitzen, und andererseits auf Art. 8 des Ges. v. 21. April 1810, welcher in Betreff der Aktien oder Antheile an einer Gesellschaft oder einem Unternehmen zum Bw.'s-Betriebe auf Art. 529 cit. zurückverweist. Zu dem Behufe ist daher das Bestehen eines Gesellschaftsvertrags nicht unbedingt nöthig, es genügt vielmehr die thatsächlich vorhandene Gemeinschaft des Betriebs, so daß nur da, wo weder ein solcher Vertrag, noch auch eine Gemeinschaft durch stattgefundenen Betrieb vorliegt, die Antheile noch unbeweglich sind. Steht die Bw.'s-Konzession einer Gesellschaft zu, so konnte diese nach den Verhandlungen des Staatsraths jede beliebige Gesellschaftsform, auch diejenige einer Handelsgesellschaft annehmen, ohne daß sie darum zu einer solchen wurde, wenn nicht der thatsächliche Betrieb von Handelsgeschäften 2c. hinzutrat, indem der Bergbau an sich kein Handelsbetrieb ist. Konstituirte sich daher eine Bw.'s-Gesellschaft in der Form einer Gesellschaft unter einem Gesammtnamen, so folgt hieraus zwar die Solidarhaft der Gesellschafter, nicht aber im Uebrigen die Gleichstellung der Gesellschaft mit einer Handelsgesellschaft; sie muß vielmehr

§ 241. Auf Fälle, in welchen vor Eintritt der Gesetzeskraft des gegenwärtigen Gesetzes für den Betrieb des

---

regelmäßig nach den allgemeinen Vorschriften des BGB. über die Gesellschaft beurtheilt werden, soweit nicht aus dem Umstande, daß sie wesentlich eine Sachgemeinschaft ist, einzelne Ausnahmen sich ergeben, wie die Nichtauflösung der Gesellschaft durch den Tod eines Gesellschafters (Art. 1865 des BGB.), die mangelnde Befugniß des einzelnen Gesellschafters, eine auf unbestimmte Zeit errichtete Bw.'s-Gesellschaft durch einseitigen Antrag zur Auflösung (Artt. 1865. 1869. 1870 ib.) oder das Werk theilungshalber zum Verkaufe zu bringen, die Unterwerfung der Minorität unter die Beschlüsse der Majorität in Verwaltungs-Angelegenheiten. So: Achenb. S. 257 ff. Vgl. überdies AH. Cöln 12. Juli 1842, 12. Juni 1846, 10. Juli 1856, 23. Dez. 1858, 6. April 1859 (Rh. A. 33. I, 229; 40. I, 165; 52. I, 67; 54. I, 112. 178). Wenn unter diesen Urtheilen diejenigen von 1833 und 1846 es geradezu aussprechen, daß die Vereinigung mehrerer Personen zum Betriebe eines Bw.'s, selbst wenn kein förmlicher Gesellschaftsvertrag vorliege, ein selbstständiges, von der Person der einzelnen Theilnehmer getrenntes Rechtssubjekt sei, so sprach dennoch AH. Cöln 22. Dez. 1864 (ib. 59. I, 120) einer Bw.'s-Gesellschaft als solcher die Eigenschaft einer juristischen Person ab, um daraus zu folgern, daß sie keine persona standi in judicio sei, daß vielmehr sämmtliche einzelnen Gesellschafter als Kläger, resp. Beklagte im Prozesse auftreten müßten, und daß namentlich der Repräsentant trotz etwaiger ausdrücklich darauf gerichteter Vertragsdispositionen zur Vertretung der Gewerkschaft im Prozesse keine Legitimation besitze, indem er nur den Beruf habe, die Gewerkschaft in ihren Verhandlungen mit der Bergbehörde zu vertreten. Dieser Entscheidung zufolge genügt daher die vor dem Inkrafttreten des BG. erfolgte Bestellung eines Repräsentanten der Schlußbestimmung des § 240 Abs. 1 nicht, es muß vielmehr ein neuer Repräsentant bestellt, oder die Vollmacht des bisherigen nach Maßgabe des § 134 Abs. 3 erweitert werden, da die Erweiterung nicht etwa in Folge des § 240 schon von Rechtswegen eintritt. Dies wird arg e contrario bestätigt durch die Schlußbestimmung im Abs. 1 des dem § 240 analogen Art. 15 § 6 der Einf.-VO. v. 8. Mai 1867.

1204 bis. Arg. §§ 133 und 235 sind Theilhaber an einer ungetheilten Erbschaft oder an einer sonstigen gemeinschaftlichen Masse, zu welcher ein Bw. gehört, nicht „Mitbetheiligte" im Sinne des § 240; demgemäß kommen der Schlußsatz des Abs. 1 sowie der Abs. 2 bei solchen Betheiligungsverhältnissen nicht zur Anwendung. Das Gegentheil ist der Fall, wenn zwar keine Gemeinschaft der ebengedachten Art vorliegt, die Antheile der Mitbetheiligten jedoch ausnahmsweise (s. n. 1204) Immobiliarqualität besitzen. In Betreff des § 240 Abs. 1 unterliegt dies schon mit Rücksicht auf die analoge Vorschrift des § 134 nicht dem mindesten Zweifel. Hieraus folgt aber auch die Anwendbarkeit des § 240 Abs. 2, da dessen Bereich mit demjenigen des Abs. 1 übereinstimmt. Das gleiche Resultat ergiebt sich aus der allgemeinen Fassung des Gesetzes und aus seinen Motiven (s. n. 1203). Freilich wird für Betheiligungsverhältnisse in dem zuletzt erwähnten Sinne eine ähnliche Vorschrift vermißt, wie sie für die rechtsrheinischen Gewerkschaften im § 235 Abs. 4 enthalten ist. Inzwischen kommt in Betracht, daß sogen. Theilhypotheken nach rheinischem Rechte ohnehin einen höchst zweifelhaften Werth haben, und daß sich der Gesetzgeber um deswillen für befugt erachten mochte, die Umwandlung der immobilen Antheile an linksrheinischen Bergwerken in bewegliche Kuxe in der hier fraglichen Hinsicht gleich dem Falle zu behandeln, wo das ganze Bw. theilungshalber an einen Dritten veräußert wird. Selbstredend findet daher hier auch keine Umwandlung der Theilhypotheken in Faustpfandrechte statt (wie nach § 236), vielmehr erlöschen die Theilhypotheken eventuell vollkommen. — In Betreff des Abs 2 vgl. außerdem n. 1192.

Zu § 241.

1205. § 241 soll in Betreff der bereits vor dem Inkrafttreten des BG. abgetretenen, resp. in Benutzung genommenen Grundstücke jeden Zweifel darüber ausschließen, daß auf das zwischen dem Bw.'s- und Grundbesitzer begründete Rechtsverhältniß nur die früheren Gesetze zur Anwendung kommen, und zwar selbst dann,

Bergbaues Grund und Boden eigenthümlich oder zur Benutzung abgetreten ist, kommen nicht die §§ 137 bis 141, sondern die bisherigen Gesetze zur Anwendung.

a. [Br. 218 gleichl. — M. (vacat.)
G. (vacat.) — Der 10. Titel des G. BG. schließt mit § 166 also lautend: „Mit dem Zeitpuncte, mit welchem dieses Gesetz in Kraft tritt, sind die Acten über die vor den bisherigen Bergämtern anhängigen Processe an das zuständige ordentliche Gericht abzugeben."
B. 238 gleichl.
b. § 241 fehlte in der RB.]

Zwölfter Titel.

Schlußbestimmungen.

§ 242. Wo in diesem Gesetze eine Frist nach Monaten bestimmt ist, fällt der Ablauf der Frist auf denjenigen Tag des letzten Monats, welcher durch seine Zahl dem Tage des Anfangs der Frist entspricht. Fehlt dieser Tag in dem letzten Monate, so läuft die Frist mit dem letzten Tage dieses Monats ab.

a. [Br. 219 gleichl.
M. 190 gleichl. — 191: „Der Fuss und die Ruthe werden nach diesem Gesetze zu der in Art. 4 des Ges. v. 11. Juli 1859 in Betreff der Landesvermessung bestimmten Grösse, und das Lachter zu $6\frac{2}{3}$ Fuss (= 80 Zoll, der Fuss zu 12") gerechnet."
G. B. (vacat.)
b. § 242 fehlte in der RB.]

---

wenn die Benutzung unter der Herrschaft des BG.'s fortdauert: KB. I. S. 72.

1206. Der im § 241 anerkannte Grundsatz kommt auch dann zur Geltung, wenn zwar die Abtretung selbst erst nach dem Inkrafttreten des BG. erfolgte, der endgültige Expropriationsbeschluß der kompetenten Staatsbehörde aber schon vor diesem Zeitpunkte ergangen ist. OT. 4. Juni 1869 (Z. f. BR. 10. S. 434) nahm dasselbe sogar in einem Falle an, wo der wider den Expropriationsbeschluß ergriffene Rekurs erst nach jenem Zeitpunkte verworfen wurde. Das Gegentheil gilt jedenfalls da, wo das Expropriationsverfahren [erster Instanz] beim Inkrafttreten des BG. noch schwebt; vgl. Wachler S. 196, Huyssen S. 160.

1206 bis. § 241 bezieht sich nicht auf Grundschäden im Sinne der §§ 148 ff., noch erhält er die früheren Kompetenzbestimmungen, wie z. B. den § 115. II, 16 ALR., für ältere Fälle aufrecht: ME. 20. Okt. 1866 (Z. f. BR. 9. S. 242). Dies schließt jedoch nicht aus, daß die Frage, ob ein bereits unter der früheren Gesetzgebung ergangener Expropriationsbeschluß im Rechtswege angefochten werden könne, noch nach der letzteren und nicht nach dem BG. beurtheilt werden muß; vgl. OT. 4. Juni 1869 (Z. f. BR. 10. S. 434) und Oppenhoff Ress.-Ges. S. 12 n. 22. 23; S. 551. 557.

Zu § 242.

1207. In vielen §§, namentlich §§ 31. 35. 46. 57 [?]. 65. 110. 127. 159. 161. 215. 218 ist eine Frist nach Monaten bestimmt. Um die Fristberechnung des nicht für das ganze Staatsgebiet geltenden ALR. § 550. I, 9 (1 Monat = 30 Tage), [mit welcher übrigens diejenige des Str.GB. § 15 übereinstimmt] auszuschließen, adoptirt § 242 diejenige Berechnungsart, welche in dem für alle Landestheile ver-

§ **243.** Das gegenwärtige Berggesetz tritt im ganzen Umfange der Monarchie mit dem 1. Oktober 1865 in Kraft.

a. [Br. 220: „Auf den Umfang der Goslarschen Stadtforst findet dies Gesetz keine Anwendung." „221: „Das gegenwärtige BG. tritt mit dem 1. Oct. 1867 in Kraft."

M. 194: „Das gegenwärtige Gesetz tritt am 1. Jan. 1869 in Kraft. Gleichzeitig treten alle auf den Bergbau bezüglichen allgemeinen und besonderen Gesetze, Verordnungen und Gewohnheiten ausser Kraft. — Von diesem Zeitpunct ab sind alle Bw.'sbeleihungen, auch wenn in den Beleihungsurkunden ein anderes Bergrecht als normgebend bestimmt sein sollte, nach dem gegenwärtigen BG. zu beurtheilen."

G. 167: „Das gegenwärtige BG. tritt im ganzen Umfange des Herzogthums mit dem 1. Oct. 1868 in Kraft."

B. 239: „Das gegenwärtige BG. tritt im ganzen Umfange des Königreiches mit dem 1. Juli 1869 in Kraft."]

§ **244.** Mit diesem Zeitpunkte treten außer Kraft: die Provinzial-Bergordnungen, die §§ 6 und 69 bis 480 des sechszehnten Titels im zweiten Theile des Allgemeinen Preußischen Landrechts, das Gemeine Deutsche Bergrecht, die Deklaration vom 27. Oktober 1804, das Gesetz über die Verleihung des Bergeigenthums auf Flötzen vom 1. Juli 1821, das Gesetz über die Verhältnisse der Miteigenthümer eines Bergwerks vom 12. Mai 1851, das Knappschaftsgesetz vom 10. April 1854, das Gesetz über die Beaufsichtigung des Bergbaues und das Verhältniß der Berg- und Hüttenarbeiter vom 21. Mai 1860, mit Ausschluß der §§ 16. 17. und 18 und des § 19, soweit derselbe sich auf § 18 bezieht, das Gesetz über die Kompetenz der Oberbergämter vom 10. Juni 1861, das linksrheinische Bergwerksgesetz vom 21. April 1810, das Dekret über die Organisation des Bergwerkskorps vom 18. November 1810, das Bergwerks-Polizeidekret vom 3. Januar 1813 und alle übrigen allgemeinen und besonderen Ge-

---

kündeten HGB. Art. 328, und der Allg. Wechsel-Ordn. Art. 32 angenommen ist: KB. I. S. 72. Hat daher z. B. die dreimonatliche Frist des § 35 mit dem 28. Febr. begonnen, so fällt der Ablauf derselben nicht etwa auf den 31., sondern auf den 28. Mai. — Da eine dem Art. 329 des HGB.'s analoge Bestimmung im BG. fehlt, so wird hier die Frist nicht um einen Tag verlängert, wenn dieselbe sonst an einem Sonn- oder Feiertage ablaufen würde.

Zu § 243.

1208. Der Zeitpunkt des Inkrafttretens des BG. ist für die neuerworbenen Landestheile durch die verschiedenen Einführungs-Verordnungen besonders bestimmt. Von eben diesen Zeitpunkten datirt auch das Inkrafttreten jener Verordnungen selbst. Im Uebrigen vgl. n. 7.

Zu § 244.

1209. Unter Hervorhebung der wichtigsten von den aufgehobenen Gesetzen bezeichnet § 244 diejenigen Quellen des Bergrechts, an deren Stelle das BG. tritt:

setze, Verordnungen und Gewohnheiten über Gegenstände, auf welche das gegenwärtige Gesetz sich bezieht.

a. [Br. 222: „Mit diesem Zeitpuncte treten ausser Kraft: Herzogs Heinrich d. J. Ordn. des Bw.'s im Grunde bei Gittelde gelegen und anderen umliegenden Landen, Donnerstag nach Viti 1524; dessen Ordn. der fürstl. Bw. im Grund u. s. w. v. 1. Jan. 1550; dessen BO. v. 21. März 1555, Art. 37 des Landtags-Absch. v. 27. Jan. 1619, VO. v. 13. Nov. 1620, Patent, was die Gewerken von dem Harze künftig vor Vortheile und Freiheiten zu geniessen, v. 15. März 1623; Herzogs Ludwig Rudolph VO. v. 10. Juni 1716 und 13. Sept. 1718, die den fürstl. Blankenburgschen Bw. ertheilte Bergfreiheit betr., VO. v. 29. Juli 1743, Ordn. für die Eisensteinsgewerke und Arbeiter in dem Stiftsamte Walkenried v. 20. Mai 1751, Art. 68 des Landtags-Absch. v. 11. Juli 1823 und alle übrigen etc. (Im Uebrigen gleichl.).

M. 194 (mitgetheilt zu § 243 h. l.).

G. 168: „Mit diesem Zeitpuncte treten ausser Kraft: alle allg. und bes. Ges., VO. und Gewohnheiten über Gegenstände, auf welche das gegenw. Ges. sich bezieht, insbesondere die Saalfelder BO. v. J. 1575, § 14 in dem Ges. sub Nr. 42 der GS. die geogr. Abtheilung der Goth. Unterbehörden und ihren sich danach bildenden Geschäftskreis betr., die VO. Nr. 164 der GS., den künftigen Geschäftskreis der Herz. Bergämter, sowie der Oberberg-Gerichts-, Polizei- und Verwaltungs-Behörden betr., der 2. Satz des § 6 des Ges. Nr. 550 der GS., die Zuständigkeit der Gerichte in bürgerlichen Rechtssachen betr., der § 6 des Ges. Nr. 551 der GS., die Aufhebung des privil. Gerichtsstandes betr., soweit sich diese Gesetzesstelle auf Bergsachen bezieht, die VO. sub Nr. 591 der GS., den Geschäftskreis der Bergämter betr., ingleichen die VO. sub Nr. 592 der GS. das Schürfen im unverliehenen Felde betr."

B. 240: „Mit diesem Zeitpuncte ist das Bergregal aufgehoben. — Gleichzeitig verlieren alle allg. und bes. Ges., VO. und Gewohnheiten über Gegenstände, auf welche das gegenw. Gesetz sich bezieht, ihre Giltigkeit und Kraft. — Insbesondere treten ausser Kraft 1) die BO. des Kurf. Herzogthums Bayern und der oberen Pfalz, dann der Landgrafschaft Leuchtenberg mit der beigefügten freien Bw.'serklärung v. 6. März 1784 und den ertheilten Privilegien und Freiheiten vom gleichen Tage; 2) die im J. 1715 neu in Druck gelegte BO. der Markgrafen Christian und Joachim Ernst v. Brandenburg v. 1. Dez. 1619; 3) die §§ 6 und 69 bis 480 des 16. Tit. im 2. Th. des allg. Preuss. Landrechtes, ferner die K. preuss. Declar. v. 27. Oct. 1804; 4) das gemeine Deutsche Bergrecht; 5) das organ. Edict v. 14. Sept. 1809, die Berggerichtsbarkeit im Königr. Bayern betr., ferner die Art. 75 und 79 des Ges. v. 10. Nov. 1861, die Gerichtsverfassung betr.; 6) die Bestimm. in Art 46 Abs. 2 des Ges. v. 28. Mai 1852, die Benützung des Wassers betr., hinsichtlich des Vorbehalts der Goldwäscherei für den Staat; 7) die K. Allerh. VO. v. 21. Nov. 1858, die Regalität mehrerer Fossilien in der ehemaligen Markgrafschaft Bayreuth betr., 8) das in der Pfalz geltende Bw.'sgesetz v. 21. April 1810, das Decret über die Organisation des Bw.'scorps v. 18. Nov. 1810 und das Bw.'spolizeidecret v. 3. Jan. 1813."

b. Die gemäß § 6 der BGewerbe-Ordn. v. 21. Juni 1869 auch für das Bergwesen geltenden §§ 152. 153, sowie der § 154 ib. lauten:

§ 152: „Alle Verbote und Strafbestimmungen gegen Gewerbtreibende, gewerbliche Gehülfen, Gesellen oder Fabrikarbeiter wegen Verabredungen und Vereinigungen zum Behufe der Erlangung günstigerer Lohn- und Arbeitsbedingungen, insbesondere mittelst Einstellung der Arbeit oder Entlassung der Arbeiter, werden aufgehoben.

Mot. S. 129. Vgl. überdies die Schluß-Artikel der einzelnen Einf.-Verordnungen. Trotz § 244 erweisen sich jedoch einzelne der dort genannten Gesetze sei es unmittel-

Jedem Theilnehmer steht der Rücktritt von solchen Vereinigungen und Verabredungen frei, und es findet aus letzteren weder Klage noch Einrede statt."

§ 153: „Wer Andere durch Anwendung körperlichen Zwanges, durch Drohungen, durch Ehrverletzung oder durch Verrufserklärung bestimmt oder zu bestimmen versucht, an solchen Verabredungen (§ 152) Theil zu nehmen, oder ihnen Folge zu leisten, oder Andere durch gleiche Mittel hindert oder zu hindern versucht, von solchen Verabredungen zurückzutreten, wird mit Gefängniß bis zu drei Monaten bestraft, sofern nach dem allgemeinen Strafgesetz nicht eine härtere Strafe eintritt."

§ 154: „Die Bestimmungen der §§ 128 bis 139 finden auch auf die Besitzer, beziehungsweise Arbeiter von Bergwerken, Aufbereitungsanstalten und unterirdisch betriebenen Brüchen oder Gruben Anwendung.

Diejenigen Bestimmungen, welche die bezeichneten Arbeiter wegen groben Ungehorsams, beharrlicher Widersetzlichkeit oder wegen Verlassens der Arbeit mit Strafe bedrohen, werden aufgehoben."]

§ 245. Für die Verwaltung der Bergbauhülfskassen bleibt das Gesetz vom 5. Juni 1863 (Gesetz-Samml. S. 365) maaßgebend.

Desgleichen wird an den Vorschriften über die Entrichtung, Ermittelung und Einziehung der Bergwerksabgaben durch das gegenwärtige Gesetz nichts geändert.

---

bar, sei es mittelbar noch gegenwärtig in einzelnen Rücksichten als wirksam, wie dies theils aus den §§ 223. 245. 246. 250, theils aus dem unter n. 1009. 1177 Gesagten hervorgeht. Außerdem vgl § 155 und n. 888.

1210. Ueber die Aufhebung der §§ 16 ff. des Ges v. 21. Mai 1860 s. n. 8.

Zu § 245.

1211. Zu § 245 Abs. 1 vgl. die mit dem Ges. v. 5. Juni 1863 aufrecht erhaltene Ausführungs-Instr. v. 19. Juni 1863 (M. Z. 11. S. 67 und Z. f. BR. 4. S. 276). Die in Folge dieses Gesetzes abgefaßten Statuten der Bergbauhülfs- und Berggewerkschafts-Kassen haben für die Unterhaltung der meisten Bergschulen besondere Fürsorge getroffen, weshalb allgemeine Vorschriften über diesen Gegenstand, wie sie im Entw. v. 1862 noch enthalten waren, entbehrlich geworden sind. Vgl. Mot. S. 11.

1212. Die wesentlichsten der durch § 245 Abs. 2 aufrecht erhaltenen Vorschriften sind für das ältere rechtsrheinische Gebiet außer den bezüglichen Bestimmungen des ALR. (§§ 98—100 II, 16) und der Bergordnungen, soweit dieselben nicht schon früher außer Kraft gesetzt oder modifizirt worden waren, — die Gess. v. 12. Mai 1851, 22. Mai 1861, 20. Okt. 1862 und 17. Juni 1863, nebst den MInstr. v. 17. Mai 1851 und 29. Jan. 1866; für das linksrheinische Gebiet § 6 des cit. Ges. v. 20. Okt. 1862 nebst der MInstr v. 23. Novbr. 1864. Vgl. Huyssen S. 180 ff., von dessen Ansicht diejenige Klost.'s n. 629 insofern abweicht, als letzterer unter den beim Erlasse des BG. für das linksrheinische Gebiet noch geltenden und daher auch jetzt in Kraft verbliebenen Vorschriften den Art 31 Abs. 1 des Dekr. v. 6. Mai 1811 nebst einem Theile der Bestimmungen der AKO. v. 30 Aug. 1820 und der VO. v. 21. Jan. 1857 (GS S. 85) mitbegreift. Für die neuerworbenen Landestheile ist die Materie, in einer obigen Gesetzen entsprechenden Weise, neu geregelt worden, für Hannover ɪc. durch die das BG. einführenden Verordnungen, für Nassau, die vormals Großh. Hessischen und Hessen-Homburgischen Landestheile, einschließlich des Oberamtsbezirks Meisenheim durch eine besondere VO. v. 1. Juni 1867 (GS. S. 802). Doch folgert Huyssen S. 215 aus der VO. v. 13. Mai 1867 (GS. S. 700), welche alle im Bezirke des LG. Coblenz geltenden, seit dem 5. April 1815 ergangenen Bestimmungen in Meisenheim einführte, daß dort neben jener VO. v. 1. Juni 1867 auch die westrheinischen Vorschriften über die Bw.'s-Steuern, insbesondere die MInstr. v. 23. Nov. 1864, gelten [?].

Die bisher von den Bergbehörden erlassenen Bergpolizei-Verordnungen bleiben, soweit sie nicht mit dem gegenwärtigen Gesetze in Widerspruch stehen, in Kraft.

[Br., M. (vacat). — G. 170 gleichl. mit Abs. 3; Abs. 2 (vacat). — B. (vacat). — Für Braunschweig, Sachsen-Meiningen und Bayern wurden gleichzeitig mit den betreffenden Berggesetzen besondere Gesetze über die Bw.'s-Abgaben erlassen, welche v. 15. April 1867, 18. April 1868, resp. 6. April 1869 datiren, und in der Z. f. BR. 8. S. 338; 9. S. 353; 10. S. 229 abgedruckt sind, während für Gotha die Materie im BG. selbst, und zwar in dessen 7. Titel (§§ 122—130) geregelt ist.]

1213. Nachdem schon durch MR. v. 14. Juni 1866 (Z. f. BR. 7. S. 414) festgestellt worden war, daß ältere, seither von Bw.'s-Abgaben befreite Berechtigungen zur Soolgewinnung nicht dadurch abgabepflichtig geworden seien, daß lediglich zur Sicherstellung der bereits bestehenden Rechte eine nachträgliche Verleihung bestimmter Felder auf Grund des BG. stattgefunden, ist durch das Ges. und die VO. v. 9. Aug. 1867 die Frage, ob die auf Grund des BG. neu verliehenen Salzbergwerke der zweiprozentigen Bw.'s-Abgabe unterliegen, allgemein erledigt, indem nach § 3 jenes Gesetzes mit Einführung der Salzsteuer alle aus allgemeinen Gesetzen fließenden Bw.'s-Abgaben aufgehoben sind, welche von Steinsalz und den Soolquellen erhoben wurden; vgl. Z. f. BR. 8. S. 381.

1214. Während § 245 die Gesetze über das Bergabgabenwesen einfach aufrecht erhält, hat das BG. in seinen übrigen Bestimmungen eine Streitfrage zum Abschlusse gebracht, welche die rechtliche Natur des rechtsrheinischen Bw.'s-Zehnten resp. Zwanzigsten betraf, die Frage nemlich, ob derselbe eine bloße Reallast oder aber eine eigentliche Steuer im Sinne der §§ 78. 79 II, 14. ALR. darstele. Denn, obschon diese Frage früherhin, nach der vom Verf. an einer andern Stelle (s. Ress.-Oess. S. 123. 558) näher entwickelten und demnächst durch Erk. des Kompetenz-Gerichtshofs v. 13. Febr. 1864 (Z. f. BR. 5. S. 253) adoptirten Ansicht, entgegen einem älteren Urtheile desselben Gerichtshofs und der Anschauung der meisten Rechtslehrer, in ersterem Sinne zu beantworten war, so beruhte dies doch gerade darauf, daß die erwähnte Abgabe ursprünglich ganz unzweifelhaft einen Ausfluß, resp. Theil des im landesherrlichen Bergregale begriffenen Nutzungsrechts bildete, und daß die Gesetzgebung seit 1851 sie zwar mancher Aenderung unterworfen, gleichwohl aber noch immer an dem Regalitätsprinzipe festgehalten habe. Freilich ließe sich behaupten, die durch das BG. wirklich vollzogene Aufhebung des Bergregals berechtige keineswegs zu dem Schlusse, daß jene Abgabe gegenwärtig auf das staatliche Besteuerungsgesetz zurückzuführen sei; aus obiger Thatsache könnte vielmehr nur der gänzliche Wegfall des Zehnten gefolgert werden; da diese Folgerung nun durch § 245 ausgeschlossen sei, so bestehe der Zehnten auch so, wie er bisher bestanden habe, fort. Einer solchen Argumentation würde jedoch der Gang widerstreiten, den die Berggesetzgebung seit 1851 genommen hat und welcher sich überall durch das Streben kennzeichnet, das staatliche Bergregal allmälig in ein eigentliches Hoheitsrecht umzuschaffen, d. h. die Befugnisse des Staats in Bezug auf das Bergwesen ihrer privatrechtlichen Elemente zu entkleiden, und dafür auf dem publizistischen Gebiete zu erweitern. Dieses Streben machte sich namentlich bei den neueren Gesetzen über die Bergabgaben geltend, indem sie den Zehnten in möglichste Uebereinstimmung mit den linksrheinischen, unzweifelhaft steuerlichen Abgaben brachten, und ausweise der Materialien (vgl. Gräff S. 97; Z. f. BR. 2. S. 186) von der ausdrücklichen Erhebung desselben zur Staatssteuer nur aus dem Grunde absahen, um der bevorstehenden Erledigung der Regalitätsfrage nicht vorzugreifen. Es entspricht daher dem Geiste dieser Gesetzgebung, wenn man den Umwandlungsprozeß mit der seitens des BG. vollzogenen Aufhebung des Bergregals als beendigt erachtet, wie solches auch die Motive bestätigen, insofern dort (S. 22) gesagt wird, es liege kein Bedürfniß vor, das Recht des Staats zur Erhebung der Bw.'s-Abgaben mit dem Bergregale in Verbindung zu erhalten, zumal hierdurch die bekannte Streitfrage über die rechtliche Natur der Bw.'s-Abgaben hervorgerufen sei.

§ 246. Die bisher von besonderen Berghypotheken-Kommissionen geführten Berghypothekenbücher sollen an die ordentlichen Gerichte abgegeben werden.

Der Zeitpunkt dieser Abgabe und die Auflösung der Berghypotheken-Kommissionen wird durch Königliche Verordnung bestimmt.

Die besonderen Bestimmungen über die Einrichtung und Führung der Berghypothekenbücher bleiben in Kraft, soweit nicht eine Abänderung durch den § 97 herbeigeführt wird.

[Br. (vacat).

M. 180: „Von den zur Ausübung der freiwilligen Gerichtsbarkeit zuständigen Gerichten ist über die unter ihrer Gerichtsbarkeit liegenden Bw. ein Berggrund- und ein Berghypothekenbuch zu führen. — Die gesetzlichen Bestimmungen über die Anlegung und Führung der Grund- und Hypothekenbücher sind rechtsähnlich und zwar sofort mit Eintritt der Gesetzeskraft des gegenw. Ges. anzuwenden." — 181: „In das Berggrundbuch ist jede neue Beleihung, jedoch erst nach Ablauf der in Art. 35. 36 zur Klagerhebung festgesetzten Frist, jede Consolidation (Art. 49), reale Feldestheilung und Austauschung von Feldestheilen (Art. 51), die Aufhebung des Bw.'seigenthums wegen Nichtbetriebs (Art. 139. 170), der Verzicht auf das Bw. (Art. 140. 141) einzutragen; das Bergamt hat dem zuständigen Gerichte die desfallsigen Mittheilungen zu machen. Die von der Bergbehörde innerhalb ihrer Zuständigkeit ausgestellten Urkunden und Erklärungen sind den in Art. 31 des Ges. v. 15. Juli 1862 erwähnten öffentlichen Urkunden gleichzuachten." — 182: „Die Realberechtigungen auf Ausbeuteantheile (Art. 172) sind wie die im Art. 1 des Ges. v. 15. Juli 1862 erwähnten dinglichen Rechte einzutragen." — 183: „Das Bergamt hat jedem Gericht (Art. 180) ein beglaubigtes und mit dem Zeugniss der Vollständigkeit versehenes Verzeichniss der unter dessen Gerichtsbarkeit belegenen Bw. und deren Eigenthümer nach dem Stand bei Eintritt der Gesetzeskraft dieses Ges. alsbald nach diesem Zeitpunct mitzutheilen. — Dieses Verzeichniss bildet das Berggrundbuch." — 184: „Bw., welche in dieses Verzeichniss nicht aufgenommen sind,

---

Muß hiernach zugegeben werden, daß dem Zehnten gegenwärtig der Charakter einer Steuer ebensowohl beiwohne, wie z. B. den Grenzzöllen, welche gleichfalls erst durch spätere Gesetze dem Gebiete der Regalien entrückt und in das der Steuern hinüber gezogen wurden, so gilt das Gesagte dennoch nur dann, wenn die Erhebung der Abgabe dem Staate und nicht etwa einem Privatregalbesitzer zusteht, da im umgekehrten Falle das ältere Recht dem § 250 h. l. zufolge maßgebend geblieben ist; vgl. n. 1238.

1215. In Betreff des Abs. 3 vgl. n. 1052. 1055 ff. 1092 ff. und 489.

Zu § 246.

1216. Auf Grund des Ges. v. 10. Juni 1861 wurde für jeden der vier OBA.'s-Bezirke, und zwar zu Siegen, Dortmund, Halle sowie Breslau eine Berghypothekenkommission errichtet, welche an Stelle der aufgehobenen Bergämter das Berghypothekenbuch zu führen hatte, und zugleich nach Maßgabe des Ges. v. 18. April 1855 zur Aufnahme von Handlungen der freiwilligen Gerichtsbarkeit befugt war. In Folge der Abänderungen, welche das materielle Bergrecht und der Geschäftskreis der Bergbehörden erlitt, fiel für die Zukunft das Bedürfniß hinweg, das Berghypothekenwesen in jenem äußern Zusammenhange mit den Bergbehörden zu erhalten. Vielmehr konnten die Verwaltung desselben und die damit zusammenhängenden richterlichen Funktionen den gewöhnlichen Hypotheken- resp. Gerichtsbehörden überlassen werden; doch empfahl es sich, die Bestimmung des Zeitpunkts für die sind binnen Jahresfrist von Eintritt der Gesetzeskraft dieses Ges. an bei dem zuständigen Gericht zum Eintrag von den Betheiligten anzumelden, widrigenfalls Eigenthum, Hypotheken und Realrechte jeder Art an denselben erlöschen" — 185: „Der Eintrag auf solche Anmeldung darf nicht ohne Zustimmung des Bergamts erfolgen. — Verweigert dieses die Zustimmung, so ist, falls auch der Recurs erfolglos bleibt, binnen 3 Monaten von Eröffnung des Recursbescheides letzter Instanz an die Klagerhebung auf Ertheilung der Zustimmung zulässig." — 186: „Die vor Eintritt der Gesetzeskraft dieses Ges. entstandenen Eigenthumsansprüche an Bw., Beschränkungen des Eigenthums, Realberechtigungen und Hypotheken an Bw. und gewerkschaftlichen Bw.'santheilen (Kuxen, Art. 172, Ges. v. 15. Juli 1862 Art. 1. 19) sind binnen Jahresfrist von Eintritt der Gesetzeskraft an bei dem zuständigen Gericht zum Eintrag anzumelden, widrigenfalls sie erlöschen. — Ueber jede Anmeldung ist der im Verzeichniss (Art. 183) eingetragene Eigenthümer zu vernehmen. — Die Vorladung oder Aufforderung zur Vernehmlassung erfolgt unter der Verwarnung, dass im Fall des Nichterscheinens oder der unterlassenen Vernehmlassung der angemeldete Anspruch im Berggrundbuch bez. im Hypothekenbuch werde eingetragen werden. — Bei erfolgter oder nach dieser Verwarnung anzunehmender Anerkennung des angemeldeten Rechts wird dasselbe eingetragen; erfolgt die Anerkennung nicht, so wird, und zwar jedenfalls vor Ablauf der Jahresfrist nach Eintritt der Gesetzeskraft dieses Ges. der Anspruch vorgemerkt und es bleibt der definitive Eintrag vorbehalten. — Vormerkung und Eintrag erfolgen solchenfalls nach der Reihenfolge der Anmeldung, unbeschadet der an sich begründeten Priorität und Vorzugsrechte." — 187: „Durch die im 1. Jahr nach Eintritt der Gesetzeskraft dieses Ges. entstehenden Rechte wird die Gültigkeit und Wirksamkeit der bis zum Eintritt der Gesetzeskraft begründeten und rechtzeitig angemeldeten Rechte (Art. 186) nicht beeinträchtigt, wenn auch diese älteren Rechte erst nach den späteren vorgemerkt oder eingetragen werden."

G. 171: „Die von den Bergämtern neu angelegten Grund- und Hypothekenbücher werden nach Massgabe der von dem Staatsministerium zu erlassenden Instruction fortgeführt."

B. (vacat).]

Ausführung dieser Anordnung einer späteren Königl. VO. (Art. 45 der Verfassungs-Urkunde) vorzubehalten, damit die vielfachen Verhandlungen, welche in Folge des BG., namentlich durch Annahme der neuen Gewerkschaftsform (§§ 235. 239) und die Feldesumwandlungen (§§ 215 ff.) in der nächsten Zeit bei dem Berghypothekenbuche vor sich gehen werden, noch durch jene mit den Verhältnissen vertrauten Kommissionen zur Ausführung gelangen: Mot. S. 129. Daß letzteren auch die im Ges. v. 18. April 1855 § 2 bezeichneten, in der MInstr. v. 10. Juli 1856 näher spezifizirten Funktionen der freiwilligen Gerichtsbarkeit belassen werden sollten, ist zwar weder im § 246 noch in den Motiven gesagt; gleichwohl entspricht dies offenbar dem Willen des Gesetzgebers, weil sonst das BG. ausdrücklich das Gegentheil bestimmt haben würde. Im Uebrigen vgl. n. 277. 1006. 1033. — Gegenwärtig sind bereits drei jener Kommissionen aufgelöst, nämlich diejenigen zu Siegen, Breslau und Halle, und zwar gemäß VO. v. 9. August 1867, 22. Juli 1868 und 24. März 1869.

1217. Die über Einrichtung und Führung der Berghypothekenbücher bestehenden besonderen Vorschriften mußten vorläufig und eventuell bis zum Erlasse eines allgemeinen Hypotheken-Gesetzes in Kraft bleiben, weil die seitherigen, allgemeinen Vorschriften über das Hypothekenwesen (§ 53) hier nur zum Theile passen und ausreichen: Mot. S. 139.

1218. Die hiernach in Kraft gebliebenen Vorschriften finden sich fast ausschließlich in der VO. v. 25. Febr. 1845 (GS. S. 100) und in der MInstr. v. 21. Sept. 1832 (Jbb. 40. S. 226), welche zwar nur für einzelne Landestheile erlassen wurden, analoger Weise aber auch in den übrigen Bezirken des Gebiets der

§ 247. An die Stelle des § 410 des Anhangs zur Allgemeinen Preußischen Gerichtsordnung und der Kabinetsorder vom 14. September 1834 (Gesetz-Samml. S. 169) treten bei der Subhastation von Bergwerken und Bergwerksantheilen folgende Bestimmungen:

1) Statt der Taxe wird von dem Revierbeamten eine genaue Beschreibung des Bergwerks angefertigt.

2) Bei Anberaumung des Bietungstermins und Bekanntmachung des Subhastationspatents finden die bei der Subhastation von Gegenständen von mehr als fünfhundert Thalern bis zu fünftausend Thalern an Werth vorgeschriebenen Förmlichkeiten Anwendung.

a. [Br. (vacat).
M. 188: „Eine Taxation von Bw., Bw'santheilen und Kuxscheinen findet weder bei der Verpfändung noch beim Zwangsverkauf statt." — 189: „Bei der Zwangsversteigerung von Bw. wird eine genaue Beschreibung des Bw.'s durch die Behörde zu den Acten gebracht und der 1. Termin nicht unter 3 Monaten anberaumt. In allen Fällen erfolgt der Zuschlag im 1. Termin; auf Antrag der Gläubiger, welche bei dem gelegten Gebote nicht zur vollen Befriedigung gelangen, oder des Schuldners ist jedoch der Zuschlag im 1. Termin auszusetzen und ein 2. Versteigerungstermin anzuberaumen." (Art. 189 ergänzt die Exek.-Ordn. v. 17. Juli 1862: Z. f. BR. 9. S. 350)
G., B. (vacat).

b. Die §§ 1. 107—111 der für den Geltungs-Bereich der AGO., mit Ausnahme der Gebietstheile des vormaligen Königreichs Hannover, geltenden Subhastations-Ordnung v. 15. März 1869 (GS. S. 421) lauten:

Allg. Hypoth.-Ordnung gehandhabt werden. Das Nähere hierüber s. bei Klost. S. 144 ff., und Gebicke (Z. f. BR. 6. S. 637).

1219. Für das Gebiet des rheinischen Rechts und die älteren gemeinrechtlichen Landestheile bestehen weder Berghypothekenkommissionen noch besondere Berghypothekenbücher. Das sogen. Kirchener Berggegenbuch diente wesentlich anderen Zwecken und wurde bereits vor dem Erlasse des BG., in Folge des Ges. v. 2. Febr. 1864 (GS. S. 34), an die ordentliche Gerichtsbehörde abgegeben. Vgl. Brockhoff (Z. f. BR. 6. S. 428), Mot. v. 1862 S. 206. In Betreff der neuerworbenen Länder s. die einzelnen Einf.-Verordnungen.

Zu § 247.

1220. Für den Bereich der AGO. bestanden ehedem in Beziehung auf die nothwendige Subhastation von Bergwerken und Bw.'s-Antheilen die zwei Spezialbestimmungen, daß statt der Taxe eine möglichst genaue Werksbeschreibung angefertigt werden und daß die Anberaumung des Bietungstermins sowie die Bekanntmachung des Patents stets nach den für die Subhastation von Gegenständen unter 5000 Thlrn. vorgeschriebenen Formen stattfinden mußten. § 247 erhielt diese durch das Trügerische der Taxation von Bergwerken motivirten, resp. zur Vereinfachung des Verfahrens gegebenen Vorschriften aufrecht, indem er sie aus § 410 Nr. 1 des Anhangs zur AGO. und aus der AKO. v. 14. Sept. 1834 in das BG. herübernahm; s. Mot. S. 130 — § 247 wurde daher lediglich für das Gebiet der AGO. erlassen; auch gewann sein Geltungsbereich durch Einführung des BG. in die neuerworbenen Länder nur insofern an Umfang, als demselben das vormals hannöversche Fürstenthum Hildesheim zufiel, wo die AGO. zufolge Patents vom 8. März 1803 (Rabe 7 S. 310) Gesetzeskraft besitzt. Gegenwärtig ist die Anwendbarkeit des § 247 sogar auf das letzterwähnte Gebiet beschränkt, da in den

§ 1. Der Subhastation unterliegen:
1) Grundstücke;
2) solche Schiffsmühlen und selbstständige Gerechtigkeiten, welche die Eigenschaft unbeweglicher Sachen haben;
3) verliehene Bergwerke und unbewegliche Bergwerksantheile;
4) Seeschiffe und andere zur Frachtschifffahrt bestimmte Schiffsgefäße.

§ 107. Dem Antrage auf Subhastation eines verliehenen Bergwerks oder unbeweglichen Bergwerksantheils ist eine oberbergamtlich, gerichtlich oder notariell beglaubigte Abschrift der Verleihungs-Urkunde des Bergwerks beizufügen.

Mit dem Antrage auf Subhastation einer Kohlen-Abbaugerechtigkeit in den vormals Königlich Sächsischen Landestheilen ist eine in gleicher Art beglaubigte Abschrift des Aktes einzureichen, durch welchen die Gerechtigkeit vom Eigenthum an der Grundoberfläche getrennt worden ist.

§ 108. Das Subhastationspatent muß den Namen des Bergwerks, die Feldesgröße, das Mineral oder die Mineralien, auf welche das Bergwerks-Eigenthum verliehen ist, den Kreis, in welchem das Feld liegt, die demselben zunächst belegene Stadt benennen.

Bei der Subhastation von unbeweglichen Bergwerksantheilen ist die Zahl der Kuxe, in welche das Bergwerk getheilt ist, im Patente anzugeben.

Bei Kohlen-Abbaugerechtigkeiten (§ 107) genügt eine nähere Bezeichnung derselben nach Lage und Umfang.

§ 109. Der Betrag der von dem Bieter zu leistenden Sicherheit ist bei der Subhastation der im § 108 genannten Gegenstände von dem Subhastationsrichter, erforderlichen Falls nach Anhörung des zuständigen Revierbeamten über ihren Werth festzusetzen, und in das Subhastationspatent aufzunehmen.

§ 110. Die Subhastationsfrist beträgt längstens drei Monate.

§ 111. Bei der Subhastation von Bergwerken und Bergwerksantheilen gehört der Repräsentant oder Grubenvorstand zu den Subhastations-Interessenten.]

übrigen, der Herrschaft der AGO. unterworfenen Landestheilen die §§ 107—111 der Subh.-Ordn. v. 1869 (s. oben) an seine Stelle getreten sind.

1221. Die citt. §§ der Subh.-Ordn. knüpfen an § 1 ib. an, welche unter Nr. 3 als Gegenstände der Subhastation „verliehene Bergwerke und unbewegliche Bergwerksantheile" aufführt. Diese Bezeichnung entspricht der Terminologie der §§ 63. 271 der Konkurs-Ordn. v. 8. Mai 1855, wo mit dem Ausdrucke „verliehenes Berg- und Hütteneigenthum" das auf bergrechtlicher Grundlage beruhende Eigenthum dem „nicht verliehenen Berg- und Hütteneigenthum" gegenüber gestellt werden sollte. Des Hütteneigenthums wird in der Subh.-Ordn. nicht weiter gedacht, da dieses durch § 12 des Ges. v. 10. Juni 1861 seine eigenthümliche rechtliche Natur verloren hat, mithin bei der Subhastation nur unter der Kategorie der Grundstücke oder der Gerechtigkeiten mit Immobilarqualität im Sinne des § 1 Nr. 2 der Subh.-Ordn. in Betracht kommt. Der Ausdruck „verliehene Bergwerke ꝛc." wird dagegen durch die §§ 50. 222 resp. §§ 101. 109. 131. 133. 228. 231. 234. 235 h. l. erläutert. Unter denselben fallen alle Werke, welche durch einen Akt des Regalinhabers oder Hoheitsberechtigten begründet worden sind, mag dies eine bergordnungmäßige Verleihung, eine Distriktsverleihung, ein Vertrag, welcher die Berechtigung verleiht, oder auch eine Reservation sein. (Alle hierüber lautenden Urkunden sind daher als Verleihungsurkunden zu betrachten.) Anderenfalls müßte ein solches Bergbaurecht, da dasselbe immerhin als Gerechtigkeit mit Immobilarqualität anzusehen ist, unter diesem Gesichtspunkt d. h. nach § 1 Nr. 2 der Subh.-Ordn. zur Subhastation gezogen werden, wie dies auch bei solchen Bergwerken eintreten dürfte, für welche keiner der vorbezeichneten Titel, sondern lediglich die Ersitzung angerufen werden kann. Etwaige Bergbaurechte auf nicht vorbehaltene Fossilien bilden dagegen, außer den in den §§ 107 ff. l. c. den verliehenen Bergwerken analog behandelten sächsischen Kohlenabbaugerechtigkeiten, in der Regel keinen Gegenstand der Subhastation, da solchen Servituten und Gewinnungsrechten nach §§ 7 ff. I, 2. ALR. zwar ein dinglicher

Charakter, aber keine Immobilarqualität zukommt. Vgl. Achenb. und MR. v. 24. März 1869 (Z. f. BR. 10. S. 244. 312).

1222. Die §§ 107 ff. der Subh.-Ordn. kommen gemäß § 112 ib. auch dann zur Anwendung, wenn die nothwendige Subhastation von einem Benefizialerben, oder wenn sie zum Zwecke der Auseinandersetzung von einem Miteigenthümer [vgl. § 133 h. l. und oben n. 328] beantragt wird. Im letzteren Falle treten jedoch gemäß § 113 ib. gewisse Restriktionen in den Wirkungen der Subhastation und einzelne Besonderheiten des Verfahrens ein. (Daß im § 113 Abs. 3 von der Eintragung einer Kaution auf dem Grundstücksantheile gesprochen wird, berechtigt arg. § 92 ib. keineswegs zu dem Schlusse, als ob § 113, oder doch dessen Abs. 3 stets ein Miteigenthum an Grundstücken voraussetze, mithin bei Bergwerken außer Betracht bleibe.)

1223. Mit § 107 der Subh.-Ordn. wird dasselbe Ziel erstrebt, welches § 6 Nr. 1 ib. in Bezug auf Grundstücke verfolgt. Von der im § 247 h. l. beibehaltenen Beschreibung ist abgesehen, weil das Verfahren durch dieselbe erfahrungsgemäß ohne entsprechenden Nutzen verzögert wird, und weil ferner § 13 Nr. 5 der Subh.-Ordn. jeden Interessenten berechtigt, Abschätzungen und sonstige bezügliche Nachweisungen zu den Akten einzureichen Ueber den Begriff „Verleihungsurkunde" vgl. n. 1221. [Bei konsolidirten Werken wird in der Regel die Beibringung einer Abschrift des Konsolidations- sowie des Bestätigungs-Aktes genügen.] Die Abschrift ist nöthigenfalls aus den oberbergamtlichen oder auch aus den Grund-Akten zum Berggegenbuche zu ertheilen und kann Demjenigen, bei welchem die Absicht, auf Subhastation anzutragen, erkennbar vorliegt, nicht verweigert werden. Im Uebrigen gelten für den Subh.-Antrag alle Vorschriften des § 6, mit Ausnahme von Nr. 1. — § 108 ib. entspricht dem § 13 Nr. 2—4; die nach § 107 einzureichenden Urkunden liefern das Material für die bezüglichen Angaben. Im Uebrigen sind für die Fassung des Patents die Vorschriften des § 13 Nr. 1. 5—7 maßgebend. § 108 Abs. 2 beruht darauf, daß nicht alle Bergwerke in 128 Kuxe getheilt sind. — § 109 disponirt im Anschlusse an § 44, I, 52. AGO. und die bestehende Praxis (OT. 15. Juni 1847, Entsch. 14. S. 465; R. 8. Nov. 1836, Jbb. 48. S. 468). Die gestattete Anhörung des RB. kann unter Umständen für den Richter ein geeignetes Mittel zur sachgemäßen Erledigung seiner Aufgabe sein, dessen Gebrauch rascher zum Ziele führt, als die Anhörung des OBA.'s (Ges. v. 10. Mai 1851, § 12). Es handelt sich hierbei um eine kurze arbiträre Werthangabe, zu welcher der zuständige RB. jederzeit im Stande sein wird, nicht also um eine Taxation oder Beschreibung unter Beifügung einer Werthangabe, da diese durch das Gesetz ja eben abgeschafft sind. Im § 110 weicht die Subh.-Ordn. von dem bisherigen Rechte in sofern ab, als sie ihrem Prinzipe gemäß auch bei Anberaumung des Termins dem richterlichen Ermessen berechtigten Spielraum gestattet. Die Fixirung des höchsten Maaßes der Frist auf 3 Monate entspricht dem früheren Rechte und ist aus der Rücksicht auf die Nachtheile hervorgegangen, welche der Bw.'s-Betrieb durch zu lange Hinausschiebung des Termins erleiden könnte. Daß die Frist nie unter 6 Wochen betragen darf, folgt aus § 15 ib. — Die im § 111 ausgesprochene Nothwendigkeit der Zuziehung des Repräsentanten etc. ergiebt sich für den Fall der Subhastation eines ganzen Werks aus den §§ 119. 123. 228 h. l., während sie bei der Subhastation bloßer Kuxe einestheils durch das Interesse, welches die Gewerkschaft auch an dergleichen Subhastationen hat, anderentheils dadurch motivirt wird, daß nach §§ 131. 234 h. l. die Ansicht vertreten wird, der Gewerkschaft komme selbst bei unbeweglichen Bw.'s-Antheilen für rückständige Zubuße ein Vorzugsrecht, gegenüber den Hypothekengläubigern zu [s. n. 589]. Bei der Subhastation von Kohlenabbaugerechtigkeiten muß der Repräsentant, mit Rücksicht auf § 10 des Ges. v. 22. Febr. 1869 gleichfalls zugezogen werden; dagegen ist dessen Zuziehung bei der Subhastation bloßer Antheile an einer solchen Gerechtigkeit nicht vorgeschrieben. Vgl. Mot. zur Subh.-Ordn.. Achenb. und MR. v. 24. März 1869 (Z. f. BR. 10. S. 243 ff, 312), Wachler, die Subh.-Ordn., S. 117.

1224. Außerhalb des Bereichs der AGO. muß die Taxation der Bergwerke überall erfolgen, wo die allgemeinen oder besonderen Gesetze über das Subh.-Verfahren eine Taxe fordern; namentlich trifft dies für Nassau zu. Vgl. Z. f. BR. 8. S. 22. 223.

§ 248. Die Rheinische Subhastationsordnung vom 1. August 1822 (Gesetz-Samml. S. 195) erleidet bei der Subhastation von Bergwerken und Bergwerksantheilen folgende Abänderungen:

1) Nr. 2 und 3 des § 4 und die entsprechenden Bestimmungen unter Nr. 2 und 3 des § 12 bleiben außer Anwendung.

Es genügt eine von dem Revierbeamten angefertigte genaue Beschreibung des Bergwerks.

2) In allen Fällen ist der Bietungstermin (§ 13) auf drei Monate hinauszurücken und das Subhastationspatent unter den im § 14 Nr. II. vorgeschriebenen Förmlichkeiten bekannt zu machen.

Bei den auf Grund des sechsten Titels des gegenwärtigen Gesetzes einzuleitenden Subhastationen finden die §§ 2 und 3 jener Subhastationsordnung keine Anwendung.

a. [Br., M., G., B. (vacat).
b. In der RV. fehlte vor „Beschreibung" das Wort „genaue."]

Zu § 248.

1225. Die rheinische Subh.-Ordn. nimmt auf das Bergeigenthum nicht besonders Rücksicht und paßt nicht in allen Punkten auf dasselbe; § 248 ist bestimmt, diesem Mangel abzuhelfen: Mot. S. 130. — Der § versteht, gleich dem § 247, unter „Bw.'s-Antheilen" nur ideelle, Immobiliarqualität besitzende Antheile am Werke selbst, nicht also auch die mobilen Antheile an einer linksrheinischen Bw's-Konzession. Für den Zwangsverkauf der letzteren fehlt es im BG. an einer besonderen Vorschrift, wie sie für den Zwangsverkauf der mobilen Kuxe des neuen Gewerkschaftsrechts im § 109 enthalten ist. Da nun auch die BPrO. keine Vorschriften enthält, welche auf die Zwangsversteigerung solcher unkörperlichen Rechte passen, so sind nach Maßgabe der in AH. Cöln 16. April und 11. Sept. 1857 (Rh. A. 52. I, 173; 53. I, 60) ausgesprochenen Grundsätze, die Rechte der Parteien und die Art ihrer Realisirung in jedem einzelnen Falle durch richterliche Entscheidung festzustellen, durch diese namentlich auch Bestimmungen über die Person des Beamten zu treffen, welcher den Verkauf abhalten soll.

1226. Durch § 248 Nr. 1 wird in Bezug auf die der Subhastation zu Grunde zu legende Beschreibung eine Uebereinstimmung mit der desfallsigen Vorschrift im § 247 herbeigeführt. Das Wort „genaue" ist eingeschaltet, damit sich die Fassung des § 248 noch enger an die des § 247 anschließe; dasselbe berechtigt nicht zu der Annahme, als ob die Beschreibung auf technische oder geognostische Einzelnheiten auszudehnen wäre Unter Nr. 2 werden die vom Jahresbetrage der Grundsteuer abhängigen, auf Bergwerke unanwendbaren Unterscheidungen in den §§ 13. 14 der Subh.-Ordn. beseitigt. Vgl. Mot. S. 130 KB. I, S. 75, Huyssen S. 164.

1227. § 248 Abs. 2 rechtfertigt sich dadurch, daß in den dort bezeichneten Fällen von einem Zahlungsbefehle keine Rede sein kann: Mot. S. 130. Inzwischen wird zufolge Abs. 2 auch der im § 2 Abs. 2 der Subh.-Ordn. erwähnte Beschluß einer Zustellung an den Bw.'s-Besitzer nicht bedürfen.

1228 Gemäß der dem rheinischen Prozeßrechte, und namentlich auch der Subh.-Ordn. zu Grunde liegenden Verhandlungsmaxime führt der Richter das einmal beantragte Verfahren nicht ohne Weiteres von Amtswegen zu Ende, er verfügt vielmehr nur auf die für jeden einzelnen Abschnitt des Verfahrens erforder-

§ 249. Die besonderen Vorschriften über die Theilnahmerechte der Berggläubiger bei der Vertheilung der Kaufgelder und Revenüen von Bergwerken im Konkurse und in der nothwendigen Subhastation sind aufgehoben.

Dagegen wird den Bergarbeitern in Beziehung auf die Rückstände aus dem letzten Jahre an Lohn und anderen Emolumenten das Vorrecht des § 50 der Konkursordnung vom 8. Mai 1855, und im Gebiete des Rheinischen Rechts das

---

lichen Anträge des Extrahenten; dem letzteren bleibt es dann überlassen, mit den in Vollziehung der verschiedenen richterlichen Verfügungen zu machenden Zustellungen den Gerichtsvollzieher zu beauftragen. Auf solche Weise liegt es in der Hand des Extrahenten, das Verfahren nicht allein beliebig in die Länge zu ziehen, sondern sogar ganz ruhen zu lassen. Demzufolge genügte für die Fälle des § 159 nicht die Bestimmung einer Frist für die Beantragung der Subhastation, wie sie im § 159 wirklich enthalten ist, vielmehr waren auch Fristen zu bestimmen, welche die Fortsetzung, resp. Beendigung des Verfahrens betreffen. Da es gleichwohl an Bestimmungen der letzteren Art fehlt, so muß, wenn das ganze Entziehungsverfahren der §§ 156 ff. für das Gebiet des rheinischen Rechts nicht ganz illusorisch sein soll, dem OBA die Befugniß zugestanden werden, in jedem einzelnen Falle nach billigem Ermessen eine Frist für Fortsetzung, resp. Beendigung des Verfahrens unter dem Präjudiz festzusetzen, daß eventuell die Aufhebung des Bergeigenthums werde ausgesprochen werden, sofern Extrahent nicht etwa den Nachweis liefern sollte, daß ihm bezüglich der Frustrirung jener Frist kein Verschulden zur Last liege.

Zu § 249.

1229. Nach §§ 63 und 402 der Konkurs-Ordn. v. 8. Mai 1855 sollen die Theilnahmerechte der Berggläubiger bei der Vertheilung der Kaufgelder und Revenüen von „verliehenem Bergwerkseigenthume" im Konkurse und in der nothwendigen Subhastation nach den bestehenden „besonderen Vorschriften" beurtheilt werden. Diese besonderen Vorschriften beschränkten sich ehedem auf die in einigen älteren Bergordnungen, in den revidirten Bergordnungen (Kap. 84, resp. 83 § 10) und im § 343 II, 16. ALR. enthaltenen Bestimmungen über die Rangordnung. Zum Theil bestanden indeß die dort aufgeführten privilegirten Forderungen nicht mehr; soweit dieselben aber noch in Betracht kommen, reicht es zur Sicherheit der Gläubiger, einschließlich des Fiskus bezüglich der Bergwerksabgaben aus, wenn bei Befriedigung derselben die allgemeinen Vorschriften über die Rangordnung der Gläubiger, insbesondere auch diejenigen der Konkurs-Ordnung, §§ 46 ff., 383 ff., Platz greifen, welche letzteren seit Erlaß des Ges. v. 3. Febr. 1864 (GS. S. 40) auch im Bezirke des JS. Ehrenbreitstein Anwendung finden. Nur zur Sicherstellung der Bergarbeiter, deren zweijährige Lohnrückstände bisher nach § 343 II, 16. ALR. an erster Stelle zur Hebung kamen, bedurfte es, wenn auch nicht der Aufrechterhaltung dieser, von den Grundsätzen der Konkurs-Ordn. abweichenden Spezialvorschrift, so doch der Bestimmung, daß das den ländlichen Arbeitern gewährte Privilegium auf die Bergarbeiter ausgedehnt werde. Im Gebiete des rheinischen Rechts reichten seither schon die allgemeinen Grundsätze desselben aus. Doch legt § 249 den dortigen Bergarbeitern ein ähnliches Privileg, im Anschlusse an jenes Recht, bei. So: die Mot. S. 131. Inzwischen wurden die §§ 383 ff. der Konkurs-Ordn. für den Bereich der Subh.-Ordn. v. 15. März 1869 durch § 116 ib. außer Kraft gesetzt; daselbst sind nunmehr die §§ 60 ff. ib. maßgebend.

1230. § 249 Abs. 2 gebraucht den Ausdruck „Bergarbeiter" wohl in demselben Sinne, wie der 3. Abschnitt des 3. Titels den Ausdruck „Bergleute;" vgl. n. 480. 481. Hiernach sind die Werksbeamten darunter nicht begriffen; § 50 Abs. 2 der Konkurs-Ordn begründet schwerlich die entgegengesetzte Ansicht.

1231. Das „letzte Jahr" ist arg. § 343 II, 16. ALR. vom Tage des Konkursausbruches, resp der Einleitung des Subh.-Verfahrens zu-

Privilegium des Artikels 2101 Nr. 4 des bürgerlichen Gesetzbuchs beigelegt.

a. [Br. 95: „Den Bergarbeitern wird in Beziehung auf die Rückstände aus dem letzten Jahre an Lohn und anderen Emolumenten das gesetzliche Vorrecht des Gesindelohns beigelegt (VO. v. 12. Oct. 1756 und § 38 der Gesindeordnung v. 15. Oct. 1832)." Abs. 1 h. l. (vacat).

M., G., B. (vacat).

b. Die §§ 46 und 50 der Konkurs-Ordn. v. 8. Mai 1855 lauten:

§ 46. Bei der Vertheilung der Kaufgelder eines Grundstücks unter die Realgläubiger kommen, nach Berichtigung der Masseschulden, die Forderungen in der Reihenfolge und in dem Umfange zur Hebung, welche nachstehend festgesetzt sind:

§ 50. IV. Rückstände aus dem letzten Jahre an Lohn, Kostgeld und anderen Emolumenten des Gesindes, sofern dasselbe zur Bewirthschaftung des Grundstücks gehalten wird und das Grundstück ein zur Landwirthschaft bestimmtes Gut ist.

Mit denselben Einschränkungen gehören hierher auch die Forderungen der Wirthschafts- und Forstbeamten und aller übrigen zur Verwaltung des Grundstücks oder der damit verbundenen Rechte, oder zum Betriebe der damit verbundenen ländlichen Nebengewerbe in dauerndem Dienst- oder Arbeitsverhältnisse zum Besitzer stehenden Personen wegen ihrer Dienstleistungen.

Art. 2101 des BGB. bestimmt:

„Privilegirte Forderungen auf die Gesammtheit der Mobilien sind die hiernächst benannten; unter denselben tritt folgende Rangordnung ein: — 4. Der Lohn der Dienstboten für das verflossene Jahr, und was ihnen für das laufende Jahr gebührt."]

---

rückzurechnen. Für die seit diesem Zeitpunkte erworbenen Lohnforderungen haben die Bergleute kein Vorrecht; vgl. 1232.

1232. Das Vorrecht der Bergleute gilt auch im Gebiete der rheinischen Gesetzgebung nur für die Rückstände des letzten Jahrs, es unterscheidet sich daher insofern wesentlich von dem durch Art. 2101 des BGB. den Dienstboten gewährten Privilegium. Beide Vorrechte weichen ferner darin von einander ab, daß das letzterwähnte sich gemäß Art. 2101, 2104 l. c. auf das ganze Vermögen des Schuldners erstreckt, während das erstere arg. § 50 der Konkurs-Ordn. und § 249 Abs. 1 h. l. nur an den Kaufgeldern und Revenüen des Bw.'s ausgeübt werden kann, sollte dieses auch einem Alleineigenthümer gehören. Vgl. übrigens n. 1233.

1233. Abs. 2 ist nach seiner ganzen Fassung nur im Gebiete der Konkurs-Ordn. und des Rhein. BGB. anwendbar. In den neuerworbenen Landestheilen sind die dort bisher bestehenden Vorschriften über den Konkurs, die Exekution und Rangordnung der Gläubiger theils einfach aufrecht erhalten, theils durch eine dem Abs. 2 analoge Vorschrift ergänzt worden. Ersteres gilt von den Nassauischen und Großherzogl. Hessischen Landestheilen, von Hessen-Homburg und Hannover, letzteres von den vormals Kurhessischen, Bayerischen und Frankfurter Landestheilen, sowie von Schleswig-Holstein. Die bisherige Nassauische Gesetzgebung kennt kein demjenigen des § 249 Abs. 2 entsprechendes Vorzugsrecht der Bergleute; nach dem Großherz. Hessischen Ges. v. 15. Sept. 1858 steht denselben wegen ihres Lohns „ein ausgezeichnetes allgemeines Privileg am ganzen Vermögen des Schuldners" in der 2. Klasse der Gläubiger zu. Im vormaligen Königreich Hannover besitzen sie für die Lohnrückstände das Vorzugsrecht des § 59 Nr. 4 des Hypothekengesetzes v. 14. Dez. 1864. Was das vormalige Kurhessen ꝛc. betrifft, so erkennt die dem § 249 Abs. 2 analoge Vorschrift der Einf.-VO. v. 1. Juni 1867 den Bergarbeitern in den Fällen des § 249 bezüglich der Rückstände aus dem letzten Jahre das dem Gesinde ꝛc. eingeräumte Vorzugsrecht zu; für Kurhessen ist hierbei § 11 der VO. v. 6. Juli 1770, für die Bayerischen Landestheile § 12 Nr. 4 der Prioritäts-Ordn. v. 1. Juni 1822 maßgebend. In Schleswig-Holstein ist jenen für die Rückstände des letzten Jahrs das Vorrecht des Kanzleipatents v. 12. Jan. 1816, betr. die Klassifikation des Dienstlohnes im Konkurse, beigelegt. Vgl. Z. f. BR. 8. S. 22. 35. 193. 222.

§ 250. An den Rechten der früher reichsunmittelbaren Standesherren, sowie derjenigen, welchen auf Grund besonderer Rechtstitel das Bergregal in gewissen Bezirken allgemein oder für einzelne Mineralien zusteht, wird durch das gegenwärtige Gesetz nichts geändert.

Unbeschadet dieser Rechte unterliegt jedoch auch der Bergbau in jenen Bezirken den Bestimmungen des gegenwärtigen Gesetzes.

Zu § 250.

1234. Soweit in gewissen Bezirken das Bergregal Privaten zusteht, konnten die desfallsigen Rechte [insbesondere also das Recht der Bergeigenthums-Verleihung, das der Abgabenerhebung und die Polizei] durch das BG. nicht beseitigt werden, indem es sich um wohlerworbene, auf anerkannten Rechtstiteln beruhende Privilegien handelt, welche nur nach den für letztere allgemein maßgebenden Grundsätzen (vgl. § 70 der Einl. zum ALR.) aufzuheben sein würden. Hierauf beruht die Bestimmung des Abs. 1, wogegen diejenige des Abs. 2 nicht nur dem auch in jenen Bezirken gefühlten Bedürfnisse einer zeitgemäßen Bergrechtsreform, sondern auch den bereits früher maßgebenden Rechtsgrundsätzen gerecht wird. Denn während schon § 108 II, 16. ALR. den Privatregalbesitzer der Oberaufsicht des Staats und den allgemeinen Bergpolizeigesetzen unterwarf, bestimmen speziell in Bezug auf die vormals reichsunmittelbaren Reichsstände die VO. v. 21. Juni 1815 (GS. S. 105) und die Instr. v. 30. Mai 1820 (ib. S. 81), daß die Benutzung der Bergwerke nach den Anordnungen des Staats unter der Oberaufsicht des letzteren geschehen müsse. In Uebereinstimmung hiermit sprechen denn auch die mit den Privat-Regalinhabern abgeschlossenen Regulative deren Verpflichtung aus, ihre Rechte aus dem Bergregal nach Maßgabe der bereits ergangenen oder noch ergehenden allgemeinen Landesgesetze und Verordnungen auszuüben. Abs. 3 enthält eine Modifikation des § 187, indem da, wo zu den Rechten der Privat-Regalinhaber auch die Bestellung eigner Bergbehörden gehört, die in Gemäßheit dieser Rechte bestellten Behörden bis zu anderweitigen Vereinbarungen in Wirksamkeit bleiben müssen. Vgl. Mot. S. 131.

1235. Das Privatbergregal gründet sich für das Gebiet des ALR. auf § 106 II, 16 ib., nach welchem das Bergwerksregal auf einen gewissen Distrikt oder auf ein bestimmtes Objekt, gleich anderen niederen Regalien, von Privatpersonen und Kommunen erworben und besessen, mithin auch ersessen werden konnte. Die unter n. 1234 cit. VO. v. 21. Juni 1815 und Instr. v. 30. Mai 1820 sprechen zwar nur von der Benutzung der Bergwerke; gleichwohl sollte jenen Standesherren nicht etwa, wie Huyssen S. 165ff. annimmt, blos die Benutzung der bestehenden Werke, sondern das Regal selbst, soweit es ihnen bisher zustand, belassen werden; s. OT. v. 2. Juli 1850 (Entsch. 20 S. 402). Ferner steht den Gutsherrschaften der Oberlausitz auf Grund zweier durch Observanz recipirten Bergwerksvergleiche das Regal hinsichtlich der niederen Metalle zu: Klost. n. 661. Hinsichtlich der auf besonderer Verleihung beruhenden Regalrechte und hinsichtlich der einzelnen mit den Regalinhabern geschlossenen Rezesse, resp. Regulative vgl. Klost. und Huyssen l. c. Was die neuen Landestheile betrifft, s. Z. f. BR. 7. S. 504; 8. S. 35. 160. 172. 217. (Ueber die Aufhebung einzelner Regalrechte aus der jüngsten Zeit giebt die M. Z. 16. S. 72 und die Z. f. BR. 10. S. 314 Aufschluß). — Daß auf Anerkennung des Regalrechts gegen den Staat auch unter der Herrschaft des BG. geklagt werden könne, unterliegt arg. § 250 keinem Zweifel. Ebenso steht es dritten Interessenten zu, die Existenz eines solchen Rechts vor Gericht anzufechten, und zwar selbst dann, wenn dasselbe vom Staate anerkannt sein sollte, vorausgesetzt, daß dieses Anerkenntniß nicht etwa in einem Gesetze oder in einer landesherrlichen Verordnung enthalten ist.

1236. Hinsichtlich des von dem Regalrechte verschiedenen, aber in demselben wurzelnden ius excudendi alios wird auf n. 139. 228 verwiesen.

Die von den Berechtigten bestellten Bergbehörden bleiben in Wirksamkeit. Die Dienstinstruktionen derselben sollen mit diesem Gesetze, soweit es nach dem Vorstehenden Anwendung findet, in Uebereinstimmung gebracht werden.

[Br., M. (vacat)

G. 172: „An den Rechten der Herren Fürsten von Hohenlohe, Durchlaucht, als Inhaber des niederen Bergregals in der Grafschaft Gleichen, wird durch das gegenw. Ges. nichts geändert. — Unbeschadet dieser Rechte unterliegt jedoch der Bergbau in der Grafschaft Gleichen ebenfalls den Bestimmungen dieses Gesetzes." Sodann bestimmt § 173: „Die in Bezug auf Steinsalz und Soolquellen bereits ertheilten Privilegien werden durch das gegenw. Ges. nicht berührt. (Vgl. § 1 dieses Ges.)

B. (vacat).]

1237. § 250 erhält nur die bereits erworbenen Rechte, nicht also bloße Besitzverhältnisse aufrecht. Demgemäß kann eine unter der früheren Gesetzgebung begonnene Ersitzung des Regals unter der Herrschaft des BG. nicht vollendet, noch ein früher bestehendes beschränktes Regalrecht unter der Herrschaft des BG.'s durch Ersitzung in ein unbeschränktes verwandelt werden.

1238. Gemäß § 250 ist der Privatregalbesitzer, soweit ihm bis jetzt andere, als die auf der allgemeinen Gesetzgebung beruhenden Abgaben vom Bergbau zustanden, zu deren Erhebung auch fernerhin befugt. Ja selbst das Recht auf Erhebung des Zehnten und des Rezeßgeldes gilt für ihn noch in seinem ursprünglichen Umfange, da die neuere, mit dem Ges. v. 12. Mai 1851 beginnende Gesetzgebung über die Besteuerung des Bergbaus nur die zu entrichtenden Abgaben an den Staat betrifft. Vgl. Brass. und Achenb. (Z. f. BR. 6. S. 638; 8. S. 41, und n. 1279.

1239. Der Privatregalinhaber ist durch § 250 auch insofern in seinen bisherigen Rechten gehandhabt, als er Verleihungen auf andere, als die im § 1 genannten Mineralien, auf Hüttenwerke und Wässer ertheilen darf. Vgl. Brass. und Achenb. (Z f. BR. 6. S. 637), Huyssen S 167. Ebenso ist an dem Rechte, gewisse Distrikte für den Bergbau zu reserviren, falls dieses Recht dem Privatinhaber überhaupt zustand (vgl. in dieser Hinsicht Gräff S. 34), durch das BG. Nichts geändert: Achenb. (Z. f. BR. 8. S. 388), Huyssen S. 5. 167. Contra: Wachler S. 45. 333.

1240. Dagegen finden die Vorschriften des BG. nicht allein auf alle von den Befugnissen des Regalinhabers unabhängigen privatrechtlichen Verhältnisse des Bergbaus Anwendung, sondern es müssen die Privatregalinhaber auch ihre aufrecht erhaltenen besonderen Rechte in Uebereinstimmung mit dem BG. ausüben, soweit Solches unbeschadet dieser Rechte geschehen kann. Vgl. Brass. und Achenb (Z. f. BR. 6. S. 638).

1241. Anlangend insbesondere die Verleihung des Bergeigenthums an Dritte, so ist der Privatregalinhaber nach Achenb. (Z f. BR. 8. S. 387) an die Vorschriften des BG über die Feldesgröße 2c. gebunden, mithin z. B. nicht mehr zu Distriktsverleihungen (s. n. 26) befugt. Andererseits darf er die Bergfreiheit nicht ausschließen, noch die Verleihung ohne einen gesetzlichen Grund versagen; eventuell übt, wenn nämlich die Verleihung nicht zu Gunsten eines Konkurrenten, sondern überhaupt und ohne gesetzlichen Grund versagt wird, nach der übereinstimmenden Vorschrift der neuesten Regulative die Staatsbehörde, d. h. gegenwärtig stets das OBA., das Recht der Verleihung aus. Vgl. Huyssen S. 167, MR v. 17. Juni 1862 (Z. f. BR. 3. S 394). Das bei der Verleihung zu beobachtende formelle Verfahren richtet sich zwar gleichfalls nach den Vorschriften des BG., dies dürfte jedoch nicht ausschließen, daß da, wo die Regulative dem Regalbesitzer die Ertheilung der Verleihungen ohne jede Konkurrenz der Königl. Bergbehörden überlassen, dies gegenwärtig noch ebensowohl gelte, wie bei Erlaß des cit. MR. v. 17. Juni 1862. Hieraus folgt u. A., daß in dem Bereiche der letzterwähnten Regulative gegen die vom Regalbesitzer, resp. seinen Beamten über Streitigkeiten unter

Urkundlich unter Unserer Höchsteigenhändigen Unterschrift und beigedrucktem Königlichen Insiegel.

Gegeben Carlsbad den 24. Juni 1865.

(L. S.) Wilhelm.

v. Bismarck-Schönhausen. v. Bodelschwingh. v. Roon. Gr. v. Itzenplitz. v. Mühler. Gr. zur Lippe. v. Selchow. Gr. zu Eulenburg.

---

konkurrirenden Muthern getroffenen Entscheidungen auch gegenwärtig kein Rekurs an das Ministerium ergriffen, sondern nur der Rechtsweg beschritten werden kann. Wenn dagegen regulativmäßig die Bestätigung des OBA.'s erforderlich ist, so bildet dieselbe einen integrirenden Theil der Verleihung, welche erst mit dieser Bestätigung vollendet wird, so daß das Bergeigenthum erst vom Tage der letzteren, und nicht etwa schon vom Tage des Verleihungsaktes des Regalbesitzers datirt; vgl. Brockhoff (Z. f. BR. 6. S. 627) und oben n. 1163 1174. — Die Bergeigenthums-Verleihung enthält übrigens keine Verfügung über die Substanz des Regals; gehört letzteres daher zu einem Fideikommisse, so ist zur Gültigkeit der Verleihung die Zustimmung des Fideikommißanwärters nicht erforderlich: AH. Cöln 15. Mai 1843 (Rh. A. 36. I, 31).

1242. Das Privatregal bildet endlich noch jetzt einen Gegenstand der Veräußerung. Nur an den Staat kann diese Veräußerung nicht mit der Wirkung geschehen, daß nunmehr die Rechte des Privatregalbesitzers unverändert auf den Staat übergingen, da diesem nach den Grundsätzen des BG. kein solches Regal mehr zustehen kann; kauft daher der Staat den Berechtigten ihre Rechte ab, so werden die betreffenden Mineralien bergfrei, oder fallen, sofern sie nemlich nicht zu den im § 1 aufgezählten gehören, der Verfügung des Grundeigenthümers anheim: Achenb. S. 148.

Nachtrag.

Da einzelne Vorschriften des Braunschweigischen, Meiningenschen und Gothaischen Berggesetzes sich nicht füglich zu entsprechenden §§ des Preußischen Berggesetzes einschalten ließen, so finden dieselben hier ihre Stelle.

Braunschweigisches Berggesetz.

§ 213. Auf denjenigen früheren herrschaftlichen Eisensteinsbergbau, der mit dem Verkaufe von Eisenhütten in Privatbesitz übergegangen ist, findet der Tit. VI. des gegenwärtigen Gesetzes nicht ohne Weiteres Anwendung.

Sind die Grubenfelder noch unbestimmt, so haben die Betheiligten binnen drei Monaten von dem Eintritte der Gesetzeskraft des gegenwärtigen Gesetzes an, bei der Bergbehörde auf Begrenzung anzutragen. Die Anträge sollen als Muthungen mit Vorrecht vor Anderen betrachtet werden und für jeden Aufschluss und jedes verlassene Bergwerk das Recht auf ein Feld von der § 28 bestimmten Grösse begründen.

Erfolgen die Anträge nicht rechtzeitig, so hat die Bergbehörde die Feldesgrenze nach Maassgabe der kontraktlichen Bestimmungen festzustellen. Gegen diese Feststellung bleibt den Betheiligten der Rechtsweg auf 6 Monate, vom Tage der Eröffnung an, wider die Bergbehörde vorbehalten.

Nach eingetretener Begrenzung wird Tit. VI. maassgebend.

§ 214. Für den dermaligen herrschaftlichen Bergbau und die Saline Schöningen werden die Felder von der Bergbehörde festgestellt und binnen 3 Monaten, vom Eintritt der Gesetzeskraft des gegenwärtigen Gesetzes an, durch die Braunschweigischen Anzeigen bekannt gemacht. Bis zur Bekanntmachung sind darauf eingelegte Muthungen ungültig.

§ 215. Ein auf Grund der Pos 3 des Art. 68 des Landtagsabschieds vom 11. Juni 1823 für Braun- oder Steinkohlen ertheilter Schurfschein deckt das Schurffeld bis zum Ablauf von einem Jahre nach Eintritt der Gesetzeskraft des gegenwärtiges Gesetzes.

Dem Inhaber eines sonstigen Schurfscheins steht innerhalb des Schurffeldes das Vorrecht zum Muthen vor Anderen bis zum Ablauf von 3 Monaten, von demselben Zeitpunkte an gerechnet, zu.

Meiningeusches Berggesetz.

Art. 192. Wer unbefugt Mineralien gewinnt, welche von der Verfügung des Grundeigenthümers ausgeschlossen sind (Art. 1), wird mit Gefängniss bis zu 3 Monaten oder entsprechender Geldstrafe bestraft.

Art. 193. Wer bei Benutzung seines Bergeigenthums die Grenzen seines Grubenfeldes fahrlässiger Weise überschreitet, wird mit Gefängniss bis zu einem Monat oder entsprechender Geldstrafe bestraft.

Art. 196. Insoweit es sich in den Hennebergischen Landestheilen um die Gewinnung von Gold, Silber, Kupfer, Zinn, Blei und Salz handelt, bleiben unserer Staatsregierung auf Grund des Hennebergischen Theilungsrezesses von 1660 alle diejenigen Maassnahmen vorbehalten, welche in Rücksicht auf die Bestimmungen dieses Rezesses den mitbetheiligten Staaten gegenüber sich nöthig machen, und es bleibt insbesondere die Ertheilung von Beleihungen auf den Bau genannter Mineralien in den bezeichneten Gebietstheilen von denjenigen Voraussetzungen abhängig, welche nach dem Stande des Rezessverhältnisses unserer Staatsregierung erforderlich erscheinen.

Gothaisches Berggesetz.

§ 122. Von jedem verliehenen Grubenfelde ist eine Abgabe im vierteljährlichen Betrage von einem Thaler zu entrichten, wenn das Grubenfeld keine Ausbeute oder nur so geringe Ausbeute gewährt, dass die Abgabe, welche nach Maassgabe der nachfolgenden Paragraphen zu entrichten sein würde, in dem betreffenden Vierteljahr nicht mehr als 1 Thaler oder weniger beträgt.

Die Entrichtung der Abgabe beginnt mit dem auf die Verleihung zunächst folgenden Quartale und erfolgt am Schlusse jedes Vierteljahrs an das Rent- und Steueramt des betreffenden Bezirks.

§ 123. Anstatt der im vorhergehenden Paragraphen bezeichneten Abgaben sind:

1. von Braunsteingruben,
   a) wenn die Produkte von der Grube in ungereinigtem Zustande verkauft oder zu weiterer Verarbeitung abgeliefert werden, fünf Procent,
   b) wenn sie von der Grube in gereinigtem Zustande verkauft oder zu weiterer Verarbeitung abgefahren werden, drei Procent,
2. von allen anderen Gruben vier Procent

des Preises der Produkte des Bergbaus in dem Zustande, in welchem sie von der Grube aus verkauft oder zur hüttenmännischen oder sonstigen weiteren Verarbeitung abgeliefert werden, soweit sie nicht in Natur zum nothwendigen Fortbetrieb derselben Grube verwendet werden, nach dem gangbaren Preis in Geld zu entrichten, wenn diese Prozentsätze in Geld in dem betreffenden Vierteljahr mehr als 1 Thaler betragen.

§ 124. Die Quantität der dieser Abgabe (§§ 122 und 123) unterworfenen Produkte ist von den vom Bergamte damit beauftragten Personen zu ermitteln. Für jede Grube wird nach der Wahl des Bergamtes der Vertreter des Grubeneigenthümers oder ein Grubenarbeiter von dem Bergamte darauf in Pflicht genommen, dass er an den vom Bergamte zu bestimmenden Terminen, in der Regel am Schlusse jedes Monats, die Höhe der Natural-Produktion anzeigt und jede sonstige Auskunft ertheilt.

Die Uebertretung vorstehender Vorschrift, ingleichen wahrheitswidrige Angaben über die Höhe der Produktion sind als Abgabedefraudationen zu bestrafen.

§ 125. Als gangbarer, der Berechnung der Abgabe zu Grunde zu legender Preis der Produkte in dem § 123 bezeichneten Zustande ist, wenn der Grubenbesitzer einen Nachweis der Preise erbringt, welche er für die Produkte seiner Gruben in den zunächst vorhergegangenen drei Monaten erhalten hat, der Durchschnitt dieser Preise anzunehmen. Wird ein solcher Nachweis von dem Grubenbesitzer nicht erbracht, so hat das Bergamt den gangbaren Preis unter Berücksichtigung der im Allgemeinen bestehenden Handelspreise schätzungsweise zu bestimmen und den betheiligten Grubenbesitzern die Schätzung bekannt zu machen.

§ 126. Gegen die durch das Bergamt erfolgte Bestimmung der gangbaren Preise steht dem Grubenbesitzer Rekurs an das Staatsministerium zu. Derselbe muss binnen zehntägiger Frist von der Zeit der Bekanntmachung an (den Tag der Eröffnung nicht mitgerechnet) bei dem Bergamte eingelegt werden. Das Staatsministerium ertheilt darauf nach Anhörung eines Sachverständigen endgültige Entscheidung. Die Kosten trägt der Rekurrent, wenn der Rekurs eine Herabsetzung nicht zur Folge hat.

§ 127. Die nach §§ 122 und 123 zu entrichtende Abgabe ist am Schlusse des Quartals, in welchem die amtliche Feststellung ihres Betrages stattgefunden hat, an das Rent- und Steueramt des Bezirks zu berichtigen.

§ 128. In geeigneten Fällen, namentlich wenn sich bei einer Grube eine ziemlich gleichmässige Förderung erwarten lässt, kann das Bergamt mit den Grubeneigenthümern anstatt der Abgabe vom Preis der Produkte und für diese Abgabe ein Fixum vereinbaren, welches dann in vierteljährigen Raten postnumerando zu entrichten ist.

Der Betrag des Fixums darf jedoch im Voraus nicht auf ein Jahr festgestellt werden.

§ 129. Die Defraudation der Produkten-Abgabe wird mit dem vierfachen Betrag der ausserdem noch besonders nachzuentrichtenden Abgabe von den der Ermittelung entzogenen Produkten bestraft.

Kann der Betrag der defraudirten Abgabe nicht ermittelt werden, so tritt eine Strafe von einem bis funfzig Thalern, sowie im Rückfalle bis hundert Thalern ein.

§ 130. Die von Seiten des Staats vertragsmässig zugesicherten zeitweiligen Befreiungen von Bergwerksabgaben, ingleichen die vertragsmässigen Bestimmungen über die Abgaben von der Saline Ernsthalle erleiden durch gegenwärtiges Gesetz keine Aenderung

I. Verordnung

vom 22. Februar 1867,

betreffend die Einführung des Allgemeinen Berggesetzes vom 24. Juni 1865 in das Gebiet des vormaligen Herzogthums Nassau.

(Gesetz-Samml. S. 237.)

[Die Materialien zu dieser VO finden sich in der Z. f. BR. 8. S. 5 ff.]

Wir Wilhelm, von Gottes Gnaden König von Preußen rc. verordnen für das mit Unserer Monarchie vereinigte Gebiet des vormaligen Herzogthums Nassau, auf den Antrag Unseres Staatsministeriums, was folgt:

Art. I. Das Allgemeine Berggesetz für die Preußischen Staaten vom 24. Juni 1865 (Gesetz-Samml. für 1865 S. 705) erlangt im Gebiete des vormaligen Herzogthums Nassau unter nachfolgenden besonderen Bestimmungen mit dem 1. April d. J. Gesetzeskraft.

Zu Art. I.

1243. Während ehedem in einem großen Theile Nassau's das s. g. gemeine Bergrecht zur Anwendung kam, bestand in den nördlich der Lahn gelegenen, vormals Oranischen Fürstenthümern Dillenburg, Dietz und Hadamar, wie früher im Fürstenthume Siegen, die Nassau-Katzenelnbogische Bergordnung von 1559 noch fort. Da indeß das Edikt v. 4 Okt. 1826 (Verordnungsblatt S. 85 ff.) allgemeine Normen aufgestellt und im Anschlusse hieran die ohne Zustimmung der Stände erlassene und darum in ihrer Rechtsbeständigkeit vielfach bezweifelte Bergordnung vom 18. Febr. 1857 (ib. S. 15 ff) das Bergwesen umfassend regulirt hatte, so wurde in der Praxis auf die eigentlichen Quellen des Nassauischen Bergrechts nur selten zurückgegangen. Weder jene älteren Rechtsquellen noch die neueren Vorschriften genügten den Bedürfnissen der Gegenwart, so daß schon längst eine Reform und zwar im Anschlusse an das Preußische Bergrecht in Aussicht genommen war. Dieser Gedanke ist durch die VO. v. 22. Februar 1867 zur Wahrheit geworden. Sie ging aus dem Entwurfe hervor, welchen eine zu diesem Behufe aus zwölf Mitgliedern gebildete Kommission unter dem Vorsitze Braſſert's einstimmig beschlossen hatte, und welcher mit Ausnahme eines einzigen, die Beibehaltung des Nassauischen Knappschaftsgesetzes betreffenden Punktes im Wesentlichen angenommen wurde. Die in der VO. enthaltenen Abänderungen des BG. machten die Rücksichtnahme auf Schonung berechtigter provinzieller und lokaler Eigenthümlichkeiten, sowie auf die allgemeine Gesetzgebung des Landes erforderlich. Abänderungen des Gesetzes zum Zwecke der Verbesserung und Fortbildung desselben sollten der demnächstigen weiteren Entwickelung der Berggesetzgebung überlassen werden. Vgl. Z. f. BR. 8. S. 5. 12, und was die älteren bergrechtlichen Zustände im Einzelnen betrifft, Brass. ib. 7. S 477.

1244. Insofern die Einführung des BG. in Nassau zu Bemerkungen spezieller Natur Anlaß giebt, welche sich nicht an einzelne Art. des Einf.-Ges. anknüpfen lassen, wird auf n. 17. 139. 143. 277. 705. 709. 996. 1007. 1017 verwiesen. — Ein Antrag, den Schicht- und Gedingelohn der Bergarbeiter der Hilfsvollstreckung und

Art. II. Den im § 1 des Berggesetzes aufgeführten Mineralien wird der Dachschiefer hinzugefügt.

Art. III. Hinsichtlich der Feldesgröße ist die Bestimmung unter 2 des § 27 des Berggesetzes maaßgebend.

Art. IV. Die im § 141 des Berggesetzes in Bezug genommenen, den Eisenbahngesellschaften gegenüber geltenden Grundsätze finden nur insoweit Anwendung, als denselben nicht das Nassauische Gesetz, betreffend die Behufs des Eintrags dinglicher Rechte an Immobilien zu führenden öffentlichen Bücher, vom 15. Mai 1851 (Verordnungsblatt 1851 S. 59) entgegensteht.

Art. V. Für alle im § 165 des Berggesetzes genannten Arbeiter im Gebiete des vormaligen Herzogthums Nassau soll ein allgemeiner Knappschaftsverein gegründet werden, welcher seinen Mitgliedern nach näherer Bestimmung des Statuts die in § 171 unter 4. 5 und 6 genannten Leistungen zu gewähren hat.

Diesem Vereine wird das Vermögen der Nassauischen Allgemeinen Knappschaftskasse (§ 12 des Gesetzes vom 23. November 1861, Verordnungsblatt 1861 S. 369) überwiesen.

Für die Leistungen unter 1. 2 und 3 des § 171 sollen auf sämmtlichen Werken besondere Krankenkassen nach § 172 eingerichtet werden.

Die bereits bestehenden Knappschaftsvereine sollen zu solchen Krankenkassen umgebildet werden.

Die Krankenkassen erlangen durch die Bestätigung ihrer Statuten die Eigenschaft juristischer Personen.

Von der Theilnahme an dem allgemeinen Knappschaftsvereine, sowie von der Umbildung zu Krankenkassen können diejenigen der bereits bestehenden Knappschaftsvereine, welche

---

gerichtlichen Beschlagnahme zu entziehen, wurde abgelehnt, weil die Vorschriften im § 28 Nr. 8 des Nass. Ges. v. 16. Juli 1851 ausreichend seien, und weil auch die Preuß. Gesetzgebung [s. n. 482] diesem Antrage widerstreite: Z f. BR. 8. S. 14.

Zu Art. II.

1245. Vgl. oben n. 21. 24. — Die in Anregung gebrachte Aufnahme des Thons unter die vorbehaltenen Mineralien (§ 1 h. l.) wurde als nicht sachgemäß erachtet; s. Z. f. BR. 8. S. 12.

Zu Art. IV.

1245bis. Vgl. oben n. 791.

Zu Art. V.

1246. Vgl. n. 940. 963 und Z. f. BR. 3. S. 22ff., wo die bisherige Einnach ihren jetzigen Statuten den Mitgliedern alle im § 171 unter 1 bis 6 genannten Leistungen gewähren, auf ihren Antrag durch Beschluß des Oberbergamts befreit werden. Auf dieselben finden alsdann die Bestimmungen des siebenten Titels des Berggesetzes vollständig Anwendung.

Art. VI. Zugleich mit den Strafvorschriften des Berggesetzes tritt das Gesetz über die Bestrafung unbefugter Gewinnung oder Aneignung von Mineralien vom 26. März 1856 (Gesetz-Samml. für 1856 S. 203) in Kraft.

[Bis zur Aufhebung der gegenwärtig in den Nassauischen Landestheilen bestehenden allgemeinen strafgesetzlichen Bestimmungen ist jedoch bei Gefängnißstrafen bis zu sechs Wochen statt derselben auf Amtsgefängniß, bei Gefängnißstrafen von längerer Dauer dagegen auf Korrektionshaus zu erkennen.]

[Art. VII. An die Stelle der im § 209 des Berggesetzes erwähnten Staatsanwaltschaft treten die zuständigen Gerichte.

Hinsichtlich der Kompetenz derselben und des Untersuchungsverfahrens gelten die allgemeinen Vorschriften der Gesetzgebung des vormaligen Herzogthums Nassau über Polizeiübertretungen und korrektionelle Vergehen, insbesondere auch die Verordnung, betreffend das Verfahren bei Polizeivergehen, vom 4. Januar 1855 (Verordnungsblatt 1855 S. 1).]

---

richtung des Nassauischen Knappschaftswesens geschildert und das Ges. v. 23. Nov. 1861 abgedruckt ist.

Zu Art. VI. und VII.

1247. Das Gesetz vom 26. März 1856 lautet:

Wir Friedrich Wilhelm, von Gottes Gnaden, König von Preußen rc. rc. verordnen, mit Zustimmung beider Häuser des Landtages Unserer Monarchie, was folgt:

§ 1. Wer ohne Befugniß bergbauliche Anlagen zur Gewinnung von Mineralien macht, welche der Staat sich vorbehalten hat, oder zu deren Gewinnung es einer Verleihung, einer Konzession, oder einer Erlaubniß der Behörde bedarf, wird mit Geldbuße bis zu zweihundert Thalern oder Gefängniß bis zu drei Monaten bestraft.

Die Strafe ist Geldbuße bis zu fünfhundert Thalern oder Gefängniß bis zu sechs Monaten, wenn die mittelst der Anlagen gewonnenen Mineralien weggenommen sind.

§ 2. Wer ohne Befugniß, jedoch ohne Errichtung bergbaulicher Anlagen, anstehende Mineralien, welche der Staat sich vorbehalten hat, oder zu deren Gewinnung es einer Verleihung, einer Konzession, oder einer Erlaubniß der Behörde bedarf, in der Absicht wegnimmt, dieselben sich zuzueignen, wird mit Geldbuße bis zu funfzig Thalern oder mit Gefängniß bis zu sechs Wochen bestraft.

Der Versuch, die Theilnahme, die Hehlerei und die Begünstigung wird mit gleicher Strafe bestraft.

§ 3. Wer bei Benutzung seines Bergeigenthums fahrlässigerweise die Grenzen seines Grubenfeldes überschreitet, hat Geldbuße bis zu funfzig Thalern oder Gefängniß bis zu sechs Wochen verwirkt.

Geschieht eine solche Ueberschreitung der Grenze vorsätzlich, so finden die in dem § 1 angedrohten Strafen Anwendung.

§ 4. Die rechtswidrige Zueignung schon gewonnener Mineralien ist nach den Bestimmungen des Strafgesetzbuchs über Diebstahl oder Unterschlagung zu bestrafen.

Die Motive zu diesem Gesetze sind abgedruckt in Goltd. Arch. 3. S. 864; 4. S. 276. — Schon die Ueberschrift des Gesetzes deutet an, daß dasselbe nicht jede

Art. VIII. Die in den §§ 90 und 92 des Berggesetzes den Knappschaftskassen zugewiesenen Forderungen und Geldstrafen fallen der allgemeinen Knappschaftskasse zu.

Wegnahme von Mineralien in der Absicht rechtswidriger Zueignung, sondern nur die Arbeit des Bergbaus umfaßt; ebendarum bezieht es sich z. B. nicht auf den Bernstein: OT. v. 30. Okt. 1857, 25. März 1860 (Goltd Archiv. 5. S. 846; Oppenhoff Rechtspr. 1. S 316). Die Terminologie des Gesetzes hat die Verschiedenheiten in der früheren rechts- und linksrheinischen Berggesetzgebung vor Augen; unter den Ausdrücken „Konzession" und „Erlaubniß der Behörde" waren daher die linksrheinischen Konzessionen und Permissionen verstanden. Doch wandten OT. v. 28. Juni 1866 und 6. Febr 1868 (Oppenhoff, Rechtspr 7. S. 389; 9. S. 111) den letzterwähnten Ausdruck auch auf diejenige Erlaubniß an, welche zur Kohlengewinnung in einem Theile der vormals sächsischen Lande durch das Regulativ v. 19. Okt. 1843 gefordert wurde; vgl. auch v. Hinckeldey (Z. f. BR. 6. S. 423) und Huyssen S. 220 ff. Gegenwärtig hat jene Unterscheidung keine Bedeutung mehr, die Tragweite des Gesetzes bemißt sich vielmehr jetzt nach § 1 h. l., und zwar in dem Grade ausschließlich, daß dasselbe sogar den unter der früheren Gesetzgebung erworbenen Berechtigungen auf andere als die dort genannten Mineralien keinen strafrechtlichen Schutz weiter gewährt. A. M. ist in letzterer Hinsicht Huyssen l. c. Nur da, wo auf Grund provinzialrechtlicher Vorschriften Ausnahmen von § 1 h. l., sei es zu Gunsten der Bergfreiheit, sei es zu Gunsten der Grundbesitzer bestehen, hat auch das Ges. v. 1856 einen bald weiteren, bald engeren Bereich. Demzufolge kommt dasselbe z. B. bei dem Eisenerz-Bergbau im Herzogthum Schlesien nicht zur Sprache, hier kann die unbefugte Gewinnung vielmehr nur aus § 349 Nr. 2 des StrGB. bestraft werden. Ein Gleiches gilt von dem Kohlenbergbau in den vormals sächsischen Landen, zumal jetzt, wo die Gründe, welche für einen Theil dieser Lande nach der Praxis des OT. (s. oben) die entgegengesetzte Ansicht motivirten, in Folge des Ges. v. 25. Febr. 1869 hinweggefallen sind. (Daß der dortige Kohlenbergbau nach dem letzterwähnten Gesetze der bergpolizeilichen Aufsicht unterliegt, und nur in Gemäßheit eines unbeanstandeten Plans betrieben werden darf, rechtfertigt keine andere Auffassung, da das Ges. v. 1856 unter „Erlaubniß der Behörde" offenbar etwas ganz Anderes versteht, als die bloße Gutheißung eines Betriebsplans; sonst müßte ja auch derjenige, welcher auf seinem eigenen Grundstücke ohne Betriebsplan Kohlenbergbau treibt, nach jenem Gesetze bestraft werden, während er zufolge § 9 des Ges. v 22. Febr. 1869, wie jeder Bw.'s-Eigenthümer unter gleichen Verhältnissen, der weit milderen Strafe des § 207 h. l. anheimfällt) Immerhin hat jedoch der Bereich des Gesetzes in territorialer Hinsicht erheblich an Umfang gewonnen, indem dasselbe wie auf Nassau, so auch auf alle übrigen neuerworbenen Landestheile ausgedehnt wurde. Andererseits gilt dasselbe auch für die Privatregalbezirke, — wenigstens insofern sie mit Bergbehörden versehen sind; s Huyssen l. c. — Das unbefugte Schürfen (§§ 5. 8 h. l.) wird durch das Gesetz nicht berührt, obgleich dem cit. OT. 26. Febr. 1868 die entgegengesetzte Anschauung zu Grunde zu liegen scheint Huyssen l. c. nimmt im Widerspruch mit v. Beughem S. 75, das Gegentheil wenigstens dann an, wenn der Schürfer vorbehaltene Mineralien gewinnt oder bergmännische Anlagen macht. Freilich kommt § 11 Abs. 1 h l augenscheinlich nur demjenigen zu Gute, welcher befugter Weise schürft. Hieraus läßt sich jedoch höchstens folgern, daß derjenige, welcher bei unbefugten Schürfarbeiten Mineralien gewinnt, und diese sich aneignet, nach § 2 des Ges. v. 1856 zu bestrafen sei; das Schürfen an sich würde immerhin straflos bleiben, indem § 1 ib. unter Anlagen „zur Gewinnung von Mineralien" keine Anlagen versteht, bei denen die Gewinnung nicht das eigentliche Ziel, sondern nur das Mittel zur Erreichung eines anderen Zweckes darstellt.

1248. Art. VI. Abs. 2 und Art. VII. sind durch die das StrGB. einführende VO. v. 25. Juni 1867 und durch die StrPrO. von demselben Tage (GS. S. 921. 931) erledigt, resp. aufgehoben.

Zu Art. VIII.

1249. Vgl. oben n. 524. 940.

Art. IX. Muthungen und Verleihungsgesuche aus der Zeit vor dem Eintritt der Gesetzeskraft des Berggesetzes gewähren, wenn sie den Erfordernissen des § 15 des Berggesetzes entsprechen, ein Recht auf Verleihung eines Normalgrubenfeldes nach § 27 der Nassauischen Bergordnung vom 18. Februar 1857, welches durch das Oberbergamt auf die nach § 28 der Bergordnung ohne Zustimmung des Staatsministeriums zulässige Größe ausgedehnt werden kann.

Das Recht auf Umwandlung und Erweiterung nach § 215 des Berggesetzes steht denselben nicht zu.

Zu Art. IX.

1250. Die Bergordnung v. 18. Febr. 1857 gestand nach der herrschenden Meinung den Muthungen keinen gerichtlich verfolgbaren Anspruch auf ein Feld von bestimmter Größe und Lage zu. Die Uebergangsbestimmung des Art. IX. beseitigt diesen Zustand, aber nur zu Gunsten solcher älteren Muthungen, welche den Erfordernissen des § 15 entsprechen. Die citt. §§ 27. 28 der Bergordnung v. 1857 lauten:

§ 27. Nach der Art der Begrenzung beträgt die Größe eines Normalgrubenfeldes:

1) für Längenfelder bei Gängen und Lagern mit anhaltendem regelmäßigem Streichen und Einfallen 84 Lachter (Fundgrube) mit 7 Lachtern Vierung halb ins Hängende und halb ins Liegende von dem Saalbande aus rechtwinklig mit dem Einfallen gemessen,
2) für Verticallagerungsfelder mit senkrechter Seitenbegrenzung bis zur ewigen Teufe für Erze, Eisenstein und Schwerspath 84 Lachter Seite,
3) für gevierte Grubenfelder ebenfalls mit senkrechter Seitenbegrenzung bis zur unteren Lagerungsfläche flötzartiger Lagerungsstätten mit der Vierung zu $3^1/_2$ Lachter unter die Sohle, bei Braunkohlen 300 Lachter Seite, bei Braunstein und Brauneisensteinlagern (nicht Brauneisensteingängen) 100 Lachter Seite, bei Thon und Walkererde 40 Lachter Seite,
4) für Breitenfelder bei Dachschieferlagern 80 Lachter Länge und 20 Lachter Breite nach dem durch die Bergmeisterei unter Mitwirkung des Markscheiders festgestellten Generalstreichen und Einfallen der Schieferschichtung.

Für auflässig gewordene Grubenbaue finden Normalgrubenfelder nur soweit Anwendung, als sich der ältere Bau nicht über größere Flächen zusammenhängend verbreitet hat.

§ 28. Grubenfelder von geringerer Ausdehnung werden nur dann verliehen, wenn sie nach technischem Ermessen den Terrain- und Lagerungsverhältnissen nach ein abgeschlossenes Feld bilden, das dem benachbarten Grubenbau mit Vortheil nicht angeschlossen werden kann, oder wenn das Mineralvorkommen von der Bedeutung ist, daß solches die Ausführung derjenigen Schacht- und Stollenanlagen gestattet, welche für den reinen Ausbau erforderlich sind.

Größere Grubenfelder werden dagegen verliehen, wenn sie für einen den Grundsätzen des Nachhaltes entsprechenden Grubenbau erforderlich sind oder an die Markscheiden verliehener Grubenfelder anschließen, hierdurch also eine Ueberschaar vermieden wird. Ein Grubenfeld

a) bei Längenfeldern von mehr als 168 Lachtern (Fundgrube mit doppelten Maßen),
b) bei Verticallagerungs- und gevierten Feldern auf Lagerstätten mit unregelmäßigem Streichen und Einfallen von mehr als 20,000 Quadrat-Lachtern,
c) für Braunkohlenflötze von mehr als 300,000 Quadrat-Lachtern,
d) für Verticallagerungs- oder Breitenfelder auf Dachschiefer von mehr als 3000 Quadratlachtern,

Art. X. Den mit gevierten Feldern im Sinne der bisherigen Gesetzgebung verliehenen Bergwerken, mit Ausnahme der auf Thon und Walkererde verliehenen, wird die ewige Teufe nach senkrechten Ebenen beigelegt, sofern nicht Rechte Dritter entgegenstehen.

Art. XI. Der im § 232 des Berggesetzes angenommene Zeitpunkt ist eingetreten, sobald die Ab- und Zuschreibung im Berggegenbuche gesetzlich beantragt ist.

Art. XII. An Stelle der im Berggesetze erwähnten Hypothekenbücher bleiben die Berggegenbücher bestehen und werden nach Maaßgabe der Bestimmungen des im Art. IV. angeführten Nassauischen Gesetzes vom 15. Mai 1851, der dazu

---

kann nur nach eingeholter Zustimmung des Herzoglichen Staatsministeriums verliehen werden.

Längen- und Breitenfelder werden übrigens künftig nur dann ertheilt, wenn durch Vermeidung des Ausschlusses der Schürfer von den bei den anderen Verleihungsarten leicht ununtersucht bleibenden Feldestheilen das Auffinden noch unbekannter wichtiger Lagerstätten zweckmäßig befördert wird, oder wenn benachbarte Längenfelder, welche nicht in Verticalfelder umgewandelt werden können, eine andere Feldesbestimmung nicht gestatten. —

Während nach § 28 das Feld mit Ministerial-Genehmigung noch über das dort angegebene Maß ausgedehnt werden konnte, steht gegenwärtig der verleihenden Behörde eine solche unbeschränkte Befugniß nicht mehr zu. Vgl. Z. f. BR. 8. S. 19ff. Im Uebrigen s. n. 1119.

Zu Art. X.

1251. Vgl. n. 1147. Die hinsichtlich der Thon- und Walkererde-Gruben gemachte Ausnahme beruht darauf, daß ein Bedürfniß zur Ausdehnung dieser Felder bis in die ewige Teufe fehlte, und die Rechte derselben, da Thon und Walkererde keinen Gegenstand der Verleihung mehr bilden, nicht ausgedehnt werden durften; s. Z. f. BR. 8. S. 20.

Zu Art. XI.

1252. Vgl. n. 1185.

Zu Art. XII.

1253. Wäre die Einführung des BG. von der Reform der Berggegenbücher abhängig gemacht worden, so mußte der Zeitpunkt seiner Wirksamkeit weiter hinausgerückt werden, als dem Bedürfnisse des Bergbaus entsprach. Deshalb bestimmt Art. XII, daß bis auf Weiteres jene Bücher beibehalten und in der bisherigen Weise durch die Landoberschultheißen fortgeführt werden, nur mit der Maßgabe, daß die im § 67 der VO. v. 18. Febr. 1857 den Bergmeistern in Bezug auf das Berggegenbuch übertragenen Funktionen als unvereinbar mit der Stellung der jetzigen Bergbehörden aus deren Geschäftskreise ausgeschieden und die obere Aufsicht über die Führung jenes Buchs lediglich den betreffenden Gerichtsbehörden übertragen wurde; s. Z. f. BR. 8. S. 23. Die bezüglichen §§ der VO. v. 18. Febr. 1857, in welche das Wesentlichste der einschlägigen Vorschriften des Ges. v. 15. Mai 1851 und der VO. v. 31. Mai 1854 übergegangen ist, lauten:

§ 66. Einträge in die Berggegenbücher, welche die Bestellung oder Uebertragung dinglicher Rechte an Bergwerkseigenthum zum Gegenstand haben, können nur auf den Grund öffentlicher, nach den bestehenden Gesetzen errichteter Urkunden über die betreffenden Rechtsgeschäfte gemacht werden.

gehörigen Vollzugsverordnung vom 31. Mai 1854 (Verordnungsblatt 1854 S. 71) und der §§ 66 bis 74 der Bergordnung vom 18. Februar 1857 fortgeführt; eine Mitwirkung

---

Die Einträge hierüber, sowie die in den §§ 31 und 37 bezeichneten Einträge geschehen in den Col. 1. 2. 3. 4 und 5 des Berggegenbuchs durch eine kurze Verweisung auf die Urkunden über die Rechtsgeschäfte, worauf sich jene Einträge beziehen, und zwar die in den §§ 31 und 37 bezeichneten Einträge in Col. 1. 2 und 3 und die Einträge über Bestellung und Uebertragung dinglicher Rechte in Col. 1 bis 5. Diejenigen Urkunden, auf welche in dieser Weise verwiesen wird, sind rücksichtlich ihres Inhaltes und der darunter befindlichen späteren Einträge so anzusehen, als wenn sie wirklich dem Berggegenbuch einverleibt seien.

Die Acten über Besitzveränderungen an Bergwerkseigenthum durch Erbschaft und Güterabgaben der Eltern an ihre Descendenten werden in der bisher vorgeschriebenen Weise geführt und verwahrt.

Von den Pfandverschreibungen sind künftig Concepte zurückzubehalten und diese sammt allen übrigen oben bezeichneten Urkunden jahrgangsweise zu Anlagebänden des Berggegenbuchs zu sammeln.

§ 67. Die Führung des Berggegenbuchs liegt dem Landoberschultheißen als Berggegenschreiber ob, ein Duplicat desselben wird von der Herzoglichen Bergmeisterei für ihren ganzen Inspectionsbezirk geführt. Die richtige Führung des Berggegenbuchs wird unter Benutzung der Mitwirkung der Bergbehörden von den Aemtern und Hof- und Appellationsgerichten beaufsichtigt.

§ 68. Nur derjenige kann dingliche Rechte an Bergwerkseigenthum gültig bestellen oder übertragen, welcher als Inhaber dieser Rechte zur Zeit des über die Bestellung oder Uebertragung abgeschlossenen Vertrags in das Berggegenbuch eingetragen ist.

§ 69. Verträge, welche die Bestellung oder Uebertragung dinglicher Rechte an Bergwerkseigenthum zum Gegenstande haben, gewähren, auch wenn die Uebertragung des Besitzes schon erfolgt wäre, nur dann einen gültigen Titel zur Erwerbung des dinglichen Rechtes, wenn in Folge derselben die Ueberschreibung in dem Berggegenbuche stattgefunden hat.

Ein solcher Vertrag begründet jedoch, ohne Rücksicht, ob die Uebergabe bereits erfolgt ist, oder nicht, bei Kauf- und Tauschcontracten, vorausgesetzt, daß die allgemeinen Bedingungen zur Gültigkeit des Vertrags vorliegen, für beide Theile die persönliche Verbindlichkeit, denselben nach gesetzlicher Vorschrift beurkunden zu lassen und die Ueberschreibung in dem Berggegenbuche zu erwirken. Der Klage auf Erfüllung dieser Verbindlichkeit steht in dem Falle, wenn sie erst nach drei Monaten von dem Tage des Vertragsabschlusses an gerechnet erhoben wird, die Einrede der Verjährung entgegen. Die Geltendmachung des Rückforderungsrechtes wegen bereits geschehener Leistungen ist an diese Verjährungsfrist nicht gebunden.

§ 70. Die durch den Tod der bisherigen Besitzer eintretenden Besitzveränderungen sind auf den Antrag der Rechtsnachfolger (Erben, Legatare, Fideicommissare), nachdem dieselben den erfolgten Tod des Erblassers und ihre Berechtigung durch öffentliche Urkunden, auch in dem Falle mehrerer Mitberechtigten die stattgehabte Abtheilung durch die mündlich oder in glaubhafter Form erklärte Zustimmung aller Interessenten dem betreffenden Landoberschultheißen nachgewiesen haben, von demselben ab- und zuzuschreiben. Der Landoberschultheiß hat über die erfolgte Legitimation ein Protokoll aufzunehmen, demselben die Legitimationsurkunden beizufügen und der Bergmeisterei behufs der gleichmäßigen Ueberschreibung in dem Duplicate des Berggegenbuches Mittheilung zu machen.

In dem Falle, wenn Erbtheilungen von dem Landoberschultheißen selbst nach den bestehenden Vorschriften vermittelt werden, genügt eine Verweisung auf die darüber entstandenen Acten.

In gleicher Weise kann auf die Anlagen zum Stockbuche verwiesen werden, wenn Bergwerkseigenthum mit anderem Immobiliarvermögen concurrirt.

der Bergbehörde bei der Führung und Beaufsichtigung der Berggegenbücher findet jedoch nicht mehr statt.

---

§ 71. Das Ab- und Zuschreiben in den Berggegenbüchern hat in Beziehung auf die Bestellung, Uebertragung und das Erlöschen dinglicher Rechte an Bergwerkseigenthum auf den begründeten Antrag der Betheiligten oder auf richterliche Verfügung sofort zu geschehen Der Antrag der Betheiligten ist besonders zu beurkunden, wenn derselbe nicht bereits in der Vertragsurkunde enthalten ist.

§ 72. Jeder, welcher als Berechtigter oder als Verpflichteter in das Berggegenbuch eingetragen ist, kann die Einsicht der betreffenden Stelle und einen Auszug aus demselben verlangen, jeder Dritte nur dann, wenn er wegen eines mit dem Berechtigten oder dem Verpflichteten einzugehenden Rechtsverhältnisses sein Interesse oder die Einwilligung des eingetragenen Berechtigten oder Verpflichteten wahrscheinlich macht.

In der Regel ist die Einsicht des Gegenbuchs und des Duplicats nur in dem Geschäftslokale der Landoberschultheißerei oder Bergmeisterei statthaft und eine Versendung derselben an andere Behörden unzulässig.

In einem anhängigen Rechtsstreite kann jedoch die Einsendung derselben in versiegelten Umschlägen zu dem bestimmten Termine und in Untersuchungssachen eine gleichmäßige Einsendung mit Bewilligung des vorgesetzten Gerichts auf eine bestimmte Zeit verlangt werden.

§ 73. Bei Rechtsgeschäften, welche den Uebergang des Eigenthumsrechts, die Bestellung eines Dienstbarkeitsrechts oder eines Pfandrechts an Bergwerkseigenthum zum Zwecke haben, hat der Landoberschultheiß auf Anstehen des Veräußernden oder auf Verfügung des Richters das betreffende Bergwerkseigenthum durch einen Auszug aus dem Berggegenbuche zu beschreiben und dabei zu bescheinigen:

1) daß der Auszug mit den betreffenden Einträgen in dem Berggegenbuche wörtlich übereinstimme, und daß ihm nichts bekannt sei, was einen Zweifel an der Zuständigkeit der eingetragenen Berechtigungen begründe.

Er hat ferner anzugeben:

2) welche Pfandrechte und Eigenthumsvorbehalte auf das betreffende Bergwerkseigenthum nach dem Berggegenbuche und dessen Anlagen eingetragen sind,

3) ob an dem betreffenden Bergwerkseigenthum von einem Anderen der Nießbrauch ausgeübt werde,

4) ob der Veräußernde ledigen Standes, oder mit wem er verheirathet sei.

Er hat zu bescheinigen:

5) daß Beschränkungen in der Dispositionsbefugniß, welche in einem persönlichen Verhältnisse des Veräußernden ihren Grund haben, z. B. Minderjährigkeit, Interdiction wegen Verschwendung u. s. w., zu seiner Kenntniß nicht gelangt und daß ihm von einer vorliegenden Ueberschuldung nichts bekannt sei.

6) Ist über das Eigenthum ein Rechtsstreit erhoben und ein Veräußerungsverbot ergangen, oder ist dasselbe im Hülfsvollstreckungsverfahren für die Forderung eines Dritten bereits gepfändet, so hat der Landoberschultheiß dieses zu erwähnen.

Ueberall, wo es erforderlich ist, z. B. zu Auszügen aus dem Gegenbuch, welche zum Zwecke der Errichtung einer Hypothek gemacht werden, hat der Bergmeister eine pflichtmäßige Taxation mit Zugrundelegung eines kurzen Aufstandes anzufertigen.

Ueber die in Satz 3 bis 6 bezeichneten Verhältnisse ist zugleich eine Bescheinigung des Feldgerichts auf dem Auszuge beifügen zu lassen.

§ 74. Insoweit sich die Berggegenbücher nicht ihrer Form und ihrem Inhalte nach von den Stockbüchern unterscheiden, sind alle Urkunden über Bestellung und Uebertragung dinglicher Rechte an Bergwerkseigenthum nach den bezüglich anderer Immobilien bestehenden Vorschriften auszufertigen und die expedirten Urkunden an die Bergmeistereien behufs des Eintrags in die Duplicate der Berggegenbücher und der Zustellung an die Betheiligten einzusenden.

Die bestehende Bestimmung, wonach das Edict vom 15. Mai 1851, die behufs des Eintrags dinglicher Rechte an Immobilien zu führenden öffentlichen

Art. XIII. An der Stelle der gesetzlichen Vorschriften des Preußischen Rechts über die Exekution und den Konkurs bleiben die in dem vormaligen Herzogthum Nassau bestehenden gesetzlichen Bestimmungen über das Hülfsvollstreckungs- und Konkursverfahren in Kraft.

Ebenso wird an der Nassauischen Gesetzgebung über das Pfandrecht und die Rangordnung der Gläubiger im Konkurse nichts geändert.

Art. XIV. In den Fällen des § 159 des Berggesetzes soll die Versteigerung nach den für das Konkursverfahren nach Nassauischem Rechte bestehenden Regeln und mit den Wirkungen desselben vollzogen werden.

Art. XV. Die in dem Berggesetze vorgeschriebenen Veröffentlichungen durch das Regierungs-Amtsblatt erfolgen, so lange ein solches nicht besteht, durch das Nassauische Intelligenzblatt.

Art. XVI. Die Insinuation von Verfügungen der Bergbehörden kann rechtsgültig durch die Postbehörde bewirkt werden. Wird die Verfügung von der Post als unbestellbar zurückgeliefert, so erfolgt die Insinuation durch öffentlichen Aushang am Amtslokale des Revierbeamten.

Hat die Verfügung während vierzehn Tagen ausgehangen, so ist die Zustellung für bewirkt zu erachten.

Bücher betreffend, auf das Zecheneigenthum insoweit anwendbar ist, als es sich um die Erwerbung oder Veräußerung von Grundeigenthum zu Tagebauten handelt, verbleibt ferner in Wirksamkeit.

Im Uebrigen vgl. n. 277 (betr. die Aufhebung der Landoberschultheißereien) und n. 1197.

Zu Art. XIII.

1254. Vgl. n. 347. 709. 1233 und 1266. Gemäß Art. XIII. ist auch das Erforderniß der Abschätzung der Bergwerke und Bergwerks-Antheile durch die Bergbeamten bei der Hypothekenbestellung und im gerichtlichen Hülfsvollstreckungsverfahren bestehen geblieben; s. Z f. BR. 8. S. 21.

Zu Art. XIV.

1255. Vgl. oben n. 904.

Zu Art. XVI.

1256. Unter dem Ausdrucke „Verfügungen" sind die Beschlüsse der Bergbehörden an dieser Stelle mitverstanden. Im Uebrigen s. n. 604. 607. 1025. Vgl. gegenwärtig die Instruktion des General-Postamts des Norddeutschen Bundes v. 1. Dez. 1869 (JMbl. S. 261), betreffend die Porto- und Gebührenerhebung für amtliche Ausfertigungen mit Insinuations-Dokument. Unter Ziffer V. dieser Instruktion sind die postamtlichen Anforderungen an die äußere Beschaffenheit der Briefe mit Insinuations-Dokument enthalten. Hiernach müssen die zu insinuirenden Verfügungen 2c. stets in Briefform zur Post geliefert werden. Ebendaselbst wird bestimmt, daß Gelder oder Gegenstände von Werth solchen Verfügungen 2c. nicht

Art. XVII. Mit dem 1. April d. J. treten außer Kraft: das gemeine Deutsche Bergrecht, die bergrechtlichen Bestimmungen der für einzelne Landestheile noch geltenden älteren Landrechte, das Edikt, betreffend die Organisation der Bergverwaltung, vom 4. Oktober 1826, die Bergordnung vom 18. Februar 1857, soweit dieselbe nicht nach Art. XII. dieser Verordnung bestehen bleibt, die Bestimmungen im § 6 pos. 6 des Gesetzes, betreffend die Organisation der Centralbehörden, vom 24. Juli 1854 (Verordnungsblatt 1854 S. 155), das Gesetz über die Knappschaftskassen vom 23. November 1861 (Verordnungsblatt 1861 S. 369) und alle übrigen allgemeinen und besonderen Gesetze, Verordnungen und Gewohnheiten über Gegenstände, auf welche das Berggesetz und die gegenwärtige Verordnung sich beziehen.

Urkundlich 2c.

II. Verordnung

vom 22. Februar 1867,

betreffend die Einführung des Allgemeinen Berggesetzes vom 24. Juni 1865 in die mit der Preußischen Monarchie vereinigten Landestheile der Großherzoglich Hessischen Provinz Oberhessen, sowie in das Gebiet der vormaligen Landgrafschaft Hessen-Homburg, einschließlich des Oberamtsbezirks Meisenheim.

(Gesetz-Samml. S. 242).

[Die Motive dieser VO. finden sich in der Z. f. BR. 8. S. 31 ff.]

Wir Wilhelm, von Gottes Gnaden König von Preußen 2c. verordnen auf den Antrag Unseres Staatsministeriums, was folgt:

Art. I. Das Allgemeine Berggesetz für die Preußischen Staaten vom 24. Juni 1865 (Gesetz-Samml. für 1865 S. 705 ff.) erlangt in den mit Unserer Monarchie vereinigten Landestheilen der Großherzoglich Hessischen Provinz Oberhessen und im Gebiete der vormaligen Landgrafschaft Hessen-Hom-

---

beigefügt, noch Postvorschuß auf dergleichen Sendungen genommen werden dürfen, ferner, daß Verfügungen 2c., welche nicht Einer Person, sondern mehreren nach einander insinuirt werden sollen (Currenden), von den Postanstalten zur Besorgung nicht angenommen werden.

Zu Art. I.

1257. Während in dem auf der linken Rheinseite belegenen Oberamte Meisenheim früher das franz. Bw.'s-Ges. v. 21. April 1810 galt, herrschten in den übrigen im Art. I. genannten Landestheilen die Grundsätze des sogen. gemeinen Bergburg einschließlich des Ober-Amtsbezirkes Meisenheim unter nachfolgenden besonderen Bestimmungen mit dem 1. April dieses Jahres Gesetzeskraft.

Art. II. Hinsichtlich der Feldesgröße ist die Bestimmung unter 2 des § 27 des Berggesetzes maaßgebend.

Art. III. Zugleich mit den Strafvorschriften des Berggesetzes tritt das Gesetz über die Bestrafung unbefugter Gewinnung oder Aneignung von Mineralien vom 26. März 1856 (Gesetz-Samml. für 1856 S. 203) in Kraft.

[Bis zur Aufhebung des Großherzoglich Hessischen Strafgesetzbuches vom 17. September 1841 ist jedoch bei Gefängnißstrafen über drei Monate statt der letzteren auf Korrektionshaus zu erkennen.]

Art. IV. Der zweite Absatz im § 249 des Berggesetzes bleibt von der Einführung ausgenommen.

Art. V. Die in dem Berggesetze vorgeschriebenen Veröffentlichungen durch das Regierungs-Amtsblatt erfolgen, so lange ein solches nicht besteht, durch das Regierungsblatt für den Bezirk des Civilkommissariats zu Homburg vor der Höhe.

Art. VI. Die Insinuation von Verfügungen der Bergbehörden kann rechtsgültig durch die Postbehörde bewirkt werden. Wird die Verfügung von der Post als unbestellbar zurückgeliefert, so erfolgt die Insinuation durch öffentlichen Aushang am Amtslokale des Berg-Revierbeamten.

Hat die Verfügung während vierzehn Tagen ausgehangen, so ist die Zustellung für bewirkt zu erachten.

Art. VII. Mit dem 1. April dieses Jahres treten außer Kraft: das gemeine Deutsche Bergrecht, die Ordnung für die

---

rechts. Das Nähere über die älteren bergrechtlichen Zustände dieser Landestheile findet sich bei Tasche und Brassi. (Z. f. BR. 5. S. 53; 8. S. 56). — Im Uebrigen s. n. 791.

Zu Art. III.

1258. Vgl. n. 1247. — Abs. 2 hat durch die das preuß. StrGB. einführende VO. v. 25. Juni 1867 (GS. S. 921) seine Erledigung gefunden.

Zu Art. IV.

1259. Vgl. n. 1233.

Zu Art. V.

1260. Vgl. §§ 12. 35. 45. 51. 158. 161. 197 h. l. — Das Civilkommissariat ist zwar aufgehoben, das Regierungsblatt zu Homburg aber vorläufig noch beibehalten worden.

Zu Art. VI.

1261. Diese Vorschrift war zur Erleichterung der Insinuationen, welche früher durch die Ortsgerichte gegen Erhebung einer Gebühr von 2 Kreuzern erfolgen mußten, zweckmäßig und nothwendig: Z. f. BR. 8. S. 35. Im Uebrigen s. n. 1256.

Bergleute auf den Großherzoglich Hessischen Bergwerken in der Provinz Hessen vom 4. Oktober 1815, die auf den Bergbau bezüglichen Artikel 20. 21 und 22 des Großherzoglich Hessischen Gesetzes über die Abtretung von Privateigenthum zu öffentlichen Zwecken vom 27. Mai 1821, das linksrheinische Bergwerksgesetz vom 21. April 1810, überhaupt alle allgemeinen und besonderen Gesetze, Verordnungen und Gewohnheiten über Gegenstände, auf welche das Berggesetz und die gegenwärtige Verordnung sich beziehen.

Urkundlich rc.

III. Verordnung

vom 8. Mai 1867,

betreffend die Einführung des Allgemeinen Berggesetzes vom 24. Juni 1865 in das Gebiet des vormaligen Königreichs Hannover.

(Gesetz-Samml. S. 601.)

[Die Motive dieser VO. finden sich in der Z. f. BR. 8. S. 157 ff.]

Wir Wilhelm, von Gottes Gnaden König von Preußen rc. verordnen für das mit Unserer Monarchie vereinigte Gebiet des vormaligen Königreichs Hannover, auf den Antrag Unseres Staatsministeriums, was folgt:

Art. I. Das Allgemeine Berggesetz für die Preußischen Staaten vom 24. Juni 1865 (Gesetz-Samml. für 1865 S. 705) erlangt im Gebiete des vormaligen Königreichs Hannover unter nachfolgenden besonderen Bestimmungen mit dem 1. Juli 1867 Gesetzeskraft.

Art. II. Von den im § 1 des Allgemeinen Berggesetzes von dem Verfügungsrechte des Grundeigenthümers ausgeschlosse-

---

Zu Art. I.

1262. Für Hannover existirte ehedem kein einziges gemeinsames Gesetz über das Bergwesen, wenn man nicht die in ihrer Anwendbarkeit bestrittene Vorschrift der goldnen Bulle: Kap. IX. über die Regalität der Metalle und des Steinsalzes dahin rechnen will. In einem großen Theile des Gebiets fehlte es an allen festen Normen des Bergrechts, wogegen in anderen Theilen sehr verschiedenartige, in den Mott. (Z. f. BR. 8. S. 158 ff.) näher dargelegte Rechtsbildungen bestanden. Zur schleunigen, bereits unter der früheren Landesregierung angestrebten Reform dieser mangelhaften Zustände trat im Februar 1867 unter dem Vorsitze H. Achenbach's eine Kommission zusammen, und stellte den Entwurf einer VO. zur Einführung des BG. auf, welcher in der Hauptsache angenommen wurde. Vgl. Mott. (l. c.). Im Uebrigen s. n. 3. 1173 und, was die älteren Rechtszustände betrifft, Jugler (Z. f. BR. 8. S. 75 ff.).

Zu Art. II.

1263. Vgl. oben n. 24. Was Art. II. (i. f.) von den §§ 135. 165. 168 und nen Mineralien kommen, vorbehaltlich der bestehenden Berechtigungen, Steinsalz nebst den mit demselben auf der nämlichen Lagerstätte vorkommenden Salzen und die Soolquellen in Wegfall. Die §§ 135. 165. 168 und 196 des Allgemeinen Berggesetzes finden, insoweit sich dieselben auf Salzbergwerke, Salinen, Soolleitungen und Soolbehälter beziehen, keine Anwendung.

Art. III. Hinsichtlich der Feldesgröße ist die Bestimmung unter 2 § 27 des Allgemeinen Berggesetzes maaßgebend, insoweit nicht durch Art. XV. § 1 etwas Anderes bestimmt ist. Unter den im Allgemeinen Berggesetze in Bezug genommenen Maaßen sind überall die Preußischen Maaße zu verstehen.

Art. IV. Insofern aus den vor dem 1. Juli d. J. ertheilten Schurfscheinen ein ausschließliches Schurfrecht auf ein bestimmtes Feld herzuleiten ist, behalten dieselben ihre bisherige Kraft für die Zeit, auf welche sie ertheilt sind. Schurfscheine solcher Art, welche auf unbestimmte Zeit ertheilt sind, verlieren ihre Kraft mit dem 1. Juli 1868.

Art. V. Statt des Kreises und Regierungsbezirks ist bis zur Aenderung der gegenwärtigen Hannoverschen Verwaltungsorganisation in der Verleihungsurkunde der obrigkeitliche und der Landdrosteibezirk zu bezeichnen, in welchem das Feld liegt.

Ueberhaupt sind, wo im Allgemeinen Berggesetze die Bezirksregierungen erwähnt werden, darunter, so lange die gegenwärtige Hannoversche Verwaltungsorganisation besteht, die Landdrosteien zu verstehen.

Art. VI. Auf das Bergwerkseigenthum finden hinsicht-

---

196 sagt, gilt in gleicher Weise von sämmtlichen übrigen §§ des BG. Jene wurden nur deshalb speziell hervorgehoben, weil dort ausdrücklich von Salinen ꝛc. die Rede ist.

Zu Art. IV.

1264. In der Kommission herrschte kein Zweifel darüber, daß solche Schürfberechtigungen schon mit Rücksicht auf die von manchen Unternehmern begonnenen Arbeiten aufrecht zu erhalten seien, daß aber für die auf unbestimmte Zeit ertheilten eine einjährige Dauer nach Einführung des BG. genüge: Mot. (Z. f. BR. 8. S. 173). Im Uebrigen vgl. n 38.

Zu Art. V.

1265. Die Kreisverfassung ist in Hannover durch die VO. v. 12. Sept 1867 (GS. S. 1497) eingeführt, die Eintheilung der Provinz in Landdrostei-Bezirke aber noch beibehalten.

Zu Art. VI.

1266. Art. VI. soll der Auffassung der Kommission einen unzweifelhaften Auslich der Veräußerung, Verpfändung und des Arrestes die allgemeinen gesetzlichen Vorschriften, welche in dieser Beziehung für das Grundeigenthum in den vormals Hannoverschen Landestheilen gelten, Anwendung. Ebenso bleiben die Bestimmungen des Hannoverschen Rechtes hinsichtlich der Exekution, des Konkurses und der Rangordnung der Gläubiger unverändert, soweit nicht diese Verordnung abweichende Vorschriften enthält.

Art. VII. Der § 108 des Allgemeinen Berggesetzes erhält den Zusatz:

> Die Wirkung der erfolgten Verpfändung ist nach den in dem Hannoverschen Gesetze über das Pfandrecht und die Befriedigung der Gläubiger im Konkurse vom 14. Dezember 1864 §§ 42 ff. über das Faustpfand gegebenen Vorschriften zu beurtheilen.

Art. VIII. Die Exekution in den Antheil eines Gewerken (§ 109) richtet sich nach den in den §§ 552 und 553

---

druck geben, obwohl seine Bestimmung sich nach §§ 52. 53 des BG. von selbst versteht; Art. XIII. der Nass. Einf.-VO. ist aus denselben Motiven hervorgegangen; Mot. (Z. f. BR. 8. S. 173). Im Uebrigen vgl. n. 347.

Zu Art. VII. und VIII.

1267. Vgl. n. 595. 596. Die einschlagenden Gesetzesstellen lauten:

Hannov. Ges. v. 14. Dezember 1864.

§ 44. Das Faustpfand erlischt, sobald der Pfandgegenstand mit Zustimmung des Gläubigers in den natürlichen Besitz des Verpfänders zurückgelangt.

§ 45. Das Faustpfand haftet für die Hauptforderung und für alle damit verbundenen Nebenforderungen. Wegen nicht connexer Forderungen findet ein Zurückbehaltungsrecht am Faustpfande nicht statt.

§ 46. Der Verkauf des Faustpfandes zum Zweck der Befriedigung des Gläubigers darf stattfinden, sobald die Pfandschuld fällig geworden ist; hat jedoch der Verpfänder oder ein Bevollmächtigter desselben einen bekannten Aufenthaltsort im Inlande, so muß der Gläubiger den Verpfänder oder den Bevollmächtigten zwei Wochen vorher davon benachrichtigen, daß zu dem Verkauf geschritten werden soll.

Diese Benachrichtigung kann durch die Post erfolgen und gilt dabei der letzte Satz des § 123 der bürgerlichen Prozeßordnung. (§ 123: Die Behändigung gilt mit der Auflieferung zur Post für vollzogen und wird in ihrer Wirkung dadurch nicht aufgehoben, daß der Brief als unbestellbar zurückkommt.)

Unterbleibt die Benachrichtigung, so kann der trotzdem bewirkte Verkauf des Pfandes deshalb zwar nicht angefochten werden, doch ist der Gläubiger dem Verpfänder zum Ersatz des durch die Unterlassung der Benachrichtigung entstandenen Schadens verpflichtet.

§ 47. Der Verkauf des Faustpfandes muß in öffentlicher Versteigerung durch einen Gerichtsvoigt geschehen.

Faustpfänder, die einen Marktpreis haben, dürfen auch unter der Hand durch einen Handelsmäkler oder in Ermangelung eines solchen durch einen Gerichtsvoigt zum laufenden Preise verkauft werden.

Der Verkauf durch den Gläubiger selbst ist auch im Falle einer darauf gerichteten besonderen Verabredung ungültig.

der Hannoverschen bürgerlichen Prozeßordnung vom 8. November 1850 enthaltenen Vorschriften.

Hannov. BPO. v 8. November 1850.

§ 552. 2. Verfahren hinsichtlich der zu pfändenden Gegenstände. Die zu pfändenden Gegenstände müssen gehörig verzeichnet, sicher aufbewahrt und dann ordnungsmäßig verkauft werden.

Die Verzeichnung geschieht durch ein vom Gerichtsvoigte an Ort und Stelle aufzunehmendes, einen Theil des Pfändungsprotokolls bildendes Inventarium der dem Schuldner abgepfändeten Gegenstände und ist von diesem oder einem seiner Hausgenossen, zur Aushülfe, wo thunlich von einem Nachbarn, zu unterschreiben. Ist zu besorgen, daß der Gläubiger aus dem Ertrage der in Beschlag genommenen Sachen seine vollständige Befriedigung nicht erhalten werde, so hat der Gerichtsvoigt im Pfändungsprotokolle auch diejenigen Gegenstände zu verzeichnen, welche er nach Vorschrift des § 551 als von der Pfändung ganz oder noch zur Zeit frei angesehen hat.

Die gepfändeten Sachen müssen dann in sichere Verwahrung gebracht, Kostbarkeiten in's Gericht geliefert werden.

Ist das Wegbringen der Sachen aus dem Gewahrsame des Schuldners wegen ihres Umfanges oder aus sonstigen Gründen nicht thunlich oder mit unverhältnißmäßigen Kosten verbunden, so muß dem Schuldner vom Gerichtsvoigte aufgegeben werden, für deren unversehrte Aufbewahrung zu sorgen.

Sollen bewegliche Sachen, welche sich in den Händen eines Dritten befinden, gepfändet werden, so ist diesem bei Vermeidung eigenen Haftens deren Verabfolgung vom Gerichtsvoigte zu untersagen, und findet dabei das für die Beschlagnahme von Activforderungen vorgeschriebene Verfahren Statt. (§§ 555. 556.)

§ 553. 3. Auction. Sofort bei der Auspfändung ist zur öffentlichen Versteigerung der gepfändeten Sachen vom Gerichtsvoigte ein Termin anzusetzen und dieser im Pfändungsprotokolle zu bemerken. Gold-, Silbersachen und Pretiosen hat der Gerichtsvoigt durch einen oder mehrere Sachverständige abschätzen, dasjenige aber, was sonst nach Gewicht oder Maaß verkauft zu werden pflegt, gehörig wägen und messen zu lassen.

Mit Einwilligung der Parteien kann erst später der Verkaufstermin angesetzt werden; auch ist bei solchen Gegenständen, welche dem Verderben ausgesetzt sind, mit deren Versteigerung oder Verkauf nach dem Schätzungswerthe ohne Aufschub zu verfahren.

Die Auction muß zeitig öffentlich oder auf eine Weise bekannt gemacht werden, die der mehreren oder minderen Wichtigkeit des Gegenstandes angemessen ist, in welcher Hinsicht der Gerichtsvoigt den bei freiwilligen Verkäufen geltenden Ortsgebrauch zu berücksichtigen hat. Sind die ausgepfändeten Sachen von vorzüglichem Werthe und an dem Orte der Auspfändung nicht wohl zu verkaufen, so müssen sie, nach vorgängiger Benachrichtigung des Schuldners, an einen anderen passenden Ort geschafft und hier versteigert werden.

Ueber die Auction selbst ist ein ordnungsmäßiges Protokoll aufzunehmen. Die Sachen sind dem Höchstbietenden zuzuschlagen und gegen baare Bezahlung auszuliefern, falls nicht mit Genehmigung der Parteien die Einzahlung des Kaufpreises gestundet ist.

Der Gläubiger ist befugt, Gold und Silber, wenn nicht der Taxwerth geboten wird, gegen diesen, so wie solche Gegenstände, auf welche gar nicht geboten wird, gegen den durch Sachverständige auszumittelnden Werth anzunehmen. Gläubiger und Schuldner können der Auction in Person oder durch Bevollmächtigte beiwohnen, doch darf der Schuldner, wie der Gerichtsvoigt und Ausrufer, weder selbst noch durch Andere mitbieten; der Schuldner kann aber die Reihenfolge, in der die Sachen zu versteigern sind, angeben.

Zeigt sich beim Fortgange der Auction, daß durch den Verkauf der Sachen bereits so viel aufgekommen ist, wie zur vollständigen Befriedigung des Gläubigers und zur Bestreitung der Kosten erfordert wird, so muß mit dem weiteren Verkaufe eingehalten werden.

Die gelöseten Kaufgelder sind nach Abzug der Kosten der Zwangsvollstreckung dem, welcher dieselbe ausgewirkt hat, soweit es die beizutreibende Summe erfordert, gegen Quittung vom Gerichtsvoigte auszuzahlen.

Art. IX. Die im § 141 des Allgemeinen Berggesetzes in Bezug genommenen Grundsätze der Preußischen Gesetzgebung über das den Eisenbahngesellschaften gegenüber bestehende Vorkaufs- und Wiederkaufsrecht, insbesondere die §§ 16 bis 19 des Gesetzes über die Eisenbahn-Unternehmungen vom 3. November 1838 (Gesetz-Samml. für 1838 S. 505), kommen für den hier bezeichneten Fall auch in dem Gebiete des vormaligen Königreichs Hannover in Anwendung.

Art. X. An die Stelle des ersten Absatzes des § 166 des Allgemeinen Berggesetzes tritt die folgende Bestimmung:

Die bereits bestehenden Knappschaftsvereine bleiben in Wirksamkeit. Der gegenwärtige Titel findet jedoch auch auf sie Anwendung und sind ihre Statuten mit den Vorschriften desselben in Uebereinstimmung zu bringen.

Art. XI. Zugleich mit den Strafvorschriften des Allgemeinen Berggesetzes tritt auch das Gesetz über die Bestrafung unbefugter Gewinnung oder Aneignung von Mineralien vom 26. März 1856 (Gesetz-Samml. für 1856 S. 203) in Kraft.

[Bis zur Aufhebung der gegenwärtig im Gebiete des vormaligen Königreichs Hannover bestehenden allgemeinen strafgesetzlichen Bestimmungen ist jedoch bei Gefängnißstrafen von mehr als drei Monaten statt der letzteren auf Arbeitshaus zu erkennen.]

Art. XII. Die Besitz- und Rechtsverhältnisse in Bezug auf die Stein- und Braunkohlen im Fürstenthum Calenberg, einschließlich der Grafschaft Spiegelberg, sollen wie bisher aufrecht erhalten werden.

Nach Beendigung der Auction muß der Gerichtsvoigt dem Schuldner eine Abrechnung zustellen, ihm den Ueberschuß herausgeben und beiden Theilen auf Verlangen Abschrift oder Einsicht des Auctionsprotokolls gewähren.

Zu Art. IX.

1267 bis. Vgl. oben n. 791.

Zu Art. X.

1268. Ueber das bisherige Knappschaftswesen in Hannover vgl. Mot. (Z. f. BR. 8. S. 174). Im Uebrigen s. n. 936.

Zu Art. XI.

1269. In Betreff des Abs. 1 s. n. 1247. — Abs. 2 hat durch Einführung des Preuß. StrGB. (s. VO. v. 25. Juni 1867) seine Erledigung gefunden.

Zu Art. XII. und XIII.

1270. In den hier genannten Landestheilen ist der Grundeigenthümer zur Kohlengewinnung berechtigt. Da dieses rechtlich wie thatsächlich bestehende Verhältniß nicht beseitigt werden konnte, so treffen die Art. XII. und XIII. ähnliche Bestimmungen, wie die §§ 212. 213 h. l. für die vormals sächsischen Lande: Mot. (Z. f. BR. 8. S. 167). Vgl außerdem unten n. 1317.

Art. XIII. Auf den im vorstehenden Artikel bezeichneten Bergbau auf Stein- und Braunkohlen kommen jedoch der dritte Titel mit Ausnahme der §§ 50—57. 63 und 65, der erste Abschnitt des fünften Titels, insofern es sich um die Grundabtretung Behufs Anlage von Wegen, Eisenbahnen, Kanälen, Wasserläufen und Hülfsbauen handelt, der zweite Abschnitt des fünften Titels mit Ausnahme des § 152, ferner der siebente, achte und neunte Titel, § 241 des eilften und § 242 des zwölften Titels des Allgemeinen Berggesetzes zur Anwendung.

[Art. XIV. Rücksichtlich des Eisensteinbergbaues in dem im § 42 des Kommunionharz-Theilungsrezesses vom 4. Oktober 1788 bezeichneten Bezirke behält es bei den Bestimmungen des letzteren sein Bewenden.]

Art. XV. Für den Eisensteinbergbau in den im Art. XIV. nicht ausgenommenen Theilen des Bezirks des Berg- und Forst-

---

1271. Die Art. XII. und XIII. gelten gemäß den Mot. (ib. S. 167 ff., 174) für die geographischen Bezirke des Fürstenthums Calenberg und der Grafschaft Spiegelberg. In Betreff ihrer Ausdehnung darf jedoch nicht auf die Begrenzung der jetzigen Verwaltungsbehörden, sondern nur auf diejenigen Grenzen zurückgegangen werden, welche das Fürstenthum Calenberg und die Grafschaft Spiegelberg zur Zeit ihres Bestehens als gesonderte Landestheile von den übrigen schieden. Der entscheidende Zeitpunkt für die mehrfachen Bezirksveränderungen unterworfene Provinz Calenberg ist in der hier fraglichen Hinsicht der 24. Aug 1801, an welchem die oberste Landesbehörde die Berechtigung der Calenbergschen Grundeigenthümer anerkannte. Nach diesen Gesichtspunkten hat das OBA Clausthal unterm 12. März 1869 ein Verzeichniß der hierzu gehörigen Bezirke aufgestellt, gleichzeitig aber Jedem, welcher im einzelnen Falle ein Anderes behaupten möchte, als wohin die Folgerungen aus obigem Prinzipe führen, den bezüglichen Nachweis freigelassen; s. Z. f. BR. 10. S. 312.

Zu Art. XIV.

1272. In dem bezeichneten Bezirke, d h. also am Iberge und im Gegenthale mit Zubehör, bestand keine Kommunion der Hoheitsrechte, wie im Unterharze bei Goslar (s. oben n. 3), sondern eine Kommunion der Eisensteinwerke zwischen Hannover und Braunschweig, indem die Eisenhütte zu Gittelde nebst den dazu bestimmten, innerhalb des obigen Bezirks gelegenen, Eisensteingruben dem beiderseitigen Fiskus gemeinschaftlich gehörte. Außerdem waren die Besitzer sämmtlicher dort zur Verleihung kommenden Eigenlöhnerzechen gehalten, die gewonnenen Erze jener Hütte gegen sogen. Lagerlöhne zu überlassen. Dieses im Rezesse von 1788 anerkannte Verhältniß wurde durch Art. XIV. geschützt. Jüngsthin hat jedoch die Preußisch-Braunschweigische Kommunion-Harz-Verwaltung jene Hütte zu Gittelde verkauft und hierbei sowohl auf das Vorrecht zur Verhüttung der Eisenerze als auf die von ihr bisher nach altem Herkommen ausgeübten Regalrechte verzichtet. In Folge dessen ist Art. XIV. gegenstandslos geworden und unterliegt der Eisenerzbau in dem betreffenden Bezirke nunmehr den allgemeinen, für die Provinz Hannover bestehenden Vorschriften unter der Aufsicht des OBA.'s Clausthal und des RB. zu Goslar. Vgl Mot., Bekanntm. des OBA.'s Clausthal v. 6. Jan. 1869 und Osthaus (Z. f. BR. 8. S. 175; 10. S. 308).

Zu Art. XV.

1273. Art. XV. versteht unter dem Bezirke des Berg- und Forstamts zu Clausthal den ursprünglichen Bezirk dieser Behörde, wie er zur Hannöverschen Zeit begrenzt war, nicht also den dieser Behörde durch die Verordnung v.

amtes zu Clausthal, einschließlich des Amtes Elbingerode, wird das Folgende bestimmt:

§ 1. In Betreff der Feldesgröße ist die Bestimmung unter 1 des § 27 des Berggesetzes maaßgebend.

§ 2. Die Eigenthümer der vom 1. Juli d. J. an verliehenen Bergwerke sind nicht berechtigt, die Lieferung von freiem Grubenholz aus den Königlichen Forsten oder die unentgeltliche Abtretung der Benutzung von Königlichem oder Gemeinde-Grund und Boden zu verlangen.

Soweit dagegen den Eigenthümern der vor diesem Zeitpunkte verliehenen Bergwerke ein derartiger Anspruch zusteht, bleibt derselbe für diejenigen Bergwerke aufrecht erhalten, welche durch Eigenlöhner betrieben werden.

§ 3. Die Bergwerksbesitzer sind fortan hinsichtlich des Betriebes der Bergwerke und der Verfügung über den gewonnenen Eisenstein nur den allgemeinen gesetzlichen Bestimmungen unterworfen, insoweit nicht die Rechte Dritter entgegenstehen.

§ 4. Innerhalb des Amtes Elbingerode steht den nach § 7 der Bergordnung vom $\frac{\text{21. März 1847}}{\text{8. Juni 1848}}$ für die Elbingeroder Eisensteingruben allein zum Muthen berechtigten Personen auch fernerhin die ausschließliche Befugniß zu, Muthungen auf Eisenstein einzulegen. Dagegen findet eine Beschränkung in der freien Befugniß, erworbene Muthungsrechte oder verliehene Bergwerke an Dritte zu veräußern, nicht statt.

---

25. Mai 1867 zugewiesenen größeren Distrikt. Der Geltungsbereich des Art. XV. umfaßt daher lediglich die Aemter Zellerfeld und Elbingerode. Die Verhältnisse der dortigen Eisensteingruben waren eigenthümlicher, jedoch nicht überall gleicher Art. Die Gruben am Oberharze durften ihre Förderung nur an die königlichen Hütten verkaufen, während den Gruben des Amtes Elbingerode die anderweitige Verwerthung zustand, wenn jene Hütten hinreichend versorgt waren. Letztere Gruben zahlten im Falle des anderweitigen Verkaufs den Zehnten, welcher sonst nicht erhoben wurde. Das Berg- und Forstamt leitete in beiden Distrikten den Betrieb, bestimmte die Inbetriebsetzung oder Fristung, die Betriebspunkte, den Ankaufspreis des Eisensteins, die Belegung der Gruben ꝛc., ja es konnte die Eigenlöhner sogar auf ihren eigenen Gruben ab- und anlegen, so daß diese thatsächlich als fiskalische Arbeiter behandelt wurden, dafür aber auch andererseits gewisse Benefizien genossen. Solche Zustände konnten im Großen und Ganzen nicht bestehen bleiben, vielmehr mußte der Eisenstein-Bergbau von Abgaben, Lasten und Dispositionsbeschränkungen freigegeben werden. Dies bestimmt Art. XV. § 3. Der dort zu Gunsten etwaiger entgegenstehender Rechte Dritter gemachte Vorbehalt ist durch eine im J. 1865 gegen den Hannöv. Fiskus vom Grafen Stolberg-Wernigerode angestellte Klage veranlaßt worden. Dagegen erschien es als angemessen, die obengedachten Benefizien für die Dauer des bisherigen Eigenlöhnerbaus aufrecht zu er-

§ 5. Das bisher bei dem Amte Elbingerode geführte Verleihbuch, sowie das von der Rothehütter Administration geführte Lagerbuch sind zu schließen und an das ordentliche Gericht des Bezirkes abzugeben.

§ 6. In den Rechtsverhältnissen der Mitbetheiligten der am 1. Juli d. J. im Besitze mehrerer Personen befindlichen Bergwerke wird durch dieses Gesetz nichts geändert. Jedoch finden die Bestimmungen des § 134 des Allgemeinen Berggesetzes auch auf diese Bergwerke mit der Maaßgabe Anwendung, daß der bisherige Lehnträger die daselbst bezeichneten Geschäfte ohne Neuwahl eines Repräsentanten wahrzunehmen hat.

Durch einen von einer Mehrheit von wenigstens drei Viertheilen aller Antheile gefaßten Beschluß können die Mitbetheiligten eines solchen Bergwerks die im vierten Titel des allgemeinen Berggesetzes (§§ 94 bis 132) enthaltene gewerkschaftliche Verfassung annehmen, soweit nicht vertragsmäßige Verabredungen entgegenstehen.

Der Beschluß ist gerichtlich oder notariell aufzunehmen.

Art. XVI. Dem Königlichen Fiskus steht, vorbehaltlich der bereits erworbenen Rechte Dritter, das ausschließliche Recht zum Bergbau auf alle von dem Verfügungsrechte des Grund-

---

halten, während dieselben dann nicht Platz greifen sollen, wenn eine Grube erst nach Einführung des BG., mithin unter ganz anderen Voraussetzungen zur Verleihung kommt, noch auch dann, wenn Gewerkschaften, Unternehmer, Industrielle und Spekulanten die Bergwerke von den Eigenlöhnern kaufen möchten. Hiernach ist Art. XV. § 2 redigirt worden. Auf die dort erwähnten Berechtigungen kommt die VO. v. 14. Sept. 1867 (GS. S. 1621) gemäß § 3 ib. nicht zur Anwendung. — Art. XV. § 4 erhält die ausschließliche Befugniß gewisser Personen zur Einlegung von Muthungen aufrecht, und zwar im Anschlusse an § 7 der im § 4 cit. Bergordnung von 1847 resp. 1848, dahin lautend:

„Zur Muthung sind nur hausbesitzende Bürger von Elbingerode berech-
„tigt, welche selbst Grubenarbeit treiben,"

wogegen nach § 4 ib. jeder Einwohner des Amtes Elbingerode schürfen, und nach den §§ 1. 2 unter Umständen sowohl die königl. Hüttenverwaltung als jeder Einwohner des Amtes, welcher der Bergarbeit kundig, zum Bergwerksbetriebe zugelassen werden kann. — Die im Art. XV. § 5 erwähnten Bücher, welche nach § 11 der cit. Bergordnung geführt wurden, hatten keine Bedeutung mehr. § 5 beseitigt jeden Zweifel über deren Fortfall und ordnet die fernere Aufbewahrung bei Gericht an, weil das Verleihbuch in Ansehung der Verleihung des Grubenfeldes die Kraft eines vollen Beweises hat. § 6 ist dem § 240 des BG. analog. Die bestellten Lehnträger nahmen schon früher eine dem Repräsentanten verwandte Stellung ein. Vgl. Mot. (Z. f. BR. 8. S. 176) und Huyssen S. 135.

Zu Art XVI.

1274. In dem hier fraglichen Bezirke war der ursprünglich gewerkschaftliche Bergbau allmälig in einen fiskalischen umgewandelt worden. Art. XVI. giebt eigenthümers ausgeschlossenen Mineralien in dem nachfolgenden Felde zu, welches begrenzt ist:

1) gegen Ost durch die Oker von der Einmündung des Langethals in dieselbe bis an die Landesgrenze oberhalb der Rhomker Brücke;

2) gegen Nord, West und Süd durch die Landesgrenze zwischen dem vormaligen Königreiche Hannover und dem Herzogthume Braunschweig in ihrer Erstreckung von der Oker bis zur Innerste, zum Lindthalskopf nördlich von Lautenthal, sowie weiter bis zur Laubhütte unterhalb Grund und den Eichelbach entlang bis zum Grenzstein 99 am Kalten Born und endlich bis zum Grenzstein Nr. 56 A am Harzwege;

3) gegen Südwest durch die gerade Linie, welche den Grenzstein Nr. 56 A am Harzwege mit der Mitte der Chausseebrücke über die Innerste bei der Ziegelhütte verbindet;

4) gegen Südost durch die gerade Linie zwischen der Mitte der Chausseebrücke über die Innerste bei der Ziegelhütte bis zum Vereinigungspunkte des Hellerthales und Polsterthales;

5) ferner gegen Südwest und Südost durch die gerade Linie von der Vereinigung des Hellerthales und Polsterthales bis zur Mitte des Altenauer Hüttenteichdammes, durch die ebenfalls gerade Linie von hier ab bis zur Vereinigung des großen Gerlachsbaches mit der Röhrenbrunnenkappe, durch die Röhrenbrunnenkappe thalaufwärts bis zum Dammgraben und durch den Lauf des Dammgrabens bis zu dem Punkte, wo der erstere das Schneidewasser trifft;

6) gegen Ost durch die gerade Linie von diesem Punkte bis zur Vereinigung des Baches im kleinen Trogthal und der kleinen Hume;

7) gegen Nord durch die gerade Linie von der Vereinigung des Baches im kleinen Trogthal und der kleinen Hume bis zum Eintritt des oberen Wildschützenthales in das Langethal, durch das Langethal bis zu dessen Vereinigung mit der Oker.

---

diesem Bergbau ein geschlossenes Feld behufs vollständiger Konsolidirung des Betriebs und zur Herstellung eines einheitlichen sowie unanfechtbaren Berechtigungstitels. Innerhalb dieses Feldes liegen die Kommunion-Eisensteingruben am Iberge (Art. XIV.), und zwei oder drei andere Eisenstein-Bergwerke. Mit Rücksicht hier-

Art. XVII. Die Muthung und Verleihung von Bergschmiede-Gerechtigkeiten findet nicht ferner statt. Die Befugnisse der Bergbehörden gegenüber den bestehenden Bergschmieden bleiben aufrecht erhalten.

Art. XVIII. Die künftige Verfassung und Verwaltung der Bergbaukasse zu Clausthal ist durch ein von dem Finanzminister und dem Minister für Handel, Gewerbe und öffentliche Arbeiten gemeinschaftlich zu erlassendes Statut zu regeln.

Art. XIX. Das Hannoversche Gesetz vom 21. Mai 1854 über Wahrnehmung der Handlungen der freiwilligen Gerichtsbarkeit in Bergsachen auf dem Oberharze ist aufgehoben.

Die Wahrnehmung der bisher dem Bergrichter bezüglich des Bergeigenthumes im Bezirke des Berg- und Forstamtes zu Clausthal zugestandenen freiwilligen Gerichtsbarkeit geht auf die ordentlichen Gerichte über, an welche die bisher von dem Bergrichter geführten Bergbücher abzugeben sind.

---

auf sowie auf drei bis vier dem Fiskus nicht formell verfallene Kuxe eines anderen Bergwerks (Kranich) wurden alle Rechte Dritter ausdrücklich vorbehalten. Vgl. Mot. (Z. f. BR. 8. S. 184).

Zu Art. XVII.

1275. Vgl. n. 24 und 1150.

Zu Art. XVIII.

1276. Die Bergbaukasse zu Clausthal, errichtet im J. 1702, dient ähnlichen Zwecken, wie die Bergbauhülfskassen, von welchen § 245 des BG. handelt. Mit Rücksicht auf das Aufhören des gewerkschaftlichen Betriebs erschien der Erlaß eines besonderen Statuts über die künftige Verwaltung dieses Institutenfonds ebenso erforderlich, wie bei jenen Hülfskassen; s. Z. f. BR. 8. S. 192. Dieses Statut ist am 14. Dez. 1868 erlassen worden und findet sich mit erläuternden Bemerkungen von Osthaus ib. 10. S. 305 ff. abgedruckt.

Zu Art. XIX.

1277. Nachdem der gewerkschaftliche Silberbergbau aufgehört hat, und im Bezirke des Berg- und Forstamts zu Clausthal nur Eigenlöhner-Bergbau neben dem Staats-Bergbau stattfindet, lag kein Bedürfniß mehr vor, durch ein rechtsverständiges Mitglied jenes Amtes die freiwillige Gerichtsbarkeit über Bergeigenthum wahrnehmen zu lassen. Da außerdem der Justitiar der an Stelle jenes Amtes tretenden Provinzialbehörde nicht wohl die Funktionen eines Bergrichters unter Aufsicht des Obergerichts wahrnehmen konnte, so erschien die Abgabe jener Funktionen an die ordentlichen Gerichte und damit die Aufhebung des Ges. v. 21. Mai 1854 (abgedruckt in der Z. f. BR. 8. S. 154) geboten. Gemäß § 9 des Hannov. Ges. v. 14. Dez. 1864 sollen:

„Hypotheken an dem unter der Verwaltung des Berg- und Forstamts „zu Clausthal stehenden Bergeigenthum, welche die Mitwirkung des Berg„richters erfordern, in die Bergbücher eingetragen werden."

Diese Bücher, an deren Fortführung die Bergbehörde kein Interesse hat, sind daher an die Gerichte als Hypothekenbücher abzugeben: Mot. (ib. S. 192).

Art. XX. Den Bergarbeitern steht in Beziehung auf die Rückstände an Lohn und anderen Emolumenten das Vorzugsrecht des § 59 Nr. 4 des Hypothekengesetzes vom 14. Dezember 1864 zu.

Art. XXI. Rücksichtlich der bisherigen Bergwerksabgaben, soweit dieselben an die Staatskassen zu entrichten sind, treten die nachfolgenden Bestimmungen mit dem 1. Juli d. J. in Kraft.

§ 1. Die von den Eisenerzbergwerken bisher erhobenen Bergwerksabgaben sind aufgehoben.

§ 2. Der Bergwerkszehnte und die sonstigen Bergwerksabgaben, wie das Lehn- und Verschreibgeld sind aufgehoben. An deren Stelle tritt eine Bergwerkssteuer von zwei Prozent von dem Werthe der Produkte des Bergwerkes zur Zeit des Absatzes der letzteren, ausschließlich der Eisenerzbergwerke.

Hinsichtlich der Erstattung eines verhältnißmäßigen Antheiles der Poch-, Wasch-, Hütten- und sonstigen Zubereitungskosten bei Erzbergwerken durch den Staat, sowie der Ermittelung, Feststellung und Einziehung der Bergwerkssteuer kommen die in den älteren Provinzen des Staates bestehenden Vorschriften zur Anwendung.

§ 3. Die auf privatrechtlichen Titeln beruhenden Befreiungen von den Bergwerksabgaben werden aufrecht erhalten. Ebenso werden die von dem Staate über Bergwerksabgaben abgeschlossenen Verträge durch die Vorschriften der §§ 1 und 2 nicht verändert.

Zu Art. XX.

1278. Nachdem im § 59 des Ges. v. 14. Dez. 1864 unter Nr. 1—3 als absolut privilegirte Forderungen die Beerdigungskosten, die Kosten des Arztes und Apothekers, der Liethlohn nach Vorschrift der VO. v. 30. Juli 1830, welche sich auf Dienstverhältnisse mit Lohn und freier Beköstigung, mithin nicht auf Bergleute bezieht, aufgezählt sind, folgen unter Nr. 4:

„die Forderungen der Fabrikarbeiter, Tagelöhner und Handwerksgesellen „auf einen rückständigen vierwöchigen Lohn unter der Voraussetzung, „daß die vier Wochen, für welche der Lohn verdient ist, in die letzten „sechs Monate vor Eröffnung des Konkurses fallen und daß den genann„ten Personen wegen dieses Lohnes nicht das dem Liethlohne nach der „Verordnung vom 30 Juli 1830 gebührende Privilegium zukommt."

Art. XX. entspricht der in den Hann. Landestheilen bestehenden allgemeinen Gesetzgebung, welche bei Einführung des BG. in Nassau und die Großh. Hess. Landestheile maßgebend geblieben ist; so: die Mot. (ib. S. 193).

Zu Art. XXI.

1279. Da § 245 die Gesetzgebung über das Bergabgabenwesen in den älteren Provinzen aufrecht erhielt, in dem größeren Theile der Hannoverschen Lande es

Hinsichtlich der Aufhebung oder Ermäßigung dieser Bergwerks-Abgaben kommt das Gesetz vom 17. Juni 1863, betreffend die Abänderung des § 13 des Gesetzes über die Besteuerung der Bergwerke vom 12. Mai 1851 (Gesetz-Samml. für 1863 S. 462), zur Anwendung.

Art. XXII. Mit dem 1. Juli 1867 sind aufgehoben: das gemeine deutsche Bergrecht, die sämmtlichen in den zum vormaligen Königreich Hannover gehörenden Landestheilen geltenden Bergordnungen, insbesondere auch die Bergordnung für den Eisensteinbergbau bei Elbingerode vom $\frac{\text{21. März 1847}}{\text{8. Juni 1848}}$, ferner alle übrigen allgemeinen und besonderen Gesetze, Verordnungen und Gewohnheiten über Gegenstände, auf welche das Berggesetz und die gegenwärtige Verordnung sich beziehen.

Urkundlich ꝛc.

IV. Verordnung

vom 1. Juni 1867,

betreffend die Einführung des Allgemeinen Berggesetzes vom 24. Juni 1865 in das mit der Preußischen Monarchie vereinigte Gebiet des vormaligen Kurfürstenthums Hessen und der vormaligen freien Stadt Frankfurt, sowie der vormals Bayerischen Landestheile.

(Gesetz-Samml. S. 770.)

[Die Motive dieser VO. sind in einer in der Z. f. BR. 8. S. 205 ff. abgedruckten Denkschrift enthalten.]

Wir Wilhelm, von Gottes Gnaden König von Preußen ꝛc. verordnen für das mit Unserer Monarchie vereinigte Gebiet des vormaligen Kurfürstenthums Hessen und der vormaligen freien Stadt Frankfurt, sowie der vormals Königlich Bayerischen Landestheile, auf den Antrag Unseres Staatsministeriums, was folgt:

---

aber an solchen Vorschriften fehlte, und die wirklich bestehenden mit der Beseitigung des Regals und der Freierklärung ihre bisherige Grundlage verloren hatten, so war eine besondere Regulirung dieser Materie nöthig. Sie schließt sich den in Preußen geltenden Vorschriften an, indem unter gänzlicher Beseitigung des Zehnten, eine wirkliche Bw.'s-Steuer von zwei Prozent, wie auf der linken Rheinseite eingeführt ist. Der Vorbehalt „soweit dieselben an die Staatskassen zu entrichten sind" soll die Inhaber von Regalitäts- und Zehntrechten in ihren Berechtigungen in derselben Weise schützen, wie dies in den älteren Provinzen der Fall ist. Er kommt eventuell auch bezüglich des Amtes Elbingerode zur Anwendung. Vgl. Mot. (ib. S. 193).

Art. I. Das Allgemeine Berggesetz für die Preußischen Staaten vom 24. Juni 1865 (Gesetz-Samml. für 1865 S. 705) erlangt in dem mit Unserer Monarchie vereinigten Gebiete des vormaligen Kurfürstenthums Hessen und der vormaligen freien Stadt Frankfurt, sowie der vormals Königlich Bayerischen Landestheile unter nachfolgenden besonderen Bestimmungen mit dem 1. Juli 1867, Gesetzeskraft.

Art. II. Die von der Bergbehörde ertheilten Konzessionen oder geschehenen Verpachtungen zur Gewinnung solcher Mineralien, welche nach § 1 des Berggesetzes dem Verfügungsrechte des Grundeigenthümers unterworfen sind, bleiben bis zu dem durch die Konzessions- oder Pacht-Urkunde festgesetzten Endtermine in Kraft.

Die Ertheilung neuer Konzessionen findet nicht ferner statt.

Zu Art. I.

1280 Ueber die früheren bergrechtlichen Zustände der gedachten Landestheile vgl. die Mot. (Z. f. BR. 8. S. 205). Der Einf.-VO. liegen in den meisten Punkten die Resultate der Verhandlungen einer vom Handels-Minister berufenen Kommission zu Grunde, in welcher H. *Achenbach* den Vorsitz führte. — Im Uebrigen vgl. n. 139 und 1173.

Zu Art. II.

1281. Diese Bestimmung hat vorzugsweise für die *althessischen* Theile des vormaligen Kurhessen Bedeutung. Nach früherem dort hergebrachten Rechte *überschritt* der Umfang des Bergregals weit die durch § 1 des BG. gezogenen Grenzen. Abgesehen von der auch sonst vielfach vorkommenden Regalität des Schwerspaths, Flußspaths, Marmors und Alabasters, erklärt das Edikt v. 10. März 1767, die Sand-, Thon-, Kalk- und Steinbrüche betreffend, diese Brüche für Gegenstände der Verleihung, und es wird dies durch zwei Erlasse aus dem J. 1798 bestätigt. Wenn aber schon nach den letzteren Bestimmungen die aus dem Bergregale abgeleitete Befugniß des Staats zur Verleihung von Steinbrüchen ꝛc. mehr als eine *gewerbliche Konzession* behandelt wird, auf deren Ertheilung kein Recht besteht, so tritt diese Auffassung noch schärfer in einem Min.-Ausschreiben v. 20. Juni 1822 hervor, wo neben den Konzessionen zum Branntweinbrennen, Tabakshandel ꝛc. der Konzessionen zum Kalk-, Gyps- oder anderem Steinbrechen gedacht, und im § 4 bestimmt wird, daß Konzessionen überhaupt in der Regel nur auf drei Jahre ertheilt werden sollen. In dem Ausschreiben v. 1. März 1823 ist zwar von einer *Belehnung* der Bergbehörden auf Gewinnung von Mergel und anderen, zur Verbesserung der Ländereien bestimmten Fossilien die Rede, welche dann eintreten soll, wenn der Grundbesitzer die Benutzung derselben in möglicher Ausdehnung weder selbst vornimmt, noch gegen Vergütung zulassen will; indeß sind unter jenem Ausdrucke unzweifelhaft die üblichen *dreijährigen Konzessionen* verstanden. Auf Grund obiger Bestimmungen sind sehr viele noch jetzt laufende Konzessionen sowohl zum Steinbrechen als zum Thon-, Lehm- und Sandgraben, Kalk- und Ziegelbrennen gegeben, wozu noch eine Reihe von Konzessionen zur Mineralgewinnung für den eigenen Bedarf tritt. Alle diese Konzessionen bleiben mit den aus denselben fließenden Rechten und Verbindlichkeiten bis zum Ablaufe der Konzessionszeit ebensowohl in Kraft, wie jedes dauernde Recht auf Steinbruchsbetrieb, Thongewinnung ꝛc. bestehen bleibt, welches aus irgend einem Titel erworben sein möchte. Wenn der dies bestimmende Art. II. gleichzeitig von *Verpachtungen* redet, so hängt Solches damit zusammen, daß einzelne Steinbrüche bisher von Seiten des

Art. III. Insofern aus den vor dem 1. Juli d. J. ertheilten Schurfscheinen ein ausschließliches Schurfrecht auf ein bestimmtes Feld herzuleiten ist, behalten dieselben ihre bisherige Kraft für die Zeit, auf welche sie ertheilt sind. Schurfscheine solcher Art, welche auf unbestimmte Zeit ertheilt sind, verlieren ihre Kraft mit dem 1. Juli 1868.

Art. IV. Hinsichtlich der Feldesgröße ist die Bestimmung unter 2 des § 27 des Berggesetzes maaßgebend. Unter den im Berggesetze in Bezug genommenen Maaßen sind überall die Preußischen Maaße zu verstehen.

Art. V. Auf das Bergwerkseigenthum finden hinsichtlich der Veräußerung, Verpfändung und des Arrestes die allgemeinen gesetzlichen Vorschriften, welche in dieser Beziehung für das Grundeigenthum in den im Artikel I. bezeichneten Landestheilen gelten, Anwendung. Ebenso bleiben die Bestimmungen der allgemeinen Gesetze jener Landestheile hinsichtlich der Exekution, des Konkurses und der Rangordnung der Gläubiger unverändert, soweit nicht diese Verordnung abweichende Vorschriften enthält.

Art. VI. Das Bergwerkseigenthum wird durch die vom Oberbergamte ertheilte Verleihung oder bestätigte Konsolidation, Theilung oder Vertauschung von Grubenfeldern und Feldestheilen erworben (§§ 50. 41. 51 des Berggesetzes) und bildet einen selbstständigen Gegenstand der Eintragung in die Spezial- und General-Währschafts- und Hypothekenbücher. Die Führung dieser Bücher richtet sich auch bezüglich des Bergwerkseigenthums nach den für das Grundeigenthum gegebenen allgemeinen gesetzlichen Bestimmungen, jedoch genügt bei der Eintragung

---

Staats observanzmäßig verpachtet wurden, obwohl sie sich auf fremdem Grund und Boden befanden. Vgl. die Denkschr. Z. f. BR. 8. S. 213 ff. und n. 1154.

Zu Art. III.

1282. Art. III. entspricht dem Art. IV. der Einf.-VO. v. 8. Mai 1867 (S. 348).

Zu Art. V.

1283. Von diesem Art. gilt das, was unter n. 1266 in Betreff des Art. VI. der VO. v. 8. Mai 1867 gesagt ist; s. Z. f. BR. 8. S. 219.

Zu Art. VI. und VII.

1284. Art. VI. kann in seinem ersten Theile mit Rücksicht auf die §§ 50. 52. 53 des BG. gleichfalls als selbstverständlich angenommen werden, zumal § 6 der Kurhess. VO. v. 26. April 1753 bestimmt, daß beim Ab- und Zuschreiben von Berg-, Hütten- und Hammer-Antheilen bei der Bergobrigkeit in gleicher Weise verfahren werden soll, wie bei den Civilgerichtsverhandlungen und nach § 1 der bayer. Instr. v. 31. Juli 1830 die Anlegung der von den Gerichten zu führenden Bergvon Verleihungen, Konsolidationen, Theilungen und dem Austausch von Feldestheilen die Vorlegung der oberbergamtlichen Verleihungs- und Bestätigungs-Urkunden. Erstreckt sich das Feld eines Bergwerkes in mehrere Gerichtsbezirke, so hat hinsichtlich der Kompetenz zur Führung der Währschafts- und Hypothekenbücher, sowie zur Aufnahme der das Bergwerkseigenthum oder dingliche Berechtigungen an demselben betreffenden Akte der freiwilligen Gerichtsbarkeit das den verschiedenen Gerichten zunächst gemeinsame höhere Gericht die erforderliche Entscheidung zu treffen.

Art. VII. Die bisher von den Bergbehörden geführten Berggewährschafts-, Berglehn-, und Berggegenbücher sind zu schließen und an die ordentlichen Gerichte abzugeben.

---

hypothekenbücher in allen Beziehungen nach Maßgabe der am 13. März 1823 erlassenen Instr. über den Vollzug des Hypotheken-Gesetzes v. 1. Juni 1822 zu geschehen hat. Andererseits erschien es jedoch erforderlich, jeden Zweifel darüber zu nehmen, daß das Bergeigenthum bei der Führung der Gewährschafts- und Hypothekenbücher, wie überhaupt, nicht als eine auf dem Grund und Boden ruhende Last, sondern als selbstständiges, dem Grundeigenthume gleichstehendes Recht aufzufassen sei, sowie daß die Verleihungs- und Bestätigungs-Urkunden des OBA.'s dieses Recht schaffen, resp. für gewisse Fälle übertragen, ohne daß die vorherige Eintragung in jene Bücher oder die gerichtliche Bestätigung nöthig wäre. Da die Kurhessische Gesetzgebung überall, wo sie ausnahmsweise Eintragungen in jene Bücher auf Grund eines administrativen Akts gestattet, die Zulässigkeit eines solchen Verfahrens ausdrücklich hervorhebt, so befindet sich die nach dem BG. allerdings überflüssige Bestimmung mit den Vorgängen der Kurhessischen Gesetzgebung im Einklang. Selbstredend sind übrigens Vorschriften, wie die §§ 9 ff. der Kurhessischen VO. v. 17. Juni 1828, in welchen von den Steuerkatastern die Rede ist, auf das Bw.'s-Eigenthum unanwendbar. — In dem *letzten* Theile des Art. VI. ist eine namentlich wegen des gegenwärtigen Kurhessischen Rechts *nothwendige* Bestimmung getroffen. — Art. VII. enthält die weitere Folge des Art. VI. Die nach Art. 93—96 der Bayerischen VO. v. 6. Mai 1784 von der Bergbehörde geführten Berglehn- und Berggegenbücher hatten für die Zukunft um soweniger Bedeutung, als nach der VO. v. 31. Juli 1830 (s. oben) die Gerichte bereits vollständige Hypothekenbücher über das Bergeigenthum führen. Das von der Ober-Berg-Direktion zu Kassel geführte Berggewährschafts- sowie das Gewährschafts- und Berggegenbuch des Bergamts Schmalkalden sind ebenfalls nicht weiter fortzuführen, sondern bei Gericht aufzubewahren. — Die §§ 1. 2 der obenerwähnten, in ihren übrigen Bestimmungen durch Art. XVIII. dieser Einf.-VO. außer Kraft gesetzten Bayer. Instr. v. 31. Juli 1830 lauten wörtlich:

§ 1. Bei jedem Gerichte, in dessen Gerichtsbezirke Bergbau-Realitäten gelegen sind, ist hinsichtlich dieser Realitäten ein eigner Band des Hypothekenbuches und nach Bedürfniß sind zwei oder mehrere Bände anzulegen. Die Anlegung hat in allen Beziehungen nach Maßgabe der am 13. Mai 1823 (Regierungs-Blatt von 1823, Stück XVII S. 499 ff.) erlassenen Instruktion über den Vollzug des Hypothekengesetzes vom 1. Junius 1822 zu geschehen.

§ 2. Bei der ersten, unverzüglich zu bewirkenden Anlegung des bergwerklichen Hypothekenbuches bei den Gerichten machen die bei den Bergämtern vorhandenen Berggegenbücher die vorzüglichste Quelle aus.

Daraus sind hinsichtlich derjenigen Bergbau-Realitäten, auf welche darin noch nicht gelöschte Hypotheken eingetragen sind, sowie es das Hypothekengesetz und die zu dessen Vollzug erlassene Instruktion mit sich bringt, zu übertragen:

Art. VIII. Die im § 141 des Berggesetzes in Bezug genommenen Grundsätze der Preußischen Gesetzgebung über das den Eisenbahngesellschaften gegenüber bestehende Vorkaufs- und Wiederkaufsrecht, insbesondere die §§ 16 bis 19 des Gesetzes über die Eisenbahn-Unternehmungen vom 3. November 1838 (Gesetz-Samml. für 1838 S. 505), kommen für den hier bezeichneten Fall gleichfalls in Anwendung.

Art. IX. An die Stelle des ersten Absatzes des § 166 des Berggesetzes tritt die folgende Bestimmung:

> Die bereits bestehenden Knappschaftsvereine bleiben in Wirksamkeit. Der gegenwärtige Titel findet jedoch auch auf sie Anwendung, und sind ihre Statuten mit den Vorschriften desselben in Uebereinstimmung zu bringen.

Art. X. Zugleich mit den Strafvorschriften des Berggesetzes tritt auch das Gesetz über die Bestrafung unbefugter Gewinnung oder Aneignung von Mineralien vom 26. März 1856 (Gesetz-Samml. für 1856 S. 203) in Kraft.

Art. XI. Den Bergarbeitern steht in den Fällen des § 249 des Berggesetzes in Beziehung auf die Rückstände aus dem letzten Jahre an Lohn und anderen Emolumenten das dem Gesinde und den vom Schuldner beköstigten Dienern eingeräumte Vorzugsrecht zu.

Art. XII. Die Insinuation von Verfügungen der Berg-

---

1. der Name und die Lage der betreffenden Bergwerks-Realität, mit genauer Bestimmung der Größe des zum Bergbaue verliehenen Feldes, der Fundgruben und Maaßen, der Anzahl der Antheile, der Kuxen 2c, welche der schuldende Gewerke an diesem Bergbaue besitzt;
2. die Eigenschaften und Grundbarkeits-Verhältnisse dieser Bergwerks-Realität;
3. die darauf etwa haftenden Reallasten;
4. die Werthsbestimmung, soweit deren Eintragung in das Hypothekenbuch nothwendig ist (s. auch § 3 und 10);
5. der oder die Eigenthümer;
6. die Eigenthumsbeschränkungen;
7. die auf eine solche Realität bereits eingetragenen Hypotheken;
8. die allenfalls eingelegten Protestationen.

Zu Art. IX. und X.

1285. Ueber das bisherige Knappschaftswesen in den hier fraglichen Landen vgl. die Denkschrift (Z. f. BR. 8. S. 208. 221); im Uebrigen s. n. 936. Bezüglich des Art X. s. n. 1247.

Zu Art. XI.

1286. Vgl. n. 1233.

Zu Art. XII.

1287. Art. XII. entspricht, abgesehen von einer kleinen Fassungsveränderung, behörde kann rechtsgültig durch die Post bewirkt werden. Wird die Verfügung als unbestellbar von der Post zurückgeliefert, so erfolgt die Insinuation durch öffentlichen Aushang am Amtslokale der betreffenden Bergbehörde. Hat die Verfügung während vierzehn Tage ausgehangen, so ist die Zustellung für bewirkt zu erachten.

Art. XIII. Privat-Hüttenwerke, Wassergefälle und Aufbereitungsanstalten und andere Anlagen, welche nicht unter die Vorschriften des Berggesetzes fallen, gehören fortan zum Ressort der gewöhnlichen Verwaltungsbehörden.

Art. XIV. Für das Gebiet des vormaligen Kurfürstenthums Hessen werden die folgenden besonderen Bestimmungen getroffen:

§ 1. Die nach den Bestimmungen des Berggesetzes eintretende Subhastation eines Bergwerkes oder eines Antheiles desselben erfolgt, je nach den Voraussetzungen des vorliegenden Falles, entweder im Wege der Zwangsversteigerung, insoweit sich nicht eine Modifikation des hierbei vorgeschriebenen Verfahrens aus dem Berggesetze ergiebt, oder in Gemäßheit des bei sonstigen nothwendigen gerichtlichen Versteigerungen oder freiwilligen gerichtlichen Versteigerungen hergebrachten Verfahrens.

Die gerichtliche Mobiliarversteigerung ist, insoweit nicht in dieser Beziehung besondere Bestimmungen durch das Berggesetz (§ 238) getroffen sind, zwar nach den bestehenden Vorschriften des Kurhessischen Rechts, jedoch ausschließlich Seitens des Aktuariates zu vollziehen; auch soll die Bestimmung in Ansehung der Anberaumung des Verkaufstermines, sowie der Art der öffentlichen Bekanntmachung dem Ermessen des Gerichtes überlassen sein.

---

welche auch den Aushang am Oberbergamts-Lokale ermöglichen soll, dem Art. XVI. resp. Art. VI. der Einführungs-Verordnungen v. 22. Febr. 1867 (S. 344. 346): Denkschrift (Z. f. BR. 8. S. 222).

Zu Art. XIV.

1288. Zu Art. XIV. § 1 vgl. n. 347. 596 und 1224. §§ 2—5 ib. enthalten Bestimmungen, welche sich an das bestehende Recht anschließen, und dem schon früher auf die Expropriation zu Bergbauzwecken angewandten Kurhessischen Ges. v. 30. Oktober 1834 entnommen sind: Denkschrift (Z. f. BR. 8. S. 223). Die bezüglichen §§ des letzteren Gesetzes lauten:

§ 6. Ist die definitive Entscheidung des Ministeriums auf Abtretung erfolgt oder sind — bei Entscheidung einer Oberbehörde — drei Tage, ohne Anzeige eines Recurses, oder falls eine solche vorliegt, vierzehn Tage ohne eingegangene Recurs-Ausführung verflossen, so ist nunmehr das Untergericht der

§ 2. Das nach § 129 des Berggesetzes stattfindende gerichtliche Verfahren ist unter Beobachtung der im § 6 des Kurhessischen Gesetzes vom 30. Oktober 1834 über die Abtretungen zu öffentlichen Zwecken festgesetzten Fristen und Termine zur schleunigen Erledigung zu bringen.

§ 3. Bei der zwangsweisen Grundabtretung findet, außer dem durch § 146 des Berggesetzes vorgesehenen Falle, die gerichtliche Deposition auch in den durch § 11 des Kurhessischen Gesetzes vom 30. Oktober 1834 über die Abtretungen zu öffentlichen Zwecken festgesetzten Fällen statt.

§ 4. Die Vorschriften des § 14 des letzteren Gesetzes finden auf die zwangsweise Grundabtretung zu bergbaulichen Zwecken gleichfalls Anwendung.

§ 5. Die Ueberschreibung in die Währschafts- und Hypothekenbücher geschieht auf Grund der Vorlage des im § 144 des Berggesetzes erwähnten, im Verwaltungswege rechtskräftigen Expropriationsbeschlusses.

---

belegenen Sache, unter abschriftlicher Mittheilung der Entscheidung, anzugehen, durch Sachkundige den Werth des in Anspruch genommenen Gegenstandes, mit Berücksichtigung der darauf haftenden Lasten und der Nutzungs- oder sonstigen Rechte (§ 8), ausmitteln und feststellen zu lassen. Das gerichtliche Verfahren ist hierbei das gewöhnliche, jedoch möglichst zu beschleunigen, insbesondere durch Anberaumung höchstens achttägiger Termine und Fristen, durch Ertheilung der Verfügungen und Vorbescheide in vier und zwanzig Stunden, durch Fällung des Enderkenntnisses spätestens binnen drei Tagen und durch unverzügliche Ausfertigung und Bekanntmachung jeder Verfügung und jedes Bescheides.

Es finden zwar die gewöhnlichen Rechtsmittel in diesem gerichtlichen Verfahren statt; jedoch ist die Beschwerdeschrift innerhalb acht Tagen bei dem Untergericht einzureichen und von diesem mit Bericht, unter Beifügung der Original-Akten, binnen drei Tagen an das obere Gericht einzusenden, von letzterem aber die Entscheidung binnen vierzehn Tagen zu ertheilen. Das Rechtsmittel der Wiedereinsetzung in den vorigen Rechtsstand soll überall keine aufschiebende Wirkung haben.

Die betreffenden Gerichtspersonen werden für jeden, durch ihre Verzögerung entstehenden Schaden persönlich verantwortlich gemacht.

§ 10. Verweigert der zu Entschädigende die Annahme der, in einem nach § 4 aufgestellten Protokolle oder gerichtlich festgesetzten Entschädigung, oder ist derselbe abwesend und hat keinen Bevollmächtigten bestellt, so kann solche mit der rechtlichen Wirkung der Zahlung bei dem Gerichte der belegenen Sache hinterlegt werden.

§ 11. Gleiches findet statt,

1. wenn neben dem Eigenthümer noch andere dinglich Berechtigte vorhanden und deren Ansprüche auf verhältnißmäßige Antheile an der Entschädigung nicht sofort ermittelt oder durch Vertrag abgefunden sind, sowie auch, wenn der in Anspruch genommene Gegenstand Lehen- und Stammgut ist;
2. wenn der Gegenstand mit Spezial-Hypothek behaftet ist, insofern nicht eine Privat-Uebereinkunft mit dem Pfandgläubiger, durch welche ein Anderes bestimmt ist, sofort beigebracht wird;
3. wenn das Eigenthum bestritten ist, oder ein Dritter gegen die Auszahlung Einwendungen macht.

Art. XV. Den im § 1 des Berggesetzes aufgeführten Mineralien wird für die Herrschaft Schmalkalden der Schwerspath hinzugefügt.

Art. XVI. Das ausschließliche Recht der Gewinnung der Steinkohlen in der Grafschaft Schaumburg bleibt dem nach dem Exekutionsabschiede vom 12. Dezember 1647 zum Bergbau auf Steinkohlen Berechtigten allein vorbehalten.

Art. XVII. Rücksichtlich der bisherigen Bergwerksabgaben, soweit dieselben an die Staatskassen zu entrichten sind, treten die nachfolgenden Bestimmungen mit dem 1. Juli d. J. in Kraft:

§ 1. Die von den Eisenerzbergwerken bisher erhobenen Bergwerksabgaben sind vorbehaltlich der Bestimmungen des § 3 dieses Artikels aufgehoben.

§ 2. Der Bergwerkszehnte, die Rezeß- und Quatembergelder, die nach dem Königlich Bayerischen Gesetze vom 1. Juli 1856 zu entrichtende Bergwerksabgabe von fünf Prozent der Verlagserstattung oder Ausbeute und die sonstigen Bergwerksabgaben sind aufgehoben. An deren Stelle tritt für sämmtliche Bergwerke ausschließlich der Eisenerzbergwerke eine Bergwerkssteuer von zwei Prozent von dem Werthe der Produkte des Bergwerkes zur Zeit des Absatzes der letzteren.

Hinsichtlich der Erstattung eines verhältnißmäßigen

In allen diesen unter 1 bis 3 genannten Fällen finden keine Depositionsgebühren statt; und sind zugleich die hinterlegten Gelder von demjenigen, zu dessen Gunsten die Abtretung geschieht, noch ein Vierteljahr lang mit vier vom Hundert zu verzinsen.

§ 14. Bei einer Abtretung des Eigenthums zu öffentlichen Zwecken bedarf es keiner Dispensation von den Vorschriften

1. des öffentlichen Ausgebots bei Gericht hinsichtlich der Grundstücke Minderjähriger oder sonstiger Personen, bei denen ein solches Ausgebot erforderlich ist,
2. der Nichtveräußerung unter einem halben Acker, und
3. der Erlaubniß zu Entlassung des betreffenden Grundstücks aus einem Hufen- oder dergleichen Verbande.

Zu Art. XV.

1289. Vgl. n. 24.

Zu Art. XVI.

1290. In der Grafschaft Schaumburg wie in dem Fürstenthum Schaumburg-Lippe besteht zufolge Exekutions-Abschieds v. 12. Dez. 1647 eine vertragsmäßige Gemeinschaft des Steinkohlen-Bergbaus zwischen den beiden Landesherrschaften, weshalb die Reservation dieses Bergbaues in jener Grafschaft fortdauern mußte: Denkschr. (Z. f. BR. 8. S. 212).

Zu Art. XVII.

1291. Vgl. die Denkschr. (ib. S. 225).

Antheiles der Poch-, Wasch-, Hütten- und sonstigen Zubereitungskosten bei Erzbergwerken durch den Staat, sowie der Ermittelung, Feststellung und Einziehung der Bergwerkssteuer kommen die in den älteren Provinzen des Staates bestehenden Vorschriften zur Anwendung.

§ 3. Die auf privatrechtlichen Titeln beruhenden Befreiungen von den Bergwerksabgaben werden aufrecht erhalten.

Ebenso werden die von dem Staate über Bergwerksabgaben abgeschlossenen Verträge durch die Vorschriften der §§ 1 und 2 nicht verändert. Dasselbe gilt rücksichtlich der in der Herrschaft Schmalkalden von einzelnen Eisensteinbergwerken bisher erhobenen Zug- und Verkauf-, Zug- und Meßgelder, der Zettelgelder, sowie der Ersatzabgabe für die durch die Gewerbeordnung vom 14. Februar 1827 aufgehobenen Abgaben.

Hinsichtlich der gänzlichen Aufhebung oder Ermäßigung dieser Bergwerksabgaben kommt das Gesetz vom 17. Juni 1863, betreffend die Abänderung des § 13 des Gesetzes über die Besteuerung der Bergwerke vom 12. Mai 1851 (Gesetz-Samml. für 1863 S. 462), zur Anwendung.

§ 4. Die von der Bergbehörde erhobenen Konzessionsgelder von Steinbrüchen, Thon-, Lehm- und Sandgruben u. s. w., sowie die von einzelnen Steinbrüchen erhobenen besonderen Abgaben sind für die Dauer der ertheilten Berechtigung fort zu entrichten, soweit nicht die letzteren Steinbrüche auf Grund des § 222 des Berggesetzes als Bergwerke anzusehen und demgemäß der durch § 2 dieses Artikels bestimmten Bergwerkssteuer in Zukunft unterworfen sind.

Art. XVIII. Mit dem 1. Juli 1867 sind aufgehoben: das gemeine deutsche Bergrecht, die sämmtlichen in den im Artikel I. bezeichneten Landestheilen geltenden Bergfreiheiten und Bergordnungen, insbesondere auch die Hessische Bergfreiheit vom 21. März 1616, die Hessische Bergordnung vom Jahre 1616, die Bergordnung für Schmalkalden vom 14. November 1726, die Hanauische Bergordnung vom Jahre 1542, die Markgräflich Brandenburgische Bergordnung vom 1. Dezember 1619, die bergrechtlichen Vorschriften des Preußischen

Allgemeinen Landrechts, die Bayerische Bergordnung vom 6. Mai 1784, das Bayerische organische Edikt vom 14. September 1809 die Berggerichtsverfassung betreffend, die §§ 3 bis 10 der Vorschriften über den Vollzug des Hypothekengesetzes vom 1. Juni 1822 in Beziehung auf Bergbaurealitäten vom 31. Juli 1830, das Bayerische Gesetz vom 1. Juli 1856 über die Abgaben von den Bergwerken, die gesetzlichen Vorschriften über die Verfassung der Bergbehörden, ferner alle übrigen allgemeinen und besonderen Gesetze, Verordnungen und Gewohnheiten über Gegenstände, auf welche das Berggesetz und die gegenwärtige Verordnung sich beziehen.

Urkundlich rc.

V. Gesetz

vom 6. Mai 1868,

betreffend die Einführung des Allgemeinen Berggesetzes für die Preußischen Staaten vom 24. Juni 1865 in das Gebiet des Herzogthums Lauenburg.

(Offiz. Wochenbl. für das Herzogthum Nr. 36.)

Wir Wilhelm, von Gottes Gnaden König von Preußen, Herzog von Lauenburg rc.

verordnen nach vorgängiger Communication mit Unserer getreuen Ritter- und Landschaft des Herzogthums Lauenburg, wie folgt:

Art. I. Das Allgemeine Berggesetz für die Preußischen Staaten vom 24. Juni 1865 (Preußische Gesetz-Samml. für 1865 S. 705) erlangt im Gebiete des Herzogthums Lauenburg unter nachfolgenden besonderen Bestimmungen mit dem 1. Juli d. J. Gesetzeskraft.

Art. II. Hinsichtlich der Feldesgröße ist die Bestimmung unter 2 des § 27 des Berggesetzes maaßgebend.

Unter den im Allgemeinen Berggesetze in Bezug genommenen Maaßen sind überall die Preußischen Maaße zu verstehen.

Zu Art. I.

1292. Ueber die früheren bergrechtlichen Zustände Lauenburgs vgl. Mende (Z. f. BR. 9. S. 95).

Art. III. Zugleich mit den Strafvorschriften in §§ 207 und 208 des Berggesetzes tritt das Gesetz über die Bestrafung unbefugter Gewinnung oder Aneignung von Mineralien vom 26. März 1856 (Preuß. Gesetz-Samml. für 1856 S. 203) in Kraft.

Art. VI. Auf das Bergwerkseigenthum finden hinsichtlich der Veräußerung, Verpfändung und des Arrestes die allgemeinen gesetzlichen Vorschriften, welche in dieser Beziehung für das Grundeigenthum im Herzogthum Lauenburg gelten, Anwendung. Ebenso bleiben die Bestimmungen der allgemeinen Gesetze des Herzogthums hinsichtlich der Execution, des Concurses und der Rangordnung der Gläubiger unverändert.

In den Fällen des § 159 des Berggesetzes soll die Versteigerung nach den für das Concursverfahren nach Lauenburgischem Rechte bestehenden Regeln und mit den Wirkungen desselben vollzogen werden.

Art. V. An die Stelle der im § 209 des Berggesetzes erwähnten Staatsanwaltschaft treten die zuständigen Gerichte. Hinsichtlich der Competenz derselben und des Untersuchungsverfahrens gelten die allgemeinen Vorschriften der Gesetzgebung des Herzogthums Lauenburg über Polizeiübertretungen und Bruchsachen, insbesondere auch das Kanzleipatent vom 27. Juli 1819, betreffend das Verfahren in Polizeibruchsachen und die Verordnung vom 11. Juli 1837, betreffend das Verfahren in Strafsachen.

Art. VI. Die Insinuation von Verfügungen der Bergbehörde kann rechtsgültig durch die Postbehörde bewirkt werden. Wird die Verfügung von der Post als unbestellbar zurückgeliefert, so erfolgt die Insinuation durch öffentlichen Aushang am Amtslokale der betreffenden Bergbehörde. Hat die Verfügung während vierzehn Tage ausgehangen, so ist die Zustellung für bewirkt zu erachten.

Art. VII. Von den Eisenerzbergwerken werden Bergwerksabgaben nicht erhoben. Alle übrigen Bergwerke unterliegen einer Bergwerkssteuer von zwei Prozent von dem Werthe der Producte des Bergwerks zur Zeit des Absatzes der letzteren.

Bei Erzbergwerken trägt der Staat zu den Poch-, Wasch-, Hütten- und sonstigen Zubereitungskosten nach Verhältniß dieser Bergwerkssteuer bei.

Art. VIII. Mit dem 1. Juli d. J. tritt das gemeine Deutsche Bergrecht in dem Herzogthum Lauenburg außer Kraft.

Der Minister für Lauenburg ist mit der Ausführung dieses Gesetzes beauftragt.

Urkundlich rc.

VI. Gesetz

vom 12. März 1869,

betreffend die Einführung des Allgemeinen Berggesetzes vom 24. Juni 1865 in das Gebiet der Herzogthümer Schleswig und Holstein.

(Gesetz-Samml. S. 453.)

Wir Wilhelm, von Gottes Gnaden König von Preußen rc. verordnen für das mit Unserer Monarchie vereinigte Gebiet der Herzogthümer Schleswig und Holstein, mit Zustimmung beider Häuser des Landtages, was folgt:

Art. I. Das Allgemeine Berggesetz für die Preußischen Staaten vom 24. Juni 1865 (Gesetz-Samml. für 1865 S. 705) erlangt im Gebiete der Herzogthümer Schleswig und Holstein unter nachfolgenden besonderen Bestimmungen mit dem 1. April 1869 Gesetzeskraft.

Art. II. Das Schürfen (§ 4 des Allgemeinen Berggesetzes) ist auf See- und Flußdeichen und in einer Entfernung von denselben bis zu zweihundert Lachtern unbedingt untersagt. Durch Entscheidung der Bergbehörde kann das Schürfen auch in einer größeren Entfernung, sowie auf den Binnendeichen, verboten werden, Falls überwiegende Gründe des öffentlichen Interesses demselben entgegenstehen.

Zu Art. VIII.

1293. Auf Grund des Art. VIII. Abs. 2 ist eine ministerielle Bekanntmachung v. 8. Juni 1868 (Z. f. BR. 9. S. 293) ergangen, nach welcher die Funktionen der obersten Bergbehörde der Minister für Lauenburg wahrnimmt, und die Geschäfte des OBA.'s dem OBA. zu Clausthal, diejenigen des RB. dem RB. zu Hannover übertragen sind; diese Behörden führen, eben jener Bekanntmachung zufolge, in Lauenburgschen Bergsachen ein besonderes Dienstsiegel und zeichnen sich als „Ober-Berg-Amt," resp. als „Revier-Beamter für Lauenburg."

Zu Art. I.

1294. Ueber die früheren bergrechtlichen Zustände Schleswig-Holsteins vgl. Mende (Z. f. BR. 9. S. 94).

Zu Art. II.

1295. Vgl. n. 39.

Art. III. Hinsichtlich der Feldesgröße ist die Bestimmung unter 2 des § 27 des Berggesetzes maaßgebend. Unter den im Allgemeinen Berggesetze in Bezug genommenen Maaßen sind überall die Preußischen Maaße zu verstehen.

Art. IV. Die im § 141 des Allgemeinen Berggesetzes in Bezug genommenen Grundsätze der Preußischen Gesetzgebung über das den Eisenbahngesellschaften gegenüber bestehende Vorkaufs- und Wiederkaufsrecht, insbesondere die §§ 16 bis 19 des Gesetzes über die Eisenbahn-Unternehmungen vom 3. November 1838 (Gesetz-Samml. für 1838 S. 505), kommen für den hier bezeichneten Fall auch in dem Gebiete des Herzogthümer Schleswig und Holstein in Anwendung.

Art. V. Auf das Bergwerkseigenthum finden hinsichtlich der Veräußerung, Verpfändung, der Führung der Schuld- und Pfandprotokolle und des Arrestes die allgemeinen gesetzlichen Vorschriften, welche in dieser Beziehung für das Grundeigenthum in den Herzogthümern Schleswig und Holstein gelten, Anwendung. Ebenso bleiben die Bestimmungen des dortigen Rechtes hinsichtlich der Exekution, des Konkurses und der Rangordnung der Gläubiger unverändert, soweit nicht diese Verordnung oder das Berggesetz abweichende Vorschriften enthält.

Den Bergarbeitern wird in Beziehung auf die Rückstände aus dem letzten Jahre an Lohn und anderen Emolumenten das Vorrecht des Kanzleipatentes vom 12. Januar 1816, betreffend die Klassifikation des Dienstlohnes im Konkurse, beigelegt.

Art. VI. In den Fällen des § 159 des Berggesetzes soll die Versteigerung nach dem für das Konkursverfahren in Schleswig-Holstein geltenden Rechte und mit den gewöhnlichen Wirkungen desselben vollzogen werden.

Art. VII. Zugleich mit den Strafvorschriften des Berggesetzes tritt das Gesetz über die Bestrafung unbefugter Gewinnung oder Aneignung von Mineralien vom 26. März 1856 (Gesetz-Samml. für 1856 S. 203) in Kraft.

Art. VIII. Die Insinuation von Verfügungen der Bergbehörde kann rechtsgültig durch die Postbehörde bewirkt werden. Wird die Verfügung von der Post als unbestellbar zurückgeliefert, so erfolgt die Insinuation durch öffentlichen Aushang am Amtslokale der betreffenden Bergbehörde.

Hat die Verfügung während vierzehn Tagen ausgehangen, so ist die Zustellung für bewirkt zu erachten.

Art. IX. Rücksichtlich der Bergwerksabgaben treten die nachfolgenden Bestimmungen in Kraft:

§ 1. Von den Eisenerzbergwerken werden Bergwerksabgaben nicht erhoben.

§ 2. Von allen übrigen Bergwerken ist eine Bergwerkssteuer von zwei Prozent von dem Werthe der Produkte des Bergwerkes zur Zeit des Absatzes der letzteren zu entrichten.

Hinsichtlich der Erstattung eines verhältnißmäßigen Antheiles der Poch-, Wasch-, Hütten- und sonstigen Zubereitungskosten bei Erzbergwerken durch den Staat, sowie der Ermittelung, Feststellung und Einziehung der Bergwerkssteuer kommen die in den älteren Provinzen des Staates bestehenden Vorschriften zur Anwendung.

Art. X. Mit dem 1. April 1869 sind aufgehoben: das gemeine Deutsche Bergrecht, ferner alle übrigen allgemeinen und besonderen Gesetze, Verordnungen und Gewohnheiten über Gegenstände, auf welche das Berggesetz und das gegenwärtige Gesetz sich beziehen.

Urkundlich ꝛc.

VII. Gesetz

vom 1. Januar 1869.

betreffend die Einführung des Preußischen Allgemeinen Berggesetzes vom 24. Juni 1865 in die Fürstenthümer Waldeck und Pyrmont.

(Gesetz-Samml. S. 78.)

Wir Wilhelm, von Gottes Gnaden König von Preußen ꝛc. verordnen, auf Grund des mit Waldeck-Pyrmont am 18. Juli 1867 abgeschlossenen Vertrages, mit Zustimmung Seiner Durchlaucht des Fürsten Georg Victor zu Waldeck und Pyrmont, sowie des Landtages der Fürstenthümer, was folgt:

Art. I. Das Allgemeine Berggesetz für die Preußischen Staaten vom 24. Juni 1865, welches nachstehend veröffentlicht

---

Zu Art. I.

1296. In Betreff des älteren Bergrechts obiger Lande vgl. Z. f. BR. 8. S. 402 ff.

wird, erlangt im Gebiete der Fürstenthümer Waldeck und Pyrmont unter den nachfolgenden besonderen Bestimmungen mit dem 1. Januar 1869 Gesetzeskraft.

Art. II. Den in § 1 aufgeführten Mineralien wird der Dachschiefer hinzugefügt; dagegen bleiben die im Gebiete des Fürstenthums Pyrmont befindlichen Soolquellen von diesen Mineralien ausgenommen.

Art. III. Für die Größe der Felder ist die im § 27 unter 1 gegebene Vorschrift maaßgebend.

Art. IV. Unter den im Gesetz in Bezug genommenen Maaßen sind überall die Preußischen Maaße zu verstehen.

Art. V. An die Stelle des Amtsblatts und des Staatsanzeigers tritt in den Fällen der §§ 12. 17. 35. 45. 46. 91. 110. 158. 159. und 197 das Regierungsblatt beziehungsweise dessen Beilage, und an die Stelle einer Preußischen Provinzial-Zeitung im Falle des § 110 zwei den Umständen entsprechend zu wählende inländische oder ausländische Zeitungen.

Art. VI. Die Bestimmungen des Allgemeinen Berggesetzes hinsichtlich der Hypotheken und Hypothekengläubiger finden auch auf das vorbehaltene Eigenthum und auf diejenigen, denen solches zusteht, Anwendung.

Art. VII. Die den Regierungen im Allgemeinen Berggesetze zugewiesenen Befugnisse stehen dem Landesdirektor zu.

Unter den im § 145 erwähnten Ressortministern sind die Preußischen Ressortminister zu verstehen.

Art. VIII. Die im § 141 in Bezug genommenen Grundsätze der Preußischen Gesetzgebung über das den Eisenbahngesellschaften gegenüber bestehende Vorkaufs- und Wiederkaufsrecht, nämlich die §§ 16 bis 19 einschließlich des Gesetzes über die Eisenbahn-Unternehmungen vom 3. November 1838, kommen auch in den Fürstenthümern Waldeck und Pyrmont zur Anwendung und werden nachstehend als Anhang zum Berggesetz abgedruckt.

Zu Art. VI.

1297. Nach Waldeckschem Rechte bleibt dem Verkäufer das Eigenthum an einem tradirten Immobile bis zur Berichtigung des Kaufgeldes gesetzlich vorbehalten (Hypotheken-Ges. v. 8. Jun i1863 § 36). Art. VI. spricht den betreffenden Grundsatz der §§ 52. 53 des BG. zur Vermeidung von Zweifeln in Bezug auf das so vorbehaltene Eigenthum aus: Z. f. BR. 10. S. 148.

Art. IX. Im Falle des § 159 des Allgemeinen Berggesetzes sind die Vorschriften für das Verfahren bei Subhastationen in der Exekutionsinstanz analog anzuwenden. Einer nochmaligen Vorladung der Realprätendenten bedarf es jedoch dabei nicht. Statt der Taxe wird vom Revierbeamten eine genaue Beschreibung des Bergwerks angefertigt. Ein zweiter Versteigerungstag muß außer den im Gesetz bestimmten Fällen auch dann angesetzt werden, wenn einer der Betheiligten im ersten Termine und vor Ertheilung des Zuschlags sich erbietet, binnen drei Tagen vom Revierbeamten Bescheinigung beizubringen, daß das erfolgte Gebot nicht angemessen erscheine und diese Bescheinigung dann innerhalb dieser Frist beibringt.

Art. X. An Stelle des ersten Absatzes des § 166 des Allgemeinen Berggesetzes tritt die folgende Bestimmung:

Die bereits bestehenden Knappschaftsvereine bleiben in Wirksamkeit. Der gegenwärtige Titel findet jedoch auch auf sie Anwendung und sind ihre Statuten mit den Vorschriften desselben in Uebereinstimmung zu bringen.

Art. XI. Der § 167 erhält folgenden Zusatz:

Es kann auch von den Betheiligten oder beim Mangel einer Einigung vom Oberbergamt die Vereinigung mit benachbarten Preußischen Bezirken oder Vereinen beschlossen werden.

Art. XII. Im § 180 am Ende wird statt „der Königlichen" gesagt: der Königlich Preußischen oder Fürstlich Waldeckischen.

Art. XIII. An Stelle des § 188 tritt die folgende Bestimmung:

Die Funktionen des Handelsministers hat der Preußische Handelsminister, diejenigen des Oberbergamtes

---

Zu Art. IX.

1298. Die nach Art. IX. im Falle des § 159 h. l. analog anzuwendenden Vorschriften sind in dem Ges. v. 14. Juni 1850 (Reg.-Bl. S. 179 ff.) insbesondere in den §§ 16—21 ib. enthalten; nach § 19 muß ein zweiter Versteigerungstermin stattfinden, a) wenn gar kein Gebot erfolgt, b) wenn das Gebot die Hälfte der Taxe nicht erreicht, c) wenn gleich nach ertheiltem Zuschlage, der Extrahent oder ein Hypotheken-Gläubiger die Ansetzung eines zweiten Termins beantragt, sich bereit erklärt, das Grundstück gegen das erfolgte Meistgebot anzunehmen, falls solches bei der zweiten Versteigerung nicht erreicht wird, und die Kosten des zweiten Termins zu tragen, und für dieses Versprechen Sicherheit leistet. Diesen Fällen fügt Art. IX. noch einen vierten Fall hinzu: Z. f. BR. 10. S. 148.

Zu Art. XIII.

1299. In Ausführung des Art. XIII. sind die Funktionen des OBA.'s dem das von letzterem zu bestimmende Oberbergamt wahrzunehmen. Die Funktionen der Revierbeamten können vom Handelsminister Preußischen Revierbeamten übertragen werden.

Art. XIV. Der zehnte Titel, sowie die §§ 220. 240. 243. 244. 245 erster Absatz, 246. 247 und 248 fallen aus.

Art. XV. Der zunächst für die rechtsrheinischen Preußischen Landestheile erlassene § 226 findet auch in den Fürstenthümern Waldeck und Pyrmont Anwendung.

Art. XVI. Dem zweiten Absatze des § 245 wird zugefügt:

> Freijahre finden jedoch bei Erhebung der Bergwerksabgaben nicht statt. Vom 1. Januar 1869 an wird das Rezeßgeld nicht mehr fortentrichtet. Der Handelsminister ist befugt, über die Ermittelung, Feststellung und Einziehung der Bergwerksabgaben die erforderlichen Ausführungsbestimmungen und Instruktionen zu erlassen.

Art. XVII. Die bisher von der Bergbehörde geführten Gegenbücher sind zu schließen und nicht weiter fortzuführen.

Auf das Bergwerkseigenthum finden hinsichtlich der Veräußerung, Verpfändung und des Arrestes, sowie der Führung der Hypothekenbücher, die in dieser Beziehung für das Grundeigenthum bestehenden allgemeinen gesetzlichen Bestimmungen Anwendung.

Art. XVIII. Den Bergarbeitern steht in den Fällen des § 249 des Berggesetzes in Beziehung auf die Rückstände an Lohn und anderen Emolumenten das Vorzugsrecht des Liedlohns zu.

Art. XIX. Zugleich mit dem Allgemeinen Berggesetz tritt das nachstehend abgedruckte Preußische Gesetz vom 26. März 1856 über die Bestrafung unbefugter Gewinnung und Aneignung von Mineralien in Kraft.

OBA. Bonn, diejenigen des RB. dem RB. zu Brilon übertragen worden durch Min.-Verf. v. 5. Jan. 1869 (ib. S. 150).

Zu Art. XIV.

1300. Nach § 245 h. l. und Art. XVI. bleiben die seither in Waldeck bestehenden Vorschriften über die Bw.'s-Abgaben, vorbehaltlich der in Art. XVI. bestimmten Abänderungen, in Kraft; namentlich gilt dies von dem in der Z. f. BR. 8. S. 415 abgedruckten Ges. v. 30. Dez. 1864: ib. 10. S. 148.

Art. XX. Mit dem 1. Januar 1869 treten außer Kraft: alle allgemeinen und besonderen Gesetze, Verordnungen und Gewohnheiten über Gegenstände, auf welche das gegenwärtige Gesetz sich bezieht, insbesondere die Bergordnung von 1580, die Verordnung vom 24. Oktober 1812, den Bau der Gypswerke betreffend, das Gesetz vom 30. März 1859 über die Feststellung der Entschädigungen bei Enteignungen rc. im Interesse des Bergbaues. Jedoch bleibt das Gesetz vom 7. April 1854 über Enteignungen im Interesse der Mineralbrunnen auch fernerhin in Kraft.

Urkundlich rc.

VIII. Gesetz

vom 22. Februar 1869,

betreffend die Rechtsverhältnisse des Stein- und Braunkohlen-Bergbaues in denjenigen Landestheilen, in welchen das Kurfürstlich Sächsische Mandat vom 19. August 1743 Gesetzeskraft hat.

(Gesetz-Samml. S. 401.)

[Die Motive zum Entwurfe dieses Gesetzes finden sich in der Z. f. BR. 8. S. 351 ff., die sonstigen Materialien bearbeitet von v. Rynsch, ib. 10. S. 120.]

Wir Wilhelm, von Gottes Gnaden König von Preußen rc. verordnen, mit Zustimmung beider Häuser des Landtages, was folgt:

Zu Art. XX.

1301. Das dort bezogene Ges. v. 7. April 1854 findet sich abgedruckt ib. S. 149.

Zum Eingange.

1302. In den vormals königlich Sächsischen Landestheilen der Provinzen Sachsen, Brandenburg und Schlesien gehörten die Stein- und Braunkohlen von Altersher nicht zu den Gegenständen der Bergbaufreiheit, die Berechtigung zur Gewinnung dieser Fossilien war vielmehr mit dem Grundeigenthume verbunden und der Staat nur unter gewissen Voraussetzungen, wenn nämlich der Grundeigenthümer die Gewinnung dieser Fossilien unterließ, dazu befugt, Dritten die Konzession zum Abbau zu gewähren. Die gesetzliche Grundlage für diese Rechtsmaterie bildete das Mandat v. 19. Aug. 1743. In den zur Provinz Sachsen gehörigen Theilen galt jedoch neben diesem Mandate das demselben in den meisten Punkten derogirende Regulativ v. 19. Okt. und 13. Nov. 1843 (GS. pro 1861 S. 356). Außerdem fanden in dem ganzen hierher gehörigen Rechtsgebiete das Ges. v. 1. Juni 1861, betreffend die Anlegung von Hypothekenfolien für Gerechtigkeiten zur Gewinnung von Stein- und Braunkohlen rc., sowie die Gess. v. 21. Mai 1860 und 10. Juni 1861, betr. die Beaufsichtigung des Bergbaus rc., resp. die Kompetenz der Oberbergämter, Anwendung. — Obgleich bereits vor Erlaß des BG. eine Reform der Bestimmungen jenes Mandats und Regulativs in Aussicht genommen war, so hat das BG. diese Bestimmungen dennoch vorläufig aufrecht

§ 1. In den nachbenannten Landestheilen, nämlich:

1) in den vormals zum Königreich Sachsen gehörigen Landestheilen der Provinz Sachsen, mit Ausschluß der Grafschaften Mansfeld und Barby und der standesherrlichen Gebiete der Grafen von Stolberg-Stolberg und Stolberg-Roßla,

in den vormals zum Königreich Sachsen gehörigen Landestheilen der Provinz Brandenburg, insbesondere in der Standesherrschaft Baruth und den Aemtern Jüterbogk, Dahme, Belzig und Rabenstein nebst enklavirten ritterschaftlichen Orten, sowie in den vormals zum Kreise Wittenberg gehörigen Orten Blankensee und Stangenhagen,

3) in dem Markgrafenthum Oberlausitz,

4) in dem Markgrafenthum Niederlausitz, mit Einschluß der Herrschaft Sonnenwalde, sowie der Aemter Dobrilugk, Finsterwalde und Senftenberg

unterliegen die Stein- und Braunkohlen fernerhin lediglich dem Verfügungsrechte des Grundeigenthümers.

---

erhalten und sich darauf beschränkt, im § 213 einzelne seiner Titel auf das hier fragliche Rechtsgebiet für anwendbar zu erklären. Jene Reform ist nunmehr durch das gegenwärtige Gesetz ausgeführt worden. Dasselbe stellt die Rechtseinheit im ganzen bisherigen Bereiche des Mandats von 1743 wiederher, indem es an der accessorischen Verbindung der Gerechtsame zur Kohlengewinnung mit dem Grundeigenthume festhaltend, dieses Prinzip konsequent durchführt, andererseits aber im Großen und Ganzen das gesammte BG., mit Ausnahme der Titel über Erwerb und Verlust des Bergeigenthums sowie über die gewerkschaftliche Verfassung (Tit. I, II, IV, VI), auf jenen Kohlenbergbau ausdehnt und überdies mit einigen Modifikationen die Vorschriften des cit. Ges. v. 1. Juni 1861 in sich aufnimmt. Vgl. Z. f. BR. 8. S. 351; 10. S. 120 ff., und was die Ges. v. 21. Mai 1860 und 10. Juni 1861 betrifft, unten n 1319.

Zu § 1.

1303. Diejenigen altpreußischen Enclaven der Kur- und Neumark, welche die „Niederlausitz" als politische Einheit in ihrem gegenwärtigen Umfange einschließt, werden von dem Gesetze nicht betroffen; § 1 Abs. 1 spricht vielmehr nur von dem früheren, in Personalunion zum Königreiche Sachsen gestandenen Markgrafenthume Niederlausitz: KB. II. (Z. f. BR. 10. S. 129).

1304. Das Gesetz giebt dem Fundamentalsatze des älteren Rechts, daß die Kohlen in den hierher gehörigen Landestheilen dem Verfügungsrecht des Grundeigenthümers unterliegen, eine noch allgemeinere, resp. unumschränktere Bedeutung, indem es diejenigen Einschränkungen beseitigt, welchen die Ausübung jenes Rechts, über die Anforderungen des öffentlichen Interesses (s. n. 1318) hinaus, früher unterlag. Ein Theil dieser Einschränkungen galt nur für den Regulativbezirk. Dahin gehörte einerseits das Erforderniß eines Bauerlaubnißscheins der Bergbehörde, gegründet auf den vom Unternehmer zu liefernden Nachweis, daß das Baufeld zum zweckmäßigen Abbau hinreichenden Umfang besitze und nach der muthmaßlichen Beschaffenheit der Lagerstätte einen nachhaltigen, ökonomisch vortheilhaften Betrieb in Aussicht stelle, andererseits die Befugniß der Behörde, mehrere Baufelder im Interesse der Nachhaltigkeit und Einträglichkeit des Betriebs zu einem gemeinsamen Gru-

Die bestehenden Berechtigungen zum Betriebe des Stein- oder Braunkohlen-Bergbaues bleiben jedoch aufrecht erhalten. Gründet sich die Berechtigung auf eine zur Gewinnung der Stein- oder Braunkohlen auf fremdem Grund und Boden ertheilte Konzession des Staates, so kommen hinsichtlich der Verbindlichkeit zum Betriebe und der Aufhebung der Konzession die Vorschriften der §§ 65 und 156 bis 164 des Allgemeinen Berggesetzes vom 24. Juni 1865 in Anwendung.

§ 2. Das Recht zum Stein- oder Braunkohlen-Bergbau kann von dem Eigenthume an dem Grundstücke, in welchem die Stein- und Braunkohlen anstehen, abgetrennt und als eine selbstständige Gerechtigkeit sowohl dem Grundeigenthümer selbst, als auch dritten Personen zustehen.

---

benbetriebe zwangsweise zu vereinigen Eine fernere Einschränkung bestand dagegen für den ganzen Bereich des Mandats von 1743 insofern, als der Grundeigenthümer unter dem Präjudiz der Uebertragung der Baukonzession an Dritte, zum eigenen Betriebe genöthigt werden konnte. Doch unterschied sich auch hier der Regulativbezirk von dem Mandatsbezirke (im engeren Sinne), da im letzteren jener Betriebszwang ein absoluter war, während er im ersteren nur unter gewissen Voraussetzungen eintrat. Mit der Beseitigung dieses Betriebszwangs fallen selbstredend auch alle Bestimmungen über die Vergütung hinweg, welche der Konzessionar dem Grundeigenthümer für das Kohlengewinnungsrecht zu gewähren hat. Vgl. Z. f. BR. 8. S. 353. 362.

1305. Da nach dem früheren Rechte der Konzessionssucher unter keinerlei Umständen einen Rechtsanspruch auf Ertheilung der Konzession erwarb, gemäß § 1 Abs. 1 aber die Kohlen fernerhin nur dem Verfügungsrechte des Grundeigenthümers unterliegen, so können mit dem Inkrafttreten des BG.'s Konzessionen zur Kohlengewinnung auf fremdem Boden selbst dann nicht mehr ertheilt werden, wenn das Konzessionsverfahren bereits nach Maßgabe der früheren Gesetzgebung eingeleitet, aber noch nicht durch Ertheilung, resp. Ausfertigung der Konzession zum Abschlusse gebracht war; vgl. die Mater. und MR. 19. März 1869 (Z. f. BR. 10. S. 129, 136).

1306. § 1 Abs. 2 enthält in seinem ersten Satze eine selbstverständliche, nur mit Rücksicht auf die Fassung des Abs. 1 in das Gesetz aufgenommene Bestimmung. — Da der Konzessionar früher dem Betriebszwange unterlag (s. n. 1304) und die Konzession sachlich einer Verleihung im Gebiete des freierklärten Bergbaus gleichkam, so war es folgerichtig, hinsichtlich der Betriebspflicht und der eventuellen Wiederaufhebung der Konzession gleiche Vorschriften eintreten zu lassen, wie sie das BG. dort für nöthig erachtet hat; dies bestimmt der zweite Satz des Abs. 2. Vgl. Z. f. BR. 8. S. 371. Trotz dieser Art der Motivirung kommen auf ältere Berechtigungen nicht etwa blos diejenigen Vorschriften des 6. Titels zur Anwendung, welche die Aufhebung des Bergbaurechts wegen gesetzwidrigen Nichtbetriebs betreffen, vielmehr sind jene Berechtigungen ausweise der im Abs. 2 mitbezogenen §§ 161, 162 auch in Betreff des freiwilligen Verzichts dem Bergeigenthume gleichgestellt. — Im Falle der Aufhebung lebt das Verfügungsrecht des Grundeigenthümers wieder auf, selbstredend ohne daß dieser für die auf die Gerechtsame eingetragenen, gemäß § 160 immerhin erloschenen Hypotheken haftbar ist.

Zu §§ 2 und 3.

1307. Dem Grundbesitzer war es zwar schon früher unverschränkt, sein Baurecht auf einen Andern zu übertragen; doch nahm das Recht durch diese Uebertragung beim Mangel des Zutreffens der Erfordernisse der §§ 7—9 I, 2. ALR. noch nicht die Natur einer den Immobilien gleichzuachtenden Gerechtigkeit an. Dem-

Die Eigenschaft einer selbstständigen Gerechtigkeit erlangt dasselbe entweder

1) durch die gerichtliche oder notarielle Erklärung des Grundeigenthümers, daß das Abbaurecht von dem Eigenthume an dem Grundstücke oder einem Theile desselben in Zukunft abgetrennt sein solle, oder
2) durch die in gleicher Form bewirkte gesonderte Veräußerung des Abbaurechtes an dritte Personen.

Einer derartigen gerichtlichen oder notariellen Erklärung oder dem in gleicher Form abgeschlossenen Veräußerungsvertrage muß ein Situationsriß beigefügt sein, auf welchen die Vorschriften des § 17 des Allgemeinen Berggesetzes vom 24. Juni 1865, mit Ausschluß jedoch der Bestimmung über die Angabe des Fundpunktes, zur Anwendung kommen.

§ 3. Die bei Erlaß dieses Gesetzes nach § 1 bestehenden Kohlenabbau-Gerechtigkeiten, sowie diejenigen Kohlenabbau-Gerechtigkeiten, welche gemäß § 2 von dem Grundeigenthum abgetrennt worden sind, haben die Eigenschaft unbeweglicher Sachen und können in das Hypothekenbuch eingetragen werden.

§ 4. Es finden auf dieselben hinsichtlich der Veräußerung, der Verpfändung und des Arrestes, sowie in Bezug auf die Subhastation, den Konkurs und die Rangordnung der

---

gemäß waren diejenigen, welche das Recht vertragsmäßig erworben hatten, und aus gleichem Grunde die vom Staate mit einem solchen Beliehenen nicht in der Lage, ihrer Berechtigung ein besonderes Hypothekenfolium zu verschaffen, sich durch das Hypothekenbuch als Eigenthümer des Rechts zu legitimiren und dasselbe mit Real-Verbindlichkeiten zu belasten. Zur Beseitigung solcher Uebelstände wurde das Ges. v. 1. Juni 1861 (s. n. 1302) erlassen; dieses ging jedoch schon über den gedachten Zweck insofern hinaus, als es dem Grundeigenthümer die Möglichkeit gewährte, sein Baurecht auch ohne dessen Uebertragung auf einen Dritten von dem Grundeigenthume abzuzweigen und zu einer selbstständigen, des Realkredits fähigen Gerechtigkeit zu konstituiren. Die Bestimmungen desselben sind in das gegenwärtige Gesetz aufgenommen worden, — vgl. §§ 2—8, — vorbehaltlich einiger Modifikationen, welche sich aus dem Wegfalle der „Bauerlaubnißscheine", der zwangsweisen Vereinigung mehrerer Grundstücke zu einem gemeinsamen Baufelde und der staatlichen Baukonzession als nothwendig ergaben. Vgl. Z. f. BR. 2. S. 289; 8. S. 371.

1307 bis. Während jede Bergeigenthumsverleihung den vorherigen Nachweis der Fündigkeit zur Voraussetzung hat, ist die Ausübung der im § 2 des gegenwärtigen Gesetzes aufgeführten Befugnisse durch einen solchen Nachweis nicht bedingt. Hierauf beruht es, daß im Situationsrisse kein Fundpunkt angegeben zu werden braucht. Der Maßstab für den Riß ist bezüglich der zum Bezirke des OBA.'s zu Halle gehörenden Landestheile durch VO. v. 19. April 1869 (M. Z. 17. S. 27) festgesetzt.

Zu § 4.

1308. Hier sind nicht blos formelle, sondern auch materielle Vorschriften, wie z. B. diejenige des § 52 Abs. 2 des BG. gemeint; vgl. Ges. v. 1. Juni 1861, § 3. Die

Gläubiger die gesetzlichen Bestimmungen Anwendung, welche in dieser Beziehung für verliehenes Bergwerkseigenthum gelten.

§ 5. Für die Führung des Hypothekenbuches sind die allgemeinen gesetzlichen Vorschriften maaßgebend, soweit nicht in den nachfolgenden §§ 6 bis 8 einschließlich etwas Anderes bestimmt ist.

§ 6. Befinden sich auf dem Grundstücke, von welchem das Recht zum Stein- oder Braunkohlen-Bergbau abgetrennt worden ist, Eintragungen im Hypothekenbuche, welche sich auf die anstehenden Kohlen mit beziehen, so kann gleichwohl auf Antrag des Berechtigten die Abschreibung der Kohlenabbau-Gerechtigkeit und deren Eintragung auf ein besonderes Folium des Hypothekenbuches erfolgen, es sind aber alsdann die vorhandenen Eintragungen unverändert auf dieses neue Folium mit zu übernehmen, wenn nicht die eingetragenen Realinteressenten die Kohlenabbau-Gerechtigkeit aus der Haftbarkeit gänzlich entlassen haben oder die Aufhebung der solidarischen Verpflichtung des Grundstückes und der Kohlenabbau-Gerechtigkeit vereinbart worden ist.

Auf dem Folium des Grundbesitzes ist bei jeder bezüglichen Post zu vermerken, daß und auf welchem Folium die Uebertragung geschehen ist.

Grundsätze des BG. über die reale Feldestheilung und den Austausch von Feldestheilen, finden auf die hier fraglichen Gerechtsame keine Anwendung.

Zu § 5.

1309. § 5 versteht unter den „allgemeinen gesetzlichen Vorschriften" nicht die ausschließlich für das Bergeigenthum geltenden (s. n. 1217, 1218), sondern die allgemeinen Vorschriften der Civil-, resp. Hypothekengesetzgebung. Der zwangsweisen Berichtigung des Besitztitels gedenkt derselbe nicht ausdrücklich, wie es im Ges. v. 1. Juni 1861 und im ursprünglichen Entwurfe des gegenwärtigen Gesetzes wohl geschah. Offenbar wurde dies mit Rücksicht auf die generelle Bestimmung des § für überflüssig angesehen. Zweifelhaft erscheint es dagegen, ob die Zwangspflicht des neuen Erwerbers zur Berichtigung des Besitztitels eine absolute sei, wie beim Bergeigenthum (s. n. 346), oder ob sie, wie beim Grundeigenthume, nur innerhalb der in den ACO. v. 31. Okt. 1831 und 6. Okt. 1833 gezogenen Grenzen, d. h. nur dann bestehe, wenn ein Hypothekengläubiger oder sonstiger Berechtigter jene Berichtigung verlangt. Die austrückliche Hinverweisung auf die beiden eben erwähnten ACO. sowohl im Ges. v. 1. Juni 1861 als im ursprünglichen Entwurfe des gegenwärtigen Gesetzes spricht der letzteren Alternative das Wort.

Zu § 6.

1310. Das Ges. v. 1. Juni 1861 verlangte zur Abschreibung der Gerechtsame von dem Folium des Grundstücks, daß entweder ein Unschädlichkeitsattest (Ges. v. 3. März 1850) beigebracht, oder die Exneruation seitens der Realinteressenten, resp. eine Auseinandersetzung mit denselben vorher bewirkt werde. Da diese Bedingung die Bildung besonderer Hypothekenfolien für die Kohlenabbauberechtigten sehr erschwerte, so trifft § 6 des gegenwärtigen Gesetzes wesentlich andere Bestimmungen. — Im Abs. 1 sind die Worte der RV. „wenn — nachgewiesen

Der Uebertragung der bezüglichen Eintragung bedarf es nicht, wenn der Kohlenabbau-Berechtigte ein Unschädlichkeitsattest nach Maaßgabe des Gesetzes vom 3. März 1850 (Gesetz-Samml. S. 145) beibringt.

Ein solches Unschädlichkeitsattest kann von den in § 1 desselben Gesetzes bezeichneten Behörden auch dann ertheilt werden, wenn die vorhandenen Eintragungen im Hypothekenbuche nach Abtrennung der Kohlenabbau-Gerechtigkeit noch innerhalb der ersten zwei Drittel des Werths ländlicher oder der ersten Hälfte des Werths städtischer Grundstücke versichert sind.

Sind auf dem Grundstücke gerichtliche Depositalgelder eingetragen, so ist hinsichtlich ihrer die Ertheilung des Unschädlichkeitsattestes an die Zustimmung des zuständigen Gerichtes gebunden.

§ 7. Mehrere Kohlenabbau-Gerechtigkeiten, welche demselben Berechtigten zustehen, können unbeschadet ihrer rechtlichen Besonderheit auf einem Folium des Hypothekenbuchs eingetragen werden.

Sollen mehrere mit ihren Feldern an einander grenzende, sowie zu einem einheitlichen Baue zusammengefaßte Kohlenabbau-Gerechtigkeiten zu einem rechtlichen Ganzen vereinigt und als solche unter einem gemeinsamen Namen im Hypo-

---

wird, daß" vor den Worten „die eingetragenen Realinteressenten" gestrichen worden, damit der Hypothekenrichter vor Ueberschreibung der Lasten auf die abgetrennte Kohlenabbau-Gerechtigkeit ebenso, wie im Falle der Parzellirung eines Grundstücks, von Amtswegen eine Verständigung mit den Realinteressenten zu erwirken versuche. Vgl. Z. f. BR. 8. S. 371; 10. S. 134 und KB. I, 10.

1311. Abs. 5, welcher gleich dem Abs. 4 in der RV. fehlte, soll den Einklang des Gesetzes mit den besonderen Vorschriften über die Ausleihung gerichtlicher Depositalgelder erhalten. Diese Vorschriften verlangen nemlich für die Ausleihung von Geldern eine größere Sicherheit, als diejenige, welche nach Abs. 4 zur Ertheilung eines Unschädlichkeitsattestes ausreicht; außerdem ist die Gerichtsbehörde unter gewissen Umständen den Deposital-Interessenten für Ausfälle haftbar. Wenn nun in Folge jenes Attestes ein Ausfall entstehen möchte, so würden die davon betroffenen Interessenten weder gegen die Auseinandersetzungs-Behörde, resp. Kreditdirektion noch gegen die Gerichtsbehörde einen Regreßanspruch besitzen. Darum die Vorschrift des Abs. 5, welche das Gericht in die Lage versetzt, zu prüfen, ob die Ertheilung jenes Attestes ohne Verletzung der Deposital-Interessenten geschehen könne. — Abs. 5 bezieht sich übrigens nicht blos auf die Deposital-Interessenten beim „General-Depositorium," sondern auch auf die Interessenten an „Spezialmassen". Vgl. KB. I. 33; KB. II. S. 8, Z. f. BR. 10. S. 134.

Zu § 7.

1312. Zur Vermeidung von Verdunkelungen des Realzustandes sind im Abs. 1 die Worte „unbeschadet ihrer rechtlichen Besonderheit" eingeschaltet und Abs. 2 und 3, welche in der RV. ganz fehlten, hinzugefügt worden. Die letzteren schließen sich an die gleichartigen Vorschriften der §§ 42, 43 des BG. über die Konsolithekenbuche eingetragen werden, so bedarf es hierzu einer gerichtlichen oder notariellen Erklärung des Berechtigten.

Haften in diesem Falle auf den zu vereinigenden Kohlenabbau-Gerechtigkeiten Eintragungen im Hypothekenbuch, so ist außerdem eine mit den Realberechtigten vereinbarte Bestimmung darüber erforderlich, daß und in welcher Rangordnung die Rechte derselben auf die zu einem rechtlichen Ganzen vereinigten Kohlenabbau-Gerechtigkeiten übergehen sollen.

§ 8. Ist ein Kohlenfeld vollständig abgebaut, so kann die Kohlenabbau-Gerechtigkeit auf Antrag eines betheiligten Grundeigenthümers oder Realinteressenten im Hypothekenbuche wieder gelöscht werden.

Zur Begründung eines solchen Antrages ist ein von der Bergbehörde nach vorgängiger Vernehmung der betheiligten Realinteressenten zu ertheilendes Attest beizubringen, daß das bezügliche Kohlenfeld gänzlich abgebaut und auf demselben Gebäude oder sonstige zur Grube gehörige unbewegliche Pertinenzien nicht mehr vorhanden sind.

Der Hypothekenrichter schließt auf Grund dieses Attestes das Folium und löscht die auf demselben eingetragenen Forderungen, ohne daß es dazu der Beibringung der Schuldurkunden bedarf.

Die Realinteressenten werden von der Schließung des Foliums und der Löschung der Forderungen mit der Aufforderung benachrichtigt, Behufs des auf dieselben zu setzenden Löschungsvermerkes die Schuldurkunden einzureichen, widrigenfalls sie für jeden Mißbrauch, der mit den letzteren geschehen könne, verantwortlich bleiben.

§ 9. Auf den Betrieb des Stein- oder Braunkohlen-

---

dation verliehener Bergwerke an. Vgl. Z. f. BR. 10. S. 133. Wenngleich Abs. 2 und 3, nach ihrer Beziehung zu Abs. 1 und ihrer Fassung zunächst den Fall im Auge haben, wo die verschiedenen Gerechtsamen demselben Berechtigten zustehen, so wird dennoch ihre Anwendbarkeit durch die Konkurrenz verschiedener Berechtigten nicht ausgeschlossen, sofern diese sich über die Gemeinschaftlichkeit der Gesammtberechtigung einigen. Dagegen erscheint die Konsolidation der hier fraglichen Gerechtsamen mit verliehenem Bw.'s-Eigenthume als unstatthaft.

Zu § 8.

1313. Im Abs. 2 ist unter der „Bergbehörde" nicht der RB., sondern das OBA. zu verstehen, von letzterem daher das fragliche Attest auszustellen; vgl. KB. II. S. 8, MR. 19. März 1869 (Z. f. BR. 10. S. 135. 137).

Zu § 9.

1314. Schon früher waren auf den Kohlenbergbau in den hier fraglichen Landestheilen, insbesondere im sogen. Regulativbezirke, trotz des abweichenden Funda-

Bergbaues im Bereiche dieses Gesetzes, einerlei, ob eine vom Grund und Boden abgetrennte selbstständige Kohlenabbau-Gerechtigkeit besteht oder nicht, kommen die nachfolgenden Vorschriften des Allgemeinen Berggesetzes vom 24. Juni 1865 zur Anwendung:

a) Tit. III. Abschnitt 1 (von dem Bergwerkseigenthume im Allgemeinen) die §§ 58 und 59, sowie die §§ 60 bis 63 einschließlich hinsichtlich der Anlage von Hülfsbauen im Felde eines anderen Kohlenabbau-Berechtigten;

b) Tit. III. Abschnitt 2 (von dem Betriebe und der Verwaltung) die §§ 66 bis 79 einschließlich und ferner Abschnitt 3 dieses Titels (von den Bergleuten);

c) Tit. V. Abschnitt 1 nebst der zugehörigen Uebergangsbestimmung des § 241 Tit. XI. (von der Grundabtretung) mit der Maaßgabe, daß die Grundabtretung nur insoweit gefordert werden kann, als die Benutzung eines fremden Grundstückes zur Anlage von Wegen, Eisenbahnen, Kanälen, Wasserläufen und Hülfsbauen zum Zwecke des Grubenbetriebes und des Absatzes der Kohlen nothwendig ist;

---

ments der Gerechtsame, manche Rechtsnormen zur Anwendung gekommen, die dem verliehenen Bergbaue eigenthümlich und dem allgemeinen Civilrechte fremd sind. Das BG. schloß sich diesem Systeme an, indem es einzelne seiner Titel ausdrücklich auf jenen Bergbau für anwendbar erklärte. § 9 des gegenwärtigen Gesetzes generalisirt dies in dem oben n. 1302 angegebenen Umfange. Immerhin ist jedoch die Gleichstellung der Kohlenabbau-Gerechtsame mit dem verliehenen Bergeigenthume eine in mehrfacher Hinsicht beschränkte geblieben, wie sich dies insbesondere auch aus der Nichtanwendbarkeit der §§ 54 (Abs. 2) 55. 56. 57 des BG. auf jene Gerechtsame ergiebt. Vgl. überdies n. 1308. 1315. 1317, und was das Ges. v. 26. März 1856 betrifft, oben n. 1247.

1315. Die Worte in § 9 sub a „im Felde eines anderen Kohlenabbau-Berechtigten“ sollen an und für sich das Recht zur Anlage von Hülfsbauen nicht in engere Grenzen einschließen, als das gleiche Recht der Bw.'s-Eigenthümer, da in den hier fraglichen Landestheilen jeder Grundbesitzer ja schon von Rechtswegen Kohlenabbau-Berechtigter ist. Namentlich läßt sich aus jenen Worten nicht folgern, daß die Anlage eines Hülfsbaus in fremdem Felde unstatthaft sei, wenn dieses zur Gewinnung anderer Mineralien einem Dritten verliehen ist, daß m. a. W. § 60 Abs. 2 zu Gunsten einer Kohlenabbau-Gerechtigkeit keine Anwendung finde. Handelt es sich freilich um die Anlage eines Hülfsbaues in einem Felde, welches außerhalb der Grenzen jener Landestheile liegt, so greift § 9 sub a nicht Platz, sollte auch eine Berechtigung zur Kohlengewinnung in dem genannten Felde bestehen, da der Ausdruck „anderer Kohlenabbau-Berechtigter“ an dieser Stelle nur auf Berechtigungen nach Maßgabe des gegenwärtigen Gesetzes, nicht auch auf das außerhalb seines Bereichs verliehene Bergeigenthum bezogen werden kann; hier kann die Anlage daher nur mit Zustimmung des Grundbesitzers und etwaiger sonstiger Interessenten stattfinden. — § 9 sub a hat übrigens blos die Anlage von Hülfsbauen seitens eines Kohlenabbau-Berechtigten im Auge; er rechtfertigt daher keineswegs die Annahme, als ob der Kohlenabbau-Berechtigte in Bezug auf die Anlage von Hülfsbauen in seinem eigenen Felde seitens eines nach dem

d) Tit. V. Abschnitt 2 (vom Schadensersatze für Beschädigungen des Grundeigenthums), mit Ausnahme des § 152, soweit daselbst von „Arbeiten der Muther" die Rede ist, und Abschnitt 3 (von dem Verhältnisse des Bergbaues zu den öffentlichen Verkehrsanstalten); ferner

e) Tit. VII. (von den Knappschaftsvereinen), Tit. VIII. (von den Bergbehörden), Tit. IX. (von der Bergpolizei) und die §§ 242 und 244 des XII. Titels (Schlußbestimmungen).

BG. Beliehenen als Bw.'s-Eigenthümer im Sinne der §§ 60 (Abs. 2), 61. 62. 63 (Abs. 2) zu behandeln sei.

1316. Die Zeitbestimmungen hinsichtlich der Nachtragungen des Grubenbildes (§ 9 sub b) sind für die zum Bezirke des OBA.'s Halle gehörigen Landestheile durch BO. v. 19. April 1869 (Z. f. BR. 10. S. 295) getroffen worden.

1317. Das dem Kohlenabbau-Berechtigten schon früher zuständige Expropriationsrecht wird durch § 9 sub c nur in beschränktem Umfange aufrecht erhalten, weil mit der staatlichen Konzessionsbefugniß auch die Kollision zwischen den Rechten des Grundeigenthümers und Bergbautreibenden fortgefallen ist. Ebenso, wie in Zukunft dritten Baulustigen überlassen bleibt, im Wege vertragsmäßiger Einigung das Gewinnungsrecht des Grundeigenthümers an sich zu bringen, ebenso muß den Interessenten die Verständigung über die Benutzung des Grundes und Bodens überlassen werden, welcher zu Schächten, Maschinen- und Zechengebäuden, Halden, Niederlageplätzen und andern Betriebs-Anlagen innerhalb der Grenzen des zum Kohlenbau berechtigten Grundstücks zu verwenden ist. Anders verhält es sich mit solchen Betriebsanlagen, die nicht innerhalb der Grenzen des dem Grundeigenthümer oder Cessionar desselben zuständigen Baufeldes ausgeführt werden können, vielmehr nach ihrer Natur regelmäßig die Inanspruchnahme fremden Grundes und Bodens erfordern, d. h. also den Wegen, Eisenbahnen, Kanälen, Wasserläufen und Hülfsbauen (Stollen, Wasserröschen). In Betreff ihrer ist das Expropriations-Recht nicht zu entbehren, und daher, dem Gesetze gemäß, bestehen geblieben, mag der Kohlenabbau von einem Cessionar, oder dem Grundbesitzer selbst betrieben werden. Vgl. Mot. (Z. f. BR. 8. S. 364). Hiernach ist jenes Recht in doppelter Hinsicht beschränkter, als dasjenige des beliehenen Bw.'s-Eigenthümers (nach § 135 des BG.), einmal nämlich in Betreff der Zwecke, denen es dient, sodann aber in Betreff des Objekts, indem der Ausdruck „fremdes Grundstück" im § 9 nicht jedes dem Abbauberechtigten nicht gehörige Grundstück, sondern nur solche Grundstücke umfaßt, welche außerhalb der Grenzen des berechtigten Grundstücks, resp. des Baufeldes liegen; ja es scheint sogar, daß wenn ein Grundbesitzer die Abbaugerechtsame nur an einem Theile seines Grundstücks übertragen hat, nicht einmal der übrige Theil desselben ein fremdes Grundstück im Sinne des § darstelle. — Selbst zu Gunsten Solcher, welche ihre Gerechtsame noch aus einer staatlichen Konzession herleiten, hat das Expropriations-Recht keinen größern Umfang, obgleich die Gründe für seine Einschränkung bei ihnen offenbar nicht zutreffen. Allgemein in Wegfall gekommen ist das Privilegium für das zum Betriebe von Künsten erforderliche Wasser, weshalb dem Bergwerksbetreiber, wie im Bereiche des verliehenen Bergbaus, anheimgegeben ist, sich das Recht zur Benutzung von Wassergefällen nach Maßgabe der allgemeinen Gesetze zu verschaffen. Soweit das Expropriationsrecht jedoch im Gesetze aufrecht erhalten wird, ist dasselbe nicht etwa von einem gewissen räumlichen Umfange des Baufeldes abhängig. Sollte freilich die projektirte Anlage im konkreten Falle zu dem Grubenbetriebe in keinem richtigen Verhältnisse stehen, so würde deren Nothwendigkeit nicht anzuerkennen und hierdurch der Abtretungszwang ausgeschlossen sein. Vgl. Mot. (l. c. S. 366 ff.).

§ 10. Wird der Stein- oder Braunkohlen-Bergbau von mehreren Personen betrieben, so sind dieselben, sofern deren Vertretung nicht durch die allgemeinen Gesetze geordnet ist, verpflichtet, mittelst notarieller oder gerichtlicher Urkunde einen im Inlande wohnenden Repräsentanten zu bestellen, welchem die Befugniß zusteht, alle Vorladungen und andere Zustellungen an die Betheiligten mit voller rechtlicher Wirkung in Empfang zu nehmen und letztere bei den Verhandlungen mit der Bergbehörde, mit dem Knappschaftsvereine und mit anderen auf den Bergbau bezüglichen Instituten zu vertreten.

Dasselbe gilt, wenn der Alleineigenthümer einer Stein- oder Braunkohlengrube im Auslande wohnt.

Wird ein Repräsentant auf die Aufforderung der Bergbehörde innerhalb einer Frist von drei Monaten nicht bestellt

---

1318. § 213 des BG. hatte bereits den von der Bergpolizei handelnden 9. Titel desselben auf die Kohlengewinnung der hier fraglichen Landestheile ausgedehnt, während es ebendaselbst an einer ähnlichen Bestimmung bezüglich der mit jenem Titel im engsten Zusammenhange stehenden §§ 66 ff. ib. fehlte. Dies gab Veranlassung zu der für den sogen. Mandatsbezirk erlassenen Bergpolizei-VO. v. 8. und 11. Aug. 1866, welche, unter Aufhebung älterer Polizei-Reglements, jene §§ dort einführte. Für den sogen. Regulativbezirk blieb jene Lücke bis zum Erlasse des gegenwärtigen Gesetzes unausgefüllt, resp. es bestand daselbst noch das für die jetzigen Anschauungen ganz anomale Verhältniß, daß die Anfertigung der Betriebspläne nicht den Interessenten selbst, sondern dem OBA. oblag. Gegenwärtig ist die ganze Materie durch § 9 sub b und e für beide Bezirke gleichmäßig und im Einklang mit den rechtlichen Zuständen im Gebiete des verliehenen Bergbaus geregelt. Das zur RV. gestellte Amendement: es möge im Anschlusse an § 1 jener BPVO. von 1866 noch die besondere Bestimmung getroffen werden, daß die nach § 66 des BG. zu machende Anzeige den Namen des Unternehmers und der Grube, sowie eine genaue Angabe der Oertlichkeit des Grubenbaus enthalten müsse, und daß dieser Anzeige eine bei Felderweiterungen zu ergänzende Situationszeichnung eines Markscheiders oder Geometers beizufügen sei, — wurde abgelehnt, weil § 66 in Verbindung mit § 72 ib. die Behörde in die Lage setze, die wesentlichen jener Angaben von dem Bergbautreibenden zu erlangen, zur Erzwingung der Benennung der Grube aber kein Bedürfniß vorliege. Unter Billigung dieser Anschauungen hat ein MR. 19. März 1869 (Z. f. BR. 10. S. 135) die Aufhebung obiger durch das gegenwärtige Gesetz gegenstandslos, resp. entbehrlich gewordenen BPVO. v. 1866 verfügt; demzufolge ist diese Aufhebung durch Bekanntmachung der OBA. zu Halle und Breslau v. 4. Mai 1869 (ib. S. 295) ausgesprochen worden.

1319. Obgleich § 244 des BG. die Ges. v. 21. Mai 1860 und 10. Juni 1861, mit Ausnahme einzelner §§ des letzteren, aufgehoben hatte, so galten dieselben, nach den Motiven zum Entwurfe des gegenwärtigen Gesetzes (Z. f. BR. 8. S. 352), doch noch für die Kohlengewinnung in den hier fraglichen Landen, soweit ihnen nicht durch § 213 des BG. derogirt war. Nachdem jedoch § 244 nebst dem von den Bergbehörden handelnden 8. Titel des BG. durch § 9 sub e des gegenwärtigen Gesetzes auf dessen Bereich für anwendbar erklärt ist, sind jene Gesetze jedenfalls auch dort nicht mehr in Kraft. In Betreff der durch § 244 einstweilen aufrechterhaltenen §§ des Ges. v. 21. Mai 1860 s. n. 8.

Zu § 10.

1320. Vgl. die Noten zu § 134 des BG., welchem § 10 nachgebildet ist.

und unter Einreichung der Bestallungs-Urkunde namhaft gemacht, so ist die Bergbehörde befugt, bis dahin, daß dies geschieht, einen Repräsentanten zu bestellen und diesem eine angemessene, von den Betheiligten aufzubringende und nöthigenfalls im Verwaltungswege exekutivisch einzuziehende Belohnung zuzusichern.

Dieser interimistische Repräsentant hat die vorher angegebenen Befugnisse des gewählten Repräsentanten, insofern die Bergbehörde keine Beschränkungen eintreten läßt.

Bei Anwendung dieser Bestimmungen macht es keinen Unterschied, ob eine besondere Kohlenabbau-Gerechtigkeit besteht oder nicht.

§ 11. Das Kurfürstlich Sächsische Mandat vom 19. August 1743, das Regulativ vom $\frac{\text{19. Oktober}}{\text{13. November}}$ 1843, das Gesetz vom 1. Juni 1861 (Gesetz-Samml. S. 353 ff.) und die §§ 212 und 213 des Allgemeinen Berggesetzes vom 24. Juni 1865 sind aufgehoben.

Urkundlich 2c.

Berichtigungen und Zusätze.

Seite 8 n. 15 ist statt „gemäß §§ 3. 5. 24" zu lesen: „gemäß §§ 3. 15. 24."

- 11 - 28. Das dort hinsichtlich des Bezirks der Hütte von Gittelde Gesagte gilt gegenwärtig nicht mehr; s. n. 1272.

- 15 - 45 ist nach „Klost. n. 17 einzuschalten: Contra: Koch BG. S. 49.

- 17 - 59 ist zuzusetzen: und Koch BG. S. 53.

- 18 - 60 ist zuzusetzen: Koch BG. S. 53 gelangt im Wesentlichen zu demselben Resultate, wenn er sagt, der Nutzungsberechtigte müsse in allen Fällen angegangen werden, in welchen er Besitzstörungen eines Unbefugten durch das interdictum retinendae resp. restituendae possessionis abzuwehren berechtigt sein würde.

- 19 - 68 ist zuzusetzen: Doch muß die Rückgabe eine wirkliche sein, mithin kein stillschweigendes Verlassen der Stelle, sondern eine Erklärung, daß das Grundstück dem Besitzer wieder zur Verfügung gestellt werde; der Besitzer hat alsdann Gelegenheit, sich zu erklären, ohne daß darum sein Schweigen etwaigen Nachforderungen eines Minderwerths nachtheilig wäre: Koch BG. S. 55.

- 20 - 71 ist zuzusetzen: Verlangt der Besitzer bei Abtretung des Grundstücks keine Kaution, so kann eine solche nach der Uebergabe nicht mehr begehrt werden; so: Koch BG. S. 55 (unter Hinweisung auf die §§ 121 bis 123 I, 4 ALR.).

- 24 - 90 ist zuzusetzen: Ebensowenig folgt Letzteres oder gar das Erforderniß einer dem Schürfer seitens des Bw.'s-Besitzers zu ertheilenden Erlaubniß aus der Natur der Sache, resp. aus allgemeinen Rechtsgrundsätzen, da das Schürfen an sich eine Störung des Besitzes des Bw.'s-Eigenthümers keineswegs mit Nothwendigkeit involvirt, ja überhaupt nur dann statthaft ist, wenn der ungestörte Betrieb des Bw.'s dadurch nicht bedroht wird. A. M. ist Koch BG. S. 61. Daß die Kosten wegen Festsetzung der Kaution dem Schürfunternehmer zur Last fallen, unterliegt freilich, gemäß Abs. 4, keinem Zweifel.

- 26 - 101 muß nunmehr, in Folge der Bekanntmachung v. 30. Okt. 1869 (Z. f. BR. 11. S. 38), statt „für das Revier Osnabrück" gelesen werden: „für den ganzen Bezirk des OBA.'s Dortmund."

- 26 - 104 ist zuzusetzen: Contra: Koch BG. S. 65, insofern er annimmt, der Muther könne sich selbst im Falle der Delegation (§ 12 Abs. 2) an das OBA. mit der Wirkung wenden, daß das Alter von der Präsentation des OBA.'s datire; dieses bleibe stets die Behörde, bei welcher das Gesuch angebracht werden müsse, die delegirten RB. seien der Sache nach bloße „Briefannahmen." Vgl. jedoch oben n. 101. OT. 29. Jan. 1861 (Strieth. Arch. 40. S. 214) mag immerhin erkannt haben, daß es in Betreff der bei einem Berggeschworenen eingelegten Muthung eines angeblich in den Grenzen seines Reviers belegenen Fundes allein darauf ankomme, ob jene Grenzen von den Berggeschworenen des Reviers und von deren vorgesetzter Behörde immer anerkannt und beobachtet worden seien; mit der hier vorliegenden Frage hat dies Nichts gemein.

- 27 - 108 ist zuzusetzen: und Klost. n. 32. Dagegen hält Koch BG. S. 66 das Erforderniß der Unterschrift für selbstverständlich, wenn der Muther an das Gesuch gebunden sein solle; Muthung und Verleihung bildeten zusammen einen Vertrag [?].

Seite 28 n. 111 ist nach „Vgl. Klost. n. 33" einzuschalten: welcher gleichzeitig annimmt, daß jener Vermerk den Namen und Amtscharakter des eröffnenden OBA.'s-Direktors oder RB. enthalten müsse, während Koch BG. S. 66 der entgegengesetzten Ansicht huldigt.

" 33 " 131 ist zuzusetzen: Contra: Achenb. (ib. 10. S. 524), welcher glaubt, daß streng an dem Wortlaute des § festgehalten werden müsse; er legt daher jenem Nachweise allerdings die Bedeutung eines besonderen Erfordernisses bei und nimmt gleichzeitig an, daß der Richter über den Fund selbst keine neuen Beweismittel zulassen, sondern lediglich prüfen könne, ob die Beweisresultate der amtlichen Untersuchung Seitens der Bergbehörde ihre richtige Würdigung erfahren haben.

" 33 " 134 ist zuzusetzen: In gleicher Weise kann der einmal anberaumte Termin aus besonderen Gründen ausgesetzt werden: Achenb. (Z. f. BR. 10. S. 519).

" 33 " 136. Hier ist folgender Zusatz zu machen: Die Befugniß des RB., zum Zwecke der Fundeskonstatirung fremde Grubenbaue zu befahren, unterliegt gleichfalls keinem Bedenken (s. § 77). Doch steht ihm nicht frei, sich zu diesem Zwecke vom Muther begleiten zu lassen, letzterer hat vielmehr nur dann Zutritt, wenn ihm derselbe vom Bw.'s-Eigenthümer gestattet wird (s. n. 476 bis.). Im entgegengesetzten Falle ist daher zu öfteren Malen die Ansicht zur Geltung gelangt, daß die Muthung zurückgewiesen werden müsse, weil bei Gelegenheit des Augenscheins der Muther das gefundene Mineral nachzuweisen, und der RB. seinerseits diesen Nachweis nicht von Amtswegen zu erbringen habe. Achenb. (Z. f. BR. 10. S. 519) billigt diese Ansicht und unterscheidet insofern zwischen dem Befahren fremder Grubenbaue und dem Betreten fremder Grundstücke, als da, wo letzteres zur Fundeskonstatirung erforderlich sei, die §§ 21. 3ff. h. l. dem Muther zu Hülfe kämen. Indessen gestatten die §§ 21. 3ff. das Betreten fremder Grundstücke nur zur Vornahme eigentlicher Schürfarbeiten. Andererseits scheint es aber auch, daß die gedachte Ansicht das administrative Verfahren allzu strengen Formen unterwerfe, und daß namentlich der Muther unter besonderen Umständen schon genug thue, wenn er den RB. über die Fundstelle so genau orientire, daß dieser auch ohne von jenem dorthin geführt zu werden, die Stelle nicht verfehlen könne. Ist doch sogar in gerichtlichen Prozessen die Anwesenheit der Parteien bei Aufnahme des Augenscheins nicht durchaus nothwendig; vgl. § 385 I, 10. AGO.

" 35 " 143 l. „MInstr. 3. Aug. 1810" statt „MInstr. 21. April 1810."

" 37 " 157 lies „verlängern" statt „veriängern."

" 37 " 158 ist nach „handelt." einzuschalten: Vgl. Klost. n. 44. Contra: Koch BG. S. 73, insofern er annimmt, dem zurückgewiesenen und mit Erfolg rekurrirenden Muther laufe die Frist erst vom Tage des Rekursbescheides. Doch ist der für diese Meinung geltend gemachte Grund, daß die als nichtig abgewiesene Muthung gar keine Wirkung habe, mithin auch das begehrte Feld nicht schließe, ein irriger. Denn wenn die Muthung durch Rekursbescheid für gültig erklärt wird, so lebt sie nicht etwa mit dem Tage dieses Bescheides wieder auf, sondern gilt vom Tage ihrer Einlegung an; von da ab ist das Feld daher allerdings geschlossen. Mit dieser Feldesschließung steht aber der Lauf jener Frist in der engsten Wechselbeziehung, indem das BG. die Frist den Mot. S. 36 zufolge gerade zur Verhütung der früher so häufigen Kollisionen zwischen benachbarten Muthungen, mithin vorzugsweise im Interesse Dritter normirt und zwar absichtlich möglichst kurz bemessen hat, ohne dieselbe mit dem Verfahren der Behörde irgendwie in Verbindung zu bringen. Eben darum kann sich der in erster Instanz abgewiesene Muther nicht beschweren, wenn ihm zugemuthet wird, auf das Ungewisse hin fernere Kosten aufzuwenden.

Seite 39 n. 164 ist nach „ME. 13. Febr. 1867 (Z. f. BR. 8. S. 113)" einzuschalten: Dies gilt namentlich auch für den Fall, wo die Muthung zwar ursprünglich gültig war, aber in Folge eines späteren Versäumnisses des Muthers als von Anfang an ungültig angesehen werden muß. Vgl. n. 123.

" 41 " 173 l. „Ges. v. 1. Juli 1821" statt „Ges. v. 21. Juli 1821."

" 41 " 174 ist nach „nicht etwa" einzuschalten: wie Koch S. 79 glaubt.

" 41 " 175 ist nach „Contra: das dort mitgetheilte OT. 9. Mai 1864" einzuschalten: und Koch BG. S. 79 in Betreff dessen, was von der emtio spei gesagt ist.

" 48 " 206 ist nach „So: Klost. n. 56." einzuschalten: Gegen den letzteren Satz spricht jedoch, daß ein ideelles Miteigenthum an bloßen Feldestheilen nicht denkbar ist, während eine besondere Verleihung in Beziehung auf den beiden Muthungsfeldern gemeinsamen Theil einen besonderen Fund mit einem in diesen Theil eingeschlossenen Fundpunkt zur Voraussetzung haben würde. Demgemäß kann wohl nur angenommen werden, daß stets realiter zu theilen und daß diese Theilung, beim Mangel einer gütlichen Einigung, durch die verleihende Behörde, resp. durch Richterspruch zu bewirken sei.

" 55 " 232 l. „Ges. v. 10. Juni 1861" statt „Ges. v. 10. Juli 1861."

" 74 " 301 l. „Ges. v. 1. Juni 1861" statt „Ges. v. 1. Juni 1863."

" 78 " 315 ist zuzusetzen: und Koch BG. S. 23. 33.

" 87 ist als n. 349 bis einzuschalten: Dagegen erleidet das Gewinnungsrecht durch § 4 h. l. keine Einschränkung; vgl. oben n. 178 und Koch BG. S. 51. Sollte freilich ein Bw.'s-Betrieb an den im § 4 erwähnten Plätzen ꝛc. mittelst Tagebaus unternommen werden, so würde demselben auf Grund des § 196 gewehrt, resp. der betreffende Betriebsplan in diesem Punkte nach Maßgabe der §§ 68 ff. beanstandet und geändert werden müssen; s. n. 1049. 1050; vgl. auch die §§ 153 ff.

" 93 n. 382 ist nach „Letztere Entscheidung ist" einzuschalten: „vorbehaltlich des Rekurses."

" 114 ist nach n. 476 als n. 476 bis einzuschalten: Die Vorschrift des § 78 wurde für nöthig erachtet, weil ohne eine solche die dort erwähnte Verpflichtung des Werksbesitzers nicht bestehen würde: Mot. S. 63. Um so unzweifelhafter mangelt der Bergbehörde (außer den Fällen des polizeilichen Einschreitens) die Befugniß, anderen als den im § 78 genannten Personen die Befahrung und Besichtigung der Grubenbaue zu gestatten. Ebensowenig kann die Ermächtigung hierzu vom Richter in Folge einer eigends zu diesem Zwecke angestellten Klage ertheilt werden; vielmehr ist der Bw.'s-Eigenthümer bei civilrechtlichen Streitigkeiten zur Gestattung des Augenscheins nur dann verbunden, wenn letzterer incidenter in einem anderen Prozesse beantragt und verordnet wird. So: Achenb. (Z. f. BR. 10. S. 510 ff.).

" 126 n. 517 ist nach „auf das Bergwesen passen" einzuschalten: Doch soll mit letzteren Worten nicht etwa angedeutet werden, als ob § 87 unter jenen Ausdrücken nur solche Personen verstehe, welche gerade in Beziehung auf den vom Bw.'s-Besitzer betriebenen Bergbau dessen Gehülfen ꝛc. sind.

" 134 " 546 (i. f.) lies „vgl. n. 680" statt: „vgl. n. 681."

" 135 " 553 ist nach „des Finderrechts gemacht werden." einzuschalten: Contra: Koch BG. S. 87, welcher eine Gewerkschaft als solche zur Verfolgung etwaiger Finderrechte für nicht legitimirt erachtet. (Das dort bezogene, unter der Herrschaft des früheren Rechts ergangene Erk. des AG. Hamm hatte dasselbe angenommen, dafür aber den einzelnen Gewerken jene Legitimation zugesprochen. Letzteres würde in keinem Falle auf die Gewerken des neuen Rechts passen.)

Seite 141 n. 573 (i. f.) muß es statt „unter n. 591" heißen: „unter n. 589."
- 148 - 597 l. „§§ 111. 116 der Subhast.-Ordn. v. 15. März 1869" statt „§ 111 der Subhast.-Ordn. v. 15. März 1869."
- 151 - 607 (i. f.) ist zuzusetzen: In Betreff der jüngsten Vorschriften über die Zustellungen mittelst Postinsinuationsscheins vgl. n. 1256.
- 160 ist nach n. 643 als n. 643 bis einzuschalten: Die Vorschriften des § 116 finden Mangels entgegenstehender Statutsbestimmungen analoger Weise auch dann Anwendung, wenn die beantragte Entscheidung, dem Statute gemäß (§ 115 Abs. 2), durch Schiedsrichter erfolgen muß.
- 165 n. 660 l. „(§§ 270ff. I, 10 ib.) statt „(§§ 270ff. I, 40 ib.)."
- 172 ist nach n. 688 als n. 688bis. einzuschalten: § 126 Abs. 2 ist trotz dessen, was Renaud S. 546ff. in Beziehung auf Art. 241 des HGB. sagt, nicht auf positive Handlungen zu beschränken, sondern auch dann zur Anwendung zu bringen, wenn der Repräsentant den Vorschriften des Titels dadurch entgegenhandelt, daß er die ihm dort zur Pflicht gemachten Handlungen vorzunehmen unterläßt. Beispielsweise macht daher ebensowohl die ganz verabsäumte wie die vorschriftswidrige, resp. unrichtige Führung des Gewerkenbuchs den Repräsentanten regreßpflichtig, und zwar nicht allein der Gewerkschaft, sondern auch den einzelnen Gewerken und unter Umständen sogar Dritten gegenüber; Brass. (Z. f. BR. 10. S. 546) spricht dies speziell zu Gunsten der Gewerkschaften und Gewerken aus. — Im Uebrigen vgl. zu § 126 die n. 684. 693. 696.
- 176 n. 705 l. „Kurheff. Ges. v. 30. Okt. 1834" statt „Kurheff. Ges. v. 6. Okt. 1834."
- 180 in der 13. Zeile v. o. l. „M. 121" statt „M. 124."
- 182 in der 7. Zeile v. o. l. „M. 122" statt „M. 124."
- 184 n. 735 ist statt: „für die Fälle des § 133" zu lesen: „für die Fälle der §§ 133 [Abs. 1] und 134."
- 185 in der 6. Zeile v. o. ist hinter „Vorrichtungen" ein Komma zu setzen.
- 192 in der 20. Zeile v. o. l. „Sicherheit" statt „Sicherstellung."
- 202 n. 800 l. „§ 116 der Subh.-Ordn." statt „§ 117 der Subh.-Ordn."
- 225 - 886 ist nach den Worten „so muß demselben" einzuschalten: „und dem Laufe der Rekursfrist."
- 225 - 886 l. „Exek.-Ordn. v. 1. Febr. 1858" statt „Exek.-Ordn. v. 2. Febr. 1858."
- 227 - 892 l. „des Ges. v. 9. Aug. 1867" statt „der VO. v. 9. Aug. 1867" und „im Rückfalle" statt: „im zweiten Rückfalle." Statt des Schlußsatzes der Note muß es heißen: Diese Vorschrift wird im § 14 der VO. von dems. Tage, sowie im § 14 des B.-Ges. v. 12. Okt. ej. wiederholt; die letzteren bestimmen außerdem, daß jener Verlust die Wirkung des im § 7 ib. gedachten Verbots habe, d. h. daß mit der Befugniß zur eignen Verwaltung auch diejenige des ferneren Betriebs verloren gehe. In einem solchen Falle geschieht dem Willen des Gesetzes daher kein Genüge, wenn ein Repräsentant bestellt wird, um das Werk für Rechnung des Eigenthümers zu betreiben; vielmehr bleibt dem letzteren Nichts übrig, als das Werk zu veräußern. (Den bezüglichen Bestimmungen dienten, ausweise der Materialien, die §§ 62. 63 der Steuer-Ordnung v. 8. Febr. 1819 zum Vorbilde; diesen zufolge verliert der Brenner oder Brauer das Recht, sein Gewerbe auszuüben oder durch einen Andern zu seinem Vortheile ausüben zu lassen, im ersten Rückfalle für drei Monate, im zweiten für immer.)
- 237 - 934 l. „BGes. v. 5. Juni 1869" statt „BGes. v. 31. Mai 1869."
- 238 - 940 (i. f.) l. „und n. 963" statt „und n. 63."
- 255 - 996 l. „VO. v. 29. Juni 1861" statt „VO. v. 29. Juni 1866."
- 255 - 996 ist zuzusetzen: Die Grenzlinie zwischen zwei durch einen öffentlichen Fluß geschiedenen Revieren bildet, in Ermangelung anderweitiger Bestimmungen, der Thalweg.

Seite 256 in der 28. Zeile v. o. l. „als der" statt „als die."
„ 262 n. 1021 ist zuzusetzen: Die Ansicht Koch's (BG. S. 58), daß [wenigstens im Falle des § 8] zunächst der Rekurs, soweit er überhaupt zulässig ist, eingelegt werden müsse und daß erst demnächst der Rechtsweg eröffnet sei, findet im BG. keine Unterstützung und steht mit den Grundsätzen, zu welchen sich die sonstigen Gesetze über die administrative Kognition durchgängig bekennen, nicht in Einklang.
„ 264 „ 1027 ist nach „Vgl. n. 121. 465." zuzusetzen „827. 886."
„ 284 „ 1093. Hier ist zuzusetzen: Ebensowenig gilt er in Beziehung auf ältere Disciplinarreglements; s. oben n. 489.
„ 284 „ 1096 bis. lies „Ges. v. 10. Juni 1861" statt „Ges. v. 19. Juni 1861."
„ 310 „ 1190 l. „Im Uebr. vgl. n. 712 und 716" statt „Im Uebr. vgl. n. 710."
„ 324 „ 1218 l. „VO. v. 28. Febr. 1845" statt „VO. v. 25. Febr. 1845."
„ 231 letzte Zeile, l. „excludendi" statt „excudendi."
„ 339 n. 1247 l. „Ges. v. 22. Febr. 1869" statt „Ges. v. 25. Febr. 1869."
„ 357 „ 1278 ist zuzusetzen: Gleichwohl ist anzunehmen, daß Art. XX. das Vorrecht für sämmtliche Rückstände ertheile, indem derselbe, hierin von § 249 und den entsprechenden Bestimmungen der meisten anderen Einf.-Verordnungen abweichend, keine Zeitbestimmung enthält, und seine Fassung es nicht gestattet, die Beschränkung des Vorrechts auf vierwöchentlichen Lohn aus dem cit. § 59 herüberzunehmen.

Chronologisches Gesetzregister.

Sachregister.

FSC
www.fsc.org
MIX
Papier | Fördert gute Waldnutzung
FSC® C083411

Kolibri 360 GmbH
Ferdinand-Jühlke-Straße 7
99095 Erfurt, Deutschland
produktsicherheit@kolibri360.de